Estatística
para ciências humanas

Estatística
para ciências humanas

Jack Levin
Universidade de Northeastern

James Alan Fox
Universidade de Northeastern

David R. Forde
Universidade do Alabama

11ª edição

Revisão técnica
Fernanda Bonafini

Mestre em Educação Matemática
pela Unesp/Rio Claro
Consultora educacional e Ph.D. candidate
na Pennsylvania State University.

Pearson

© 2010, 2006, 2003, 2000 Pearson Education, Inc., publishing as Allyn & Bacon.

Todos os direitos reservados. Nenhuma parte desta publicação poderá ser reproduzida ou transmitida de qualquer modo ou por qualquer outro meio, eletrônico ou mecânico, incluindo fotocópia, gravação ou qualquer outro tipo de sistema de armazenamento e transmissão de informação, sem prévia autorização, por escrito, da Pearson Education do Brasil.

Diretor editorial e de conteúdo	Roger Trimer
Gerente geral de projetos editoriais	Sabrina Cairo
Supervisora de produção editorial	Silvana Afonso
Coordenador de produção editorial	Sérgio Nascimento
Coordenador de produção gráfica	Sidnei Moura
Editor de aquisições	Vinícius Souza
Editora de texto	Sabrina Levensteinas
Editor assistente	Marcos Guimarães
Preparação	Beatriz Garcia
Revisão	Adriana Takimoto e Carolina Hidalgo Castelani
Capa	Solange Rennó Sobre capa original
Projeto gráfico e diagramação	Globaltec Artes Gráficas

Dados Internacionais de Catalogação na Publicação na Publicação (CIP)
(Câmara Brasileira do Livro, SP, Brasil)

Levin, Jack
  Estatística para ciências humanas / Jack Levin, James Alan Fox, David R. Forde ; tradução Jorge Ritter ; revisão técnica Fernanda Bonafini. -- 11. ed. -- São Paulo : Pearson Education do Brasil, 2012.

  Título original: Elementary statistics in social research.

  ISBN: 978-85-8143-081-2

  1. Ciências sociais - Estatística 2. Estatística I. Fox, James Alan. II. Forde, David R.. III. Bonafini, Fernanda. IV. Título.

12-03550   CDD-300.727

Índice para catálogo sistemático:
1. Estatísticas para ciências humanas 300.727

Printed in Brazil by Reproset RPPA 225567

Direitos exclusivos para a língua portuguesa cedidos à
Pearson Education do Brasil Ltda.,
uma empresa do grupo Pearson Education
Avenida Santa Marina, 1193
CEP 05036-001 - São Paulo - SP - Brasil
Fone: 11 3821-3542
vendas@pearson.com

Distribuição
Grupo A Educação
www.grupoa.com.br
Fone: 0800 703 3444

Sumário

Prefácio xi

Capítulo 1   Por que o pesquisador social usa a estatística 1

A natureza da pesquisa social 2
    Quadro 1.1   Prática e estatística: um grupo ou dois? 6
Por que testar hipóteses? 9
Os estágios da pesquisa social 10
Utilização de séries de números para realizar a pesquisa social 11
As funções da estatística 18
Resumo 23
Termos-chave 23
Exercícios 23
Exercícios em SPSS 27
    Olhando sob uma perspectiva mais ampla: uma pesquisa estudantil 28

Parte 1   Descrição 31

Capítulo 2   Organização dos dados 32

Distribuições de frequência de dados nominais 33
Comparação de distribuições 33
Proporções e porcentagens 34
Razões e taxas 35
Distribuições de frequência simples de dados ordinais e intervalares 37
Distribuições de frequência agrupadas de dados intervalares 38
Distribuições acumuladas 42
Classificações percentis 44
Abordagem de dados decimais 46
Mais sobre limites de classe 47
Intervalos de classe flexíveis 49
Tabulações cruzadas 51
Apresentações gráficas 57
    Quadro 2.1   Prática e estatística: medição da audiência da televisão 67
Resumo 69
Termos-chave 69
Exercícios 70
Exercícios em SPSS 75

Capítulo 3 Medidas de tendência central 77

Moda 78
Mediana 78
Média 79
Um passo de cada vez 83
Obtenção de moda, mediana e média a partir de uma distribuição de frequência simples . 83
    Quadro 3.1   Exemplo passo a passo: moda, mediana e média 84
Comparações entre moda, mediana e média 86
    Quadro 3.2   Prática e estatística: muitos retornos felizes 90
Resumo 91
Termos-chave 92
Exercícios 92
Exercícios em SPSS 96

Capítulo 4 Medidas de variabilidade 97

Amplitude 98
Variação interquartil 99
Variância e desvio padrão 101
Fórmula da variância e do desvio padrão para escores brutos 102
Obtenção da variância e do desvio padrão de uma distribuição de frequência simples 103
    Quadro 4.1   Exemplo passo a passo: desvio padrão 103
    Quadro 4.2   Exemplo passo a passo: variância e desvio padrão a partir de
                   escores brutos 104
    Quadro 4.3   Exemplo passo a passo: variância e desvio padrão de uma
                   distribuição de frequência simples 105
Significado do desvio padrão 106
Comparação de medidas de variabilidade 109
Visualização de distribuições 110
Obtenção da média e do desvio padrão de uma distribuição de frequência agrupada 112
Resumo 113
Termos-chave 114
Exercícios 114
Exercícios em SPSS 117
    Olhando sob uma perspectiva mais ampla: descrição de dados 117

Parte 2 Da descrição à tomada de decisões 121

Capítulo 5 Probabilidade e curva normal 122

Regras da probabilidade 123
Distribuições de probabilidade 125
    Quadro 5.1   Prática e estatística: excedendo o tempo do parquímetro 126
A curva normal como uma distribuição de probabilidade 132
Características da curva normal 132

O modelo e a realidade da curva normal 133
A área sob a curva normal 134
Escores padrão e a curva normal 140
Cálculo de probabilidade sob a curva normal..143
    Quadro 5.2   Exemplo passo a passo: probabilidade sob a curva normal...................143
    Quadro 5.3   Exemplo passo a passo: cálculo de escores de probabilidade
                              baseados na curva normal..147
Resumo 148
Termos-chave 148
Exercícios..149
Exercícios em SPSS 153

Capítulo 6   Amostras e populações..154

Métodos de amostragem 155
Erro amostral 159
Distribuição amostral de médias...161
    Quadro 6.1   Prática e estatística: pese de novo 164
Erro padrão da média 167
Intervalos de confiança..168
A distribuição t..171
    Quadro 6.2   Exemplo passo a passo: intervalo de confiança de 95% usando z.........173
    Quadro 6.3   Exemplo passo a passo: intervalo de confiança de 99% usando z.........174
    Quadro 6.4   Exemplo passo a passo: intervalo de confiança a partir de t 178
Estimativa de proporções...179
    Quadro 6.5   Exemplo passo a passo: intervalo de confiança para proporções..........180
Resumo 181
Termos-chave 181
Exercícios..181
Exercícios em SPSS 185
    Olhando sob uma perspectiva mais ampla: generalização de amostras
    para populações 185

Parte 3   Tomada de decisão 187

Capítulo 7   Teste de diferenças entre médias..188

A hipótese nula: nenhuma diferença entre médias 190
A hipótese de pesquisa: alguma diferença entre médias...191
Distribuição amostral das diferenças entre médias...192
Testes de hipóteses com a distribuição das diferenças entre médias 195
Níveis de significância...199
Erro padrão de diferença entre médias 203
Teste de diferença entre médias 204
    Quadro 7.1 Exemplo passo a passo: teste de diferença entre médias 205
Comparação entre amostras dependentes 209

Quadro 7.2   Exemplo passo a passo: teste de diferença entre médias para as duas medições da mesma amostra 210
Quadro 7.3   Exemplo passo a passo: teste de diferença entre médias para amostras relacionadas 212
Teste de proporções para duas amostras 213
Quadro 7.4   Exemplo passo a passo: teste de diferença entre proporções 214
Testes unilaterais 215
Quadro 7.5   Exemplo passo a passo: teste unilateral de médias para duas medições da mesma amostra 218
Exigências para testar a diferença entre médias 219
Quadro 7.6   Exemplo passo a passo: grupos independentes, teste unilateral 220
Resumo 221
Termos-chave 222
Exercícios 222
Exercícios em SPSS 230

Capítulo 8   Análise de variância 232

Lógica da análise de variância 234
Soma de quadrados (SQ) 235
Média quadrática 241
Razão ou índice F 242
Quadro 8.1 Exemplo passo a passo: análise de variância 245
Comparação múltipla de médias 247
Quadro 8.2 Exemplo passo a passo: DHS para análise de variância 248
Análise de variância com dois fatores 249
Quadro 8.3 Exemplo passo a passo: análise de variância com dois fatores 256
Exigências para o uso da razão F 259
Resumo 259
Termos-chave 260
Exercícios 260
Exercícios em SPSS 265

Capítulo 9   Testes de significância não paramétricos 267

Teste qui-quadrado de um critério 268
Quadro 9.1   Exemplo passo a passo: qui-quadrado de um critério 271
Teste qui-quadrado de dois critérios 272
Quadro 9.2   Exemplo passo a passo: teste qui-quadrado de significância dois critérios 278
Quadro 9.3   Exemplo passo a passo: comparação entre vários grupos 281
Quadro 9.4   Exemplo passo a passo: teste da mediana 286
Teste da mediana 287
Resumo 288
Termos-chave 289
Exercícios 289

Exercícios em SPSS..294
Olhando sob uma perspectiva mais ampla: testando diferenças.............................295

Parte 4   Da tomada de decisão à associação.........................299

Capítulo 10   Correlação..300

Intensidade da correlação 300
Direção da correlação 302
Correlação curvilínea...303
Coeficiente de correlação..303
Coeficiente de correlação de Pearson...304
    Quadro 10.1   Exemplo passo a passo: coeficiente de correlação de Pearson 310
Importância de gráficos de dispersão 311
Correlação parcial..313
Resumo 319
Termos-chave 319
Exercícios...319
Exercícios em SPSS..324

Capítulo 11   Análise de regressão..325

Modelo de regressão 326
Interpretação da reta de regressão...331
Erros de predição 333
Regressão e a correlação de Pearson 336
Regressão e a análise de variância..337
Regressão múltipla..338
    Quadro 11.1   Exemplo passo a passo: análise de regressão 339
Regressão logística..347
Resumo 353
Termos-chave 353
Exercícios...353
Exercícios em SPSS..360

Capítulo 12   Medidas não paramétricas de correlação...........................361

Coeficiente de correlação de postos de Spearman 362
    Quadro 12.1   Exemplo passo a passo: coeficiente de correlação de
    postos de Spearman 367
Gama de Goodman e Kruskal 368
    Quadro 12.2   Exemplo passo a passo: gama de Goodman e Kruskal....................369
Coeficiente de correlação para dados nominais dispostos em uma tabela 2×2 372
Coeficientes de correlação para dados nominais em tabelas de tamanho
superior a 2×2 374
Resumo 377
Termos-chave 378

Exercícios 378
Exercícios em SPSS 383
    Olhando sob uma perspectiva mais ampla: medindo a associação 384

Parte 5   Aplicação da estatística 387

Capítulo 13   Escolha de processos estatísticos para problemas de pesquisa 388

Situações de pesquisa 392
Soluções das pesquisas 407

Apêndice A   Revisão de alguns fundamentos da matemática 415
Apêndice B   Tabelas 420
Glossário 434
Respostas dos problemas 441
Índice remissivo 450

Prefácio

A décima primeira edição de *Estatística para ciências humanas* fornece uma introdução à estatística para estudantes de sociologia e campos relacionados, incluindo ciências políticas, justiça criminal e serviço social. Este livro não tem a intenção de ser uma referência abrangente sobre métodos estatísticos. Pelo contrário, nosso objetivo fundamental sempre foi proporcionar uma introdução acessível a vários tipos de estudantes, particularmente aqueles que não têm uma formação sólida em matemática.

Assim como as anteriores, esta edição possui uma série de atributos pedagógicos. Mais notavelmente, exemplos passo a passo de procedimentos estatísticos continuam a ser encontrados em pontos importantes ao longo do texto. Mais uma vez, tentamos fornecer explicações claras e lógicas para fundamento e uso de métodos estatísticos na pesquisa social, e novamente incluímos um grande número de questões e problemas ao término de cada capítulo. Por fim, concluímos cada parte do livro com uma seção intitulada "Olhando sob uma perspectiva mais ampla", que faz com que o estudante passe mais uma vez pelo processo inteiro de pesquisa.

Por mais de três décadas, *Estatística para ciências humanas* passou por amplas melhorias e refinamentos devido ao feedback de professores e estudantes. Esta edição também se distancia de maneiras significativa de versões anteriores do texto. Expandimos nossa introdução para a regressão múltipla, incluindo uma discussão de variáveis de teste, e para a regressão logística. Também adicionamos a variação interquartil no Capítulo 4, testes *t* com variâncias desiguais no Capítulo 7 e uma análise de variância com dois fatores no Capítulo 8. Além disso, atualizamos dados e, quando necessário, resumimos ou eliminamos material. Por fim, graças à adição de David R. Forde como coautor, esta edição é muito mais propícia à prática de SPSS. Contém uma série de problemas a serem trabalhados em SPSS usando conjuntos de dados on-line. Para aqueles professores que não ensinam SPSS, no entanto, esses novos aspectos do livro podem ser facilmente excluídos.

Conferimos e verificamos todos os exercícios e exemplos para minimizar as frustrações que estudantes sentem quando encontram erros de cálculo. Por fim, como a perfeição é algo que devemos buscar, encorajamos professores e estudantes a enviar correções ou comentários por e-mail para j.levin@neu.edu.

A organização do livro permanece inalterada. O Capítulo 1 fornece um panorama detalhado do tema, e os capítulos posteriores foram divididos em cinco partes: a Parte I (capítulos 2 a 4) introduz ao estudante os métodos mais comuns de descrição e comparação de dados. A Parte II (capítulos 5 e 6) serve a um propósito de transição. Começa com uma discussão dos conceitos básicos da probabilidade e leva o estudante do tópico da curva normal como um dispositivo descritivo importante ao uso da curva normal como base para a generalização de amostras para populações. Ainda focando a tomada de decisões, a Parte III (capítulos 7 a 9) contém diversos testes de significância bem conhecidos para diferenças entre grupos. A Parte IV (capítulos 10 a 12) inclui procedimentos para a obtenção de coeficientes de correlação e uma introdução à análise de regressão. Por fim, a Parte V (Capítulo 13) consiste em um importante capítulo, no qual estudantes aprendem, por meio de exemplos, as condições de aplicação de procedimentos estatísticos em problemas de pesquisa.

O texto fornece aos estudantes um material de base para o estudo da estatística. Uma revisão de matemática básica, tabelas estatísticas e um glossário de termos podem ser encontrados nos apêndices ao final do livro.

Agradecemos aos seguintes revisores desta edição por suas sugestões inspiradoras e proveitosas: Bruce P. Chadwick, Columbia University; Michael G. Elsamar, Boston University; Ann Hunter, University of Idaho; Juan Onesimo Sandoval, Northwestern University; e Paul T. von Hippel, Ohio State University. Também somos gratos a Jenna Savage e Sarah Damberger da Northeastern University, que passaram incontáveis horas verificando cálculos e respostas. Jenna Savage também foi responsável por muitos exercícios adicionais excelentes ao final de capítulos, Sarah Damberger trabalhou incansavelmente no desenvolvimento do novo manual de soluções. Somos gratos ao executivo literário do falecido Sir Ron A. Fisher, F.R.S.; o dr. Frank Yates, F.R.S.; e ao Longman Group, Ltd. London, pela permissão para reimprimir as tabelas III, IV, V e VI, que originalmente apareceram em *Statistical tables for biological, agricultural and medical research* (Tabelas estatísticas para pesquisas biológica, agrícola e médica), 6ª ed., 1974. Por fim, reconhecemos o papel importante de nossos computadores pessoais e laptops, cuja assistência tornou essa revisão possível.

Jack Levin
James Alan Fox
David R. Forde

Materiais adicionais

Na Sala Virtual (sv.pearson.com.br), professores e estudantes podem acessar os seguintes materiais adicionais 24 horas por dia:

Para professores:
- apresentações em PowerPoint;
- manual do professor (em inglês);
- manual de soluções (em inglês);
- sugestões de exercícios para provas

Esse material é de uso exclusivo para professores e está protegido por senha. Para ter acesso a ele, os professores que adotam o livro devem entrar em contato com seu representante Pearson ou enviar e-mail para universitarios@pearson.com.

Para estudantes:
- exercícios de múltipla escolha com diferentes graus de dificuldade;
- apêndice C: Uso da ABCalc e do SPSS;
- apêndice D: Lista de fórmulas.

Por que o pesquisador social usa a estatística

1

- A natureza da pesquisa social
  Quadro 1.1 Prática e estatística: um grupo ou dois?
- Por que testar hipóteses?
- Os estágios da pesquisa social
- Utilização de séries de números para realizar a pesquisa social
- As funções da estatística
- Resumo
- Termos-chave
- Exercícios em SPSS
  Olhando sob uma perspectiva mais ampla: uma pesquisa estudantil

---

Todos nós temos um pouco de cientista social. Quase todos os dias especulamos sobre eventos futuros em nossas vidas a fim de planejar o que faremos em novas situações ou experiências. À medida que essas situações ocorrem, podemos confirmar ou apoiar nossas ideias; outras vezes, entretanto, não temos tanta sorte e temos de enfrentar, eventualmente, consequências desagradáveis.

Considere alguns exemplos: podemos investir no mercado de ações, votar em um candidato que promete solucionar problemas locais, apostar em corridas de cavalos, tomar remédios para reduzir o desconforto de um resfriado, jogar em um cassino ou aceitar ir a um encontro romântico com um desconhecido por recomendação de um amigo.

Às vezes, vencemos; às vezes, perdemos. Deste modo, podemos fazer um bom investimento no mercado de ações, mas nos arrepender sobre nossa decisão de voto; ganhar dinheiro com jogos, mas descobrir que tomamos o remédio errado para um problema de saúde; e nos sair bem na prova semestral, mas não ter sucesso no encontro romântico, e assim por diante. Infelizmente, nem todas as previsões cotidianas corresponderão à realidade.

A natureza da pesquisa social

Assim como em uma abordagem cotidiana do mundo, cientistas sociais tentam explicar e prever o comportamento humano. Eles também dão "palpites" a respeito da natureza da realidade social, embora de forma muito mais precisa e estruturada. No decorrer desse processo, cientistas sociais examinam características do comportamento humano chamadas de *variáveis* — características que diferem ou mudam de um indivíduo para outro (por exemplo, idade, classe social e comportamento) ou de um instante para outro no decorrer do tempo (por exemplo, desemprego, taxa de criminalidade e população).

Nem todas as características humanas variam. É um fato da vida, por exemplo, que o gênero da pessoa que deu à luz você é feminino. Portanto, em qualquer grupo de indivíduos, o gênero da mãe é a *constante* "feminino". Um texto de biologia passaria um tempo considerável discutindo por que apenas mulheres dão à luz e as condições sob as quais o nascimento é possível, mas um cientista social consideraria o gênero da mãe como um dado, uma questão que não vale a pena ser estudada porque nunca varia. Ela não poderia ser usada para explicar diferenças na saúde mental das crianças, pois todas as mães são do sexo feminino. Em contraposição, idade, etnia e saúde mental de uma mãe são variáveis: em qualquer grupo, elas diferirão de uma pessoa para outra e podem ser a chave para uma melhor compreensão do desenvolvimento infantil. Portanto, um pesquisador pode estudar as diferenças na saúde mental de crianças em função da idade, da etnia e da saúde mental de suas mães.

Além de especificar as variáveis, o pesquisador social tem de determinar também a *unidade de observação* para a pesquisa. Normalmente, cientistas sociais coletam dados sobre indivíduos. Por exemplo, um pesquisador pode fazer entrevistas para determinar se os idosos são vítimas de crimes com mais frequência do que os mais jovens. Nesse caso, uma pessoa entrevistada é a unidade a ser observada pelo cientista social.

Entretanto, pesquisadores às vezes focam sua pesquisa em *agregados* — isto é, na forma como as medidas variam em conjuntos de pessoas. Por exemplo, um pesquisador pode estudar a relação entre a idade média da população e a taxa de criminalidade em diversas regiões metropolitanas. Nesse estudo, as unidades de observação são áreas metropolitanas em vez de pessoas.

Quer focalizem indivíduos ou agregados, as ideias que cientistas sociais têm da natureza da realidade social são chamadas de *hipóteses*. Essas hipóteses são frequentemente expressas em uma afirmação da relação entre duas ou mais variáveis: no mínimo, uma *variável independente* (ou suposta causa) e uma *variável dependente* (ou suposto efeito). Por exemplo, um pesquisador poderia apresentar a hipótese de que crianças socialmente isoladas assistem mais televisão do que crianças bem integradas em seus grupos de amigos, e poderia conduzir uma pesquisa na qual tanto crianças socialmente isoladas quanto crianças com boa integração social devessem responder perguntas sobre o tempo em que passam assistindo à televisão (o isolamento social seria a variável independente; o comportamento de assistir televisão seria a variável dependente). Ou um pesquisador poderia formular a hipótese de que uma estrutura familiar com a presença de apenas um dos pais gera maior delinquência do que a composta pela presença de pai e mãe, e poderia proceder entrevistando amostras de delinquentes e não delinquentes para determinar a presença de um ou ambos os pais em seus históricos familiares (a estrutura familiar seria a variável independente; a delinquência seria a variável dependente).

Assim, de maneira semelhante a de seus colegas nas ciências físicas, pesquisadores sociais frequentemente conduzem pesquisas para aumentar sua compreensão de problemas e questões em seu campo. A pesquisa social assume muitas formas, e pode ser usada para investigar uma ampla gama de problemas. Entre os métodos de pesquisa mais úteis empregados por pesquisadores sociais para testar suas hipóteses estão o experimento, a pesquisa tipo *survey*, a análise de conteúdo, a observação participativa e a análise secundária. Por exemplo, um pesquisador pode conduzir: um experimento para determinar se a prisão de um marido que agride fisicamente sua esposa impedirá esse mesmo comportamento no futuro; uma pesquisa por amostragem para investigar opiniões políticas; uma análise de conteúdo de valores em revistas voltadas para o público adolescente; uma observação participativa de um grupo político extremista; ou uma análise secundária de estatísticas do governo sobre desemprego. Cada uma dessas estratégias de pesquisa será descrita e ilustrada neste capítulo.

O experimento

Diferentemente da observação cotidiana (ou de qualquer outra abordagem de pesquisa), o *experimento* distingue-se pelo nível de *controle* que um pesquisador é capaz de aplicar à situação de pesquisa. Em um experimento, pesquisadores realmente manipulam uma ou mais das variáveis independentes às quais seus indivíduos estão expostos. A manipulação ocorre quando um pesquisador designa a variável independente a um grupo de pessoas (chamado de *grupo experimental*), mas a retira de outro grupo de pessoas (chamado de *grupo de controle*). Idealmente, todas as outras diferenças iniciais entre os grupos experimentais e de controle são eliminadas, atribuindo-se sujeitos aleatoriamente às condições experimentais e de controle.

Por exemplo, um pesquisador que formula a hipótese de que a frustração aumenta a agressividade pode designar um número de indivíduos para os grupos experimental e de controle jogando uma moeda (se der "cara", o indivíduo está no grupo experimental; se der "coroa", no grupo de controle). O pesquisador pode, então, manipular a frustração (a variável independente) pedindo aos membros do grupo experimental que solucionem um quebra-cabeça difícil (frustrante), enquanto os membros do grupo de controle devem solucionar uma versão muito mais fácil (não frustrante) do mesmo quebra-cabeça. Após todos os indivíduos terem completado seus quebra-cabeças, o pesquisador pode medir a agressividade pedindo que eles apliquem um "choque elétrico moderado" em outro indivíduo (na realidade, o outro indivíduo é um cúmplice do pesquisador que jamais recebe realmente o choque, mas os indivíduos supostamente não sabem disso). Se a vontade dos indivíduos de aplicar um choque elétrico for maior no grupo experimental do que no grupo de controle, essa diferença será atribuída ao efeito da variável independente, a frustração. A conclusão seria que a frustração realmente tende a aumentar o comportamento agressivo.

Em 1995, três pesquisadores da Universidade de Wisconsin — Joanne Cantor, Kristen Harrison e Marina Krcmar — conduziram um experimento para estudar o efeito das classificações da Motion Picture Association of America (associação norte-americana de cinema), G, PG, PG-13, R,[1] sobre as decisões de as crianças assistirem a um filme em particular. Os pesquisadores manipularam a variável independente — classificações de filmes —, pedindo a uma amostra de meninos com idades entre 10 e 14 anos que selecionassem o filme que eles gostariam de ver de uma lista de três filmes igualmente interessantes. Em todos os casos, dois dos filmes foram classificados como PG; apenas a classificação do terceiro filme, *The Moon-Spinners*,[2] foi diferente. De forma aleatória, foi informado a 25% dos garotos que esse filme havia sido classificado como G, a 25% como PG, a 25% como PG-13 e a 25% como R. Se a classificação do filme não tivesse efeito sobre suas preferências, cerca de 33% dos meninos deveriam ter escolhido assistir *The Moon-Spinners*, independentemente da classificação atribuída.

---

[1] Segundo a classificação norte-americana: G (livre para todas as idades); PG (crianças somente acompanhadas pelos pais); PG-13 (material inapropriado para menores de 13 anos); R (restrito, menores de 17 apenas acompanhados pelos pais). (N. do T.)

[2] No Brasil, "O segredo das esmeraldas negras". (N. do T.)

Os resultados mostraram algo mais: quando o filme *The Moon-Spinners* foi classificado como G, nenhum dos meninos o escolheu. Quando o filme recebeu a classificação PG, 38,9% dos meninos o selecionaram em vez de aos outros dois filmes. Mas quando *The Moon-Spinners* foi classificado como PG-13 ou R, pelo menos 50% queriam assisti-lo em vez de aos outros filmes da lista. Aparentemente, pelo menos para meninos entre 10 e 14 anos, classificar como "impróprio" ou "restrito" torna o filme mais atraente. Por outro lado, classificar um filme como *G* serve apenas para reduzir sua popularidade.

Um resultado final merece ser mencionado: utilizando um procedimento experimental idêntico, os pesquisadores determinaram que uma amostragem de meninas nessa mesma faixa etária aparentemente não foi afetada pelo equivalente de mídia da "fruta proibida". Apenas 11% das meninas escolheram a versão classificada como R do filme *The Moon-Spinners*; mais de 29% escolheram o filme quando ele tinha uma classificação G.

A pesquisa tipo *survey*

Como pudemos observar, pesquisadores de fato influenciam a criação do efeito que buscam alcançar. Comparativamente, a pesquisa *tipo survey* (pesquisa de *levantamento*) é *retrospectiva* — os efeitos das variáveis independentes sobre as variáveis dependentes são *registrados* depois, às vezes, muito depois de terem ocorrido. Pesquisadores que realizam levantamentos normalmente buscam reconstruir essas influências e consequências por meio de relatos verbais de seus entrevistados em questionários autoaplicados, entrevistas presenciais ou por telefone.

Pesquisas tipo *survey* não possuem os controles rígidos dos experimentos: variáveis não são manipuladas e indivíduos não são designados para grupos de maneira aleatória. Consequentemente, é muito mais difícil estabelecer causa e efeito. Suponha, por exemplo, em uma pesquisa que avalie o medo da criminalidade, que um pesquisador descubra que entrevistados que foram vítimas de crimes tendem a ser mais temerosos de caminhar por seus bairros do que aqueles que nunca foram vítimas de crimes. Como a variável *vitimização* não foi manipulada, não podemos chegar à conclusão lógica de que a vitimização *causa* um temor maior. A explicação alternativa de que a condição de sua vizinhança (pobreza, por exemplo) produz tanto o temor entre os moradores quanto a criminalidade nas ruas é igualmente plausível.

As pesquisas tipo *survey* também têm vantagens porque não envolvem manipulação experimental. Em comparação com experimentos, essas pesquisas podem investigar um número muito maior de variáveis independentes importantes em relação a qualquer variável dependente. Como não são confinadas a um ambiente de laboratório no qual uma variável independente pode ser manipulada, também podem ser mais *representativas* — seus resultados podem ser generalizados a um número maior de pessoas.

Em 2000, por exemplo, dois pesquisadores da Universidade Stanford (Califórnia/EUA) interessados em avaliar as consequências sociais do uso da Internet realizaram pesquisas com uma amostragem de probabilidade nacional da população adulta, incluindo tanto usuários quanto não usuários da Internet. Norman Nie e Lutz Erbing contataram 4.113 entrevistados em 2.689 residências por todo o país e pediram a eles que relatassem quantas horas gastavam com a Internet e outras atividades sociais.

Os resultados obtidos por Nie e Erbing consistentemente indicaram que os usuários regulares da Internet (definidos como aqueles que passam pelo menos cinco horas por semana na rede) são mais isolados socialmente que os não usuários. Mais especificamente, entre os usuários regulares da Internet, aproximadamente 25% responderam que passam menos tempo com a família e amigos, 8%, menos tempo em eventos sociais fora de casa, e 25%, menos tempo fazendo compras em lojas. Além disso, mais de 25% dos trabalhadores que também são usuários regulares da Internet relataram que ela havia aumentado o número de horas que eles passavam trabalhando no escritório. Sobre a única mudança inegavelmente benéfica associada com o uso da Internet, descobriu-se que 14% dos usuários regulares da Internet passam menos tempo no trânsito!

Em agosto de 2007, durante a reunião da American Sociological Association (ASA, associação norte-americana de sociologia), Scott Akins, da Universidade do Estado de Oregon, apresentou os resultados de um estudo no qual ele e seus colegas pesquisaram 6.713 residentes adultos do estado de Washington, incluindo 1.690 pessoas que se identificaram como hispânicas. Membros da amostra foram questionados a respeito do uso que faziam de drogas ilícitas e de sua identidade étnica. Pediu-se a eles que indicassem seu estado civil, nível educacional, *status* socioeconômico e local de residência, urbana ou rural.

Ao manter constantes esses outros fatores, Akins e seus colaboradores determinaram que o uso de drogas ilícitas aumentou entre a população hispânica que havia imigrado recentemente na medida em que ela permanecia por mais tempo nos Estados Unidos e tornava-se aculturada na sociedade norte-americana. Isto é, à medida que os imigrantes hispânicos assimilavam a cultura local, eles substituíam suas crenças culturais tradicionais, língua e padrões sociais por aqueles de sua sociedade anfitriã. Especificamente, ao serem questionados se haviam usado drogas ilícitas no mês anterior, menos de 1% dos hispânicos não aculturados respondeu que sim, contra 7,2% dos hispânicos aculturados (assim como 6,4% de residentes brancos) que respondeu afirmativamente quando a mesma pergunta lhes foi feita.

Análise de conteúdo

Como uma alternativa aos experimentos e pesquisas tipo *survey*, a *análise de conteúdo* é um método de pesquisa por meio do qual um pesquisador busca descrever de forma objetiva o conteúdo de mensagens produzidas anteriormente. Pesquisadores que conduzem uma análise de conteúdo não precisam observar, de forma direta, comportamentos ou questionar uma amostra de entrevistados. Em vez disso, eles normalmente estudam o conteúdo de livros, revistas, jornais, filmes, transmissões de rádio, fotografias, desenhos animados, cartas, comunicação interpessoal, propaganda política ou músicas.

Em 2001, por exemplo, James A. Fox, Jack Levin e Jason Mazaik realizaram uma análise de conteúdo de celebridades retratadas nas matérias de capa da revista *People*. Os pesquisadores buscaram determinar como as personalidades escolhidas pela revista de celebridades mais popular dos Estados Unidos (que tem uma circulação de 3.552.287 revistas por edição) haviam mudado ao longo de quase três décadas. Utilizando planilhas de codificação apropriadas, cada uma das mais de 1.300 capas de edições da *People*, desde seu lançamento, em 1974, até 1998, foi examinada minuciosamente, assim como as várias características de cada celebridade, além do tom geral da apresentação da capa.

Os resultados obtidos por Fox, Levin e Mazaik indicaram que, ao longo das décadas, as celebridades estampavam as capas da *People* por motivos negativos. Em 1974, durante o primeiro ano de publicação, menos de 3% de todas as celebridades se destacaram por razões negativas, como dependência de álcool e drogas, abuso de crianças ou por cometer crime violento. Em vez disso, a maioria das celebridades estava na capa porque havia realizado algo positivo — haviam superado um problema pessoal ou atingido um objetivo profissional. Em 1988, entretanto, ocorreu uma importante inversão no tom, de maneira que quase metade de todas as matérias de capa não focava as realizações positivas das celebridades, mas suas características desfavoráveis — padrão que se estendeu pela década de 1990. Juntamente com músicos, atletas e figuras políticas, a *People* também retratava, pela primeira vez, assassinos e estupradores.

Em 1998, Michael Welch, Melissa Fenwick e Meredith Roberts conduziram uma análise de conteúdo de citações de peritos criminais publicadas em reportagens de destaque de 1992 a 1995 nos jornais *The New York Times*, *The Washington Post*, *Los Angeles Times* e *Chicago Tribune*. Os pesquisadores descobriram que esses quatro importantes jornais apresentavam uma imagem de mídia distorcida do crime e o que fazer a respeito dele. Delitos corporativos, políticos e de colarinho branco praticamente não constavam nas publicações. Em vez disso, a maioria dos artigos focava nos crimes comuns — assassinatos, agressões e roubos — cometidos por indivíduos de baixa renda. Além disso, a maioria das citações de políticos e profissionais da justiça criminal apoiava as políticas de "endurecimento" de controle do crime. Em comparação, havia uma chance maior de que professores e pesquisadores citados abordassem as causas sociais e econômicas do crime e defendessem a reabilitação, a descriminalização, o controle de armas e a reforma da justiça criminal.

QUADRO 1.1 Prática e estatística: um grupo ou dois?

O importante papel da aleatoriedade na pesquisa experimental não pode ser exagerado, e sempre que ela estiver ausente é preciso que se analise com cuidado se os grupos experimental e de controle são, de fato, comparáveis. Sem a aleatoriedade, pode haver fatores externos, em vez da variável independente em si, o que poderia produzir a diferença observada entre os dois grupos.

Há vários anos, por exemplo, um estudo que descobriu um vínculo entre o consumo de café e o câncer de pâncreas recebeu uma cobertura considerável da mídia em razão das suas implicações assustadoras. A maioria das pessoas que viu as manchetes estava despreparada para questionar a validade dos achados. Elas tinham ouvido que o estudo fora realizado por pesquisadores em uma universidade de prestígio e publicado em um periódico altamente conceituado. Para elas, isso significava que o estudo provavelmente estava correto.

Esses mesmos indivíduos leigos podem ter presumido erroneamente que o estudo havia sido feito com base em um experimento em animais de laboratório, como ratos. Afinal de contas, ratos são sempre usados em testes de produtos antes que estes sejam considerados seguros para seres humanos. Alguém poderia pensar, por exemplo, que 100 ratos haviam sido divididos em dois grupos de maneira aleatória, e que o grupo experimental havia sido alimentado com (ou injetado com) grandes doses de cafeína, e que sinais de câncer pancreático haviam sido observados nesse grupo com uma frequência mais significativa do que no grupo de controle.

Você poderia pensar que essa havia sido a abordagem de pesquisa em sua forma ideal: (1) em virtude da designação aleatória, a taxa de câncer diferencial não poderia ser atribuída a nenhum outro fator, já que a designação aleatória tornou muito provável que os grupos fossem comparáveis desde o princípio; (2) diferentemente de seres humanos, os ratos tinham pouca escolha em sua participação — eles não podiam dizer "não, obrigado" ou "encha até a borda", tampouco pedir adoçante, o que poderia contaminar os resultados; e (3) os efeitos do consumo de café de uma vida inteira poderiam ser aproximados em uma questão de meses dando aos ratos doses muito grandes de cafeína.

Dadas todas essas vantagens, não é surpresa que estudos com ratos sejam frequentemente usados para testar a segurança de aditivos em alimentos. Entretanto, esse estudo sobre café e câncer não foi um experimento com ratos, mas um levantamento entre seres humanos. Os pesquisadores haviam comparado pacientes com câncer pancreático com outros indivíduos em termos de quanto café eles relataram ter consumido no passado. Deixando de lado os problemas de memória, deve-se considerar seriamente explicações alternativas para o fato de que pacientes com câncer pancreático tinham uma taxa de consumo de café significativamente mais alta que a dos outros investigados, além de concluir que a variável independente (café) havia causado a variável dependente (câncer). Talvez, ambas as variáveis (consumo de café e risco de câncer) sejam associadas com o nervosismo e o estresse. Isto é, o estresse pode levar a pessoa a tomar mais café, assim como ser mais propensa ao câncer.

É possível perceber com facilidade a grande limitação dos levantamentos — nem sempre é possível isolar a causa e o efeito como em um experimento. Em um experimento todas as explicações que competem entre si são invalidadas por controles rígidos inseridos na pesquisa. Por outro lado, experimentos nem sempre são preferíveis ou mesmo possíveis, dependendo da orientação da pesquisa. Primeiro, é preciso sempre questionar se os achados baseados em estudos com animais se sustentariam caso seres humanos tivessem sido usados no lugar deles. Há diferenças importantes entre ratos e seres humanos que impedem que generalizemos estudos com ratos para pessoas. Mesmo experimentos com seres humanos são limitados às vezes, na medida em que podemos generalizá-los para além do experimento. Indivíduos em um experimento no qual devem solucionar um quebra-cabeça a fim de produzir frustração podem reagir de maneira bastante diferente ao estresse produzido naturalmente.

Por fim, determinadas hipóteses simplesmente não podem ser testadas experimentalmente. Por exemplo, suponha que você estivesse interessado nos efeitos do divórcio sobre o desempenho escolar de crianças. Estudos com ratos seriam inúteis nesse caso. De maneira similar, um experimento com seres humanos — como contar para um grupo aleatório de crianças que seus pais estavam se separando — estaria fora dos limites da prática ética. Um levantamento de crianças de pais divorciados e casados seria a única maneira factível de estudar o problema.

Observação participativa

Outro método de pesquisa amplamente usado é a *observação participativa*, por meio da qual um pesquisador "participa da vida cotidiana das pessoas sendo estudadas, seja abertamente no papel de pesquisador, seja veladamente em algum papel disfarçado, observando o que ocorre, ouvindo o que é dito e questionando-as por um período de tempo."[3]

Em 1991, por exemplo, em uma época na qual tanto a popularidade quanto a crítica em relação à música *heavy metal* havia chegado ao seu auge, a socióloga Deena Weinstein conduziu um estudo extenso do gênero, incluindo uma observação participativa em shows de *heavy metal*. Com base em sua pesquisa de bastidores, em filas e em meio ao público de shows, assim como a bordo de ônibus em turnês, Weinstein argumentou que os difamadores do *heavy metal*, carecendo de conhecimento a respeito de suas raízes ou cultura, frequentemente fazem uma leitura pouco sofisticada e imprecisa dessa manifestação artística. Por pura ignorância, denunciam o *heavy metal* como o sintoma de uma sociedade doente, e associam-no injustamente a satanismo, violência e desvios de comportamento. Comparativamente, a pesquisa de Weinstein, que começa com o ponto de vista de fãs em vez de difamadores do *heavy metal*, dá suporte a uma visão mais positiva: ela defende o estilo musical como uma expressão artística legítima de rebelião jovem que merece tolerância, se não respeito, mesmo daqueles que não gostam do gênero.

Análise secundária

Neste caso, é possível que o pesquisador social não colete os próprios dados, mas utilize conjuntos de dados previamente coletados ou reunidos por outros pesquisadores. Frequentemente chamados de *dados de arquivo*, tais informações vêm do governo, de agências privadas e até mesmo de faculdades e universidades. O pesquisador social não é, portanto, o principal analista ou o primeiro a analisar os dados; desse modo, o que quer que ele faça para examinar os dados é chamado de *análise secundária*. Essa abordagem tem uma vantagem óbvia sobre a coleta de dados em primeira mão: é relativamente rápida e fácil, mas mesmo assim explora dados que podem ter sido reunidos de uma maneira cientificamente sofisticada. Por outro lado, o pesquisador é limitado ao que está disponível, e não tem voz ativa sobre como as variáveis são definidas e medidas.

---

[3] BECKER, Howard S.; GEER, Blanche. Participant observation and interviewing. In: *Qualitative Methodology*, ed. FILSTEAD, William J. p. 133, Chicago: Markham, 1970.

A edição de abril de 2008 da *American Sociological Review* contém um artigo no qual é pesquisado o efeito da idade sobre a felicidade. O autor, Yang Yang, sociólogo da Universidade de Chicago, conduziu uma análise secundária de dados do General Social Survey (GSS, levantamento social geral) do National Opinion Research Center (centro de pesquisa de opinião nacional), que divulga os resultados de entrevistas com uma amostra representativa de até 3 mil entrevistados coletadas todos os anos entre 1972 e 2004. A fim de medir seu grau de felicidade, o GSS perguntou aos entrevistados: "Levando tudo em consideração, como você acha que as coisas estão hoje em dia: você diria que está muito feliz, suficientemente feliz ou não muito feliz?"

Yang descobriu que seus entrevistados tornaram-se mais felizes com o avançar da idade, apoiando a noção de que as pessoas amadurecem e desenvolvem-se de maneiras positivas à medida que ficam mais velhas. Além disso, a felicidade era maior durante períodos de prosperidade econômica.

Gerações também diferiam em termos de grau de felicidade, com *baby boomers* — aqueles nascidos entre 1946 e 1964 — sendo os menos felizes entre qualquer grupo de gerações. Os resultados de Yang indicaram também que, entre os entrevistados de 18 anos, as mulheres brancas são as mais felizes em geral, seguidas por homens brancos, mulheres negras e homens negros. Entretanto, essas diferenças de etnia e gênero quase desaparecem conforme os entrevistados amadurecem e tornam-se idosos. Aparentemente, a felicidade continua a aumentar mesmo entrando na oitava década de vida.

Neste livro, ocasionalmente fazemos uso de fontes de dados de arquivo. No Capítulo 2, por exemplo, apresentaremos e analisaremos taxas de nascimento, taxas de homicídios, números de desemprego e dados de renda tirados de várias agências do governo norte-americano. A Tabela 1.1 fornece uma lista de sites úteis do governo norte-americano, dos quais vários tipos de dados relacionados a saúde, habitação, população, crime, educação, transporte e economia podem ser encontrados e baixados.

Tabela 1.1 Sites do governo norte-americano que contêm dados de ciência social.

Site/Agência[*]	Tipos de dados	URL
FEDSTATS	Links para dados e relatórios de mais de 70 agências federais.	<www.fedstats.gov>
Bureau of Census	População, famílias, negócios, renda, habitação, votação.	<www.census.gov>
Bureau of Justice Statistics (BJS)	Criminosos, vítimas, sistema judiciário.	<www.ojp.usdoj.gov/bjs/>
Bureau of Labor Statistics (BLS)	Emprego, desemprego, preços, salários.	<www.bls.gov>
Bureau of Transportation Statistics (BTS)	Tráfego, transportes aéreo, hidroviário e rodoviário, autoestradas.	<www.bts.gov>
National Center for Health Statistics (NCHS)	Nascimentos, doenças, lesões, mortes, saúde, casas de repouso.	<www.cdc.gov/nchs/>
National Center for Education Statistics (NCES)	Educação fundamental, educação secundária e educação superior.	<www.nces.ed.gov>

[*] Na ordem: FEDSTATS; Agência de Censo; Agência de Estatística da Justiça; Agência de Estatística do Trabalho; Agência de Estatística do Transporte; Centro Nacional de Estatísticas de Saúde; Centro Nacional de Estatísticas de Educação. (N. do T.)

Por que testar hipóteses?

A ciência social é chamada com frequência, e de maneira bastante injusta, de estudo do óbvio. Entretanto, é desejável, se não necessário, testar hipóteses a respeito da natureza da realidade social, mesmo aquelas que parecem lógicas e evidentes por si mesmas. Nossas observações de senso comum do dia a dia são geralmente baseadas em ideias preconcebidas e limitadas, muitas vezes preconceituosas, e experiências pessoais. Elas podem nos levar a aceitar sem crítica algumas suposições inválidas a respeito de características de fenômenos e comportamentos sociais.

Para demonstrar como podemos ser tão facilmente enganados por nossos preconceitos e estereótipos, considere o que "sabemos" a respeito de assassinos em massa — aqueles indivíduos que matam simultaneamente pelo menos quatro vítimas. De acordo com o pensamento popular (e relatos da imprensa), assassinos em massa são tipicamente indivíduos insanos que enlouquecem ou ficam irados, e expressam sua raiva em um acesso agressivo, espontâneo e impulsivo. Além disso, eles são normalmente considerados completamente estranhos às suas vítimas, que têm o azar de estar no lugar errado na hora errada — em um shopping center, em um vagão de metrô ou em uma lanchonete.

O conceito precedente de assassinos em massa pode parecer preciso e óbvio. No entanto, ao compilar informações detalhadas de relatórios do FBI a respeito de 697 assassinos em massa do período que ia de 1976 a 1995, Fox e Levin descobriram que, diferentemente do que se pensava, assassinos em massa raramente são insanos e espontâneos — eles sabem exatamente o que estão fazendo e não são levados a matar por vozes dos demônios. Tiroteios a esmo em um local público são exceções; a maioria dos assassinatos em massa ocorre dentro de famílias ou entre conhecidos. Tipicamente, assassinos em massa atacam cônjuges e todos seus filhos, ou chefes e colegas de trabalho. Longe de serem impulsivos, a maioria dos assassinos em massa é metódica e seletiva. Eles normalmente planejam seus ataques e são bastante seletivos quanto às suas vítimas. Em um massacre de escritório, por exemplo, um assassino em massa pode escolher assassinar apenas aqueles colegas de trabalho e supervisores que ele culpa por ter perdido uma promoção importante ou ter sido demitido.

Até pouco tempo, mesmo criminologistas praticamente ignoravam os assassinatos em massa, talvez acreditando que o assassinato em massa era meramente um caso especial de homicídio (não obstante, por definição, resultassem em uma contagem de corpos maior), explicável pelas mesmas teorias aplicadas a incidentes de uma única vítima e, portanto, não merecedores de tratamento especial. A partir desse ponto de vista, um assassinato em massa ocorre nos mesmos lugares, sob as mesmas circunstâncias e pelas mesmas razões que um assassinato com uma única vítima.

A comparação entre relatórios do FBI de homicídios com uma única vítima e assassinatos em massa revela um padrão bastante diferente. A localização dos assassinatos em massa difere bruscamente da localização de homicídios nos quais uma única vítima é morta. Primeiro, assassinatos em massa não tendem a se concentrar em grandes cidades como os crimes de uma única vítima; em vez disso, assassinatos em massa têm mais chance de ocorrer em cidades pequenas ou zonas rurais. Além disso, embora a região sul dos EUA (e no extremo sul dessa região, em particular) seja conhecida por suas altas taxas de homicídio, esse dado não se aplica aos assassinatos em massa. Em comparação com o assassinato de uma única vítima, que é altamente concentrado em bairros pobres urbanos e no extremo sul do país, onde discussões são muitas vezes resolvidas a tiros, o assassinado em massa reflete mais ou menos a distribuição geral da população.

Não é surpresa que a arma de fogo seja o artefato escolhido em incidentes de assassinatos em massa, mais ainda do que em crimes com uma única vítima. Claramente, uma pistola ou um rifle são os meios mais eficazes de destruição em massa. Comparativamente, é difícil matar um grande número de pessoas de maneira simultânea usando força física ou mesmo uma faca ou um objeto contundente. Ademais, apesar de um dispositivo explosivo poder causar potencialmente a morte de um grande número de pessoas (como na explosão do prédio federal na cidade de Oklahoma, em 1995), a sua imprevisibilidade seria inaceitável para a maioria dos assassinos em massa que atacam suas vítimas de modo seletivo. Além disso, um número menor de norte-americanos é hábil no uso de explosivos, em comparação com armas de fogo.

Os achados a respeito das relações vítima–criminoso talvez sejam tão contraintuitivos quanto possam parecer óbvios os resultados do uso de armas de fogo. Contrário à crença popular, assassinos em massa dificilmente atacam estranhos que simplesmente estão no lugar errado na hora errada. Na realidade, quase 40% desses crimes são cometidos contra membros da família, e quase a mesma proporção envolve outras vítimas conhecidas do criminoso (por exemplo, colegas de trabalho). O fato de um assassinato muitas vezes envolver membros de uma família é algo bem conhecido, mas isso é especialmente evidente em relação a massacres.

As diferenças nas circunstâncias que envolvem esses crimes são bastante dramáticas. Apesar de mais da metade dos homicídios de uma única vítima ocorrer durante uma discussão entre a vítima e o criminoso, é relativamente raro que uma discussão acalorada chegue a um assassinato em massa.

Algumas das diferenças mais notáveis entre tipos de homicidas aparecem nos dados do criminoso. Comparados com aqueles que matam apenas uma pessoa, assassinos em massa têm uma grande probabilidade de serem homens, muito mais chance de serem brancos e são de certa maneira mais velhos (meia-idade). O criminoso de uma única vítima é homem, jovem, e mais frequentemente negro do que branco.

As características da vítima são, é claro, uma escolha feita conforme as características do criminoso, indicando que assassinos em massa geralmente não escolhem suas vítimas aleatoriamente. Por exemplo, as vítimas de um assassinato em massa são geralmente brancas apenas porque os criminosos com quem elas se relacionam ou com quem se associam são brancos. De maneira similar, a juventude e a maior representação de mulheres entre as vítimas de um assassinato em massa, em comparação com um homicídio de uma única vítima, originam-se do fato de que um assassinato em massa típico envolve o arrimo do lar que aniquila a família inteira — sua esposa e seus filhos.

Os estágios da pesquisa social

Testar de forma sistemática nossas ideias a respeito da natureza da realidade social com frequência necessita de uma pesquisa cuidadosamente planejada e executada na qual ocorre o seguinte:

1. O problema a ser estudado é reduzido a uma hipótese testável (por exemplo, "famílias com um pai geram mais delinquência do que famílias com pai e mãe").
2. Um conjunto apropriado de instrumentos é desenvolvido (por exemplo, um questionário ou um cronograma de entrevista).
3. Os dados são coletados (isto é, o pesquisador pode ir a campo e conduzir uma sondagem ou um levantamento).
4. Os dados são analisados de acordo com sua relevância para a hipótese inicial.
5. Resultados da análise são interpretados e comunicados para um público (por exemplo, por meio de uma conferência, um artigo em um periódico ou um *press release*).

Como veremos em artigos subsequentes, o material apresentado neste livro está mais proximamente vinculado ao estágio de análise de dados da pesquisa (ver o item número 4 antes), no qual os dados coletados ou reunidos pelo pesquisador são analisados de acordo com sua relevância para a hipótese inicial. É nesse estágio da pesquisa que os dados brutos são tabulados, calculados, contados, resumidos, rearranjados, comparados, ou, em uma palavra, *organizados*, de maneira que possamos testar a precisão ou a validade das hipóteses.

Utilização de séries de números para realizar a pesquisa social

Qualquer pessoa que tenha conduzido uma pesquisa social sabe que problemas na análise de dados têm de ser confrontados nos estágios de planejamento de um projeto de pesquisa, pois eles são relevantes para a natureza das decisões em todos os outros estágios. Tais problemas muitas vezes afetam aspectos do projeto de pesquisa e mesmo os tipos de instrumentos empregados na coleta de dados. Por essa razão, constantemente buscamos técnicas ou métodos para incrementar a qualidade da análise de dados.

A maioria dos pesquisadores concordaria a respeito da importância da *mensuração* na análise de dados. Quando uma característica é medida, pesquisadores são capazes de designá-la a uma série de números de acordo com um conjunto de regras. Pesquisadores sociais desenvolveram medidas de uma ampla gama de fenômenos, incluindo prestígio ocupacional, atitudes políticas, autoritarismo, alienação, anomia, delinquência, classe social, preconceito, dogmatismo, conformismo, realização, etnocentrismo, urbanidade, religiosidade, ajustamento marital, mobilidade ocupacional, urbanização, *status* sociométrico[4] e fertilidade.

Os números têm pelo menos três funções importantes para os pesquisadores sociais, dependendo do *nível de mensuração* particular que eles empregam. Especificamente, séries de números podem ser usadas para:

1. *classificar* ou *categorizar* em termos nominais de mensuração;
2. *estabelecer um ranking* ou *ordenar* em termos ordinais de mensuração;
3. designar um *escore* em termos intervalares de mensuração.

Nível nominal

O *nível nominal de mensuração* envolve nomear ou rotular — isto é, classificar casos em categorias e contar sua frequência de ocorrência. Como exemplo, podemos usar uma medida em termos nominais para indicar se cada entrevistado é preconceituoso ou tolerante em relação a latinos. Como mostra a Tabela 1.2, podemos questionar dez estudantes em uma determinada classe e determinar que cinco sejam considerados (1) preconceituosos e cinco sejam considerados (2) tolerantes.

Tabela 1.2 Atitudes de dez estudantes universitários norte-americanos em relação a latinos: dados nominais.

Atitude em relação a latinos	Frequência
1 = preconceituoso	5
2 = tolerante	5
Total	10

---

[4] *Status* sociométrico é uma medida que reflete o grau no qual uma pessoa é aceita ou não por um grupo (N. do RT).

Outras medidas em termos nominais na pesquisa social são o sexo (masculino *versus* feminino), *status* de previdência social (beneficiado *versus* não beneficiado), partido político (republicano, democrata e indeterminado), caráter social (introvertido, extrovertido e voltado para a tradição), modo de adaptação (conformismo, inovação, ritualismo, recolhimento e rebelião) e orientação no tempo (presente, passado e futuro), para mencionar apenas alguns.

Ao lidar com dados nominais, temos de manter em mente que *todo caso tem de ser colocado em uma, e apenas uma, categoria*. Essa exigência indica que as categorias não podem se sobrepor, isto é, elas têm de ser *mutuamente exclusivas*. Desse modo, a cor de um entrevistado classificada como branca não pode ser classificada como negra; um entrevistado rotulado como homem não pode ser rotulado como mulher. A exigência também indica que as categorias têm de ser *exaustivas*; têm de haver um lugar para cada caso que surgir. Para fins ilustrativos, imagine um estudo no qual todos os indivíduos são entrevistados e categorizados pela cor como brancos ou negros. Onde categorizaríamos um entrevistado chinês, se houvesse um? Nesse caso, pode ser necessário expandir o sistema de categoria original para incluir asiáticos ou, presumindo que a maioria dos entrevistado será branca ou negra, incluir uma categoria "outros" na qual tais exceções possam ser colocadas.

O leitor deve atentar para o fato de que dados nominais não são classificados, ordenados ou colocados em uma escala que qualifica melhor ou pior, mais alto ou mais baixo, mais ou menos. Claramente, então, uma medida nominal de sexo não significa que homens são superiores ou inferiores às mulheres. Dados nominais são meramente rotulados, às vezes por nome (masculino *versus* feminino ou preconceituoso *versus* tolerante), outras vezes por números (1 *versus* 2), mas sempre a fim de agrupar os casos em categorias separadas para indicar uniformidade ou distinção em relação a uma determinada qualidade ou característica. Desse modo, quando um número é usado para rotular uma categoria (por exemplo, 1 = branco, 2 = negro, 3 = outros), uma quantidade não está implicada.

Nível ordinal

Quando o pesquisador vai além do nível nominal de mensuração e busca ordenar os seus casos em termos de grau para o qual eles têm qualquer característica dada, ele está trabalhando em *níveis ordinais de mensuração*. A natureza da relação entre categorias ordinais depende das características que o pesquisador busca mensurar. Para tomar um exemplo comum, você poderia classificar indivíduos em termos de *status* socioeconômico como classe baixa, classe média ou classe alta. Ou, em vez de categorizar os estudantes em uma determinada turma como preconceituosos *ou* tolerantes, o pesquisador poderia ordená-los de acordo com o seu grau de preconceito contra latinos, como indica a Tabela 1.3.

O nível ordinal de mensuração proporciona informações sobre o ordenamento de categorias, mas não indica a *magnitude das diferenças* entre os números. Por exemplo, o pesquisador social que emprega uma medida em níveis ordinais para estudar o preconceito em relação a latinos *não sabe quão mais preconceituoso um entrevistado é do que outro*. No exemplo dado na Tabela 1.3, não é possível determinar quão mais preconceituosa Joyce é do que Paul, ou quão menos preconceituoso Ben é do que Linda ou Ernie. Isso ocorre porque os intervalos entre os pontos ou categorias em uma escala ordinal não são conhecidos ou significativos. Portanto, não é possível designar *escores* para casos localizados em pontos ao longo da escala.

Nível intervalar

Em contraste com o nível ordinal, os *níveis intervalares e relação de medição* não apenas indicam a ordem das categorias, mas também a exata distância entre elas. Medidas intervalares e relação empregam unidades de mensuração constantes (por exemplo, dólares ou centavos, Fahrenheit ou Celsius, minutos ou segundos) que produzem intervalos iguais entre pontos na escala.

Tabela 1.3 Atitudes de dez estudantes universitários norte-americanos em relação a latinos: dados ordinais.

Estudante	Categoria
Joyce	1 = mais preconceituoso
Paul	2 = segundo
Cathy	3 = terceiro
Mike	4 = quarto
Judy	5 = quinto
Joe	6 = sexto
Kelly	7 = sétimo
Ernie	8 = oitavo
Linda	9 = nono
Ben	10 = menos preconceituoso

Algumas variáveis em sua forma natural são de nível intervalar — por exemplo, quantos quilos você pesa, quantos irmãos você tem, ou quanto tempo leva para um estudante completar um exame. Nas ciências sociais, o nível intervalar naturalmente formado pode incluir a duração de uma sentença de prisão, o número de crianças em uma família, ou o montante de tempo — em minutos e horas — que um indivíduo passa no trabalho.

Outras variáveis são de nível intervalar devido a como as colocamos em uma escala. Tipicamente, uma medida de nível intervalar que construímos gera um conjunto de escores que podem ser comparados uns com os outros. Como usado atualmente por cientistas sociais, por exemplo, uma medida bem conhecida de satisfação no trabalho, empregada por Tom W. Smith, que dirige o General Social Survey (levantamento social geral) no National Opinion Research Center (centro de pesquisa de opinião nacional), é tratada como uma variável intervalar. Nesse processo, é pedido aos entrevistados que indiquem quão satisfeitos estão com o trabalho que fazem, em uma escala de classificação de quatro pontos que consiste de 1 para alguém que está "muito insatisfeito", 2 para alguém que está "pouco insatisfeito", 3 para alguém que está "moderadamente satisfeito" e 4 para alguém que está "muito satisfeito". As ocupações são então colocadas em uma hierarquia da mais baixa para a mais alta, dependendo das avaliações como um todo — o escore de satisfação médio — que elas recebem de um grupo de entrevistados que trabalham com o assunto que devem avaliar. Em um estudo recente, por exemplo, o título *padre* recebeu uma classificação de 3,79 (quase o nível "muito satisfeito"), enquanto *garçom* recebeu um 2,85 (próximo do nível "moderadamente satisfeito"); *fisioterapeuta* recebeu um escore de 3,72, enquanto *pedreiro* recebeu 2,84.

Como descrito na Tabela 1.4, somos capazes de ordenar um grupo de oito ocupações em termos de grau de satisfação, e, além disso, determinar as distâncias exatas que separam umas das outras. Isso exige a presunção de que nossa medida de satisfação no trabalho usa uma unidade de medida constante (um ponto de satisfação). Desse modo, podemos dizer que o trabalho de padre é o que mais satisfaz na lista, pois recebeu o escore mais alto na medição. Também podemos dizer que escritores são apenas ligeiramente mais satisfeitos do que psicólogos, mas muito mais satisfeitos do que *barmans* ou pedreiros, os quais receberam escores extremamente baixos. Dependendo do propósito para o qual o estudo foi designado, tais informações podem ser importantes de se determinar, mas não estão disponíveis em termos ordinais de mensuração.

O nível de relação é o mesmo que o nível intervalar, mas, além disso, ele presume a existência de um zero absoluto ou verdadeiro. Comparativamente, uma variável de nível intervalar pode ter um valor zero artificial, ou mesmo não ter valor nenhum.

Tabela 1.4 Escores de satisfação de oito ocupações: dados intervalares.

Trabalho	Escore de satisfação
Padre	3,79
Professor	3,61
Escritor	3,61
Psicólogo	3,59
Açougueiro	2,97
Caixa	2,94
Barman	2,88
Pedreiro	2,84

Por exemplo, idade atende a condição para o nível de relação, porque o zero representa o nascimento ou a ausência completa de idade. Em comparação, a escala Fahrenheit de temperatura possui um ponto zero artificial, pois "zero grau" não representa a ausência total de calor, mesmo que não estejamos sentindo calor algum a essa temperatura. Similarmente, a escala de QI não tem um ponto zero — isto é, não há algo como QI zero — e, portanto, qualifica-se somente como uma escala de intervalo. Desse modo, não podemos dizer que uma pessoa com um QI de 150 é 50% mais inteligente do que alguém com um QI médio de 100.

Similarmente, se houvesse algo como um escore zero em uma escala de satisfação ocupacional, ele indicaria uma ausência total de qualquer traço de satisfação ("insatisfação absoluta") e, portanto, representaria potencialmente uma escala de relação. Como construída pelo autor, entretanto, a escala de prestígio ocupacional ilustrada previamente não recebeu um escore zero (um escore "1" indica "muito", mas não a insatisfação absoluta) e está, portanto, no nível intervalar e não de relação.

No fim das contas, na prática, faz pouca diferença se uma variável está no nível intervalar ou de relação. Há muitas técnicas estatísticas importantes que presumem uma distância-padrão entre pontos de escala (isto é, uma escala de intervalo), mas existem muito poucas que exigem relações válidas entre pontos de escala (isto é, uma escala de relação). Desse modo, ao longo deste livro, indicaremos se uma técnica exige o nível nominal, o nível ordinal ou o nível intervalar.

Maneiras diferentes de medir a mesma variável

Como observado anteriormente, o nível de mensuração de determinadas variáveis de ocorrência natural como gênero ou cor do cabelo é bastante claro, enquanto outras são construídas pela forma que o pesquisador social as define. Na realidade, a mesma variável pode ser mensurada em diferentes níveis de precisão, dependendo dos objetivos da pesquisa.

A Figura 1.1, por exemplo, ilustra diversas maneiras nas quais a variável "dor" pode ser medida por um pesquisador interessado em questões de saúde. No nível mais baixo — nominal —, entrevistados poderiam ser classificados como estando com ou sem dor, ou poderiam ser orientados a indicar que tipo de dor sentem. É claro que a extensão da dor poderia ser medida em uma escala ordinal variando de nenhuma a severa, ou os entrevistados poderiam indicar se sua dor estava mais fraca, mais forte ou continuava a mesma. Mais precisamente, o grau de dor poderia ser relatado de maneira numérica de 0 a 10, refletindo uma escala de nível intervalar/relação. Modos alternativos de medir a dor em termos de intervalo/relação incluem pedir aos entrevistados

Nível nominal
    Questão: Você está atualmente com dor? Sim ou não
    Questão: Como você caracterizaria o tipo de dor? Cortante, vaga, latejante

Nível ordinal
    Questão: Qual a intensidade da dor neste momento? Nenhuma, pouca, moderada, severa
    Questão: Comparado com ontem, a dor está menos severa, mais ou menos a mesma, ou mais severa?

Nível intervalar/relação

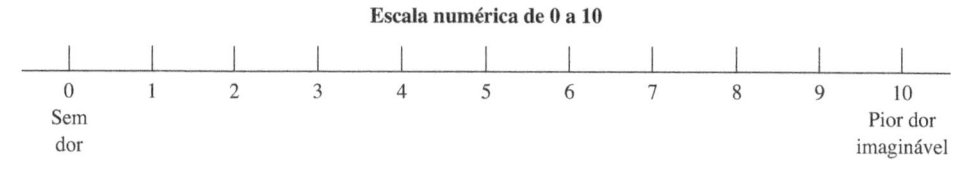

Escala numérica de 0 a 10

```
|    |    |    |    |    |    |    |    |    |    |
0    1    2    3    4    5    6    7    8    9    10
Sem                                              Pior dor
dor                                              imaginável
```

Escala análoga visual

Sem dor   Peça ao paciente que indique na linha onde a dor está em relação aos dois extremos.   Pior dor
A quantificação é apenas aproximada. Uma marca a meio caminho, por exemplo, indicaria que a dor é aproximadamente metade da pior dor possível.

Escala de expressões de dor

0	2	4	6	8	10
Muito feliz, sem dor alguma.	Dói, mas só um pouco.	Dói um pouco mais.	Dói mais ainda.	Dói muito mais.	Dói tanto quanto você possa imaginar.

Figura 1.1 Diferentes maneiras de medir a dor.

que indiquem seu grau de dor marcando em um *continuum*, de sem dor à dor mais intensa. Por fim, a Escala de Expressões Faciais de Dor pode ser usada para crianças com habilidades verbais limitadas ou adultos que falam uma língua estrangeira.

Tratando algumas variáveis ordinais como intervalo

Como vimos, níveis de mensuração variam em termos de seu grau de sofisticação ou refinamento, de uma classificação simples (nominal) à categoria de ordem (ordinal), passando pelo escore (intervalo). A Tabela 1.5 fornece um exemplo usando dados intervalares.

A essa altura, a distinção entre os níveis nominal e ordinal deve estar bastante clara. Seria difícil confundir o nível de mensuração alcançado pela variável "cor do cabelo" (loiro, ruivo, castanho, preto), que é nominal, com aquele da variável "condição do cabelo" (seco, normal, oleoso), que é ordinal.

A distinção entre variáveis ordinais e intervalares, entretanto, nem sempre é tão clara. Com frequência, variáveis que, no sentido mais estrito, são ordinais podem ser tratadas como se fossem intervalares quando as categorias ordenadas são espaçadas de maneira ligeiramente uniforme. Na

Tabela 1.5 Posturas de dez estudantes universitários em relação a latinos: dados intervalares.

Estudante	Escore[a]
Joyce	98
Paul	96
Cathy	95
Mike	94
Judy	22
Joe	21
Kelly	20
Ernie	15
Linda	11
Ben	6

[a] Escores mais altos indicam maior preconceito contra latinos.

realidade, um exemplo anterior — a medida da satisfação no trabalho — pode ser usado para ilustrar esse ponto. Para tratar essa medida como sendo intervalar em vez de ordinal, é necessário presumir que a distância entre "muito insatisfeito" e "um pouco insatisfeito" seja aproximadamente a mesma que a distância entre "um pouco insatisfeito" e "moderadamente satisfeito", e entre "moderadamente satisfeito" e "muito satisfeito". Se não conseguimos presumir intervalos iguais entre os pontos na escala, então a medida de satisfação deve ser tratada como uma escala ordinal.

Outro exemplo, em que duas variáveis (*categoria do professor* e *atitude em relação ao professor*) são ordinais:

Valor na escala	Categoria do professor	Postura em relação ao professor
1	Professor emérito	Muito favorável
2	Professor titular	Favorável
3	Professor adjunto	Um pouco favorável
4	Professor assistente	Neutro
5	Instrutor	Um pouco desfavorável
6	Monitor	Desfavorável
7	Assistente de ensino	Muito desfavorável

A variável *categoria do professor* dificilmente poderia ser tomada como uma variável intervalar. A diferença entre instrutor (5) e monitor (6) é mínima em termos de prestígio, salário e qualificações, enquanto a diferença entre instrutor (5) e professor assistente (4) é substancial, já que o último cargo geralmente exige doutorado e recebe um salário muito mais alto. Comparativamente, a variável *postura em relação ao professor* tem valores de escala espaçados de maneira quase uniforme. A diferença entre *um pouco desfavorável* (5) e *desfavorável* (6) *parece* ser virtualmente a mesma que a diferença entre *um pouco desfavorável* (5) e *neutra* (4). Na realidade, isso é verdade para a maioria das escalas que variam de *concordo plenamente* a *discordo plenamente*.

Em vez de discutir minúcias, muitos pesquisadores tomam uma decisão prática. Sempre que possível, escolhem tratar variáveis ordinais como intervalares, mas apenas quando é razoável presumir que a escala tem intervalos quase iguais. Desse modo, eles tratariam a variável *postura em relação ao professor* como se ela fosse intervalar, mas nunca tratariam a variável *categoria do professor* como nada mais do que uma variável ordinal. Como você verá mais adiante, tratar variáveis ordinais com valores espaçados de maneira praticamente uniforme, como se elas fossem variáveis intervalares, permite aos pesquisadores usar procedimentos estatísticos mais eficientes.

Mais questões de mensuração

A medição de uma variável em termos nominais, ordinais ou intervalares depende do aspecto natural da própria variável, e de forma nenhuma é influenciada pelas decisões que o pesquisador social toma ao definir e coletar dados. A cor do cabelo (preto, castanho, loiro, grisalho etc.), etnia (negro, branco, asiático) e região de residência (nordeste, meio-atlântico, sul, meio-oeste, montanha e oeste) são, por exemplo, inquestionavelmente variáveis em termos nominais. Um pesquisador, entretanto, ainda pode expandir o significado de características básicas como essas em uma tentativa de aumentar a precisão e a eficiência de seus dados. A cor do cabelo pode ser redefinida em termos de tons (como de castanho escuro ao loiro platinado) para elevar o nível de mensuração ao *status* ordinal. Similarmente, para o propósito de medir a proximidade geográfica à cultura sulista norte-americana, uma "escala sulista" em termos ordinais pode ser desenvolvida para distinguir os estados do Mississipi e Alabama em um extremo, Kentucky e Tennessee depois, seguidos por Maryland e Delaware, e então Connecticut e Vermont no outro extremo. Apesar de parecer um pouco de exagero, o pesquisador poderia também desenvolver uma escala sulista em termos intervalares, usando o número de milhas que o centro de um estado se encontra acima ou abaixo a linha Mason-Dixon.

As situações nas quais as variáveis têm de ser rebaixadas em seu nível de mensuração são mais comuns, mesmo que isso reduza sua precisão. Para aumentar a taxa de resposta, por exemplo, o entrevistador, por telefone, pode redefinir idade, uma variável intervalar, em categorias ordinais, como bebê, criança, adolescente, jovem adulto, meia-idade e sênior.

Outra distinção de medida importante confrontada por pesquisadores sociais está entre variáveis descontínuas e contínuas. Dados descontínuos assumem apenas determinados valores específicos. Por exemplo, o tamanho da família pode ser expresso somente em números inteiros, de 1 para cima (não existe algo como 3,47 pessoas em uma família; somente 1, 2, 3, 4 ou mais membros). Portanto, o tamanho da família representa uma medida de intervalo descontínua. Além disso, variáveis nominais (como *estados da região de New England*: Massachusetts, Connecticut, Rhode Island, Vermont, Maine e New Hampshire; *gênero*: masculino e feminino; *religião*: protestante, católica, judia, muçulmana, hindu), em virtude de sua natureza categórica, são sempre descontínuas.

Variáveis contínuas, por outro lado, apresentam uma gama infinita de valores possíveis, apesar de aparentemente medirmos em um modo discreto. O peso corporal, por exemplo, pode assumir qualquer número de valores, incluindo 65,052131180498 kg. Algumas balanças de banheiro podem medir esse peso até o quilograma inteiro mais próximo (65 kg), e outras podem medir o peso até o meio quilo mais próximo (65,5), e algumas até o décimo de quilo mais próximo (65,1). Subjacente a qualquer dispositivo de medida que usarmos, entretanto, há um *continuum* natural. Similarmente, a idade é uma variável contínua e teoricamente poderia ser medida em nanossegundos do nascimento em diante. Entretanto, é comum o uso de números inteiros (anos para adultos, semanas para bebês) ao registrar essa variável. Como mostrado anteriormente, também é uma prática comum dividir arbitrariamente o *continuum* da idade em categorias como bebê, criança, adolescente, jovem adulto, meia-idade e sênior.

As funções da estatística

Quando pesquisadores usam números — eles *quantificam* seus dados em termos de mensuração nominal, ordinal ou intervalar —, provavelmente empregarão a estatística como uma ferramenta de (1) *descrição* ou (2) *tomada de decisões*. Examinaremos mais de perto essas funções importantes da estatística.

Descrição

Para chegar a conclusões ou obter resultados, um pesquisador social frequentemente estuda centenas, milhares, ou mesmo números maiores de pessoas ou grupos. Em um caso extremo, a U.S. Bureau of the Census (agência norte-americana responsável pelo censo) conduziu uma contagem completa da população norte-americana, na qual milhões de indivíduos foram contatados. Apesar da ajuda de inúmeros procedimentos sofisticados, sempre é uma tarefa formidável descrever e resumir a massa de dados gerados em projetos de pesquisa social.

Tomando um exemplo comum, as notas de provas escritas de 80 estudantes foram listadas na Tabela 1.6. Você percebe um padrão nas notas? Você consegue descrever essas notas em poucas palavras? Em poucas frases? Você consegue dizer se elas são particularmente altas ou baixas como um todo?

A sua resposta para essas questões deveria ser "não". Entretanto, mesmo usando os princípios mais básicos de estatística descritiva, é possível caracterizar a distribuição das notas de provas escritas na Tabela 1.6 com bastante clareza e precisão, de maneira que as tendências como um todo ou as características do grupo possam ser rapidamente descobertas e facilmente comunicadas para quase qualquer pessoa. Primeiro, as notas podem ser rearranjadas em ordem consecutiva (da mais alta a mais baixa) e agrupadas em um número muito menor de categorias. Como mostra a Tabela 1.7, essa *distribuição de frequência agrupada* (a ser discutida em detalhes no Capítulo 2) apresenta as notas dentro de categorias mais amplas juntamente com o número ou a *frequência (f)* de estudantes cujas notas caíram nessas categorias. Pode ser visto prontamente, por exemplo, que 17 estudantes receberam notas entre 60 e 69; apenas 2 estudantes receberam notas entre 20 e 29.

Tabela 1.6 Notas de provas escritas de 80 estudantes.

72	49	81	52	31
38	81	58	68	73
43	56	45	54	40
81	60	52	52	38
79	83	63	58	59
71	89	73	77	60
65	60	69	88	75
59	52	75	70	93
90	62	91	61	53
83	32	49	39	57
39	28	67	74	61
42	39	76	68	65
58	49	72	29	70
56	48	60	36	79
72	65	40	49	37
63	72	58	62	46

Tabela 1.7 Notas de provas de 80 estudantes: uma distribuição de frequências agrupadas.

Notas	f
90-99	3
80-89	7
70-79	16
60-69	17
50-59	15
40-49	11
30-39	9
20-29	2

Outro procedimento útil (explicado no Capítulo 2) rearranja as notas graficamente. Como mostra a Figura 1.2, as categorias de notas são colocadas (de 20-29 a 90-99) em uma linha de um gráfico (isto é, a *linha de base horizontal*) e seus números ou frequências em outra linha (isto é, o *eixo vertical*). Esse arranjo resulta em uma representação gráfica facilmente visualizada na qual podemos ver que a maioria das notas cai na faixa entre 50 e 80, enquanto relativamente poucas notas são muito mais altas ou baixas.

Como será explicado no Capítulo 3, um método estatístico útil e particularmente conveniente — com o qual você já está mais ou menos familiarizado — consiste em fazer a seguinte pergunta: qual é a nota *média* nesse grupo de 80 estudantes? A média aritmética (ou simplesmente *média*), que pode ser obtida pela soma de todas as notas da lista seguida da divisão do resultado pelo número de estudantes, proporciona um quadro mais claro da tendência do grupo como um todo ou do desempenho da classe. A média aritmética nesse exemplo é 60,5, uma nota um tanto baixa em comparação com as médias de classes com as quais os estudantes podem estar familiarizados. Aparentemente, esse grupo de 80 estudantes foi relativamente mal em geral.

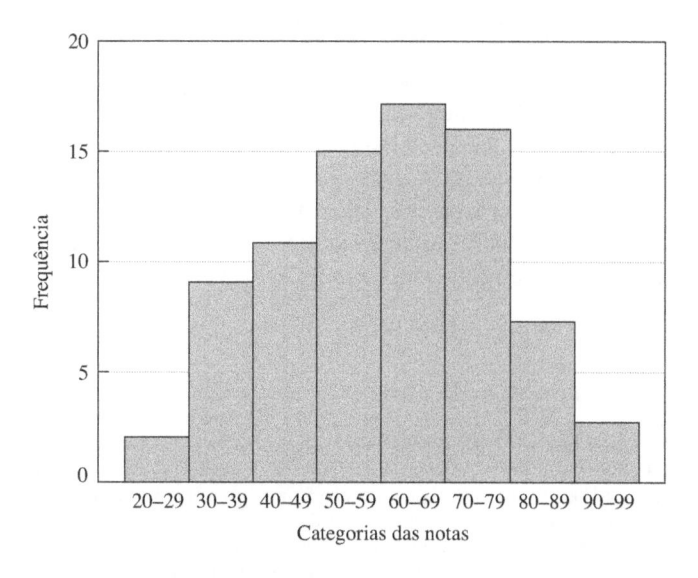

Figura 1.2 Gráfico das notas de provas de 80 estudantes.

Desse modo, com a ajuda de dispositivos estatísticos, como distribuições de frequência agrupadas, gráficos e a média aritmética, é possível detectar e descrever padrões ou tendências em distribuições de notas (por exemplo, as notas na Tabela 1.6) que poderiam, de outra maneira, ter passado despercebidas pelo observador casual. No contexto atual, então, a estatística pode ser definida como *um conjunto de técnicas para redução de dados quantitativos (isto é, uma série de números) para um número menor de termos descritivos mais convenientes e facilmente transmissíveis.*

Tomada de decisões

Para fins de testar hipóteses, é frequentemente necessário ir além da mera descrição. Muitas vezes, a inferência — tomada decisões com base em dados coletados em apenas uma pequena porção ou *amostra* de um grupo maior que queremos estudar — é necessária. Fatores como custo, tempo e necessidade de uma supervisão adequada muitas vezes impossibilitam a realização de uma enumeração completa ou de um censo do grupo inteiro (pesquisadores sociais chamam esse grupo maior, do qual a amostra foi tirada, de *população* ou *universo*).

Como veremos no Capítulo 6, toda vez que pesquisadores sociais testam hipóteses em uma amostra, eles têm de decidir se ela é realmente precisa para que se possa generalizar os achados para toda a população da qual elas foram tiradas. São inevitáveis os erros, mesmo no caso de a amostra ter sido concebida e executada de maneira adequada. Esse é o problema de generalizar ou de *fazer inferências* da amostra para a população.[5]

A estatística pode ser útil para fins de generalização dos resultados, com um alto grau de confiança, de amostras pequenas para populações maiores. A fim de compreender melhor esse propósito de tomada de decisões da estatística e o conceito de generalização de amostras para populações, examinaremos os resultados de um estudo hipotético que foi conduzido para testar a seguinte hipótese:

> *Hipótese: a probabilidade de estudantes universitários do sexo masculino experimentarem maconha é maior do que a probabilidade de estudantes universitários do sexo feminino fazerem o mesmo.*

Nesse estudo, os pesquisadores decidiram testar sua hipótese em uma universidade urbana na qual 20 mil estudantes (10 mil homens e 10 mil mulheres) estavam matriculados. Devido a fatores de custo e tempo, eles não foram capazes de entrevistar cada estudante no campus, mas conseguiram do departamento de matrículas uma lista completa dos alunos. Dessa lista, um estudante em cada cem (metade de cada sexo) foi escolhido para a amostra e, subsequentemente, entrevistado pelos membros da equipe de pesquisa. Os entrevistadores perguntaram a cada um dos 200 membros da amostra se ele ou ela havia experimentado maconha, e então registraram o gênero do estudante como masculino ou feminino. Após todas as entrevistas terem sido completadas e enviadas para o escritório da equipe, as respostas sobre a questão da maconha foram tabuladas por gênero, como apresenta a Tabela 1.8.

---

[5] O conceito de *erro amostral* será discutido mais detalhadamente no Capítulo 6. Entretanto, para compreender a inevitabilidade do erro na realização de uma amostragem de um grupo maior, talvez você queira conduzir a seguinte demonstração agora. Volte à Tabela 1.6, que contém as notas para uma população de 80 estudantes. De maneira aleatória (por exemplo, fechando seus olhos e apontando), escolha uma amostra de cinco notas de toda a lista. Calcule a nota média somando as cinco notas e dividindo o resultado por 5, o número total de notas. Já foi destacado que a nota média de toda a turma foi de 60,5. Até que ponto a sua média amostral difere da média da turma? Faça essa demonstração com várias outras amostras e algumas notas aleatoriamente escolhidas de um grupo maior. Com grande consistência, você deverá descobrir que sua média amostral quase sempre divergirá pelo menos ligeiramente daquela obtida da turma inteira. Isso é o que é chamado de *erro amostral*.

Tabela 1.8 Uso da maconha por gênero do entrevistado: caso I.

Uso de maconha	Gênero do entrevistado	
	Masculino	*Feminino*
Número de pessoas que experimentaram	35	15
Número de pessoas que não experimentaram	65	85
Total	100	100

Observe que os resultados obtidos dessa amostra de 200 estudantes, como apresenta a Tabela 1.8, estão colocados de maneira hipotética: 35 dentre 100 estudantes homens relataram ter usado maconha, enquanto apenas 15 dentre 100 estudantes mulheres relataram o uso. Claramente, nessa pequena amostra, os homens estavam mais inclinados a experimentar maconha do que as mulheres. Entretanto, para nosso objetivo, a questão mais importante é se essas diferenças de gênero no uso de maconha são grandes o suficiente para generalizá-las com confiança para uma população universitária muito maior do que a de 20 mil estudantes. Esses resultados representam verdadeiras diferenças de população? Ou obtivemos diferenças ao acaso entre homens e mulheres devido estritamente a um erro amostral — o erro que ocorre todas as vezes em que tomamos um grupo pequeno de um grupo maior?

Para esclarecer o problema de generalização de resultados de amostras para populações maiores, imagine que os pesquisadores tenham, em vez disso, obtido os resultados mostrados na Tabela 1.9. Observe que esses resultados ainda estão na direção prevista: 30 homens contra apenas 20 mulheres experimentaram maconha. Mas ainda estamos dispostos a generalizar esses resultados para a população universitária maior? Não é provável que uma diferença dessa magnitude (10 homens a mais do que mulheres) tenha acontecido simplesmente ao acaso? Ou podemos dizer com certeza que tais diferenças relativamente pequenas refletem uma diferença real entre homens e mulheres nessa universidade em particular?

Levemos esse exemplo um passo adiante. Suponha que os pesquisadores sociais tenham obtido os dados mostrados na Tabela 1.10. As diferenças entre homens e mulheres mostradas na tabela poderiam ser muito menores e ainda assim estar na direção da hipótese formulada: 26 homens contra 24 mulheres experimentaram maconha — apenas 2 homens a mais do que mulheres. Quem consideraria *esse* achado uma verdadeira diferença de população entre homens e mulheres, em vez de um produto do acaso ou erro amostral?

Onde devemos traçar um limite para isso? Em que ponto uma diferença amostral se torna grande suficiente para que a tratemos como significativa ou real? Com a ajuda da estatística, podemos tomar tais decisões prontamente e com um alto grau de certeza a respeito da relação entre amostras e populações. Por exemplo, se tivéssemos usado um dos testes estatísticos de significân-

Tabela 1.9 Uso da maconha por gênero do entrevistado: caso II.

Uso de maconha	Gênero do entrevistado	
	Masculino	*Feminino*
Número de pessoas que experimentaram	30	20
Número de pessoas que não experimentaram	70	80
Total	100	100

Tabela 1.10 Uso da maconha por gênero do entrevistado: caso III.

Uso de maconha	Gênero do entrevistado	
	Masculino	*Feminino*
Número de pessoas que experimentaram	26	24
Número de pessoas que não experimentaram	74	76
Total	100	100

cia que discutiremos mais adiante (por exemplo, qui-quadrado; ver Capítulo 9), já saberíamos que *apenas os resultados* divulgados na Tabela 1.8 podem ser generalizados para a população de 20 mil estudantes universitários — que 35 de 100 estudantes homens e apenas 15 de 100 estudantes mulheres tenham experimentado maconha é um achado suficientemente substancial para ser aplicado para a população inteira com um alto grau de certeza, e portanto podemos definir esse resultado como *diferença estatisticamente significativa*. Nosso teste estatístico nos diz que há apenas 5 chances em 100 que estejamos errados! Comparativamente, a aplicação do mesmo critério estatístico mostra que os resultados divulgados nas tabelas 1.9 e 1.10 são *estatisticamente insignificantes*, e que provavelmente são produto de um erro amostral em vez de diferenças de gênero reais no uso da maconha.

No presente contexto, então, a estatística é *um conjunto de técnicas de tomada de decisões que ajudam os pesquisadores a fazer inferências a partir de amostras para populações e, por conseguinte, a testar hipóteses em relação à natureza da realidade social.*

Uma nota importante sobre arredondamento

Se para você, como para a maioria dos estudantes, a questão do arredondamento pode ser confusa, é sempre uma satisfação quando uma resposta consiste de um número inteiro e o arredondamento não é necessário. Para aquelas outras vezes, entretanto, quando você se confronta com números como 34,233333 ou 7,126534, determinar exatamente quantos dígitos usar no arredondamento se torna problemático.

Para as ocasiões em que você precisar arredondar, a regra a seguir pode ser aplicada: *arredonde a resposta final para dois algarismos decimais a mais do que os contidos nos resultados finais*. Se os resultados originais são todos números inteiros (por exemplo, 3, 6, 9 e 12), então arredonde sua resposta final para duas casas decimais (por exemplo, 4,45). Se os resultados originais contêm uma casa decimal (por exemplo, 3,3, 6,0, 9,5 e 12,8), então arredonde sua resposta para três casas decimais (por exemplo, 4,456). Uma discussão sobre *como* arredondar é dada no Apêndice A.

Muitos problemas neste livro exigem uma série de passos intermediários antes que se chegue à resposta final. Ao usar uma calculadora, normalmente não é necessário arredondar cálculos ao longo do caminho (isto é, para passos intermediários). A sua calculadora frequentemente trará muito mais dígitos do que você eventualmente precisará. Como uma regra geral para passos intermediários, não arredonde até que chegue o momento de determinar sua resposta final.

Métodos empíricos, é claro, têm de ser usados com algum grau de bom senso. Um exemplo extremo é que você não arredondaria para apenas dois dígitos decimais o cálculo da trajetória ou do empuxo necessários para lançar um foguete à Lua; mesmo uma ligeira imprecisão poderia levar ao desastre. Ao resolver problemas para sua aula de estatística, por outro lado, a precisão de sua resposta é menos importante do que aprender o método em si. Pode haver momentos em que sua resposta diferirá ligeiramente daquela de seu colega ou daquela contida neste livro. Por exemplo, você pode obter a resposta 5,55, enquanto seu colega obtém 5,56; no entanto, ambos podem estar corretos. A diferença é trivial, e poderia facilmente ser o resultado do uso de duas calculadoras com capacidades de memória diferentes ou de os cálculos terem sido feitos em uma sequência diferente.

Neste livro, geralmente seguiremos essa regra prática. Em alguns exemplos, entretanto, arredondaremos os passos intermediários a fim de torná-los mais claros — mas apenas na medida em que não invalidem a resposta final.

Resumo

No primeiro capítulo, relacionamos nossas predições cotidianas sobre eventos futuros às experiências de pesquisadores sociais que usam a estatística como instrumento para testar suas hipóteses a respeito da natureza da realidade social. Quase diariamente, pessoas comuns tentam prever eventos futuros em suas vidas. Diferentemente de observações cotidianas fortuitas e preconceituosas, entretanto, pesquisadores buscam coletar provas *sistemáticas* para dar suporte às suas ideias. Com essa finalidade, e dependendo de seu objetivo de pesquisa em particular, eles podem decidir conduzir um levantamento, um experimento, uma observação participante, uma análise de conteúdo ou uma análise secundária. Dependendo do nível de mensuração em particular, séries de números são frequentemente empregadas por pesquisadores sociais para categorizar (nível nominal), ordenar (nível ordinal) ou classificar (nível intervalar) seus dados. Por fim, pesquisadores sociais são capazes de tirar vantagem de duas funções importantes da estatística no estágio de análise de dados da pesquisa social: descrição (reduzir dados quantitativos a um número menor de termos descritivos mais convenientes) e tomada de decisões (fazer inferências a partir de amostras para populações).

Termos-chave

Análise de conteúdo
Experimento
Hipótese
Intervalar
Mensuração
Nível de mensuração

Nominal
Observação participativa
Ordinal
Pesquisas de levantamento (survey)
Variável

Exercícios

1. Um pesquisador social que se junta a um grupo de *skinheads* a fim de estudar suas táticas de recrutamento utiliza os métodos de pesquisa conhecidos como:
   a. experimento.
   b. levantamento.
   c. análise de conteúdo.
   d. observação participativa.
   e. análise secundária.

2. Um sociólogo que estuda as diferenças de gênero em uma votação comparando rela-

tórios sobre o voto de homens e mulheres originalmente coletados pela U.S. Bureau of the Census emprega o método de pesquisa conhecido como:
   a. experimento.
   b. levantamento.
   c. análise de conteúdo.
   d. observação participativa.
   e. análise secundária.

3. Uma pessoa que elabora uma lista em que classifica cidades em "ritmo de vida mais

lento" a "ritmo de vida mais rápido" opera em termos de nível _____ de mensuração.
a. nominal.
b. ordinal.
c. intervalar.

4. Um pesquisador que ordena um conjunto de entrevistados (de 0 a 10) em relação ao grau de empatia por vítimas de acidentes trabalha em termos de nível _____ de mensuração.
a. nominal.
b. ordinal.
c. intervalar.

5. A abordagem estatística envolvida na generalização de uma amostra de 25 pacientes para uma população inteira de centenas de pacientes em um determinado hospital é conhecida como:
a. descrição.
b. tomada de decisão.
c. análise de conteúdo.
d. experimento.
e. análise secundária.

6. Um sociólogo realiza uma série de estudos para investigar vários aspectos de esportes violentos. Para cada uma das situações de pesquisa a seguir, identifique a estratégia de pesquisa (experimento, levantamento, análise de conteúdo ou observação participativa) e as variáveis independentes e dependentes:
a. Comentaristas esportivos dos sexos masculino e feminino descrevem eventos esportivos combativos (como o futebol americano) da mesma maneira? Para encontrar a resposta, o sociólogo coleta os relatos de jogos escritos por uma série de jornalistas esportivos de ambos os sexos no dia seguinte ao final do campeonato. Ele compara a agressividade contida nos adjetivos usados por repórteres para descrever o jogo.
b. Crianças reagem de maneira diferente ao assistir a esportes combativos e não combativos? Para encontrar a resposta, a socióloga designa de maneira aleatória que crianças em idade escolar assistam a versões gravadas de um jogo de hóquei (combativo) ou uma competição de natação (não combativo). Ela então observa a agressividade da brincadeira demonstrada pelas crianças imediatamente após verem as gravações.
c. Torcedores ficam mais agressivos quando seu time vence ou perde? Para encontrar a resposta, o sociólogo passa seus sábados em um bar que transmite jogos locais de futebol americano universitário em um telão. Ele se veste com a camisa do time e passa a fazer parte da torcida. Ao mesmo tempo, ele observa o nível de discussão e briga à sua volta quando o time está vencendo ou perdendo.
d. Os níveis de agressividade pessoal influenciam os tipos de eventos esportivos que as pessoas preferem assistir? Para encontrar a resposta, o sociólogo distribui um questionário para uma amostra aleatória de adultos. Além de informações-padrão sobre a vida das pessoas, o questionário inclui uma série de itens que medem a agressividade (por exemplo, "Com que frequência você discute acaloradamente com vizinhos ou amigos?") e uma lista em que os entrevistados devem indicar os esportes que gostam de assistir.

7. Identifique o nível de mensuração — nominal, ordinal, ou intervalar — representada em cada um dos itens de questionário a seguir:
a. Sexo:
1. ___ Feminino.
2. ___ Masculino.
b. Idade:
1. ___ Menos de 20.
2. ___ 20-29.
3. ___ 30-39.
4. ___ 40-49.
5. ___ 50-59.
6. ___ 60-69.
7. ___ 70 ou mais.
c. Quantos dependentes você tem? ___
d. Especifique o nível mais alto de educação obtido por sua mãe:
1. ___ Nenhum.
2. ___ Ensino fundamental.
3. ___ Ensino médio incompleto.
4. ___ Ensino médio completo.

5. ___ Superior incompleto.
6. ___ Superior completo.
7. ___ Pós-graduação.
e. Sua renda anual de todas as fontes: _____ (especifique)
f. Sua religião:
   1. ___ Protestante.
   2. ___ Católico.
   3. ___ Judeu.
   4. ___ Outra. ____ (especifique)
g. Classe social à qual seus pais fazem parte:
   1. ___ Alta.
   2. ___ Média alta.
   3. ___ Média.
   4. ___ Média baixa.
   5. ___ Baixa.
h. Em qual das regiões a seguir seus pais vivem atualmente?
   1. ___ Nordeste.
   2. ___ Sul.
   3. ___ Centro-oeste.
   4. ___ Oeste.
   5. ___ Sudeste.
i. Indique sua orientação política marcando um X no espaço apropriado:
   LIBERAL ___:___:___:___:
            1 2 3 4
   ___ CONSERVADOR
    5

8. Para cada um dos itens a seguir, indique o nível de mensuração (nominal, ordinal ou intervalar):
   a. Um alfaiate usa uma fita métrica para determinar exatamente onde cortar um pedaço de tecido.
   b. A velocidade dos corredores em uma corrida é cronometrada em segundos por um juiz.
   c. Baseado em números de presença de público, uma classificação dos dez concertos de rock com maior público do ano é compilada pelos editores de uma revista de música.
   d. Uma zoóloga conta o número de tigres, leões e elefantes que ela vê em uma determinada área de conservação de vida selvagem.
   e. Pede-se a um funcionário de uma loja de conveniência que faça um inventário de todos os itens que ainda estiverem nas prateleiras ao fim do mês.
   f. O diretor do corpo discente de uma faculdade pequena conta o número de alunos no primeiro ano, no segundo ano, no terceiro ano e no último ano que vivem em dormitórios no campus.
   g. Usando uma fita métrica, um pai mede o crescimento de seu filho anualmente.
   h. Em um encontro de atletismo, corredores em uma prova de 800 metros foram classificados em primeiro, segundo e terceiro lugares.

9. Uma cientista política realiza uma série de estudos para descobrir mais a respeito da população eleitora de sua cidade natal nos EUA. Para cada uma das situações de pesquisa a seguir, identifique sua estratégia (experimento, levantamento, análise de conteúdo, observação participativa ou análise secundária):
   a. Homens votam mais do que mulheres? Para encontrar a resposta, a pesquisadora analisa dados coletados pelo U.S. Bureau of the Census.
   b. Quantos idosos vivendo em asilos votam? Para encontrar a resposta, a pesquisadora visita lares de idosos e questiona os residentes para descobrir quantos votaram na última eleição.
   c. Quão organizado é o processo de eleição? No dia de eleição, o pesquisador vai para um local de votação, finge ser apenas mais um eleitor e observa quão rápida e eficientemente os eleitores passam pelo processo de votação.
   d. A chance das pessoas votarem é maior se elas estiverem bem informadas a respeito dos candidatos? Para encontrar a resposta, o pesquisador fornece informações detalhadas sobre os candidatos para um grupo aleatório de cidadãos com mais de 18 anos e compara seu comparecimento nas urnas no dia de eleição ao comparecimento de um grupo aleatório de cidadãos com mais de 18 anos que não receberam as informações.

10. Um pesquisador que classifica uma lista de países de acordo com o grau de consumo de seus recursos naturais está trabalhando em termos de nível ___ de mensuração.
    a. nominal.
    b. ordinal.
    c. intervalar.

11. Governos podem ser divididos em três tipos diferentes — governos unitários, governos federais e confederações —, dependendo de onde a concentração do poder está localizada. Esse seria considerado que nível de mensuração?
    a. nominal.
    b. ordinal.
    c. intervalar.

12. Um sociólogo conduz um levantamento para determinar os efeitos do tamanho da família sobre vários aspectos da vida. Para cada um dos itens do questionário a seguir, identifique o nível de mensuração (nominal, ordinal ou intervalar):
    a. O tamanho da família afeta o desempenho escolar? É pedido aos estudantes que circulem a letra de sua nota (A, B, C, D ou insuficiente) em várias matérias escolares.
    b. O tamanho da família varia de acordo com seu *status* socioeconômico? É pedido aos pais que forneçam sua renda anual em reais.
    c. A saúde dos pais varia de acordo com o tamanho da família? É pedido aos pais que classifiquem sua saúde como um todo em uma escala de 1 a 5, com 1 representando muito boa saúde e 5 representando uma saúde muito debilitada.
    d. Os efeitos do tamanho da família variam de acordo com a etnia? É pedido aos entrevistados que indiquem se são negros, brancos, hispânicos, asiáticos ou outro.

13. Para compreender melhor as vidas de moradores de rua, um pesquisador decide viver disfarçado de morador de rua por uma semana. Qual dos itens a seguir descreveria essa estratégia de pesquisa?
    a. levantamento.
    b. análise de conteúdo.
    c. experimento.
    d. observação participativa.
    e. análise secundária.

14. Uma professora na área da saúde distribui a seus alunos de ensino médio um questionário que deverá ser respondido anonimamente. Seu objetivo é descobrir a idade média em que esses estudantes se tornam sexualmente ativos. Nesse caso, a estatística está sendo usada para qual finalidade?
    a. tomada de decisão.
    b. experimento.
    c. análise secundária.
    d. análise de conteúdo.
    e. descrição.

15. Identifique o nível de mensuração (nominal, ordinal ou intervalar) em cada um dos itens a seguir:
    a. O psicólogo norte-americano William Sheldon desenvolveu a ideia de que existem três tipos principais de corpos: ectomorfo, endomorfo e mesomorfo.
    b. Em um estudo de memória de curto prazo, um psicólogo mede em segundos o tempo que os participantes levam para se lembrar de palavras e números que foram ditos a eles uma hora antes.
    c. O mesmo psicólogo, então, agrupa os participantes de acordo com a qualidade da memória de curto prazo, distribuindo-os em cinco categorias que vão desde "Memória de curto prazo muito boa" até "Memória de curto prazo muito ruim".
    d. Participantes em um estudo de distúrbios alimentares são questionados sobre a frequência com que se alimentam por dia.
    e. Com base em leituras de pressão sanguínea, um psicólogo classifica o estresse de várias atividades em uma escala de 1 a 10, sendo 1 a menos estressante e 10, a mais estressante.
    f. Em um estudo sobre daltonismo, um psicólogo conta o número de vezes que os participantes são capazes de identificar as cores vermelha, amarela e azul, a fim de categorizá-los como daltônicos ou não daltônicos.
    g. Um pesquisador interessado em relações familiares concentra-se na ordem de nascimento de irmãos.

16. Para um grupo muito pequeno de seus clientes, uma psicóloga conduz um levantamento e determina que a fobia mais comum no grupo é a acrofobia (medo de altura). Nesse caso, a estatística é usada como uma ferramenta para desempenhar qual função?
    a. experimento.
    b. análise secundária.
    c. descrição.
    d. tomada de decisão.
    e. generalização.
17. Uma psicóloga tem interesse em estudar como as pessoas lidam com o luto. Para cada uma das situações a seguir, identifique a estratégia de pesquisa (experimento, pesquisa, análise de conteúdo ou observação participativa) que ela poderia usar:
    a. Para descobrir como as pessoas lidam com a perda de pessoas queridas, a psicóloga escolhe uma amostra aleatória de pessoas e distribui um questionário que pede a elas que forneçam informações a respeito de suas experiências pessoais de luto.
    b. A psicóloga comparece a uma sessão de terapia em grupo para pessoas em luto e se faz passar por uma delas (após ter obtido permissão do supervisor do grupo). Dessa maneira, ela é capaz de observar em primeira mão como as pessoas expressam seu luto.
    c. O supervisor do grupo fornece à psicóloga uma série de diários anônimos nos quais as pessoas são estimuladas a expressar seu luto escrevendo seus pensamentos e sentimentos de maneira livre e espontânea. A psicóloga, então, lê as várias manifestações nos diários em uma tentativa de encontrar padrões na maneira que as pessoas vivem o luto.

Exercícios em SPSS

1. Identifique o nível de mensuração — nominal, ordinal, intervalar — para cada uma das variáveis a seguir do General Social Survey (levantamento social geral):
    a. SEXEDUC.
    b. TVHOURS.
    c. RELIG.
    d. NEWS.
2. Identifique o nível de mensuração — nominal, ordinal, intervalar — para cada uma das variáveis a seguir do Monitoring the Future Study (estudo de monitoramento do futuro):
    a. V13.
    b. V194.
    c. V1766.
    d. V1779.
3. Identifique o nível de mensuração — nominal, ordinal, intervalar — para cada uma das variáveis a seguir do Best Places Study (estudo de melhores lugares):
    a. CRIMEV.
    b. SUICIDE.
    c. METHLTH.
4. O método de pesquisa usado originalmente para conduzir o General Social Survey é conhecido como:
    a. experimento.
    b. pesquisa.
    c. análise de conteúdo.
    d. observação participativa.
    e. análise secundária.
5. O método de pesquisa que você usará ao analisar o General Social Survey é conhecido como:
    a. experimento.
    b. pesquisa.
    c. análise de conteúdo.
    d. observação participativa.
    e. análise secundária.
6. O método de pesquisa usado para conduzir o Best Places Study é conhecido como:
    a. experimento.
    b. pesquisa.
    c. análise de conteúdo.
    d. observação participativa.
    e. análise secundária.

Olhando sob uma perspectiva mais ampla: uma pesquisa estudantil

Neste livro, vários tópicos são examinados com cuidado em cada capítulo. Ao mesmo tempo, é importante, como se diz, "ver o todo a partir do detalhe". Desse modo, ao final de cada parte importante do texto, aplicaremos os procedimentos estatísticos mais úteis ao mesmo conjunto de dados extraídos de um levantamento hipotético. Essa jornada contínua deve demonstrar o processo pelo qual o pesquisador social parte de ideias abstratas para a confirmação ou rejeição de hipóteses sobre o comportamento humano. Lembre-se de que esta seção não constitui um simples exercício, mas sim uma ilustração de como a pesquisa social é realizada na prática.

Por muitas razões, levantamentos (ou *surveys*) há muito tempo têm sido a estratégia de coleta de dados mais comum empregada por pesquisadores sociais. Por meio do planejamento cuidadoso de um instrumento de pesquisa — um questionário preenchido por entrevistados ou uma entrevista planejada feita por telefone ou feita pessoalmente — um pesquisador pode obter respostas sob medida para seus interesses particulares.

Um instrumento de pesquisa bastante simples, no entanto, realista, projetado para estudar o consumo de álcool e fumo entre estudantes do ensino médio é apresentado a seguir. A proposta final é compreender não somente o quanto os estudantes fumam cigarros e bebem álcool, mas os fatores que explicam porque alguns estudantes fumam e bebem enquanto outros não o fazem. Mais adiante, aplicaremos procedimentos estatísticos para entendermos melhor os resultados do levantamento. Mas, por enquanto, é interessante antecipar o tipo de informação que podemos esperar analisar.

Suponha que esse breve levantamento seja preenchido por um grupo de 250 estudantes, da 8ª série do ensino fundamental ao 3º ano do ensino médio, em uma hipotética escola urbana típica. Observe que muitas das variáveis nessa pesquisa são nominais — se o entrevistado fumou ou consumiu álcool no último mês ou não — assim como características do entrevistado, como raça e sexo. Outras variáveis são medidas em níveis ordinais — especificamente, a extensão do envolvimento do entrevistado em seu grupo etário, sua participação em esportes/prática de exercício, assim como desempenho acadêmico. Por fim, ainda outras variáveis são medidas em níveis intervalares — em particular, o consumo diário de cigarros, assim como a idade e a série que cursa.

Para experimentar em primeira mão a maneira como os dados são coletados, você pode decidir distribuir esse levantamento, ou algo similar, por conta própria. Mas, assim como os programas de culinária na televisão, para os nossos fins neste livro, forneceremos ao final de cada parte do texto resultados estatísticos "pré-prontos" para exemplificar o poder dessas técnicas na compreensão de comportamentos. Como sempre, é importante não se deixar prender por detalhes e, sim, enxergar a situação como um todo.

Pesquisa estudantil

Responda as questões a seguir da maneira mais honesta possível. Não coloque seu nome no formulário, de modo que suas respostas permaneçam anônimas e privadas.

1. Qual série você frequenta na escola?
   _____

2. Como você classificaria seu desempenho acadêmico? Você é:
   _____ um excelente estudante, na maioria das vezes tirando A.
   _____ um bom estudante, na maioria das vezes tirando B.
   _____ um estudante mediano, na maioria das vezes tirando C.
   _____ um estudante abaixo da média, na maioria das vezes tirando D.

3. No último mês, você fumou algum cigarro?
   _____ Sim.
   _____ Não.

4. Se você é fumante, quantos cigarros você normalmente fuma por dia?
   _____ por dia.

5. No último mês, você consumiu cerveja, vinho ou bebida destilada?
   _____ Sim.
   _____ Não.

6. Se você consumiu bebidas alcoólicas no último mês, em quantas ocasiões distintas isso ocorreu?
   _____ vezes.
7. Qual das afirmações a seguir melhor descreveria seu círculo de amigos?
   _____ Eu tenho um monte de amigos próximos.
   _____ Eu tenho poucos amigos próximos.
   _____ Eu tenho um amigo próximo.
   _____ Eu não tenho nenhum amigo realmente próximo.
8. Seu pai ou sua mãe fumam?
   _____ Sim.
   _____ Não.
9. Você participa de atividades esportivas ou pratica exercícios?
   _____ Muito frequentemente.
   _____ Frequentemente.
   _____ Raramente.
   _____ Nunca.
10. Qual a sua idade atual? _____ anos.
11. Você é _____ Homem _____ Mulher
12. Como você identificaria a sua raça ou etnia?
    _____ Branco.
    _____ Negro.
    _____ Latino.
    _____ Asiático.
    _____ Outras.

Parte 1

Descrição

Capítulo 2
Organização dos dados

Capítulo 3
Medidas de tendência central

Capítulo 4
Medidas de variabilidade

Organização dos dados

2

- Distribuições de frequência de dados nominais
- Comparação de distribuições
- Proporções e porcentagens
- Razões e taxas
- Distribuições de frequência simples de dados ordinais e intervalares
- Distribuições de frequência agrupadas de dados intervalares
- Distribuições acumuladas
- Classificações percentis

- Abordagem de dados decimais
- Mais sobre limites de classe
- Intervalos de classe flexíveis
- Tabulações cruzadas
- Apresentações gráficas
  Quadro 2.1 Prática e estatística: medição da audiência da televisão
- Resumo
- Termos-chave
- Exercícios
- Exercícios em SPSS

A coleta de dados acarreta um sério esforço por parte dos pesquisadores sociais que buscam ampliar seu conhecimento sobre o comportamento humano. Entrevistar ou extrair informações de aposentados, estudantes universitários, viciados em drogas, homossexuais, norte-americanos de classe média e outros entrevistados exige certo grau de previsão, planejamento cuidadoso, controle e, às vezes, trabalho de campo.

A coleta de dados, entretanto, é apenas o começo no que diz respeito à análise estatística. Ela produz a matéria bruta que os pesquisadores sociais utilizam para analisar dados, obter resultados e testar hipóteses sobre a natureza da realidade social.

Distribuições de frequência de dados nominais

O marceneiro transforma a madeira bruta em móveis; o *chef* converte o alimento cru em versões mais palatáveis a serem servidas no jantar. Por meio de um processo similar, o pesquisador social — auxiliado por "receitas" chamadas de *fórmulas* e *técnicas estatísticas* — tenta transformar os dados brutos em um conjunto de medidas significativo e organizado que possa ser usado no teste de hipóteses.

O que os cientistas sociais podem fazer para organizar a miscelânea de números brutos que coletam de seus objetos de estudo? O que podem fazer para transformar a massa de dados brutos em uma forma fácil de ser compreendida? O primeiro passo é construir uma *distribuição de frequência* em forma de tabela.

Suponha que um pesquisador que estuda a socialização infantil esteja interessado em reações de meninos à frustração. Em resposta à retirada de seus brinquedos, eles agem com raiva ou choram? Com que frequência encontram brinquedos alternativos? Algumas crianças reagem com introversão? O pesquisador realiza um experimento com 50 meninos de 2 anos de idade, oferecendo e, em seguida, retirando um brinquedo colorido.

Examinaremos agora a distribuição de frequência de dados nominais na Tabela 2.1. Observe primeiro que a tabela tem, em seu cabeçalho, um número e um título que proporciona ao leitor uma ideia da natureza dos dados apresentados — respostas de meninos à retirada de um brinquedo. Essa é a disposição padrão; toda tabela deve ter um título claro, e, quando apresentada em série, deve também receber um número.

As distribuições de frequência de dados nominais consistem em duas colunas. Conforme a Tabela 2.1, a coluna da esquerda indica qual característica é apresentada (resposta da criança) e contém as categorias de análise (choro, raiva, retraimento e brincadeira com outro brinquedo). Uma coluna adjacente (intitulada *frequência*, ou *f*) indica o número de meninos em cada categoria (25, 15, 5 e 5, respectivamente), assim como o número total de meninos (50), que pode ser indicado seja por $N = 50$, seja pela inclusão da palavra *Total* logo abaixo das categorias. Uma rápida olhada na distribuição de frequência na Tabela 2.1 claramente revela que mais meninos reagem chorando ou com raiva do que retraindo-se ou encontrando um objeto alternativo para brincar.

Tabela 2.1 Respostas de meninos à retirada de um brinquedo.

Reação da criança	f
Choro	25
Raiva	15
Retraimento	5
Procura por outro brinquedo	5
	$N = 50$

Comparação de distribuições

Suponha em seguida que o mesmo pesquisador queira comparar as reações de meninos e meninas à retirada de um brinquedo. Fazer comparações entre distribuições de frequência é um procedimento muito usado para esclarecer resultados e acrescentar informações. A comparação em particular que um pesquisador faz é determinada pela questão que ele busca responder.

Nesse exemplo, o pesquisador decide investigar diferenças entre gêneros. As meninas são mais propensas a encontrar um brinquedo alternativo do que os meninos? Para fornecer uma resposta, o pesquisador pode repetir o experimento em um grupo de 50 meninas e, então, comparar os resultados. Imaginaremos agora que os dados que obtivemos são aqueles mostrados na Tabela 2.2. Como mostra essa tabela, 15 dentre 50 meninas, mas apenas 5 dentre 50 meninos, reagiram brincando com outro brinquedo na sala.

Tabela 2.2 Reação à retirada do brinquedo por gênero da criança.

Reação da criança	Gênero da criança	
	Masculino	Feminino
Choro	25	28
Raiva	15	3
Retraimento	5	4
Procura por outro brinquedo	5	15
Total	50	50

Proporções e porcentagens

Quando um pesquisador estuda distribuições de mesmo tamanho, os dados de frequência podem ser usados para fazer comparações entre os grupos. Desse modo, os números de meninos e meninas que encontraram brinquedos alternativos podem ser comparados diretamente, pois havia exatamente 50 crianças de cada gênero participando do experimento. Entretanto, geralmente não é possível estudar distribuições com exatamente o mesmo número de casos.

Para uso mais geral, precisamos de um método de padronização das distribuições de frequência em termos de tamanho — uma maneira de comparar grupos apesar das diferenças em frequências totais. Dois dos métodos mais populares e úteis de padronização de tamanho e comparação de distribuições são proporção e porcentagem.

A *proporção* compara o número de casos em uma determinada categoria com o tamanho total da distribuição. Podemos transformar qualquer frequência em uma proporção P dividindo o número de casos em uma categoria arbitrária f pelo número total N de casos na distribuição:

$$P = \frac{f}{N}$$

Portanto, em termos de proporção, 15 dentre 50 meninas que encontraram um brinquedo alternativo podem ser expressas da seguinte forma:

$$P = \frac{15}{50} = 0{,}30$$

Apesar da utilidade da proporção, muitas pessoas preferem indicar o tamanho relativo de uma série de números em termos de *porcentagem*, a frequência de ocorrência de uma categoria por 100 casos. Para calcular uma porcentagem, simplesmente multiplicamos qualquer proporção dada por 100. De acordo com a fórmula:

$$\% = (100)\frac{f}{N}$$

Portanto, 15 dentre 50 meninas que encontraram uma alternativa pode ser expresso como a proporção P = 15/50 = 0,30 ou como a porcentagem % = (100) (15/50) = 30%. Desse modo, 30% das meninas localizaram outro brinquedo para se divertir.

Para ilustrar a utilidade de porcentagens em comparações entre distribuições grandes e desiguais, examinaremos os gêneros de estudantes de engenharia de duas universidades, sendo o número de estudantes matriculados em uma muito diferente do número de estudantes matriculados na outra. Suponha, por exemplo, que a universidade A tenha 1.352 estudantes de engenharia, e a universidade B, apenas 183.

A Tabela 2.3 indica tanto frequências quanto porcentagens de estudantes de engenharia nas universidades A e B. Observe como é difícil determinar rapidamente as diferenças de gênero entre os estudantes de engenharia utilizando somente os dados de frequência. Comparativamente, as porcentagens claramente revelam que as mulheres estão igualmente representadas entre os estudantes de engenharia das universidades A e B. Mais especificamente, 20% dos estudantes de engenharia tanto na Universidade A como na universidade B são mulheres.

Tabela 2.3 Gênero de estudantes de engenharia nas universidades A e B.

Gênero do estudante	Estudantes de engenharia			
	Universidade A		Universidade B	
	f	%	f	%
Masculino	1.082	80	146	80
Feminino	270	20	37	20
Total	1.352	100	183	100

Razões e taxas

Um método não muito utilizado de padronização em relação ao tamanho — a *razão* — compara diretamente o número de casos que se enquadram em uma categoria (por exemplo, homens) com o número de casos enquadrados em outra categoria (por exemplo, mulheres). Desse modo, um índice (ou razão) pode ser obtido da maneira descrita a seguir, em que f_1 = frequência em categoria arbitrária e f_2 = frequência em qualquer outra categoria.

$$\text{Razão} = \frac{f_1}{f_2}$$

Se estivéssemos interessados em determinar a razão de negros para brancos, compararíamos o número de entrevistados negros (f = 150) com o número de entrevistados brancos (f = 100) obtendo 150/100. Cancelando fatores comuns no numerador e no denominador, é possível reduzir uma razão a sua forma mais simples, como 150/100 = 3/2. (Há 3 entrevistados negros para cada 2 entrevistados brancos.)

O pesquisador pode aumentar a clareza dessa relação colocando a base (o denominador) de uma maneira mais compreensível. Por exemplo, a *razão* de *gênero* frequentemente empregada por demógrafos que buscam comparar o número de homens e mulheres em qualquer população é geralmente dada como o número de homens por 100 mulheres.

Para exemplificar essa questão, se a relação de homens para mulheres é 150/50, há 150 homens para 50 mulheres (ou seja, 3 homens para cada mulher). Para obter a versão convencional da razão de gênero, multiplicamos a razão anterior por 100:

$$\text{Razão de gênero} = (100)\frac{f\text{homens}}{f\text{mulheres}} = (100)\left(\frac{150}{50}\right) = 300$$

Então, há 300 homens na população para cada 100 mulheres.

Outro tipo de razão — que tende a ser mais amplamente usada por pesquisadores sociais — é conhecida como *taxa*. Sociólogos frequentemente analisam populações em termos de taxas de reprodução, morte, criminalidade, desemprego, divórcio, casamento etc. Entretanto, enquanto a maioria das outras razões compara o número de casos em qualquer categoria ou subgrupo com o número de casos em qualquer outro subgrupo, taxas indicam comparações entre o número de casos efetivos (*reais*) e o número de casos *em potencial*. Por exemplo, para determinar a taxa de natalidade de uma determinada população, podemos mostrar o número de nascimentos bem-sucedidos entre mulheres em idade fértil (aquelas que estão expostas ao risco de engravidar e que, portanto, representam casos em potencial). Similarmente, para determinar a taxa de divórcio, poderíamos comparar o número de divórcios reais e o número de casamentos que ocorrem durante o mesmo período de tempo (por exemplo, 1 ano). Taxas são frequentemente dadas em termos de uma base que possui mil casos em potencial. Desse modo, taxas de natalidade são dadas como o número de nascimentos por mil mulheres; taxas de divórcio podem ser expressas em termos do número de divórcios por mil casamentos. Se ocorrem 500 nascimentos entre 4 mil mulheres em idade fértil:

$$\text{Taxa de nascimento} = (1.000)\frac{f\text{casos reais}}{f\text{casos em potencial}} = (1.000)\left(\frac{500}{4.000}\right) = 125$$

Então, há 125 nascidos vivos por cada mil mulheres em idade fértil.

Não há nada particularmente especial no cálculo de taxas por caso potencial ou por mil casos potenciais. Na realidade, expressar taxas *per capita* (isto é, por pessoa), por mil ou mesmo por milhão simplesmente diz respeito à decisão de qual seria a base mais conveniente. Por exemplo, gastos com o ensino público são normalmente expressos por aluno (determinados pela frequência diária média, pois a frequência varia durante o ano escolar em razão de uma série de fatores, incluindo transferências e desistências). Para calcular essa taxa, dividimos o gasto total em dólares pelo número de matrículas:

$$\text{Gasto per capita (aluno)} = \frac{\text{gasto com sacolas públicas}}{\text{número de alunos}}$$

Portanto, se uma cidade gasta $ 14 milhões com suas escolas públicas que possuem um total de 2.280 estudantes matriculados, o gasto por aluno é:

$$\frac{\$14.000.000}{2.280} = \$6.140$$

Diferentemente da taxa *per capita* (ou por estudante) anterior, algumas taxas são calibradas em uma base de 100 mil. Taxas de suicídio são derivadas de:

$$\text{Taxa de suicídio} = \frac{\text{número de suicídios}}{\text{população}} \times 100.000$$

Se um estado tem uma população de 4,6 milhões de residentes e computa 562 suicídios em um ano, a taxa de suicídios por 100 mil habitantes é:

$$\frac{562}{4.600.000} \times 100.000 = 0,000122 \times 100.000 = 12,2$$

Desse modo, nesse estado ocorreram 12,2 suicídios por 100 mil habitantes.

É importante observar que poderíamos ter definido a taxa como suicídios *per capita* sem ter multiplicado a fração (suicídios em relação à população) pelo fator de escala de 100 mil. Entretanto, a taxa resultante de 0,000122, apesar de correta, é de difícil manuseio em virtude do seu tamanho pequeno, de maneira que aumentamos a taxa para uma forma mais legível e digerível, multiplicando-a por 100 mil (movendo a vírgula decimal cinco casas para a direita), o que, então, converte a taxa *per capita* de 0,000122 em uma taxa de 12,2 por 100 mil.

Muitas vezes, taxas são usadas para comparar diferentes populações. Por exemplo, poderíamos comparar taxas de natalidade entre brancos e negros, entre mulheres de classe média e classe baixa, entre grupos religiosos e países inteiros etc. Outro tipo de taxa, a *taxa de variação*, pode ser usado para comparar a mesma população em dois pontos no tempo. Ao calcular a taxa de variação, comparamos a variação real entre o período de tempo 1 e o período de tempo 2 com o nível no período de tempo 1 servindo como base. Desse modo, a população de uma cidade que aumenta de 20 mil para 30 mil entre 1990 e 2005 experimenta a seguinte taxa de variação:

$$(100)\left(\frac{\text{tempo } 2f - \text{tempo } 1f}{\text{tempo } 1f}\right) = (100)\left(\frac{30.000 - 20.000}{20.000}\right) = 50\%$$

Em outras palavras, a população cresceu 50% entre 1990 e 2005.

Observe que uma taxa de variação pode ser *negativa* para indicar uma redução de tamanho em qualquer período dado. Por exemplo, se a população de uma cidade varia de 15 mil para 12 mil durante certo período, a taxa de variação é:

$$(100)\left(\frac{12.000 - 15.000}{15.000}\right) = -20\%$$

Distribuições de frequência simples de dados ordinais e intervalares

Como os dados nominais são rotulados em vez de classificados ou colocados em uma escala, as categorias de distribuições em termos nominais não têm de ser listadas em uma ordem em particular. Desse modo, os dados sobre estado civil mostrados na Tabela 2.4 são apresentados em três disposições diferentes e igualmente aceitáveis.

Comparativamente, as categorias ou os valores de escores em distribuições ordinais ou intervalares representam o grau em que uma característica em particular está presente. A listagem de tais categorias ou valores de escores em distribuições de frequências simples tem de ser feita para refletir aquela ordem.

Por essa razão, categorias ordinais e intervalares são sempre arranjadas em ordem, normalmente dos valores mais altos para os mais baixos, às vezes dos valores mais baixos para os mais altos. Por exemplo, poderíamos listar as categorias de classe social da mais alta para a mais baixa ou divulgar os resultados de uma prova de biologia em ordem consecutiva, da nota mais alta para a mais baixa.

Alterar a ordem de categorias ordinais e intervalares reduz a legibilidade dos resultados da pesquisa. Esse efeito pode ser visto na Tabela 2.5, na qual tanto a versão "incorreta" quanto a "correta" de uma distribuição de atitudes em relação a um aumento proposto em uma taxa para caminhadas em um campus universitário foram apresentadas. Qual versão é mais fácil de ler?

Tabela 2.4 Distribuição do estado civil mostrada de três maneiras.

Estado civil	f	Estado civil	f	Estado civil	f
Casado(a)	30	Solteiro(a)	20	Anteriormente casado(a)	10
Solteiro(a)	20	Anteriormente casado(a)	10	Casado(a)	30
Anteriormente casado(a)	10	Casado(a)	30	Solteiro(a)	20
Total	60	Total	60	Total	60

Tabela 2.5 Distribuição de frequência de atitudes em relação ao aumento de taxa para caminhadas em um campus universitário: apresentações correta e incorreta.

Atitude em relação ao aumento da taxa para caminhadas	f	Atitude em relação ao aumento da taxa para caminhadas	f
Ligeiramente favorável	2	Fortemente favorável	0
Um tanto desfavorável	21	Um tanto favorável	1
Fortemente favorável	0	Ligeiramente favorável	2
Ligeiramente desfavorável	4	Ligeiramente desfavorável	4
Fortemente desfavorável	10	Um tanto desfavorável	21
Um tanto favorável	1	Fortemente desfavorável	10
Total	38	Total	38
INCORRETA		CORRETA	

Distribuições de frequência agrupadas de dados intervalares

Escores de nível intervalar estão, às vezes, dispersos em uma ampla extensão (escore mais alto menos escore mais baixo), o que torna a distribuição de frequência uma resultante simples longa e difícil de ler. Quando tais situações ocorrem, poucos casos podem se enquadrar em cada valor de escore, e o padrão do grupo se torna indistinto. Para exemplificar essa questão, a distribuição disposta na Tabela 2.6 contém valores que variam de 50 a 99 e ocupa quase quatro colunas.

Para esclarecer nossa apresentação, poderíamos construir uma *distribuição de frequência agrupada* ao condensar os escores separados em uma série de categorias menores ou grupos, cada uma contendo mais de um valor de escore. Cada categoria ou grupo em uma distribuição agrupada é conhecida como um *intervalo de classe*, cujo *tamanho* é determinado pelo número de valores de escore que ela contém.

As notas obtidas por 71 estudantes originalmente apresentadas na Tabela 2.6 foram rearranjadas em uma distribuição de frequência agrupada, como mostra a Tabela 2.7. Aqui, encontramos

Tabela 2.6 Distribuição de frequência de notas das provas finais de 71 estudantes.

Nota	f	Nota	f	Nota	f	Nota	f
99	0	85	2	71	4	57	0
98	1	84	1	70	9	56	1
97	0	83	0	69	3	55	0
96	1	82	3	68	5	54	1
95	1	81	1	67	1	53	0
94	0	80	2	66	3	52	1
93	0	79	8	65	0	51	1
92	1	78	1	64	1	50	1
91	1	77	0	63	2		$N = 71$
90	0	76	2	62	0		
89	1	75	1	61	0		
88	0	74	1	60	2		
87	1	73	1	59	3		
86	0	72	2	58	1		

Tabela 2.7 Distribuição de frequência agrupada de notas das provas finais de 71 estudantes.

Intervalo de classe	f	%
95–99	3	4,23
90–94	2	2,82
85–89	4	5,63
80–84	7	9,86
75–79	12	16,90
70–74	17	23,94
65–69	12	16,90
60–64	5	7,04
55–59	5	7,04
50–54	4	5,63
Total	71	100[a]

[a] As porcentagens, do modo como aparecem aqui, somam apenas 99,99%, mas, escrevemos a soma como sendo 100%, pois sabemos que 0,01% foi perdido no arredondamento.

10 intervalos de classe, cada um tendo um tamanho 5. Desse modo, o intervalo de classe mais alto (95–99) contém as cinco notas, 95, 96, 97, 98 e 99. Similarmente, o intervalo 70–74 tem tamanho 5, e contém as notas 70, 71, 72, 73 e 74.

As frequências estão ao lado dos intervalos de classe na Tabela 2.7. Essa coluna nos diz o número de casos ou notas em cada uma dessas categorias. Desse modo, enquanto o intervalo de classe 95–99 abrange cinco notas (95, 96, 97, 98 e 99), ele inclui três notas (95, 96 e 98).

A coluna mais significativa, particularmente se comparada a outras distribuições (como as notas de provas finais durante um período diferente com um número diferente de alunos), é a coluna de porcentagem, também chamada de *distribuição de porcentagem*. Por exemplo, podemos ver que 4,23% dos estudantes tiveram notas no intervalo de classe 95–99.

Limites de classe

Suponha que você suba em uma balança digital de banheiro e o número 123 (pounds)[1] apareça no visor. Você pesa exatamente 123 pounds? Ou seria mais realista dizer que você pesa aproximadamente 123 pounds? Para sermos mais exatos, você pesa mais do que 122,5 pounds e menos do que 123,5 pounds, e a balança arredonda o valor para o número inteiro mais próximo. Quando construímos intervalos de classe da variação de peso 120 a 129 pounds, temos de incluir um "fator de correção" para os números inteiros. Assim, esse intervalo de classe para o peso é, na realidade, de 119,5 (o extremo baixo de 120) a 129,5 (o extremo alto de 129). Os limites reais desse intervalo são 119,5 a 129,5 pounds. De modo que, na realidade, qualquer pessoa cujo peso exato estiver entre 119,5 e 129,5 estará incluída nesse intervalo. Em termos práticos, qualquer pessoa cujo peso exato esteja entre 119,5 e 129,5 pounds fará "a balança pender", em números inteiros, de 120 a 129 pounds.

Cada intervalo de classe tem um *limite superior* e um *limite inferior*. À primeira vista, os valores de escores mais alto e mais baixo em qualquer categoria dada parecem ser esses limites. Desse modo, seria razoável esperar que os limites superior e inferior do intervalo 60–64 fossem 64 e 60, respectivamente. Nesse caso, entretanto, estaríamos errados, porque 64 e 60 na realidade não são os limites do intervalo 60–64.

Diferentemente dos valores de escores mais alto e mais baixo em um intervalo, *limites de classe* estão localizados na metade do caminho entre intervalos de classe adjacentes, e também servem para preencher o hiato entre eles (veja a Figura 2.1). Desse modo, o limite superior do intervalo 90–94 é 94,5, e o limite inferior do intervalo 95–99 também é 94,5. Da mesma maneira, 59,5 serve como o limite superior do intervalo 55–59 e como o limite inferior do intervalo 60–64.

Por fim, como podemos ver na figura, a distância entre os limites superior e inferior de um intervalo de classe determina o seu tamanho. Isto é:

$$h = S - I$$

onde h = tamanho de um intervalo de classe
S = limite superior (*upper*) de um intervalo de classe
I = limite inferior (*lower*) de um intervalo de classe

Por exemplo, para o intervalo 90–94, o tamanho (h) é 94,5 – 89,5 = 5. Isso corresponde ao valor que obtemos pela simples contagem de valores dentro do intervalo (90, 91, 92, 93 e 94). Para evitar confusões, recomendamos que sempre calcule o tamanho do intervalo de classe por meio da subtração do limite inferior do superior.

---

[1] Um pound (ou libra) é 0,453592 kg.

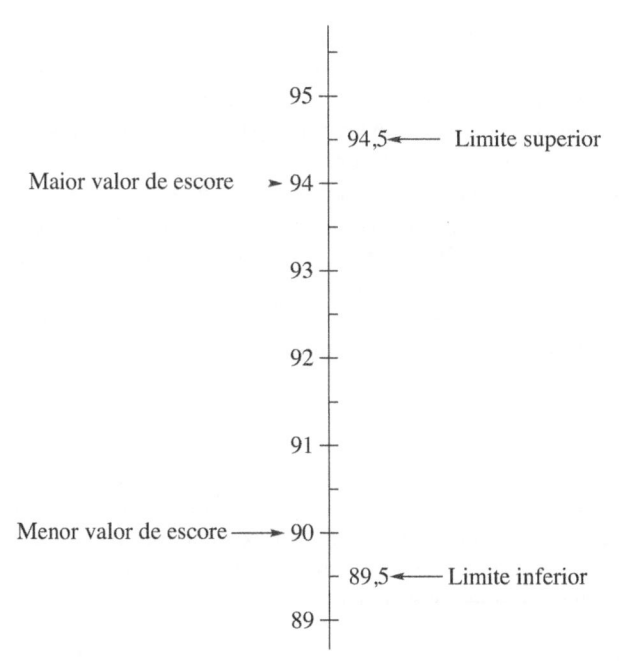

Figura 2.1 Valores de escore mais alto e mais baixo *versus* limites superior e inferior do intervalo de classe 90–94.

O ponto médio

Outra característica de qualquer intervalo de classe é o seu *ponto médio* (m), que definimos como o valor de escore mais central no intervalo de classe. Um método rápido e simples para encontrar um ponto médio é olhar para o ponto no qual qualquer intervalo dado possa ser dividido em duas partes iguais. Usaremos alguns exemplos: 50 é o ponto médio do intervalo 48–52; 3,5 é o ponto central do intervalo 2–5. O ponto médio também pode ser calculado a partir de valores dos escores mais baixo e mais alto em qualquer intervalo. Para exemplificar, calcularemos o ponto médio do intervalo 48–52:

$$m = \frac{\text{valor do escore mais baixo} + \text{valor do escore mais alto}}{2} = \frac{48 + 52}{2} = 50$$

De certa maneira, o ponto médio pode ser considerado como o representante de todos os valores de escores em um intervalo de classe. Trata-se de um número único que pode ser usado para representar todo o intervalo de classe.

Diretrizes para a construção de intervalos de classe

Construir intervalos de classe é apenas uma maneira especial de categorizar dados. Como discutido anteriormente, as categorias, e portanto intervalos de classe, têm de ser mutuamente exclusivas (não podem sobrepor-se) e exaustivas (um lugar para cada caso).

Estudantes iniciantes geralmente consideram difícil construir intervalos de classe sozinhos. Realmente, trata-se de uma habilidade que se desenvolve apenas com a prática. Entretanto, há algumas diretrizes que tornam a tarefa mais fácil. Observe que são apenas diretrizes, e que, sob determinadas circunstâncias, podem ser desobedecidas.

Para apresentar dados intervalares em uma distribuição de frequência agrupada, o pesquisador social tem de considerar o número de categorias que gostaria de empregar. Textos geralmente aconselham um mínimo de 3 ou 4 intervalos e um máximo de 20 intervalos. Quanto a isso, seria sensato lembrar que distribuições de frequência agrupadas são empregadas para revelar ou enfatizar um padrão de grupo. Intervalos de classe em demasia, ou muito poucos, podem confundir esse padrão e, assim, trabalhar contra o pesquisador que busca acrescentar clareza à análise. Além disso, reduzir os valores de escores individuais a um número desnecessariamente pequeno de intervalos pode sacrificar demais a precisão — originalmente alcançada pelo conhecimento da identidade dos escores individuais na distribuição. Em síntese, então, o pesquisador geralmente toma uma decisão quanto ao número de intervalos baseada no conjunto de dados e objetivos pessoais, fatores que podem variar consideravelmente de uma situação de pesquisa para outra.

Após decidir sobre o número de intervalos de classe, o pesquisador pode então começar a construir os intervalos propriamente ditos. Duas diretrizes básicas ajudam a tornar essa tarefa mais fácil, e devem ser seguidas sempre que possível. Primeiro, é preferível considerar para o tamanho de intervalos de classe um número inteiro em vez de um número decimal. Isso tende a simplificar os cálculos que envolvem tamanho. Segundo, é preferível em um intervalo de classe considerar o escore mais baixo, um múltiplo de seu tamanho. Por exemplo, normalmente os escores de exames são categorizados como 90–99, 80–89, e assim por diante, de maneira que as notas mais baixas (por exemplo, 80 e 90) sejam múltiplos de 10.

Distribuições acumuladas

Às vezes é desejável apresentar frequências de uma maneira acumulada, especialmente ao posicionar um caso em relação ao desempenho do grupo como um todo. *Frequências acumuladas* (*fa*) são definidas como o número total de casos tendo qualquer escore dado *ou um escore que seja inferior*. Desse modo, a frequência acumulada (*fa*) para qualquer categoria (ou intervalo de classe) é obtida somando-se a frequência daquela categoria à frequência total de todas as categorias abaixo dela. No caso das notas PSAT do *College Board*[2] mostradas na Tabela 2.8, vemos que a frequência

Tabela 2.8 Distribuição de frequência acumulada (*fa*) de notas referentes ao PSAT de 336 estudantes.

Intervalo de Classe	f	%	fa
75–79	4	1,19	336
70–74	24	7,14	332
65–69	28	8,33	308
60–64	30	8,93	280
55–59	35	10,42	250
50–54	55	16,37	215
45–49	61	18,15	160
40–44	48	14,29	99
35–39	30	8,93	51
30–34	12	3,57	21
25–29	6	1,79	9
20–24	3	0,89	3
Total	336	100	

[2] PSAT é um teste norte-americano aplicado pelo College Board (instituição apta a aplicá-lo) que se assemelha ao ENEM no Brasil (N da RT).

f associada com o intervalo de classe 20–24 é 3. Essa também é a frequência acumulada para esse intervalo, pois nenhum membro do grupo teve um escore abaixo de 20. A frequência no próximo intervalo de classe, 25–29, é 6, e a frequência acumulada para esse intervalo é 9 (6 + 3). Portanto, ficamos sabendo que 6 estudantes obtiveram notas PSAT entre 25 e 29, mas que 9 estudantes receberam nota 29 *ou menor*. Poderíamos continuar com esse procedimento, obtendo frequências acumuladas para todos os intervalos de classe, até chegarmos ao valor mais alto, 75–79, cuja frequência acumulada (336) é igual ao número total de casos, pois nenhum membro do grupo teve um escore acima de 79.

Além da frequência acumulada, podemos construir também uma distribuição que indique *porcentagem acumulada* (*c%*), a porcentagem de casos que têm qualquer escore ou um escore que seja mais baixo. Para calcular a porcentagem acumulada, modificamos a fórmula da porcentagem (%) introduzida anteriormente neste capítulo, como vemos a seguir:

$$c\% = (100)\frac{fa}{N}$$

onde *fa* = frequência acumulada em qualquer categoria;
N = número total de casos na distribuição.

Aplicando a fórmula anterior aos dados da Tabela 2.8, descobrimos que a porcentagem de estudantes que recebeu nota 24 ou mais baixa foi de:

$$c\% = (100)\left(\frac{3}{336}\right)$$
$$= (100)(0,0089)$$
$$= 0,89$$

A porcentagem que obteve nota 29 ou mais baixa foi de:

$$c\% = (100)\left(\frac{9}{336}\right)$$
$$= (100)(0,0268)$$
$$= 2,68$$

A porcentagem de estudantes que obteve nota 34 ou mais baixa foi de:

$$c\% = (100)\left(\frac{21}{336}\right)$$
$$= (100)(0,0625)$$
$$= 6,25$$

Uma distribuição de porcentagem acumulada baseada nos dados na Tabela 2.8 é mostrada na Tabela 2.9. Observe que a distribuição *c%* também pode ser obtida pela soma da distribuição percentual (%).

Tabela 2.9 Distribuição de porcentagem acumulada (c%) de notas referentes ao PSAT de 336 estudantes (baseado na Tabela 2.8).

Intervalo de classe	f	%	fa	c%
75–79	4	1,19	336	100,00
70–74	24	7,14	332	98,81
65–69	28	8,33	308	91,67
60–64	30	8,93	280	83,33
55–59	35	10,42	250	74,40
50–54	55	16,37	215	63,99
45–49	61	18,15	160	47,62
40–44	48	14,29	99	29,46
35–39	30	8,93	51	15,18
30–34	12	3,57	21	6,25
25–29	6	1,79	9	2,68
20–24	3	0,89	3	0,89
Total	336	100		

Classificações percentis

Seu professor de estatística entrega sua prova semestral corrigida. Sabendo que uma parte importante da nota do curso depende desse teste, você vira lentamente suas páginas, o que revela uma nota 77 escrita em vermelho (em uma escala de 0 a 100 pontos), com um círculo em torno dela. Você deveria silenciosamente comemorar o resultado e pensar em uma festa para celebrar o acontecimento? Ou deveria começar a pensar em propor um trabalho extracurricular que rendesse um aumento na nota?

Pelos padrões convencionais que aprendeu no ensino fundamental e no ensino médio, você poderia ter traduzido imediatamente o 77 em um C+, ligeiramente acima da média. Mas na universidade ou pelo menos em algumas matérias, padrões convencionais não são seguidos. A nota 77 não significa *nada* se não temos uma ideia do desempenho dos outros alunos da classe. Se a maioria obteve notas entre 50 e 60, então a festa pode ser programada para aquela noite. Mas se a maioria obteve notas entre 80 e 90, você talvez queira adiar a festa.

Colocando a questão de outra maneira, a qualidade da nota bruta 77 depende de quão fácil foi o teste. Em um exame muito difícil, um 77 pode ser uma nota elogiável, enquanto, em um teste simples, você provavelmente deveria ter se saído melhor. É claro, o nível de dificuldade de um exame pode ser obtido somente a partir do conhecimento do desempenho da classe como um todo, isto é, sobre a distribuição inteira de notas. Desse modo, a única maneira realista de julgar se seu 77 foi uma nota excelente, boa, média ou ruim é comparando a sua com todas as outras notas na classe.

"Como um 77 se qualifica comparado às notas da classe inteira?", você pergunta ao seu professor. Ele responde que você tirou uma nota tão boa quanto 60% da classe, ou ainda melhor, indicando que sua *classificação percentil* foi 60%.

A classificação percentil de qualquer nota dada, como, por exemplo, 77, define a porcentagem dos casos em uma distribuição que se enquadram naquele escore ou abaixo dele (por exemplo, a porcentagem da classe que obteve nota 77 ou mais baixa). Classificações percentis são simples de calcular se o seu professor fornecer o conjunto inteiro de notas *brutas*. Por exemplo, no conjunto de 20 notas a seguir, 77 se *classificaria* em décimo segundo lugar a partir da nota mais baixa. Desse modo, sua *classificação percentil* seria décima segunda em 20, ou 60%:

Décima segunda entre 20 = 60%

94 92 91 88 85 84 80 79 77 76 74 74 71 69 65 62 56 53 48 40

↑ Décima segunda nota a partir da nota mais baixa

Há pontos na distribuição de escores cujas classificações percentis são tão importantes e comumente usadas que elas recebem nomes específicos. *Decis* são pontos que dividem a distribuição em 10 porções de tamanhos iguais. Desse modo, se um escore está localizado no primeiro decil (classificação percentil = 10), sabemos que 10% dos casos se localizam nesse nível ou abaixo dele; se um escore está no segundo decil (classificação percentil = 20), então 20% dos casos estão nesse nível ou abaixo dele, e assim por diante. *Quartis* são pontos que dividem a distribuição em quartas partes. Se um escore está localizado no primeiro quartil (classificação percentil = 25), sabemos que 25% dos casos recaem nesse nível ou abaixo dele; se um escore está no segundo quartil (classificação percentil = 50), 50% de todos os casos se enquadram nesse nível ou abaixo dele; e se um escore está no terceiro quartil (classificação percentil = 75), 75% dos casos se enquadram nesse nível ou abaixo dele (veja a Figura 2.2). Por fim, como veremos novamente no próximo capítulo, a *mediana* é o ponto que divide a distribuição de escores em dois, metade acima e metade abaixo. Desse modo, a mediana corresponde a uma classificação percentil de 50, mas também ao quinto decil e ao segundo quartil.

Classificação percentil	Decil	Quartil
95		
90 =	9º	
85		
80 =	8º	
75 =		3º
70 =	7º	
65		
60 =	6º	
55		
50 =	5º	2º
45		
40 =	4º	
35		
30 =	3º	
25 =		1º
20 =	2º	
15		
10 =	1º	
5		

Figura 2.2 Escala de classificações percentis divididas por decis e quartis.

Abordagem de dados decimais

Nem todos os dados chegam na forma de números inteiros, mas isso não deveria nos incomodar de maneira alguma, porque os procedimentos que aprendemos e aprenderemos nos capítulos a seguir aplicam-se tanto a decimais quanto a números inteiros. Para nos acostumarmos ao uso de decimais desde o princípio, consideraremos a construção de uma distribuição de frequência de dados relativos ao desemprego por estado norte-americano em junho de 2008, como mostra a Tabela 2.10. A partir dos escores brutos, não é possível obter um quadro muito claro dos padrões de desemprego nos Estados Unidos. Somos atraídos para os extremos: os números variam de uma alta de 8,5 (Michigan) a uma baixa de 2,8 (Dakota do Sul). Poucas informações além dessas emergem até termos construído uma distribuição de frequência agrupada.

Como há apenas 50 casos, não queremos categorias demais. Um número excessivo de intervalos de classe dispersaria demais os casos. Determinar os limites reais dos intervalos de classe é a parte mais difícil de todas. Resultados satisfatórios são obtidos por meio de uma boa dose de tentativa e erro, assim como de prática. Não há uma organização "certa" de intervalos de classe, mas aqueles mostrados na Tabela 2.11 podem ser um bom ponto de partida.

Assim que temos em mãos a estrutura da distribuição de frequência (seus intervalos de classe e frequências), o resto é relativamente fácil de obter. Porcentagens, frequências acumuladas e porcentagens acumuladas são obtidas da maneira de sempre. Para outros cálculos, como pontos

Tabela 2.10 Taxas de desemprego em estados norte-americanos em junho de 2008.

Estado	Taxa de desemprego	Estado	Taxa de desemprego
Alabama	4,7	Montana	4,1
Alaska	6,8	Nebraska	3,3
Arizona	4,8	Nevada	6,4
Arkansas	5,0	New Hampshire	4,0
Califórnia	6,9	Nova Jersey	5,3
Colorado	5,1	Novo México	3,9
Connecticut	5,4	Nova York	5,3
Delaware	4,2	Carolina do Norte	6,0
Flórida	5,5	Dakota do Norte	3,2
Geórgia	5,7	Ohio	6,6
Havaí	3,8	Oklahoma	3,9
Idaho	3,8	Oregon	5,5
Illinois	6,8	Pensilvânia	5,2
Indiana	5,8	Rhode Island	7,5
Iowa	4,0	Carolina do Sul	6,2
Kansas	4,3	Dakota do Sul	2,8
Kentucky	6,3	Tennessee	6,5
Louisiana	3,8	Texas	4,4
Maine	5,3	Utah	3,2
Maryland	4,0	Vermont	4,7
Massachusetts	5,2	Virgínia	4,0
Michigan	8,5	Washington	5,5
Minnesota	5,3	Virgínia Ocidental	5,3
Mississipi	6,9	Wisconsin	4,6
Missouri	5,7	Wyoming	3,2

Fonte: Bureau of Labor Statistics (departamento de estatística do trabalho norte-americano).

Tabela 2.11 Distribuição de frequência de taxas de desemprego em estados norte-americanos em junho de 2008.

Intervalo de classe	f
8,5–8,9	1
8,0–8,4	0
7,5–7,9	1
7,0–7,4	0
6,5–6,9	6
6,0–6,4	4
5,5–5,9	6
5,0–5,4	10
4,5–4,9	4
4,0–4,4	8
3,5–3,9	5
3,0–3,4	4
2,5–2,9	1
	$N = \overline{50}$

médios, entretanto, mantenha em mente que esses dados são expressos com um dígito decimal. Consequentemente, esse dígito é importante para determinar o tamanho do intervalo ou a variação de valores de escores coberta por um intervalo de classe. Por exemplo, o tamanho do intervalo 4,0–4,4 é 0,5, pois ele contém os valores de escores 4,0 a 4,4. Há 5 valores de escores entre 4,0 e 4,4, e cada escore está um décimo distante do outro, de maneira que o tamanho é (5)(1/10) = 5.

Mais sobre limites de classe

Os limites de classe associados com uma distribuição de frequência agrupada servem como divisores entre categorias projetadas para evitar ambiguidades a respeito de onde um escore em particular deve ser colocado. Como discutido anteriormente, podemos usar como limites de classe um valor a meio caminho entre o valor mais alto possível em um intervalo e o valor mais baixo possível no intervalo seguinte, como no exemplo do PSAT apresentado anteriormente.

Suponha que estejamos construindo uma distribuição de frequência agrupada referente ao peso corporal de bombeiros da cidade de Nova York em categorias com amplitudes de 20 pounds. O limite de classe que separa os intervalos 180–199 e 200–219 seria 199,5, presumindo que os pesos fossem medidos em pounds inteiros em vez de em pesos fracionais. Se, entretanto, uma balança digital fosse usada e fornecesse pesos em medidas de meio pound (por exemplo, 184,5, 203,0 e 218,5), os intervalos seriam 180,0–199,5 e 200,0–219,5 para acomodar meio pound, com um limite de 199,75 dividindo os dois grupos de classe de peso adjacentes. Por fim, se uma balança mais precisa, que mede pesos em décimos de pounds, fosse usada, os grupos seriam 180,0–199,9 e 200,0–219,9, com o limite de 199,95 separando os dois grupos.

Há mais de uma abordagem aceitável para estabelecer esses limites, mas a melhor sempre se resume a questões de previsão e praticabilidade. O ponto equidistante que divide categorias na abordagem descrita funciona bem para medidas discretas, como: números inteiros, metades ou décimos, mas características tendo passos naturais ou significativos de um grupo para o próximo podem usar uma estratégia alternativa baseada em limites de classe explicitamente significativos.

Suponha que tenhamos uma distribuição agrupada de idades em que o câncer de mama é detectado (veja a Tabela 2.12), que inclui uma categoria que vai de 50 a 59 anos. Poderíamos usar como limites 49,5 e 59,5 ao reduzir à metade a distância entre esse grupo e os grupos anteriores e posteriores. No entanto, isso criaria uma série de problemas. Primeiro, as pessoas de 59 anos de idade (assim como pessoas de outras idades) relatarão sua idade como 59 até completarem seu sexagésimo aniversário. Desse modo, um paciente de 59 anos que estiver a ponto de fazer aniversário não cairá tecnicamente dentro do âmbito 49,5–59,5, mesmo que sua idade seja 59. Em segundo lugar, é comum nos referirmos a essa faixa etária como os "cinquenta", de maneira que seria esquisito ter uma categoria que chegasse a 49,5. Por fim, o ponto médio desse intervalo seria 54,5, mesmo que em um sentido prático 55 devesse ser o meio.

Uma solução para essa abordagem complicada é usar, como alternativa, as idades 40, 50, 60 e 70 como limites de classe, e tratá-las como limites inferiores inclusivos. Isto é, a categoria 50–59 iria de 50 até (mas não incluiria) 60. O intervalo entre 50 e 60 teria um limite inferior de 50, um limite superior de 60 (ou melhor, um pouco abaixo de 60), uma amplitude de 10 anos e um ponto central de 55.

Considere outro exemplo, como o da nota da prova que abordamos anteriormente. Como mostra a Tabela 2.13, há duas abordagens para estabelecer limites de classe para classificação de notas de provas, mas uma é claramente melhor que a outra. A abordagem mais eficiente trata o valor da nota mais baixa (80) como o limite inferior, e o valor da nota mais baixa da categoria mais alta (90) que vem a seguir como um limite superior não inclusivo. Isto é, a classe dos 80 vai de 80 até 90, mas sem incluir 90. É claro, se as notas das provas são dadas como números inteiros, isso fará pouca diferença no fim das contas. Mas se estivéssemos calculando uma média composta para todo o curso, uma nota de 89,63 seria possível, e tecnicamente cairia na classe B, e não na classe A (apesar de que um professor legal poderia aumentar um pouco a nota).

Tabela 2.12 Idade em que o câncer de mama foi diagnosticado em um estudo com 150 pacientes.

Idade de início	f	%
70–79	9	6
60–69	18	12
50–59	42	28
40–49	51	34
30–39	30	20
Total	150	100

Tabela 2.13 Duas abordagens para estabelecer limites de classe.

Valores do escore	Método aceitável		Melhor método	
	Limite inferior	m	Limite inferior	m
90 a 100	89,5	94,5	90	95
80 a 90	79,5	84,5	80	85
70 a 80	69,5	74,5	70	75
60 a 70	59,5	64,5	60	65
50 a 60	49,5	54,5	50	55

A escolha entre usar a primeira abordagem, distinguindo intervalos de classe no ponto equidistante ao estabelecer limites de classe, ou a segunda abordagem, usando o valor mais baixo como o limite inferior e um pouco abaixo da próxima categoria como o limite superior, frequentemente se resume à preferência pessoal, praticabilidade e sentido lógico, e não ao que é estritamente certo ou errado. Com dados que são sempre números inteiros, como a contagem de pessoas em um lar ou o número de datas por mês, o método do ponto equidistante geralmente funcionará melhor. Mas ao lidarmos com dados contínuos e que tenham pontos divisores ao longo do *continuum*, como horas desde a última refeição, talvez fosse mais apropriado usar os pontos divisores a seguir como limites de classe (como um estacionamento faz ao cobrar por uma vaga):

Horas desde a última refeição	Limites de classe	m
0–1	0 até 2	1
2–3	2 até 4	3
4–5	4 até 6	5
6–7	6 até 8	7
8–9	8 até 10	9

Intervalos de classe flexíveis

Apesar de não termos abordado essa questão anteriormente, talvez você tenha observado que todas as distribuições de frequência usadas até o momento apresentaram intervalos de classe de tamanhos iguais. Há ocasiões, entretanto, nas quais essa prática não é nem um pouco recomendada. Por exemplo, se um estudante recebe uma nota perfeita (100) em uma prova, o intervalo mais acima pode ser expandido para incluí-lo — isto é, 90–100 em vez de 90–99.

A Tabela 2.14 apresenta uma distribuição de dados do censo sobre renda familiar, que é típica de distribuições construídas com dados de renda. Ela mostra que distribuições de frequência agrupadas podem ter intervalos superiores de classe abertos ou intervalos inferiores de classe como $ 100.000 ou mais. A outra importante diferença das distribuições de frequência simples forneci-

Tabela 2.14 Distribuição de frequência de dados de renda familiar.

Categoria de renda	*f* (famílias em milhares)	%
$ 100.000 e mais	8.391	11,8
$ 75.000 – $ 99.999	7.826	11,0
$ 50.000 – $ 74.999	15.112	21,3
$ 35.000 – $ 49.999	12.357	17,4
$ 25.000 – $ 34.999	9.079	12,8
$ 15.000 – $ 24.999	9.250	13,0
$ 10.000 – $ 14.999	4.054	5,7
$ 5.000 – $ 9.999	2.887	4,1
Menos de $ 5.000	1.929	2,7
	$N = 70.885$	100,0*

* As porcentagens, como aparecem aqui, somam apenas 99,8%. Porém, escrevemos 100%, pois sabemos que 0,02% foi perdido no arredondamento (N do RT).

das anteriormente é o uso de intervalos de classe de tamanhos variáveis. Observe que, enquanto os intervalos de classe que contêm as rendas mais baixas têm um intervalo de classe de $ 5.000, o tamanho dos intervalos de classe é aumentado para níveis de renda mais altos. Qual teria sido o resultado se um tamanho de intervalo de classe fixo de $ 5.000 tivesse sido mantido ao longo de toda a distribuição? O intervalo de classe $ 25.000–$ 34.999 teria duas categorias, o intervalo de classe $ 35.000–$ 49.999 teria se transformado em três categorias, e ambos os intervalos de classe $ 50.000–$ 74.999 e $ 75.000–$ 99.999 teriam se transformado em cinco categorias cada. O efeito seria fazer distinções desnecessariamente mínimas entre as pessoas de renda mais alta e produzir uma distribuição de renda desnecessariamente extensa. Isto é, em termos de padrão de vida, há uma grande diferença entre o intervalo de classe $ 5.000–$ 9.999 e o intervalo de classe $ 10.000–$ 14.999. Comparativamente, a diferença entre uma categoria de $ 60.000–$ 64.999 e uma categoria $ 65.000–$ 69.999 seria relativamente insignificante.

Essas novas peculiaridades em distribuições de frequência não deveriam causar grande dificuldade na adaptação daquilo que você já aprendeu neste capítulo. Felizmente, os cálculos de distribuições acumuladas, classificações percentis e outros não mudam para distribuições de frequência com intervalos de classe de tamanho desigual ou com intervalos de classe superiores abertos ou intervalos inferiores. A única modificação envolve calcular pontos médios de intervalos de classe com limite superior aberto ou inferior de classe. Consideremos um exemplo.

A Tabela 2.15 exibe pontos centrais para uma distribuição de renda familiar usando os valores de escores mais baixos em cada categoria (limite inferior) como o limite de classe. Desse modo, por exemplo, a categoria de renda $ 25.000–$ 34.999, usando $ 25.000 e $ 35.000 como limites de classe, produz um ponto médio de $ 30.000.

Mas o que fazer a respeito do intervalo de classe mais alto ($ 100.000 ou mais), que não tem limite superior? O que deveríamos acrescentar à fórmula? Não há uma regra rígida a ser aplicada, apenas bom senso. Os intervalos de classe tornaram-se progressivamente maiores com o aumento de renda. Continuando com a mesma progressão, poderíamos conceber que o intervalo mais alto, para a maioria das famílias restantes, fosse $ 100.000–$ 149.999, o que produziria um ponto médio de $ 125.000.

Tabela 2.15 Distribuição de frequência de dados de renda familiar (com pontos médios).

Categoria de renda	m	f	%
$ 100.000 e mais	$ 125.000	8.391	11,8
$ 75.000 – $ 99.999	$ 87.500	7.826	11,0
$ 50.000 – $ 74.999	$ 62.500	15.112	21,3
$ 35.000 – $ 49.999	$ 42.500	12.357	17,4
$ 25.000 – $ 34.999	$ 30.000	9.079	12,8
$ 15.000 – $ 24.999	$ 20.000	9.250	13,0
$ 10.000 – $ 14.999	$ 12.500	4.054	5,7
$ 5.000 – $ 9.999	$ 7.500	2.887	4,1
Menos de $ 5.000	$ 2.500	1.929	2,7
		$N = 70.885$	100,0*

---

* As porcentagens, como aparecem aqui, somam apenas 99,8%. Porém, escrevemos 100%, pois sabemos que 0,02% foi perdido no arredondamento (N da RT).

Tabulações cruzadas

Distribuições de frequência como aquelas discutidas até o momento são vistas em todo lugar. Publicações do Bureau of the Census (agência governamental responsável pelo censo nos EUA) consistentemente empregam distribuições de frequência para descrever características da população norte-americana; a apresentação dos dados brutos — todas as milhões de observações — seria impossível, é claro.

Encontramos distribuições de frequência até mesmo em jornais diários; jornalistas, assim como pesquisadores sociais, consideram as tabelas uma maneira muito conveniente de apresentação. A maioria dos leitores de jornais é capaz de compreender porcentagens básicas (apesar de que talvez se esqueçam de como calculá-las). Uma tabela básica de frequências e porcentagens de uma variável é normalmente suficiente para o nível de profundidade e detalhe tipicamente encontrados em um jornal. Pesquisadores sociais, entretanto, querem fazer mais do que simplesmente descrever a distribuição de uma variável; eles buscam explicar porque alguns indivíduos se encaixam em uma extremidade da distribuição, enquanto outros se localizam no extremo oposto.

Para alcançar essa meta, precisamos explorar tabelas com mais profundidade, expandindo-as em duas ou mais dimensões. Em particular, uma *tabulação cruzada* (ou *tab-cruzada*) é uma tabela que apresenta a distribuição — frequências e porcentagens — de uma variável (normalmente a variável dependente) por meio de categorias de uma ou mais variáveis adicionais (normalmente variável ou variáveis independentes).

Quando o estado de Massachusetts instituiu a obrigatoriedade do uso do cinto de segurança, estabeleceu uma multa de $ 15 para quem não cumprisse a lei. Para medir o cumprimento da lei, Fox e Tracy fizeram um levantamento por telefone com 997 residentes da área de Boston sobre o uso de cintos de segurança e suas opiniões relativas à lei controversa. Para a questão fundamental — o grau do uso de cinto de segurança pelo entrevistado — eles obtiveram a distribuição de frequência simples mostrada na Tabela 2.16.

Aproximadamente metade dos entrevistados na pesquisa (50,1%) declarou que usava cinto de segurança sempre. Dois terços dos entrevistados (50,1% + 17,7% = 67,8%) declararam que usavam cintos de segurança quase sempre.

Não estamos satisfeitos em saber apenas o grau de cumprimento do uso do cinto de segurança, no entanto. Para analisar os dados da pesquisa mais extensamente, começamos examinando quais tipos de pessoas usam cintos de segurança, isto é, quais características dos entrevistados estão relacionadas ao uso do cinto de segurança.

Uma das diferenças mais significativas é aquela entre homens e mulheres entrevistados. Uma tabulação cruzada pode ser empregada para examinar as diferenças entre os sexos em termos do uso de cinto de segurança. Uma tabulação cruzada é essencialmente uma distribuição de frequência de duas ou mais variáveis tomadas simultaneamente. A tabulação cruzada dada na Tabela 2.17 mostra, por exemplo, que 144 homens disseram que usavam cintos de segurança sempre, e 110 mulheres relataram que faziam uso de cintos de segurança na maioria das vezes.

Tabela 2.16 Distribuição de frequência do uso de cinto de segurança.

Uso de cinto de segurança	f	%
Sempre	499	50,1
Maioria das vezes	176	17,7
Algumas vezes	124	12,4
Raramente	83	8,3
Nunca	115	11,5
Total	997	100

Tabela 2.17 Tabulação cruzada do uso de cinto de segurança por gênero.

Uso de cinto de segurança	Gênero do entrevistado		Total
	Homem	*Mulher*	
Sempre	144	355	499
Maioria das vezes	66	110	176
Algumas vezes	58	66	124
Raramente	39	44	83
Nunca	60	55	115
Total	367	630	997

A base para tabulações cruzadas foi apresentada anteriormente, quando as distribuições de gênero de estudantes de engenharia em duas universidades foram comparadas. Tabulações cruzadas podem ser pensadas como uma série de distribuições de frequência (nesse caso, duas delas) colocadas juntas a fim de montar uma tabela. Nesse exemplo, temos essencialmente uma distribuição de frequência do uso de cinto de segurança entre homens justaposta a uma distribuição de frequência comparável do uso de cinto de segurança entre mulheres.

Assim como ocorre com distribuições de frequência de uma variável, porcentagens dão aos resultados um significado mais completo do que somente as frequências. Se mantivermos o mesmo procedimento de antes, isto é, se dividirmos cada frequência (f) pelo tamanho da amostra (N),

$$\% = (100)\frac{f}{N}$$

obteremos os resultados percentuais para as duas variáveis ao mesmo tempo, como mostra a Tabela 2.18. Por exemplo, a porcentagem da amostra feminina que usa cintos de segurança sempre é

Tabela 2.18 Tabulação cruzada do uso de cinto de segurança por gênero com porcentagens totais.

Uso de cinto de segurança	Gênero do entrevistado		
	Homem	*Mulher*	Total
Sempre	144	355	499
	14,4%	35,6%	50,1%
Maioria das vezes	66	110	176
	6,6%	11,0%	17,7%
Algumas vezes	58	66	124
	5,8%	6,6%	12,4%
Raramente	39	44	83
	3,9%	4,4%	8,3%
Nunca	60	55	115
	6,0%	5,5%	11,5%
Total	367	630	997
	36,8%	63,2%	100,0%

Marginal de linha (totais de linhas)

Tamanho total da amostra

Marginal da coluna (totais de colunas)

obtida por meio da divisão do número de usuários do sexo feminino que "sempre" utilizam o cinto pelo número de entrevistados na amostra total:

$$(100)\left(\frac{355}{997}\right) = (100)(0{,}356) = 35{,}6\%$$

Desse modo, 35,6% da amostra consiste em mulheres que sempre usam cinto de segurança (veja a Tabela 2.18).

Distribuições de frequência de cada variável separadamente podem ser encontradas ao longo das margens de uma tabulação cruzada de dois critérios. Elas são chamadas de *distribuições marginais*. Isto é, a margem direita fornece uma distribuição de frequência e uma porcentagem do uso de cinto de segurança idênticas àquelas que tínhamos na Tabela 2.16. Como a variável do cinto de segurança é colocada ao longo das linhas de tabulação cruzada, as frequências e porcentagens para seu uso formam os totais de linhas. Igualmente, a distribuição marginal de gênero é encontrada na margem da base da tabulação cruzada. Essas frequências e porcentagens para homens e mulheres correspondem aos totais de colunas, pois o gênero é a variável que entitula as colunas.

As porcentagens na Tabela 2.18 são chamadas de *porcentagens totais* (% total) porque são obtidas por meio da divisão de cada frequência pelo tamanho total da amostra:

$$\boxed{\% \text{ total} = (100)\frac{f}{N_{\text{total}}}}$$

Por exemplo, 14,4% da amostra consiste em homens que usam o cinto de segurança sempre. Similarmente, 11,0% da amostra consiste em mulheres que usam seu cinto de segurança na maioria das vezes.

Há, entretanto, algo perturbador a respeito dessas porcentagens. Por exemplo, a pequena porcentagem de homens que "nunca usam" o cinto de segurança (6,0%) é ambígua. Isso poderia refletir uma pequena presença de homens, baixo uso do cinto de segurança na amostra global, baixa taxa de uso do cinto especificamente entre os homens ou baixa prevalência de homens entre os que nunca usam o cinto.

Existem outras abordagens para se calcular porcentagens que poderiam resolver essa ambiguidade. Uma alternativa seria dividir o número de homens que nunca usam o cinto pelo número total dos que nunca usam, o número de homens que raramente fazem uso do cinto pelo número total de homens e mulheres que raramente usam o cinto, e assim por diante, e fazer os mesmos cálculos para o grupo de mulheres. Em outras palavras, dividimos as frequências em cada linha pelo número de casos naquela linha (veja a Tabela 2.19). Essas porcentagens são chamadas de *porcentagens por linha*:

$$\boxed{\% \text{ linha} = (100)\frac{f}{N_{\text{linha}}}}$$

Por exemplo, a porcentagem dos que usam sempre cinto de segurança e que são mulheres é obtida dividindo-se o número respectivo pelo número total dos que usam sempre o cinto:

$$(100)\left(\frac{355}{499}\right) = (100)(0{,}711) = 71{,}1\%$$

Tabela 2.19 Tabulação cruzada do uso de cinto de segurança por gênero com porcentagens por linha.

	Gênero do entrevistado		
Uso de cinto de segurança	*Homem*	*Mulher*	Total
Sempre	144	355	499
	28,9%	71,1%	100,0%
Maioria das vezes	66	110	176
	37,5%	62,5%	100,0%
Algumas vezes	58	66	124
	46,8%	53,2%	100,0%
Raramente	39	44	83
	47,0%	53,0%	100,0%
Nunca	60	55	115
	52,2%	47,8%	100,0%
Total	367	630	997
	36,8%	63,2%	100,0%

Desse modo, descobrimos que 71,1% dos entrevistados que sempre usam o cinto são mulheres.

Porcentagens por linha dão a distribuição da variável coluna para cada valor da variável linha. Desse modo, essas porcentagens representam a distribuição de gênero dentro de cada nível de uso do cinto de segurança. Essas porcentagens também somam até 100% por meio de cada linha, incluindo a coluna marginal na base da tabulação cruzada.

Por outro lado, você poderia calcular as porcentagens na outra direção. *Porcentagens por coluna* (% coluna) dividindo cada frequência pelo número de casos naquela coluna:

$$\% \text{ coluna} = (100)\frac{f}{N_{\text{coluna}}}$$

A porcentagem de mulheres que sempre usam um cinto de segurança é obtida, por exemplo, pela divisão do número de usuários do sexo feminino que sempre usam o cinto pelo número total de mulheres:

$$(100)\left(\frac{355}{630}\right) = (100)(0{,}563) = 56{,}3\%$$

Desse modo, 56,3% das mulheres do estudo disseram que sempre usam o cinto de segurança.

Porcentagens por colunas para nossa tabulação cruzada são apresentadas na Tabela 2.20. Observe que as porcentagens têm por soma 100% ao longo de cada coluna. Desse modo, as porcentagens refletem a distribuição do uso de cintos de segurança para cada gênero separadamente, assim como no total.

Tabela 2.20 Tabulação cruzada do uso de cinto de segurança por gênero com porcentagens por coluna.

Uso de cinto de segurança	Homem	Mulher	Total
Sempre	144	355	499
	39,2%	56,3%	50,1 %
Maioria das vezes	66	110	176
	18,0%	17,5%	17,7 %
Algumas vezes	58	66	124
	15,8%	10,5%	12,4 %
Raramente	39	44	83
	10,6%	7,0 %	8,3 %
Nunca	60	55	115
	16,3%	8,7 %	11,5 %
Total	367	630	997
	100,0%	100,0%	100,0%

Escolha entre porcentagens total, por linha e por coluna

Agora temos três conjuntos de porcentagens — total, por linha e por coluna. Você poderia se perguntar, qual delas é a correta? Em um sentido matemático, todas são corretas; isto é, elas foram calculadas de maneira correta. Mas, em termos de significado real, determinadas porcentagens podem ser enganosas ou mesmo inúteis.

Primeiro, como observamos previamente, as porcentagens totais são, às vezes, ambíguas em seu significado, como em nossa tabulação cruzada do uso de cinto de segurança por gênero. Em seguida, de acordo com as porcentagens por linha, as mulheres predominam em todas as linhas, exceto no subgrupo "Nunca", no qual o uso entre os gêneros é praticamente igual. O que isso implica? Podemos tirar conclusões, como sugerir que homens não dirigem tanto quanto as mulheres, e, consequentemente, não aparecem em grande proporção em nenhum nível de uso de cinto de segurança? Obviamente, essa inferência pode ser exagerada. A baixa representação de homens em quase todas as categorias de uso é simplesmente uma consequência da baixa porcentagem de homens na amostra em geral (36,8%). Desse modo, 71,1% do grupo de pessoas que sempre usam o cinto ser formado por mulheres parece muito menos "radical" quando levamos em consideração que 63,2% da amostra total é de mulheres.

Para os fins deste livro, as porcentagens mais informativas são as porcentagens por coluna. Estamos interessados em comparar homens e mulheres em termos de uso do cinto de segurança. Isto é, queremos saber qual porcentagem de mulheres usa cinto de segurança frequentemente em comparação com a de homens. Por exemplo, 39,2% dos homens diz usar o cinto sempre, comparado com 56,3% das mulheres. Por outro lado, 16,3% dos homens relataram que nunca usam o cinto de segurança contra apenas 8,7% das mulheres que disseram o mesmo.

Felizmente, há uma regra prática para guiar nossa escolha entre porcentagens por linha e coluna: *se a variável independente está nas linhas, use as porcentagens por linha; se a variável independente está nas colunas, use as porcentagens por coluna.* Em nosso exemplo, estamos preocupados com a influência que o gênero do entrevistado tem sobre o comportamento quanto ao uso do cinto de segurança; o gênero é a variável independente. Como ela é dada nas colunas, devemos usar as porcentagens por coluna.

Outra maneira de definir essa regra pode ser mais significativa: se quisermos comparar linhas em uma tabulação cruzada, precisamos usar porcentagens por linha; porcentagens por coluna são exigidas para comparar colunas. Novamente, em nosso exemplo, queremos comparar os homens com as mulheres em termos de seu uso do cinto de segurança. O gênero é a variável da coluna, e as porcentagens das colunas fornecem as distribuições de uso do cinto de segurança para os homens e para as mulheres separadamente. Desse modo, essas porcentagens por coluna devem ser usadas para fazer a comparação entre os gêneros.

Em determinados casos, pode não ser fácil dizer qual é a variável independente. Por exemplo, na tabulação cruzada da afiliação político-partidária de maridos pela afiliação político-partidária de esposas na Tabela 2.21, nenhuma variável pode ser claramente considerada como sendo resultado da outra. (*Observação:* os números em cada célula da tabela representam frequência, porcentagem por linha, porcentagem por coluna e porcentagem total, respectivamente.) Até certo ponto, as afiliações políticas de maridos e esposas podem afetar um ao outro reciprocamente, e em muitos casos a afiliação partidária pode ter sido estabelecida muito tempo antes de o casal ter se conhecido. A similaridade (ou mesmo a dissemelhança) no perfil político pode ter sido parte da atração dos dois.

Em termos dos dados na Tabela 2.21, poderíamos calcular a porcentagem de maridos democratas casados com esposas democratas (70 dentre 100, com a porcentagem por linha sendo 70%), ou poderíamos calcular a porcentagem de esposas democratas casadas com maridos democratas (70 dentre 110, com uma porcentagem por coluna de 63,6%). Ambas as alternativas seriam significativas, dependendo do interesse particular do pesquisador. Entretanto, para casos como esse no qual não há uma variável que possa ser destacada como causa da outra, as porcentagens totais (que implicam em nenhuma das duas ser a variável independente) são frequentemente usadas. Para a Tabela 2.21, em 36,8% dos casamentos ambos eram democratas (70 dentre 190), e em 26,3%, ambos eram republicanos (50 dentre 190). No total, em 63,1% dos casamentos, marido e esposa tinham a mesma afiliação político-partidária.

Tabela 2.21 Tabulação cruzada da afiliação político-partidária do marido pela afiliação político-partidária da esposa: frequência e porcentagens total, por coluna e por linha.

Frequência de % por linha, % por coluna, % total	Partido político da esposa		
	Democrata	*Republicano*	Total
Partido político do marido			
Democrata	70	30	100
	70,0%	30,0%	52,6%
	63,6%	37,5%	
	36,8%	15,8%	
Republicano	40	50	90
	44,4%	55,6%	47,4%
	36,4%	62,5%	
	21,1%	26,3%	
Total	110	80	190
	57,9%	42,1%	100,0%

A escolha entre porcentagens total, por linha e por coluna deve ser feita em função das seguintes possibilidades:

1. Se a variável independente estiver nas linhas, use porcentagens por linha.
2. Se a variável independente estiver nas colunas, use porcentagens por coluna.
3. Se não houver uma variável independente clara, use porcentagem total, por linha ou por coluna, dependendo de qual seja a mais significativa para o foco específico da pesquisa.

Apresentações gráficas

Colunas de números são conhecidas por despertarem temor, medo, ansiedade, tédio, apatia e mal-entendidos. Algumas pessoas parecem não prestar atenção em informações estatísticas apresentadas em forma de tabela, mas podem prestar bastante atenção aos mesmos dados quando eles são apresentados em forma de gráfico ou imagem. Por isso, muitos pesquisadores comerciais e autores populares preferem usar gráficos em vez de tabelas. Por razões similares, pesquisadores sociais frequentemente usam auxílios visuais, como gráficos em setores, gráficos em barras, polígonos de frequência, gráficos em linha e mapas em um esforço para aumentar a legibilidade de seus achados.

Gráfico em setores

O *gráfico em setores*, circular, cujas "fatias" somadas chegam a 100%, é um dos métodos mais simples de apresentação gráfica. São particularmente úteis para mostrar as diferenças em frequências ou porcentagens entre categorias de uma variável de nível nominal. As figuras 2.3 e 2.4 apresentam a distribuição do estado civil de adultos com 18 anos ou mais. Observe que 22,6% dos adultos são solteiros (nunca se casaram), 61,2% são casados, 7,3% são viúvos e 8,9% são divorciados.

Em muitos casos, é possível que o pesquisador queira focar uma categoria em particular em um gráfico em setores. Nesse caso, ele talvez queira destacar o grupo de adultos solteiros. Para

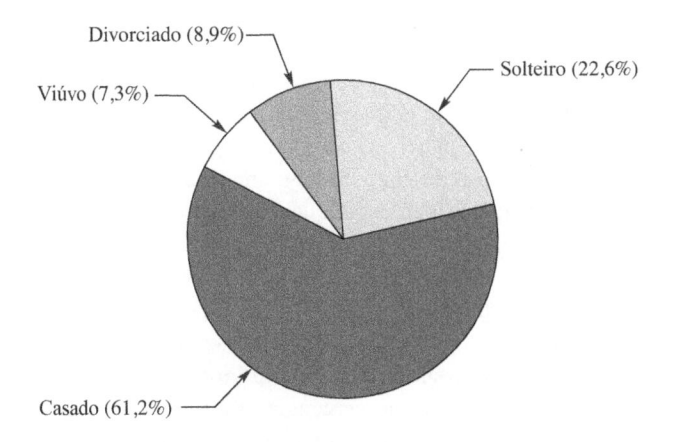

Figura 2.3 Gráfico em setores do estado civil.

Fonte: Bureau of the Census

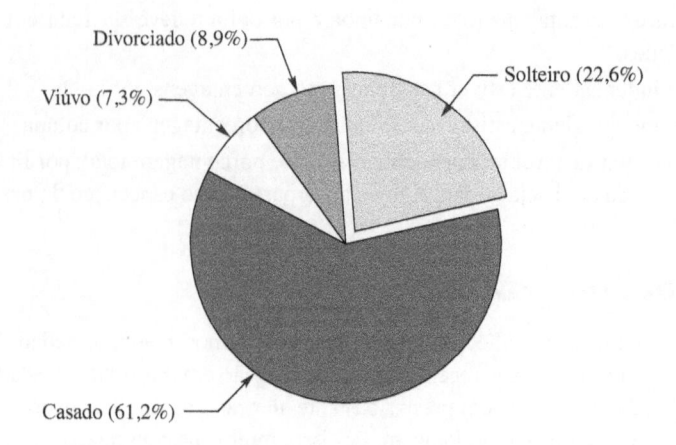

Figura 2.4 Gráfico em setores do estado civil (com uma parte destacada).

Fonte: Bureau of the Census.

destacar esse aspecto do gráfico em setores, podemos "desconectar" (mover ligeiramente para fora) o setor do gráfico que mais vale a pena ser destacado, como fizemos na Figura 2.4.

Geralmente não é aconselhável usar um gráfico em setores em caso de dados que estejam classificados em categorias ordenadas, como o nível de educação que varie de "ensino médio incompleto" a "superior completo". Mesmo que os níveis educacionais aumentem na medida em que você progride em torno do gráfico, eventualmente a categoria mais alta (por exemplo, "superior completo") seria seguida, ilogicamente, pelo nível mais baixo (por exemplo, "ensino médio incompleto").

Gráficos em barras e histogramas

O gráfico em setores fornece uma ilustração rápida e fácil de dados que podem ser divididos somente em algumas categorias. (Na realidade, alguns pacotes de software de gráficos de computador limitam o número de setores do gráfico.) Em comparação, o *gráfico em barras* pode acomodar qualquer número de categorias em qualquer nível de medida e, portanto, é muito mais usado em pesquisa social.

A Figura 2.5 ilustra o gráfico em barras da distribuição de frequência do uso de cintos de segurança apresentado na Tabela 2.16. O gráfico em barras é construído seguindo de acordo com a disposição padrão: uma linha horizontal (ou eixo x) ao longo da qual os valores dos escores ou categorias (nesse caso, o nível de uso do cinto de segurança) são marcados; e uma linha vertical (eixo y) do lado esquerdo da figura que exibe as frequências para cada valor de escore ou categoria. (Para dados agrupados, tanto os pontos médios dos intervalos de classe quanto os próprios intervalos podem ser colocados ao longo da linha de base.) Como vemos na Figura 2.5, quanto mais alta a barra, maior a frequência da categoria.

Apesar de alguns pesquisadores preferirem os gráficos em barras de frequência, gráficos de porcentagens e em barras horizontais também são muito utilizados. A Figura 2.6, por exemplo, mostra um gráfico em barras da distribuição percentual do uso de cinto de segurança. Observe que o gráfico é idêntico ao gráfico em barras de frequência exceto para a escala ao longo do eixo y (porcentagens em vez de frequências). Gráficos em barras também podem ser construídos verticalmente ou horizontalmente; a escolha normalmente se resume a uma decisão prática a respeito

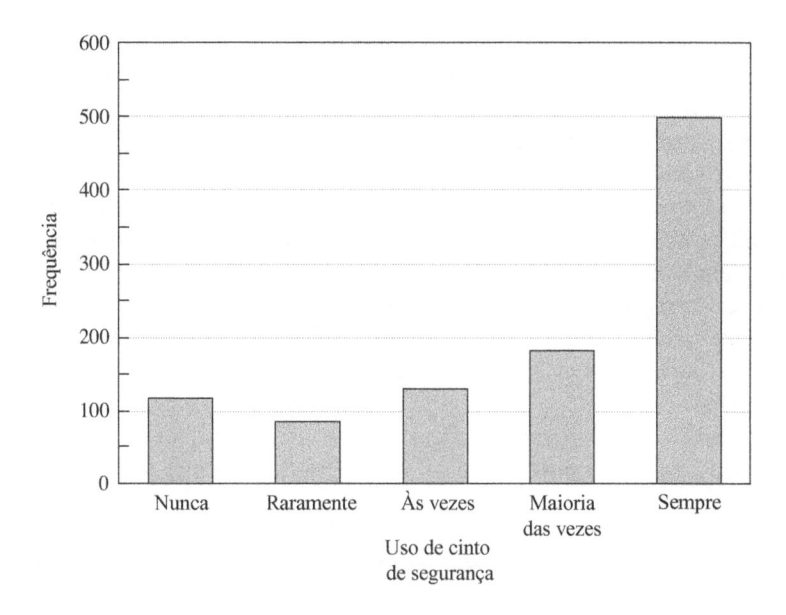

Figura 2.5 Gráfico em barras do uso de cinto de segurança (com frequências).

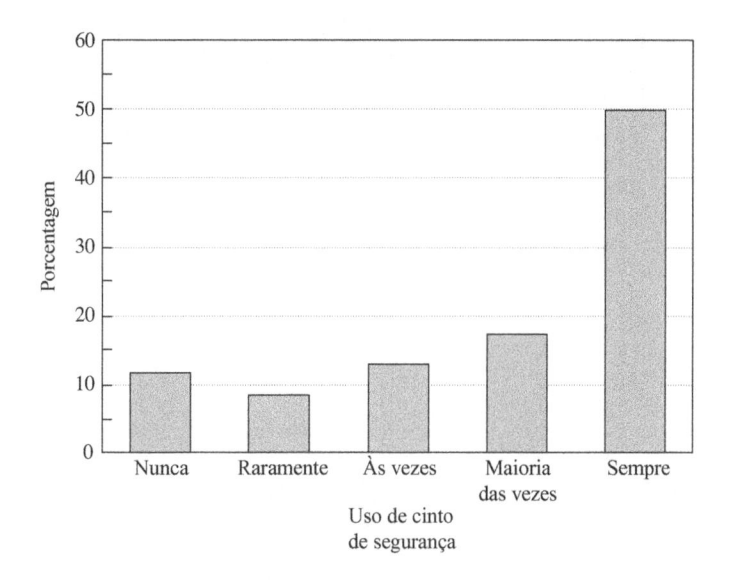

Figura 2.6 Gráfico em barras do uso de cinto de segurança (com porcentagens).

de qual se encaixará melhor na página. Em geral, é mais adequado exibir gráficos em barras com categorias numerosas horizontalmente, e suas categorias devem ser identificadas ao longo do eixo esquerdo, com as barras estendendo-se para a direita.

Os termos gráfico em barras e *histograma* são frequentemente usados de maneira intercambiável, apesar de que há uma diferença pequena, mas importante, entre as duas técnicas gráficas. Gráficos em barras são tipicamente usados para exibir frequência ou distribuição percentual de uma variável distinta, especialmente em termos nominais. Em virtude da falta de continuidade de categoria para categoria, um gráfico em barras inclui espaço entre as barras para enfatizar a diferenciação, em vez da continuidade ao longo de uma escala. Histogramas, por outro lado, são usados para exibir medidas contínuas, especialmente em termos de intervalo; as barras do histograma são juntadas para enfatizar a continuidade dos pontos ao longo da escala. Dados em termos ordinais podem ser exibidos de qualquer uma das duas formas, dependendo do que o pesquisador quer enfatizar, a continuidade (histograma) ou a descontinuidade (gráfico em barras).

O gráfico em barras da distribuição (a) na Figura 2.7 de estudantes com formação em sociologia inclui a separação entre as barras, pois a aparência de continuidade seria completamente enganosa. Comparativamente, a distribuição (b) na Figura 2.7 das médias de pontos das notas dos estudantes representa um *continuum* real e, portanto, um histograma sem separação entre as categorias é apropriado.

Gráficos em barras e histogramas podem exibir o efeito de uma variável sobre a outra. Por exemplo, a Figura 2.8 mostra a distribuição do uso de cinto de segurança por gênero a partir dos da-

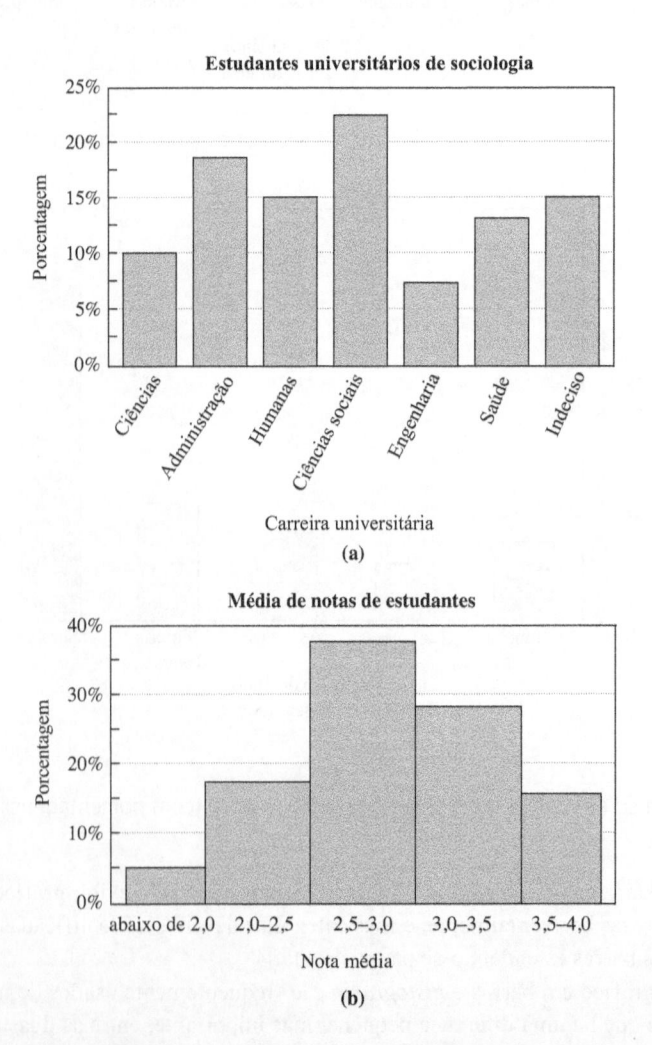

Figura 2.7 Comparação entre um gráfico em barras e um histograma.

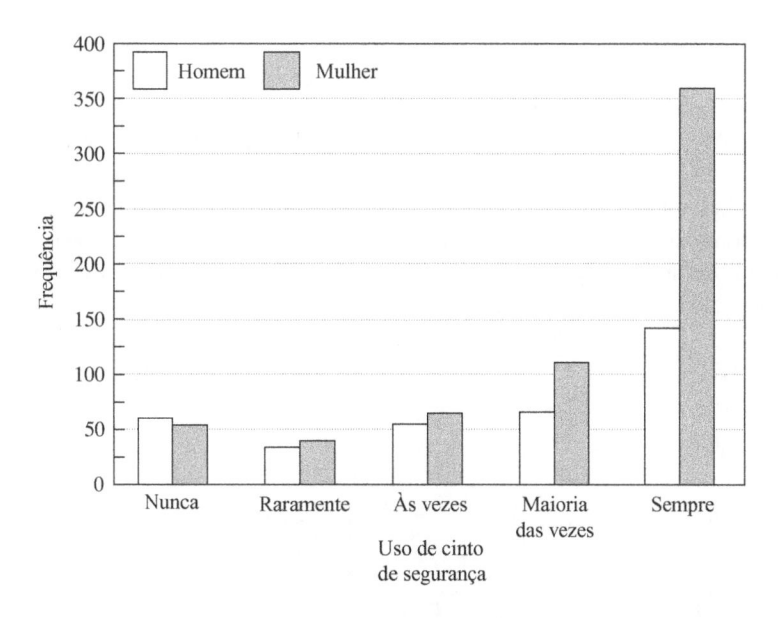

Figura 2.8 Gráfico em barras do uso de cinto de segurança por gênero (com frequências).

dos na Tabela 2.17. Agora faz uma grande diferença representarmos em um gráfico de frequências ou porcentagens. O gráfico na Figura 2.8 está distorcido porque há mais mulheres do que homens na amostra. Como resultado, a maioria das barras que representam mulheres é mais alta do que as barras que representam homens, confundindo o efeito do gênero sobre o uso de cinto de segurança. Conseguimos uma descrição mais adequada representando em um gráfico as porcentagens por coluna da Tabela 2.20. Desse modo, o gráfico em barras na Figura 2.9 nos permite ver não apenas a distribuição do uso do cinto de segurança, mas também como ele é influenciado pelo gênero.

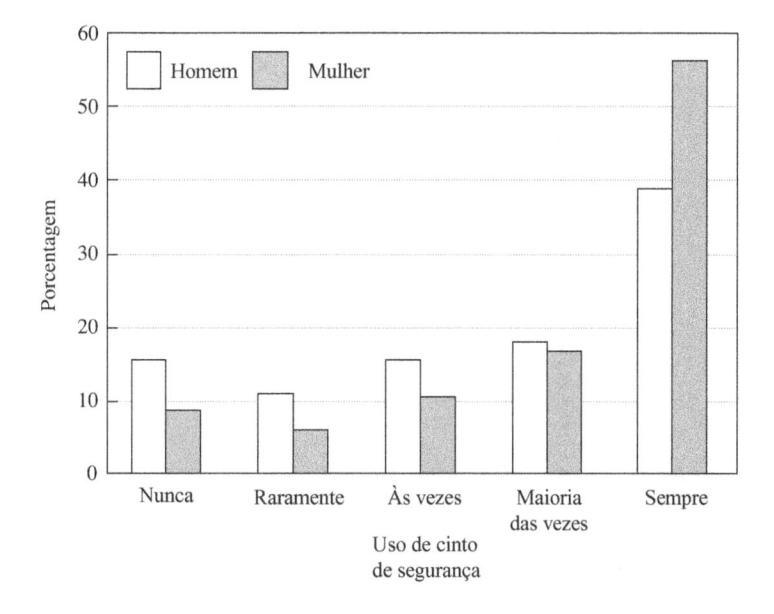

Figura 2.9 Gráfico em barras do uso de cinto de segurança por gênero (com porcentagens).

Gráficos em barras e histogramas também são usados para representar graficamente volumes e taxas por meio de subgrupos da população ou ao longo do tempo, em vez de apenas distribuições de frequência e porcentagens. Por exemplo, taxas de natalidade (número de nascimentos por 1.000 mulheres, veja a Tabela 2.22) são mostradas por idade da mãe na Figura 2.10. Essas taxas são obtidas pela divisão do número de partos de mulheres de uma determinada faixa etária pelo número de mulheres naquela faixa etária, e então pela multiplicação do resultado por 1.000. Como as duas categorias extremas têm taxas bem pequenas, as barras são quase invisíveis. Portanto, para incrementar a legibilidade do gráfico como um todo, rotulamos cada barra com seu valor (o que de qualquer maneira é sempre uma boa ideia).

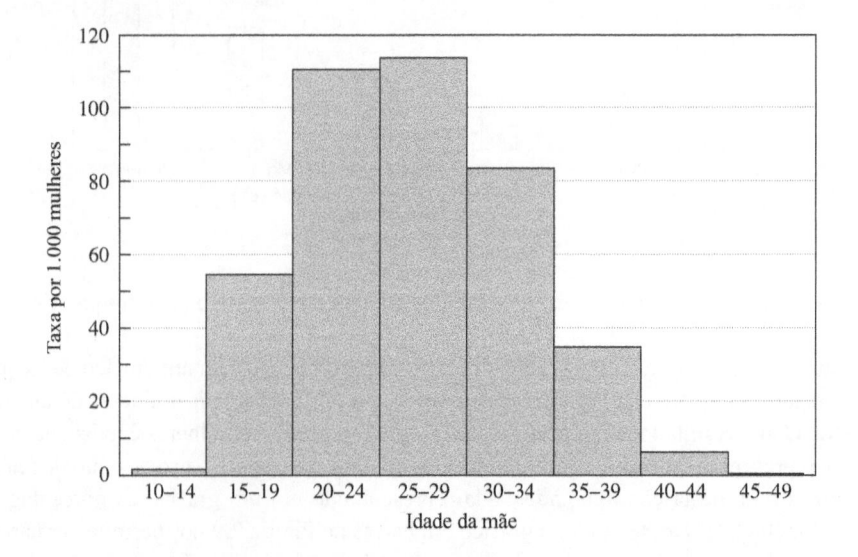

Figura 2.10 Histograma da taxa de nascimento por 1.000 mulheres, por idade da mãe.

Tabela 2.22 Taxa de nascimento por idade da mãe.

Idade da mãe	Taxa de nascimento (nascimentos por 1.000)
10–14	1,2
15–19	54,4
20–24	110,4
25–29	113,1
30–34	83,9
35–39	35,3
40–44	6,8
45–49	0,3

Polígonos de frequência

Outro método gráfico comumente empregado é o *polígono de frequência*. Apesar de o polígono de frequência poder acomodar uma ampla variedade de categorias, ele, assim como o histograma, tende a salientar a *continuidade* ao longo de uma escala em vez das *diferenças*; portanto, ele é particularmente útil para descrever dados ordinais e intervalares. Isso ocorre porque as frequências são indicadas por uma série de pontos colocados sobre os valores de escores ou pontos médios de cada intervalo de classe. Pontos adjacentes são conectados com uma linha reta, que é deixada na linha de base em qualquer uma das extremidades. A altura de cada ponto indica a frequência da ocorrência.

A Tabela 2.23 mostra uma distribuição de frequência de notas de provas de uma classe de 71 estudantes. Um polígono de frequência para essa distribuição é então apresentado na Figura 2.11. Observe que as frequências dos intervalos de classe são representadas graficamente acima de seus pontos médios; os pontos são conectados por linhas retas, que são deixadas na linha de base horizontal em ambas as extremidades, formando um polígono.

Para representar graficamente frequências acumuladas (ou porcentagens acumuladas), é possível construir um *polígono de frequência acumulada*. Como mostra a Figura 2.12, frequências acumuladas são dispostas ao longo da linha vertical do gráfico e são indicadas pela altura dos pontos acima da linha de base horizontal. Diferentemente de um polígono de frequência regular, entretanto, a linha reta conectando todos os pontos no polígono de frequência acumulada não pode ser colocada de volta na linha de base, pois as frequências acumuladas representadas são um produto de adições sucessivas. Qualquer frequência acumulada dada nunca é menor (é normalmente maior) que a frequência acumulada anterior. Também, diferentemente de um polígono de frequência regular, os pontos em um gráfico acumulado são representados graficamente acima dos limites superiores dos intervalos de classe, em vez de em seus pontos médios. Isso ocorre porque a frequência acumulada representa o número total de casos *tanto dentro quanto abaixo* de um intervalo de classe em particular.

Forma de uma distribuição de frequência. Polígonos de frequência podem nos ajudar a visualizar a variedade de formatos e formas assumidas por distribuições de frequência. Algumas distribuições são *simétricas* — dobrando a curva no centro criam-se duas metades idênticas. Portanto, tais distribuições contêm o mesmo número de valores de escores extremos em ambas as direções, para cima e para baixo. Outras distribuições são chamadas de *assimétricas*, e têm mais casos extremos em uma direção do que em outra.

Há uma variação considerável entre distribuições simétricas. Por exemplo, elas podem diferir marcadamente em termos de sua *característica de pico* (ou *curtose*). Algumas distribuições simétricas, como vemos na Figura 2.13(a), são altas ou têm um pico considerável (chamadas *leptocúrticas*); outras, como vemos na Figura 2.13(b), são bastante achatadas (chamadas *platicúrticas*);

Tabela 2.23 Distribuição de frequência agrupada de notas de provas.

Intervalo de classe	f	fa
95–99	3	71
90–94	2	68
85–89	4	66
80–84	7	62
75–79	12	55
70–74	17	43
65–69	12	26
60–64	5	14
55–59	5	9
50–54	4	4
	$N = 71$	

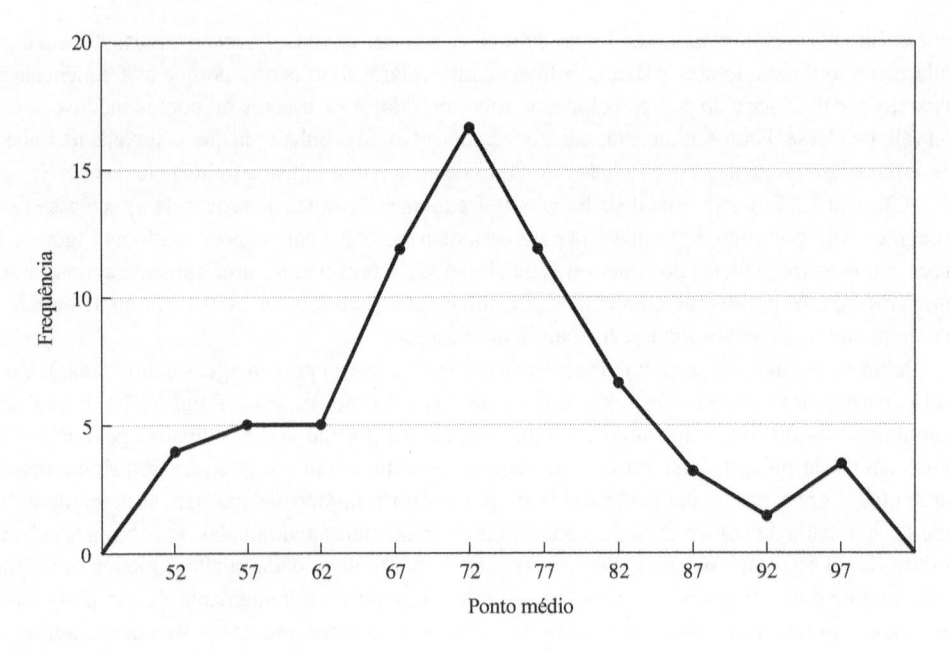

Figura 2.11 Polígono de frequência para distribuição de notas de provas de estudantes.

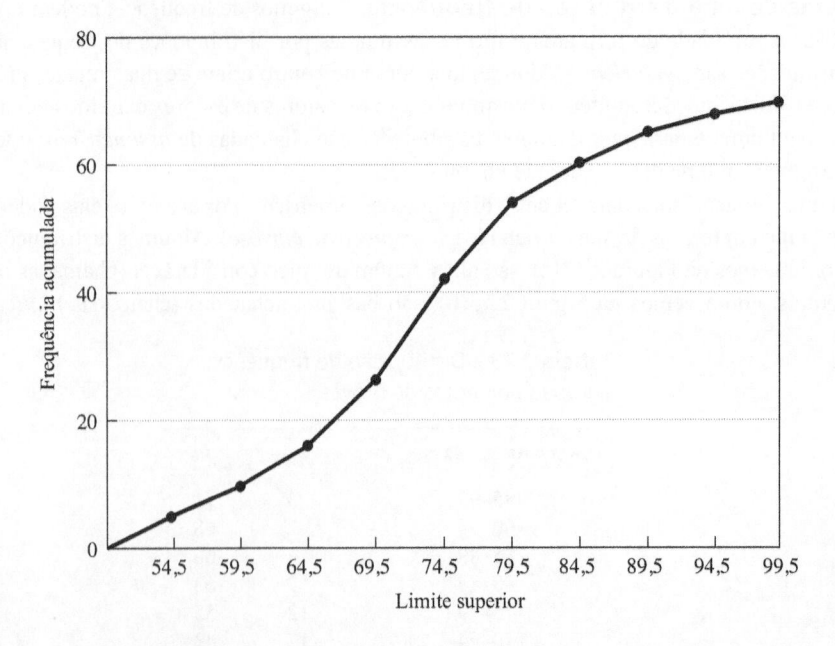

Figura 2.12 Polígono de frequência acumulada para distribuição de notas de provas de estudantes.

(a) Leptocúrtica   (b) Platicúrtica   (c) Mesocúrtica

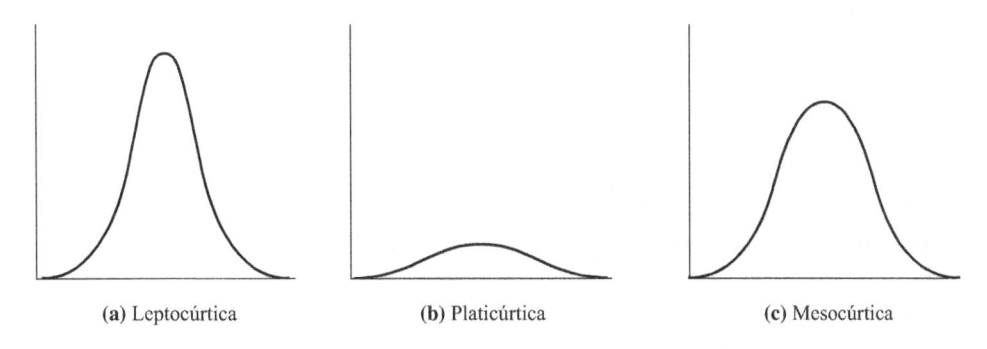

Figura 2.13 Variações em curtose entre distribuições simétricas.

ainda outras não têm pico muito alto, nem são achatadas (chamadas de *mesocúrticas*). Um tipo de distribuição simétrica mesocúrtica, como mostra a Figura 2.13(c), a *curva normal*, tem significado especial para a pesquisa social, e será discutida em detalhes no Capítulo 5.

Há uma variedade de distribuições inclinadas ou assimétricas. Quando existe a inclinação de maneira que os escores se concentram em uma direção, a distribuição terá uma "cauda" pronunciada. A posição da cauda indica onde os relativamente poucos escores estão localizados, e determina a *direção* da assimetria.

A distribuição (a) na Figura 2.14 está *negativamente assimétrica* (inclinada para a esquerda), pois ela tem uma cauda muito mais longa na esquerda do que na direita. Essa distribuição mostra que a maioria dos entrevistados recebeu notas altas, mas apenas alguns poucos receberam notas baixas. Se essa fosse a distribuição de notas em um exame final, poderíamos dizer que a maioria dos estudantes foi bastante bem, e alguns poucos foram mal.

Em seguida, observe a distribuição (b), cuja cauda está situada à direita. Como a inclinação é indicada pela direção da cauda alongada, podemos dizer que a distribuição está *positivamente assimétrica* (inclinada para a direita). As notas da prova final para os estudantes dessa turma hipotética serão bastante baixas, exceto por alguns poucos que foram bem.

Por fim, examinaremos distribuição (c), que contém duas caudas idênticas. Nesse caso, há o mesmo número de casos extremos em ambas as direções. A distribuição não é inclinada, mas perfeitamente simétrica. Se essa fosse a distribuição de notas na prova final, teríamos um grande número de estudantes medianos e alguns poucos recebendo notas muito altas ou muito baixas.

(a) Negativamente assimétrica   (b) Positivamente assimétrica   (c) Simétrica

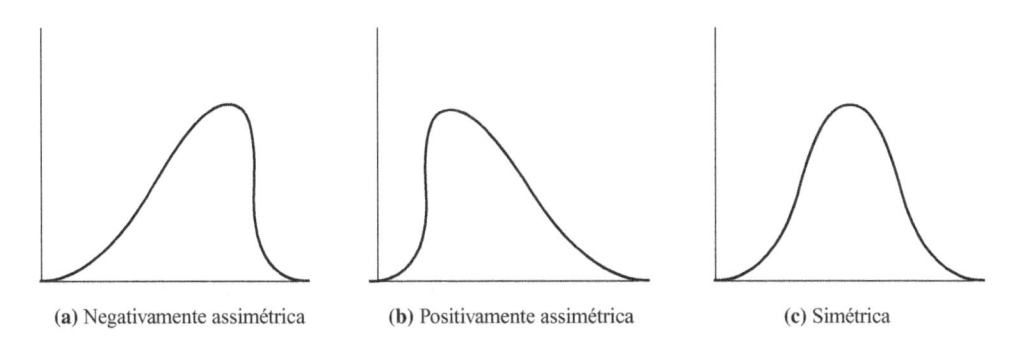

Figura 2.14 Três distribuições que representam a direção da assimetria.

Gráficos em linha

Vimos previamente que gráficos em barras e histogramas podem ser usados para exibir frequências e porcentagens de uma distribuição de escores, assim como volumes e taxas através de grupos, áreas ou tempo. Polígonos de frequência podem ser similarmente modificados para exibir volumes e taxas entre grupos ou ao longo do tempo, apesar de esse método usar um *gráfico em linha*. Em outras palavras, polígonos de frequência mostram a distribuição de *frequência* de um conjunto de escores em uma única variável, enquanto gráficos em linha exibem mudanças em uma variável ou variáveis entre grupos ou ao longo do tempo.

Em um gráfico em linha, o montante ou taxa de uma variável é representado graficamente, e, então, esses pontos são conectados por segmentos de linhas. A Figura 2.15, por exemplo, mostra em forma de gráfico em linha as taxas de natalidade por idade da mãe que foram exibidos previamente em um gráfico em barras. Como você pode ver ao comparar as figuras 2.15 e 2.10, não importa o método utilizado.

Enquanto comparações de subgrupos (como as faixas etárias que subdividem os anos férteis) são representadas graficamente com barras ou linhas, dados de tendência de tempo são mais comumente representados com gráficos em linha. A Figura 2.16, por exemplo, mostra a taxa de homicídios nos Estados Unidos (o número de homicídios relatados para a polícia por 100 mil habitantes) de 1950 a 2005. No gráfico, podemos ver claramente um acentuado e súbito aumento na taxa de homicídios em meados da década de 1960, uma tendência ascendente que se manteve até 1980, uma queda até meados dessa década, um ressurgimento no final dos anos de 1980 e outra queda na década de 1990 antes de estabilizar-se em 2000. Fica a cargo do pesquisador social, é claro, tentar encontrar uma explicação para essas tendências. Entre as razões estudadas na literatura estavam o

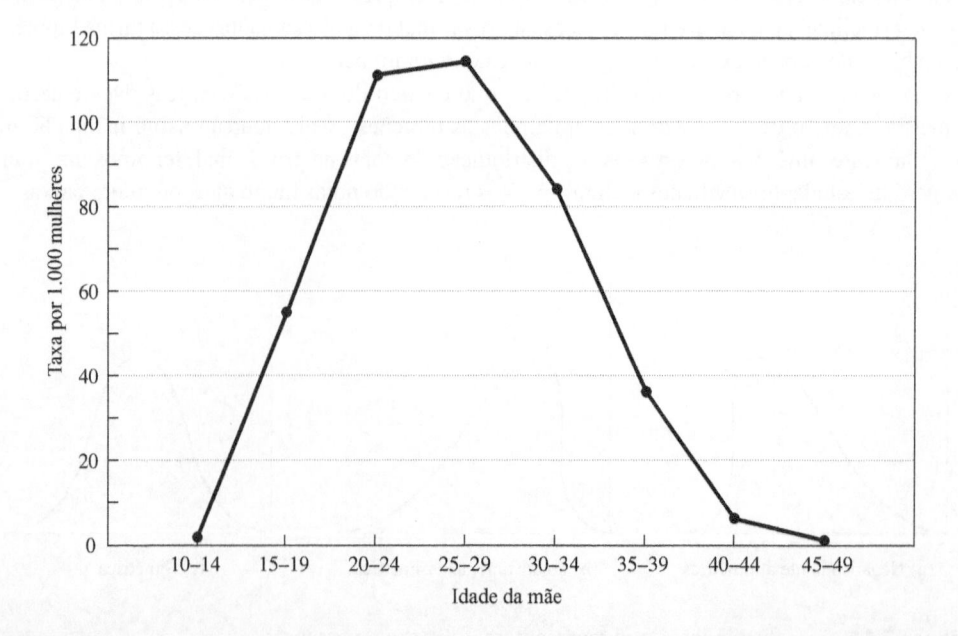

Figura 2.15 Gráfico em linha da taxa de nascimento por 1.000 mulheres, por idade da mãe.

aumento da violência racial, o aumento do uso de drogas, o aparecimento do *crack*, as mudanças na aplicação de sentenças e nas práticas da polícia, mudanças no tamanho da população adolescente e um acesso maior a armas de fogo.

QUADRO 2.1 Prática e estatística: medição da audiência da televisão

A maioria das pessoas confronta, todos os dias, alguma espécie de cálculo percentual ou interpretação. É importante, portanto, compreender exatamente o que uma porcentagem em particular representa. Geralmente, é na base da porcentagem — porcentagem de quê? — que encontramos a resposta. Porcentagens calculadas sobre bases diferentes podem significar coisas muito diferentes.

E por falar em bases, porcentagens diferentes foram usadas para medir a audiência da prorrogação de um jogo final entre os antigos rivais no beisebol, Boston Red Sox e New York Yankees. A audiência de uma transmissão é a porcentagem de todos os lares que assistem o programa, de maneira que a base para o cálculo é o número total de lares com televisões, não importando se elas estão ligadas ou não. Por outro lado, a cota para uma transmissão é a porcentagem de lares com televisões ligadas que estão vendo o programa, de maneira que apenas os lares vendo televisão são incluídos no cálculo.

O gráfico em linha exibe ambas as medidas para a área de cobertura da cidade de Boston das 20h15, quando a primeira bola foi lançada, um pouco depois da 01h00, quando o time da casa prevaleceu com um *home run* no décimo segundo *inning*. Na medida em que o jogo progredia bem além da hora de dormir da maioria dos jovens fãs e de muitos dos adultos que trabalhariam no dia seguinte, a porcentagem de lares que assistiam ao jogo — a audiência — caiu gradualmente de um pico de quase 40% às 22h00, quando os Yankees assumiram a liderança, para algo em torno de 20%, quando o Red Sox ganhou o jogo. Em comparação com o mergulho da audiência, a cota aumentou firmemente em torno de 50% de todos os lares que assistiam a qualquer canal às 22h00 até quase 70% ao final do jogo. Desse modo, embora aparentemente muitos telespectadores do jogo tenham desligado a TV e ido para a cama, o jogo teve mais poder de permanência do que qualquer outra programação teria se competisse pelos telespectadores do fim de noite.

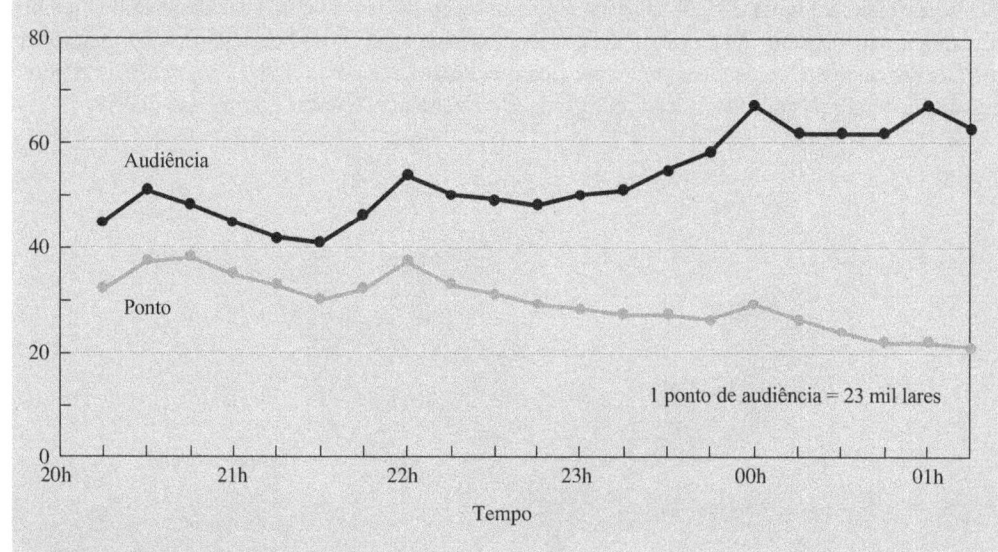

1 ponto de audiência = 23 mil lares

Audiência televisiva da cidade de Boston durante o ALCS (American League Championship Series), game 4
Fonte: Nielsen Media Research

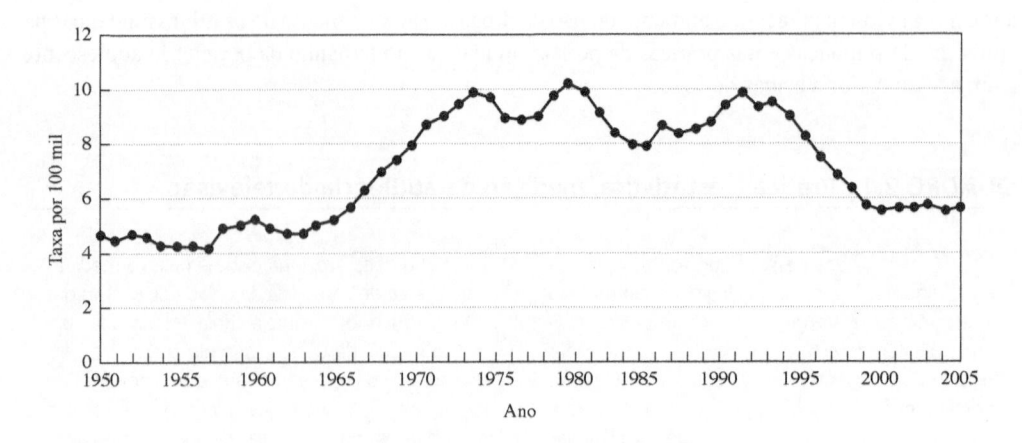

Figura 2.16 Taxa de homicídios nos Estados Unidos, 1950–2005.

Mapas

Em uma determinada época, pesquisadores sociais contavam quase exclusivamente com gráficos em setores, gráficos em barras, polígonos de frequência e gráficos em linha. Em anos recentes, entretanto, na medida em que softwares gráficos para computadores foram sendo aperfeiçoados, os pesquisadores começaram a empregar outras formas de apresentação gráfica. Um tipo em particular — o mapa — tornou-se bastante popular juntamente com o uso mais frequente de dados coletados e publicados pelo governo (por exemplo, dados do censo), assim como dados codificados por endereço ou localização. O mapa oferece um método sem paralelo de exploração de padrões geográficos em dados.

Por exemplo, uma distribuição de frequência de três categorias de taxas de homicídio nos EUA é exibida na Figura 2.17. Cada estado é sombreado de acordo com sua condição de membro na categoria da distribuição de frequência. A tendência de as taxas de homicídio serem maiores na medida em que você se desloca para o sul fica imediatamente óbvia. Isso se transforma no ponto de partida para o pesquisador social, que começa a estabelecer e testar porque isso ocorre.

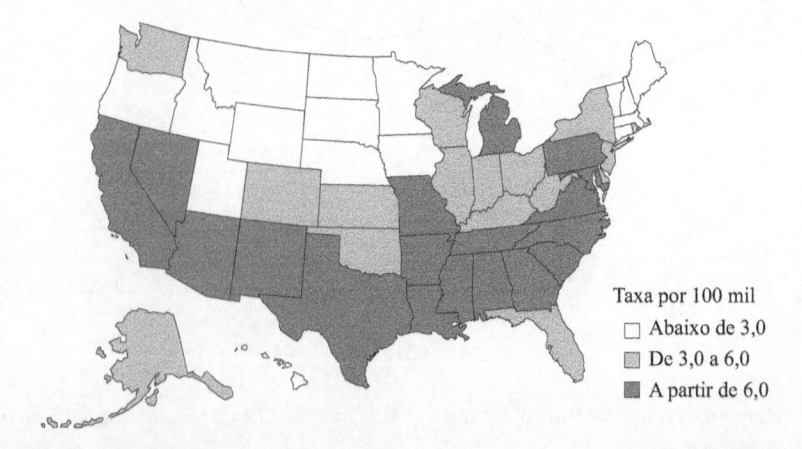

Figura 2.17 Mapa das taxas de homicídios por estado, 2005.

Resumo

Neste capítulo, introduzimos algumas das técnicas básicas usadas por pesquisadores sociais para organizar a massa de números brutos encontrados durante sua coleta com os entrevistados. Ao trabalhar com dados nominais, o primeiro passo, normalmente, é construir uma distribuição de frequência em forma de uma tabela que apresente o número de entrevistados em todas as categorias de uma variável em termos nominais ou compare grupos diferentes nas categorias da mesma variável. Comparações entre grupos ou períodos no tempo também podem ser feitas por meio do uso de proporções, porcentagens e taxas. Para apresentar dados ordinais e intervalares, há distribuições de frequência (e de porcentagem) simples, agrupadas e acumuladas. Distribuições de frequência e porcentagem podem ser estendidas para incluir duas ou mesmo mais dimensões. Em uma tabulação cruzada, a tabela apresenta a distribuição de frequências ou porcentagens de uma variável (normalmente, a variável dependente) sobre as categorias de uma ou mais variáveis adicionais (geralmente, a variável independente). Há três possíveis modos de determinar porcentagens para tabulações cruzadas: porcentagens por linha, porcentagens por coluna e porcentagens totais. A escolha entre porcentagens por linha ou por coluna depende da colocação da variável independente dentro da tabulação cruzada. Porcentagens totais são ocasionalmente usadas em vez disso, mas apenas quando nem a variável linha, nem a variável coluna podem ser identificadas como independentes. Apresentações gráficas são frequentemente empregadas para incrementar a legibilidade e o apelo dos achados de pesquisas. Gráficos em setores têm uma utilidade limitada, sendo mais apropriados para fornecer uma ilustração simples de dados em termos nominais que podem ser divididos em apenas algumas poucas categorias. Gráficos em barras e histogramas são mais amplamente usados, pois podem acomodar qualquer número de categorias. Ao salientar a continuidade ao longo de uma escala, polígonos de frequência são especialmente úteis para descrever dados ordinais ou intervalares. Entre suas muitas aplicações, gráficos em linha são particularmente úteis para reconstruir tendências ao longo do tempo. Por fim, mapas fornecem um método para exibir os padrões geográficos de um conjunto de dados.

Termos-chave

Assimetria
Classificação percentil
Curtose
Decis
Distribuição de frequência
Distribuição de frequência agrupada
Distribuição de porcentagem
Distribuição negativamente assimétrica
Distribuição positivamente assimétrica
Frequência acumulada
Gráfico em barras
Gráfico em linha
Gráfico em setores
Histograma
Intervalo de classe

Limite de classe
Mediana
Polígono de frequência
Polígono de frequência acumulada
Ponto médio
Porcentagem
Porcentagem acumulada
Porcentagem por coluna
Porcentagem por linha
Porcentagem total
Proporção
Quartis
Razão
Tabulação cruzada
Taxa

Exercícios

1. Uma tabulação cruzada de doenças sérias é uma tabela na qual a distribuição das doenças é:
   a. apresentada separadamente em categorias de uma segunda variável, como gênero, idade ou raça.
   b. apresentada em uma tabela.
   c. apresentada em um gráfico.
   d. apresentada em um gráfico em setores.

2. Distribuições de frequência podem ser usadas para:
   a. comparar diferenças de gênero em comportamento criminal violento.
   b. exibir as notas de uma prova semestral para todos os estudantes em um curso de sociologia.
   c. comparar atitudes de estudantes universitários e seus pais em relação à guerra.
   d. mostrar atitudes de todos os estudantes de um campus em relação à guerra.
   e. todos os itens anteriores.

3. Qual dos itens a seguir *não* é usado para fazer comparações entre distribuições quando suas frequências totais diferem umas das outras?
   a. Proporções.
   b. Taxas.
   c. Razão.
   d. Limites de classe.

4. Por definição, intervalos de classe contêm mais de um:
   a. valor do escore.
   b. escore.
   c. entrevistado.
   d. categoria.

5. Qual dos itens a seguir é empregado ao se comparar uma nota em uma prova final e a distribuição inteira de notas em uma classe?
   a. Ponto médio.
   b. Intervalo de classe.
   c. Limites de classe.
   d. Classificação percentil.

6. Uma tabulação cruzada seria útil para comparar:
   a. o montante de atenção — um pouco, um montante moderado, ou bastante — que um professor em particular dá a dois estudantes diferentes.
   b. o montante de atenção — um pouco, um montante moderado, ou bastante — que um professor em particular dá a 30 estudantes negros e 30 estudantes brancos.
   c. o montante de atenção — um pouco, um montante moderado, ou bastante — que um professor em particular dá a 30 estudantes.
   d. o montante de atenção — um pouco, um montante moderado ou bastante — que um professor em particular dá a estudantes que tiram notas altas.

7. Uma distribuição de frequência de uma série de réus sentenciados à morte em cada um dos 50 estados dos EUA durante o ano de 2001 seria melhor representada na forma de um:
   a. histograma.
   b. gráfico em barras.
   c. polígono de frequência.
   d. gráfico em linha.

8. A direção da assimetria é determinada pela posição relativa do(a):
   a. pico da distribuição.
   b. ponto médio da distribuição.
   c. cauda da distribuição.
   d. limites de classe da distribuição.

9. Para mostrar as mudanças na taxa de natalidade de 1980 até o presente, um pesquisador provavelmente usaria um:
   a. gráfico em setores.
   b. gráfico em barras.
   c. gráfico em linha.
   d. polígono de frequência.

10. A partir da tabela a seguir, que representa o sucesso pessoal de 173 telespectadores e 183 não telespectadores, calcule (a) a porcentagem de não telespectadores que são pessoas bem-sucedidas, (b) a porcentagem de telespectadores que são pessoas bem-sucedidas, (c) a proporção de não telespectadores que são pessoas bem-sucedidas, e (d) a proporção de telespectadores que são pessoas bem-sucedidas.

Sucesso de telespectadores e não telespectadores

	Status do telespectador	
Sucesso	*Não telespectadores*	*Telespectadores*
Pessoas bem-sucedidas	93	46
Pessoas malsucedidas	90	127
Total	183	173

11. A partir da tabela a seguir, que representa a estrutura familiar de crianças negras e brancas em uma comunidade em particular, calcule (a) a porcentagem de crianças negras que possuem família com pai e mãe, (b) a porcentagem de crianças brancas que possuem família com pai e mãe, (c) a proporção de crianças negras que possuem família com pai e mãe e (d) a proporção de crianças brancas que possuem família com pai e mãe.

Estrutura familiar de crianças negras e brancas

	Raça da criança	
Estrutura familiar	*Negra*	*Branca*
Um adulto responsável	53	59
Pai e mãe	60	167
Total	113	226

12. A partir da tabela a seguir, que representa a preferência no uso das mãos esquerda ou direita em uma amostra aleatória de homens e mulheres, calcule (a) a porcentagem de homens canhotos, (b) a porcentagem de mulheres canhotas, (c) a proporção de homens canhotos e (d) a proporção de mulheres canhotas. (e) O que você pode concluir a respeito de gênero e prevalência do uso da mão esquerda?

Preferência no uso das mãos esquerda e direita

	Gênero	
Preferência de uso	*Homem*	*Mulher*
Canhoto	15	8
Destro	86	114
Total	101	122

13. Em um grupo de 125 homens e 80 mulheres, qual é a razão de gênero (número de homens por 100 mulheres)?

14. Em um grupo de 15 crianças negras e 20 crianças brancas, qual é a razão de negros para brancos?

15. Se 300 nascidos vivos ocorrem entre 3.500 mulheres em idade fértil, qual é a taxa de natalidade (por 1.000 mulheres em idade fértil)?

16. Qual é a taxa de mudança de um aumento populacional de 15 mil em 1960 para 25 mil em 2000?

17. Qual é a taxa de mudança de um aumento de impostos de $ 32 bilhões por ano para $ 37 bilhões por ano?

18. Ao estudar a prevalência do uso de álcool entre estudantes do último ano de uma determinada escola de ensino médio, um pesquisador perguntou a 45 jovens quantos drinques eles haviam consumido na última semana. Converta a distribuição de frequência de respostas a seguir (número de drinques) em uma distribuição de frequência agrupada contendo quatro intervalos de classe, e (a) determine o tamanho dos intervalos de classe, (b) indique os níveis superior e

inferior de cada intervalo de classe, (c) identifique o ponto médio de cada intervalo de classe, (d) calcule a porcentagem para cada intervalo de classe, (e) calcule a frequência acumulada de cada intervalo de classe, e (f) calcule a porcentagem acumulada para cada intervalo de classe.

Número de drinques	f
7	5
6	9
5	6
4	11
3	4
2	3
1	3
0	4
	N = 45

19. A Psychopathy Checklist — Revised (*PCL–R*, *Lista de checagem de psicopatia — Revisada*) é uma ferramenta de avaliação usada para identificar psicopatas, com escores variando de 0 a 40 (um escore de 30 ou mais alto sendo indicativo de psicopatia). Um psicólogo forense interessado na prevalência de psicopatas em uma prisão administrou a *PCL–R* em 74 prisioneiros aleatoriamente e obteve a distribuição de escores a seguir. Converta isso em uma distribuição de frequência agrupada contendo cinco intervalos de classe, e (a) determine o tamanho dos intervalos de classe, (b) indique os limites superior e inferior de cada intervalo de classe, (c) identifique o ponto médio de cada intervalo de classe, (d) calcule a porcentagem para cada intervalo de classe, (e) calcule a frequência acumulada para cada intervalo de classe, e (f) calcule a porcentagem acumulada para cada intervalo de classe.

Valor do escore	f
39	4
38	4
35	2
32	3
31	4
27	9
26	7
25	6
21	13
20	10
17	5
15	7
	N = 74

20. Na distribuição de escores a seguir, em um exame promocional, calcule a classificação percentil para (a) uma nota 75 (aprovado) e (b) uma nota 52.

Valor da nota	f	fa
90–99	6	48
80–89	9	42
70–79	10	33
60–69	10	23
50–59	8	13
40–49	5	5
	N = 48	

21. Um sociólogo esportivo coletou dados sobre o número de pontos marcados por equipes de futebol americano ao longo de um período de duas semanas. Na distribuição de escores a seguir, calcule a classificação percentil para (a) um escore de 36 e (b) um escore de 18.

Intervalo de classe	f
40–44	5
35–39	5
30–34	8
25–29	9
20–24	10
15–19	8
10–14	6
5–9	5
	N = 56

22. A tabela a seguir é uma tabulação cruzada sobre se os entrevistados moram de aluguel ou possuem casa própria, por classe social, em uma amostra de 240 residências:

	Status de habitação		
Classe social	Alugada	Própria	Total
Classe baixa	62	18	80
Classe média	47	63	110
Classe alta	11	39	50
Total	120	120	240

a. Qual é a variável independente e qual é a variável dependente?

b. Calcule as porcentagens por linha para a tabulação cruzada.

c. Qual porcentagem da amostra possui casa própria?

d. Qual porcentagem da amostra paga aluguel?
e. Qual porcentagem dos entrevistados de classe baixa possui casa própria?
f. Qual porcentagem dos entrevistados de classe média paga aluguel?
g. Qual classe social tem mais chance de alugar?
h. Qual classe social tem mais chance de ser proprietária?
i. O que pode ser concluído a respeito da relação entre classe social e *status* de moradia?

23. A tabela a seguir é uma tabulação cruzada de votos na eleição primária presidencial democrata nos EUA, por idade, em uma amostra local de entrevistados de 18 anos e mais velhos:

	Idade				
Voto	18–29	30–44	45–59	60+	Total
Clinton	27	25	34	11	97
Edwards	23	35	10	10	78
Obama	30	20	10	15	75
Total	80	80	54	36	250

a. Qual é a variável independente e qual é a variável dependente?
b. Calcule as porcentagens por coluna para a tabulação cruzada.
c. Qual porcentagem da amostra votou em Clinton?
d. Qual porcentagem da faixa etária 18–29 votou em Edwards?
e. Entre qual faixa etária Clinton era mais popular?
f. Entre qual faixa etária Edwards era mais popular?
g. Entre qual faixa etária Obama era mais popular?

24. A uma amostra de entrevistados foi pedida uma opinião a respeito da pena de morte para assassinos condenados e da eutanásia para os doentes terminais. As respostas são dadas na tabulação cruzada a seguir:

	Pena de morte		
Eutanásia	A favor	Contra	Total
A favor	63	29	92
Contra	70	18	88
Total	133	47	180

a. Por que não há uma variável dependente ou independente?
b. Calcule as porcentagens totais para a tabulação cruzada.
c. Qual porcentagem da amostra é a favor da pena de morte?
d. Qual porcentagem da amostra é a favor da eutanásia?
e. Qual porcentagem da amostra é a favor de ambos os tipos de morte?
f. Qual porcentagem da amostra é contra ambos os tipos de morte?
g. Qual porcentagem da amostra é a favor de um tipo de morte, mas não da outra?
h. O que pode ser concluído a respeito da relação entre as variáveis?

25. A partir da tabela a seguir, que representa o gênero de manifestantes na frente de uma agência da *Planned Parenthood* [Maternidade planejada], calcule (a) a porcentagem de manifestantes pró-aborto que são mulheres, (b) a porcentagem de manifestantes antiaborto que são mulheres, (c) a proporção de manifestantes pró-aborto que são mulheres, e (d) a proporção de manifestantes antiaborto que são mulheres.

Gênero de demonstradores pró-aborto e antiaborto

	Posição	
Gênero	Pró-aborto	Antiaborto
Homem	23	32
Mulher	37	39
Total	60	71

26. A tabela a seguir é uma tabulação cruzada de orientação sexual por gênero de uma amostra aleatória de entrevistados com idades a partir de 18 anos que vivem em Chicago:

	Gênero		
Orientação sexual	Homem	Mulher	Total
Heterossexual	87	106	193
Homossexual	14	9	23
Bissexual	6	3	9
Total	107	118	225

a. Há variáveis independentes e dependentes nesse caso? Se há, quais são elas? Se não há, explique.
b. Calcule as porcentagens por coluna para a tabulação cruzada.
c. Qual porcentagem da amostra é heterossexual?
d. Qual porcentagem da amostra é composta de mulheres homossexuais?
e. Qual porcentagem da amostra é bissexual?
f. Qual porcentagem da amostra é composta de homens homossexuais?
g. O que você pode concluir a respeito de diferenças de gênero na orientação sexual?

27. Perguntou-se a uma amostra aleatória de mulheres acima dos 18 anos de idade se elas se consideravam deprimidas. Suas respostas são dadas a seguir, em uma tabulação cruzada com seu estado civil:

Estado emocional	Estado civil				
	Solteira	Casada	Divorciada	Viúva	Total
Deprimida	24	37	11	3	75
Não deprimida	113	82	68	14	277
Total	137	119	79	17	352

a. Calcule as porcentagens totais para a tabulação cruzada.
b. Qual porcentagem da amostra se considerou deprimida?
c. Qual porcentagem da amostra não se considerou deprimida?
d. Qual porcentagem da amostra é composta de mulheres divorciadas que não estão deprimidas?
e. Qual porcentagem da amostra é composta de mulheres solteiras que estão deprimidas?
f. Qual estado civil é associado com a porcentagem mais alta de mulheres deprimidas?

28. Perguntou-se a uma amostra de entrevistados que opinião tinham a respeito da educação bilíngue e da ação afirmativa. As respostas são dadas na tabulação cruzada a seguir:

	Educação bilíngue		
Ação afirmativa	A favor	Contra	Total
A favor	56	33	89
Contra	25	97	122
Total	81	130	211

a. Por que não há uma variável independente?
b. Calcule as porcentagens totais para a tabulação cruzada.
c. Qual porcentagem da amostra é a favor da ação afirmativa?
d. Qual porcentagem da amostra é a favor da educação bilíngue?
e. Qual porcentagem da amostra é a favor tanto da ação afirmativa quanto da educação bilíngue?
f. Qual porcentagem da amostra se opõe a ambas?
g. Qual porcentagem da amostra se opõe a uma, mas não à outra?
h. O que pode ser concluído a respeito da relação entre as variáveis?

29. Use um gráfico em setores para descrever as informações a seguir a respeito da afiliação religiosa de estudantes em uma classe:

Religião	f	%
Protestante	84	56
Católica	45	30
Judia	12	8
Muçulmana	6	4
Outra	3	2
	150	100

30. Descreva os dados a seguir em um gráfico em barras:

País de origem de estudantes internacionais	f
Canadá	5
China	7
Inglaterra	2
Alemanha	5
Grécia	3
Outro	4
	N = 26

31. Em uma folha de papel quadriculado, desenhe um histograma e um polígono de frequência para ilustrar a distribuição dos escores de QI a seguir:

Intervalo de classe	f
130–144	3
115–129	11
100–114	37
85–99	34
70–84	16
65–69	2
	N = 103

32. Exiba as taxas de suicídio a seguir (por 100 mil habitantes) como um histograma e como um gráfico em linha:

Idade	Taxa de suicídio
15–24	13,1
25–34	15,7
35–44	15,2
45–54	16,4
55–64	17,0
65–74	19,7
75–84	25,2
85+	20,8

33. A distribuição dos escores do Scholastic Assessment Test (SAT, Teste de avaliação acadêmica) para 38 alunos no último ano do ensino médio que se formaram no terço superior de sua classe é a seguinte:

Escores do SAT	f
750–800	1
700–740	2
650–690	3
600–640	5
550–590	10
500–540	8
450–490	4
400–440	3
350–390	2
	N = 38

a. Para cada intervalo de classe, calcule o tamanho, o ponto médio, os limites superior e inferior, a frequência acumulada, a porcentagem e a porcentagem acumulada.
b. Para descrever a distribuição de escores do SAT de 38 estudantes, desenhe um histograma e um polígono de frequência.
c. Para descrever a distribuição acumulada desses escores do SAT, desenhe um polígono de frequência acumulada.

34. Usando um mapa em branco dos Estados Unidos, mostre as taxas de desemprego da Tabela 2.10 com o seguinte detalhe: (a) sombreie estados com taxas de desemprego a partir de 6,0; (b) trace linhas diagonais nos estados com taxas de desemprego de 5,0 a 5,9; e (c) deixe em branco os estados com taxas de desemprego abaixo de 5,0.

Exercícios em SPSS

1. Usando o SPSS para analisar os dados do Monitoring the Future Study (estudo de monitoramento do futuro), calcule a porcentagem válida de estudantes norte-americanos do último ano do ensino médio em que há pouco ou nenhum risco em experimentar maconha uma vez ou duas (V1767). Calcule a porcentagem de estudantes do último ano do ensino médio em que há pouco ou nenhum risco em experimentar cocaína uma vez ou duas (V1770). Como você acha que poderia explicar porque alguns estudantes não veem risco enquanto outros estudantes percebem um grande risco em experimentar essas drogas? Dica: o procedimento de frequências no SPSS pode ser encontrado clicando em ANALYZE, então em DES-

CRIPTIVE STATISTICS, e por fim em FREQUENCIES. Também, confira que WEIGHT esteja assinalado escolhendo DATA, então WEIGHT CASES e selecione V5 como a variável de ponderação.

2. Usando o SPSS para analisar os dados do General Social Survey (levantamento social geral), calcule a porcentagem válida de norte-americanos a favor da pena de morte em caso de assassinato (CAPPUN). Calcule a porcentagem de pessoas que dizem que estão em excelentes condições de saúde (HEALTH). Escolha outra variável e comente um aspecto dela. Dicas: o conjunto de dados é um arquivo portátil. Troque o tipo de arquivo para "por.". Atribua pesos DATA, então WEIGHT CASES, e selecione WTSSALL. O procedimento de frequências em SPSS pode ser localizado clicando em ANALYZE, então em DESCRIPTIVE STATISTICS, e por fim em FREQUENCIES.

3. Usando o SPSS, gere um gráfico em setores a partir do Monitoring the Future Study para a etnia dos estudantes (V151). Tenha certeza de prover título, fonte e mostrar porcentagens no gráfico em setores.

4. Usando SPSS, gere um gráfico em barras a partir do Monitoring the Future Study para o número de dias nas últimas quatro semanas que os estudantes faltaram a uma aula (V178).

5. Use o SPSS para produzir um gráfico em linha da taxa de crimes violentos nos Estados Unidos de 1987 a 2006 baseado na tabela de valores de dados a seguir.

Ano	Taxa de crime violento
1987	612,5
1988	640,6
1989	666,9
1990	729,6
1991	758,2
1992	757,7
1993	747,1
1994	713,6
1995	684,5
1996	636,6
1997	611,0
1998	567,6
1999	523,0
2000	506,5
2001	504,5
2002	494,4
2003	475,8
2004	463,2
2005	469,0
2006	473,5

Medidas de tendência central

3

- Moda
- Mediana
- Média
- Um passo de cada vez
- Obtenção de moda, mediana e média a partir de uma distribuição de frequência simples
  Quadro 3.1 Exemplo passo a passo: moda, mediana e média
- Comparações entre moda, mediana e média
  Quadro 3.2 Prática e estatística: muitos retornos felizes
- Resumo
- Termos-chave
- Exercícios
- Exercícios em SPSS

Pesquisadores de muitos campos têm usado o termo *média* para fazer perguntas como a seguinte: Quais são as rendas *médias* obtidas por pessoas com diploma do Ensino Médio e diploma universitário? Quantos cigarros são fumados pelo adolescente *médio*? Qual é a nota *média* do estudante universitário do sexo feminino? Em *média*, quantos acidentes de automóveis acontecem como resultado direto do uso de álcool e drogas?

Uma maneira útil de descrever um grupo como um todo é encontrar um único número que represente a média ou algo típico daquele conjunto de dados. Na pesquisa social, tal valor é conhecido como medida de *tendência central*, porque ela geralmente está localizada no meio ou no centro de uma distribuição em que a maioria dos dados tende a estar concentrado.

Muitas vezes, o que o leigo quer dizer com o termo *média* é vago, e até mesmo confuso. A concepção do pesquisador social é muito mais precisa; é expressa numericamente como um dos diversos tipos de medições de média ou tendência central que podem assumir valores numéricos bastante diferentes no mesmo conjunto de dados. Apenas três das mais conhecidas medidas de tendência central serão discutidas aqui: moda, mediana e média.

Moda

A *moda* (Mo) é o valor mais frequente, mais típico e mais comum em uma distribuição. Por exemplo, há mais protestantes nos Estados Unidos do que pessoas de qualquer outra religião; então, podemos dizer que essa religião é a moda. Similarmente, se o curso de engenharia é o mais popular em uma determinada universidade, ele também representa a moda. A moda é a única medida de tendência central disponível para variáveis em termos nominais, como religião e curso universitário. Pode ser usada, entretanto, para descrever o escore mais comum em qualquer distribuição, independentemente do nível de mensuração.

Para calcular a moda, calcule o escore ou a categoria que ocorre com mais frequência em uma distribuição. A moda pode ser facilmente encontrada por inspeção, ao invés de cálculos. Por exemplo, no conjunto de escores ①, 2, 3, ①, ①, 6, 5, 4, ①, 4, 4, 3, a moda é 1, porque esse é o número que ocorre mais do que qualquer outro no conjunto (ele ocorre quatro vezes). Não se engane: a moda *não* é a frequência do escore mais frequente ($f = 4$), mas o valor do escore mais frequente (Mo = 1).

Algumas distribuições de frequência contêm duas ou mais modas. No conjunto de dados a seguir, por exemplo, os escores 2 e 6 ocorrem com mais frequência do que os outros: 6, 6, 7, 2, 6, 1, 2, 3, 2, 4. Graficamente, tais distribuições têm dois pontos de frequência máxima, sugerindo as corcovas de um camelo. Essas distribuições são chamadas de *bimodais*, em comparação com a variedade mais comum, a *unimodal*, que tem apenas uma única corcova, ou ponto de frequência máxima.

A Figura 3.1, por exemplo, mostra a pontuação em testes de provas finais de inglês e de espanhol. As pontuações em inglês são unimodais; isto é, o desempenho se concentra em torno de uma única moda. As pontuações em espanhol, entretanto, são bimodais; isto é, o desempenho se concentra em torno de duas modas. Aparentemente, na aula de espanhol, há muitos estudantes que se saíram bem, mas o mesmo não ocorreu com outros tantos estudantes.

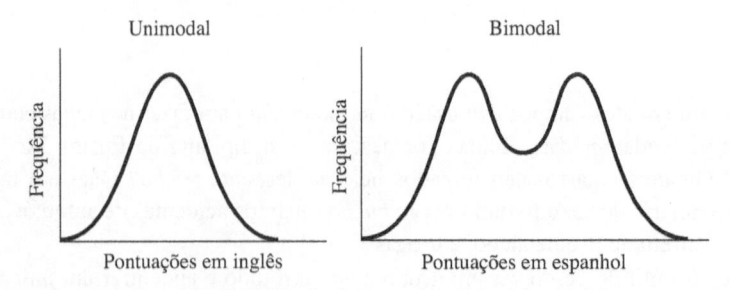

Figura 3.1 Representações gráficas de distribuições unimodal e bimodal de pontuações de testes.

Mediana

Quando dados ordinais ou intervalares são dispostos em ordem de tamanho, torna-se possível localizar a *mediana* (Mdn), o *ponto do meio* em uma distribuição. Portanto, a mediana é considerada como a medida de tendência central que separa a distribuição em duas partes iguais, assim como a faixa central de uma autoestrada a separa em duas partes.

A posição do valor da mediana pode ser determinada por inspeção ou por meio da fórmula

$$\text{Posição da mediana} = \frac{N + 1}{2}$$

Se há um número ímpar de casos, então a mediana será o caso que cai exatamente no meio da distribuição. Desse modo, 16 é o valor da mediana para os escores 11, 12, 13, ⑯, 17, 20, 25; esse é o caso que divide a distribuição de números, de maneira que ele tenha três escores de cada lado. De acordo com a fórmula (7 + 1) / 2, vemos que a mediana 16 é o quarto escore na distribuição ao iniciarmos a contagem a partir de qualquer extremidade.

Se o número de casos é par, a mediana é sempre aquele *ponto* acima do qual recaem 50% dos casos e abaixo do qual recaem 50% dos casos. Para um número par de valores, haverá dois casos centrais. Por exemplo, os números 16 e 17 representam os casos centrais para os dados a seguir: 11, 12, 13, ⑯, ⑰, 20, 25, 26. Pela fórmula (8 + 1) / 2 = 4,5, a mediana recairá a meio caminho entre o quarto e o quinto casos; o ponto mais central dessa distribuição está em 16,5, pois ele se encontra na metade do caminho entre 16 e 17, o quarto e quinto escores no conjunto. Da mesma maneira, a mediana dos dados 2, 5, ⑧, ⑩, 11, 12 é 9, porque ela está localizada exatamente a meio caminho entre os dois valores centrais (6 + 1) / 2 = 3,5.

Outra circunstância tem de ser explicada e exemplificada — talvez nos peçam que calculemos a mediana de dados contendo diversos escores centrais que tenham valores numéricos idênticos. A solução é simples: aquele valor numérico passa a ser a mediana. Portanto, nos dados 11, 12, 13, ⑯, ⑯, ⑯, 25, 26, 27, a mediana é 16, apesar de ela ocorrer mais de uma vez.

Por fim, se os dados não estão ordenados do mais baixo para o mais alto (ou do mais alto para o mais baixo), você deve ordená-los antes de tentar localizar a mediana. Desse modo, nos dados 3, 2, 7, a mediana é 3, o escore central após ordenados os números 2, ③, 7.

Média

Decididamente a medida de tendência central mais comumente usada, a média aritmética $\overline{X}$, é obtida por meio da soma de um conjunto de escores dividindo-se o resultado pela soma dos escores. Portanto, definimos a *média* mais formalmente como *a soma de um conjunto de escores dividida pelo número total de escores no conjunto*. Pela fórmula,

$$\boxed{\overline{X} = \frac{\Sigma X}{N}}$$

onde $\overline{X}$ = média (leia como barra X)
Σ = soma (expressa como a letra maiúscula grega *sigma*)[1]
X = escore bruto em um conjunto de escores
N = número total de escores em um conjunto

Usando a fórmula anterior, descobrimos que o QI médio dos oito entrevistados da Tabela 3.1 é 108.

Diferentemente da moda, a média nem sempre é o escore que ocorre com mais frequência. Diferentemente da mediana, ela não é necessariamente o ponto médio na distribuição. Então, o que *média* quer dizer? Como pode ser interpretada?

---

[1] A letra maiúscula grega *sigma* (Σ), chamada de somatória, será encontrada muitas vezes ao longo do texto. Ela simplesmente indica que temos de *somar* ou adicionar o que vem a seguir. Nesse exemplo, ΣX indica que os escores brutos devem ser somados. Veja o Apêndice A para uma discussão do sinal de somatório.

Tabela 3.1 Cálculo da média: um exemplo.

Entrevistado	X (QI)	
Gene	125	
Steve	92	$\bar{X} = \dfrac{\Sigma X}{N}$
Bob	72	
Michael	126	$= \dfrac{864}{8}$
Joan	120	
Jim	99	$= 108$
Jane	130	
Mary	100	
$\Sigma X = 864$		

Como veremos, a média pode ser considerada como o "centro de gravidade" de uma distribuição. Ela é similar a uma gangorra ou a um ponto de apoio e uma alavanca (veja a Figura 3.2). Colocam-se quatro pesos na alavanca. O bloco marcado 11 está a 7 unidades (polegadas, pés ou o que for) à direita do fulcro e se equilibra com os blocos marcados 1, 2 e 2, que estão a 3, 2 e 2 unidades à esquerda do fulcro, respectivamente. Em uma distribuição de dados, a média age como o fulcro (ponto de apoio). É o ponto de distribuição em torno do qual os valores acima dele se equilibram com os que estão abaixo.

Para compreender essa característica da média, primeiro temos de compreender o conceito de *desvio*. O desvio indica a distância e a direção de qualquer escore bruto da média, como observamos no caso de um bloco em particular que está 7 unidades à direita do ponto de apoio.

Para calcular o desvio de um escore bruto em particular, simplesmente subtraímos a média desse escore:

$$\text{Desvio} = X - \bar{X}$$

onde X = qualquer escore bruto na distribuição
$\bar{X}$ = média da distribuição

Para o conjunto de escores brutos 9, 8, 6, 5 e 2 visto na Tabela 3.2, $\bar{X} = 6$. O escore bruto 9 encontra-se exatamente três unidades de escores brutos acima da média de 6 (ou $X - \bar{X} = 9 - 6 = +3$). Similarmente, o escore bruto 2 encontra-se quatro unidades de escores brutos abaixo da média (ou $X - \bar{X} = 2 - 6 = -4$). Desse modo, quanto maior o desvio $(X - \bar{X})$, maior a distância daquele escore bruto da média da distribuição.

Considerando a média como um ponto de equilíbrio na distribuição, podemos dizer agora que a soma dos desvios que cai acima da média é igual em valor absoluto (se ignorarmos os sinais de

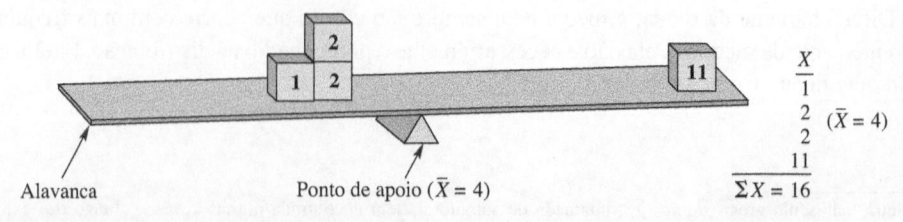

Figura 3.2 Analogia da alavanca e do ponto de apoio para a média.

Tabela 3.2 Desvios de um conjunto de escores brutos em torno da média $\overline{X}$.

X	$X - \overline{X}$	
9	$\left.\begin{array}{r}+3\\+2\end{array}\right\} +5$	
8		
6	0	$\overline{X} = 6$
5	$\left.\begin{array}{r}-1\\-4\end{array}\right\} -5$	
2		

menos) à soma dos desvios abaixo da média. Voltemos ao conjunto de escores 9, 8, 6, 5, 2, no qual $\overline{X} = 6$. Se a média para essa distribuição é o "centro de gravidade", então desconsiderar sinais de menos e somar os desvios positivos (desvios dos escores brutos 8 e 9) deveria ser igual à soma dos desvios negativos (desvios dos escores brutos 5 e 2). Como mostra a Tabela 3.2, esse é o caso, pois a soma dos desvios abaixo de $\overline{X}(-5)$ é igual à soma dos desvios acima de $\overline{X}(+5)$.

Tomando outro exemplo, 4 é a média para os números 1, 2, 3, 5, 6 e 7. Vemos que a soma dos desvios abaixo desse escore é –6, enquanto a soma dos desvios acima dele é +6. Retornaremos ao conceito de desvio nos capítulos 4 e 5.

Média ponderada

Pesquisadores, às vezes, consideram útil obter uma "média das médias" — isto é, calcular uma média total para um número de diferentes grupos. Suponha, por exemplo, que estudantes de três turmas diferentes de introdução à sociologia tenham recebido as notas médias a seguir em suas provas finais:

Turma 1: $\overline{X}_1 = 85$ $N_1 = 28$
Turma 2: $\overline{X}_2 = 72$ $N_2 = 28$
Turma 3: $\overline{X}_3 = 79$ $N_3 = 28$

Há o mesmo número de estudantes matriculados em cada uma das turmas do curso, então, torna-se bastante simples calcular um escore médio total:

$$\frac{\overline{X}_1 + \overline{X}_2 + \overline{X}_3}{3} = \frac{85 + 72 + 79}{3} = \frac{236}{3} = 78{,}67$$

Na maioria dos casos, os grupos diferem em tamanho. Voltando às turmas de introdução à sociologia, por exemplo, é provavelmente incomum encontrar precisamente o mesmo número de estudantes matriculados em diferentes turmas de um curso. O mais provável é que o número de estudantes que realizam uma prova final em cada uma das três turmas do curso de sociologia seja diferente. Nesse caso,

Turma 1: $\overline{X}_1 = 85$ $N_1 = 95$
Turma 2: $\overline{X}_2 = 72$ $N_2 = 25$
Turma 3: $\overline{X}_3 = 79$ $N_3 = 18$

Quando grupos diferem em tamanho, não podemos simplesmente somar suas médias e dividir o resultado por 3 para obter a média total de todos os grupos combinados (se tivéssemos seguido o procedimento "imponderado" para o exemplo, teríamos concluído erroneamente que a média de médias seria quase 79). Em vez disso, você tem de *ponderar* cada média de grupo por seu tamanho (N). A *média ponderada* pode ser calculada multiplicando-se primeiro cada média de grupo por seu valor N respectivo e dividindo-se a soma desses produtos pelo número total em todos os grupos:

$$\overline{X}_p = \frac{\Sigma N_{grupo} \overline{X}_{grupo}}{N_{total}}$$

onde $\overline{X}_{grupo}$ = média de um grupo em particular
N_{grupo} = número em um grupo em particular
N_{total} = número em todos os grupos combinados
$\overline{X}_p$ = média ponderada

No exemplo anterior,

$$\overline{X}_p = \frac{N_1\overline{X}_1 + N_2\overline{X}_2 + N_3\overline{X}_3}{N_{total}}$$

$$= \frac{95(85) + 25(72) + 18(79)}{138}$$

$$= \frac{8.075 + 1.800 + 1.422}{138}$$

$$= \frac{11.297}{138}$$

$$= 81,86$$

Determinamos que a média ou nota média da prova final para todas as turmas combinadas foi 81,86, ponderada mais fortemente na direção da média da turma maior.

A média ponderada é particularmente útil no cálculo da média de valores em unidades geográficas de tamanhos diferentes. Por exemplo, a tabela a seguir exibe a porcentagem da população negra e da população residente total (em milhares) dos seis estados da região da Nova Inglaterra nos Estados Unidos em 2002. A média habitual para a porcentagem de negros nos seis estados é de 4,10%. Nesse cálculo, entretanto, cada estado contribui com uma cota igual, como se todos tivessem o mesmo número de residentes. Desse modo, a porcentagem média da população negra dá a estados altamente populosos como Massachusetts e Connecticut uma ênfase muito pequena, e a estados pouco populosos, como New Hampshire e Vermont, uma grande influência.

Estado	%Negra	População (em milhares)	População × %Negra
Connecticut	10,0%	3.461	34.610,0
Maine	0,6%	1.294	776,4
Massachusetts	6,7%	6.428	43.067,6
New Hampshire	0,9%	1.275	1.147,5
Rhode Island	5,8%	1.070	6.206,0
Vermont	0,6%	617	370,2
Soma	24,6%	14.145	86.177,7
Média	4,10%		6,09%

Podemos usar as populações como pesos na fórmula média ponderada para ajustar para a falta de comparabilidade na população. A média ponderada (trata os valores dos estados para %negra como médias de grupos) multiplica cada valor de estado por sua população, e então a soma desses produtos é dividida pela população total dos seis estados. Usando os dados da tabela dada,

$$\overline{X}_p = \frac{\Sigma \text{População} \times \%\text{Negra}}{\Sigma \text{População}} = \frac{86.177,7}{14.145} = 6,09$$

A média ponderada de 6,09% proporciona um sentido mais exato da diversidade de população na região da Nova Inglaterra do que a média não ponderada. Em termos genéricos, ao usar dados de estados, cidades ou outras unidades que variam consideravelmente em tamanho, é aconselhável considerar a ponderação de escores, como fizemos aqui, antes de combinar unidades de tamanhos diferentes.

Um passo de cada vez

Quando abrimos um livro de receitas a fim de encontrar um método para fazer um bolo de chocolate, a receita, em um primeiro momento, pode parecer dificílima. Mas quando você faz o passo a passo do bolo, frequentemente descobre que era mais fácil do que parecia. De uma maneira similar, algumas das "receitas" estatísticas que você encontrará mais adiante neste livro também poderão parecer dificílimas ou, pelo menos, muito complicadas. Nosso conselho é que você "enfrente" as fórmulas passo a passo — isto é, realize uma série de pequenas tarefas matemáticas para alcançar a eventual solução. Ao longo deste livro, muitas vezes demonstraremos cálculos por meio de exemplos detalhados. Tente não focar tanto o número de passos que devem ser dados, quatro, seis ou sete, mas a progressão de um para o outro. Agora revisaremos os passos para calcular moda, mediana e média.

Obtenção de moda, mediana e média a partir de uma distribuição de frequência simples

No capítulo anterior, vimos como um conjunto de escores brutos pode ser reorganizado em forma de distribuição de frequência simples — isto é, em uma tabela de frequência de ocorrência de cada valor do escore. É importante observar que uma distribuição de frequência simples não muda os dados; ela apenas os mostra de uma maneira diferente. Portanto, a moda, a mediana e a média obtidas a partir de uma distribuição de frequência simples também não mudam, mas são calculadas de modos diferentes.

Vamos considerar os seguintes escores brutos representando as idades com que uma amostra de 25 adultos se casou pela primeira vez:

```
18  18  19  19  19  19  20  20  20  21  21  22
22  23  23  24  25  26  26  26  27  27  29  30  31
```

Há mais entrevistados casados pela primeira vez aos 19 anos; desse modo, Mo = 19. O escore mais central (o décimo terceiro a partir de qualquer extremidade) é 22; assim, Mdn = 22. Por fim, os escores somam 575; dessa maneira, temos $\overline{X} = 575 / 25 = 23$.

QUADRO 3.1 Exemplo passo a passo: moda, mediana e média

Suponha que uma voluntária solicite contribuições do bairro em que mora para um trabalho beneficente. Ela recebe as seguintes doações (em dólares):

5 10 25 15 18 2 5

Passo 1 Ordene os escores do mais alto para o mais baixo.

25
18
15
10
5
5
2

Passo 2 Encontre o escore mais frequente.

Mo = $5

Passo 3 Encontre o escore mais central. Como há sete escores (um número ímpar), o quarto a partir de qualquer extremo é a mediana.

Mdn = $10

Passo 4 Determine a soma dos escores.

25
18
15
10
5
5
2
$\Sigma X = \$\,80$

Passo 5 Determine a média dividindo a soma pelo número de escores.

$$\bar{X} = \frac{\Sigma X}{N} = \frac{\$\,80}{7} = \$\,11{,}43$$

Assim, moda, mediana e média fornecem quadros muitos diferentes do nível médio de beneficência no bairro. A moda sugere que as doações foram tipicamente pequenas, enquanto a mediana e a média sugerem mais generosidade de modo geral.

Esses dados podem ser rearranjados em forma de distribuição de frequência simples, como a seguir:

X	f
31	1
30	1
29	1
28	0
27	2
26	3
25	1
24	1
23	2
22	2
21	2
20	3
19	4
18	2

Mo → 19

No caso de uma distribuição de frequência simples, na qual os valores de escores e frequências são apresentados em colunas separadas, a moda é o valor do escore que aparece com mais incidência na coluna de frequência da tabela. Portanto, Mo = 19 na distribuição mostrada previamente. Esse resultado está de acordo, é claro, com a moda obtida a partir dos escores brutos.

Para calcular a mediana dessa distribuição de frequência simples, começamos identificando a posição da mediana. A idade 25 aparece nos escores de primeiro casamento (em relação a 14 valores de escores, entre 18 e 31). Com $N = 25$,

$$\text{Posição da mediana} = \frac{25 + 1}{2}$$
$$= \frac{26}{2}$$
$$= 13$$

A mediana se apresenta como o décimo terceiro escore nessa distribuição de frequência. Para ajudar a localizar o décimo terceiro escore, construímos uma frequência acumulada, como mostra a terceira coluna da tabela a seguir (para um pequeno número de escores, isso pode ser feito de cabeça):

	X	f	fa
	31	1	25
	30	1	24
	29	1	23
	28	0	22
	27	2	22
	26	3	20
	25	1	17
	24	1	16
	23	2	15
Mdn →	22	2	13
	21	2	11
	20	3	9
	19	4	6
	18	2	2

Começando com o valor de escore mais baixo (18), adicionamos frequências até alcançarmos um valor de escore que represente o décimo terceiro escore na distribuição. Isso é obtido pela procura do menor valor de escore que tenha uma frequência acumulada de pelo menos 13.

Nessa distribuição de idade no primeiro casamento, a frequência acumulada para o valor de escore 18 é 2, o que significa que as duas idades mais jovens foram 18. A frequência acumulada para o valor do escore 19 é 6, o que indica que 6 entrevistados se casaram pela primeira vez aos 19 anos. Eventualmente, veremos que o valor do escore 22 tem uma frequência acumulada de pelo menos 13. Aqui, 13 entrevistados estavam casados aos 22 anos. Desse modo, a mediana, o décimo terceiro escore, é 22, o que está de acordo com o resultado obtido a partir dos escores brutos. Observe, por fim, que a mediana *não* é o *valor* do escore mais central (há 14 valores diferentes, e 22 não é o mais central da coluna).

Para obter a média, primeiro precisamos calcular a soma dos escores. Em uma distribuição de frequência simples, isso pode ser feito eficientemente observando que há, por exemplo, dois escores de 18, quatro de 19, e assim por diante. Desse modo, em vez de adicionar 18 duas vezes e 19 quatro vezes, podemos primeiro multiplicar 18 por 2 e 19 por 4 *antes* de fazer a soma. Isto é, podemos multiplicar os valores dos escores por suas frequências respectivas, e, então, somar os produtos a fim de obter o total de escores. Assim como é feito na fórmula de escore bruto, dividimos a soma pelo número de escores para determinar a média.

Desse modo, uma maneira mais prática e que consome menos tempo para calcular a média de uma distribuição de frequência simples é fornecida pela fórmula a seguir:

$$\overline{X} = \frac{\Sigma fX}{N}$$

onde $\overline{X}$ = média
X = um valor de escore na distribuição
f = frequência de ocorrência de X
N = número total de escores

Na tabela a seguir, a terceira coluna (entitulada fX) contém os produtos dos valores dos escores multiplicados por suas frequências de ocorrência. Somando a coluna fX, obtemos $\Sigma fX = 575$.

X	f	fX
31	1	31
30	1	30
29	1	29
28	0	0
27	2	54
26	3	78
25	1	25
24	1	24
23	2	46
22	2	44
21	2	42
20	3	60
19	4	76
18	2	36
		$\Sigma fX = 575$

Desse modo,

$$\overline{X} = \frac{\Sigma fX}{N} = \frac{575}{25} = 23$$

Esse resultado também está de acordo com a média obtida a partir dos próprios escores brutos.

Comparações entre moda, mediana e média

Chega o momento em que o pesquisador social deve escolher uma medida de tendência central para uma situação de pesquisa em particular. Empregará moda, mediana ou média? A decisão envolve vários fatores, incluindo:
1. Nível de mensuração.
2. Forma da distribuição dos dados.
3. Objetivo da pesquisa.

Nível de mensuração

Como a moda exige apenas a contagem de frequência, ela pode ser aplicada a qualquer conjunto de dados em termos de mensuração nominal, ordinal e intervalar. Por exemplo, poderíamos determinar que a categoria modal de uma mensuração em termos nominais de afiliação religiosa (protestante, católica, muçulmana e judia) nos EUA é protestante, pois a maior parte de nossos entrevistados se identifica como tal. De maneira similar, poderíamos descobrir que a maior parte dos estudantes que frequentam uma universidade em particular tem uma nota média de 2,5 (Mo = 2,5).

A mediana exige o ordenamento de categorias da mais alta para a mais baixa. Por essa razão, ela pode ser obtida somente a partir de dados ordinais ou intervalares, e *não* de dados nominais. Por exemplo, poderíamos calcular a renda anual mediana entre dentistas de uma cidade pequena e chegar ao valor de $ 77.000. O resultado nos oferece um modo significativo de analisar a tendência central de nossos dados. Em comparação, faria pouco sentido se calculássemos a mediana por afiliação religiosa, gênero ou país de origem quando a classificação ou o estabelecimento de uma escala não podem ser realizados.

O uso da média é exclusivamente restrito a dados intervalares. Sua aplicação a dados ordinais ou nominais produz um resultado sem sentido, geralmente nem um pouco indicativo da tendência central. Que sentido faria calcular a média de uma distribuição de afiliação religiosa ou gênero? Apesar de menos óbvia, ela é igualmente inapropriada para calcular a média de dados que podem ser classificados, mas não classificados em um escore.

Forma da distribuição

A forma, ou formato, de uma distribuição é outro fator que pode influenciar o pesquisador na escolha de medidas de tendência central. Em uma distribuição unimodal perfeitamente simétrica, moda, mediana e média serão idênticas, pois o ponto de frequência máxima (Mo) também é o escore mais central (Mdn), assim como o "centro de gravidade" ($\bar{X}$). Como mostra a Figura 3.3, as medidas de tendência central coincidirão no ponto mais central, o "pico" da distribuição simétrica.

Quando pesquisadores sociais trabalham com uma distribuição simétrica, sua escolha de medida de tendência central é fundamentalmente baseada em seus objetivos específicos de pesquisa e no nível em que seus dados são medidos. Quando trabalham com uma distribuição assimétrica, entretanto, essa decisão é muito influenciada pelo formato, ou forma, de seus dados.

Como mostra a Figura 3.4, moda, mediana e média não coincidem em distribuições assimétricas. A moda está no pico da curva, pois esse é o ponto em que a maioria dos escores frequentes ocorrem. Diferentemente, a média é encontrada mais próxima da cauda, onde os escores relativamente poucos onde estão localizados. Por essa razão, o escore médio na distribuição positivamente assimétrica da Figura 3.4(a) encontra-se na direção dos escores mais altos; a média da distribuição negativamente assimétrica da Figura 3.4(b) está na direção dos escores mais baixos.

Enquanto a média é muito influenciada por escores extremos em qualquer uma das direções, a mediana é pouco modificada, se é que é modificada, por mudanças em valores extremos. Isso ocorre porque a média leva em consideração todos os escores em qualquer distribuição, enquanto a mediana (por definição) preocupa-se somente com o valor numérico do escore que está na posição mais central da distribuição. Por exemplo, mudar um valor de escore extremo de 10 na distribuição *A* para 95 na distribuição *B* não modifica de forma alguma o valor da mediana (Mdn = 7,5), enquanto a média varia de 7,63 para 18,25:

Distribuição A: 5   6   6   7   8   9   10   10   Mdn = 7,5 $\bar{X}$ = 7,63

Distribuição B: 5   6   6   7   8   9   10   95   Mdn = 7,5 $\bar{X}$ = 18,25

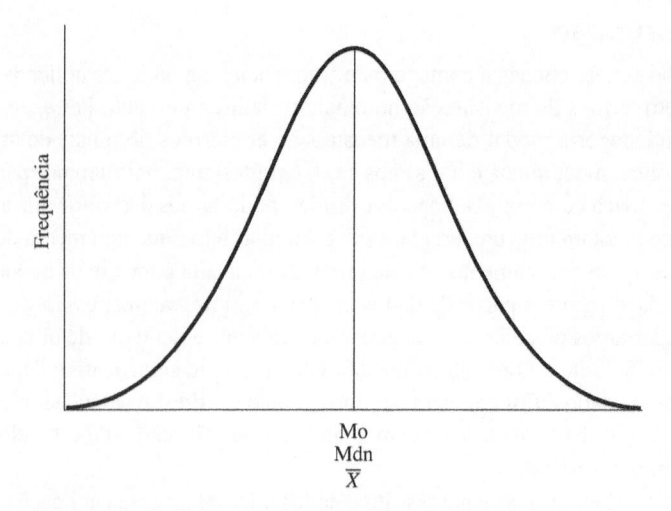

Figura 3.3 Distribuição simétrica, unimodal, mostrando que moda, mediana e média têm valores idênticos.

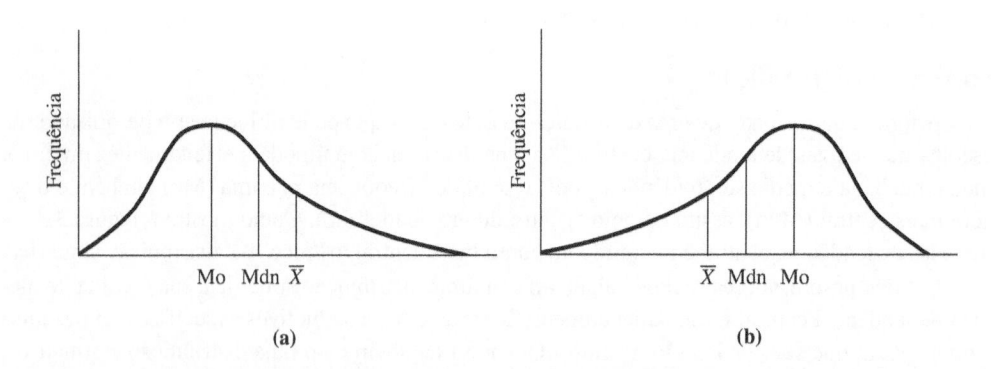

Figura 3.4 Posições relativas de medidas de tendência central em (a) uma distribuição positivamente assimétrica e (b) uma distribuição negativamente assimétrica.

Em uma distribuição assimétrica, a mediana normalmente se situa entre a média e a moda. É essa característica que torna a mediana a medida mais desejável de tendência central para descrever uma distribuição assimétrica de escores. Para ilustrar essa vantagem da mediana, iremos à Tabela 3.3 e examinaremos o salário anual médio de secretárias que trabalham em um escritório de advocacia voltado para interesses públicos. Se fôssemos profissionais de relações públicas contratados pela empresa para lhe dar uma imagem pública favorável, provavelmente calcularíamos a média para mostrar que o empregado médio ganha $ 50.000 ao ano e é relativamente bem pago. Por outro lado, se fôssemos representantes sindicais buscando aumentar os valores dos salários, provavelmente empregaríamos a moda para demonstrar que o salário mais comum é de apenas $ 30.000. Por fim, se fôssemos pesquisadores sociais buscando divulgar de maneira precisa o salário médio de secretárias na empresa, sabiamente empregaríamos a mediana ($ 40.000), pois ela se situa entre as outras medidas de tendência central, e, portanto, fornece um quadro mais equilibrado da estru-

Tabela 3.3 Medidas de tendência central em uma distribuição assimétrica de salários anuais.

Salário	
$ 120.000	
$ 60.000	$\overline{X}$ = $ 50.000
$ 40.000	Mdn = $ 40.000
$ 40.000	
$ 30.000	Mo = $ 30.000
$ 30.000	
$ 30.000	

tura salarial. O método mais aceitável seria divulgar as três medidas de tendência central e permitir que o público interpretasse os resultados. Infelizmente, poucos pesquisadores — especialmente profissionais de relações públicas ou representantes sindicais — divulgam mais de uma única medida de tendência central. Ainda mais lamentável é o fato de que alguns relatórios de pesquisa não especificam exatamente qual medida de tendência central — moda, mediana ou média — foi usada para calcular o montante ou a posição média em um grupo de escores. Como mostra a Tabela 3.3, uma interpretação razoável dos resultados pode ser impossível sem tais informações.

Foi observado anteriormente que algumas distribuições de tendências podem ser caracterizadas como bimodais, pois elas contêm dois pontos de frequência máxima. Para descrever distribuições bimodais de maneira apropriada, geralmente é útil identificar *ambas* as modas; pois utilizando apenas a mediana ou a média poderemos obscurecer aspectos importantes dessas distribuições.

Considere a situação de um pesquisador social que conduziu entrevistas pessoais com 20 entrevistados de baixa renda para determinar seus conceitos ideais de tamanho de família. Os entrevistados tiveram de responder à seguinte pergunta: "Suponha que você pudesse decidir exatamente quão grande deveria ser a sua família. Incluindo crianças e adultos, quantas pessoas haveria em sua família ideal?"

1 2 2 2 3 3 3 3 4 4 5 6 6 7 7 7 7 8 8 9
            └── Moda ──┘   └── Moda ──┘

Como mostram as respostas anteriores, há uma ampla gama de preferências por tamanho de família, desde viver sozinho (1) a ter uma grande família (9). Usando a média ($\overline{X}$ = 4,85) ou a mediana (Mdn = 4,5), poderíamos concluir que a família ideal do entrevistado médio continha entre quatro e cinco membros. Sabendo que a distribuição é bimodal, entretanto, percebemos que havia na realidade *duas* preferências ideais para tamanhos de família nesse grupo de entrevistados: aquela que optou por uma família pequena (Mo = 3) e aquela que optou por uma família grande (Mo = 7).[2]

---

[2] Às vezes, distribuições podem ser "quase" bimodais. Por exemplo, suponha que um outro entrevistado respondesse que o tamanho de sua família ideal era 3 em vez de 2. Haveria somente uma moda real (Mo = 3). Mas como haveria quase o mesmo número de famílias ideais de 7 pessoas, 7 seria quase, mas não realmente, uma moda também. Em um caso assim, é interessante relatar que a distribuição tem dois picos, apesar de um ser ligeiramente menor que o outro.

QUADRO 3.2 Prática e estatística: muitos retornos felizes

É muito comum o uso de estatísticas descritivas nos esportes. Para cada esporte, há uma gama infinita de porcentagens e médias, tanto referentes a jogadores quanto a times. No beisebol, por exemplo, a média de rebatidas é o número de acertos dividido pelo número de tacadas; a média de eficiência do rebatedor é o número médio de bases totais dividido por tacadas; e a média de corridas limpas é o número de corridas limpas dividido pelo número de jogos completos arremessados. O basquete tem média de pontos, rebotes e assistências por jogo, assim como porcentagens de vitórias/derrotas. O futebol americano também proporciona uma série de estatísticas de passes, corridas, chutes e jogadas de defesa.

Sempre que ouvir a respeito de uma medida de tendência nos esportes, pode ter certeza de que se trata de média, pois, pelo visto, não é concebível o uso de moda ou mediana nos esportes. Apesar de que o uso consistente da média talvez simplifique as coisas (já que não é preciso dizer qual o tipo de medida que está sendo usado), em uma série de situações a assimetria nos dados distorce demais a média, e o estatístico esportivo faria um trabalho mais preciso se rompesse com a tradição e utilizasse uma mediana ou duas.

Considere a tabela que mostra as estatísticas de retorno de *kick off*, da liga nacional de futebol americano. Os jogadores são classificados pela média de seus retornos, que é obtida ao se dividir o total de jardas em retornos de *kick off* pelo número de retornos. O desempenho médio de alguns jogadores tende a ser exagerado pelas corridas de contra-ataque, quando é possível achar uma falha na cobertura de *kick off* e atravessar o campo com facilidade para marcar o *touchdown*. Kevin Faulk, do New England Patriots, por exemplo, realizou duas corridas de *touchdown* que o puseram próximo do topo da lista.

A maior parte do trabalho pesado acontece dentro das primeiras 20 a 40 jardas. Isso pode nos dar uma noção mais precisa do retorno de *kick off* usual ou típico, ao reduzir os efeitos de distorção das corridas de *touchdown*. Se ajustarmos os contra-ataques, de modo a contarmos somente as primeiras 50 jardas, e então fizermos um novo cálculo, as classificações modificadas serão bastante diferentes. O novo líder será Albert Johnson, do Miami Dolphins. Embora não tenha conseguido correr para o *touchdown*, Johnson teve, comparativamente, um bom desempenho. Faulk, sem o impulso excessivo de seus *touchdowns* de contra-ataque, cairá para décimo terceiro no novo escalão.

A essa altura, a lição deveria ser clara: a média não é uma medida particularmente boa de tendência central se houver inclinação ou casos extremos (como corridas de *touchdown*). Para uma medida melhor que a média em tais situações, você poderia modificar os escores atípicos ou extremos ou, melhor ainda, usar a mediana em vez disso. Entretanto, dificilmente a mediana entrará muito em campo, pelo menos no mundo dos esportes.

Estatísticas de retorno de *kick off* da NFL, 2002

Jogador	Equipe	Retornos	Média	Classificação	Corrida longa	Touchdowns	Média modificada	Classificação modificada
MartTay Jenkins	ARI	20	28,0	1	95	1	25,4	5
Kevin Faulk	NE	26	27,9	2	87	2	24,0	13
Albert Johnson	MIA	12	27,5	3	49	0	27,5	1
Brian Mitchell	PHI	43	27,0	4	57	0	27,0	2
Kevin Kasper	DEN	15	26,2	5	56	0	26,2	3
Chad Morton	NYJ	58	26,0	6	98	2	24,3	11
Eddie Drummond	DET	40	26,0	7	91	0	26,0	4
Michael Lewis	NO	70	25,8	8	97	0	24,4	9
Aaron Stecker	TB	37	25,2	9	67	0	25,2	6
Brandon Bennett	CIN	49	25,1	10	94	1	24,1	12
Reggie Swinton	DAL	28	24,9	11	100	1	23,1	15
Scottie Montgomery	DEN	15	24,7	12	40	0	24,7	7
Ladell Betts	WAS	28	24,6	13	60	0	24,6	8
Marcus Knight	OAK	29	24,3	14	65	0	24,3	10
Maurice Morris	SEA	34	24,1	15	97	1	22,7	16
Deion Branch	NE	36	24,0	16	63	0	24,0	14

Objetivo da pesquisa

Até o momento, discutimos a escolha de uma mensuração de tendência central em termos do nível de mensuração e do formato de uma distribuição de escores. A questão agora é o que o pesquisador social espera fazer com essa medida de tendência central. Caso esteja em busca de uma medida descritiva rápida, simples, mas que seja crua, ou esteja trabalhando com uma distribuição bimodal, ele geralmente fará uso da moda. Na maioria das situações encontradas pelo pesquisador, entretanto, a moda é útil somente como um indicador preliminar da tendência central, o que pode ser rapidamente obtido por meio do exame sucinto de dados. Se ele busca uma medida precisa de tendência central, a decisão normalmente ficará entre a mediana e a média.

Para descrever uma distribuição assimétrica, o pesquisador social geralmente escolhe a mediana, tendo em vista que ela proporciona um quadro equilibrado dos escores extremos. (A média, em comparação, tende a ser distorcida por escores muito extremos.) Além disso, a mediana é às vezes usada como um ponto na distribuição em que os escores podem ser divididos em duas categorias que contêm o mesmo número de elementos. Por exemplo, poderíamos dividir os entrevistados da mediana em duas categorias, de acordo com suas preferências de tamanho de família: aqueles que preferem família pequena *versus* aqueles que preferem família grande.

Para uma medida precisa de distribuições que sejam pelo menos ligeiramente simétricas, a média tende a ser preferida em relação à mediana, tendo em vista que ela pode ser usada facilmente em uma análise estatística mais avançada, como aquelas que serão introduzidas em capítulos mais adiante. Além disso, a média é mais estável do que a mediana, no sentido de que ela varia menos ao longo de diferentes amostras tiradas de qualquer população dada. Essa vantagem da média — mesmo que ainda não seja compreendida ou apreciada pelo estudante — vai se tornar mais óbvia em discussões futuras sobre a função da estatística na tomada de decisões.

Resumo

Neste capítulo, foram introduzidas as três medidas mais conhecidas de tendência central — indicadores do que é típico ou a média de um conjunto de dados. A moda é a categoria ou escore que ocorre com mais frequência; a mediana é o ponto mais central em uma distribuição; e a média é a soma de um conjunto de escores dividida pelo número total de escores em um conjunto. Qual dessas três medidas de tendência central é a mais apropriada para se utilizar em qualquer projeto de pesquisa e pode ser determinada com relação a três critérios: nível de mensuração, forma de distribuição ou objetivo de pesquisa? A moda pode ser usada com dados nominais, ordinais ou intervalares, e é especialmente útil para exibir uma distribuição bimodal, além de proporcionar uma medida rápida e simples, mas aproximada, da tendência central. A mediana, usada com dados ordinais ou intervalares, é a medida mais apropriada para exibir uma distribuição assimétrica, e fornece uma medida precisa da tendência central. Além disso, a mediana pode ser usada às vezes em operações estatísticas mais avançadas ou para dividir distribuições em duas categorias (por exemplo, alta *versus* baixa). A média pode ser empregada somente com dados intervalares, é a mais apropriada para exibir uma distribuição simétrica unimodal e fornece uma medida precisa da tendência central. Ademais, a média pode ser usada frequentemente em operações estatísticas avançadas, incluindo testes de tomada de decisões que discutiremos nos capítulos mais adiante.

Termos-chave

Desvio
Distribuição bimodal
Distribuição unimodal
Média

Média ponderada
Mediana
Moda
Tendência central

Exercícios

1. Neste capítulo, as medidas são conhecidas como *medidas de tendência central*, pois elas tendem a:
   a. estar mais próximas do centro de uma distribuição, na qual a maioria dos escores está localizado.
   b. ser centrais para nossa compreensão da estatística.
   c. estar localizadas no ponto médio de um intervalo de classe.
   d. todos os itens anteriores

2. Qual medida de tendência central representa o ponto de máxima frequência em uma distribuição?
   a. Moda.
   b. Mediana.
   c. Média.

3. Qual medida de tendência central é considerada o ponto de equilíbrio em uma distribuição?
   a. Moda.
   b. Mediana.
   c. Média.

4. Qual medida de tendência central corta uma distribuição na metade quando os escores são arranjados do mais alto para o mais baixo?
   a. Moda.
   b. Mediana.
   c. Média.

5. O desvio indica ____ de qualquer escore bruto da média.
   a. distância
   b. direção
   c. distância e direção
   d. frequência

6. Uma distribuição de renda é altamente assimétrica. Qual medida de tendência central você provavelmente empregará a fim de caracterizar a renda?
   a. Moda.
   b. Mediana.
   c. Média.

7. Uma distribuição de opiniões em relação ao aborto legalizado tem dois pontos de máxima frequência, indicando que muitas pessoas se opõem fortemente e muitas pessoas o apoiam fortemente. Qual medida de tendência central você provavelmente empregará a fim de caracterizar as opiniões em relação ao aborto legalizado?
   a. Moda.
   b. Mediana.
   c. Média.

8. Você tem uma distribuição de escores de empatia de crianças que se aproxima de uma curva normal. Qual medida de tendência central você provavelmente usará a fim de caracterizar a empatia?
   a. Moda.
   b. Mediana.
   c. Média.

9. A seguir, uma lista de sete filmes e suas classificações nos EUA:

A marcha dos pinguins	G *
A lenda do tesouro perdido: livro dos segredos	PG
Mamma Mia!	PG-13
Sex and the city: o filme	R
Sangue negro	R
O virgem de 40 anos	R
Showgirls	NC-17

   * G (livre para todas as idades); PG (crianças somente acompanhadas pelos pais); PG-13 (material inapropriado para menores de 13 anos); R (restrito; menores de 17 apenas acompanhados pelos pais); NC-17 (nenhuma criança com menos de 17 anos).

a. Calcule a classificação modal do filme.
b. Calcule a classificação mediana do filme.
c. Explique porque é inadequado calcular a classificação média de um filme.

10. Anita sofre de transtorno de personalidade múltipla (hoje em dia conhecido como transtorno dissociativo de identidade). A tabela a seguir fornece dados sobre cada uma de suas seis personalidades:

    Calcule a medida mais apropriada de tendência central para cada uma das variáveis (QI, gênero, etnia, idade e frequência de aparecimento).

11. Um enfermeiro foi acusado de abusar de alguns idosos que viviam em um asilo. A tabela a seguir fornece informações a respeito de nove vítimas que apresentaram queixa:

    Calcule a medida mais apropriada de tendência central para cada uma das variáveis (idade, condição de saúde, tipo e duração do abuso).

12. Um pesquisador interessado na eficácia de grupos organizados de apoio à perda de peso pesou cinco clientes após várias semanas no programa. Os escores de perda de peso (em pounds) foram os seguintes:

    13   12   6   9   10

    Calcule (a) a mediana e (b) a média desses escores de perda de peso.

13. Um grupo de estudantes do ensino médio respondeu a uma pesquisa a respeito do uso de várias drogas, incluindo álcool. Foi perguntado com que frequência eles se embriagaram durante os últimos seis meses, e as respostas foram as seguintes:

    4   2   0   2   1   3   0   1   7   5   3

    Calcule (a) a mediana e (b) a média desses escores.

14. Cinco condenados receberam as seguintes sentenças de prisão (em anos):

    4   5   3   3   40

    Calcule (a) a moda, (b) a mediana e (c) a média. Qual medida fornece a indicação mais precisa da tendência central para esses escores?

15. Os salários por hora (em dólares) de sete empregados em uma empresa pequena são os seguintes:

    18   16   20   12   14   12   10

    Calcule (a) a moda, (b) a mediana e (c) a média.

16. Suponha que uma pequena empresa como a do Problema 15 tenha contratado outro empregado a um salário de $ 24 por hora, re-

Quadro referente à questão 10

Nome	QI	Gênero	Etnia	Idade	Frequência de aparecimento
Betty	104	Mulher	Branca	32	Com muita frequência
Rosa	98	Mulher	Hispânica	37	Raramente
John	76	Homem	Branca	16	Às vezes
Charles	112	Homem	Negra	44	Frequentemente
Ann	137	Mulher	Branca	33	Muito raramente
Colleen	106	Mulher	Branca	24	Raramente

Quadro referente à questão 11

Nome	Idade	Condição de saúde	Tipo de abuso	Duração do abuso (mês)
Balfour, S.	68	Regular	Físico	1
Enger, R.	79	Regular	Negligência ativa	4
Bradshaw, C.	73	Ruim	Financeiro	15
Marcus, L.	82	Boa	Verbal e emocional	8
McCarthy, K.	87	Ruim	Financeiro	2
Conley, R.	74	Regular	Negligência ativa	1
Quinn, D.	91	Ruim	Financeiro	7
Stein, J.	70	Boa	Negligência passiva	6
Martinez, M.	84	Ruim	Financeiro	5

sultando nos seguintes salários por hora (em dólares):

18 16 20 12 14 12 10 24

Calcule (a) a moda, (b) a mediana e (c) a média.

17. Dez pacientes psiquiátricos de longa data foram questionados sobre a frequência com que haviam sido visitados por membros da família durante o mês anterior. Suas respostas foram as seguintes:

4 0 6 1 0 0 3 5 4 2

Calcule (a) a moda, (b) a mediana e (c) a média.

18. Os escores a seguir representam o número de residências por quarteirão no qual um morador é proprietário de uma arma sem registro.

2 7 3 6 5 7 0 9 6 1 4 7 5 2 9 3 4 1 8

a. Calcule a moda, a mediana e a média dos escores.
b. Rearranje os escores em uma distribuição de frequência simples e recalcule a moda, a mediana e a média.

19. Em relação aos tamanhos das sentenças dadas no Problema 14, calcule os desvios (da média) para cada um dos cinco presos. O que esses desvios indicam a respeito dos tamanhos das sentenças recebidas pelos presos?

20. Em relação aos dados de salários por hora do Problema 15, calcule os desvios (da média) para cada um dos sete funcionários. O que esses desvios indicam a respeito dos salários ganhos pelos funcionários?

21. Os escores a seguir representam o número de crianças em um grupo de 20 residências:

2 0 2 1 5 3 4 0 1 1 2 1 3 2 4 6 3 2 0 2

a. Calcule a moda, a mediana e a média desses escores.
b. Rearranje os escores em uma distribuição de frequência simples e recalcule a moda, a mediana e a média.

22. Uma certa empresa que produziu brinquedos de Natal organizou os trabalhadores de sua fábrica em quatro diferentes grupos a fim de comparar a produtividade de quatro protocolos de fabricação diferentes. Como mostrado a seguir, medidas de produtividade ao longo de um período de um mês indicaram que os trabalhadores no Protocolo 4 eram os mais produtivos em qualquer um dos quatro grupos (escores mais altos indicam o número de brinquedos de Natal montados). Usando a média ponderada, determine a produtividade média total para os quatro grupos de trabalho combinados.

Protocolo 1: $\bar{X}_1 = 20$; $N_1 = 10$
Protocolo 2: $\bar{X}_2 = 15$; $N_2 = 14$
Protocolo 3: $\bar{X}_3 = 18$; $N_3 = 15$
Protocolo 4: $\bar{X}_4 = 22$; $N_4 = 8$

23. Os escores das atitudes em relação a pessoas mais velhas de 30 estudantes foram arranjados na distribuição de frequência simples a seguir (escores mais altos indicam atitudes mais favoráveis em relação a pessoas mais velhas):

Valor do escore da atitude	f
7	3
6	4
5	6
4	7
3	5
2	4
1	1
	$N = 30$

Calcule (a) a moda, (b) a mediana e (c) a média.

24. A distribuição de frequência a seguir contém as classes sociais de 46 pessoas que votaram no partido republicano (nos Estados Unidos) em uma eleição recente.

Classe social	f
Alta	17
Média-alta	12
Média-média	6
Média-baixa	7
Baixa	4
	$N = 46$

Dado o nível no qual a classe social foi medida (nominal, ordinal ou intervalar), calcule as medidas apropriadas de tendência central para descrever a distribuição dada.

25. Uma equipe de psicólogos que estuda a narcolepsia (um transtorno de sono caracteriza-

do por cochilos súbitos durante o dia) decidiu seguir 20 voluntários narcolépticos durante um dia inteiro e registrar quantas vezes cada um deles dormiu. Os dados que eles coletaram foram arranjados na distribuição de frequência simples a seguir:

Número de vezes que dormiram	f
7	2
6	1
5	3
4	5
3	3
2	4
1	2
	$N = 20$

Calcule (a) a moda, (b) a mediana e (c) a média.

26. A distribuição de frequência simples abaixo mostra os escores de 40 pessoas que foram orientadas a colocar em uma escala de 1 a 7 suas atitudes em relação à pesquisa de células-tronco (com 1 sendo a atitude mais favorável em relação à pesquisa de células-tronco e 7, a menos favorável).

Atitude em relação à pesquisa de células-tronco	f
7	8
6	5
5	7
4	6
3	4
2	3
1	7
	$N = 40$

Calcule (a) a moda, (b) a mediana e (c) a média. O que você deve presumir a respeito da escala para a média ser significativa?

27. Os escores sobre uma escala de religiosidade foram obtidos de 46 adultos (escores mais altos indicam um maior comprometimento com a expressão religiosa). Para a distribuição de frequência simples a seguir, calcule (a) a moda, (b) a mediana e (c) a média:

Valor do escore	f
10	3
9	4
8	6
7	8
6	9
5	7
4	5
3	2
2	1
1	1
	$N = 46$

28. Um *focus group* com 10 adultos foi escolhido para avaliar o desempenho de um candidato durante um debate presidencial. Eles foram instruídos a classificar o candidato em relação a duas características, conhecimento e elocução, usando uma escala de 1 (ruim) a 10 (superior). As notas dadas aos candidatos foram as seguintes:

Avaliador	Nota de conhecimento	Nota de elocução
A	7	5
B	8	6
C	9	5
D	3	5
E	5	6
F	8	7
G	9	6
H	4	5
I	8	6
J	7	5

a. Calcule a moda, a mediana e a média das notas de conhecimento.
b. Calcule a moda, a mediana e a média das notas de elocução.
c. Em qual característica o candidato recebeu uma nota mais favorável?

29. Calcule média, mediana e moda do conjunto de taxas de suicídio a seguir (número de suicídios por população de 100 mil), que representam seis grandes regiões metropolitanas.

Região metropolitana	Taxa de suicídio
A	15,2
B	13,7
C	13,0
D	18,5
E	20,6
F	13,9

Nível educacional	f
Pós-graduação	3
Superior completo	5
Superior incompleto	11
Ensino médio completo	14
Ensino médio incompleto	6
	N = 39

30. A distribuição de frequência a seguir contém os níveis educacionais atingidos por 39 funcionários de um escritório de uma pequena companhia:

Dado o nível de escolaridade medido (nominal, ordinal ou intervalar), calcule as medidas de tendência central apropriadas para descrever a distribuição dada.

Exercícios em SPSS

1. Com que frequência um estudante médio no último ano do ensino médio recebe uma multa por alta velocidade ou é parado e advertido por uma violação de trânsito? Usando o SPSS para analisar o Monitoring the Future Survey (Pesquisa de Monitoramento do Futuro), calcule moda, mediana e média para violações de tráfego (V197). Dica: abra a opção STATISTICS dentro do procedimento FREQUENCIES para obter moda, mediana e média de variáveis selecionadas. Certifique-se de que o conjunto de dados seja ponderado por V5 conferindo DATA e WEIGHT CASES.

2. Com que frequência estudantes do último ano do ensino médio se machucam seriamente em uma briga, assalto ou acidente de carro que os obriga a irem ao médico? Use o Monitoring the Future Study (Estudo de Monitoramento do Futuro) para calcular mediana e moda de V1734. Você deve calcular uma média dessas variáveis? Por quê?

3. Quanto um estudante no último ano do ensino médio ganha durante uma semana média em um emprego ou outro trabalho? Use o SPSS para analisar a renda divulgada pelos próprios estudantes (V192). Qual é o nível de medida para essa variável? Que medidas de tendência central são apropriadas para esse tipo de variável? Use o SPSS para encontrar as medidas apropriadas. (Dica: você deve utilizar o SPSS para calcular somente duas dessas medidas de tendência central.)

4. Qual é o tempo de deslocamento médio para o trabalho em áreas metropolitanas norte-americanas? Usando o SPSS e o conjunto de dados *Best Places*, analise o tempo de deslocamento (COMMUTE). Qual é o nível de medida para essa variável? Quais medidas de tendência central são apropriadas para esse tipo de variável? Use o SPSS para encontrá-las.

5. Usando o SPSS para analisar o conjunto de dados *Best Places*, calcule os quartis para a taxa de suicídio por 100 mil pessoas nas áreas estatísticas metropolitanas norte-americanas (SUICIDE).

Medidas de variabilidade

4

- Amplitude
- Variação interquartil
- Variância e desvio padrão
- Fórmula da variância e do desvio padrão para escores brutos
- Obtenção da variância e do desvio padrão de uma distribuição de frequência simples
  Quadro 4.1 Exemplo passo a passo: desvio padrão
  Quadro 4.2 Exemplo passo a passo: variância e desvio padrão a partir de escores brutos
  Quadro 4.3 Exemplo passo a passo: variância e desvio padrão de uma distribuição de frequência simples

- Significado do desvio padrão
- Comparação de medidas de variabilidade
- Visualização de distribuições
- Obtenção da média e do desvio padrão de uma distribuição de frequência agrupada
- Resumo
- Termos-chave
- Exercícios
- **Exercícios em SPSS**
  Olhando sob uma perspectiva mais ampla: descrição de dados

No Capítulo 3, vimos que a moda, a mediana e a média poderiam ser usadas para sintetizar em um único número o que é médio ou aquilo que é típico de uma distribuição. Quando empregada individualmente, entretanto, qualquer medida de tendência central produz somente um quadro incompleto de um conjunto de dados e, portanto, pode tanto enganar ou distorcer quanto esclarecer.

Para ilustrar essa possibilidade, considere que Honolulu, no Havaí, e Phoenix, no Arizona, tenham quase a mesma temperatura diária média de 24 °C. Podemos presumir, portanto, que a temperatura é basicamente a mesma em ambas as localidades? Ou haverá a possibilidade de uma das cidades ter melhores condições para esportes aquáticos e outras atividades ao ar livre durante o ano todo?

Como mostra a Figura 4.1, a temperatura de Honolulu varia somente ligeiramente ao longo do ano, normalmente ficando entre 21 °C e 27 °C. Por outro lado, a temperatura em Phoenix pode diferir sazonalmente de uma mínima em torno de 5 °C em janeiro a uma máxima de mais de 38 °C em julho e agosto. Não é preciso dizer que as piscinas de Phoenix não ficam lotadas o ano inteiro.

Considere outro exemplo. Suponha que a Juíza A e a Juíza B apliquem sentenças de 24 meses, em média, aos réus condenados por assalto. Você poderia facilmente ser levado a pensar, por causa dessa estatística, que as duas juízas possuem a mesma filosofia a respeito do que seria uma aplicação apropriada de sentenças. Suponha que fiquemos sabendo depois que a Juíza A, acreditando na igualdade absoluta de aplicação de sentenças, aplica a sentença de 24 meses a todos os réus condenados por assalto, enquanto a Juíza B aplica sentenças que variam de 6 meses a 6 anos, dependendo de sua avaliação tanto da conduta do réu no tribunal quanto da natureza de sua ficha criminal. Se você fosse um advogado que quisesse ter o caso de seu cliente ouvido por uma juíza em particular, qual das duas você escolheria?

Podemos ver que precisamos, além de uma medida de tendência central, de um índice de como os escores estão distribuídos em torno do centro da distribuição. Em resumo, precisamos da medida que é comumente chamada de *variabilidade* (também conhecida como *espalhamento* ou *dispersão*). Voltando ao exemplo anterior, poderíamos dizer que a distribuição de temperatura em Phoenix tem uma variabilidade maior do que a distribuição de temperatura em Honolulu. Da mesma maneira, podemos dizer que a distribuição de sentenças dada pela Juíza A tem menos variabilidade do que a distribuição de sentenças dada pela Juíza B. Este capítulo discute apenas as medidas mais conhecidas de variabilidade: a amplitude, a variação interquartil, a variância e o desvio padrão.

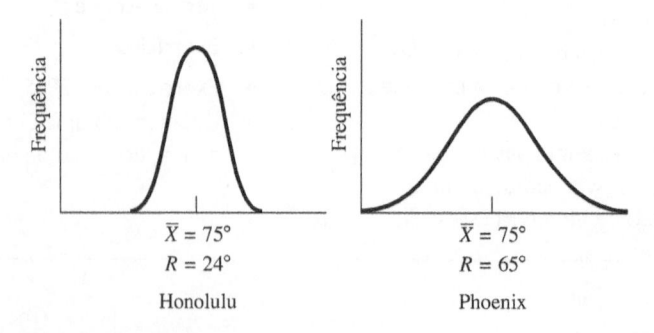

$\overline{X} = 75°$
$R = 24°$
Honolulu

$\overline{X} = 75°$
$R = 65°$
Phoenix

Figura 4.1 Diferenças em variabilidade: distribuição de temperaturas em Honolulu e Phoenix (números aproximados).

Amplitude

Para conseguir uma medida rápida, mas aproximada, da variabilidade, poderíamos calcular o que chamamos de *amplitude* (A), que é a diferença entre os escores mais alto (H = high) e mais baixo (L = low) em uma distribuição. Por exemplo, se a temperatura mais quente do ano em Honolulu foi 89 °F e a temperatura mais fria do ano foi 65 °F, então a amplitude da temperatura em Honolulu seria de 24 °F (89 − 65 = 24). Se a temperatura do dia mais quente do ano em Phoenix chegou a 106 °F e a do dia mais frio chegou a 41 °F, a amplitude de temperatura em Phoenix seria de 65 °F (106 − 41 = 65).[1] Pela fórmula,

---

[1] Optou-se por deixar em °F, pois passando para °C os valores ficaram muito quebrados. (N. do T.)

$$A = H - L$$

onde A = amplitude
 H = escore mais alto (high) em uma distribuição
 L = escore mais baixo (low) em uma distribuição

A vantagem da amplitude — seu cálculo rápido e fácil — é também sua mais importante desvantagem. Isto é, a amplitude depende totalmente de apenas dois valores de escores: os casos maiores e menores em um determinado conjunto de dados. Como resultado, a amplitude normalmente proporciona meramente um índice aproximado da variabilidade de uma distribuição.

Por exemplo, o Professor A coordena um seminário com oito estudantes com idades de 18, 18, 19, 19, 20, 20, 22 e 23; o Professor B também coordena um seminário com oito estudantes, com idades de 18, 18, 19, 19, 20, 21, 22 e 43. O Professor A comenta, então, que as idades de seus estudantes variam de 18 a 23 anos (ou possuem uma amplitude de 5 anos). O Professor B se vangloria, entretanto, porque as idades de seus estudantes variam de 18 a 43 (ou possuem uma amplitude de 25 anos). Mas, com exceção de um estudante, as duas turmas são similares em distribuição etária. A amplitude é claramente influenciada ou mesmo distorcida por apenas um estudante. Qualquer medida que seja tão afetada pelo escore de apenas um caso pode não passar uma ideia precisa quanto à variabilidade, e, no geral, deve ser considerada apenas como um índice preliminar ou não muito preciso.

Variação interquartil

Como vimos, a amplitude (A) é completamente dependente apenas dos dois escores mais extremos na distribuição, o mais alto e o mais baixo. Em uma amostra muito simples (digamos, de 10 ou 15 escores), esse fato pode não reduzir a utilidade da amplitude como um indicador de variabilidade. Mas, à medida que a amostra aumenta em tamanho para centenas ou mesmo milhares de casos, o valor ou o tamanho da amplitude pode somente permanecer o mesmo ou aumentar. Para descrever a distribuição de um grande número de escores, então, a amplitude perde grande parte de sua confiabilidade, e torna-se meramente uma medida grosseira da variabilidade.

No Capítulo 2, introduzimos o conceito de quartis, definidos como pontos ao longo da distribuição de escores organizados em ordem de tamanho que a dividem em quartas partes. Desse modo, se um escore está localizado no primeiro quartil ($Q1$), sabemos que 25% dos casos caem nele ou abaixo dele; se um escore está no segundo quartil ($Q2$), 50% dos casos caem nele ou abaixo dele; e se um escore está localizado no terceiro quartil ($Q3$), 75% dos casos caem nele ou abaixo dele.

Ao usar quartis em vez dos valores de escores mais alto e mais baixo, podemos calcular uma medida de variabilidade conhecida como *variação interquartil* (IQR, do inglês *inter-quartile range*) que, diferentemente de A, que é dependente dos escores extremos, é sensível à maneira com a qual escores são concentrados em torno do centro de uma distribuição. Assim como a amplitude, quanto maior a *IQR*, maior a distribuição ou a variabilidade.

Por definição, a variação interquartil inclui 50% de valores de escores do meio na distribuição quando estes são organizados em ordem de tamanho. A *IQR* é obtida por meio do cálculo da distância entre o primeiro e terceiro quartis,

$$IQR = Q3 - Q1$$

onde $Q1$ é o valor de escore no qual ou abaixo do qual 25% dos casos caem e $Q3$ é o valor de escore no qual ou abaixo do qual 75% dos casos caem.

Considere o conjunto de 20 escores a seguir, arranjados em ordem de tamanho, em uma prova semestral de história em uma faculdade.

94 92 91 88 85 | 84 80 79 77 76 74 74 71 69 65 | 62 56 53 48 40
                       $Q3$ $Q1$

A fim de determinar a variação interquartil, você tem de primeiro localizar as *posições de* $Q1$ e $Q3$: para os 20 escores anteriores, é possível simplesmente arranjar os escores do mais alto para o mais baixo e, então, contá-los até o ponto em que 25% (após o quinto escore) e 75% (após o décimo quinto escore) dos casos caem.

Em situações mais complicadas, entretanto, pode ser interessante aplicar as fórmulas a seguir:

Posição de $Q3 = 0{,}75(N + 1) = 15{,}75$

Posição de $Q1 = 0{,}25(N + 1) = 5{,}25$

Desse modo, o terceiro quartil, que indica o ponto no qual ou abaixo do qual três quartos (ou 75%) caem, encontra-se entre o 15º (84) e o 16º escores (85). *Colocando isso de forma simples, qualquer quartil que esteja localizado entre valores de escores será tratado como se caísse na metade do caminho ou na metade da distância de valores de escores adjacentes.* Desse modo, $Q3 = 84{,}50$. No outro extremo, o primeiro quartil, indicando o ponto no qual ou abaixo do qual um quarto (ou 25%) cai, encontra-se entre o 5º e 6º escores, respectivamente 62 e 65. Desse modo, $Q1 = 63{,}5$. A variação interquartil então é 21.

$IQR = Q3 - Q1$
      $= 84{,}5 - 63{,}5$
      $= 21$

Digamos que queiramos comparar a variabilidade das 20 notas da prova semestral citada anteriormente com as 19 notas da prova final para a mesma turma de história (um dos 20 estudantes da turma, que tirou 49 na prova semestral, abandonou o curso antes de seu final). Perguntamos: os escores dos estudantes na prova final estavam mais concentrados em torno do centro da distribuição do que as notas da metade do semestre? As notas das provas se distribuíram mais em torno do centro na prova semestral do que na final? Para descobrir isso, calculamos a variação interquartil para os 19 escores da prova final

94 90 87 85 | 82 80 80 79 78 78 77 76 74 73 72 | 71 67 56 40
                $Q3$ $Q1$

Nesse caso,

Posição de $Q3 = 0{,}75(19 + 1) = 15$

Posição de $Q1 = 0{,}25(19 + 1) = 5$

$Q3$ e $Q1$ estão localizados nos escores seguintes. Portanto,

$IQR = Q3 - Q1$
      $= 82 - 72$
      $= 10$

Tendo em vista que os escores mais alto e mais baixo em ambas as provas — semestral e final — não diferem entre si (94 e 40 em ambos os exames), a amplitude (A = 54) é a mesma para notas semestrais e finais, indicando falsamente que não há diferenças em variabilidade ou amplitude. A variação interquartil conta uma história diferente. Ela indica que 50% das notas na prova semestral (*IQR* = 21) estão mais amplamente dispersas do que 50% das notas na prova final (*IQR* = 10). Podemos concluir a partir dessa comparação de variações interquartis que a variabilidade foi maior na prova semestral do que na prova final. Dada a falta de confiabilidade, as universidades raramente relatam a amplitude (A) de notas do SAT[2] para estudantes do primeiro ano. É mais provável que eles (juntamente com a *U.S. News & World Report*) divulguem os 50% do meio.

Variância e desvio padrão

No capítulo anterior, o conceito de desvio foi definido como a distância de qualquer escore bruto de sua média. Para calcular um desvio, aprendemos que devemos subtrair a média de qualquer escore bruto $(X - \bar{X})$. Se queremos agora obter uma medida de variabilidade que leve em consideração cada escore em uma distribuição (em vez de apenas dois valores de escores), poderemos ficar tentados a somar todos os desvios. Entretanto, a soma dos desvios reais, $\Sigma(X - \bar{X})$, é sempre zero. Desvios maiores ou menores se cancelam e, portanto, não podem ser usados para descrever ou comparar a variabilidade das distribuições.

Para superar esse problema, poderíamos elevar ao quadrado os desvios reais da média e somá-los $\Sigma(X - \bar{X})^2$. Como mostra a Tabela 4.1, usando o número de semanas durante as quais seis pessoas desempregadas receberam seguro-desemprego, esse procedimento eliminaria os sinais de menos, já que os quadrados de números são sempre positivos.

Tendo somado os quadrados dos desvios da média, poderíamos dividir essa soma por *N* a fim de controlar o número de escores envolvidos. O resultado é a média do quadrado dos desvios, que é mais conhecida como *variância*. Simbolizada por s^2, a variância é,

$$s^2 = \frac{\Sigma(X - \bar{X})^2}{N}$$

onde s^2 = variância
$\Sigma(X - \bar{X})^2$ = soma dos quadrados dos desvios em relação à média
N = número total de escores

Retomando o exemplo da Tabela 4.1, vemos que a variância é

$$s^2 = \frac{\Sigma(X - \bar{X})^2}{N}$$
$$= \frac{52}{6}$$
$$= 8,67$$

---

[2] Prova que serve de critério para a entrada de estudantes nas universidades nos EUA. (N. do R.T.)

Tabela 4.1 Elevando os desvios ao quadrado (com $\overline{X} = 5$).

X	$X - \overline{X}$	$(X - \overline{X})^2$
9	+4	16
8	+3	9
6	+1	1
4	−1	1
2	−3	9
1	−4	16
	0	$\Sigma(X - \overline{X})^2 = 52$

Entretanto, surge um outro problema. Como resultado direto de ter elevado ao quadrado os desvios, a unidade de medida é alterada, o que torna a variância um tanto difícil de ser interpretada. A variância é 8,67, mas 8,67 de quê? Ela é expressa como o quadrado de qualquer unidade que expresse nossos dados. Nesse caso, teríamos semanas ao quadrado!

Para colocar a medida de variabilidade na perspectiva certa, isto é, para retornar para nossa unidade original de medida, calculamos a raiz quadrada da variância. Isso nos dá o *desvio padrão*, uma medida de variabilidade obtida somando-se os quadrados dos desvios em relação à média, dividindo-se por N e tomando-se a raiz quadrada. Simbolizado por s, o desvio padrão é

$$s = \sqrt{\frac{\Sigma(X - \overline{X})^2}{N}}$$

onde s = desvio padrão
$\Sigma(X - \overline{X})^2$ = soma dos quadrados dos desvios em relação à média
N = número total de escores

Fórmula da variância e do desvio padrão para escores brutos

Até agora, usamos desvios $(X - \overline{X})$ para obter a variância e o desvio padrão. Há um método mais fácil para calcular essas estatísticas, especialmente com a ajuda de uma calculadora. Esse método funciona diretamente com os escores brutos. As fórmulas de escore bruto para variância e desvio padrão são:

$$s^2 = \frac{\Sigma X^2}{N} - \overline{X}^2$$

$$s = \sqrt{\frac{\Sigma X^2}{N} - \overline{X}^2}$$

onde ΣX^2 = soma dos quadrados dos escores brutos. (*Importante:* cada escore bruto é *primeiro* elevado ao quadrado, para então esses quadrados serem somados.)
N = número total de escores
$\overline{X}^2$ = quadrado da média

Obtenção da variância e do desvio padrão de uma distribuição de frequência simples

No capítulo anterior, vimos como medidas de tendência central poderiam ser calculadas a partir de um conjunto de escores reagrupados na forma de uma distribuição de frequência simples. A variância e o desvio padrão podem ser obtidos de uma maneira similar.

Voltemos aos escores brutos representando a idade de indivíduos na ocasião de seu primeiro casamento em uma amostra com 25 adultos:

```
18  18  19  19  19  19  20  20  20  21  21  22
22  23  23  24  25  26  26  26  27  27  29  30  31
```

Calculada a partir desses escores brutos, a variância $s^2 = 14{,}56$ e o desvio padrão $s = 3{,}82$.

QUADRO 4.1 Exemplo passo a passo: desvio padrão

Com relação aos dados relativos às semanas de desemprego, os passos a seguir são dados para que se calcule o desvio padrão:

Passo 1 Calcule a média para a distribuição.

X	
9	$\bar{X} = \dfrac{\Sigma X}{N}$
8	
6	$= \dfrac{30}{6}$
4	
2	$= 5$
1	
$\Sigma X = 30$	

Passo 2 Subtraia a média de cada escore bruto para chegar ao desvio.

X	$X - \bar{X}$
9	+4
8	+3
6	+1
4	−1
2	−3
1	−4

Passo 3 Eleve ao quadrado cada desvio para então obter a soma dos quadrados dos desvios.

X	$X - \bar{X}$	$(X - \bar{X})^2$
9	+4	16
8	+3	9
6	+1	1
4	−1	1
2	−3	9
1	−4	16
		$\Sigma(X - \bar{X})^2 = 52$

Passo 4 Divida por N para calcular a raiz quadrada do resultado.

$$s = \sqrt{\dfrac{\Sigma(X - \bar{X})^2}{N}}$$

$$= \sqrt{\dfrac{52}{6}}$$

$$= \sqrt{8{,}67}$$

$$= 2{,}94$$

Agora podemos dizer que o desvio padrão é de 2,94 semanas para os seis beneficiários do seguro-desemprego. Isto é, geralmente, os escores nessa distribuição desviam da média por quase 3 semanas. Por exemplo, o 2 nessa distribuição está abaixo da média, mas apenas por um valor médio.

Esses dados podem ser reagrupados como uma distribuição de frequência simples, como mostramos a seguir:

X	f	X	f
31	1	24	1
30	1	23	2
29	1	22	2
28	0	21	2
27	2	20	3
26	3	19	4
25	1	18	2

QUADRO 4.2 Exemplo passo a passo: variância e desvio padrão a partir de escores brutos

O procedimento passo a passo para calcular s^2 e s pelo método dos escores brutos pode ser ilustrado com a retomada dos dados de semanas de desemprego: 9, 8, 6, 4, 2 e 1.

Passo 1 Eleve cada escore bruto ao quadrado e some os resultados.

X	X^2
9	81
8	64
6	36
4	16
2	4
1	1
	$\Sigma X^2 = 202$

Passo 2 Obtenha a média e eleve-a ao quadrado.

X
9
8
6
4
2
1
$\Sigma X = 30$

$$\overline{X} = \frac{\Sigma X}{N} = \frac{30}{6} = 5$$

$$\overline{X}^2 = 25$$

Passo 3 Insira os resultados dos passos 1 e 2 nas fórmulas.

$$s^2 = \frac{\Sigma X^2}{N} - \overline{X}^2 \qquad s = \sqrt{\frac{\Sigma X^2}{N} - \overline{X}^2}$$

$$= \frac{202}{6} - 25 \qquad = \sqrt{\frac{202}{6} - 25}$$

$$= 33{,}67 - 25 \qquad = \sqrt{8{,}67}$$

$$= 8{,}67 \qquad = 2{,}94$$

Como mostra o Passo 3, a aplicação das fórmulas dos escores brutos aos dados de semanas de desemprego produz exatamente os mesmos resultados que o método original, o que funcionou no caso dos desvios.

QUADRO 4.3 Exemplo passo a passo: variância e desvio padrão de uma distribuição de frequência simples

Para obter a variância e o desvio padrão, primeiro temos de calcular a média usando os passos delineados no capítulo anterior.

Passo 1 Multiplique cada valor de escore (X) por sua frequência (f) para obter os produtos fX, e então some a coluna fX.

Passo 2 Eleve ao quadrado cada valor do escore (X^2) e multiplique pela sua frequência (f) para obter os produtos fX^2, e então some a coluna fX^2.

X	f	fX
31	1	31
30	1	30
29	1	29
28	0	0
27	2	54
26	3	78
25	1	25
24	1	24
23	2	46
22	2	44
21	2	42
20	3	60
19	4	76
18	2	36
		$\Sigma fX = 575$

X	f	fX	fX^2
31	1	31	961
30	1	30	900
29	1	29	841
28	0	0	0
27	2	54	1.458
26	3	78	2.028
25	1	25	625
24	1	24	576
23	2	46	1.058
22	2	44	968
21	2	42	882
20	3	60	1.200
19	4	76	1.444
18	2	36	648
			$\Sigma fX^2 = 13.589$

Passo 3 Obtenha a média e a eleve ao quadrado.

$$\overline{X} = \frac{\Sigma fX}{N} = \frac{575}{25} = 23$$

$$\overline{X}^2 = (23)^2 = 529$$

Passo 4 Calcule a variância usando os resultados dos passos anteriores.

$$s^2 = \frac{\Sigma fX^2}{N} - \overline{X}^2$$

$$= \frac{13.589}{25} - 529$$

$$= 543{,}56 - 529$$

$$= 14{,}56$$

Passo 5 Calcule o desvio padrão (a raiz quadrada da variância).

$$s = \sqrt{\frac{\Sigma fX^2}{N} - \overline{X}^2}$$

$$= \sqrt{\frac{13.589}{25} - 529}$$

$$= \sqrt{543{,}56 - 529}$$

$$= \sqrt{14{,}56}$$

$$= 3{,}82$$

Por fim, observe que a variância e o desvio padrão calculados a partir da distribuição de frequência simples são idênticos aos valores obtidos dos escores brutos.

Para obtermos a variância e o desvio padrão de uma distribuição de frequência simples, aplicamos as fórmulas a seguir:

$$s^2 = \frac{\Sigma fX^2}{N} - \overline{X}^2$$

$$s = \sqrt{\frac{\Sigma fX^2}{N} - \overline{X}^2}$$

onde X = um valor de escore
f = uma frequência de escore
N = número de casos
$\overline{X}$ = média da distribuição de frequência simples

Significado do desvio padrão

Observamos anteriormente que o desvio padrão é mais fácil de interpretar do que a variância, porque ele está na unidade correta de medida. Mesmo assim, a série de passos necessários para calcular o desvio padrão pode causar uma sensação de desconforto em relação ao significado de seu resultado. Por exemplo, suponha que em uma certa distribuição de escores tenhamos $s = 4$. O que esse número indica? O que exatamente podemos dizer agora a respeito daquela distribuição que não poderíamos ter dito antes?

O Capítulo 5 buscará esclarecer o significado completo de desvio padrão. Por ora, observamos brevemente que o desvio padrão representa a variabilidade do "termo médio" em uma distribuição, pois ele mede a média dos desvios a contar da média. Os procedimentos de elevar ao quadrado e cálculo de raiz quadrada também entram no contexto, mas, sobretudo, para eliminar sinais de menos e voltar à unidade mais conveniente de medida, a unidade de escore bruto.

Observamos também que, quanto maior a variabilidade em torno da média de uma distribuição, maior o desvio padrão. Desse modo, $s = 4,5$ indica maior variabilidade do que $s = 2,5$. Por exemplo, a distribuição das temperaturas diárias em Phoenix, no Arizona, tem um desvio padrão maior do que a distribuição de temperaturas para o mesmo período em Honolulu, no Havaí.

Reconsideremos também o caso da aplicação de sentenças de prisão que lemos anteriormente para ver a importância da variância e do desvio padrão na compreensão e na interpretação de distribuições. A Tabela 4.2 exibe as sentenças dadas por duas juízas a dois conjuntos de seis réus em julgamentos por roubo. Observe primeiro a vantagem do desvio padrão sobre a variância. Mesmo que eles sejam iguais em suas aptidões para medir variabilidade ou dispersão, o desvio padrão tem uma interpretação mais tangível. Nesse caso, ele é expresso em termos de meses — algo que faz sentido para nós. A variância, entretanto, é declarada em termos de meses ao quadrado, o que a torna mais difícil de ser compreendida.

Voltando à comparação entre as duas juízas, vemos que a Juíza A tem uma média maior, mas uma variância e um desvio padrão menores do que a Juíza B. Alguém poderia dizer, pelo menos baseado somente nesses dados, que a Juíza A é mais rigorosa, apesar de mais justa, e a Juíza B é mais clemente, apesar de mais inconsistente. Para um advogado, a sua melhor aposta poderia ser a Juíza A. Embora possa esperar uma sentença mais longa (devido à média mais alta), talvez você não queira arriscar receber as sentenças severas pelas quais a Juíza B é conhecida.

Agora acrescentemos outra peça ao quebra-cabeça. As sentenças altamente variáveis da Juíza B podem não ser tão irracionais como parecem. As longas sentenças foram dadas para crimino-

Tabela 4.2 Sentenças em meses dadas por duas juízas para o crime de roubo.

Juíza A	Juíza B
34	26
30	43
31	22
33	35
36	20
34	34
$\overline{X} = 33,0$	$\overline{X} = 30,0$
$s^2 = 4,0$	$s^2 = 65,0$
$s = 2,0$	$s = 8,1$

sos com longas fichas criminais, e as sentenças curtas, para criminosos primários e reincidentes. (Consideraremos técnicas para medir as fontes de variabilidade em capítulos posteriores.) Como advogado, a sua preferência por uma juíza dependeria, portanto, do histórico criminal de seu cliente. Se ele tivesse um histórico de crimes menores ou nenhum crime, você preferiria a Juíza B, pois esperaria dela uma sentença menor do que aquela da Juíza A, que agora parece um tanto inflexível. Por outro lado, se estivesse representando um criminoso reincidente, você preferiria a Juíza A, pois ela parece se concentrar mais na acusação corrente contra o criminoso do que em seu passado.

Desse modo, o desvio padrão é uma ferramenta útil para medir o grau de variabilidade em uma distribuição ou para comparar a variabilidade em diferentes distribuições. Ele também é empregado, e com bastante frequência, para ajustar a posição relativa de escores individuais dentro de uma distribuição. Nesse sentido, ele é um padrão contra o qual avaliamos a colocação de um escore (como a sua nota em uma prova) dentro de toda a distribuição (como as notas das provas da turma inteira).

Para compreender esse significado do desvio padrão, considere primeiro uma analogia para a colocação de uma planta em um cômodo. Se quisermos discutir a distância de uma planta da parede da sala de estar, talvez pensemos em termos de metros como unidade de medida de distância (por exemplo, "a planta na sala de estar está localizada a uma distância de 2 metros dessa parede"). Mas como medir a amplitude de uma reta-base de um polígono de frequência que contém os escores de um grupo de entrevistados ordenados do mais baixo para o mais alto (em ordem ascendente)? Do mesmo modo, como chegar a um método para calcular a distância entre qualquer escore bruto e a média — um método padronizado que permita comparações entre escores brutos na mesma distribuição, assim como entre distribuições diferentes? Se estivéssemos falando de plantas, poderíamos calcular que uma planta está a 2 metros da parede da sala de estar, e outra está a 4 metros da parede da cozinha. No conceito de metros, temos uma unidade padrão de medida e, portanto, podemos fazer tais comparações de maneira significativa. Mas como comparar escores brutos? Por exemplo, sempre podemos comparar uma nota 85 em uma prova de inglês com uma nota 80 em uma prova de alemão? Qual nota é realmente mais alta? Uma breve reflexão lhe mostrará que isso depende do desempenho de cada um dos estudantes de cada turma.

Um método para obter um indicador aproximado da largura de uma reta-base é a amplitude, pois ela dá a distância entre os escores mais alto e mais baixo ao longo da reta. Mas a amplitude não pode ser usada efetivamente para localizar um escore em relação à média, pois, além de seus outros pontos fracos, a amplitude cobre toda a largura da base. Ao contrário, o tamanho do desvio padrão é menor do que aquele da amplitude, e em geral abrange toda a amplitude da reta-base.

Da mesma maneira que "caracterizamos" um tapete em metros ou centímetros, podemos caracterizar a reta-base em unidades de desvio padrão. Por exemplo, poderíamos somar o desvio padrão ao valor da média para descobrir qual escore bruto está localizado exatamente um desvio padrão acima dela. Como mostra a Figura 4.2, portanto, se $\overline{X} = 80$ e $s = 5$, então o escore 85 se encontra exatamente um desvio padrão *acima* da média (80 + 5 = 85), uma distância de + 1s. Essa direção tem sinal de *mais* porque todos os desvios acima da média são positivos; todos os desvios abaixo da média têm sinal de *menos*, ou negativos.

Prosseguimos caracterizando a reta-base somando o valor do desvio padrão ao escore bruto 85. Esse procedimento nos dá o escore bruto 90, que se encontra exatamente dois desvios padrão acima da média (85 + 5 = 90). Da mesma maneira, adicionamos o desvio padrão ao escore bruto 90 e obtemos 95, o que representa o escore bruto caindo exatamente três desvios padrão da média: subtraímos 5 de 80, 5 de 75 e 5 de 70 para obtermos –1s, –2s e –3s, respectivamente.

O processo de caracterizar a reta-base em unidades de desvio padrão é, em muitos aspectos, similar a medir a distância entre uma planta e uma parede em unidades de metros. Entretanto, a analogia deixa de funcionar em pelo menos um aspecto importante: enquanto metros e centímetros possuem tamanhos constantes (1 metro é sempre igual a 100 centímetros; 1 quilômetro é sempre igual a mil metros), o valor do desvio padrão varia de distribuição para distribuição. Se não fosse assim, não poderíamos usar o desvio padrão como mostramos previamente na comparação da variabilidade de distribuições (por exemplo, as juízas da Tabela 4.2). Por essa razão, temos de calcular o tamanho do desvio padrão para qualquer distribuição com a qual estivermos trabalhando. Também por isso, normalmente é mais difícil compreender o desvio padrão em comparação com metros ou centímetros como unidade de medida.

Como veremos em detalhes no próximo capítulo, o desvio padrão tem um papel muito importante na interpretação de escores no que chamamos de *distribuição normal*. Na realidade, a não ser que uma distribuição seja altamente assimétrica, aproximadamente dois terços de seus escores caem dentro de um desvio padrão acima ou abaixo da média. Às vezes, essa variação é chamada de *amplitude normal*, pois ela contém casos que são considerados próximos da norma. Por exemplo, a criança cujo escore de leitura se situa precisamente na média está, em sentido estrito, na média; mas também se considera que crianças cujas velocidades de leitura estão próximas da média em

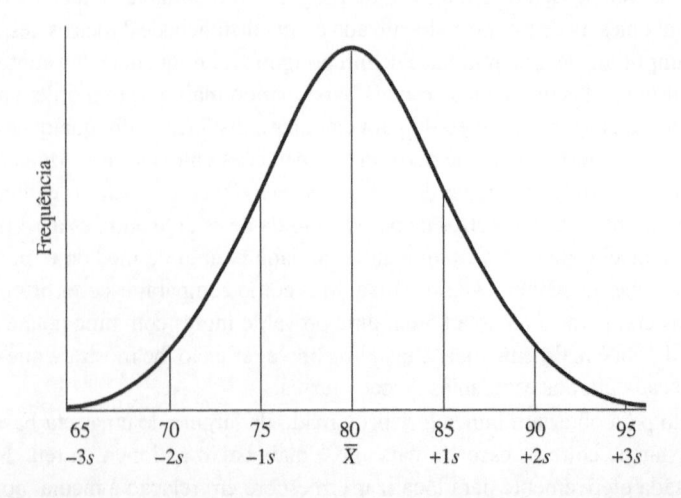

Figura 4.2 Medição da reta-base em unidades de desvio padrão quando o desvio padrão (s) é 5, e a média ($\overline{X}$) é 80.

qualquer uma das direções, mais especificamente dentro de um desvio padrão da média, estejam dentro do âmbito normal. Desse modo, se para uma dada faixa etária a velocidade de leitura média é de 120 palavras por minuto com um desvio padrão de 25 palavras por minuto, então a variação normal pode ser definida como sendo de 95-145 palavras por minuto, e aproximadamente dois terços das crianças nessa faixa etária leem a uma velocidade que se encontra dentro da variação normal (veja a Figura 4.3). Retornaremos a esse conceito de desvio padrão no Capítulo 5.

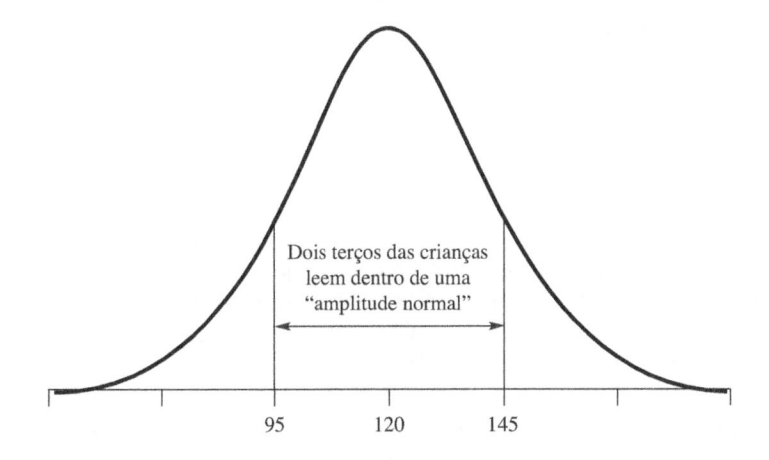

Figura 4.3 Distribuição da velocidade de leitura.

Comparação de medidas de variabilidade

Geralmente, a amplitude é considerada como um índice preliminar ou aproximado da variabilidade de uma distribuição. Ela é rápida e fácil de obter, mas não muito confiável, e pode ser aplicada a dados ordinais e intervalares. A variação interquartil é similarmente determinada por apenas dois pontos na distribuição, mas tem a vantagem de representar os escores do meio em vez dos escores extremos em um conjunto de dados.

A amplitude, no entanto, tem uma finalidade útil em relação aos cálculos do desvio padrão. Como mostra a Figura 4.3, seis desvios padrão cobrem quase a distância inteira entre o escore mais alto e o escore mais baixo em uma distribuição ($-3s$ a $+3s$). Esse fato nos proporciona um método conveniente para estimar (mas não calcular) o desvio padrão. Geralmente, o tamanho do desvio padrão é aproximadamente um sexto do tamanho da amplitude. Por exemplo, se a amplitude é 36, então se pode esperar que o desvio padrão esteja próximo de 6; se a amplitude é 6, o desvio padrão estará provavelmente próximo de 1.

Essa regra pode assumir uma importância considerável para o leitor que queira descobrir se seu resultado está minimamente correto. Tomando um caso extremo como exemplo, se $A = 10$ e nosso s calculado $= 12$, cometemos algum erro, pois o desvio padrão não pode ser maior do que a amplitude. Uma nota de advertência: a regra de um sexto se aplica quando temos um grande número de escores. Para um pequeno número de casos, geralmente haverá um número menor de desvios padrão para cobrir a amplitude de uma distribuição.

Enquanto a amplitude e a variação interquartil são calculadas a partir de apenas dois valores de escores, tanto a variância quanto o desvio padrão levam em consideração cada valor de escore em uma distribuição. O desvio padrão se tornou o passo inicial a partir do qual são obtidas algumas outras medidas estatísticas, especialmente no contexto de tomada de decisões estatísticas. Exploraremos essa característica do desvio padrão em detalhes em capítulos subsequentes.

Apesar de sua utilidade como medida confiável de variabilidade, o desvio padrão também tem suas desvantagens. Em comparação com outras medidas de variabilidade, o desvio padrão tende a ser difícil e demorado. Entretanto, essa desvantagem tem sido cada vez mais superada pelo uso de calculadoras e computadores que desempenhem análises estatísticas. A variância e o desvio padrão também são medidas de nível intervalar e, portanto, não podem ser usadas com dados nominais ou ordinais — os tipos de dados com os quais muitos pesquisadores sociais frequentemente trabalham.

Visualização de distribuições

Quando tentamos descrever a aparência de uma pessoa conhecida, tendemos a focar características como altura, peso, idade e comprimento do cabelo. Do mesmo modo, quando descrevem distribuições de dados, pesquisadores sociais estão propensos a indicar tendência central, dispersão, assimetria e outras características. No entanto, diz-se que uma imagem vale por mil palavras. A foto de uma pessoa é muito mais útil para provocar uma impressão em relação à aparência do que uma lista de seus atributos. Da mesma maneira, uma representação gráfica de uma distribuição é muito mais eficiente do que uma lista de estatísticas.

Nos últimos anos, o box-plot (diagrama de caixa) se tornou uma técnica gráfica popular para exibir simultaneamente uma série de aspectos a respeito da distribuição. Considere, por exemplo, o seguinte conjunto de "tempos de espera" (em minutos) em resposta a um experimento projetado para medir paciência. No estudo, indivíduos ligam para um número gratuito fornecido em um anúncio de jornal para uma promoção boa demais para ser verdade sobre uma televisão de alta definição. As pessoas que ligam interessadas na "liquidação" são deixadas na espera indefinidamente pelo telefonista, até que desligam, frustradas.

3 7 2 1 4 3 8 3 5 7 4 5 6 7 6 5 4 3 9 5

Usando as técnicas e fórmulas aprendidas até agora, podemos calcular que o tempo de espera médio é de 4,85 minutos, enquanto a mediana é de 5 minutos. A proximidade dessas duas medidas de tendência central sugeriria uma distribuição ligeiramente simétrica. Em termos de variabilidade, os tempos de espera variam de um mínimo de 1 minuto a um máximo de 9 minutos. O desvio padrão é 2,03 minutos, indicando que aproximadamente dois terços das pessoas que ligaram esperaram por 2 minutos em média (ou 2,82 a 6,88).

Todos esses detalhes podem ser exibidos no box-plot mostrado na Figura 4.4. Apesar de o design exato ser uma questão de gosto e preferência (como é verdade para a maior parte do trabalho artístico), esse gráfico mostra a amplitude com um segmento de linha que se estende do mínimo para o máximo. O quadro retangular dentro do gráfico representa o intervalo entre um desvio padrão acima e um desvio padrão abaixo da média. Por fim, a linha horizontal que corta o quadro mostra a mediana, e o círculo no meio do quadro é a média. (Outras medidas, como o primeiro e terceiro quartis, também podem ser usadas para formar o diagrama de caixas (box-plot) no lugar dos desvios padrão.)

Quando os vimos no Capítulo 2 pela primeira vez, os gráficos em barras eram empregados para comparar duas distribuições (por exemplo, o uso de cinto de segurança por homens e mulheres). Isso era pertinente no caso de uma variável ordinal como o uso de cinto de segurança, mas com uma medida intervalar, como tempos de espera, podemos fazer mais do que isso. Da mesma maneira que poderíamos comparar as fotos de duas pessoas lado a lado, podemos exibir os box-

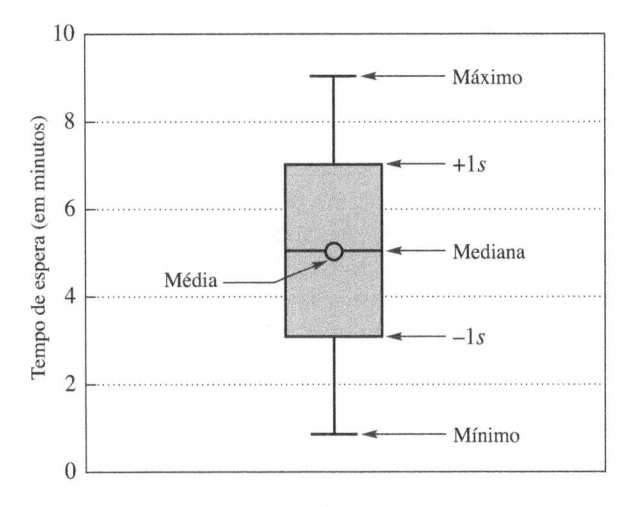

Figura 4.4 Box-plot da distribuição do tempo de espera.

-plots de dois grupos lado a lado para obter uma compreensão mais completa das diferenças entre eles. A Figura 4.5 mostra a interrupção nos tempos de espera para homens a mulheres:

Homens: 5 2 7 9 3 4 3 1 3 8
Mulheres: 3 5 7 4 5 6 7 6 5 4

Vemos que, na média, as mulheres foram mais pacientes na espera, tanto em termos de tempo para a média como para a mediana. Os níveis de paciência dos homens, entretanto, foram muito mais diversos. Isto é, o quadro para os homens, representando o intervalo entre o primeiro desvio padrão em qualquer um dos lados da média, é muito mais longo do que aquele para as mulheres. Além disso, a amplitude dos tempos de espera para os homens é muito maior do que a amplitude para as mulheres. Também podemos ver, com base nas posições relativas da média e da mediana, que a distribuição do tempo de espera para os homens é de certa maneira assimétrica, o que não ocorre no caso das mulheres.

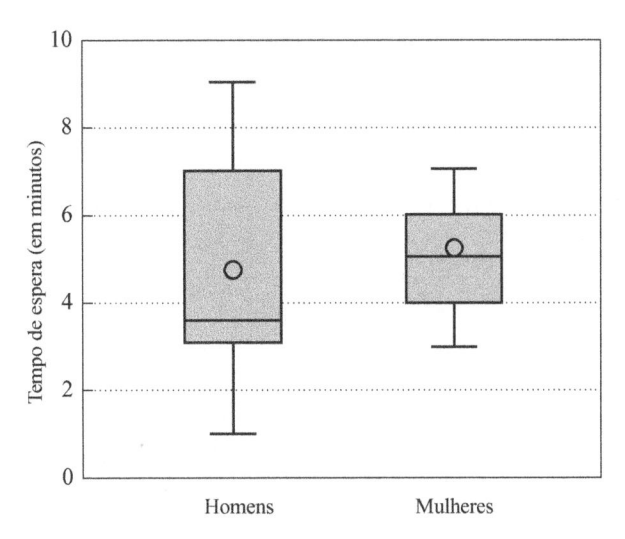

Figura 4.5 Box-plot de tempos de espera para homens e mulheres.

Obtenção da média e do desvio padrão de uma distribuição de frequência agrupada

Este e o capítulo anterior enfatizam bastante o cálculo da média e do desvio padrão para dados intervalares, não importando que os escores sejam apresentados em forma bruta ou organizados de maneira conveniente e compactada em uma distribuição de frequência simples. Cálculos para medidas importantes de tendência central e dispersão podem ser realizados por meio do trabalho direto com a coleta de N casos (caso dados brutos estejam sendo usados) ou do trabalho com valores de escores e suas frequências associadas (caso uma distribuição de frequência simples esteja sendo usada). Independentemente de qual abordagem seja usada, os valores calculados para $\overline{X}$ e s são os mesmos.

Lembre-se de que vimos no Capítulo 2 que muitas vezes os pesquisadores sociais apresentam dados em forma de uma distribuição de frequência agrupada a fim de resumir e simplificar um grande conjunto de valores de escores. Em tais casos é interessante calcular a média e o desvio padrão com base nos dados de escores brutos originais, já que o processo de agrupamento confunde a distinção entre valores de escores contidos no mesmo intervalo de classe.

Há ocasiões, entretanto, que o pesquisador social tem apenas uma distribuição de frequência agrupada disponível, de maneira que não é possível recorrer aos escores brutos precisos para calcular a média e o desvio padrão. Por exemplo, levantamentos que envolvem questões sensíveis como a idade e a renda do entrevistado tipicamente oferecem um conjunto de escolhas de respostas em categorias (isto é, diversas amplitudes de idade e renda), de maneira a não pedir ao entrevistado que revele sua idade e renda exatas. Ou talvez você encontre uma distribuição agrupada apresentada em um artigo de um periódico ou relatório do governo. Em tais casos para os quais valores de escores reais não estão disponíveis, como poderíamos determinar a média e o desvio padrão com apenas uma distribuição de frequência agrupada disponível?

A média e o desvio padrão podem ser aproximados a partir de uma distribuição de frequência agrupada por meio da adaptação das fórmulas para uma distribuição de frequência simples que substitua os valores de escores (X) pelos pontos médios dos intervalos de classe (m). Especificamente, para dados agrupados,

$$\overline{X} = \frac{\Sigma fm}{N}$$

$$s = \sqrt{\frac{\Sigma fm^2}{N} - \overline{X}^2}$$

Como exemplo, suponha que o levantamento das idades de 100 mães grávidas use um conjunto de entrevistadas em idade fértil e produza os dados de amostra a seguir:

Idade da mãe	f
15 a 20	7
20 a 25	36
25 a 30	23
30 a 35	18
35 a 40	10
40 a 45	6
	100

Os cálculos necessários para descobrir a média e o desvio padrão para a idade das entrevistadas podem ser obtidos a partir da tabela a seguir.

Idade da mãe	m	F	fm	fm²
15 a 20	17,5	7	122,5	2.143,75
20 a 25	22,5	36	810	18.225,00
25 a 30	27,5	23	632,5	17.393,75
30 a 35	32,5	18	585	19.012,50
35 a 40	37,5	10	375	14.062,50
40 a 45	42,5	6	255	10.837,50
		100	2.780	81.675,00

Usando a fórmula,

$$\overline{X} = \frac{\Sigma fm}{N}$$
$$= \frac{2.780}{100}$$
$$= 27,8$$

e

$$s = \sqrt{\frac{\Sigma fm^2}{N} - \overline{X}^2}$$
$$= \sqrt{\frac{81.675}{100} - (27,8)^2}$$
$$= \sqrt{816,75 - 772,84}$$
$$= \sqrt{43,91}$$
$$= 6,63$$

Por fim, é importante lembrar que essas são apenas aproximações, pois os pontos médios servem como representantes ou substitutos para todos os valores de escores em seus intervalos de classe respectivos. Se as idades precisas das mulheres estivessem disponíveis para o pesquisador no estudo, teria sido preferível usar as fórmulas de sempre para os escores brutos. Entretanto, na maioria dos casos, essa aproximação baseada em uma distribuição de frequência de grupo produz resultados bastante razoáveis.

Resumo

No Capítulo 3, discutimos medidas de como os escores se agrupam em torno do centro de uma distribuição. Não obstante o valor imenso de moda, mediana e média, há muito mais a ser aprendido a respeito da distribuição do que apenas a tendência central. Neste capítulo, introduzimos três medidas de variabilidade — a amplitude (incluindo a variação interquartil), a variância e o desvio padrão — para indicar como os escores estão dispersos em torno do centro de uma distribuição. Da mesma maneira que funciona com os indicadores de tendência central, cada medida de variabilidade tem seus pontos fracos e pontos fortes. A amplitude é um indicador rápido, mas muito impreciso da variabilidade, que pode ser facilmente determinada por meio da diferença entre os escores mais alto e mais baixo em uma distribuição. A variação interquartil, entretanto, mede a disseminação da média da metade da distribuição, isto é, a variação entre o primeiro e o terceiro quartis. Uma medida mais precisa da distribuição de escores pode ser encontrada na variância, a média dos quadrados dos desvios em relação à média. A variância e sua raiz quadrada, conhecida como desvio padrão, são duas medidas confiáveis em termos intervalares de variabilidade que podem ser empregadas em operações mais avançadas e descritivas e em tomada de decisões. Além de sua capacidade de comparar a variabilidade em diferentes distribuições, por exemplo, o desvio padrão é útil para calibrar a posição relativa de escores individuais dentro de uma distribuição. Na realidade, colocamos a reta-base de uma distribuição em unidades de desvio padrão a fim de determinar quão longe da média qualquer escore em particular se encontra. O significado completo do desvio padrão será explorado em discussões subsequentes a respeito da generalização de uma amostra para a população.

Termos-chave

Amplitude
Box-plot (diagrama de caixas)
Desvio padrão

Variabilidade
Variação interquartil
Variância

Exercícios

1. A medida de como os escores se dispersam em torno do centro de distribuição é um(a):
   a. variância.
   b. desvio padrão.
   c. amplitude.
   d. todos os itens anteriores.

2. Qual das declarações a seguir é a mais verdadeira sobre o tamanho relativo das medidas de variabilidade?
   a. O desvio padrão é normalmente maior do que a variância.
   b. A variância é normalmente maior do que o desvio padrão.
   c. A variância e o desvio padrão são iguais em tamanho.
   d. A variação interquartil é normalmente maior do que a amplitude.

3. Quanto maior a variabilidade em torno da média de uma distribuição, maior a:
   a. amplitude.
   b. variação interquartil.
   c. variância.

   d. todos os itens anteriores.

4. Quantos desvios padrão tendem a cobrir a amplitude inteira de escores em uma distribuição?
   a. 2.
   b. 4.
   c. 6.
   d. 8.

5. A chamada amplitude normal dentro da qual aproximadamente dois terços de todos os escores caem está localizada:
   a. dentro de um desvio padrão acima e abaixo da média.
   b. entre os escores mais alto e mais baixo em uma distribuição.
   c. dois desvios padrão acima da média.
   d. próximo do valor da variação interquartil.

6. A variância e o desvio padrão presumem:
   a. dados nominais.
   b. dados ordinais.
   c. dados intervalares.
   d. uma distribuição normal.

7. Dois estudantes em uma turma de matemática compararam seus escores em uma série de cinco quebra-cabeças:

Estudante A	Estudante B
4	6
9	5
3	7
8	5
9	6

Considerando os conceitos tanto de tendência central quanto de variabilidade, calcule (a) qual estudante tendia a um melhor desempenho na solução dos quebra-cabeças e (b) qual estudante tendia a um desempenho mais consistente nos quebra-cabeças.

8. Em uma escala projetada para medir opiniões em relação à imigração, duas turmas de uma universidade tiveram os escores a seguir:

Turma A	Turma B
4	4
6	3
2	2
1	1
1	4
1	2

Compare a variabilidade de opiniões em relação à imigração entre os membros das duas turmas ao calcular para cada turma (a) a amplitude, (b) a variação interquartil e (c) o desvio padrão. Qual turma tem uma variabilidade maior de escores de opinião?

9. Um pesquisador interessado na eficiência de grupos de apoio à perda de peso pesou cinco clientes após várias semanas no programa. Os escores de perda de peso (em pounds) foram os seguintes:

13 12 6 9 10

Calcule a (a) amplitude, (b) a variação interquartil e (c) a variância e o desvio padrão para esses escores de perda de peso.

10. Um *focus group* composto por 10 adultos foi escolhido para avaliar o desempenho de um candidato durante um debate presidencial. Cada membro do grupo classificou o desempenho como um todo em uma escala de 1 (ruim) a 10 (superior). As notas dadas ao candidato foram as seguintes:

4 5 8 7 9 8 7 3 6 7

Calcule a (a) amplitude, (b) a variação interquartil e (c) a variância e o desvio padrão para essas notas.

11. Um grupo de estudantes do ensino médio foi foco de uma pesquisa a respeito do uso de várias drogas, incluindo álcool. Foi perguntado com que frequência eles se embriagaram nos seis meses anteriores. As respostas foram a seguintes:

4 2 0 2 1 3 0 1 7 5 3

Calcule (a) a amplitude, (b) a variação interquartil e (c) a variância e o desvio padrão para esses escores fornecidos pelos próprios estudantes.

12. Em uma medida de autoritarismo (escores mais altos refletem uma maior tendência para o preconceito, etnocentrismo e submissão à autoridade), sete estudantes tiveram os seguintes escores:

1 6 6 3 7 4 10

Calcule (a) a amplitude, (b) a variação interquartil e (c) a variância e o desvio padrão para esses escores de autoritarismo.

13. Em uma medida de 20 itens de autoestima (escores mais altos refletem uma autoestima maior), cinco adolescentes tiveram os seguintes escores:

16 5 18 9 11

Calcule (a) a amplitude, (b) a variação interquartil e (c) a variância e o desvio padrão para esses escores de autoestima.

14. Os dados a seguir refletem o número de horas de treinamento pelas quais 10 policiais passaram com o objetivo de aprender a lidar com pessoas que sofrem de doenças mentais:

4 17 12 9 6 10 1 5 9 3

Calcule (a) a amplitude, (b) a variação interquartil, (c) a variância e (d) o desvio padrão.

15. Uma cidade tem considerado construir um novo trem para aliviar o tráfego pesado em suas autoestradas. Para descobrir quantas pessoas fariam uso desse novo trem, um funcionário do governo entrevistou, nas ruas, uma amostra aleatória de usuários. Os dados a seguir se referem ao número de milhas dirigidas cada semana por 10 pessoas que dis-

seram que usariam o trem em vez de dirigir para o trabalho.

150 750 300 425 175 600 450 250 900 275

Calcule (a) a amplitude, (b) a variação interquartil e (c) a variância e o desvio padrão.

16. Uma psicóloga interessada em comunicação não verbal decidiu realizar um estudo informal sobre contato visual. Sabendo que esse tipo de contato tende a ser associado a uma conexão emocional, ela acreditava que a maioria das pessoas se sentiria desconfortável em manter contato por mais do que alguns momentos com um estranho. Para testar essa teoria, ela saiu para caminhar em uma rua movimentada e contou quantos segundos ela conseguia manter contato visual com vários estranhos antes que eles desviassem o olhar. Seus achados, em segundos, foram:

3,2 2,1 1,7 1,1 2,6 2,2 3,1 1,9 1,7
4,7 2,3 1,6 2,4

Calcule (a) a amplitude, (b) a variação interquartil e (c) a variância e o desvio padrão para esses períodos.

17. No capítulo anterior, foi pedido que calculássemos a moda, a mediana e a média para o conjunto de taxas de suicídio a seguir (número de suicídios por 100 mil habitantes), arredondados para o número inteiro mais próximo, que representasse seis grandes áreas metropolitanas. Agora, determine a amplitude, a variação interquartil, a variância e o desvio padrão:

Área metropolitana	Taxa de suicídios
A	15
B	13
C	13
D	18
E	20
F	13

18. Calcule a variância e o desvio padrão para a seguinte distribuição de frequência de horas estudadas durante uma certa semana por 40 estudantes em um curso de estatística:

X	f
10	1
9	0
8	2
7	4
6	7
5	11
4	5
3	3
2	4
1	2
0	1
	$N = 40$

19. Calcule o desvio padrão para a seguinte distribuição de frequência das horas passadas diante da televisão, em um sábado à noite, por uma amostra de 18 meninos no segundo ano do ensino médio.

X	f
5	3
4	5
3	6
2	2
1	2
	$N = 18$

20. Calcule a variância e o desvio padrão para a distribuição de frequência de opiniões de 25 estudantes universitários em relação à pena de morte (escala de sete pontos; escore mais alto indica opinião mais favorável em relação à pena de morte):

X	f
7	2
6	3
5	5
4	7
3	4
2	3
1	1
	$N = 25$

21. Calcule a variância e o desvio padrão para a distribuição de frequência de idades em que delinquentes juvenis foram julgados e condenados como adultos.

X	f
17	12
16	7
15	5
14	4
13	3
12	1
11	2
10	1
	N = 35

22. Calcule a variância e o desvio padrão para a distribuição de frequência de opiniões em relação à censura na Internet de 40 professores do ensino médio (escala de sete pontos; escore mais alto indica atitude mais favorável à censura na Internet):

X	f
7	4
6	4
5	7
4	8
3	6
2	5
1	6
	N = 40

Exercícios em SPSS

1. Usando o SPSS para analisar o Monitoring the Future Study, examine a dispersão de satisfação com segurança pessoal (V1643). Dica: abra a opção STATISTICS dentro do procedimento FREQUENCIES e cheque a amplitude e o desvio padrão para variáveis selecionadas. Lembre-se de ponderar casos por V5. Para a sua informação, o SPSS usa $N-1$ em vez de N para cálculos de variância e desvio padrão. Essa ligeira diferença em cálculo será explicada com mais detalhes no Capítulo 6.

2. No capítulo anterior, foi pedido o cálculo da moda, da mediana e da média para estudantes no último ano do ensino médio que receberam multas por alta velocidade ou foram parados e advertidos por uma violação de trânsito. Agora, use o SPSS e o Monitoring the Future Study para calcular a amplitude, a variância e o desvio padrão para violações de tráfego (V197).

3. Usando o SPSS para analisar o General Social Survey, quais medidas de tendência central e variabilidade são mais apropriadas para o índice socioeconômico (SEI, do inglês *Socioeconomic Index*)? Usando o SPSS, pondere o conjunto de dados por WTSSALL para descobrir a informação.

4. Quais medidas de tendência central e variabilidade são mais apropriadas para uma análise da renda do entrevistado (RINCOME98)? Use o SPSS para analisar o General Social Survey e descobrir essa informação.

5. Use o SPSS para analisar uma variável de sua escolha para a qual você encontra as medidas mais apropriadas de tendência central e variabilidade.

Olhando sob uma perspectiva mais ampla: descrição de dados

No final do Capítulo 1, apresentamos um levantamento hipotético de 250 estudantes (survey), do 9º ano do Ensino Fundamental II ao 3º ano do ensino médio, em uma escola de ensino médio típica. No questionário do levantamento havia perguntas sobre o consumo de cigarros e álcool, assim como sobre uma série de outras variáveis. Antes que possamos tentar compreender os fatores subjacentes ao fumo e à bebida, é necessário descrever as variáveis em nosso levantamento — a extensão do consumo de cigarros e álcool, assim como algumas das características acadêmicas, sociais e de formação. Examinaremos, em particular, distribuições de frequência e gráficos em barras das variáveis de interesse primárias — cigarros e álcool.

A extensão do consumo de cigarros foi avaliada por meio de duas perguntas — se o entrevistado havia fumado no mês anterior e, se sim, quantos cigarros havia fumado em um dia típico. Suponha que 95 dos 250 entrevistados tenham dito que não fumaram. E que, entre aqueles que haviam fumado, as respostas tenham sido as mais variadas, desde aqueles que relataram ter fumado um, dois ou três cigarros por dia a alguns poucos que relataram ter fumado dois maços ou mais por dia. Como o número de cigarros fumados por dia tem tantos valores possíveis, de zero (não fumantes) para cima, é conveniente usar uma distribuição de frequência agrupada para apresentar esses dados.

Consumo diário de cigarros

Número	f	%
0	95	38,0
1–9	45	18,0
10–19	58	23,2
20–29	33	13,2
30–39	15	6,0
40+	4	1,6
Total	250	100,0

Como mostra a Figura 4.6, 38% dos estudantes poderiam ser considerados não fumantes, já que não haviam fumado nenhum cigarro no mês anterior; 18% poderiam ser considerados fumantes leves, tendo consumido menos do que meio maço por dia; outros 23,2% poderiam ser chamados de fumantes moderados, tendo consumido entre meio maço e menos do que um maço por dia. Os 20,8% restantes (combinando as últimas três categorias) poderiam ser chamados de fumantes pesados, tendo fumado pelo menos um maço por dia.

O consumo de álcool (ocasiões em que se consumiu álcool durante o mês) pode ser mostrado em uma distribuição de frequência simples, com valores variando de 0 a 5. Um pouco mais da metade dos entrevistados bebeu no máximo uma vez (20,8% relataram não ter bebido e 30,8% relataram ter bebido em uma ocasião; veja a Figura 4.7). No outro extremo, apenas 5% relataram beber em quatro ou mais ocasiões durante o mês (ou pelo menos uma vez por semana).

Consumo de álcool durante o mês

Número	f	%
0	52	20,8
1	77	30,8
2	82	32,8
3	26	10,4
4	9	3,6
5	4	1,6
Total	250	100,0

As distribuições de consumo de cigarros e álcool podem ser exibidas na forma de um gráfico em barras. A distribuição de consumo de cigarros tem um pico em zero, representando um grupo relativamente grande de não fumantes. Como resultado, a distribuição é extremamente assimétrica à direita. Diferentemente da situação com o consumo de cigarros, parece não haver um grupo

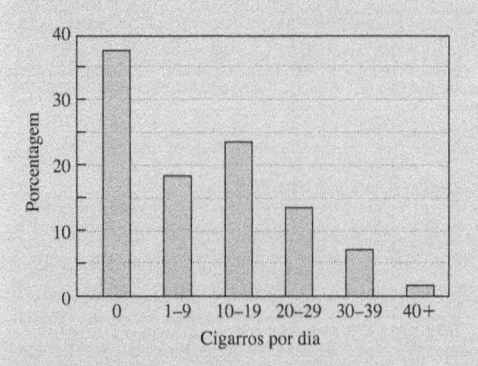

Figura 4.6 Consumo de cigarros entre estudantes do Ensino Médio.

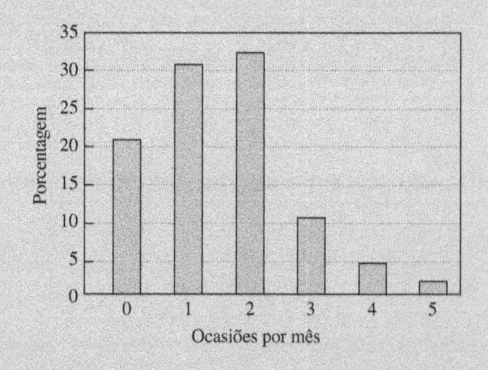

Figura 4.7 Consumo de álcool entre estudantes do ensino médio.

definido tão claramente de abstémios para dominar a distribuição. Apesar de não ser perfeitamente simétrica, a variável de consumo de álcool é, portanto, mais simétrica em formato do que a distribuição do consumo de cigarros. Em análises futuras, consideraremos se um entrevistado fuma ou não em um levantamento separado daquele que analisa o número de cigarros que os fumantes consomem diariamente. Em outras palavras, examinaremos duas medidas distintas de consumo de cigarros: fumantes e não fumantes, e o número de cigarros consumidos entre aqueles que fumam. Por outro lado, a análise do consumo de álcool incluirá todos os entrevistados, mesmo aqueles que não beberam durante o mês.

Podemos descrever ainda mais essas variáveis em termos de tendência central e variabilidade. Ao focarmos apenas os 155 fumantes, vemos que a média de consumo é de 16,9 cigarros por dia, um valor ligeiramente acima da moda e da mediana. Há ainda uma ligeira assimetria — alguns poucos fumantes realmente inveterados na extremidade mais alta. Para a variável de consumo de álcool, a média é de 1,58 ocasião por mês, com a mediana em 1 (uma vez ao mês) e a moda em 2 (duas vezes no mês).

Os desvios padrão para o fumo diário (para fumantes) e ocasiões de consumo de álcool são bastante diferentes, o que reflete tipos muito diferentes de distribuições. Em virtude da variabilidade mais ampla no consumo de cigarros (de apenas alguns cigarros até mais de 40 cigarros), comparado com o consumo de álcool (de um nível baixo, como 0 ocasião a um nível alto, como 5), o desvio padrão para o consumo de cigarros é muitas vezes maior do que aquele para o álcool. Também podemos dizer que praticamente dois terços dos fumantes estão dentro de um desvio padrão da média (16,9 ± 10,4, o que indica que em torno de dois terços deles consomem entre 7 e 27 cigarros por dia). Para o consumo de álcool, em torno de dois terços estão incluídos no âmbito 1,58 ± 1,16. Discutiremos intervalos como esses mais adiante.

Poderíamos tentar também descrever diferenças no consumo de cigarros e álcool entre estudantes homens e mulheres. Como mostra a Figura 4.8, uma porcentagem muito mais alta de homens (47,3%) do que de mulheres (28,5%) são não fumantes, e uma porcentagem mais alta de mulheres poderia ser considerada fumante inveterada. Em relação ao consumo de álcool, as diferenças entre os gêneros são inversas. Uma porcentagem maior de mulheres não havia bebido durante o mês (26,8% *versus* 14,2%), enquanto os homens tendiam mais ao consumo moderado ou frequente de álcool (veja a Figura 4.9). Na terceira parte do livro, retornaremos a essa questão e tentaremos determinar se as diferenças de gênero são grandes o suficiente para serem verdadeiramente significativas ou indicativas de diferenças entre homens e mulheres em um grupo de estudantes urbanos de ensino médio em geral.

Por fim, também é interessante examinar estatísticas descritivas de algumas das variáveis secundárias. Como a idade é medida no nível intervalar, não apenas podemos criar uma distribuição de frequência simples como também calcular as três medidas de tendência central. Há mais estudantes de 15 anos no levantamento do que de qualquer outra idade (Mo = 15), mas tanto a mediana quanto a média são um pouco mais altas. Para a participação em esportes/prática de exercícios, as respostas tanto da moda quanto da mediana são "às vezes", enquanto a média não deveria ser calculada, pois essa variável tem nível ordinal. A variável "etnia" é medida no nível nominal; podemos ver que a moda é "branca", mas não pode haver uma mediana ou média. Por fim, o consumo de cigarros dos pais é nominal, e a maioria dos estudantes não tem um genitor que fuma.

Tendência central e medidas de variabilidade

Variável	N	Média	Mdn	Mo	s^2	s
Consumo de cigarros (somente fumantes)	155	16,99	15	15	108,5	10,4
Ocasiões de consumo de álcool	250	1,58	1	2	1,35	1,16

Nessa conjuntura, há pouco a ser feito para analisar essas e outras características fundamentais. Nas duas partes finais do livro, entretanto, examinaremos as diferenças no consumo de cigarros e álcool por raça, assim como a idade e a frequência de prática esportiva em sua relação com as medidas de consumo de cigarros e álcool.

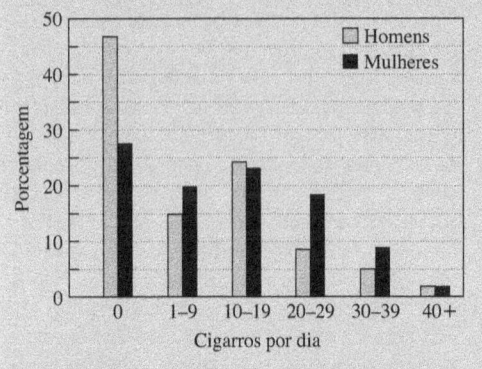

Figura 4.8 Consumo de cigarros entre estudantes por gênero.

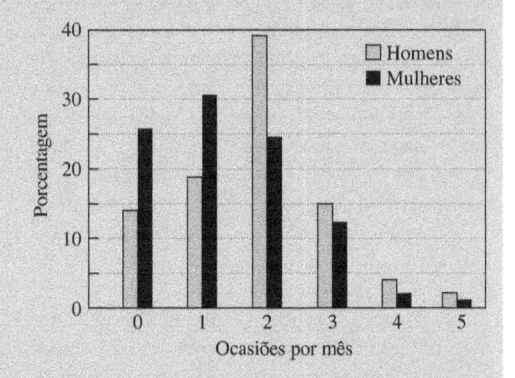

Figura 4.9 Consumo de álcool entre estudantes por gênero.

Medidas descritivas para características secundárias

Variável	Grupo	%	Média	Mediana	Moda
Idade	19	2,4			
	18	15,6			
	17	20,0			
	16	26,0	16,1	16	16
	15	21,2			
	14	14,8			
Esportes/prática de exercícios	Muito frequentemente	17,2			
	Às vezes	34,8	—	Às vezes	Às vezes
	Raramente	21,4			
	Nunca	15,6			
Raça	Branca	62,4			
	Negra	17,6			
	Latina	12,8	—	—	Branca
	Asiática	4,0			
	Outra	3,2			
Fumo entre os pais	Sim	26%			
	Não	74%	—	—	Não

Parte 2

Da descrição à tomada de decisões

Capítulo 5

Probabilidade e curva normal

Capítulo 6

Amostras e populações

Probabilidade e curva normal

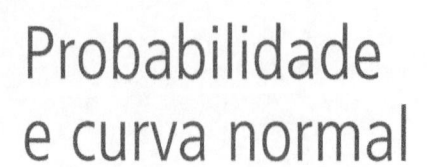

5

- Regras da probabilidade
- Distribuições de probabilidade
  Quadro 5.1 Prática e estatística: excedendo o tempo do parquímetro
- A curva normal como uma distribuição de probabilidade
- Características da curva normal
- O modelo e a realidade da curva normal
- A área sob a curva normal
- Escores padrão e a curva normal
- Cálculo da probabilidade sob a curva normal
  Quadro 5.2 Exemplo passo a passo: probabilidade sob a curva normal
  Quadro 5.3 Exemplo passo a passo: cálculo de escores de probabilidade baseados na curva normal
- Resumo
- Termos-chave
- Exercícios
- Exercícios em SPSS

Na Parte I, voltamos nossa atenção para as maneiras de descrever variáveis. Em particular, começamos a explorar variáveis focando suas distribuições — categorizando dados e elaborando gráficos para frequências. Isso nos permitiu ver padrões e tendências, ver as ocorrências mais frequentes e as mais extremas. Resumimos ainda mais essas distribuições por meio de cálculos de medidas de tendência central e variabilidade.

Até o momento, nossas interpretações e conclusões a respeito de variáveis vieram somente daquilo que observamos. Coletamos informações a respeito de uma variável e então descrevemos o que obtivemos usando uma série de medidas estatísticas, como porcentagens e médias. Desse ponto em diante, nossa abordagem será de certa maneira diferente. Primeiro, sugeriremos determinadas teorias, proposições ou hipóteses a respeito das variáveis, que serão, então, testadas a partir dos dados que observamos.

O fundamento da *tomada de decisões* — o processo de testar hipóteses por meio da análise de dados — é a probabilidade. A probabilidade é um conceito difícil de compreender e, no entanto, é usado com bastante frequência. Fazemos perguntas como "qual a chance de eu tirar um 10 nessa prova?", "qual a chance desse casamento durar?", "se eu tirar uma carta, qual a chance de ela ser menor do que 5?", "qual a chance desse time vencer as finais?" Em conversas no dia a dia, respondemos essas questões com palpites vagos e subjetivos, como "provavelmente", "uma chance boa" ou "improvável".

Pesquisadores buscam responder essas questões de maneira muito mais precisa e científica, usando o conceito de *probabilidade*. Há dois tipos de probabilidade, um baseado em matemática teórica e o outro, em observação sistemática.

Probabilidades teóricas refletem o mecanismo da chance ou a aleatoriedade juntamente com determinadas suposições que fazemos a respeito de eventos. No caso mais simples, sabemos que a probabilidade de obtermos "cara" no lançamento de uma moeda é de 0,5, supondo, de forma bastante razoável, que a moeda tenha um peso equilibrado de maneira que ambos os lados tenham a mesma chance de sair. De maneira similar, você pode adivinhar a resposta de uma questão de múltipla escolha com cinco itens para a qual você não faz ideia alguma com uma probabilidade de 0,20 de acertar a resposta. Isso presume, é claro, que as cinco respostas tenham a mesma chance de ser a resposta correta.

Probabilidades empíricas são aquelas para as quais dependemos de observação para determinar ou estimar valores. A probabilidade de ter um filho do sexo masculino gira em torno de 0,51 baseado em dados demográficos de longo prazo. Apesar de haver dois resultados possíveis (deixando de lado a possibilidade de gêmeos ou trigêmeos), há ligeiramente mais nascimentos de bebês do sexo masculino do que de bebês do sexo feminino.

Probabilidades empíricas são essencialmente porcentagens baseadas em um grande número de observações. A probabilidade de que o time da casa vença um jogo profissional de futebol americano fica em torno de 0,6 (6 de 10 jogos vencidos pelo time da casa), um "fato" que sabemos a partir da observação de centenas de jogos ao longo dos anos. Se nossas porcentagens são baseadas em grandes números de observações, podemos tratar, com segurança, as probabilidades empíricas como estimativas razoavelmente corretas da verdade.

Em ambas as formas, a probabilidade (P) varia de 0 a 1,0, embora por vezes se utilize uma porcentagem no lugar de um decimal para expressar o nível de probabilidade. Por exemplo, uma probabilidade de 0,50 (ou 5 chances de 10) é, às vezes, chamada de uma chance de 50%. Apesar de as porcentagens serem mais usadas na linguagem do dia a dia, a forma decimal é a mais apropriada para o uso estatístico.

Uma probabilidade de zero implica que algo é impossível; probabilidades próximas de zero, como 0,01, 0,05 ou 0,10 implicam ocorrências muito improváveis. No outro extremo, uma probabilidade de 1,0 constitui certeza, e altas probabilidades como 0,90, 0,95, 0,99 significam resultados muito prováveis ou presumíveis.

Algumas probabilidades são fáceis de calcular: a maioria das pessoas sabe que a probabilidade de obterem cara ao lançar uma moeda é de 0,50. Entretanto, situações mais complexas envolvem a aplicação de várias regras básicas de probabilidades. Da mesma maneira que tivemos de aprender operações aritméticas básicas, temos de aprender algumas operações básicas que nos permitirão calcular probabilidades mais complexas e interessantes.

Regras da probabilidade

O termo *probabilidade* refere-se à probabilidade relativa de ocorrência de qualquer resultado dado ou evento — isto é, a probabilidade associada a um evento é o número de vezes que o evento pode ocorrer em relação ao número total de vezes que qualquer evento pode ocorrer.

$$\text{Probabilidade de um resultado ou evento} = \frac{\text{Número de vezes que o resultado ou evento pode ocorrer}}{\text{Número total de vezes que qualquer resultado ou evento pode ocorrer}}$$

Por exemplo, suponha que certo júri consista de cinco homens e sete mulheres. Além disso, suponha que o escrevente do tribunal escolha o líder do júri optando aleatoriamente por um cartão em uma pilha de 12 cartões, cada cartão impresso com o nome de um jurado. Sendo $P(F)$ a probabilidade de que o líder seja do sexo feminino,

$$P(F) = \frac{\text{Número de jurados do sexo feminino}}{\text{Número total de jurados}} = \frac{7}{12} = 0{,}58$$

A probabilidade de um evento não ocorrer, conhecido como a *regra complementar* da probabilidade, é 1 menos a probabilidade de o evento ocorrer. Desse modo, a probabilidade de que o líder do júri não seja do sexo feminino, sendo $P(\overline{F})$, e a barra sobre o F simbolizando "não", ou complementar, é:

$$P(\overline{F}) = 1 - P(F) = 1 - 0{,}58 = 0{,}42$$

Para outro exemplo, suponha que um determinado departamento de polícia urbana seja capaz de resolver (ou solucionar) 60% de seus casos de homicídios. Desse modo, a probabilidade de solução dos homicídios é $P(C) = 0{,}60$ (ou simplesmente 0,6). Para qualquer homicídio em particular, digamos o primeiro do ano, a probabilidade de que ele não seja solucionado é de $P(\overline{C}) = 0{,}4$.

Uma característica importante da probabilidade é encontrada na *regra da soma*, que afirma que a probabilidade de obtenção de qualquer um dentre vários resultados diversos e distintos é igual à soma de suas probabilidades. Isto é, a probabilidade de que o evento A ou o evento B ocorram é de:

$$P(A \text{ ou } B) = P(A) + P(B)$$

Por exemplo, suponha que o réu em um julgamento por assassinato em primeiro grau tenha uma probabilidade de 0,52 de ser condenado conforme a acusação, uma probabilidade de 0,26 de ser condenado por uma acusação menor, e uma chance de 0,22 de ser considerado inocente. A chance de uma condenação em qualquer acusação é a probabilidade de uma condenação na acusação de assassinato em primeiro grau mais a probabilidade de condenação na acusação menor, ou $0{,}52 + 0{,}26 = 0{,}78$. Observe também que essa resposta concorda com a regra de complementaridade pela qual a probabilidade de ser considerado culpado em qualquer acusação (a complementar da inocência) é de $1 - 0{,}22 = 0{,}78$.

A regra da soma sempre presume que os resultados considerados são *mutuamente excludentes* — isto é, não há meios de os dois resultados ocorrerem simultaneamente. De maneira mais precisa, a ocorrência de qualquer resultado em particular (digamos, uma condenação pela acusação por assassinato em primeiro grau) exclui a possibilidade de qualquer outro resultado, e vice-versa.

Presumindo resultados mutuamente excludentes, podemos dizer que a probabilidade associada com todos os resultados possíveis de um evento é sempre igual a 1. Aqui, somando as probabilidades para os três veredito possíveis que o júri pode dar, encontramos:

P(culpado da acusação) + P(culpado de um crime menor) + P(inocente)
$$= 0,52 + 0,26 + 0,22 = 1.$$

Isso indica que algum resultado tem de ocorrer: se não uma condenação pela acusação de assassinato em primeiro grau, então uma condenação por um crime menor ou uma absolvição.

Outra característica importante da probabilidade se torna evidente na *regra da multiplicação*, que foca a possibilidade de obter dois ou mais resultados conjuntamente. A regra da multiplicação afirma que a probabilidade de se obter uma combinação de resultados independentes é igual ao produto de suas probabilidades individuais. Desse modo, a probabilidade de o evento A e o evento B ocorrerem é de:

$$P(A \text{ e } B) = P(A) \times P(B)$$

O pressuposto de *resultados independentes* significa que a ocorrência de um resultado não muda a probabilidade do outro. Em vez de considerar a probabilidade do resultado 1 ou do resultado 2 ocorrer como na regra da soma, a regra da multiplicação diz respeito à probabilidade de ambos ocorrerem.

Retornando ao departamento de polícia urbano com uma taxa de solução de 60%, a probabilidade de que dois homicídios em particular sejam solucionados ao longo do ano é de:

P(homicídios A e B serem ambos solucionados) = P(A é solucionado) × P(B é solucionado)
$$= (0,6)(0,6)$$
$$= 0,36$$

Ampliando a questão um pouco mais, a probabilidade de que três homicídios em particular sejam solucionados é o produto das três respectivas probabilidades:

P(homicídios A, B e C são solucionados) = P(A é solucionado) × P(B é solucionado)
$$\times P(C \text{ é solucionado})$$
$$= (0,6)\ (0,6)\ (0,6)$$
$$= 0,216$$

Para que esse cálculo seja válido, temos de presumir que os três homicídios considerados são independentes um do outro. Se os três homicídios fizerem parte de uma série de assassinatos presumivelmente cometidos por um assassino em série não identificado, então nem a suposição de independência, nem o cálculo em si seriam válidos.

Por fim, a regra da multiplicação pode ser aplicada em muitas situações, e não apenas em repetições de eventos similares, como a solução de homicídios. Mais exatamente, a regra da multiplicação nos permite calcular a probabilidade conjunta de qualquer número de resultados desde que eles sejam independentes. Suponha que uma promotora esteja trabalhando em dois casos, um julgamento por roubo e um por sequestro. A partir de experiências anteriores, ela acredita que tem uma chance de 0,80 de conseguir uma condenação pelo roubo e uma chance de 0,70 de conseguir uma condenação pelo sequestro. Desse modo, a probabilidade de que ela consiga condenações em ambos os casos é de 0,7 x 0,8 = 0,56 (ligeiramente maior do que 50%).

Distribuições de probabilidade

Na Parte 1, encontramos distribuições de dados nas quais frequências e porcentagens associadas com valores em particular foram determinadas. Por exemplo, a Tabela 2.8 mostra a distribuição de

QUADRO 5.1 Prática e estatística: excedendo o tempo do parquímetro

Hans Zeisel e Harry Kalven Jr. relataram o uso fascinante (ou melhor, equivocado) da probabilidade no julgamento de um homem acusado de exceder o tempo do parquímetro na Suécia.[1] Aparentemente, um policial havia notado as direções para as quais as válvulas dos pneus do carro do acusado voltados para o lado da calçada estavam apontadas usando o método das horas cheias para contabilizar o tempo que o carro ficou estacionado (por exemplo, uma hora, duas horas, três horas etc.). Digamos que a válvula do pneu da frente apontava para uma hora e a do pneu de trás, para seis horas. Voltando mais tarde, o policial encontrou o carro ainda estacionado, excedendo o limite do tempo pago, e, para verificar se esse era mesmo o caso, ele observou que as válvulas ainda apontavam para uma hora e seis horas. Ele, então, emitiu uma multa ao motorista por ter excedido o tempo do parquímetro.

O proprietário do veículo pediu que houvesse um julgamento, alegando que ele havia deixado o espaço por um determinado tempo e voltado a ele mais tarde. Confrontado com a prova contra ele relativa à posição dos pneus, ele argumentou que aquilo era uma mera coincidência.

Um especialista testemunhou no tribunal quanto à probabilidade dos dois pneus terem se posicionado da mesma maneira após o carro ter sido estacionado novamente. Ponderando que cada pneu tinha uma chance de 1/12 de retornar à mesma posição, ele calculou que a probabilidade de que ambos os pneus retornassem para suas antigas posições ao acaso seria de 1/12 x 1/12 = 1/144 (devido à regra da multiplicação).

Aparentemente, o juiz considerou que a probabilidade de 1 em 144 de uma coincidência ocorrer deixava uma margem razoável de dúvida, e decidiu a favor do acusado. Ele também observou que o resultado teria sido diferente se o policial tivesse observado os quatro pneus, já que uma probabilidade de 1/12 x 1/12 x 1/12 x 1/12 = 1/20.736 resultaria em chances de coincidência pequenas.

Na realidade, o juiz tomou a decisão certa, mas usou o raciocínio estatístico errado. Para aplicar a regra da multiplicação a fim de calcular a probabilidade de ambos os pneus casarem com suas posições antigas, é preciso presumir que os pneus sejam independentes — isto é, que eles girem independentemente. Entretanto, esse não é o caso: as rodas da frente e as de trás giram em uníssono. Quando o pneu da frente se movimenta, o de trás o segue (apenas os lados esquerdo e direito giram em rotações diferentes quando o carro faz uma curva).

A verdadeira probabilidade de que ambos os pneus, dianteiro e traseiro, retornem para suas posições anteriores é simplesmente a probabilidade de que um deles faça isso. Em outras palavras, se um pneu casa com sua posição anterior (com uma probabilidade de 1/12), o outro também tem de fazê-lo. Portanto, a probabilidade de que ambos os pneus estivessem posicionados da mesma maneira se o acusado tivesse saído e voltado para o espaço é de 1/12, ou 0,0833.

[1] ZEISEL, Hans; KALVEN JR., Harry. Parking tickets and missing women: statistics and the law. In: TANUR, Judith M. et al. Statistics: a guide to the unknown. São Francisco: Holden Day, 1978.

frequência de notas do PSAT de 336 estudantes. Os valores possíveis das notas são representados por categorias, e frequências e porcentagens representam as ocorrências relativas das notas entre o grupo.

Uma *distribuição de probabilidade* é diretamente análoga a uma distribuição de frequência, exceto que ela é baseada na teoria (teoria da probabilidade) em vez de observado no mundo real (dados empíricos). Em uma distribuição de probabilidade, especificamos os valores possíveis de uma variável e calculamos as probabilidades associadas com cada valor. As probabilidades representam a chance de cada valor ocorrer, diretamente análoga às porcentagens em uma distribuição de frequência.

Suponha que joguemos duas moedas, e que X represente o número de vezes em que obtemos cara. A variável X tem três valores possíveis, 0, 1 e 2, dependendo de obtermos zero, uma ou duas caras. Zero cara ($X = 0$) tem uma probabilidade de:

$$P(0 \text{ cara}) = P(\text{coroa na jogada } 1)P(\text{coroa na jogada } 2)$$
$$= (0,50)(0,50) = 0,25$$

Multiplicamos a probabilidade de obtermos "coroa" nos lançamentos das moedas porque elas são jogadas de maneira independente.

Similarmente, para duas caras ($X = 2$),

$$P(2 \text{ caras}) = P(\text{cara na jogada } 1)P(\text{cara na jogada } 2)$$
$$= (0,50)(0,50) = 0,25$$

Determinar a probabilidade de obtermos cara em uma de duas jogadas ($X = 1$) exige uma consideração extra. Há duas maneiras de obtermos cara em um lançamento: (1) cara (*heads*, H) na jogada 1 e coroa (*tails*, T) na jogada 2 (*HT*) ou (2) coroa na jogada 1 e cara na jogada 2 (*TH*). Como esses dois resultados possíveis são mutuamente exclusivos (ambos não podem ocorrer ao mesmo tempo), podemos somar suas probabilidades respectivas. Isto é,

$$P(1 \text{ cara}) = P(\text{HT ou TH})$$
$$= P(\text{HT}) + P(\text{TH})$$

Como vimos anteriormente, as jogadas individuais das moedas são independentes. Desse modo, podemos multiplicar a probabilidade de obtermos cara *vezes* a probabilidade de obtermos coroa para chegarmos à probabilidade de, primeiro, obtermos cara e, somente depois, obtermos uma coroa, $P(HT)$; também podemos multiplicar a probabilidade de obtermos coroa e, então, cara, $P(TH)$. Isto é,

$$P(\text{HT}) + P(\text{TH}) = P(\text{H})P(\text{T}) + P(\text{T})P(\text{H})$$
$$= (0,50)(0,50) + (0,50)(0,50)$$
$$= 0,25 + 0,25$$
$$= 0,50$$

A distribuição de probabilidade completa para uma variável X é resumida na Tabela 5.1. Observe que as probabilidades somam 1,0. A distribuição pode ser representada graficamente de maneira bastante semelhante à que usamos no caso das distribuições de frequência no Capítulo 2. Um gráfico em barras de uma distribuição de probabilidades coloca os valores da variável ao longo da reta-base horizontal, e as probabilidades ao longo do eixo vertical (veja a Figura 5.1). Vemos que a distribuição é simétrica, como seria de se esperar de moedas que não favorecem nenhum de seus lados.

Tabela 5.1 Distribuição de probabilidade para o número de caras obtido em duas jogadas.

X	Probabilidade (P)
0	0,25
1	0,50
2	0,25
Total	1,00

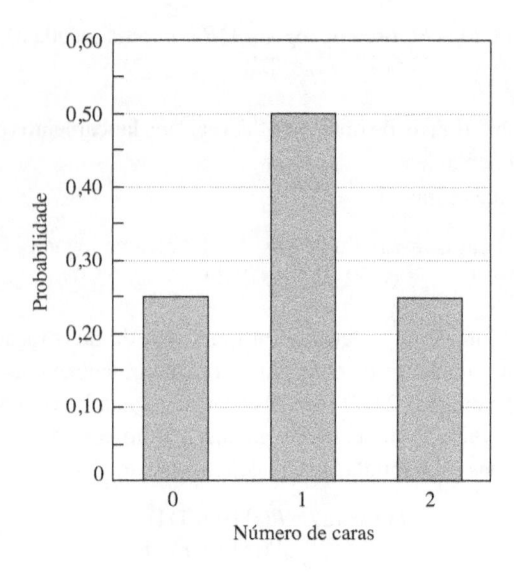

Figura 5.1 Distribuição de probabilidade de duas moedas.

Podemos traçar uma distribuição de probabilidade para o número de soluções em um grupo de homicídios de maneira similar ao caso simples das duas moedas, exceto que o formato não será simétrico, pois a solução (*clearance*) e a não solução (*nonclearance*) não são igualmente prováveis como são os dois lados de uma moeda. Determinar a distribuição de probabilidade para um número de soluções entre três homicídios é administrável. Além de três, a lógica não se altera, mas os passos se tornam mais exaustivos. Há métodos alternativos para se lidar com problemas maiores, mas eles estão além do alcance dessa demonstração introdutória de probabilidade.

A tabela a seguir mostra todas as combinações possíveis de solução e não solução, representadas por C e N (*clearance* e *nonclearance*), respectivamente, para o grupo de três casos de homicídios. Em virtude da regra da multiplicação para resultados independentes, as probabilidades de qualquer uma das sequências de Cs e Ns podem ser expressas com o produto de suas probabilidades respectivas. Por fim, as oito diferentes possíveis combinações de resultados são mutuamente exclusivas. Isto é, qualquer que seja a combinação que ocorra para um grupo em particular de três homicídios elimina as outras sete combinações alternativas. Como consequência de a combinação ser mutuamente exclusiva, as probabilidades para as combinações alternativas podem ser somadas, e a soma das probabilidades das oito combinações possíveis é 1.

Combinação	Resultados		Probabilidade		
A	NNN	P(NNN) =	P(N)P(N)P(N)	= (0,4)(0,4)(0,4) =	0,064
B	CNN	P(CNN) =	P(C)P(N)P(N)	= (0,6)(0,4)(0,4) =	0,096
C	NCN	P(NCN) =	P(N)P(C)P(N)	= (0,4)(0,6)(0,4) =	0,096
D	NNC	P(NNC) =	P(N)P(N)P(C)	= (0,4)(0,4)(0,6) =	0,096
E	CCN	P(CCN) =	P(C)P(C)P(N)	= (0,6)(0,6)(0,4) =	0,144
F	CNC	P(CNC) =	P(C)P(N)P(C)	= (0,6)(0,4)(0,6) =	0,144
G	NCC	P(NCC) =	P(N)P(C)P(C)	= (0,4)(0,6)(0,6) =	0,144
H	CCC	P(CCC) =	P(C)P(C)P(C)	= (0,6)(0,6)(0,6) =	<u>0,216</u>
					1,0

Dadas essas probabilidades, podemos formar a distribuição de probabilidade teórica na Tabela 5.2 para X, o número de homicídios solucionados entre um grupo de três casos. É claro, X tem quatro valores possíveis, que variam de 0 (nenhum solucionado) a 3 (todos solucionados). Ao formar a distribuição de probabilidade, podemos somar as três maneiras diferentes (combinações B a D) em que um dentre três casos pode ser solucionado, assim como somar as probabilidades para as três maneiras (combinações E a G) em que dois dentre três homicídios podem ser solucionados.

Tabela 5.2 Distribuição de probabilidade do número de soluções para três homicídios.

X	$P(X)$
0	0,064
1	0,288
2	0,432
3	0,216
	1,0

A diferença entre distribuições de probabilidade e distribuições de frequência

É importante saber diferenciar distribuições de frequência, como aquelas que vimos no Capítulo 2, de distribuições de probabilidade. Observe novamente a Figura 5.1, que mostra a distribuição de probabilidade do número de caras que foram obtidas em dois lançamentos de moedas. Essa é uma distribuição perfeitamente simétrica, com a probabilidade de se obter duas vezes cara igual a 0,25, idêntica à probabilidade de não se obter cara nenhuma vez. Ademais, isso mostra que a probabilidade de obtermos uma cara em dois lançamentos é de 0,50. A distribuição é baseada na teoria da probabilidade. Ela descreve o que *deveria* acontecer quando jogamos duas moedas.

Agora observaremos alguns dados. Jogue duas moedas e registre o número de caras, repetindo isso nove vezes. Quantas vezes você obteve zero cara, uma cara e duas caras? Nossos próprios resultados em uma amostra de 10 lançamentos de um par de moedas são exibidos na Tabela 5.3.

Essa é uma distribuição de frequência, e não uma distribuição de probabilidade. Ela é baseada em observações reais de 10 lançamentos de duas moedas. Apesar de as porcentagens (30%, 60% e 10%) lembrarem probabilidades, elas não o são. A distribuição de porcentagem não é igual à distribuição de probabilidade dada anteriormente na Tabela 5.1. Uma distribuição de probabilidade teórica ou ideal retrata como as porcentagens deveriam ser em um mundo perfeito. Infelizmente, não conseguimos um resultado perfeito — há mais resultados com zero cara do que com duas

Tabela 5.3 Distribuição de frequência de 10 lançamentos de duas moedas.

Número de caras	f	%
0	3	30,0
1	6	60,0
2	1	10,0
Total	10	100,0

caras, por exemplo. O problema é que praticamente tudo pode acontecer em apenas 10 conjuntos de jogadas. Na realidade, poderíamos ter obtido resultados ainda mais assimétricos do que esses.

Imagine se tivéssemos de repetir nossas jogadas de duas moedas muito mais vezes. Os resultados de 1.000 lançamentos de duas moedas são mostrados na distribuição de frequência na Tabela 5.4.

Essa distribuição de frequência (com $N = 1.000$) parece bem melhor. Por que isso? Simplesmente tivemos mais sorte dessa vez do que quando lançamos as moedas 10 vezes? De certa maneira, trata-se de uma questão de sorte, mas não completamente. Como já salientamos, com apenas 10 conjuntos de jogadas quase qualquer coisa pode acontecer — você poderia até tirar uma série de zero cara. Mas quando elevamos nosso experimento a 1.000 pares de jogadas, as coisas tendem a se ajustar com o decorrer do tempo. Séries de zero cara terão sido obtidas, mas da mesma maneira haverá séries de uma cara ou duas caras. À medida que nos aproximamos de um número infinito de jogadas de duas moedas, as leis da probabilidade se tornam evidentes. Nossa sorte, se você quiser chamá-la assim, encontra um equilíbrio.

Uma distribuição de probabilidade é essencialmente uma distribuição de frequência para um número infinito de jogadas. Desse modo, talvez nunca observemos essa distribuição de jogadas infinitas, mas sabemos que ela se parece com o que vemos na Figura 5.1.

Tabela 5.4 Distribuição de frequência de 1.000 lançamentos de duas moedas.

Número de caras	f	%
0	253	25,3
1	499	49,9
2	248	24,8
Total	1.000	100,0

Média e desvio padrão de uma distribuição de probabilidade

Considerando a distribuição de frequência na Tabela 5.3 para 10 lançamentos de duas moedas, calcularemos o número médio de caras:

$$\bar{X} = \frac{\Sigma X}{N}$$

$$= \frac{0 + 0 + 0 + 1 + 1 + 1 + 1 + 1 + 1 + 2}{10}$$

$$= 0{,}8$$

Esse resultado é baixo. A distribuição de probabilidade de jogadas de duas moedas mostrada na Figura 5.1 claramente sugere que a média deveria ser 1,0. Isto é, para o lançamento de duas moedas, com o decorrer do tempo, você deveria esperar uma média de uma cara. Observe, entretanto, que a distribuição de frequências com $N = 1.000$ parece estar mais de acordo com essa expectativa. Para a Tabela 5.4 (coletando valores),

$$\overline{X} = \frac{\Sigma X}{N}$$

$$= \frac{(253)(0) + (499)(1) + (248)(2)}{1.000}$$

$$= 0{,}995$$

Novamente, nossa "sorte" se nivela em longo prazo.

Como você deve suspeitar, uma distribuição de probabilidade tem uma média. Como a média de uma distribuição de probabilidade é o valor que esperamos nivelar com o decorrer do tempo, ela é chamada, às vezes, de *valor esperado*. Para o caso do número de caras em lançamentos de duas moedas, a média é 1. Usamos a letra grega μ (*mi*) para a média de uma distribuição de probabilidade (aqui $\mu = 1$) para distingui-la de $\overline{X}$, a média de uma distribuição de frequência. $\overline{X}$ é algo que calculamos a partir de um conjunto de dados observados e suas frequências. Por outro lado, a média de uma distribuição de probabilidade (μ) é uma quantidade que decorre de nossa teoria sobre o que uma distribuição deve parecer.

Uma distribuição de probabilidade também tem um desvio padrão, simbolizado por σ (*sigma*), a letra grega equivalente ao *s*. Até aqui, temos usado o *s* para representar o desvio padrão. Mas, daqui em diante, o *s* representará o desvio padrão de um conjunto de dados observados obtidos por meio de pesquisa, e σ representará o desvio padrão de uma distribuição teórica que não seja observada diretamente. Similarmente, s^2 denotará a variância de um conjunto de dados observados, e σ^2 será a variância de uma distribuição teórica. Encontraremos μ, σ e σ^2 muitas vezes nos capítulos seguintes, e é importante termos em mente a diferença entre $\overline{X}$, *s* e s^2 (medidas de síntese de dados observados) por um lado, e μ, σ e σ^2 (características de distribuições teóricas) por outro.

A média, a variância e o desvio padrão de uma distribuição de probabilidade são calculados a partir dos valores possíveis de X e suas probabilidades associadas $P(X)$,

$$\mu = \Sigma X P(X)$$
$$\sigma^2 = \Sigma (X - \mu)^2 P(X)$$
$$\sigma = \sqrt{\Sigma (X - \mu)^2 P(X)}$$

onde a soma se estende sobre os valores possíveis de X. Usando essas fórmulas, por exemplo, podemos determinar que a distribuição de probabilidade para uma série de homicídios solucionados (X) em um grupo de três casos tem a média, a variância e o desvio padrão a seguir:

$$\mu = \Sigma X P(X)$$
$$= 0(0{,}064) + 1(0{,}288) + 2(0{,}432) + 3(0{,}216)$$
$$= 0 + 0{,}288 + 0{,}864 + 0{,}648$$
$$= 1{,}8$$
$$\sigma^2 = \Sigma (X - \mu)^2 P(X)$$
$$= (0 - 1{,}8)^2(0{,}064) + (1 - 1{,}8)^2(0{,}288) + (2 - 1{,}8)^2(0{,}432) + (3 - 1{,}8)^2(0{,}216)$$
$$= (-1{,}8)^2(0{,}064) + (-0{,}8)^2(0{,}288) + (0{,}2)^2(0{,}432) + (1{,}2)^2(0{,}216)$$
$$= 3{,}24(0{,}064) + 0{,}64(0{,}288) + 0{,}04(0{,}432) + 1{,}44(0{,}216)$$
$$= 0{,}207 + 0{,}184 + 0{,}017 + 0{,}311$$
$$= 0{,}72$$
$$\sigma = \sqrt{\Sigma (X - \mu)^2 P(X)}$$
$$= \sqrt{0{,}72}$$
$$= 0{,}8485$$

Desse modo, apesar de que, para qualquer grupo de três homicídios, a polícia poderia solucionar $X = 0, 1, 2$ ou 3 deles, em longo prazo esperaríamos uma média de 1,8 casos solucionados para cada três homicídios, e um desvio padrão de aproximadamente 0,85.

A curva normal como uma distribuição de probabilidade

Anteriormente, vimos que as distribuições de frequência podem assumir uma série de formas. Algumas são perfeitamente simétricas ou sem nenhuma assimetria, outras são assimétricas, seja negativa ou positivamente, e outras, ainda, têm mais de um pico, e assim por diante. Isso também é verdade em casos de distribuições de probabilidade.

Dentro dessa grande diversidade, há uma distribuição de probabilidade com a qual muitos estudantes já estão familiarizados, nem que seja apenas por receberem notas "na curva". Essa distribuição, comumente conhecida como *curva normal*, é um modelo teórico ou ideal que foi obtido por meio de uma equação matemática, e não de pesquisa e coleta de dados. Entretanto, a utilidade da curva normal para o pesquisador pode ser vista em sua aplicação em situações reais de pesquisa.

Como veremos mais adiante, por exemplo, a curva normal pode ser usada para descrever distribuições de escores, interpretar o desvio padrão e fazer afirmações estatísticas. Em capítulos subsequentes, veremos que a curva normal é um ingrediente essencial da tomada de decisões estatísticas, por meio da qual o pesquisador generaliza seus resultados de amostras para populações. Antes de proceder para uma discussão de tomada de decisão, primeiro é necessário ter uma compreensão das propriedades da curva normal.

Características da curva normal

Como a curva normal pode ser caracterizada? Quais são as propriedades que a distinguem de outras distribuições? Como indica a Figura 5.2, a curva normal é um tipo de curva suave, simétrica, cujo formato lembra o de um sino, sendo, por isso, amplamente conhecida como curva em

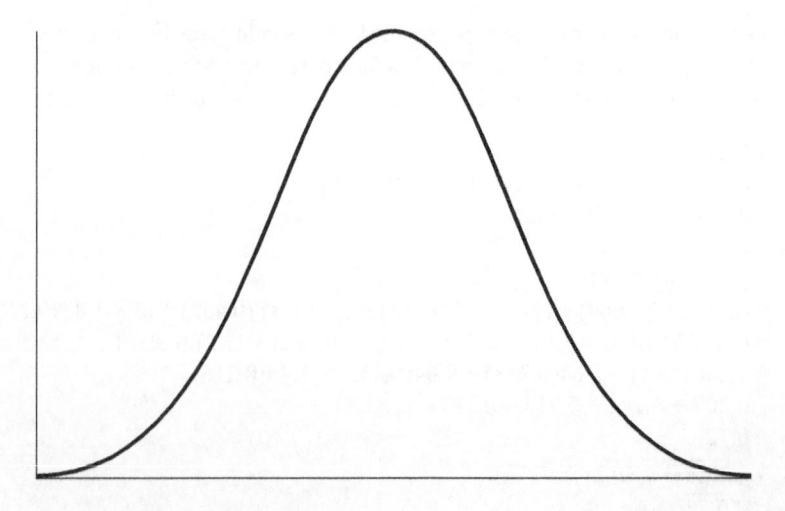

Figura 5.2 A forma da curva normal.

forma de sino. Talvez a característica mais extraordinária da curva normal seja a sua *simetria*: se dobrássemos a curva em seu ponto mais alto no centro, criaríamos duas metades iguais, imagens espelho uma da outra.

Além disso, a curva normal é unimodal, tendo apenas um pico ou ponto de máxima probabilidade — aquele ponto no meio da curva no qual a média, a mediana e a moda coincidem (o estudante pode se lembrar que a média, a mediana e a moda ocorrem em diferentes pontos em uma distribuição assimétrica; veja o Capítulo 3). Do pico central arredondado da distribuição normal, a curva cai gradualmente em ambas as extremidades, estendendo-se indefinidamente em qualquer direção e chegando cada vez mais perto da reta-base sem realmente tocá-la.

O modelo e a realidade da curva normal

Como ela é uma distribuição de probabilidade, a curva normal é um ideal teórico. Poderíamos então perguntar: até que ponto as distribuições de dados reais (i.e., os dados coletados por pesquisadores no curso da realização de uma pesquisa) lembram proximamente ou se aproximam da forma da curva normal? Para fins ilustrativos, imaginaremos que todos os fenômenos sociais, psicológicos e físicos são distribuídos normalmente. Como seria esse mundo hipotético?

Quanto às características humanas físicas, a maioria dos adultos tem entre 1,50 m a 1,80 m de altura, com muito poucas pessoas sendo ou muito baixas (com menos de 1,50 m) ou muito altas (com mais de 1,80 m). Como mostra a Figura 5.3, o QI seria igualmente previsível — a maior proporção de escores de QI estaria entre 85 e 115. Veríamos uma queda gradual de escores em ambas as extremidades com alguns poucos "gênios" com um QI maior que 145 e igualmente poucos com inferior a 55. Da mesma maneira, relativamente poucos indivíduos seriam considerados extremistas políticos, seja à direita ou à esquerda, enquanto a maioria seria considerada politicamente moderada ou estaria no meio do caminho. Por fim, mesmo o padrão de desgaste em vãos de portas lembraria a distribuição normal: a maior parte do desgaste ocorreria no centro do vão da porta, enquanto montantes gradualmente menores de desgaste ocorreriam em cada um dos lados.

Alguns leitores devem ter notado, a essa altura, que o mundo hipotético da curva normal não difere radicalmente do mundo real. Características como altura, QI, orientação política e desgaste em vãos de portas parecem, realmente, aproximar-se da distribuição normal teórica. Como muitos fenômenos possuem essa característica — porque ela ocorre com muita frequência na natureza (e

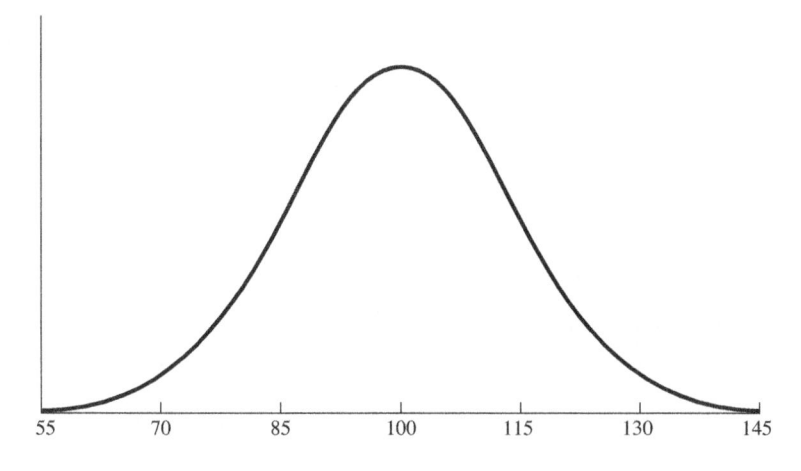

Figura 5.3 A distribuição do QI.

por outras razões que logo ficarão claras) —, pesquisadores em muitos campos têm usado amplamente a curva normal, aplicando-a aos dados que coletam e analisam.

Mas também deve ser observado que algumas variáveis nas ciências sociais, assim como em outros setores, simplesmente não se enquadram na noção teórica da distribuição normal. Muitas distribuições são assimétricas, outras têm mais de um pico, e algumas são simétricas, mas não têm forma de sino. Como um exemplo concreto, consideraremos a distribuição de riqueza pelo mundo. Todos sabem que existem muito mais "pobres" do que "ricos". Desse modo, como mostra a Figura 5.4, a distribuição de riqueza (como indica a renda *per capita*) é extremamente assimétrica, de modo que uma pequena proporção da população mundial recebe uma grande proporção da renda do mundo. Da mesma maneira, especialistas em demografia nos dizem que os Estados Unidos logo se tornarão uma terra de jovens e idosos. Do ponto de vista econômico, essa distribuição etária representa um fardo para uma força de trabalho relativamente pequena formada por cidadãos de meia idade que sustentam um número desproporcionalmente grande de dependentes aposentados e também em idade escolar.

Quando temos uma boa razão para esperar desvios radicais da normalidade, como nos casos de idade e renda, a curva normal não pode ser usada como modelo dos dados que obtivemos. Desse modo, ela não pode ser aplicada à vontade a todas as distribuições encontradas pelo pesquisador, mas deve ser usada com bastante critério. Felizmente, estatísticos sabem que muitos fenômenos de interesse para o pesquisador social assumem a forma da curva normal.

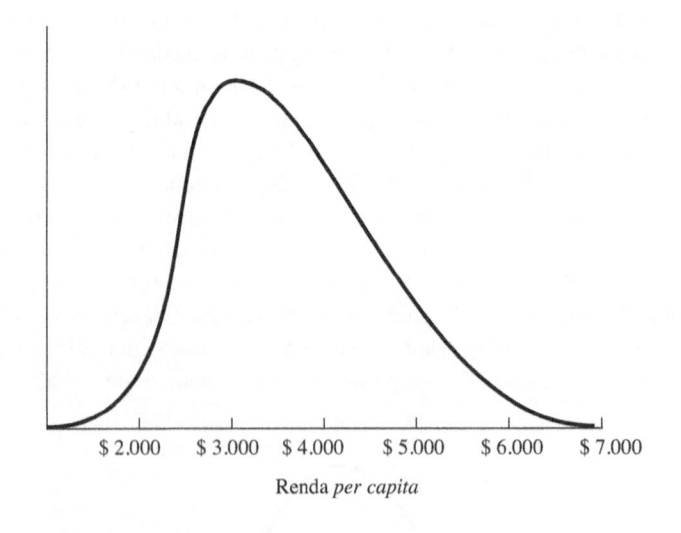

Figura 5.4 A distribuição da renda *per capita* entre as nações do mundo (em dólares norte-americanos).

A área sob a curva normal

É importante ter em mente que a curva normal é uma distribuição ideal ou teórica (isto é, uma distribuição de probabilidade). Portanto, denotamos sua média por μ e seu desvio padrão por σ. A média da distribuição normal está exatamente em seu centro (veja a Figura 5.5). O desvio padrão (σ) é a distância entre a média (μ) e o ponto na reta-base logo abaixo, onde a porção em forma de S invertido da curva muda de direção.

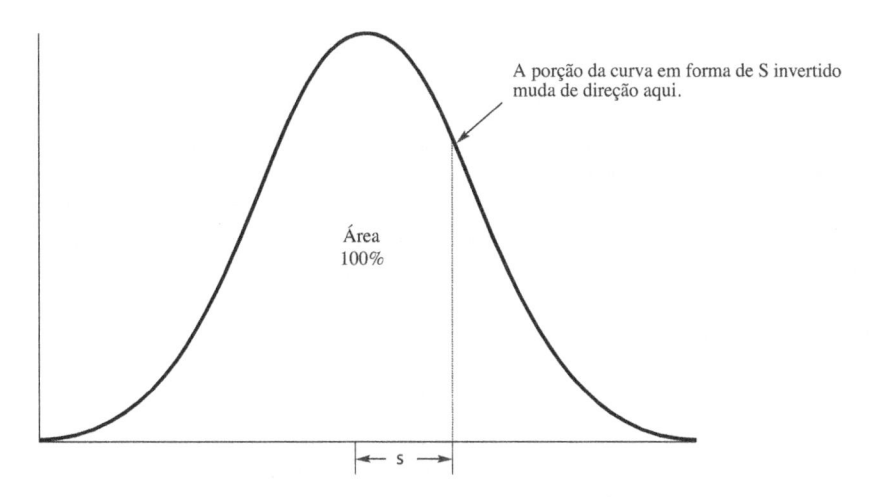

Figura 5.5 A área total sob a curva normal.

Para empregar a distribuição normal na solução de problemas, temos de nos familiarizar com a área sob a curva normal: a área que se encontra entre a curva e a reta-base contendo 100% ou todos os casos em qualquer distribuição normal dada. A Figura 5.5 mostra essa característica.

Poderíamos delimitar uma porção dessa área total traçando linhas a partir de dois pontos quaisquer, da linha de base até a curva. Por exemplo, usando a média como um ponto de partida, poderíamos traçar uma linha na média (μ) e outra linha no ponto que é 1σ (1 desvio padrão de distância) acima da média. Como ilustra a Figura 5.6, essa porção delimitada da curva normal inclui 34,13% da frequência total.

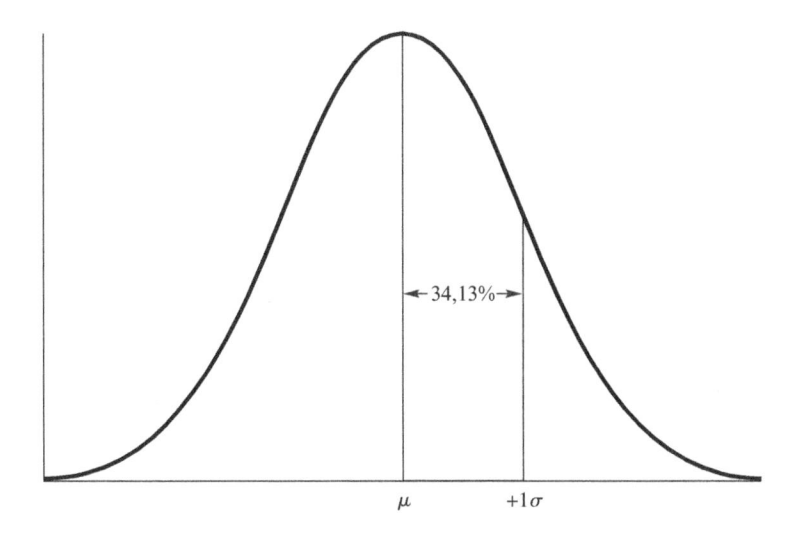

Figura 5.6 A porcentagem da área total sob a curva normal entre μ e o ponto 1σ acima de μ.

Da mesma maneira, podemos dizer que 47,72% dos casos sob a curva normal encontram-se entre a média e 2σ acima da média, e que 49,87% encontram-se entre a média e 3σ acima da média (veja a Figura 5.7).

Como veremos, uma proporção constante da área total sob a curva normal se encontrará entre a média e qualquer distância dada da média como medida em unidades σ sigma. Isso é verdade independentemente da média e do desvio padrão da distribuição em particular, e aplica-se universalmente a todos os dados que são distribuídos normalmente. Desse modo, a área sob a curva normal entre a média e o ponto 1σ acima da média *sempre* inclui 34,13% do total de casos, não importando se discutimos distribuição de altura, inteligência, orientação política ou o padrão de desgaste em um vão de porta. A exigência básica, em cada caso, é a de que estejamos trabalhando com uma distribuição *normal* de escores.

A natureza simétrica da curva normal nos leva a ressaltar outro ponto importante: qualquer distância sigma acima da média contém a proporção idêntica de casos que a mesma distância sigma abaixo da média. Desse modo, se 34,13% da área total se encontram entre a média e 1σ *acima* da média, então 34,13% da área total se encontram entre a média e 1σ *abaixo* da média; se 47,72% se encontram entre a média e 2σ *acima* da média, então 47,72% estão entre a média e 2σ *abaixo* da média; se 49,87% estão entre a média e 3σ *acima* da média, então 49,87% também estão entre a média e 3σ *abaixo* da média. Em outras palavras, como ilustra a Figura 5.8, 68,26% da área total da curva normal (34,13% + 34,13%) situam-se entre -1σ e $+1\sigma$ da média; 95,44% da área (47,72% + 47,72%) estão entre -2σ e $+2\sigma$ da média; 99,74%, ou quase todos os casos (49,87% + 49,87%), estão entre -3σ e $+3\sigma$ da média. Podemos dizer, então, que seis desvios padrão incluem praticamente todos os casos (mais de 99%) sob qualquer distribuição normal.

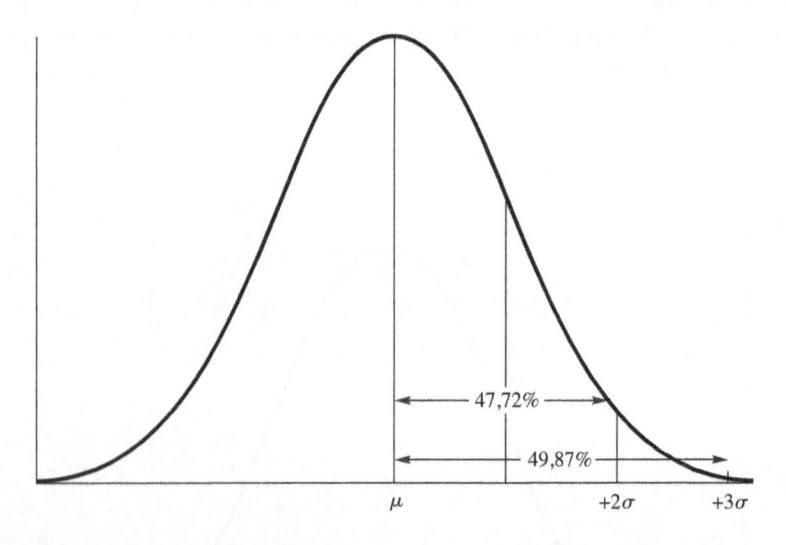

Figura 5.7 A porcentagem da área total sob a curva normal entre μ e os pontos que estão 2σ e 3σ de μ.

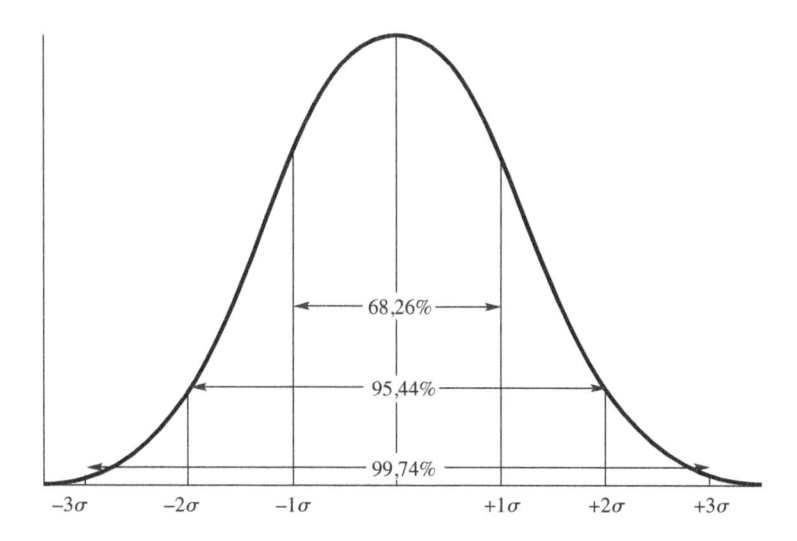

Figura 5.8 A porcentagem da área total sob a curva normal entre −1σ e +1σ, −2σ e +2σ, e −3σ e +3σ.

Explicação do desvio padrão

Uma função importante da curva normal é ajudar a interpretar e esclarecer o significado do desvio padrão. Para compreender como essa função é posta em prática, examinaremos o que alguns pesquisadores nos dizem a respeito de diferenças de gênero em termos de QI. Apesar das pretensões de defensores da supremacia do sexo masculino, há provas de que ambos, homens e mulheres, têm escores de QI médios de aproximadamente 100. Também devemos dizer que esses escores de QI diferem notadamente em termos de variabilidade em torno da média. Em particular, suponhamos que QIs de indivíduos do sexo masculino tenham uma *heterogeneidade* maior do que os QIs de indivíduos do sexo feminino; isto é, a distribuição de QIs para indivíduos do sexo masculino contém uma porcentagem muito maior de escores extremos representando indivíduos muito inteligentes, assim como outros muito limitados, enquanto a distribuição de QIs de indivíduos do sexo feminino tem uma porcentagem maior de escores localizados próximos da média, o ponto de máxima frequência no centro.

Como o desvio padrão é uma medida de variação, essas diferenças de gênero na variabilidade devem ser refletidas no valor sigma de cada distribuição de escores de QIs. Desse modo, poderíamos descobrir que o desvio padrão é 15 para QIs de indivíduos do sexo masculino, mas apenas 10 para QIs de indivíduos do sexo feminino. Sabendo qual é o desvio padrão de cada conjunto de escores de QIs e presumindo que cada conjunto seja distribuído normalmente, poderíamos, então, estimar e comparar a porcentagem de homens e mulheres que tenham qualquer variação dada de escores de QI.

Por exemplo, medindo a reta-base da distribuição de QIs de indivíduos do sexo masculino em unidades de desvio padrão, saberíamos que 68,26% desses escores estão entre −1σ e +1σ da média. Como o desvio padrão é sempre dado em unidades de escore bruto e σ = 15, também saberíamos que esses são pontos na distribuição nos quais escores de QIs de 115 e 85 estão localizados ($\mu - \sigma = 100 - 15 = 85$ e $\mu + \sigma = 100 + 15 = 115$). Desse modo, 68,26% dos homens teriam escores de QIs entre 85 e 115.

Afastando-se da média e mais longe ainda desses pontos, descobrimos, como ilustra a Figura 5.9, que 99,74%, ou seja, praticamente todos os homens têm escores de QIs entre 55 e 145 (entre −3σ e +3σ).

Da mesma maneira, olhando em seguida a distribuição de escores de QIs de indivíduos do sexo feminino como os descritos na Figura 5.10, vemos que 99,74% dos casos estariam entre

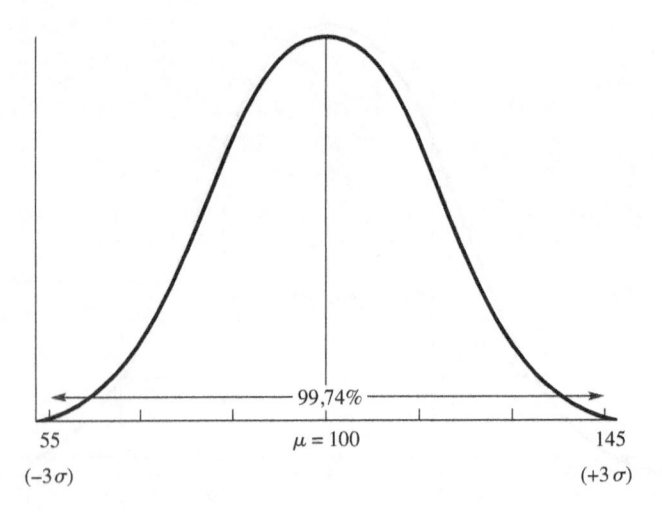

Figura 5.9 Distribuição de escores de QIs de indivíduos do sexo masculino.

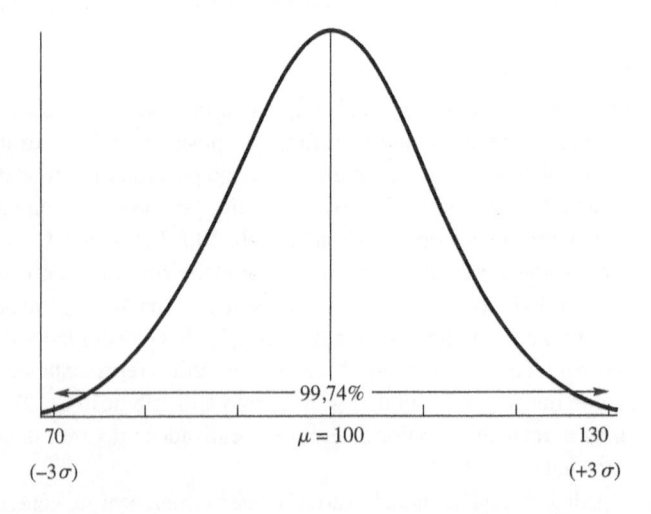

Figura 5.10 Distribuição de escores de QIs de indivíduos do sexo feminino.

os escores de 70 e 130 (entre -3σ e $+3\sigma$). Em comparação com os homens, então, a distribuição de escores de QIs de mulheres poderia ser considerada relativamente homogênea, tendo um âmbito menor de escores extremos em qualquer direção. Essa diferença é refletida no tamanho comparativo de cada desvio padrão e no âmbito de escores de QIs com valores entre -3σ e $+3\sigma$ da média.

Uso da tabela A

Ao discutir a distribuição normal, até o momento tratamos somente daquelas distâncias da média que são múltiplos exatos do desvio padrão. Isto é, eles foram precisamente um, dois ou três desvios padrão, acima ou abaixo da média. Surge então a seguinte questão: o que devemos fazer para determinar a porcentagem de casos para distâncias que se encontram entre quaisquer dois valores de escores? Por exemplo, suponha que queiramos determinar a porcentagem da área total entre a média e, digamos, um escore bruto localizado $1,40\sigma$ acima da média. Como mostra a Figura 5.11,

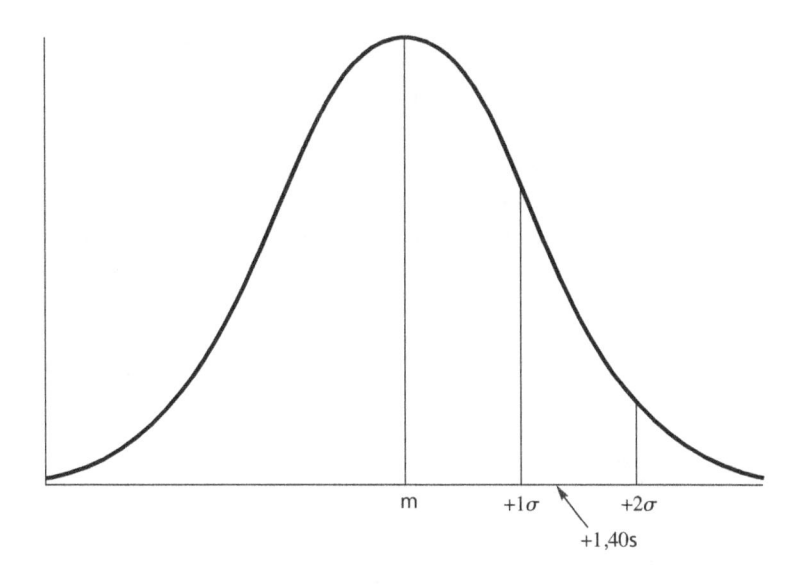

Figura 5.11 Posição de um escore bruto que se encontra 1,40σ acima de μ.

um escore bruto de 1,40σ acima da média é obviamente maior do que 1σ, estando, porém, a menos de 2σ de distância da média. Desse modo, sabemos que essa distância da média incluiria mais do que 34,13%, mas menos do que 47,72% da área total sob a curva normal.

Para determinar a porcentagem exata dentro desse intervalo, temos de empregar a Tabela A do Apêndice B. Isso mostra a porcentagem abaixo da curva normal (1) entre a média e várias distâncias sigma a contar da média (na coluna b) e (2) em vários escores (ou além deles) em direção a ambas as extremidades da distribuição (na coluna c). Essas distâncias sigma (de 0,00 a 4,00) são chamadas de z na coluna da esquerda (coluna a) da Tabela A, e são apresentadas com duas casas decimais.

Observe que a simetria da curva normal torna possível dar porcentagens para somente um lado da média, isto é, apenas metade da curva (50%). Valores na Tabela A representam qualquer um dos lados. A seguir, uma porção da Tabela A:

(a) z	(b) Área entre a média e z	(c) Área além de z
0,00	0,00	50,00
0,01	0,40	49,60
0,02	0,80	49,20
0,03	1,20	48,80
0,04	1,60	48,40
0,05	1,99	48,01
0,06	2,39	47,61
0,07	2,79	47,21
0,08	3,19	46,81
0,09	3,59	46,41

Ao aprender a usar e compreender a Tabela A, poderíamos primeiro tentar localizar a porcentagem de casos entre uma distância sigma de 1,00 e a média (isso porque já sabemos que 34,13% da área total se situa entre esses pontos na reta-base). Observando a coluna (b) da Tabela A, vemos que ela realmente indica que exatamente 34,13% da frequência total se enquadra entre a média e uma distância sigma de 1,00. Da mesma maneira, vemos que a área entre a média e a distância sigma 2,00 inclui exatamente 47,72% da área total sob a curva.

Mas como descobrir a porcentagem de casos entre a média e uma distância sigma de 1,40? Esse foi o problema na Figura 5.11, que requeria o uso da tabela em primeiro lugar. A entrada na coluna (b) correspondendo a uma distância sigma de 1,40 inclui 41,92% da área total sob a curva. Por fim, como determinar a porcentagem de casos além de 1,40 desvios padrão da média? Sem uma tabela para nos ajudar, podemos localizar a porcentagem nessa área sob a curva normal simplesmente subtraindo nossa resposta anterior de 50%, pois essa é a área total encontrada em qualquer um dos lados da média. Entretanto, isso já foi feito na coluna (c) da Tabela A, na qual vemos que exatamente 8,08% (50 − 41,92 = 8,08) dos casos estão nesse valor ou acima dele, isto é, 1,40 desvio padrão da média.

Escores padrão e a curva normal

Agora estamos preparados para calcular a porcentagem da área total sob a curva normal associada com qualquer distância sigma da média. Entretanto, pelo menos mais uma questão importante tem de ser respondida: como determinamos a distância sigma de qualquer escore bruto dado? Isto é, como convertemos nosso escore bruto — o escore que coletamos originalmente de nossos entrevistados — em unidades de desvio padrão? Se quiséssemos converter pés em jardas, simplesmente dividiríamos o número de pés por 3, pois há 3 pés em uma jarda. Da mesma maneira, se estivéssemos convertendo minutos em horas, dividiríamos o número de minutos por 60, pois há 60 minutos em cada hora. Precisamente do mesmo modo, podemos converter qualquer escore bruto dado em unidades sigma dividindo a distância do escore bruto da média pelo desvio padrão. Para ilustrar essa questão, imaginemos um escore bruto de 16 de uma distribuição na qual μ seja 13 e σ seja 2. Tirando a diferença entre o escore bruto e a média, e obtendo um desvio (16 − 13), vemos que um escore bruto de 16 é igual a 3 unidades de escore bruto acima da média. Dividindo essa distância de escore bruto por $\sigma = 2$, vemos que esse escore bruto é 1,5 (um e meio) desvio padrão acima da média. Em outras palavras, a distância sigma de um escore bruto de 16, *nessa distribuição em particular,* é de 1,5 desvios padrão acima da média. Devemos observar que independente da situação de medida, sempre há 3 pés em uma jarda e 60 minutos em uma hora. A constância que marca essas outras medidas padrão não é compartilhada pelo desvio padrão. Ela muda de uma distribuição para outra. Por essa razão, temos de saber o desvio padrão de uma distribuição, calculando-o, estimando-o ou recebendo-o de alguém antes que sejamos capazes de converter qualquer escore bruto em particular em unidades de desvio padrão.

O processo que exemplificamos há pouco — de encontrar a distância sigma da média — produz um valor chamado de *escore z* ou *escore padrão*, que indica *a direção e o grau em que qualquer escore bruto dado se afasta da média de uma distribuição em uma escala de unidades sigma* (observe que a coluna da esquerda da Tabela A no Apêndice B é chamada de *z*). Desse modo, um escore *z* de +1,4 indica que o escore bruto encontra-se 1,4σ (ou quase $1\frac{1}{2}\sigma$) *acima* da média, enquanto um escore *z* de −2,1 significa que o escore bruto cai ligeiramente mais do que 2σ *abaixo* da média (veja a Figura 5.12).

Obtemos um escore *z* por meio do cálculo do desvio $(X - \mu)$, o que dá a distância do escore bruto da média, e então dividindo esse desvio bruto pelo desvio padrão.

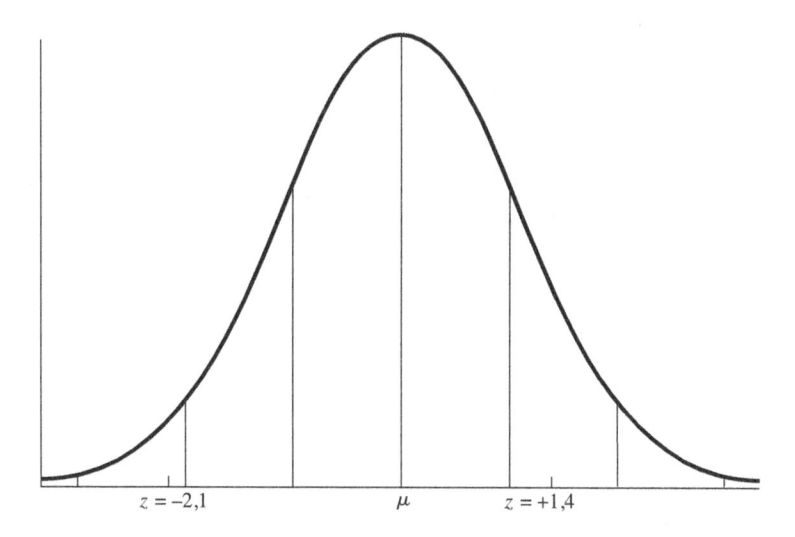

Figura 5.12 A posição de z = –2,1 e z = +1,4 em uma distribuição normal.

Fazendo o cálculo por meio da fórmula:

$$z = \frac{X - \mu}{\sigma}$$

onde μ = média de uma distribuição
σ = desvio padrão de uma distribuição
z = escore padrão

Como exemplo, suponha que estejamos estudando a distribuição de renda anual de enfermeiros domésticos em uma grande agência na qual a renda anual seja de $ 20.000 e o desvio padrão, de $ 1.500. Presumindo que a distribuição da renda anual seja normal, podemos converter o escore bruto dessa distribuição, $ 22.000, em um escore padrão da seguinte maneira:

$$z = \frac{22.000 - 20.000}{1.500} = +1,33$$

Desse modo, uma renda anual de $ 22.000 está 1,33 desvios padrão acima da renda anual média de $ 20.000 (veja a Figura 5.13).

Como outro exemplo, suponha que estejamos trabalhando com uma distribuição normal de escores que represente a satisfação no emprego de um grupo de trabalhadores urbanos. A escala varia de 0 a 20, com escores mais altos representando uma satisfação maior com o emprego.

Digamos que a distribuição tenha uma média de 10 e um desvio padrão de 3. Para determinar a quantos desvios padrão um escore de 3 encontra-se da média de 10, obtemos a diferença entre esse escore e a média, isto é,

$$X - \mu = 3 - 10$$
$$= -7$$

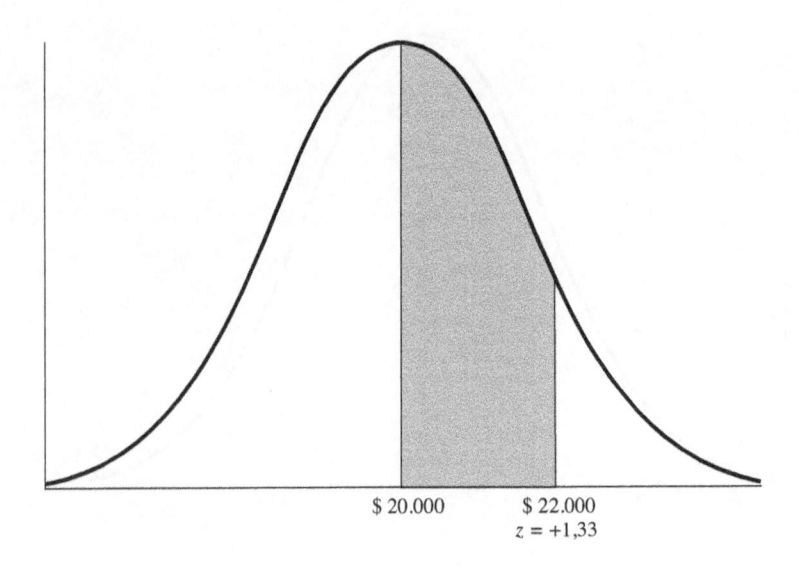

Figura 5.13 A posição de z = +1,33 para o escore bruto de $ 22.000.

Então dividimos o resultado pelo desvio padrão:

$$z = \frac{X - \mu}{\sigma}$$
$$= \frac{-7}{3}$$
$$= -2,33$$

Desse modo, como mostra a Figura 5.14, um escore bruto de 3 nessa distribuição de escores cai 2,33 desvios padrão abaixo da média.

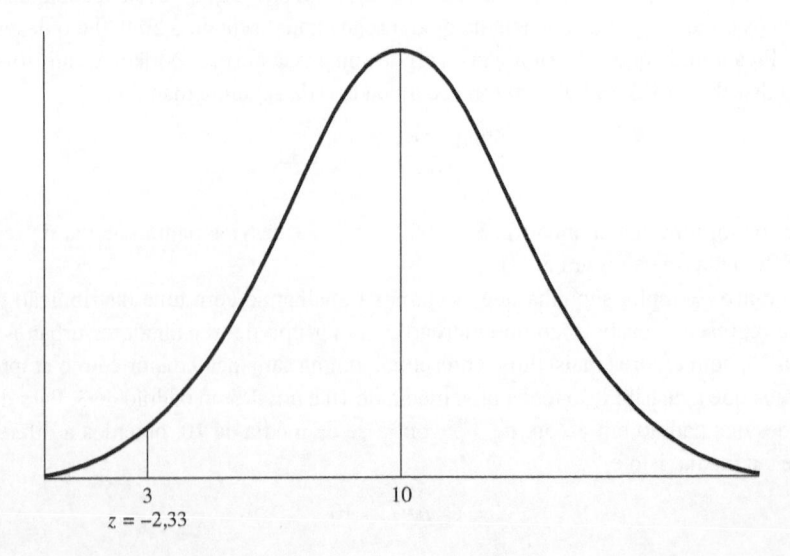

Figura 5.14 A posição de z = −2,33 para o escore bruto de 3.

Cálculo da probabilidade sob a curva normal

Como veremos a seguir, a curva normal pode ser usada em conjunção com os escores z e a Tabela A para determinar a probabilidade de se obter qualquer escore bruto em uma distribuição. No contexto atual, a curva normal é uma distribuição na qual é possível determinar as probabilidades associadas com vários pontos ao longo da reta-base. Como foi observado anteriormente, a curva normal é uma *distribuição de probabilidade* na qual a área total sob a curva é igual a 100%; ela contém uma área central cercando a média, onde escores ocorrem mais frequentemente, e áreas menores na direção de cada extremidade, onde há um achatamento gradual e, desse modo, uma proporção menor de escores extremamente altos e baixos. Em termos de probabilidade, então, podemos dizer que a probabilidade diminui à medida que nos deslocamos ao longo da linha de base para longe da média em qualquer direção. Desse modo, dizer que 68,26% da frequência total sob a curva normal situa-se entre -1σ e $+1\sigma$ da média é dizer que a probabilidade de que qualquer escore bruto dado esteja dentro desse intervalo é de aproximadamente 68 em 100. Similarmente, dizer que 95,44% da frequência total sob a curva normal cai entre -2σ e $+2\sigma$ da média é também dizer que a probabilidade de que qualquer escore bruto esteja dentro desse intervalo é de aproximadamente 95 em 100, e assim por diante.

Esse é precisamente o mesmo conceito da probabilidade ou *frequência relativa* que vemos em ação ao lançarmos um par de moedas. Observe, entretanto, que as probabilidades associadas com áreas sob a curva normal são sempre dadas em relação a 100%, que é a área total sob a curva (por exemplo, 68 em 100, 95 em 100, 99 em 100).

No exemplo do Quadro 5.2, foi pedido que determinássemos a probabilidade associada com a distância entre a média e uma distância sigma em relação a ela. Entretanto, é possível que muitas

QUADRO 5.2 Exemplo passo a passo: probabilidade sob a curva normal

Para aplicar o conceito de probabilidade em relação à distribuição normal, retornaremos a um exemplo anterior. Foi pedida a conversão de um escore bruto da distribuição do salário anual de uma agência de enfermeiros em seu equivalente de escore z que, presumimos, se aproximava de uma curva normal. Essa distribuição de renda tinha uma média de $ 20.000 com um desvio padrão de $ 1.500.

Aplicando a fórmula do escore z, aprendemos anteriormente que uma renda anual de $ 22.000 estava $1,33\sigma$ acima da média de $ 20.000, isto é,

$$z = \frac{22.000 - 20.000}{1.500} = +1,33$$

Determinaremos agora a probabilidade de obtermos um escore que se encontre entre $ 20.000, a média, e $ 22.000. Em outras palavras, qual é a probabilidade de escolhermos aleatoriamente, em apenas uma tentativa, um enfermeiro cuja renda anual esteja entre $ 20.000 e $ 22.000? O problema está graficamente ilustrado na Figura 5.15 (estamos fazendo o cálculo para a área sombreada sob a curva), e pode ser solucionado em dois passos se usarmos a fórmula do escore z e a Tabela A do Apêndice B.

Passo 1 Converta o escore bruto ($ 22.000) em um escore z.

$$z = \frac{X - \mu}{\sigma}$$

$$= \frac{22.000 - 20.000}{1.500}$$

$$= +1,33$$

Desse modo, o escore bruto de $ 22.000 está localizado $1,33\sigma$ acima da média.

Passo 2 Usando a Tabela A, calcule a porcentagem da área total sob a curva entre o escore z (z = +1,33) e a média.

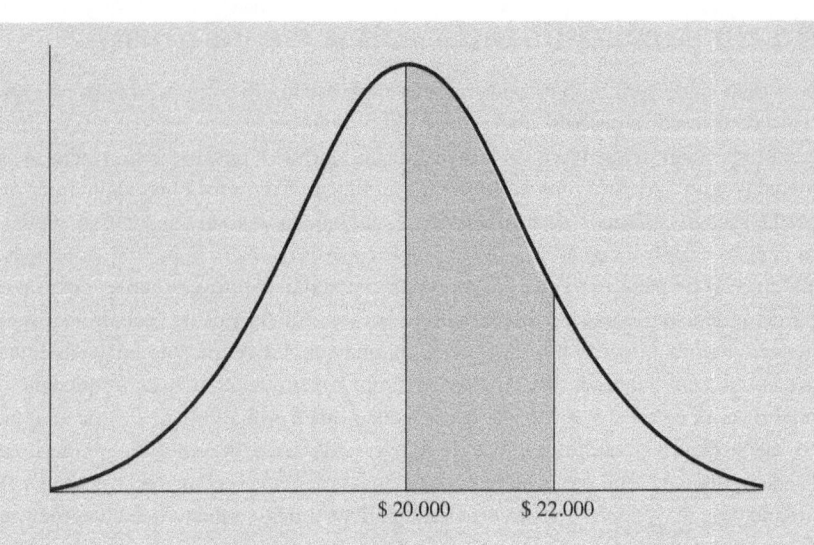

Figura 5.15 A porção da área sob a curva normal para a qual buscamos determinar a probabilidade de ocorrência.

Na coluna (b) da Tabela A, descobrimos que 40,82% dos enfermeiros ganham entre $ 20.000 e $ 22.000 (veja a Figura 5.16). Desse modo, movendo a vírgula decimal duas posições para a esquerda, vemos que a probabilidade (arredondada) é de 41 em 100. Mais precisamente, $P = 0{,}4082$ é a probabilidade de encontrarmos um indivíduo cuja renda anual esteja entre $ 20.000 e $ 22.000.

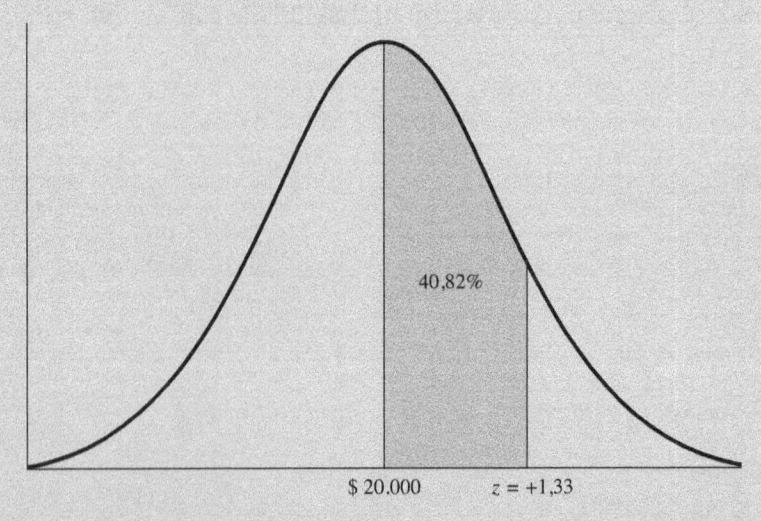

Figura 5.16 A porcentagem da área total sob a curva normal entre μ = $ 20.000 e z = +1,33.

vezes queiramos calcular a porcentagem da área que está em ou *além de* um determinado escore bruto em direção a uma das caudas da distribuição, ou então determinar a probabilidade de obter esses escores. Por exemplo, no caso presente, poderíamos querer saber a probabilidade de obter uma renda anual de $ 22.000 ou *maior*.

Esse problema pode ser ilustrado graficamente, como mostra a Figura 5.17 (o cálculo é feito para a área sombreada sob a curva). Nesse caso seguiríamos os passos 1 e 2, desse modo obtendo o escore z e calculando a porcentagem sob a curva normal entre $ 20.000 e um $z = 1,33$ (da Tabela A). No caso presente, entretanto, temos de dar um passo além e *subtrair* a porcentagem obtida na Tabela A de 50% — aquela porcentagem da área total que se encontra em qualquer um dos lados da média. Felizmente, isso já foi feito na coluna (c) da Tabela A.

Portanto, ao subtrairmos 40,82% de 50% ou simplesmente verificando a coluna (c) da Tabela A, descobrimos que um pouco mais do que 9% (9,18%) situa-se *em* $ 22.000 ou *além* desse valor. Em termos de probabilidade, podemos dizer (movendo a vírgula duas posições para a esquerda) que há apenas um pouco mais do que 9 chances em 100 ($P = 0,0918$) de encontrarmos um enfermeiro nessa agência cuja renda seja $ 20.000 ou mais.

Foi observado anteriormente que qualquer distância sigma dada acima da média contém a proporção idêntica de casos que a mesma distância sigma abaixo da média. Por essa razão, nosso procedimento para calcular probabilidades associadas com pontos abaixo da média é idêntico àquele seguido nos exemplos anteriores.

Por exemplo, a porcentagem da área total entre o escore $z = -1,33$ ($ 18.000) e a média é idêntica à porcentagem entre o escore $z = +1,33$ ($ 22.000) e a média. Sabemos, portanto, que existe uma maneira, a porcentagem da frequência total em $-1,33$ ou aquém desse valor ($ 18.000 ou menos) é igual à porcentagem de frequência total em $+1,33$ ou além desse valor ($ 22.000 ou mais). Desse modo, há uma probabilidade $P = 0,0918$ de encontrarmos um enfermeiro da agência com uma renda anual de $ 18.000 ou menos.

Podemos usar a Tabela A para encontrar a probabilidade de obtermos mais de uma única porção da área sob a curva normal. Por exemplo, já determinamos que $P = 0,09$ para rendas de $ 18.000 ou menos e para rendas de $ 22.000 ou mais. Para calcular a probabilidade de obtermos $ 18.000 ou menos *ou* $ 22.000 ou mais, simplesmente somamos suas probabilidades separadamente como a seguir:

$$P = 0,0918 + 0,0918 = 0,1836$$

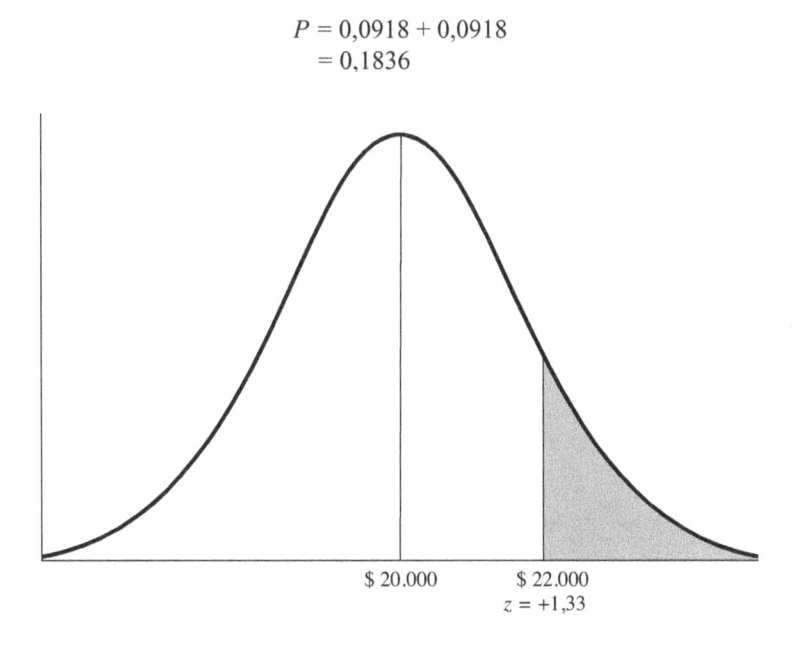

Figura 5.17 A porção da área total sob a curva normal para a qual buscamos determinar a probabilidade de ocorrência.

De maneira similar, podemos calcular a probabilidade de encontrarmos um enfermeiro cuja renda esteja entre $ 18.000 e $ 22.000 somando as probabilidades associadas com escores z de 1,33 de qualquer um dos lados da média. Portanto,

$$P = 0{,}4082 + 0{,}4082$$
$$= 0{,}8164$$

Observe que 0,8164 + 0,1836 é igual a 1,00, e representa todos os resultados possíveis sob a curva normal.

A aplicação da regra de multiplicação à curva normal pode ser ilustrada por meio do cálculo da probabilidade de encontrarmos quatro enfermeiros cujas rendas sejam $ 22.000 ou maiores. Já sabemos que existe uma probabilidade $P = 0{,}0918$ de achar um único enfermeiro com renda de, no mínimo, $ 22.000. Portanto,

$$P = (0{,}0918)(0{,}0918)(0{,}0918)(0{,}0918)$$
$$= (0{,}0918)^4$$
$$= 0{,}00007$$

Aplicando a regra da multiplicação, vemos que a probabilidade de encontrarmos quatro enfermeiros de maneira aleatória com renda de $ 22.000 ou mais é de apenas 7 em 100.000.

Cálculo de escores de probabilidade baseados na curva normal

Na seção anterior, usamos nosso conhecimento a respeito da média e do desvio padrão sobre uma variável distribuída normalmente (como os salários iniciais de enfermeiros) para determinar áreas em particular sob a curva normal. As porções da área foram usadas, por sua vez, para calcular várias porcentagens ou probabilidades a respeito da distribuição, como determinar a porcentagem de enfermeiros que ganham um salário de mais de $ 22.000.

O processo de usar a Tabela A para converter escores z em porções da área total pode ser invertido para calcular valores de escores de porções de certas áreas ou porcentagens. Sabemos, sem termos de consultar a Tabela A, que o salário acima do qual 50% dos enfermeiros ganha é de $ 20.000. Devido à simetria de forma, o salário mediano que divide a distribuição na metade é o mesmo que a média. Mas e se quiséssemos saber o nível de salário que define os 10% de enfermeiros mais bem pagos, i.e., a porção sombreada na Figura 5.18?

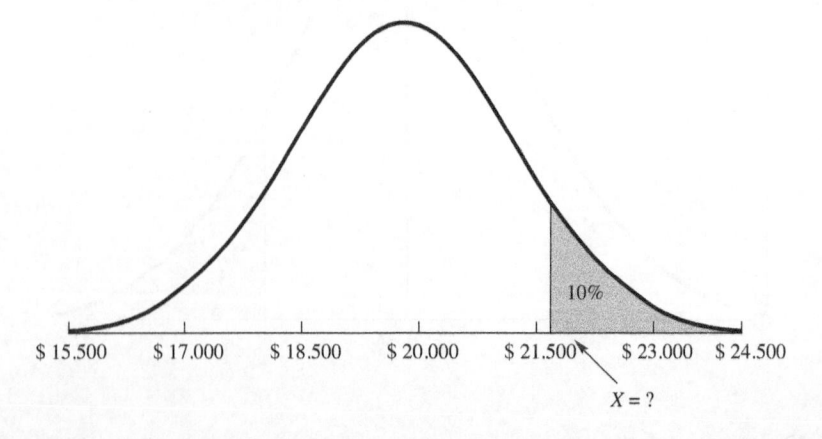

Figura 5.18 Cálculo do salário acima do qual 10% dos enfermeiros domésticos são pagos.

QUADRO 5.3 Exemplo passo a passo: cálculo de escores de probabilidade baseados na curva normal

Suponha que certa empresa de ambulâncias tenha dados que demonstrem que o tempo de resposta do número de emergência, do recebimento da chamada até a chegada da ambulância, é normalmente distribuído com uma média de 5,6 min e um desvio padrão de 1,8. Quanto tempo é necessário para três quartos (75%) de todas as chamadas serem atendidas, isto é, o valor abaixo do qual 75% dos tempos de resposta caem?

Passo 1 Localize na Tabela A o escore z que corta a área mais próxima a 75% abaixo dele. Como mostra a Figura 5.19, a porção da área que representa 75% dos tempos de resposta tem 25% da área entre a média e o escore z. Examinando atentamente a coluna (b) da Tabela A para uma área próxima de 25, observa-se que $z = 0,67$ corta 24,86 da área total.

Passo 2 Converta o valor z para seu equivalente de escore bruto.

$$X = \mu + z\sigma$$
$$= 5,6 + 0,67(1,8)$$
$$= 5,6 + 1,2$$
$$= 6,8$$

Desse modo, podemos dizer que em torno de três quartos das chamadas para a assistência médica são atendidos dentro de 6,8 min. Por outro lado, um quarto das chamadas exige mais de 6,8 min.

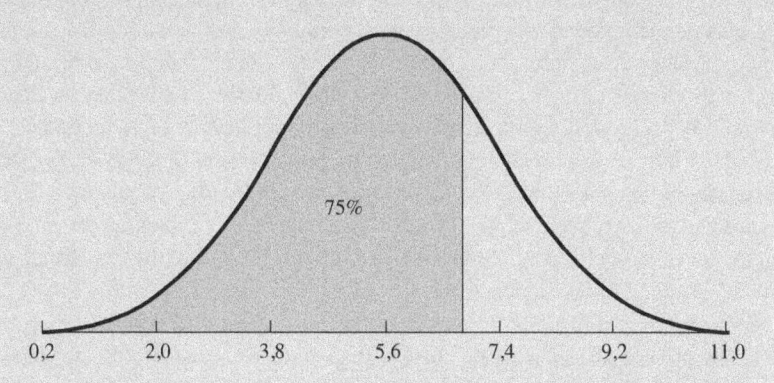

Figura 5.19 Cálculo do valor abaixo do qual 75% dos tempos de resposta caem.

O limiar para os 10% acima pode ser determinado por meio de uma consulta à Tabela A de uma porção em particular da área (como a extremidade de 10% mais alta) para determinar os valores de escores z e então converter aquele escore z em seu equivalente de escore bruto (salário). Especificamente, examinamos atentamente a coluna (c) para localizar a área além (nesse caso, acima) de z que está mais próxima dos 10%. Aparentemente, 10,03% cai para além de um escore z de 1,28. Podemos usar então uma forma modificada da fórmula usual do escore z para calcular X dado um valor em particular de z.

$$X = \mu + z\sigma$$

Para calcular o limiar de 10% acima com μ = $ 20.000 e σ = $ 1.500, e como descobrimos na Tabela A, z = 1,28,

$$X = 20.000 + 1,28(1.500)$$
$$= 20.000 + 1.920$$
$$= 21.920$$

Desse modo, com base na forma normal da distribuição de salários de enfermeiros com uma média de $ 20.000 e um desvio padrão de $ 1.500, podemos determinar que os 10% que ganham mais têm salários acima de $ 21.920.

Resumo

Neste capítulo, introduzimos o conceito da probabilidade — a probabilidade relativa da ocorrência de qualquer resultado ou evento dado — como a fundação para a tomada de decisão em estatística. Indicado pelo número de vezes que um evento pode ocorrer em relação ao número total de vezes que qualquer evento pode ocorrer, probabilidades variam de 0 (um evento impossível) a 1 (uma certeza). Probabilidades podem ser somadas como na regra da soma, de maneira a estabelecer a probabilidade de obter qualquer um de diversos resultados diferentes; elas também podem ser multiplicadas, como na regra da multiplicação, para determinar a probabilidade de se obter uma combinação de resultados independentes. Como vimos nos capítulos anteriores, uma distribuição de frequência é baseada em observações concretas do mundo real. Por outro lado, uma distribuição de probabilidade é teórica ou ideal; ela especifica quais deveriam ser as porcentagens em um mundo perfeito. Desse modo, especificamos os valores possíveis de uma variável e calculamos as probabilidades associadas com cada uma. De maneira análoga às porcentagens em uma distribuição de frequência, as probabilidades que obtemos em uma distribuição de probabilidade representam a probabilidade (em vez da frequência de ocorrência) de cada valor.

O modelo teórico conhecido como curva normal é uma distribuição de probabilidade particularmente útil em situações de pesquisa real. Conhecida por sua forma de sino simétrica, a curva normal pode ser usada para descrever distribuições de escores, interpretar o desvio padrão e fazer declarações de probabilidade. Em conjunção com os escores padrão, podemos determinar a porcentagem da área total sob a curva normal associada com qualquer distância sigma dada em relação à média e a probabilidade de obter qualquer escore bruto em uma distribuição. Em capítulos subsequentes, veremos que a curva normal é um ingrediente essencial da tomada de decisão estatística.

Termos-chave

Área sob a curva normal
Curva normal
Escore z (escore padrão)
Probabilidade
Regra complementar

Regra da multiplicação
Regra da soma
Resultados independentes
Resultados mutuamente exclusivos

Exercícios

1. A probabilidade relativa de ocorrência de qualquer evento dado é conhecida como o(a) _____ do evento.
   a. desvio padrão.
   b. área sob a curva normal.
   c. probabilidade.
   d. todos os itens anteriores.

2. A probabilidade varia de:
   a. zero ao infinito.
   b. zero a 1,0.
   c. 1,0 a 100,0.
   d. −1,0 a +1,0.

3. Um investigador criminal trabalha para levar à justiça dois assassinos em série — um que ataca prostitutas e outro que ataca estudantes universitárias. A partir de experiências anteriores, o investigador é levado a acreditar que tem uma chance de 0,50 de prender o assassino de prostitutas e uma chance de 0,65 de prender o assassino de estudantes. Para calcular a probabilidade de que ele vá capturar ambos os assassinos, você tem de _____ as probabilidades.
   a. somar
   b. subtrair
   c. multiplicar
   d. dividir

4. Uma distribuição de probabilidade é baseada:
   a. em observações reais.
   b. na teoria da probabilidade.
   c. na regra da soma.
   d. na regra da multiplicação.

5. Qual dos itens a seguir *não* descreve uma curva normal?
   a. Ela é assimétrica.
   b. Ela é uma distribuição de probabilidade.
   c. Sua área total contém 100% de todos os casos.
   d. A moda, a mediana e a média são idênticas.

6. Um(a) _____ indica até que ponto um escore bruto individual cai da média de uma distribuição; o(a) _____ indica como os escores em geral se dispersam em torno da média.
   a. desvio padrão; escore z.
   b. escore z; desvio padrão.
   c. probabilidade; escore z.
   d. desvio padrão; probabilidade.

7. A equação $z = -1,33$ indica que um escore bruto em particular encontra-se:
   a. 1,33 desvio padrão abaixo da média.
   b. 1,33% abaixo da média.
   c. 1,33 posição percentil abaixo da média.
   d. 1,33 escore z abaixo do desvio padrão.

8. A equação $P = 0,33$ para obter uma renda entre \$ 40.000 e \$ 50.000 representa:
   a. uma porcentagem.
   b. uma probabilidade expressa como uma proporção.
   c. uma frequência de ocorrência.
   d. um escore z.

9. Os estudantes a seguir estão matriculados em um curso de Introdução à Sociologia. Eles estão listados de acordo com o ano que cursam e com a especialização que buscam.

Estudante	Ano	Especialização em sociologia
1	Segundo ano	Sim
2	Último ano	Não
3	Terceiro ano	Sim
4	Primeiro ano	Não
5	Primeiro ano	Sim
6	Segundo ano	Sim
7	Segundo ano	Sim
8	Terceiro ano	Não
9	Segundo ano	Sim
10	Segundo ano	Não

   Qual a probabilidade de escolhermos, ao acaso,
   a. um estudante do segundo ano?
   b. um estudante especializando-se em sociologia?
   c. um estudante do primeiro ano ou do segundo ano?
   d. um estudante que não seja do primeiro ano?

10. Foi perguntado a dez políticos quais eram seus pontos de vista a respeito da eutanásia. Eles foram listados juntamente com seu partido político.

Político	Partido político	Apoia a eutanásia
1	Republicano	Não
2	Democrata	Não
3	Democrata	Sim
4	Republicano	Não
5	Republicano	Não
6	Democrata	Não
7	Democrata	Sim
8	Democrata	Sim
9	Republicano	Não
10	Democrata	Sim

Qual é a probabilidade de escolhermos, ao acaso,
a. um Republicano?
b. um Democrata que apoia a eutanásia?
c. um político que não apoia a eutanásia?
d. um Republicano que não apoia a eutanásia?

11. Suponha que 16% dos presos em prisões estaduais sofram de alguma doença psiquiátrica. Qual é a probabilidade de:
a. um prisioneiro em particular não sofrer de uma doença psiquiátrica?
b. três prisioneiros não sofrerem de uma doença psiquiátrica?

12. Uma pesquisa demonstrou que quase 25% dos adultos moradores de rua são veteranos de guerra. Qual é a probabilidade de escolhermos:
a. um morador de rua em particular que não seja um veterano de guerra?
b. ao acaso, dois moradores de rua que sejam ambos veteranos de guerra?

13. Suponha que 20% dos homens ($P = 0,20$) e 15% das mulheres ($P = 0,15$) sejam portadores de certa característica genética. Essa característica somente pode ser herdada por uma criança se ambos os pais forem portadores. Qual é a probabilidade de uma criança nascer com essa característica genética?

14. Durante uma prova semestral de História Antiga, um estudante chega a duas questões relativas a uma aula que perdeu, e então ele decide responder aleatoriamente às duas questões. Uma das questões é do tipo verdadeiro/falso e a outra é de múltipla escolha com cinco respostas possíveis. Qual é a probabilidade de ele dar:

a. a resposta correta para a questão do tipo verdadeiro/falso?
b. a resposta correta para a questão de múltipla escolha?
c. as respostas corretas para ambas as questões?
d. as respostas incorretas para ambas as questões?
e. a resposta correta para a questão do tipo verdadeiro/falso e a resposta incorreta para a questão de múltipla escolha?
f. a resposta incorreta para a questão do tipo verdadeiro/falso e a resposta correta para a questão de múltipla escolha?

15. Suponha que você compre um bilhete de loteria que contenha dois números e uma letra, como 3 7 P.
a. Qual é a probabilidade de você acertar o primeiro dígito?
b. Qual é a probabilidade de você acertar o segundo dígito?
c. Qual é a probabilidade de você não acertar o primeiro dígito?
d. Qual é a probabilidade de você acertar tanto o primeiro quanto o segundo dígitos?
e. Qual é a probabilidade de você acertar a letra?
f. Qual é a probabilidade de você acertar tudo (dígitos e letra)?

16. Uma certa comunidade quer abordar o problema de conflitos raciais no colégio local. O prefeito decide estabelecer uma comissão de três moradores para aconselhá-lo. Para ser completamente justo no processo de seleção, o prefeito decide escolher os membros da comissão de maneira aleatória, designando o primeiro escolhido como líder da comissão. A comunidade é composta de 50% de moradores brancos, 30% de moradores negros e 20% de moradores latinos. Qual é a probabilidade de:
a. o líder da comissão ser um morador branco?
b. o líder da comissão ser um morador negro?
c. o líder da comissão ser branco ou latino?
d. os três membros da comissão serem negros?

17. Escolhendo ao acaso uma carta de um baralho padrão de 52 cartas, qual é a probabilidade de tirarmos:

a. o oito de ouros?
b. o oito de ouros ou o oito de copas?
c. um oito?
d. uma carta vermelha?
e. uma carta com um desenho (valete, dama ou rei)?
f. do seis ao nove, inclusive?
g. uma carta com um número ímpar?

18. Suponha que 31% dos Democratas e 63% dos Republicanos apoiem a construção de mais usinas nucleares nos Estados Unidos. Agora suponha que haja 40 Republicanos e 35 Democratas em uma sala. Qual é a probabilidade de, ao acaso,
a. escolhermos um Republicano?
b. escolhermos um Democrata?
c. escolhermos um Republicano que apoie a construção de mais usinas nucleares?
d. escolhermos um Democrata que apoie a construção de mais usinas nucleares?
e. escolhermos um Democrata e um Republicano que apoiem a construção de mais usinas nucleares?
f. escolhermos ao acaso dois Republicanos que não apoiem a construção de mais usinas nucleares?

19. Uma pesquisa demonstrou que 6 de cada 10 casamentos terminam em divórcio. Qual é a probabilidade de:
a. um casal recém-casado permanecer casado "até que a morte os separe"?
b. dois casais casados em uma cerimônia dupla se divorciem?

20. Suponha que 2% de todos os criminosos condenados sejam, na realidade, inocentes.
a. Se uma pessoa é condenada por um crime, qual é a probabilidade de ela ser culpada?
b. Se duas pessoas são condenadas por crimes, qual é a probabilidade de ambas serem culpadas?
c. Se três pessoas são condenadas por crimes, qual é a probabilidade de as três serem culpadas?
d. Se quatro pessoas são condenadas por crimes, qual é a probabilidade de as quatro serem culpadas?

21. Sob qualquer distribuição normal de escores, qual porcentagem da área total está:
a. entre a média (μ) e um valor de escore que se encontra um desvio padrão (1σ) acima da média?
b. entre um valor de escore que se encontra um desvio padrão abaixo da média e um valor de escore que se encontra um desvio padrão acima da média?
c. entre a média e um valor de escore que se encontra $+2\sigma$ acima da média?
d. entre um valor de escore que se encontra -2σ abaixo da média e um valor de escore que se encontra $+2\sigma$ acima da média?

22. O teste de avaliação acadêmica (SAT, do inglês Scholastic Assessment Test) é padronizado para ser normalmente distribuído com uma média $\mu = 500$ e um desvio padrão $\sigma = 100$. Qual porcentagem de escores do SAT está:
a. entre 500 e 600?
b. entre 400 e 600?
c. entre 500 e 700?
d. entre 300 e 700?
e. acima de 600?
f. abaixo de 300?

23. Para o SAT, determine o escore z (isto é, o número de desvios padrão e o sentido) que cada um dos escores a seguir dista da média:
a. 500
b. 400
c. 650
d. 570
e. 750
f. 380

24. Usando os escores z calculados no Problema 23 e na Tabela A, calcule qual é a porcentagem de escores do SAT que se situa:
a. 500 ou acima
b. 400 ou abaixo
c. entre 500 e 650
d. 570 ou acima
e. entre 250 e 750
f. 380 ou acima (*Dica:* 50% da área está em qualquer um dos lados da curva.)

25. Escores de QIs são normalmente distribuídos com uma média $\mu = 100$ e um desvio padrão $\sigma = 15$. Com base nessa distribuição, determine:
a. a porcentagem de escores de QIs entre 100 e 120.
b. a probabilidade de escolher, ao acaso, uma pessoa com QI entre 100 e 120.

c. a porcentagem de escores de QIs entre 88 e 100.
d. a probabilidade de escolher, ao acaso, uma pessoa com QI entre 88 e 100.
e. a porcentagem de escores de QIs de 110 ou mais.
f. a probabilidade de escolher, ao acaso, uma pessoa com QI de 110 ou mais.
g. a probabilidade de escolher, ao acaso, duas pessoas com QI de 110 ou mais.
h. a classificação percentil correspondente a um escore de QI de 125.

26. Suponha que os assistentes (formados) de pesquisa em uma grande universidade sejam pagos por hora. Dados do departamento pessoal demonstram que a distribuição de salários por hora pagos para estudantes graduados no campus é aproximadamente normal, com uma média de $ 12,00 e um desvio padrão de $ 2,50. Determine:
    a. a porcentagem de assistentes graduados que ganham um salário por hora de $ 15 ou mais.
    b. a probabilidade de escolher ao acaso, dos arquivos de pessoal, um assistente graduado que ganhe um salário por hora de $ 15 ou mais.
    c. a porcentagem de assistentes graduados que ganham entre $ 10 e $ 12 por hora.
    d. a probabilidade de escolher ao acaso, dos arquivos de pessoal, um assistente graduado que ganhe entre $ 10 e $ 12 por hora.
    e. a porcentagem de assistentes graduados que ganham um salário por hora de $ 11 ou menos.
    f. a probabilidade de escolher ao acaso, dos arquivos de pessoal, um assistente graduado que ganhe um salário por hora de $ 11 ou menos.
    g. a probabilidade de escolher ao acaso, de arquivos pessoais, um assistente graduado cujo salário por hora seja extremo em qualquer um dos sentidos — $ 10 *ou* menos *ou* $14 ou mais.
    h. a probabilidade de escolher ao acaso, dos arquivos pessoais, dois assistentes graduados cujos salários por hora sejam menores do que a média.
    i. a probabilidade de escolher ao acaso, dos arquivos de pessoal, dois assistentes graduados cujos salários por hora sejam $ 13,50 ou mais.

27. Suponha que a carga de trabalho média para um agente de condicional seja de 115 criminosos e que o desvio padrão seja 10. Presumindo que os tamanhos das cargas de trabalho sejam distribuídos normalmente, determine:
    a. a probabilidade de que um agente de condicional tenha uma carga de trabalho entre 90 e 105 casos.
    b. a probabilidade de que um agente de condicional tenha uma carga de trabalho de mais de 135 casos.
    c. a probabilidade de que quatro agentes de condicional tenham uma carga de trabalho maior do que 135 casos.

28. Suponha que o QI médio de um grupo de psicopatas seja 105, e que o desvio padrão seja 7. Presumindo uma distribuição normal, determine:
    a. a porcentagem de escores de QIs entre 100 e 110.
    b. a probabilidade de escolher, ao acaso, um psicopata que tenha um QI entre 100 e 110.
    c. a porcentagem de escores de QIs entre 90 e 105.
    d. a probabilidade de escolher, ao acaso, um psicopata que tenha um QI entre 90 e 105.
    e. a porcentagem de escores de QIs que sejam 125 ou mais altos.
    f. a probabilidade de escolher, ao acaso, um psicopata que tenha um QI de 125 ou mais.
    g. a probabilidade de escolher, ao acaso, dois psicopatas que tenham ambos um QI de 125 ou mais.

29. Uma importante companhia automobilística alega que seu novo modelo tem um desempenho médio de 25 mpg (milhas por galão). Funcionários da empresa admitem que alguns carros variam com base em uma série de fatores, e que os desempenhos de milhas por galão têm um desvio padrão de 4 mpg. Você é funcionário de um grupo de proteção ao consumidor que rotineiramente realiza *test*

drives. Escolhendo cinco carros ao acaso da linha de montagem, seu grupo descobre que eles têm um desempenho de mpg ruim, definido como 20 mpg ou menos.

a. Presumindo que a alegação da empresa seja verdadeira ($\mu = 25$ e $\sigma = 4$), qual é a probabilidade de que um único carro escolhido ao acaso tenha um mau desempenho (20 mpg ou menos)?

b. Presumindo que a alegação da empresa seja verdadeira ($\mu = 25$ e $\sigma = 4$), qual é a probabilidade de que cinco carros escolhidos ao acaso tenham um mau desempenho (20 mpg ou menos)?

c. Dado o mau desempenho que seu grupo observou em cinco carros de testes, qual conclusão você pode tirar a respeito da alegação sobre o mpg da empresa?

30. Presuma que os escores entre norte-americanos de origem asiática em uma escala de alienação sejam normalmente distribuídos com uma média $\mu = 22$ e um desvio padrão $\sigma = 2,5$ (escores mais altos refletem sentimentos maiores de alienação). Com base nessa distribuição, determine:

a. a probabilidade de um norte-americano de origem asiática ter um escore de alienação entre 22 e 25.

b. a probabilidade de um norte-americano de origem asiática ter um escore de alienação de 25 ou mais.

Exercícios em SPSS

1. A segurança na escola é uma questão importante. Usando o SPSS para analisar o Monitoring the Future Survey, descubra quão seguro o estudante típico se sente nas escolas de ensino médio norte-americanas (V1643). Determine a média e o desvio padrão.

   a. Usando a média e o desvio padrão calculados, qual é a porcentagem esperada de estudantes que se sintam satisfeitos ou completamente satisfeitos com sua segurança pessoal (6 ou mais)?

   b. Qual é a porcentagem esperada de estudantes que se sintam neutros ou abaixo disso em relação a quão seguros eles se sentem na escola?

   c. Qual é a probabilidade de escolher, ao acaso, um estudante que se sente neutro ou abaixo disso a respeito de quão seguro ele se sente na escola?

2. Usando o procedimento de frequências (ANALYZE, DESCRIPTIVE STATISTICS, FREQUENCIES), peça um histograma de dados de audiência de televisão do General Social Survey (TVHOURS) com a cobertura de curva normal (do botão Charts), assim como a média e o desvio padrão (do botão Statistics).

   a. Comente a proximidade da distribuição real com a curva normal.

   b. Baseado na distribuição normal (usando o escore *z* e a Tabela A), qual é a probabilidade de que uma pessoa veja 3h ou mais de televisão por dia?

   c. Compare a probabilidade da distribuição normal com a proporção real de relatórios de pessoas que assistem 3h ou mais de televisão por dia.

3. Usando o procedimento de frequências (ANALYZE, DESCRIPTIVE STATISTICS, FREQUENCIES), peça um histograma de dados de desemprego do *Best Places Study* com a cobertura de curva normal (do botão Charts), assim como a média e o desvio padrão (do botão Statistics).

   a. Comente a proximidade da distribuição real com a curva normal.

   b. Com base na distribuição normal (usando o escore *z* e a Tabela A), qual é a probabilidade de que uma área estatística metropolitana (MSA, do inglês *Metropolitan Statistical Area*) tenha uma taxa de desemprego de 6,5% ou acima disso?

   c. Compare a probabilidade da distribuição normal com a proporção de escores reais de MSAs que sejam 6,5% ou maiores.

Amostras e populações

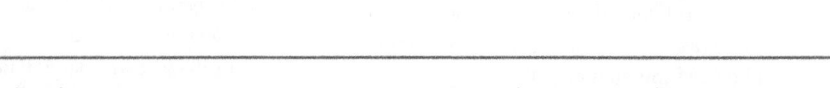

6

- Métodos de amostragem
- Erro amostral
- Distribuição amostral de médias
  Quadro 6.1 Prática e estatística: pese de novo
- Erro padrão da média
- Intervalos de confiança
- A distribuição *t*
  Quadro 6.2 Exemplo passo a passo: intervalo de confiança de 95% usando *z*
  Quadro 6.3 Exemplo passo a passo: intervalo de confiança de 99% usando *z*

Quadro 6.4 Exemplo passo a passo: intervalo de confiança usando *t*
- **Estimativa de proporções**
  Quadro 6.5 Exemplo passo a passo: intervalo de confiança para proporções
- **Resumo**
- **Termos-chave**
- **Exercícios**
- **Exercícios em SPSS**
  Olhando sob uma perspectiva mais ampla: generalização de amostras para populações

O pesquisador social geralmente busca tirar conclusões a respeito de grandes números de indivíduos. Por exemplo, ele pode estar interessado nos 295 milhões de habitantes dos Estados Unidos, nos 1.000 associados de um determinado sindicato, nos 10 mil afro-americanos que vivem em uma cidade ao sul do país ou nos 25 mil estudantes atualmente matriculados em uma universidade da costa leste.

Até agora, admitimos que o pesquisador social investiga todo o grupo que procura estudar. Conhecido como *população* ou *universo*, esse grupo consiste em um conjunto de indivíduos que compartilha de pelo menos uma característica, como cidadania comum, participação como membros em uma associação voluntária, etnia, matrícula em uma universidade, e assim por diante. Desse modo, podemos falar a respeito da população dos Estados Unidos, da população de membros de um sindicato, da população de afro-americanos que residem em uma cidade ao sul do país ou da população de estudantes universitários.

Como os pesquisadores sociais operam com tempo, energia e recursos econômicos limitados, eles raramente podem estudar cada elemento de uma determinada população. Em vez disso, estudam somente uma *amostra* — um número menor de indivíduos da população. Por meio do processo de amostragem, pesquisadores sociais buscam generalizar a partir de uma amostra (um grupo pequeno) da população da qual ela foi extraída (um grupo maior).

Nos últimos anos, por exemplo, técnicas de amostragem permitiram que pesquisadores de opinião pública fizessem previsões bastante precisas de resultados de eleições baseados em amostras de apenas algumas centenas de eleitores registrados.[1] Por essa razão, candidatos a cargos políticos importantes geralmente monitoram a efetividade de sua estratégia de campanha por meio de uma análise de pesquisas amostrais da opinião dos eleitores.

A amostragem é parte integrante da vida cotidiana. Se não fosse pela coleta de amostragens à nossa volta, como seria possível obter um pouco mais de informações a respeito de outras pessoas? Por exemplo, poderíamos discutir questões políticas casualmente com outros estudantes para descobrir o posicionamento geral de suas opiniões políticas; poderíamos tentar determinar como nossos colegas de turma estudam para uma certa prova ao contatar apenas alguns membros da turma de antemão; poderíamos até investir no mercado de ações após descobrir que uma pequena amostra de nossos colegas ganhou dinheiro por meio de investimentos.

Métodos de amostragem

Os métodos de amostragem do pesquisador social são normalmente mais rigorosos e científicos do que aqueles da vida cotidiana. Fundamentalmente, ele se preocupa se os elementos da amostra são suficientemente representativos da população como um todo, de modo a permitir generalizações precisas a respeito dessa população. Para fazer essas inferências, o pesquisador escolhe o método de amostragem apropriado de acordo com a suposição de que todo membro da população tenha uma chance igual de ser incluído na amostra. Se é dada uma chance igual na seleção da amostra a todo membro da população, o método de amostragem usado é *aleatório*; caso contrário, o método de amostragem *não aleatório* é empregado.

Amostras não aleatórias

O método de amostragem não aleatório mais popular, a amostragem *intencional*, é o que menos difere de nossos procedimentos de amostragem cotidianos, pois é baseado exclusivamente no que é conveniente para o pesquisador. Isto é, o pesquisador simplesmente inclui os casos mais convenientes em sua amostra e exclui os casos inconvenientes. A maioria dos estudantes pode se lembrar de pelo menos uma ocasião em que o professor, ao fazer uma pesquisa, pediu a todos os estudantes da classe que participassem de um experimento ou preenchessem um questionário. A popularidade dessa forma de amostragem intencional na psicologia fez com que alguns observadores a encarassem como "a ciência do estudante universitário de segundo ano", pois muitos estudantes universitários são usados como objetos de pesquisas.

Uma nova forma de amostragem acidental faz uso de números 0800 para pedir a opinião pública a respeito de uma ampla gama de questões, tanto triviais quanto sérias. Na maioria das vezes, essas sondagens são apresentadas com uma declaração a respeito de sua base não científica. Evidentemente, é difícil generalizar a partir de uma amostra de entrevistados voluntários que pagaram para registrar seu ponto de vista (às vezes mais de uma vez).

Outro tipo não aleatório é a amostragem por *cotas*. Nesse procedimento de amostragem, diversas características de uma população, como idade, gênero, classe social e etnia são submetidas à amostragem na mesma proporção em que ocorrem na população. Suponha, por exemplo, que tivéssemos de extrair uma amostra por cotas dos estudantes matriculados em uma universidade, na

---

[1] Nos EUA, o voto é facultativo. (N. do T.)

qual 42% sejam do sexo feminino e 58%, do sexo masculino. Usando esse método, os entrevistadores recebem uma cota de estudantes a ser localizada, de maneira que 42% da amostra consista em mulheres e 58% da amostra consista em homens. As mesmas porcentagens são incluídas na amostra do mesmo modo como estão representadas na população maior. Se o número total de estudantes da amostra for 200, então 84 estudantes serão do sexo feminino e 116 estudantes serão do sexo masculino. Apesar de o gênero poder estar representado de maneira apropriada nessa amostra, outras características como idade ou raça talvez não estejam. A inadequação da amostragem por cotas vem precisamente de sua falta de controle sobre fatores outros que não os estabelecidos pelas cotas.

Uma terceira variedade de amostra não aleatória é conhecida como amostragem por *julgamento*. Nesse tipo de amostragem, a lógica, o bom senso e a capacidade crítica podem ser usados na escolha de uma amostra que seja representativa de uma população maior. Por exemplo, para tirar uma amostra de opinião de revistas que reflitam valores da classe média norte-americana, poderíamos intuitivamente escolher *Reader's Digest*, *People* ou *Parade*, pois os artigos desses periódicos *parecem* descrever o que a maioria dos norte-americanos de classe média deseja (por exemplo, a realização do "sonho norte-americano", sucesso econômico, e assim por diante). De maneira similar, aqueles distritos estaduais que tradicionalmente votam em candidatos vencedores para o cargo de governador podem ser sondados em um esforço para prever o resultado de uma eleição estadual atual.

Amostras aleatórias

Como foi observado previamente, a amostragem aleatória dá a todos os membros da população uma chance igual de serem escolhidos para a amostra.[2] Essa característica de amostragem aleatória indica que todos os membros da população têm de ser identificados antes da amostra aleatória ser sorteada, uma exigência normalmente cumprida com a obtenção de uma lista que inclui todos os membros de uma população. Uma breve reflexão sugerirá que conseguir uma lista completa dessa natureza nem sempre é uma tarefa fácil, especialmente se você estiver estudando uma população grande e diversa. Para tomar um exemplo relativamente simples, onde conseguiríamos uma lista *completa* de estudantes atualmente matriculados em uma grande universidade? Aqueles pesquisadores sociais que tentaram confirmarão a dificuldade dessa empreitada. Para uma tarefa mais trabalhosa, tente encontrar uma lista de todos os moradores em uma grande cidade. Como podemos estar certos de ter identificado todos, mesmo aqueles que não querem ser identificados?

O tipo básico de amostra aleatória, a *amostragem aleatória simples*, pode ser obtido por meio de um processo que não difere daquele da técnica, agora familiar, de colocar cada nome em um pedaço de papel e, de olhos vendados, tirar apenas alguns deles de um chapéu. Esse procedimento idealmente proporciona a todos os membros da população uma chance igual para a seleção de amostra, tendo em vista que um, e apenas um, pedaço de papel por pessoa é incluído. Por várias razões (incluindo o fato de que o pesquisador precisaria de um chapéu extremamente grande), o pesquisador social que tenta sortear uma amostra ao acaso normalmente não tira nomes de um chapéu. Em vez disso, ele usa uma *tabela de números aleatórios*, como aqueles da Tabela B, no Apêndice B. Uma porção da tabela de números aleatórios é mostrada:

---

[2] Às vezes, determinados grupos em uma população são excessivamente amostrados quando é oferecido a seus membros uma chance maior de seleção. Entretanto, a desigualdade é compensada na análise dos dados, e a amostra ainda é considerada aleatória.

Número da coluna

	1	2	3	4	5	6	7	8	9	10	11	12	13	14	15	16	17	18	19	20
1	2	3	1	5	7	5	4	8	5	9	0	1	8	3	7	2	5	9	9	3
2	6	2	4	9	7	0	8	8	6	9	5	2	3	0	3	6	7	4	4	0
3	0	4	5	5	5	0	4	3	1	0	5	3	7	4	3	5	0	8	9	0
4	1	1	8	3	7	4	4	1	0	9	6	2	2	1	3	4	3	1	4	8
5	1	6	0	3	5	0	3	2	4	0	4	3	6	2	2	2	3	5	0	0

(Número da linha à esquerda da tabela)

Uma tabela de números aleatórios é construída de maneira a gerar uma série de números sem nenhum padrão ou ordem particular. Como consequência, o processo de usar uma tabela de números aleatórios produz uma amostra representativa similar àquela obtida com a retirada, com os olhos vendados, de pedaços de papel colocados em um chapéu.

Para obter uma amostra aleatória simples por meio de uma tabela de números aleatórios, o pesquisador social primeiro obtém uma lista da população e designa um número de identificação único para cada membro. Por exemplo, se está conduzindo uma pesquisa sobre os 500 estudantes matriculados em Introdução à Sociologia, ele pode conseguir do professor uma lista de estudantes e dar a cada um deles um número de 001 a 500. Com a lista preparada, ele começa a sortear os membros de sua amostra de uma tabela de números aleatórios. Digamos que o pesquisador busque sortear uma amostra de 50 estudantes para representar os 500 membros da população de uma turma. Ele pode partir arbitrariamente de qualquer número na tabela (com os olhos vendados, por exemplo) e caminhar em qualquer direção, tomando números apropriados até ter selecionado os 50 membros da amostra. Olhando para a porção inicial da tabela de números aleatórios, poderíamos começar arbitrariamente na interseção da coluna 1 com a linha 3, e nos mover da esquerda para a direita para tomar cada número que aparecesse entre 001 e 500. Os primeiros números a aparecerem na interseção da coluna 1 com a linha 3 são 0, 4 e 5. Portanto, o estudante número 045 é o primeiro membro da população escolhido para a amostra. Continuando da esquerda para a direita, vemos que 4, 3 e 1 vêm em seguida, de maneira que o estudante 431 é escolhido. Esse processo continua até que todos os 50 membros da amostra tenham sido escolhidos. Observação: ao usar a tabela de números aleatórios, sempre desconsidere os repetidos ou superiores aos necessários.

Todos os métodos de amostragem aleatória são, na realidade, variações do procedimento de amostragem aleatória simples ilustrado há pouco. Por exemplo, na amostragem *sistemática*, uma tabela de números aleatórios não é necessária, pois uma lista de membros da população é amostrada em intervalos fixos. Por meio do emprego da amostragem sistemática, então, cada *enésimo* membro de uma população é incluído em uma amostra dessa população. Por exemplo, ao sortear uma amostra de uma população de 10 mil locatários, poderíamos organizar uma lista de locatários e, então, começando em um ponto arbitrário, escolher um nome a cada 10, chegando a uma amostra de mil locatários.

A vantagem da amostragem sistemática é que ela dispensa uma tabela de números aleatórios. Como consequência, esse método consome menos tempo do que um procedimento aleatório simples, especialmente em amostragens de populações muito grandes. Do lado negativo, realizar uma amostra sistemática presume que a posição em uma lista de membros da população não influencia a aleatoriedade. Se essa pressuposição não for levada a sério, o resultado pode ser a seleção excessiva de determinados membros da população e a seleção insuficiente de outros. Isso pode acontecer, por exemplo, quando casas são sistematicamente amostradas de uma lista na qual casas de esquina (que são geralmente mais caras do que as outras casas no bloco) ocupam uma posição fixa, ou quando nomes em uma lista telefônica são amostrados por intervalos fixos de maneira que nomes associados a determinados vínculos étnicos são menos selecionados do que deveriam.

Outra variação da amostragem aleatória simples, a amostra *estratificada*, envolve dividir a população em subgrupos, ou *estratos* mais homogêneos, dos quais se extrai então amostras aleatórias simples. Suponha, por exemplo, que queiramos estudar a aceitação de vários dispositivos de controle de natalidade entre a população de uma determinada cidade. Como as atitudes em relação ao controle de natalidade variam por religião e *status* socioeconômico, poderíamos estratificar nossa população de acordo com essas variáveis, formando, desse modo, subgrupos mais homogêneos com relação à aceitação do controle de natalidade. Mais especificamente, digamos, poderíamos identificar católicos, protestantes e judeus como membros de classe alta, classe média e classe baixa da população. Nosso processo de estratificação poderia produzir os seguintes subgrupos ou estratos:

>   Protestantes de classe alta
>   Protestantes de classe média
>   Protestantes de classe baixa
>   Católicos de classe alta
>   Católicos de classe média
>   Católicos de classe baixa
>   Judeus de classe alta
>   Judeus de classe média
>   Judeus de classe baixa

Tendo identificado nossos estratos, passamos a extrair uma amostra aleatória simples de cada subgrupo ou estrato (por exemplo, de protestantes de classe baixa, de católicos de classe média, e assim por diante) até que tenhamos amostrado toda a população. Isto é, cada estrato é tratado, para fins de amostragem, como uma população completa, e a amostragem aleatória simples é aplicada. Especificamente, cada membro de um estrato recebe um número de identificação, e é listado e amostrado pelo uso de uma tabela de números aleatórios. Como um passo final no procedimento, os membros escolhidos de cada subgrupo ou estrato são combinados para produzir uma amostra da população inteira.

A estratificação é baseada na ideia de que um grupo homogêneo exige uma amostra menor do que um grupo heterogêneo. Por exemplo, estudar indivíduos que caminham em uma rua do centro da cidade provavelmente exige uma amostra maior do que estudar indivíduos que vivem em um bairro de classe média. Normalmente, você pode encontrar indivíduos que caminham no centro que têm qualquer combinação de características. Por outro lado, pessoas que vivem em um bairro de classe média são geralmente mais parecidas com relação à educação, renda, orientação política, tamanho da família e opinião em relação ao trabalho, para mencionar apenas algumas características.

Superficialmente, amostras aleatórias estratificadas são bastante parecidas com o método não aleatório por cotas discutido previamente, pois ambos os procedimentos normalmente exigem a inclusão de características amostrais nas proporções exatas em que figuram na população. Portanto, se 32% de nossa população é formada por protestantes de classe média, então exatamente 32% de nossa amostra tem de ser extraída de protestantes de classe média; da mesma maneira, se 11% de nossa população consiste em judeus de classe baixa, então 11% de nossa amostra tem de ser constituída similarmente, e assim por diante. No contexto da amostragem estratificada, uma exceção surge quando um determinado estrato é desproporcionalmente bem representado na amostra, tornando possível uma subanálise mais intensa do grupo. Uma ocasião como essa pode surgir, por exemplo, quando norte-americanos de origem asiática, que constituem uma pequena proporção de uma determinada população, são excessivamente amostrados em um esforço para examinar mais delicadamente suas características.

Apesar das similaridades superficiais, amostragens por cotas e estratificadas são essencialmente diferentes. Enquanto membros de amostras por cotas são escolhidos por qualquer método eleito pelo investigador, membros de amostras estratificadas sempre são escolhidos em uma base *aleatória*, geralmente pelo uso de uma tabela com números aleatórios aplicada a uma lista completa de membros da população.

Antes de abandonar o tópico referente a método de amostragem, examinaremos a natureza de uma forma especialmente comum de amostragem aleatória, conhecida como amostragem em *múltiplos estágios* ou por *conglomerado*. Tais amostragens são frequentemente usadas para minimizar os custos de grandes levantamentos, que exigem que entrevistadores se desloquem para muitas localidades dispersas. Ao empregarmos o método de conglomerado, pelo menos dois níveis de amostragem são colocados em prática:

1. A *unidade primária de amostragem* ou conglomerado, que é uma área bem delineada que inclui características encontradas em toda a população (por exemplo, uma cidade, região do censo, quarteirão, e assim por diante).
2. Os membros da amostra dentro de cada conglomerado.

Por exemplo, imagine que quiséssemos entrevistar uma amostra representativa de indivíduos que vivessem em uma grande área da cidade. Conseguir uma amostra simples, sistemática e aleatória de entrevistados espalhados por uma ampla área acarretaria muitas viagens, sem mencionar tempo e dinheiro. Por meio de uma amostragem em múltiplos estágios, entretanto, limitaríamos nossas entrevistas àqueles indivíduos localizados dentro de um número relativamente pequeno de conglomerados. Poderíamos começar, por exemplo, a tratar o quarteirão da cidade como nossa unidade primária de amostragem ou conglomerado. Poderíamos proceder, então, obtendo uma lista de todos os quarteirões dentro daquela área, da qual tiraríamos uma amostra aleatória simples dos quarteirões. Tendo extraído nossa amostra de quarteirões da cidade, poderíamos escolher os entrevistados individuais (ou residências) em cada quarteirão pelo mesmo método aleatório simples. Mais especificamente, todos os indivíduos (ou residências) em cada um dos quarteirões escolhidos seriam listados, e, com a ajuda de uma tabela de números aleatórios, uma amostra de entrevistados de cada quarteirão seria escolhida. Usando o método de conglomerado, qualquer entrevistador localizaria um dos quarteirões da cidade escolhidos e contataria mais de um entrevistado que vivesse ali.

Em uma escala muito mais ampla, o mesmo procedimento de conglomerado pode ser aplicado a pesquisas no país inteiro, tratando estados ou cidades como unidades primárias de amostragem inicialmente escolhidas e entrevistando uma amostra aleatória simples de cada um dos locais escolhidos. Dessa maneira, os entrevistadores não precisam cobrir cada estado ou cidade, mas apenas um número muito menor de áreas escolhidas aleatoriamente para inclusão.

Erro amostral

Ao longo do texto, seremos cuidadosos em distinguir entre as características de amostras que estudamos e populações, as quais esperamos generalizar. Para realizar essa distinção em nossos procedimentos estatísticos, não precisamos mais, portanto, usar os mesmos símbolos para representar a média e o desvio padrão de amostra e população. Em vez disso, devemos empregar símbolos diferentes ao nos referirmos às características de amostra ou de população. Sempre representaremos a média de uma *amostra* com um $\bar{X}$, e a média de uma *população* com um μ.

O desvio padrão de uma *amostra* será representado por um *s*, e o desvio padrão de sua *população*, por um σ. Como as distribuições da população são raramente observadas em sua totalidade, como ocorre com distribuições de probabilidade, não é de admirar que usemos os símbolos μ e σ tanto para a população quanto para as distribuições de probabilidade.

Tipicamente, o pesquisador social tenta obter uma amostra que seja representativa da população na qual ele tenha interesse. Como amostras aleatórias dão a todo membro da população a mesma chance de ser escolhido, elas são, a longo prazo, mais representativas das características da população do que os métodos não científicos. Conforme discutimos rapidamente no Capítulo 1, entretanto, apenas pela chance podemos *sempre* esperar alguma diferença entre uma amostra, aleatória ou não, e a população da qual ela foi extraída. A média amostral ($\overline{X}$) quase nunca será exatamente a mesma que aquela da população (μ); um desvio padrão de uma amostra (*s*) dificilmente será exatamente o mesmo que aquele da população (σ). Conhecida como *erro amostral*, essa diferença ocorre independentemente do cuidado com que o plano amostral tenha sido projetado e levado adiante, com as melhores intenções do pesquisador e sem que tenham sido cometidos qualquer erro ou trapaça.

Embora o termo *erro amostral* possa parecer estranho, provavelmente você está mais familiarizado com o conceito do que imagina. Lembre-se de que as pesquisas eleitorais, por exemplo, tipicamente generalizam, a partir de uma amostra relativamente pequena, uma população inteira de eleitores. Quando divulgados os resultados, os pesquisadores geralmente fornecem uma margem de erro. É possível que leia que o Gallup ou a organização Roper predizem que o candidato *X* receberá 56% dos votos, com uma margem de erro de ± 4%. Em outras palavras, os pesquisadores se sentem confiantes de que algo entre 52% (56% − 4%) e 60% (56% + 4%) dos votos irão para o candidato X. *Por que eles não podem simplesmente dizer que a porcentagem de votos será de precisamente 56%?* A razão para a incerteza dos pesquisadores a respeito do número de votos exato se deve ao efeito do erro amostral. Ao terminar este capítulo, não apenas compreenderá esse efeito, como também será capaz de calcular a margem de erro envolvida ao generalizar uma amostra para a população.

A Tabela 6.1 ilustra a operação de erro amostral. A tabela contém a população de 20 notas em provas finais e três amostras, A, B e C, tiradas ao acaso dessa população (cada uma extraída com a ajuda de uma tabela de números aleatórios). Como esperado, há diferenças entre as médias amostrais, e nenhuma delas é igual à média populacional (μ = 71,55).

Tabela 6.1 População e três amostras aleatórias de notas em provas finais.

População			Amostra A	Amostra B	Amostra C
70	80	93	96	40	72
86	85	90	99	86	96
56	52	67	56	56	49
40	78	57	52	67	56
89	49	48			
99	72	30			
96	94		$\overline{X}$ = 75,75	$\overline{X}$ = 62,25	$\overline{X}$ = 68,25
	μ = 71,55				

Distribuição amostral de médias

Dada a presença de erro amostral, o estudante pode se perguntar como é possível a generalização de uma amostra de uma população maior. Para chegar a uma resposta razoável, consideraremos o trabalho de um sociólogo hipotético interessado em forças que se contrapõem ao isolamento social nos Estados Unidos de hoje em dia. Ele decide se concentrar nas ligações interurbanas como uma medida de até onde os norte-americanos "buscam entrar em contato com alguém", especificamente seus amigos e família em lugares distantes.

Em vez de tentar estudar os milhões de norte-americanos que são proprietários de uma linha telefônica, ele monitora as chamadas interurbanas de 200 lares escolhidos aleatoriamente em toda a população. O sociólogo observa cada residência para determinar quantos minutos são gastos ao longo de uma semana em chamadas interurbanas. Ele descobre em sua amostra de 200 residências que as chamadas interurbanas semanais variam de 0 a 240 minutos, com uma média de 101,55 minutos (veja a Figura 6.1).

Mas esse pesquisador social hipotético se revela um sujeito ligeiramente excêntrico. Ele tem uma predileção notável — ou melhor dizendo, uma compulsão — por extrair amostras de populações. Tão intenso é o seu entusiasmo por amostragens que ele continua a buscar muitas amostras adicionais de 200 residências e a calcular o tempo médio gasto em chamadas interurbanas para as residências em cada uma dessas amostras. Nosso pesquisador excêntrico continua a fazer isso até conseguir 100 amostras contendo 200 residências *cada*. No processo de conseguir 100 amostras aleatórias, ele, na realidade, estuda 20 residências (200 × 100 = 20.000).

Como mostra a Figura 6.2, presumiremos que, entre a população inteira de residências nos Estados Unidos, a média de chamadas interurbanas por semana é de 99,75 min. Como também ilustra a Figura 6.2, presumiremos que as amostras tomadas por nosso pesquisador social excêntri-

$\mu = 99{,}75$ min

Observação: $\overline{X} = 101{,}55$ representa uma amostra aleatória de 200 residências extraída de uma população em que $\mu = 99{,}75$ min.

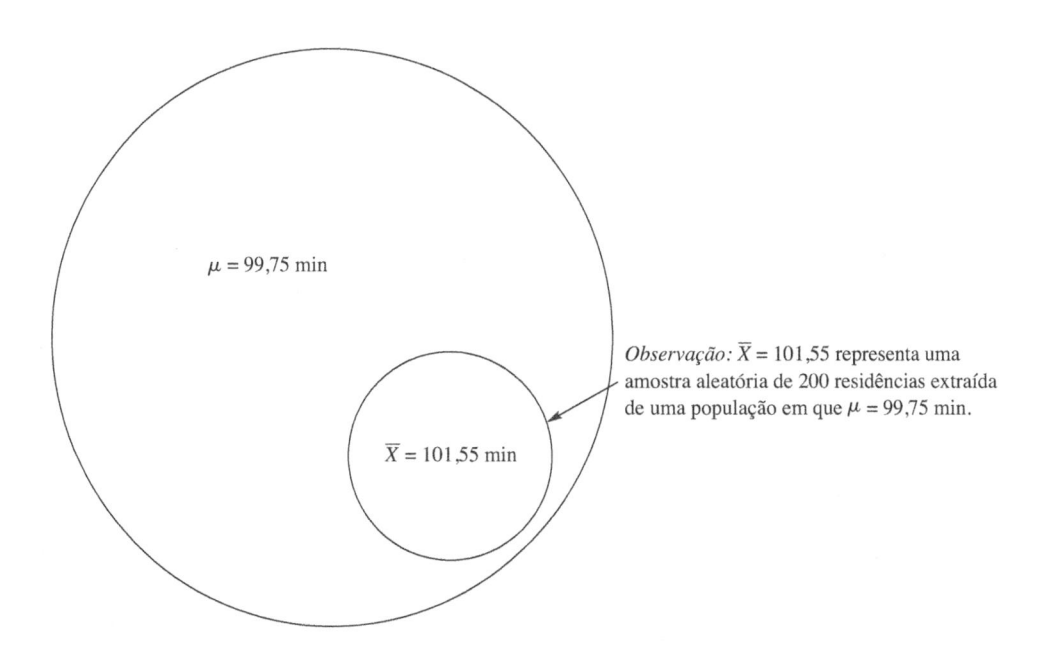

$\overline{X} = 101{,}55$ min

Figura 6.1 Tempo médio de duração de telefonemas interurbanos em uma amostra aleatória extraída de uma população hipotética.

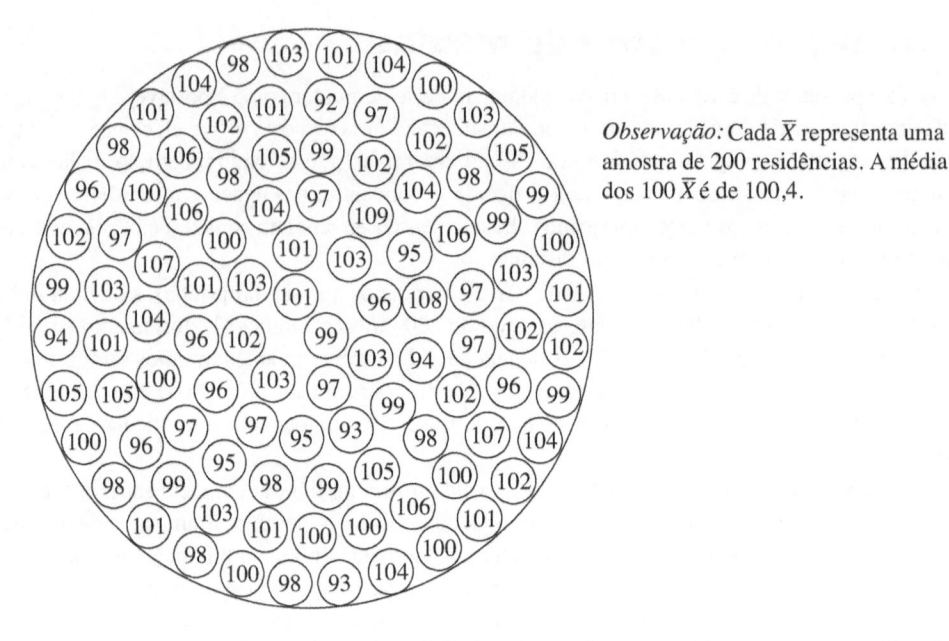

Observação: Cada $\bar{X}$ representa uma amostra de 200 residências. A média dos 100 $\bar{X}$ é de 100,4.

Figura 6.2 Tempo médio de chamadas telefônicas interurbanas em 100 amostras extraídas de uma população hipotética para a qual $\mu = 99{,}75$ min.

co produzem médias que variam entre 92 e 109 minutos. De acordo com a discussão anterior, isso poderia facilmente ocorrer simplesmente com base no erro amostral.

As distribuições de frequência de *escores brutos* podem ser obtidas tanto de amostras quanto de populações. De maneira similar, podemos construir uma *distribuição amostral de médias*, uma distribuição de frequência de um grande número de *médias* de amostras aleatórias que foram extraídas da mesma população. A Tabela 6.2 apresenta as 100 médias amostrais coletadas por nosso pesquisador excêntrico na forma de uma distribuição amostral. Assim como ocorre com uma distribuição de escores brutos, as médias na Tabela 6.2 foram arranjadas em uma ordem consecutiva, das mais altas para as mais baixas, e sua frequência de ocorrência foi indicada na coluna adjacente.

Características de uma distribuição amostral de médias

Até agora, não lidamos diretamente com o problema de generalização de amostras para populações. O modelo teórico conhecido como *distribuição amostral de médias* (aproximado pelas médias de 100 amostras obtidas pelo pesquisador) tem determinadas propriedades, que lhe conferem um papel importante no processo de amostragem. Antes de iniciarmos o procedimento de generalizações de amostras para populações, devemos primeiro examinar as características de uma distribuição amostral de médias:

1. *A distribuição amostral de médias se aproxima de uma curva normal.* Isso é verdade para toda distribuição amostral de médias, independentemente do formato da distribuição de escores brutos na população da qual as médias são tiradas, desde que o tamanho da amostra seja razoavelmente grande (mais de 30). Se a princípio os dados brutos são normalmente distribuídos, então a distribuição de médias amostrais é normal, independentemente do tamanho da amostra.

Tabela 6.2 Distribuição amostral de médias observada (tempo de chamadas interurbanas) para 100 amostras.

Média	f	
109	1	
108	1	
107	2	
106	4	
105	5	
104	7	
103	9	
102	9	
101	11	
100	11	Média de 100 médias amostrais = 100,4
99	9	
98	9	
97	8	
96	6	
95	3	
94	2	
93	2	
92	1	
	N = 100	

2. *A média de uma distribuição amostral de médias (a média das médias) é igual à verdadeira média populacional.* Se tomarmos um grande número de médias amostrais aleatórias da mesma população e calcularmos a média de todas as médias de amostras, teremos o valor da verdadeira média populacional. Portanto, a média da distribuição amostral das médias é a mesma que a média populacional da qual ela foi extraída. Eles podem ser considerados como valores intercambiáveis.

3. *O desvio padrão de uma distribuição amostral de médias é menor do que o da população.* A média amostral é mais estável do que os escores que a compõem.

Essa última característica de uma distribuição amostral de médias está no âmago de nossa capacidade de fazer inferências de amostras para populações. Como um exemplo concreto da vida cotidiana, considere como compensar uma balança digital de banheiro que tende a fornecer leituras diferentes de seu peso, mesmo imediatamente após fazer sua pesagem. Obviamente, seu peso real não muda, mas a balança indica outra coisa. O mais provável é que a balança seja muito sensível à maneira como você coloca seus pés ou à postura de seu corpo. A melhor abordagem para determinar seu peso, portanto, pode ser pesar-se quatro vezes e tirar a média. Lembre-se, o peso médio será mais confiável do que quaisquer leituras individuais que façam parte de seu cálculo (veja o Quadro 6.1).

Retornemos agora ao pesquisador excêntrico e seu interesse em chamadas telefônicas interurbanas. Como ilustra a Figura 6.3, a variabilidade de uma distribuição amostral é sempre menor do que a variabilidade na população inteira ou em qualquer outra amostra. A Figura 6.3(a) mostra a distribuição populacional do tempo de chamadas interurbanas com uma média (μ) de 99,75 (em geral, não teríamos essa informação). A distribuição é assimétrica para a direita: mais famílias passam menos do que a média de 99,75 minutos realizando chamadas interurbanas, mas algumas,

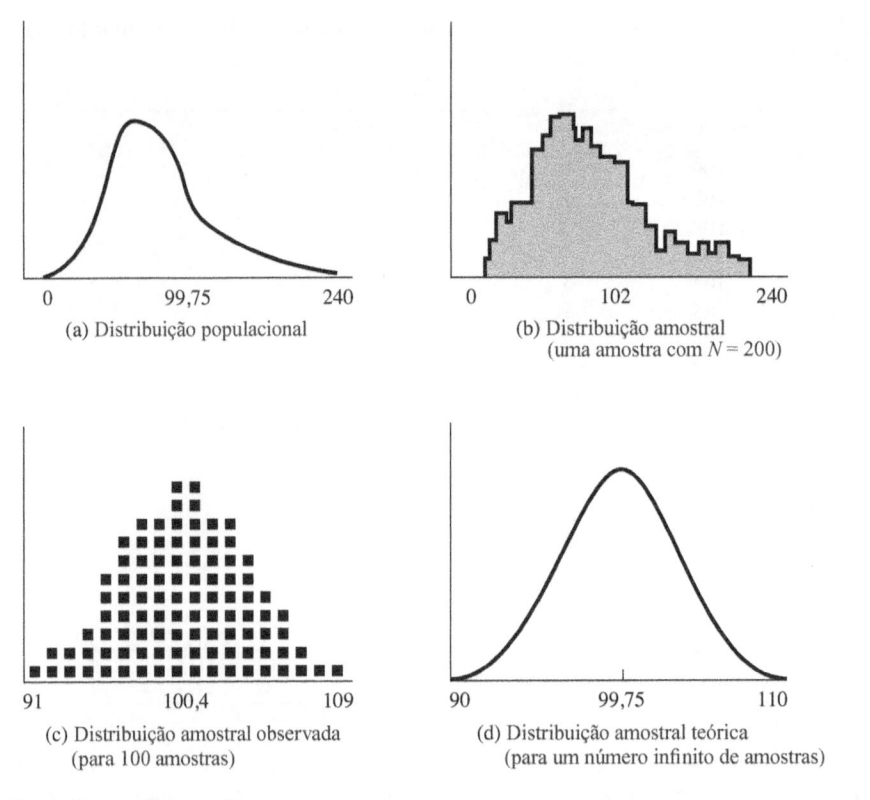

Figura 6.3 Distribuições amostral e populacional.

(a) Distribuição populacional — 0, 99,75, 240
(b) Distribuição amostral (uma amostra com $N = 200$) — 0, 102, 240
(c) Distribuição amostral observada (para 100 amostras) — 91, 100,4, 109
(d) Distribuição amostral teórica (para um número infinito de amostras) — 90, 99,75, 110

QUADRO 6.1 Prática e estatística: pese de novo

Há pouco tempo, joguei fora a balança digital que usei por quase 20 anos (foi o primeiro modelo no mercado). Quando eu pisava na balança, a leitura digital começava em "00", e os valores seguiam aumentando rapidamente até chegar ao meu peso. Havia apenas um problema com a balança: ela não era muito confiável. Se eu pisasse nela duas vezes, ela não me daria o mesmo peso duas vezes. Aparentemente, ela era muito sensível a quão próximo meus pés estavam de sua parte central e a minha postura.

Entretanto, isso não me desencorajou. Simplesmente, eu me pesava quatro vezes a cada manhã e tirava a média de meu peso. Eu contava com o fato de que o desvio padrão entre as médias seria menor do que o desvio padrão das leituras individuais. Em outras palavras, a média é mais confiável do que os valores a partir dos quais ela é calculada. Se eu tivesse sido mais compulsivo, teria me pesado 25 vezes a cada manhã, o que teria me dado uma média bastante confiável.

O que me fez jogar fora a balança, entretanto, foi o fato de eu ter feito um *check-up* na semana passada e estar quase dois quilos mais pesado na balança do médico! A teoria das distribuições amostrais pode assegurar uma média precisa ou confiável, mas não pode garantir uma média válida ou exata. Pelo visto, com relação a meus hábitos alimentares, as amostras estavam grandes demais!

na extremidade direita, nunca largam o telefone. A Figura 6.3(b) mostra a distribuição do tempo de chamadas interurbanas dentro de *uma* determinada amostra de 200 residências. Observe que ela é similar em formato e, de certa maneira, parecida em termos de média ($\overline{X} = 102$) em relação à distribuição da população. A Figura 6.3(c) mostra a distribuição amostral de médias (as médias das 100 amostras de nosso pesquisador excêntrico). Ela parece bastante normal em vez de assimétrica, tem uma média (100,4) quase igual à média populacional e muito menos variabilidade do que a distribuição populacional em (a) ou a distribuição amostral em (b), o que pode ser percebido se compararmos os valores da reta-base. Se o pesquisador excêntrico passasse o resto da sua vida tirando amostras de 200 residências, o gráfico das médias dessas amostras mostraria uma curva normal, como vemos na Figura 6.3(d). Essa é a distribuição amostral verdadeira.

Pensemos a respeito da variabilidade diminuída de uma distribuição amostral de outra maneira. Na população, há muitas residências nas quais a chamada interurbana é usada moderadamente, por menos de 30 minutos por mês, por exemplo. Qual é a probabilidade de se conseguir uma amostra de 200 residências com uma média inferior a 30 minutos? Levando-se em consideração que μ = 99,75, isso seria virtualmente impossível. Teríamos de obter, de maneira aleatória, um número enorme de pessoas com aversão ao telefone e muito poucos amantes do telefone. As leis da probabilidade tornam muito improvável essa ocorrência.

A distribuição amostral de médias como uma curva normal

Como vimos no Capítulo 5, se definirmos a probabilidade em termos de chance de ocorrência, então a curva normal poderá ser considerada como uma distribuição de probabilidade (podemos dizer que a probabilidade diminui à medida que nos deslocamos ao longo da reta-base para longe da média em qualquer direção).

Com base nessa ideia, podemos calcular a probabilidade de encontrar diversos escores brutos em uma distribuição, levando em consideração uma determinada média e um determinado desvio padrão. Por exemplo, para calcular a probabilidade associada a encontrar alguém que receba um salário por hora entre $ 10 e $ 12 em uma população com uma média de $ 10 e um desvio padrão de $ 1,5, convertemos o escore bruto $ 12 em um escore z (+ 1,33) e consultamos a Tabela A no Apêndice B para obter a porcentagem da distribuição que situada entre o escore z 1,33 e a média. Essa área contém 40,82% dos escores brutos. Assim, há uma probabilidade (arredondada) P = 0,41 de encontrarmos um indivíduo cujo salário por hora esteja entre $ 10 e $ 12. Se quisermos saber a probabilidade de encontrar alguém cuja renda seja $ 12/hora ou mais, temos de ir à coluna (c) da Tabela A, que subtrai de 50% a porcentagem obtida na coluna (b) da mesma tabela — aquela porcentagem da área que se encontra em qualquer um dos lados da média. Na coluna (c) da Tabela A, ficamos sabendo que 9,18% em $ 12 ou além de $ 12. Portanto, deslocando a vírgula duas posições para a esquerda, podemos dizer que P = 0,09 (9 chances em 100) é a probabilidade de encontrarmos um indivíduo cujo salário por hora seja de $ 12 ou mais.

No contexto atual, não estamos mais interessados em obter probabilidades associadas a uma distribuição de *escores brutos*. Em vez disso, estamos trabalhando com uma distribuição de *médias amostrais*, extraídas da população total de escores, e gostaríamos de fazer declarações de probabilidade sobre essas médias amostrais.

Como ilustra a Figura 6.4, já que a distribuição amostral de médias assume a forma de curva normal, podemos dizer que a probabilidade diminui à medida que nos distanciamos da média das médias (a média verdadeira populacional). Isso faz sentido, pois, como você talvez se lembre, a distribuição amostral é um produto de diferenças ao acaso entre médias amostrais (erro amostral). Por essa razão, esperaríamos, devido ao acaso, e somente ao acaso, que a maioria das médias amostrais estivesse próxima do valor da verdadeira média populacional, e relativamente poucas médias amostrais se situassem longe dela.

É fundamental que façamos uma distinção clara entre o desvio padrão de escores brutos na população (σ) e o desvio padrão da distribuição amostral de médias amostrais. Por essa razão, representamos o desvio padrão da distribuição amostral com $\sigma_{\bar{X}}$. O uso da letra grega σ nos faz

```
                    68,26%
                  95,44%
                 99,74%
-3σ_X̄   -2σ_X̄   -1σ_X̄    μ    +1σ_X̄   +2σ_X̄   +3σ_X̄
```

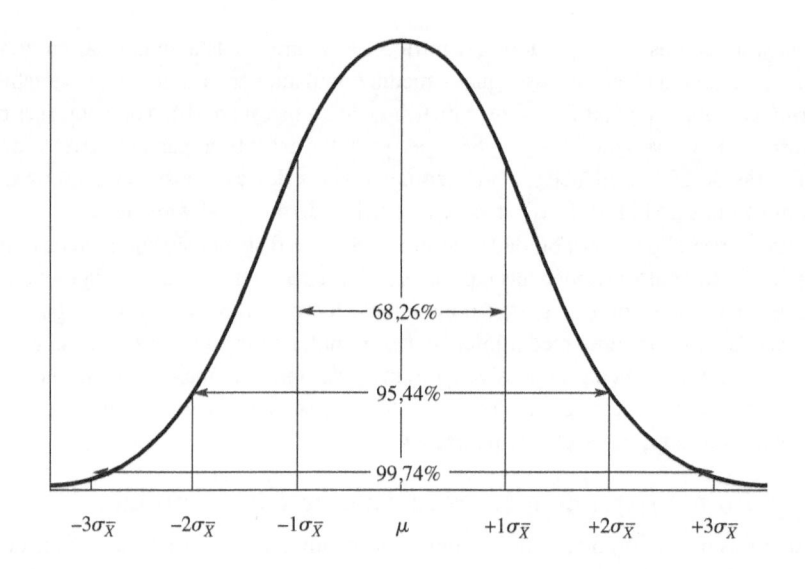

Figura 6.4 A distribuição amostral das médias como uma distribuição de probabilidade.

lembrar que a distribuição amostral é uma distribuição de probabilidade teórica ou não observada, e o subscrito $\bar{X}$ significa que esse é o desvio padrão entre todas as médias amostrais possíveis.

A Figura 6.4 indica que cerca de 68% das médias amostrais em uma distribuição amostral estão entre $-1\sigma_{\bar{X}}$ e $+1\sigma_{\bar{X}}$ da média das médias (a verdadeira média populacional). Em termos probabilísticos, podemos dizer que há uma probabilidade $P = 0{,}68$ de qualquer média amostral situar-se nesse intervalo. Da mesma maneira, podemos dizer que a probabilidade gira em torno de 0,95 (95 chances de 100) de qualquer média amostral situa-se entre $-2\sigma_{\bar{X}}$ e $+2\sigma_{\bar{X}}$ da média das médias, e assim por diante.

Como a distribuição amostral assume a forma de uma curva normal, também podemos usar os escores z e a Tabela A para conseguir a probabilidade de obtermos qualquer média amostral, e não apenas aquelas que são múltiplas exatas do desvio padrão. Dada uma média das médias (μ) e desvio padrão da distribuição amostral ($\sigma_{\bar{X}}$), o processo é idêntico àquele usado no capítulo anterior para uma distribuição de escores brutos. Apenas os nomes foram modificados.

Imagine, por exemplo, que uma determinada universidade alegue que seus alunos recém-formados ganham uma renda anual média (μ) de $ 25.000. Temos razões para questionar a legitimidade dessa alegação, e decidimos testá-la em uma amostra aleatória de 100 ex-alunos que se formaram nos últimos dois anos. No processo, chegamos a uma média amostral de $ 23.500. Nesse ponto, devemos fazer a seguinte pergunta: qual a probabilidade de conseguirmos uma média amostral de $ 23.500 ou menor se a verdadeira média populacional é de $ 25.000? A universidade falou a verdade? Ou essa é apenas uma tentativa de fazer propaganda para o público com o objetivo de aumentar o número de estudantes matriculados e o valor das doações de verbas? A Figura 6.5 ilustra a área para a qual buscamos uma solução. Como o tamanho da amostra é relativamente grande ($N = 100$), a distribuição amostral das médias é aproximadamente normal, mesmo que, individualmente, a distribuição de rendas dos estudantes formados não o seja.

Para localizar uma média amostral em uma distribuição amostral em termos do número de desvios padrão que ela dista do centro, obtemos um escore z:

$$z = \frac{\bar{X} - \mu}{\sigma_{\bar{X}}}$$

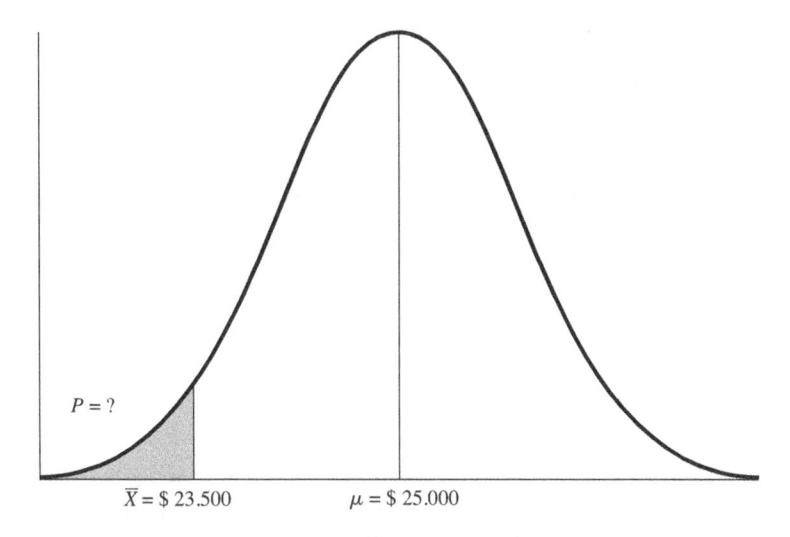

[Curva normal com $\bar{X} = \$ 23.500$ à esquerda e $\mu = \$ 25.000$ no centro; área sombreada à esquerda com $P = ?$]

Figura 6.5 A probabilidade associada à obtenção de uma média amostral de $ 23.500 ou menor quando a verdadeira média populacional é de $ 25.000 e o desvio padrão é de $ 700.

onde $\bar{X}$ = média amostral na distribuição

μ = média das médias (igual à alegação da universidade quanto à verdadeira média populacional)

$\sigma_{\bar{X}}$ = desvio padrão da distribuição amostral das médias

Suponha que saibamos hipoteticamente que o desvio padrão da distribuição amostral seja $ 700. Seguindo o procedimento padrão, convertemos a média amostral $ 23.500 em um escore z, como a seguir:

$$z = \frac{23.500 - 25.000}{700} = -2,14$$

O resultado do procedimento anterior nos dirá que uma média amostral de $ 23.500 se encontra exatamente 2,14 desvios padrão abaixo da alegada verdadeira média populacional de $ 25.000. Indo para a coluna (b) da Tabela A no Apêndice B, vemos que 43,38% das médias amostrais situam-se entre $ 23.500 e $ 25.000. A coluna (c) da Tabela A nos dá a porcentagem da distribuição que representa médias amostrais de $ 23.500 se a verdadeira média populacional for de $ 25.000. Esse valor é 1,62%. Portanto, a probabilidade de conseguir uma média amostral de $ 23.500 ou menor quando a média verdadeira da população é de $ 25.000 é de 0,02 arredondados (2 chances em 100). Com uma probabilidade tão pequena de estar errada, podemos dizer com alguma certeza que a verdadeira média populacional *não* é realmente $ 25.000. É discutível se o relato da universidade sobre a renda anual de seus recém-formados representa qualquer outra coisa a não ser uma propaganda malfeita.

Erro padrão da média

Até o momento, simulamos o fato de o pesquisador social possuir, na realidade, informações de primeira mão sobre a distribuição amostral das médias. Agimos como se ele, assim como o pesquisador excêntrico, realmente tivesse coletado dados de um grande número de médias amostrais tiradas aleatoriamente de uma população. Dessa maneira, seria uma tarefa bastante simples fazer generalizações a respeito da população, pois a média das médias assumiria um valor que seria igual à verdadeira média populacional.

Na prática, na verdade, o pesquisador social raramente coleta dados sobre mais do que uma ou duas amostras, das quais ele ainda espera poder fazer generalizações sobre uma população inteira. Realizar uma distribuição amostral de médias exige o mesmo esforço que levaria para estudar todos os membros da população. Como resultado, o pesquisador social não tem um conhecimento real quanto à média das médias ou quanto ao desvio padrão da distribuição amostral. Entretanto, o desvio padrão de uma distribuição amostral teórica (a distribuição que existiria na teoria se as médias de todas as amostras fossem obtidas) pode ser derivada. Essa quantidade — conhecida como *erro padrão da média* ($\sigma_{\bar{X}}$) — é obtida pela divisão do desvio padrão da população pela raiz quadrada do tamanho da amostra. Ou seja,

$$\sigma_{\bar{X}} = \frac{\sigma}{\sqrt{N}}$$

Para exemplificar essa questão, o teste de QI é padronizado para que a média populacional (μ) seja de 100, e o desvio padrão populacional (σ) seja 15. Se você tomasse uma amostra de 10, a média amostral estaria sujeita a um erro padrão de:

$$\sigma_{\bar{X}} = \frac{15}{\sqrt{10}}$$

$$= \frac{15}{3,1623}$$

$$= 4,74$$

Desse modo, enquanto os escores de QI da população têm um desvio padrão $\sigma = 15$, a distribuição amostral da média amostral para $N = 10$ tem um erro padrão (desvio padrão teórico) de $\sigma_{\bar{X}} = 4,74$.

Como foi observado anteriormente, o pesquisador social que investiga apenas uma ou duas amostras não pode saber a média das médias, o valor que é igual à verdadeira média populacional. Ele apenas tem a média amostral obtida, que difere da média verdadeira populacional como resultado do erro amostral. Mas não demos a volta completa até nossa posição inicial? Como é possível estimar a verdadeira média populacional a partir de uma única média amostral, especialmente quando temos em mente essas diferenças inevitáveis entre amostras e populações?

A verdade é que nos afastamos consideravelmente de nossa posição original. Tendo discutido a natureza da distribuição amostral das médias, estamos agora preparados para estimar o valor da média populacional. Com a ajuda do erro padrão da média, podemos calcular a variação de valores médios dentro da qual nossa verdadeira média populacional provavelmente se situará. Também podemos estimar a probabilidade de nossa média populacional situar-se realmente dentro daquele intervalo de valores médios. Esse é o conceito do *intervalo de confiança*.

Intervalos de confiança

Para explorar o procedimento para determinação de um *intervalo de confiança*, continuaremos com o caso dos escores de QI. Suponha que a diretora de uma determinada escola particular queira estimar o QI médio de seu corpo discente sem ter de gastar o tempo e o dinheiro necessários para aplicar os testes a todos os 1.000 estudantes. Em vez disso, ela escolhe 25 estudantes ao acaso e aplica o teste. Ela descobre que a média para a sua amostra é 105. Ela também descobre que, devido ao fato de esse valor de $\bar{X}$ vir de uma amostra em vez da população inteira de estudantes, ela não pode ter certeza de que $\overline{X}$ realmente reflita o escore da população de estudantes. Afinal de contas, já vimos que erros amostrais são o produto inevitável de medir apenas uma porção da população.

Sabemos, entretanto, que 68,26% de todas médias de amostras aleatórias na distribuição amostral de médias recairá entre –1 erro padrão e +1 erro padrão da verdadeira média populacional. Em nosso caso (com escores de QI para os quais $\sigma = 15$), temos um erro padrão de:

$$\sigma_{\overline{X}} = \frac{\sigma}{\sqrt{N}}$$

$$= \frac{15}{\sqrt{25}}$$

$$= \frac{15}{5}$$

$$= 3$$

Portanto, usando 105 como uma *estimativa* da média de todos os estudantes (uma estimativa da verdadeira média populacional), podemos estabelecer um intervalo dentro do qual há 68 chances em 100 (arredondando) de que a verdadeira média populacional caia. Conhecido como *intervalo de confiança de 68%* (IC), essa variação de QIs médios está graficamente ilustrada na Figura 6.6.

$$\text{IC de } 68\% = \overline{X} \pm \sigma_{\overline{X}}$$

onde $\overline{X}$ = média amostral
$\sigma_{\overline{X}}$ = erro padrão da média amostral

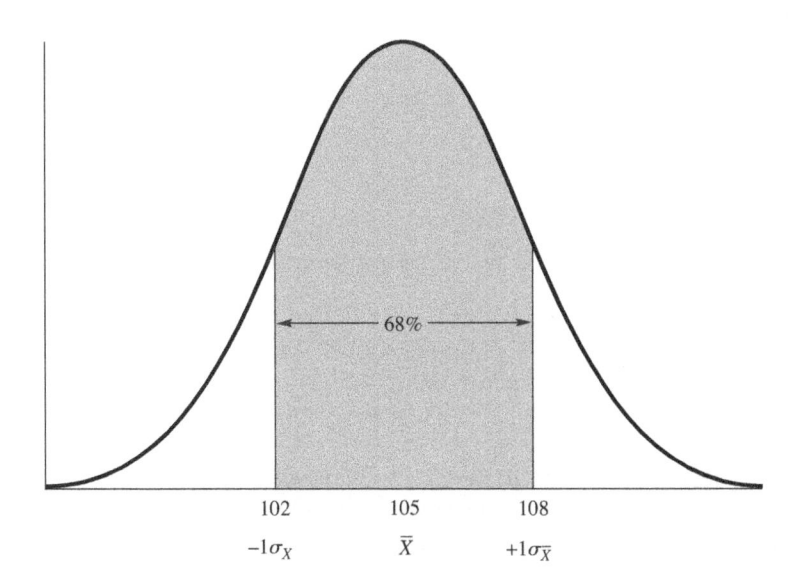

Figura 6.6 Um intervalo de confiança de 68% para a verdadeira média populacional com $\overline{X} = 105$ e $\sigma_{\overline{X}} = 3$.

Ao aplicarmos a fórmula nesse caso,

$$IC\ de\ 68\% = 105 \pm 3$$
$$= 102\ a\ 108$$

A diretora pode concluir, portanto, com um grau de certeza de 68%, que o QI médio de toda a escola (μ) é 105, mais ou menos 3. Em outras palavras, há 68 chances em 100 ($P = 0,68$) de que a verdadeira média populacional se encontre dentro do intervalo 102 a 108. Essa estimativa é feita apesar do erro amostral, mas com uma margem de erro de ± 3 e a um nível de probabilidade especificado (68%), conhecido como o *nível de confiança*.

Intervalos de confiança podem ser construídos tecnicamente para qualquer nível de probabilidade. Pesquisadores sociais não têm confiança suficiente para estimar uma média populacional sabendo que há apenas 68 chances em 100 de estarem corretos (68 em cada 100 médias amostrais se enquadram no intervalo de 102 a 108). Como resultado, tornou-se uma questão de convenção usar um intervalo de confiança *mais amplo* e menos preciso, tendo uma *probabilidade maior* de fazer uma estimativa precisa ou verdadeira da média populacional. Um padrão assim é encontrado no *intervalo de confiança de 95%* (IC), por meio do qual a média populacional é estimada, sabendo que há 95 chances em 100 de estar certa; há 5 chances em 100 de estar errada (95 em cada 100 médias amostrais situam-se dentro do intervalo). Mesmo quando usando o intervalo de confiança de 95%, entretanto, sempre devemos ter em mente que a média amostral do pesquisador poderia ser uma das cinco médias amostrais que ficam fora do intervalo estabelecido. Na tomada de decisões estatística, nunca se tem certeza absoluta.

E como fazemos para calcular o intervalo de confiança de 95%? Já sabemos que 95,44% das médias amostrais em uma distribuição amostral situam-se entre $-2\sigma_{\bar{X}}$ e $+2\sigma_{\bar{X}}$ da média das médias. Consultando a Tabela A, podemos afirmar que 1,96 erro padrão em ambas as direções abrangem exatamente 95% das médias amostrais (47,50% em qualquer um dos lados da média das médias). Para calcular o intervalo de confiança de 95%, primeiro temos de multiplicar o erro padrão da média por 1,96 (o intervalo é de 1,96 unidade de $\sigma_{\bar{X}}$ em qualquer uma das direções da média). Portanto,

$$\boxed{IC\ de\ 95\% = \bar{X} \pm 1,96\sigma_{\bar{X}}}$$

onde $\bar{X}$ = média amostral
$\sigma_{\bar{X}}$ = erro padrão da média amostral

Se aplicarmos o intervalo de confiança de 95% a nossa estimativa do QI médio de um corpo discente, vemos que:

$$IC\ de\ 95\% = 105 \pm (1,96)(3)$$
$$= 105 \pm 5,88$$
$$= 99,12\ a\ 110,88$$

Portanto, a diretora pode ter 95% de certeza de que a média populacional se encontra no intervalo 99,12 a 110,88. Observe que, se alguém perguntar se seus estudantes têm um QI acima da norma (a norma é 100), ela não poderia realmente concluir que esse seria o caso com 95% de certeza. Isso ocorre porque a verdadeira média populacional de 100 está dentro de 95% da esfera de possibilidades com base nesses resultados. Entretanto, dado o intervalo de confiança de 68%

(102 a 108), a diretora poderia afirmar com 68% de certeza que os estudantes em sua escola têm uma média de QI acima da norma.

Um intervalo de confiança ainda mais rigoroso é o *intervalo de confiança de 99%*. Na Tabela A do Apêndice B, vemos que o escore $z = 2,58$ representa 49,50% da área em qualquer um dos lados da curva. Multiplicar esse montante por 2 produz 99% da área sob a curva; 99% das médias amostrais se enquadram nesse intervalo. Em termos de probabilidade, 99 em cada 100 médias amostrais caem entre $-2,58\sigma_{\bar{X}}$ e $+2,58\sigma_{\bar{X}}$ da média. Por outro lado, apenas 1 em cada 100 médias fica fora do intervalo. Pela fórmula,

$$\text{IC de } 99\% = \bar{X} \pm 2,58\sigma_{\bar{X}}$$

onde $\bar{X}$ = média amostral
$\sigma_{\bar{X}}$ = erro padrão da média amostral

Em relação à estimativa do QI médio para a população de estudantes,

$$\begin{aligned}\text{IC de } 99\% &= 105 \pm (2,58)(3) \\ &= 105 \pm 7,74 \\ &= 97,26 \text{ a } 112,74\end{aligned}$$

Consequentemente, com base na amostra de 25 estudantes, a diretora pode inferir com 99% de certeza de que o QI médio para a escola inteira se encontra entre 97,26 e 112,74.

Observe que o intervalo de confiança de 99% consiste em uma faixa mais ampla (97,26 a 112,74) do que o intervalo de confiança de 95% (99,12 a 110,88). O intervalo de 99% compreende mais do que a área total sob a curva normal e, portanto, um número maior de médias amostrais. Essa faixa mais ampla de escores médios nos proporciona uma certeza maior de que tenhamos estimado com precisão a verdadeira média populacional. Apenas uma única média amostral em cada 100 se encontra fora do intervalo. Por outro lado, ao aumentar nosso nível de confiança de 95% para 99%, também sacrificamos um grau de precisão no cálculo da média populacional. Mantendo o tamanho da amostra constante, o pesquisador social tem de escolher entre uma precisão maior e uma certeza maior de estar correto.

A precisão de uma estimativa é determinada pela *margem de erro*, obtida pela multiplicação do erro padrão pelo escore z que representa um nível desejado de confiança. Essa é a extensão da diferença esperada entre a média amostral e a média populacional, devido somente ao erro amostral.

A Figura 6.7 compara intervalos de confiança para os níveis de confiança de 68%, 95% e 99%. Quanto maior o nível de confiança com que o intervalo inclui a verdadeira média populacional, maior o escore z, maior a margem de erro e mais amplo o intervalo de confiança.

A distribuição *t*

Até agora, lidamos apenas com situações nas quais o erro padrão da média era conhecido ou podia ser calculado a partir do desvio padrão populacional pela fórmula:

$$\sigma_{\bar{X}} = \frac{\sigma}{\sqrt{N}}$$

Se encararmos os fatos de maneira realista, faz pouco sentido que soubéssemos o desvio padrão de nossa variável na população (σ), mas não soubéssemos e precisássemos estimar a média populacional (μ). Realmente há muito poucos casos em que o desvio padrão da população (e, desse

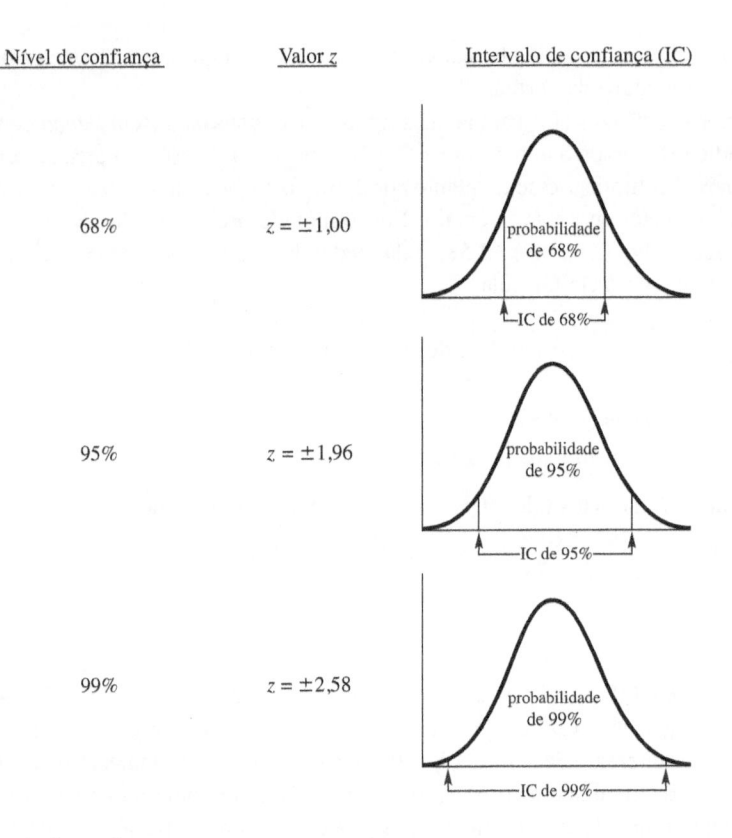

Nível de confiança	Valor z	Intervalo de confiança (IC)
68%	$z = \pm 1{,}00$	probabilidade de 68% / IC de 68%
95%	$z = \pm 1{,}96$	probabilidade de 95% / IC de 95%
99%	$z = \pm 2{,}58$	probabilidade de 99% / IC de 99%

Figura 6.7 Níveis de confiança.

modo, o erro padrão da média $\sigma_{\bar{X}}$) seja conhecido. Em determinados campos de educação e psicologia, os desvios padrão para escalas padronizadas, como os escores SAT e QI, são determinados pelo planejamento do teste. Normalmente, entretanto, precisamos estimar não somente a média populacional de uma amostra, mas também o erro padrão da mesma amostra.

Para obter uma *estimativa* do erro padrão da média, poderíamos ser tentados simplesmente a substituir o desvio padrão populacional na fórmula anterior do erro padrão pelo desvio padrão. Isso, entretanto, tenderia a subestimar, por pouco que fosse, o vulto do verdadeiro erro padrão. Isso problema surge porque o desvio padrão amostral tende a ser um pouco menor do que o desvio padrão populacional.

Lembre-se de que vimos no Capítulo 3 que a média é o ponto de equilíbrio dentro de uma distribuição de escores; a média é o ponto em uma distribuição em torno do qual os escores acima dele se equilibram perfeitamente com aqueles abaixo dele, como na analogia da alavanca e do ponto de apoio na Figura 3.2. Consequentemente, a soma dos quadrados dos desvios (e, portanto, a variância e o desvio padrão) calculada em torno da média é menor do que qualquer outro ponto de comparação.

Desse modo, para uma determinada amostra extraída de uma população, a variância e o desvio padrão amostral (s^2 e s) são menores quando calculados a partir da média amostral do que seriam se a média populacional (μ) fosse conhecida e utilizada no lugar da média amostral. De certa maneira, a média amostral é feita sob medida para a amostra, enquanto que a média populacional é um tanto divergente; ela se encaixa relativamente bem aos dados amostrais, mas não perfeitamente como a média amostral. Desse modo, a variância e o desvio padrão amostral são estimativas ligeiramente tendenciosas (tendem a ser pequenas demais) da variância e do desvio padrão populacionais.

QUADRO 6.2 Exemplo passo a passo: intervalo de confiança de 95% usando z

Usando um exemplo passo a passo, resumiremos o método de determinação do intervalo de confiança de 95%. Suponha que uma determinada companhia automobilística gostaria de determinar o número de milhas rodadas por galão esperado de seus novos modelos. Com base em anos de experiência com carros, o profissional de estatística da empresa percebe que nem todos os carros são iguais, e que o desvio padrão de 4 milhas por galão ($\sigma = 4$) deve ser esperado devido a variações em peças e montagem. Para estimar a média de milhas por galão do novo modelo, ele testa uma amostra aleatória de 100 carros saídos da linha de montagem e obtém uma média amostral de 26 milhas por galão.

Seguimos os passos adiante para obtermos um intervalo de confiança de 95% para a média de milhas por galão para todos os carros desse modelo.

Passo 1 Obtenha a média para uma amostra aleatória (ela é dada, nesse caso).

$$N = 100, \ \bar{X} = 26$$

Passo 2 Calcule o erro padrão da média (sabendo que $\sigma = 4$).

$$\sigma_{\bar{X}} = \frac{\sigma}{\sqrt{N}}$$
$$= \frac{4}{\sqrt{100}}$$
$$= \frac{4}{10}$$
$$= 0{,}4$$

Passo 3 Calcule a margem de erro multiplicando o erro padrão da média por 1,96, o valor z para um intervalo de confiança de 95%.

Margem de erro = $1{,}96\sigma_{\bar{X}}$
$= (1{,}96)(0{,}4)$
$= 0{,}78$

Passo 4 Some e subtraia a margem de erro à média amostral para encontrar o intervalo de escores médios, dentro do qual esperamos que se situe a média populacional, com 95% de confiança.

IC de 99% = $\bar{X} \pm 1{,}96\sigma_{\bar{X}}$
$= 26 \pm 0{,}78$
$= 25{,}22 \text{ a } 26{,}78$

Desse modo, o estatístico pode ter 95% de certeza de que a verdadeira média de milhas por galão para esse modelo (μ) se encontra entre 25,22 e 26,78.

É necessário, portanto, dar alguma folga a esses números, isto é, aumentar ligeiramente a variância e o desvio padrão amostrais para produzir estimativas mais precisas de variância e desvio padrão populacionais. Para fazer isso, dividimos por $N - 1$ em vez de N. Isto é, estimativas não tendenciosas da variância e do desvio padrão populacionais são dadas por

$$\hat{\sigma}^2 = \frac{\Sigma(X - \bar{X})^2}{N - 1}$$

e

$$\hat{\sigma} = \sqrt{\frac{\Sigma(X - \bar{X})^2}{N - 1}}$$

QUADRO 6.3 Exemplo passo a passo: intervalo de confiança de 99% usando z

Ao repassar esses dados a seus superiores, o estatístico é informado de que uma certeza de 95% não é suficiente. Para ter 99% de certeza, ele não precisa coletar mais dados, mas apenas realizar alguns cálculos adicionais para um intervalo de confiança de 99% usando um valor diferente de z.

Passo 1 Obtenha a média para uma amostra aleatória (essa é a mesma usada para o intervalo de confiança de 95%).

$$N = 100, \quad \overline{X} = 26$$

Passo 2 Calcule o erro padrão da média (esse é o mesmo usado para o intervalo de confiança de 95%).

$$\sigma_{\overline{X}} = \frac{\sigma}{\sqrt{N}} = \frac{4}{\sqrt{100}} = \frac{4}{10} = 0{,}4$$

Passo 3 Calcule a margem de erro multiplicando o erro padrão da média por 2,58, o valor de z para um intervalo de confiança de 99% (começamos a ver uma mudança do intervalo de confiança de 95%).

Margem de erro = $2{,}58\,\sigma_{\overline{X}}$
= (2,58)(0,4)
= 1,03

Passo 4 Some e subtraia a margem de erro à média amostral para encontrar o intervalo de escores médios, dentro do qual esperamos que se situe a média populacional, com 99% de confiança.

IC de 99% = $\overline{X} \pm 2{,}58\,\sigma_{\overline{X}}$
= 26 ± 1,03
= 24,97 a 27,03

Desse modo, o estatístico tem 99% de certeza de que a média verdadeira de milhas por galão para esse modelo (μ) encontra-se entre 24,97 e 27,03. Ao repassar essa informação com 99% de certeza a seus superiores, eles reclamam que o intervalo está mais amplo do que estava antes, e que a estimativa é menos precisa. O estatístico lhes explica que quanto maior o grau de confiança, maior o intervalo, de maneira que 99% das médias amostrais foram abrangidas, em vez de apenas 95%. Eles ainda não ficam satisfeitos, de maneira que o estatístico decide aumentar o tamanho da amostra, o que reduzirá o erro padrão e, como consequência, reduzirá a amplitude do intervalo de confiança.

O acento circunflexo sobre a letra grega σ indica que se trata de uma estimativa de amostra não tendenciosa do valor da população em questão.[3] Observe que em grandes amostras essa correção é trivial (s^2 e s são quase equivalentes a $\hat{\sigma}^2$ e $\hat{\sigma}$). Esse deveria ser o caso, pois em grandes amostras a média amostral tende a ser uma estimativa muito confiável (próxima) da média populacional.

A distinção entre a variância e o desvio padrão amostrais usando o tamanho da amostra N como denominador *versus* a estimativa da amostra da variância e do desvio padrão populacional usando $N-1$ como o denominador pode ser pequena em termos de cálculo, mas é importante teoricamente. Isto é, faz pouca diferença em termos de resultado numérico final se dividimos por N ou $N-1$, especialmente se o tamanho da amostra N for grande. Contudo, há dois propósitos muito diferentes no cálculo da variância e do desvio padrão: (1) descrever a extensão de variabilidade dentro de uma amostra de casos ou entrevistados e (2) fazer uma inferência ou generalização a

---

[3] Alternativamente, $\hat{\sigma}^2$ e $\hat{\sigma}$ podem ser calculados a partir de s^2 e s pela multiplicação por um fator de correção de tendência, $N/(N-1)$. Especificamente,

$$\hat{\sigma}^2 = s^2 \frac{N}{N-1} \quad \text{e} \quad \hat{\sigma} = s\sqrt{\frac{N}{N-1}}$$

respeito da extensão da variabilidade dentro da população maior de casos da qual uma amostra foi extraída. É provável que um exemplo seja de grande ajuda nesse momento.

Suponha que uma professora de ensino fundamental esteja testando um novo currículo de matemática baseado em linguagem que ensine habilidades matemáticas por meio de problemas com palavras e raciocínio lógico, em vez da memorização mecânica de fatos matemáticos. Um pouco antes do final do ano escolar, ela aplica uma prova de matemática a sua turma de 25 alunos para determinar o aproveitamento na nova estratégia de ensino. Seu interesse se encontra não somente no desempenho médio da turma (escore médio), mas também em se a nova abordagem tende a ser fácil para alguns alunos, mas difícil para outros (desvio padrão). Na realidade, ela suspeita que o currículo pode ser interessante, mas não para todos os tipos de estudantes. Ela calcula a variância amostral (e o desvio padrão) usando o denominador N, pois seu único interesse são os seus alunos. Ela não tem interesse em ampliar a generalização para alunos de outras escolas.

No fim das contas, essa mesma turma foi identificada pela empresa que projetou o currículo como um "caso de teste". Como não seria exeqüível reunir uma seleção verdadeiramente aleatória de estudantes de quartas séries em todo o país na mesma sala de aula, essa turma em particular foi vista como "relativamente representativa" de alunos de quarta série. O interesse dos planejadores se estende bem além das paredes daquela sala de aula, é claro. Seu interesse está em usar essa amostra de 25 alunos da quarta série para estimar a tendência central e a variabilidade na população como um todo (isto é, generalizar para todos os alunos de quarta série que tivessem cursado esse currículo). O escore do teste médio da amostra para a turma poderia ser usado para generalizar a média populacional, mas a variância e o desvio padrão amostrais teriam de ser ligeiramente ajustados. Especificamente, usar $N - 1$ no denominador proporciona uma estimativa não tendenciosa ou justa da variabilidade que existiria na população inteira de alunos de quarta série.

A essa altura, temos apenas um interesse passageiro em estimar o desvio padrão populacional. Nosso interesse principal aqui é estimar o desvio padrão da média baseado em uma amostra de N escores. Não obstante isso, o mesmo procedimento de correção se aplica. Isto é, uma estimativa não tendenciosa do erro padrão da média é dada substituindo-se σ por s e N por $N - 1$,

$$s_{\bar{X}} = \frac{s}{\sqrt{N - 1}}$$

onde s é o desvio padrão amostral, como obtivemos no Capítulo 4, de uma distribuição de escores brutos ou de uma distribuição de frequência. Tecnicamente, a estimativa não tendenciosa do erro padrão deve ser simbolizada por $\hat{\sigma}_{\bar{X}}$ em vez de $s_{\bar{X}}$. Entretanto, em prol da simplicidade, $s_{\bar{X}}$ pode ser usado sem confusão alguma como uma estimativa não tendenciosa do erro padrão.

Um outro problema surge quando estimamos o erro padrão da média. A distribuição amostral das médias não é mais perfeitamente normal quando não conhecemos o desvio padrão da população. Isto é, a razão

$$\frac{\bar{X} - \mu}{s_{\bar{X}}}$$

com um erro padrão estimado no denominador, que não segue exatamente z ou a distribuição normal. O fato de estimarmos o erro padrão dos dados da amostra acrescenta um montante extra de incerteza na distribuição de médias amostrais, além da incerteza oriunda somente da variabilidade amostral. Em particular, a distribuição amostral de médias quando estimamos o erro padrão é um pouco mais ampla (mais dispersa) do que a distribuição normal, devido a essa fonte a mais de variabilidade (isto é, a incerteza de se estimar o erro padrão da média). A razão

$$t = \frac{\overline{X} - \mu}{s_{\overline{X}}}$$

segue uma distribuição conhecida como distribuição *t*, e por isso é chamada de *razão t*. Na realidade, há toda uma família de distribuições *t* (veja a Figura 6.8). Um conceito conhecido como *graus de liberdade* (que encontraremos frequentemente em capítulos posteriores) é usado para determinar qual das distribuições *t* se aplica a uma determinada instância. Os graus de liberdade indicam quão próxima da curva normal chega a distribuição *t*.[4] Ao estimarmos uma média populacional, notamos que o número de graus de liberdade é um a menos do que o tamanho da amostra, isto é,

$$gl = N - 1$$

Quanto maior o número de graus de liberdade, maior o tamanho da amostra e mais próxima à distribuição normal está a distribuição *t*. Isso faz bastante sentido, pois o grau de incerteza que nos

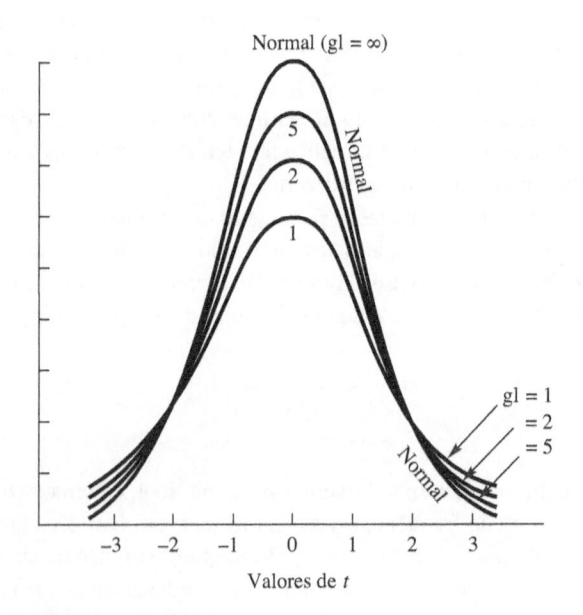

Figura 6.8 Família de distribuições *t*.

---

[4] Outra maneira de olhar para o conceito de graus de liberdade é um pouco mais sutil. Graus de liberdade são os números de observações que são livres em vez de fixos. Ao calcular a variância amostral que será usada na determinação da estimativa do erro padrão ($s_{\overline{X}}$), realmente não temos *N* observações livres. Como a média amostral é um elemento no cálculo do desvio padrão da amostra, ela tem de ser considerada uma quantidade fixa. Então, assim que tivermos todas exceto a última observação (*N* − *1* delas), a última observação será predeterminada. Por exemplo, para o conjunto de dados 2, 3 e 7, presumimos como certo que a média é de 4 quando calculamos o desvio padrão da amostra. Se alguém lhe dissesse que a média dos três casos era 4 e que dois dos casos eram 2 e 3, você saberia então que o último caso teria de ser 7. Isso porque, para a média de três observações ser 4, $\Sigma X = 12$.

faz usar uma razão *t* em vez de um escore *z* diminui à medida que o tamanho da amostra aumenta. Em outras palavras, a qualidade ou a confiabilidade de nossa estimativa de erro padrão da média aumenta à medida que o tamanho de nossa amostra aumenta, e assim a razão *t* se aproxima de um escore *z*. Lembre-se de que a única diferença entre a razão *t* e o escore *z* é que a primeira usa uma estimativa de erro padrão baseada em dados amostrais. A fim de enfatizar essa questão, repetimos que, à medida que o tamanho da amostra e, desse modo, os graus de liberdade aumentam, a distribuição *t* se torna uma aproximação mais apropriada para a distribuição normal ou *z*.

Ao lidar com a distribuição *t*, usamos a Tabela C em vez da Tabela A. Diferentemente da Tabela A, para a qual tivemos de buscar valores de *z* que correspondessem a 95% e 99% das áreas sob a curva, a Tabela C está calibrada para áreas especiais. Mais precisamente, a Tabela C está calibrada para vários níveis de α (letra grega para alfa). O valor α representa a área nas extremidades da distribuição *t*. Desse modo, o valor α é igual a *1 menos o nível de confiança*. Isto é,

$$\alpha = 1 - \text{nível de confiança}$$

Por exemplo, para um nível de confiança de 95%, $\alpha = 0,05$. Para um nível de confiança de 99%, $\alpha = 0,01$.

Chegamos à Tabela C (a primeira página da tabela que indica um teste bilateral no cabeçalho — falaremos mais sobre isso adiante) com duas informações: (1) o número de graus de liberdade (que é $N - 1$ para estimar a média amostral) e (2) o valor alfa, a área nas extremidades da distribuição. Por exemplo, se quiséssemos construir um intervalo de confiança de 95% com um tamanho de amostra de 20, teríamos 19 graus de liberdade (gl = 20 − 1 = 19), $\alpha = 0,05$ de área combinada em duas extremidades, e, como consequência, um valor *t* da Tabela C de 2,093.

Entretanto, o que você faria com amostras maiores para as quais os graus de liberdade possam não aparecer na Tabela C? Por exemplo, um tamanho amostral de 50 produz 49 graus de liberdade. O valor *t* para 49 graus de liberdade e $\alpha = 0,05$ está em algum lugar entre 2,021 (para gl = 40) e 2,000 (para gl = 60). Levando-se em consideração que esses dois valores de *t* sejam tão próximos, faz pouca diferença na prática o que decidirmos para obter um valor ajustado. Entretanto, para manter-se do lado da segurança, é recomendável que se escolham graus mais modestos de liberdade (40) e, desse modo, o valor maior de *t* (2,021).

A razão para que *t* não esteja tabelado para todos os graus de liberdade acima de 30 é que eles se tornam tão próximos que seria como separar fios de cabelo. Observe que os valores de *t* ficam menores e tendem a convergir à medida que os graus de liberdade aumentam. Por exemplo, os valores de *t* para $\alpha = 0,05$ começam em 12,706 para 1 gl, diminuem rapidamente para apenas um pouco menos de 3,0 para 4 gl, gradualmente se aproximam de um valor de 2,000 para 60 gl e por fim se aproximam de um limite de 1,960 para graus infinitos de liberdade (isto é, uma amostra infinitamente grande). Esse limite de 1,960 também é o valor de 0,05 para *z* que encontramos anteriormente na Tabela A. Novamente, vemos que a distribuição *t* se aproxima da distribuição normal ou de *z* à medida que o tamanho da amostra aumenta.

Desse modo, para casos nos quais o erro padrão da média é estimado, podemos construir intervalos de confiança usando um valor de tabela apropriado de *t* como a seguir:

$$\boxed{\text{Intervalo de confiança} = \overline{X} \pm ts_{\overline{X}}}$$

QUADRO 6.4 Exemplo passo a passo: intervalo de confiança usando t

Com um exemplo passo a passo, veremos como o uso da distribuição t se traduz na construção de intervalos de confiança. Suponha que um pesquisador quisesse examinar a extensão de cooperação entre crianças no jardim de infância. Para fazer isso, ele observa de maneira discreta um grupo de crianças que brincam por 30 minutos e anota o número de atos cooperativos em que cada criança se engajou. A seguir, o número de atos cooperativos exibidos por cada criança:

X	1	5	2	3	4	1	2	2	4	3

Passo 1 Calcule a média amostral.

X
1
5
2
3
4
1
2
2
4
3
$\Sigma X = 27$

$$\bar{X} = \frac{\Sigma X}{N} = \frac{27}{10} = 2{,}7$$

Passo 2 Obtenha o desvio padrão da amostra (usaremos a fórmula para escores brutos).

X	X²
1	1
5	25
2	4
3	9
4	16
1	1
2	4
2	4
4	16
3	9
	$\Sigma X^2 = 89$

$$s = \sqrt{\frac{\Sigma X^2}{N} - \bar{X}^2}$$
$$= \sqrt{\frac{89}{10} - (2{,}7)^2}$$
$$= \sqrt{8{,}9 - 7{,}29}$$
$$= \sqrt{1{,}61}$$
$$= 1{,}2689$$

Passo 3 Obtenha o erro padrão estimado da média.

$$s_{\bar{X}} = \frac{s}{\sqrt{N-1}}$$
$$= \frac{1{,}2689}{\sqrt{10-1}}$$
$$= \frac{1{,}2689}{3}$$
$$= 0{,}423$$

Passo 4 Determine o valor de t da Tabela C.

$$gl = N - 1 = 10 - 1 = 9$$
$$\alpha = 0{,}05$$

Desse modo,

$$t = 2{,}262$$

Passo 5 Obtenha a margem de erro multiplicando o erro padrão da média por 2,262.

$$\text{Margem de erro} = ts_{\bar{X}}$$
$$= (2{,}262)(0{,}423)$$
$$= 0{,}96$$

Passo 6 Some e subtraia esse produto da média amostral para calcular o intervalo dentro do qual temos 95% de certeza de que a média populacional caia.

$$\text{IC de 95\%} = \bar{X} \pm ts_{\bar{X}}$$
$$= 2{,}7 \pm 0{,}96$$
$$= 1{,}74 \text{ a } 3{,}66$$

Desse modo, podemos ter 95% de certeza que o número médio de atos cooperativos para todas as crianças no jardim de infância está entre 1,74 de 3,66.

Para construir um intervalo de confiança de 99%, os passos 1 a 3 permaneceriam os mesmos. Em seguida, com gl = 9 e $\alpha = 0{,}01$ (isto é, 1 − 0,99 = 0,01), da Tabela B, calculamos $t = 3{,}250$. O intervalo de confiança é, então,

IC de 99% = $\bar{X} \pm ts_{\bar{X}}$
= 2,7 ± (3,250)(0,423)
= 2,7 ± 1,37
= 1,33 a 4,07

Desse modo, podemos ter 99% de certeza de que a média populacional (número médio de atos cooperativos) está entre 1,33 e 4,07. Esse intervalo é de certa maneira mais amplo que o intervalo de 95% (1,74 a 3,66), mas essa troca nos dá mais confiança em nossa estimativa.

Estimativa de proporções

Até agora, temos nos concentrado em procedimentos para estimar médias populacionais. O pesquisador social frequentemente busca produzir uma estimativa de uma *proporção* populacional estritamente com base em uma proporção obtida em uma amostra aleatória. Uma circunstância familiar é a do pesquisador de opinião pública cujos dados sugerem que uma determinada proporção dos votos irá para um partido político em particular, ou a um candidato a um cargo. Quando o pesquisador relata que 45% dos votos serão a favor de um determinado candidato, ele o faz com a percepção de que está menos do que 100% certo disso. Em geral, ele está 95% ou 99% certo de que sua proporção estimada está dentro da variação populacional (por exemplo, entre 40% e 50%).

Estimamos proporções por meio do procedimento que usamos há pouco para estimar médias. Todas as estatísticas — incluindo médias e proporções — têm suas distribuições amostrais, e a distribuição amostral de uma proporção é normal. Da mesma maneira que calculamos anteriormente o erro padrão da média, podemos calcular agora o *erro padrão da proporção*. Pela fórmula,

$$s_P = \sqrt{\frac{P(1-P)}{N}}$$

onde s_p = erro padrão da proporção (uma estimativa do desvio padrão da distribuição amostral de proporções)
P = proporção da amostra
N = número total na amostra

Para fins ilustrativos, digamos que 45% de uma amostra aleatória de 100 estudantes universitários relatam que são a favor da legalização de todas as drogas. O erro padrão da proporção seria

$$s_P = \sqrt{\frac{(0,45)(0,55)}{100}}$$
$$= \sqrt{\frac{0,2475}{100}}$$
$$= \sqrt{0,0025}$$
$$= 0,05$$

A distribuição t foi usada previamente para construir intervalos de confiança para a média populacional quando a média populacional (μ) e o desvio padrão populacional (σ) eram ambos desconhecidos e tinham de ser estimados. Ao lidar com proporções, entretanto, apenas *uma* quantidade é desconhecida: estimamos a proporção populacional π (a letra grega *pi*) pela proporção da amostra P. Consequentemente, usamos a distribuição z para construir intervalos de confiança para

QUADRO 6.5 Exemplo passo a passo: intervalo de confiança para proporções

Uma das aplicações mais comuns de intervalos de confiança para proporções surge nas pesquisas eleitorais. Organizações de pesquisa de opinião pública rotineiramente divulgam não apenas a proporção (ou porcentagem) de uma amostra de entrevistados que planejam votar em um determinado candidato, mas também a margem de erro — isto é, z multiplicado pelo erro padrão.

Suponha que uma organização de pesquisa pública local tenha contatado 400 eleitores registrados por telefone e perguntado a eles se tinham a intenção de votar no candidato A ou no candidato B. Suponha que 60% tenham indicado a intenção de votar no candidato A. Vamos deduzir agora o erro padrão, a margem de erro e o intervalo de confiança de 95% para a proporção que mostra as preferências pelo candidato A.

Passo 1 Obtenha o erro padrão da proporção.

$$s_P = \sqrt{\frac{P(1-P)}{N}}$$
$$= \sqrt{\frac{(0{,}60)(1-0{,}60)}{400}}$$
$$= \sqrt{\frac{0{,}24}{400}}$$
$$= \sqrt{0{,}0006}$$
$$= 0{,}0245$$

Passo 2 Multiplique o erro padrão da proporção por $z = 1{,}96$ para obter a margem de erro.

$$\text{Margem de erro} = (1{,}96)s_P$$
$$= (1{,}96)(0{,}0245)$$
$$= 0{,}048$$

Passo 3 Some e subtraia a margem de erro para calcular o intervalo de confiança.

$$\text{IC de 95\%} = P \pm (1{,}96)s_P$$
$$= 0{,}60 \pm 0{,}048$$
$$= 0{,}552 \text{ a } 0{,}648$$

Desse modo, com uma amostra de 400, a pesquisa tem uma margem de erro de $\pm 4{,}8\%$, ou cerca de 5%. Levando-se em consideração o intervalo de confiança (de aproximadamente 55% a 65%), o candidato A pode se sentir bastante seguro a respeito de suas perspectivas de receber mais do que 50% dos votos.

a proporção populacional (π) (com $z = 1{,}96$ para um intervalo de confiança de 95% e $z = 2{,}58$ para um intervalo de confiança de 99%), em vez da distribuição t.

Para calcular o intervalo de confiança de 95% para a proporção populacional, multiplicamos o erro padrão da proporção por 1,96 e somamos e subtraímos esse produto da proporção da amostra:

$$\boxed{\text{IC de 95\%} = P \pm 1{,}96 s_P}$$

onde P = proporção amostral
 s_p = erro padrão da proporção

Se buscamos estimar a proporção de estudantes universitários favoráveis à legalização das drogas,

$$\text{IC de 95\%} = 0{,}45 \pm (1{,}96)(0{,}05)$$
$$= 0{,}45 \pm 0{,}098$$
$$= 0{,}352 \text{ a } 0{,}548$$

Temos 95% de certeza de que a proporção verdadeira da população não é menor do que 0,352 nem maior do que 0,548. Mais especificamente, entre 35% e 55% dessa população de estudantes universitários é a favor da legalização de todas as drogas. Há uma chance de 5% que estejamos errados; 5 chances em 100 intervalos de confiança não conterão a proporção verdadeira da população.

Resumo

Pesquisadores raramente trabalham diretamente com cada um dos membros de uma população. Em vez disso, eles estudam um número menor de casos conhecido como amostra. Neste capítulo, exploramos os conceitos e procedimentos fundamentais relacionados à generalização de uma amostra para um grupo inteiro (isto é, população) que um pesquisador social busca compreender. Se todos os membros da população recebem a mesma chance de serem sorteados para a amostra, trata-se de uma amostragem aleatória; de outro modo, um tipo não aleatório é empregado. Foi sugerido que um erro amostral — a diferença inevitável entre uma amostra baseada no acaso e uma população — pode ser esperado, por mais que o plano de amostragem aleatória seja bem projetado e executado. Como resultado do erro amostral, é possível caracterizar uma distribuição amostral de médias, uma distribuição teórica na forma de uma curva normal cuja média (a média das médias) seja igual à verdadeira média populacional. Com a ajuda do erro padrão da média, é possível estimar o desvio padrão da distribuição amostral das médias. De posse dessas informações, podemos construir intervalos de confiança para as médias (ou proporções) dentro dos quais temos confiança (95% ou 99%) de que a verdadeira média populacional (ou proporção) realmente se situe. Dessa maneira, é possível generalizar uma amostra para uma população. O intervalo de confiança estabelece uma margem de erro ao estimarmos parâmetros da população (como μ e π) baseados em estatísticas de amostras (como $\bar{X}$ e P). O tamanho da margem de erro depende de três fatores: o nível de confiança usado (95% ou 99%), a magnitude do desvio padrão (s) da variável que é analisada e o número de casos na amostra (N). Neste capítulo, também introduzimos a distribuição t para muitas circunstâncias nas quais o desvio padrão populacional é desconhecido e deve ser estimado a partir de dados da amostra. A distribuição t terá um papel importante nos testes de hipóteses apresentados no capítulo a seguir.

Termos-chave

Alfa (α)
Amostra
Amostra aleatória
   Amostra aleatória simples
   Amostra estratificada
   Amostra por conglomerados ou em múltiplos estágios
   Amostra sistemática
Amostra não aleatória
   Intencional
   Por cota
   Por opinião ou julgamento

Distribuição amostral de médias
Distribuição t
Erro amostral
Erro padrão da média
Erro padrão da proporção
Graus de liberdade (gl)
Intervalo de confiança
Intervalo de confiança de 95%
Intervalo de confiança de 99%
Margem de erro
Nível de confiança
População (universo)

Exercícios

1. Na amostragem _____, todo membro de uma população recebe uma chance igual de ser selecionado para a amostra.
   a. intencional
   b. por cota
   c. por julgamento
   d. aleatória

2. A diferença inevitável entre a média de uma amostra e a média de uma população baseada somente no acaso é um(a):
   a. amostra aleatória.
   b. intervalo de confiança.
   c. erro amostral.
   d. probabilidade.

3. Uma distribuição de frequência de uma amostra aleatória de médias é um(a):
   a. amostra aleatória.
   b. intervalo de confiança.
   c. distribuição amostral de médias.
   d. erro padrão da média.

4. Por que uma distribuição amostral de médias assume a forma de uma curva normal?
   a. Amostra aleatória
   b. Probabilidade
   c. Intervalo de confiança
   d. Erro amostral

5. Alfa representa a área:
   a. nas extremidades de uma distribuição.
   b. em direção ao centro da distribuição.
   c. mais alta do que a média da distribuição.
   d. mais baixa do que a média da distribuição.

6. Suponha que saibamos que o desvio padrão populacional (σ) para um teste de desempenho padronizado distribuído normalmente é de 7,20. Qual seria o erro padrão da média amostral ($\sigma_{\bar{X}}$) se extraíssemos uma amostra aleatória de 16 escores do teste?

7. Suponha que a amostra aleatória no problema 6 tenha produzido os escores observados a seguir:

6	5	6	12	5	10	11	13
12	10	9	20	23	20	28	18

   a. Calcule o intervalo de confiança de 95% para a média.
   b. Calcule o intervalo de confiança de 99% para a média.

8. Agora suponha que não nos sintamos confortáveis ao presumir que σ = 7,20. Use os escores no Problema 7 para:
   a. estimar o erro padrão da média amostral ($s_{\bar{X}}$).
   b. calcular o intervalo de confiança de 95% para a média.
   c. calcular o intervalo de confiança de 99% para a média.

9. Estime o erro padrão da média para a seguinte amostra de 30 respostas em uma escala de 7 pontos que mede se um grupo extremista fascista deveria receber uma permissão para fazer uma demonstração pública (1 = se opõe fortemente e 7 = fortemente a favor).

3	5	1	4
3	3	6	6
2	3	3	1
1	2	2	1
5	2	1	3
4	3	1	4
5	2	2	3
3	4		

10. Com a média amostral do Problema 9, calcule (a) o intervalo de confiança de 95% e (b) o intervalo de confiança de 99%.

11. Faça uma estimativa do erro padrão da média com a seguinte amostra de 34 escores em um teste objetivo com 10 itens de reconhecimento de nomes de políticos.

10	1	4	8
10	7	5	5
5	6	6	10
7	6	3	8
5	7	4	7
4	6	5	5
6	5	6	4
7	3	5	4
8	5		

12. Com a média amostral do Problema 11, calcule (a) o intervalo de confiança de 95% e (b) o intervalo de confiança de 99%.

13. Faça uma estimativa do erro padrão da média com a seguinte amostra de 37 escores em uma escala de 7 pontos com opiniões a respeito de políticas de inclusão social (com 1 significando maior aprovação dessas políticas e 7, a maior rejeição):

7	1	4	6
5	1	5	2
4	2	5	3
6	5	2	1
6	7	1	5
2	4	1	7
1	3	3	2
1	5	2	
3	2	4	
6	4	7	

14. Faça uma estimativa do erro padrão da média com a seguinte amostra de 36 respostas em uma escala de 7 pontos que mede se a orientação sexual deveria ser protegida por leis de direitos civis (com 1 significando forte oposição e 7, forte apoio):

1	3	7	4	5	2
2	7	7	4	6	5
1	3	6	5	2	4
3	5	6	1	7	2
7	5	3	1	7	6
3	5	2	2	5	4

15. Com a média amostral do Problema 14, calcule (a) o intervalo de confiança de 95% e (b) o intervalo de confiança de 99%.

16. Para determinar os pontos de vista de estudantes em um determinado campus a respeito de fraternidades, uma escala de opiniões de 11 pontos foi administrada a uma amostra aleatória de 40 estudantes. Esse levantamento produziu uma média amostral de 6 (quanto mais alto o escore, mais favorável o ponto de vista em relação às fraternidades) e um desvio padrão de 1,5.
    a. Faça uma estimativa do erro padrão da média.
    b. Calcule o intervalo de confiança de 95% para a média populacional.
    c. Calcule o intervalo de confiança de 99% para a média populacional.

17. Em um estudo sobre consumo de cigarros, uma pesquisadora está interessada em estimar a idade média em que indivíduos começam a fumar. Sorteando uma amostra aleatória de 25 fumantes, ela determina uma média amostral de 16,8 anos e um desvio padrão amostral de 1,5 ano. Construa um intervalo de confiança de 95% para estimar a idade média em que a população começa a fumar.

18. Uma pesquisadora médica quer determinar o tempo de sobrevivência de pacientes diagnosticados com uma forma particular de câncer. Usando dados coletados de um grupo de 40 pacientes portadores da doença, ela observa um tempo de sobrevida médio (tempo até a morte) de 38 meses, com um desvio padrão de 9 meses. A partir de um nível de confiança de 95%, faça uma estimativa do tempo de sobrevida médio da população.

19. Uma pesquisadora médica está interessada nos cuidados do pré-natal recebidos por mulheres grávidas em cidades grandes. Ela entrevista 35 mulheres com crianças escolhidas ao acaso nas ruas de Baltimore e calcula que o número médio de check-ups ginecológicos por gravidez foi de 3, com um desvio padrão de 1. Usando um nível de confiança de 95%, faça uma estimativa do número médio de consultas ginecológicas por gravidez.

20. Um pesquisador educacional buscou estimar o número médio de amigos próximos que estudantes em um determinado campus fizeram durante seu primeiro ano na universidade. Ao questionar uma amostra aleatória de 50 estudantes que completava seu primeiro ano de estudos, descobriu uma média amostral de 3 amigos próximos e um desvio padrão amostral de 1. Construa um intervalo de confiança de 95% para estimar o número médio de amigos próximos feitos pela população de estudantes universitários durante seu primeiro ano no campus.

21. Uma administradora responsável pela educação universitária em um grande campus queria estimar o número médio de livros exigidos pelos professores. Usando dados da livraria, ela sorteou uma amostra aleatória de 25 cursos para os quais ela obteve uma média amostral de 2,8 livros e um desvio padrão amostral de 0,4. Construa um intervalo de confiança de 99% para estimar o número médio de livros designados pelos professores no campus.

22. Um departamento de polícia local tentou estimar a velocidade média (μ) de veículos em um trecho da avenida principal da cidade. Com um

radar escondido, a velocidade de uma seleção aleatória de 25 veículos foi medida, o que produziu uma média amostral de 42 milhas por hora e um desvio padrão de 6 milhas por hora.
a. Faça uma estimativa do erro padrão da média.
b. Calcule o intervalo de confiança de 95% para a média populacional.
c. Calcule o intervalo de confiança de 99% para a média populacional.

23. Para estimar a proporção de estudantes a favor de banir o álcool em um determinado campus, uma pesquisadora social entrevistou uma amostra aleatória de 200 estudantes da população universitária. Ela descobriu que 36% da amostra eram a favor de banir o álcool (proporção da amostra = 0,36). A partir dessa informação, (a) calcule o erro padrão da proporção e (b) calcule um intervalo de confiança de 95% para a proporção da população.

24. Uma organização de pesquisa de opinião pública entrevistou 400 fãs aleatoriamente, escolhidos por sua opinião sobre a aplicação de testes aleatórios para drogas em jogadores profissionais de basquete e descobriu que 68% era a favor desse tipo de regulamentação.
a. Calcule o erro padrão da proporção.
b. Calcule o intervalo de confiança de 95% para a proporção populacional.
c. Calcule o intervalo de confiança de 99% para a proporção populacional.

25. Uma importante organização de pesquisa conduziu um levantamento nacional para determinar qual porcentagem dos norte-americanos achava que sua situação econômica estava melhorando. Por telefone, 1.200 indivíduos escolhidos aleatoriamente responderam que sua própria situação econômica estava melhor hoje do que no ano passado, e 45% disseram que, de fato, eles estavam melhor agora do que antes.
a. Calcule o erro padrão da proporção.
b. Calcule o intervalo de confiança de 95% para a proporção populacional.
c. Calcule o intervalo de confiança de 99% para a proporção populacional.

26. Um distrito escolar local deseja monitorar as atitudes dos pais em relação à proposta de eliminação dos esportes após as aulas, como uma medida para reduzir custos. Em vez de enviar um questionário por intermédio dos alunos, o comitê da escola decide fazer uma pesquisa telefônica. De 120 pais entrevistados, 74 apoiaram o plano de suprimir o programa de esportes.
a. Estime o erro padrão da proporção.
b. Determine o intervalo de 95% de confiança para a proporção populacional.
c. Determine o intervalo de 99% de confiança para a proporção populacional.

27. Uma pesquisadora de opinião pública política fez o levantamento de uma amostra aleatória de 500 eleitores registrados, perguntando se eles tinham a intenção de votar no candidato A ou no candidato B. Usando um intervalo de confiança de 95%, determine se a pesquisadora de opinião pública tem razão em prever que o candidato A vencerá a eleição.

28. Nos dias atuais, muitos pais têm filhos muito mais tarde do que a geração de pais antes deles. Um pesquisador interessado em saber se adolescentes podem se relacionar bem com pais mais velhos entrevistou 120 estudantes do ensino médio com pelo menos um pai ou mãe com 40 anos ou mais do que eles, e descobriu que 35% sentiam que não conseguiam se relacionar bem com eles.
a. Calcule o erro padrão da proporção.
b. Calcule o intervalo de confiança de 95% para a proporção populacional.
c. Calcule o intervalo de confiança de 99% para a proporção populacional.

29. Para estimar a proporção de tropas que apoiam a política militar norte-americana "Don't ask, don't tell" (Não pergunte, não responda) de não obrigar que membros de suas tropas revelem sua orientação sexual, mas de expulsar aqueles que são abertamente homossexuais, um pesquisador político entrevistou uma amostra aleatória de 50 tropas da população de uma determinada base do exército. Ele descobriu que 69% da amostra eram favoráveis a essa política. A partir dessa informação, (a) calcule o erro padrão da proporção e (b) calcule o intervalo de confiança de 95% para a proporção da população.

Exercícios em SPSS

1. Usando o Monitoring the Future Study, calcule intervalos de confiança de 95% e 99% para a média populacional de estudantes de ensino médio e sua percepção do risco de ingerir cinco ou mais drinques, uma ou duas vezes a cada fim de semana (V1779). Dica: ANALYZE, COMPARE MEANS, ONE-SAMPLE T-TEST; configure as opções para as porcentagens desejadas.

2. Use o SPSS para recodificar o uso de maconha e haxixe durante a vida (V115) por estudantes do último ano do ensino médio como uma variável sim ou não. Usando essa variável recodificada, calcule intervalos de confiança de 95% e 99% para a proporção de alunos do último ano do ensino médio que usam maconha ou haxixe. Dica: TRANSFORM, RECODE INTO DIFFERENT VARIABLE.

3. Usando o General Social Survey, calcule um intervalo de confiança de 95% para a opinião pública norte-americana sobre o suicídio assistido de uma pessoa que está cansada de viver (SUICIDE4).

4. Usando o Best Places Study, calcule um intervalo de confiança de 95% para o tempo médio de deslocamento ao trabalho (em minutos) para pessoas que vivem em Metropolitan Statistical Areas (COMMUTE).

5. Escolha uma variável do Monitoring the Future Study ou do General Social Survey para calcular um intervalo de confiança de 95%. Lembre-se de que ela tem de ser uma variável em termos intervalares ou uma variável dicotômica (duas categorias).

Olhando sob uma perspectiva mais ampla: generalização de amostras para populações

Ao final da Parte I, descrevemos as características do levantamento de estudantes do ensino médio em relação ao uso de cigarros e álcool. Determinamos que 62% dos entrevistados fumavam e que, entre os fumantes, o consumo diário médio era de 16,9 cigarros. Em termos de álcool, o número médio de ocasiões nas quais os entrevistados beberam no último mês foi de 1,58.

Reconhecendo que esses entrevistados do levantamento sejam apenas uma amostra extraída de uma população maior, podemos estimar agora as proporções e as médias populacionais juntamente com os intervalos de confiança para essa população maior. Mas qual é exatamente a população ou o universo que essa amostra pode representar? No sentido mais estrito, a população é tecnicamente todo o corpo discente do colégio. Mas, tendo em vista que pode ser seguro presumir que essa escola seja bastante típica em termos de colégios públicos urbanos que existem pelo país, talvez possamos também generalizar os achados entre os estudantes de escolas públicas urbanas em geral. Em comparação, seria difícil presumir que os estudantes selecionados nessa escola urbana típica poderiam ser representativos de todos os estudantes de ensino médio, mesmo aqueles em áreas suburbanas e rurais, ou escolas particulares e sectárias. Desse modo, tudo o que podemos razoavelmente esperar é que a amostra extraída aqui (250 estudantes de uma escola urbana típica) possa ser usada para fazer inferências a respeito de estudantes públicos urbanos em geral.

Como foi mostrado, 62% dos estudantes em toda a amostra fumavam. A partir daí, podemos estabelecer o erro padrão da proporção como 3,1% e, então, gerar um intervalo de confiança de 95% para a proporção populacional que fuma. Descobrimos que podemos ter 95% de certeza de que a proporção populacional (π) está entre 55,9 e 68,1%, o que indica que algo entre 56 e 68% de todos os estudantes de escolas públicas urbanas fumam. Passando em seguida ao consumo de cigarros diário de fumantes, podemos usar a média amostral (16,9) para estimar com uma certeza de 95% a média populacional (μ). O erro padrão da média é 0,84, produzindo um intervalo de confiança de 95% entre 15,3 e 18,6, indicando que o fumante médio em escolas públicas urbanas consome entre 15 e quase 19 cigarros diariamente. Por fim, para a bebida, a média é de 1,58, e o erro padrão é de 0,07, o que produz um intervalo de confiança de 95% que se estende de 1,44 a 1,73 ocasião, uma faixa razoavelmente estreita. Desse modo, o estudante médio bebe em menos de duas ocasiões por mês. A tabela a seguir resume esses intervalos de confiança.

Ao final da Parte II, também observamos as diferenças na distribuição do consumo diário de cigarros entre os estudantes do sexo masculino e feminino. Assim como fizemos com o todo, podemos construir intervalos de confiança separadamente para cada gênero. Como mostra a tabela a seguir, o intervalo de confiança para a porcentagem de homens fumantes (44,1% a 60,1%) encontra-se totalmente abaixo do intervalo de confiança correspondente para a porcentagem de mulheres fumantes (63,5% a 79,5%). Embora seja possível encontrar uma maneira formal para testar essas diferenças na Parte III, parece que podemos identificar com alguma certeza uma grande diferença de gênero na porcentagem que fuma. Em termos da extensão do consumo de cigarros por fumantes homens e mulheres, temos 95% de certeza de que a média populacional de fumantes do sexo masculino encontra-se entre 13,5 e 18,3 cigarros diários, e também temos 95% de certeza de que a média populacional de fumantes do sexo feminino encontra-se entre 15,4 e 20,0 cigarros diariamente. Tendo em vista que esses dois intervalos de confiança se sobrepõem (por exemplo, a média populacional tanto de fumantes do sexo masculino quanto de fumantes do sexo feminino poderia, de maneira bastante concebível, ser de aproximadamente 17 cigarros diários), não podemos ter certeza absoluta da existência de uma real diferença entre os gêneros nas populações. Retomaremos essa questão na Parte III.

Intervalos de confiança

Variável	Estatística	
Fumante		
	N	250
	%	62,0%
	EP	3,1%
	IC de 95%	55,9% a 68,1%
Cigarros diários		
	N	155
	Média	16,9
	EP	0,84
	IC de 95%	15,3 a 18,6
Ocasiões em que bebeu		
	N	250
	Média	1,58
	EP	0,07
	IC de 95%	1,44 a 1,73

Intervalos de confiança por gênero

		Grupo	
Variável	Estatística	Homens	Mulheres
Fumante			
	N	127	123
	%	52,8%	71,5%
	EP	4,4%	4,1%
	IC de 95%	44,1% a 61,5%	63,5% a 79,5%
Consumo diário de cigarros			
	N	67	88
	Média	15,9	17,7
	EP	1,24	1,14
	IC de 95%	13,5 a 18,3	15,4 a 20,0

Parte **3**

Tomada de decisão

Capítulo 7
Teste de diferenças entre médias

Capítulo 8
Análise de variância

Capítulo 9
Testes de significância não paramétricos

Teste de diferenças entre médias

7

- A hipótese nula: nenhuma diferença entre médias
- A hipótese de pesquisa: alguma diferença entre médias
- Distribuição amostral das diferenças entre médias
- Testes de hipóteses com a distribuição das diferenças entre médias
- Níveis de significância
- Erro padrão da diferença entre médias
- **Teste de diferença entre médias**
  Quadro 7.1 Exemplo passo a passo: teste de diferença entre médias
- **Comparação entre amostras dependentes**
  Quadro 7.2 Exemplo passo a passo: teste de diferença entre médias para as duas medições da mesma amostra

Quadro 7.3 Exemplo passo a passo: teste de diferença entre médias para amostras relacionadas
- **Teste de proporções para duas amostras**
  Quadro 7.4 Exemplo passo a passo: teste de diferença entre proporções
- **Testes unilaterais**
  Quadro 7.5 Exemplo passo a passo: teste unilateral de médias para duas medições da mesma amostra
- **Exigências para testar a diferença entre médias**
  Quadro 7.6 Exemplo passo a passo: grupos independentes, teste unilateral
- **Resumo**
- **Termos-chave**
- **Exercícios**
- **Exercícios em SPSS**

No Capítulo 6, vimos que a média ou proporção populacional pode ser estimada a partir de informações que obtemos de uma única amostra. Por exemplo, poderíamos estimar o nível de anomia em uma determinada cidade, a proporção de pessoas idosas com dificuldades econômicas ou a opinião média em relação à segregação racial entre a população norte-americana.

Apesar da abordagem descritiva, que reúne fatos, usada para estimar médias e proporções ter uma importância óbvia, ela *não* constitui a principal meta da tomada de decisão ou da atividade de pesquisa social. Longe disso, a maioria dos pesquisadores sociais está preocupada com a tarefa de *testar hipóteses*.

Suponha, por exemplo, que um restaurante local anuncie um concurso para incrementar suas vendas no almoço. De acordo com a promoção, 20% das contas de refeições geradas pelo computador e escolhidas ao acaso terão uma estrela vermelha impressa, significando que o almoço é "por conta da casa". Você já comeu no restaurante quatro vezes desde que a promoção começou, e ainda não teve um almoço de graça. Você deveria começar a questionar a autenticidade da promoção do restaurante? E que tal se você almoçar oito vezes e ainda assim não ganhar, ou 16 vezes? Seria hora de reclamar ou você poderia atribuir o fato à má sorte?

Com base no que sabemos a respeito das regras de probabilidade apresentadas no Capítulo 5, suas chances de não conseguir uma refeição de graça é de 0,8 cada vez que você almoça. Quatro almoços sem ganhar a promoção têm uma probabilidade de $(0,8)^4 = 0,410$, baseado na regra da multiplicação — não é uma ocorrência totalmente improvável. A chance de perder oito vezes seguidas é $(0,8)^8 = 0,168$ — menos provável, mas ainda assim dificilmente seria uma justificativa para reclamar junto à secretaria de defesa do consumidor. Mas almoçar nesse restaurante 16 vezes sem ganhar a refeição seria muito improvável, $(0,8)^{16} = 0,028$, presumindo que a alegação do restaurante de que 20% das refeições ao acaso são gratuitas seja realmente válida.

Realmente, 16 almoços sem ganhar a promoção é tão improvável que você deveria questionar se a suposição de que 20% das contas têm uma estrela vermelha da sorte é verdadeira. É claro, há uma pequena probabilidade (0,028) de você ter "azar", mas o cientista social (que não acredita em azar) concluiria, em vez disso, que a suposição de que 20% das contas têm estrelas vermelhas deve ser rejeitada.

Essa é a lógica (mas não propriamente a mecânica) do teste de hipóteses. Estabelecemos uma hipótese sobre populações, coletamos dados amostrais e vemos quão prováveis são os resultados da amostra, levando em consideração nossa hipótese sobre as populações. Se os resultados da amostra são razoavelmente plausíveis quanto a hipótese a respeito de populações, retemos a hipótese e atribuímos qualquer divergência relativa a nossos resultados esperados ao puro acaso baseado no erro amostral. Por outro lado, se os resultados da amostra são improváveis demais (por exemplo, menos de 5 chances em 100), então rejeitamos a hipótese.

Em ciências sociais, hipóteses geralmente dizem respeito a diferenças entre grupos. Ao testar essas diferenças, pesquisadores sociais fazem perguntas como: os alemães diferem dos norte-americanos em termos de obediência em relação à autoridade? Qual grupo possui a taxa de suicídio mais alta, protestantes ou católicos? Políticos conservadores disciplinam mais severamente seus filhos do que políticos liberais? Observe que cada questão da pesquisa envolve uma *comparação* entre dois grupos: conservadores *versus* liberais, protestantes *versus* católicos, alemães *versus* norte-americanos.

Analise um exemplo mais concreto. Suponha que um gerontologista esteja interessado em comparar dois métodos para melhorar a memória de residentes em geriatria. Ele escolhe dez residentes e, então, divide-os aleatoriamente em dois grupos. A um grupo é designado o Método A, e ao outro, o Método B.

Suponha ainda que, seguindo o treinamento de reforço da memória, os dez indivíduos recebam o mesmo teste de memória. O escore médio da amostra para cinco indivíduos obtido por meio do Método A é 82, e a média amostral para o grupo analisado por meio do Método B é 77. O Método A é mais eficaz para melhorar a memória? Talvez. Talvez não. É impossível tirar qualquer conclusão até que saibamos mais sobre os dados.

Digamos apenas por ora que os conjuntos de escores de memória para os dois grupos de residentes sejam os seguintes:

Método A	Método B
82	78
83	77
82	76
80	78
83	76
Média = 82	Média = 77

No grupo que utilizou o Método A, os escores de memória se encontram consistentemente na faixa dos 80 e poucos, de maneira que precisaríamos de bastante certeza de que a média populacional estaria próxima da média amostral de 82. Similarmente, diríamos com certeza que a média populacional para o grupo que utilizou o Método B provavelmente se encontra próxima da média amostral de 77. Dada a homogeneidade dos escores e, desse modo, das médias amostrais, provavelmente poderíamos concluir que a diferença entre médias amostrais é mais do que apenas o resultado de puro acaso ou erro amostral. Na realidade, o Método A parece ser mais eficiente do que o Método B.

Agora suponha em vez disso que os conjuntos de escores a seguir tenham produzido as duas médias amostrais 82 e 77. Está claro que em ambos os grupos há uma ampla variabilidade ou disseminação entre os escores de memória. A consequência disso é que ambas as médias amostrais são estimativas relativamente instáveis de suas respectivas médias populacionais. Dada a heterogeneidade dos escores amostrais e a falibilidade das médias amostrais, não poderíamos concluir, portanto, que a diferença entre as médias amostrais nada mais seja do que o resultado de puro acaso ou erro amostral. Na realidade, há provas suficientes para concluir que o Método A é mais eficiente do que o Método B.

Método A	Método B
90	70
98	90
63	91
74	56
85	78
Média = 82	Média = 77

A hipótese nula: nenhuma diferença entre médias

Tornou-se uma convenção na análise estatística iniciar o estudo pelo teste da *hipótese nula*, que diz que duas amostras foram extraídas de populações equivalentes. De acordo com a hipótese nula, qualquer diferença observada entre amostras é considerada uma ocorrência ao acaso resultante apenas do erro amostral. Portanto, uma diferença obtida entre duas médias amostrais não representa uma diferença verdadeira entre suas médias populacionais.

No contexto atual, a hipótese nula pode ser representada por:

$$\mu_1 = \mu_2$$

onde μ_1 = média da primeira população
μ_2 = média da segunda população

Examinaremos as hipóteses nulas para as questões de pesquisa levantadas anteriormente:

1. Alemães não são nem mais, nem menos submissos à autoridade do que os norte-americanos.
2. Protestantes têm a mesma taxa de suicídio que católicos.
3. Políticos conservadores e liberais disciplinam seus filhos da mesma maneira.

Deve ser observado que a hipótese nula não exclui a possibilidade de obtermos diferenças entre médias *amostrais*. Pelo contrário, ela busca explicar tais diferenças atribuindo-as à operação do erro amostral. De acordo com a hipótese nula, por exemplo, se descobrimos que uma *amostra* de professoras ganha um salário menor ($\overline{X}$ = $ 32.000) do que uma *amostra* de professores ($\overline{X}$ = $ 33.000), não concluímos, baseado nisso, que a *população* de professoras ganha menos que a *população* de professores. Em vez disso, tratamos nossa diferença de amostra obtida ($ 33.000 − $ 32.000 = $ 1.000) como um produto de erro amostral — a diferença que inevitavelmente resulta do processo de amostragem de uma determinada população. Como veremos mais tarde, esse aspecto da hipótese nula fornece um elo importante com a teoria da amostragem.

Concluir que o erro amostral é responsável pela diferença obtida entre as médias amostrais é manter a hipótese nula. O uso do termo *manter* não implica que tenhamos provado que as médias populacionais são iguais ($\mu_1 = \mu_2$) ou mesmo que acreditamos nela. Tecnicamente, somos meramente incapazes de rejeitar a hipótese nula devido à falta de prova contraditória. Portanto, a frase *manter a hipótese nula* será usada ao longo do texto quando formos incapazes de rejeitá-la.

A hipótese de pesquisa: alguma diferença entre médias

A hipótese nula é geralmente (apesar de não necessariamente) estabelecida com o intuito de a negarmos. Isso faz sentido, pois a maioria dos pesquisadores sociais busca estabelecer relações entre variáveis. Isto é, muitas vezes eles estão mais interessados em descobrir diferenças do que em determinar que elas não existem. Diferenças entre os grupos — esperadas por razões teóricas ou empíricas — frequentemente fornecem o fundamento lógico para a pesquisa.

Se rejeitarmos a hipótese nula e descobrirmos que provavelmente nossa hipótese de não haver diferença entre as probabilidades não procede, automaticamente aceitamos a *hipótese de pesquisa* de que existe uma diferença de população verdadeira. Esse é com frequência o resultado esperado em pesquisa social. A hipótese de pesquisa diz que as duas amostras foram extraídas de populações tendo médias diferentes. Ela diz que a diferença obtida entre as médias amostrais é grande demais para ser atribuída ao erro amostral.

A hipótese de pesquisa para diferenças entre médias é simbolizada por:

$$\mu_1 \neq \mu_2$$

onde μ_1 = média da primeira população
μ_2 = média da segunda população

Nota: lê-se $\neq$ como *não é igual a*.

As hipóteses de pesquisa a seguir podem ser especificadas para as questões de pesquisa colocadas anteriormente:

1. Alemães diferem dos norte-americanos em relação à obediência a autoridades.

2. Protestantes não têm a mesma taxa de suicídio que católicos.
3. Políticos liberais diferem dos conservadores quanto aos métodos permissivos na criação de seus filhos.

Distribuição amostral das diferenças entre médias

No capítulo anterior, vimos que as 100 médias de 100 amostras sorteadas por nosso pesquisador social excêntrico poderiam ser representadas em forma de uma distribuição amostral de médias. De maneira similar, imaginaremos que o mesmo pesquisador estude não uma, mas duas amostras de uma vez para fazer comparações entre elas.

Suponha, por exemplo, que nosso pesquisador social esteja ministrando um curso sobre sociologia da família. Ele está curioso para saber se há diferenças de gênero quanto a opiniões em relação à criação dos filhos. Especificamente, ele está interessado em determinar se homens e mulheres diferem em termos de permissividade na criação dos filhos.

Para testar as diferenças, ele primeiro constrói uma escala de múltiplos itens, que inclui várias questões sobre a adequação de dar palmadas, exigir trabalho doméstico de crianças pequenas e obediência às demandas dos pais. Sua escala de permissividade varia de um mínimo de 1 (nem um pouco permissivo) a 100 (extremamente permissivo). Em seguida, ele seleciona uma amostra aleatória de 30 mulheres e uma amostra aleatória de 30 homens do diretório de estudantes e pede que eles respondam o seu questionário. Como ilustra graficamente a Figura 7.1, nosso pesquisador excêntrico descobre que sua amostra de mulheres é mais permissiva ($\bar{X}$ = 58,0) do que a sua amostra de homens ($\bar{X}$ = 54,0).

Antes que nosso pesquisador excêntrico conclua que indivíduos do sexo feminino são realmente mais permissivos que indivíduos do sexo masculino, ele poderia fazer a seguinte pergunta: levando em consideração o erro amostral, podemos esperar uma diferença entre 58,0 e 54,0 (58,0 − 54,0 = +4,0) estritamente devido ao acaso, e somente ao acaso? Com base somente na sorte, poderia a amostra de indivíduos do sexo feminino ter sido formada por pessoas mais permissivas do que a amostra de indivíduos do sexo masculino? Devemos manter a hipótese nula de nenhuma

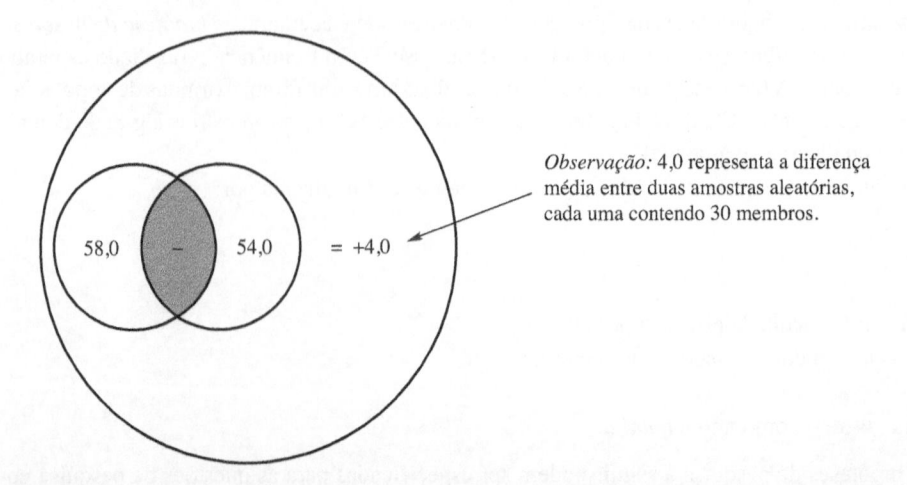

Figura 7.1 Diferença média em termos de permissividade entre amostras de indivíduos do sexo feminino e do sexo masculino extraídas de uma população hipotética.

diferença ou a diferença amostral obtida de + 4,0 é grande o suficiente para indicar uma verdadeira diferença populacional entre indivíduos do sexo feminino e do sexo masculino quanto às suas atitudes na criação de seus filhos?

No Capítulo 2 fomos introduzidos às distribuições de frequência de escores brutos de uma determinada população. No Capítulo 6, vimos que era possível construir uma distribuição amostral de escores médios, uma distribuição de frequência de médias amostrais. Ao abordarmos a questão em causa, temos de levar adiante a noção da distribuição de frequência e examinar a natureza da *distribuição amostral de diferenças entre médias* — isto é, uma distribuição de frequência de um grande número de *diferenças* entre médias amostrais que foram tiradas aleatoriamente de uma determinada população.

Para ilustrar a distribuição amostral de diferenças entre as médias, retornaremos às atividades compulsivas de nosso pesquisador excêntrico, cuja paixão por tirar amostras aleatórias mais uma vez o levou a continuar o processo de amostragem além de seus limites razoáveis. Em vez de tirar uma única amostra de 30 mulheres e uma única amostra de 30 homens, ele estuda 70 *pares* dessas amostras (70 pares de amostras, *cada um* contendo 30 mulheres e 30 homens), sentindo-se afortunado por dar aulas em uma escola grande.

Para cada par de amostras, o pesquisador administra a mesma escala de permissividade na criação dos filhos. Ele então calcula uma média amostral para cada amostra do sexo feminino e uma média amostral para cada amostra do sexo masculino. Desse modo, ele tem uma média das mulheres e uma média dos homens para cada um de seus 70 pares de amostras.

Em seguida, o pesquisador estabelece um escore de diferenças entre médias subtraindo o escore médio para homens do escore médio para mulheres a cada par de amostras. Por exemplo, sua primeira comparação produziu uma diferença entre médias de +4,0. Seu segundo par de médias poderia ser 57,0 para a amostra do sexo feminino e 56,0 para a amostra do sexo masculino, produzindo uma diferença entre escores médios de +1,0. Da mesma maneira, o terceiro par de amostras poderia ter produzido uma média de 60,0 para as mulheres e uma média de 64,0 para os homens, e a diferença entre médias seria de –4,0. Obviamente, quanto maior o escore de diferença, mais as duas amostras de entrevistados diferirão em relação à permissividade. Observe que sempre subtraímos a média da segunda amostra da média da primeira amostra (no caso atual, subtraímos o escore médio para a amostra do sexo masculino do escore médio para a amostra do sexo feminino). Os 70 escores de diferenças entre médias obtidos por nosso pesquisador social excêntrico são mostrados na Figura 7.2.

Suponhamos que sabemos que as populações de homens e mulheres não diferem de maneira alguma quanto à permissividade em suas atitudes ao criar seus filhos. Ampliando a discussão, digamos que $\mu = 57,0$ tanto nas populações do sexo feminino quanto do sexo masculino. Se presumirmos que a hipótese nula está correta e que indivíduos do sexo masculino e do sexo feminino são idênticos nesse sentido, podemos usar as 70 diferenças médias obtidas por nosso pesquisador excêntrico para ilustrar a distribuição amostral de diferenças entre as médias. Isso é válido porque, na distribuição amostral de diferenças entre médias, supomos que todos os pares de amostras diferem apenas em virtude de erro amostral, e não em função de verdadeiras diferenças populacionais.

Os 70 escores que representam diferenças entre médias mostrados na Figura 7.2 foram rearranjados na Tabela 7.1 como uma distribuição amostral de diferenças entre médias. Assim como os escores em outros tipos de distribuições de frequência, eles foram arranjados em ordem consecutiva dos mais altos para os mais baixos, e a frequência de ocorrência é indicada na coluna adjacente.

Observação: cada escore representa a diferença média entre uma amostra de 30 mulheres e uma de 30 homens.

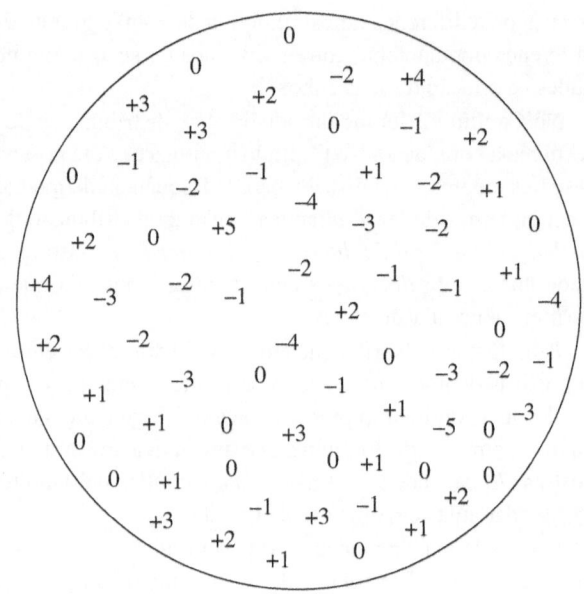

Figura 7.2 Setenta escores de diferenças entre médias que representam diferenças em termos de permissividade entre amostras de mulheres e de homens extraídas ao acaso de uma população hipotética.

Tabela 7.1 Distribuição amostral de diferenças de médias para 70 pares de amostras ao acaso.

Diferença média[a]	f
+5	1
+4	2
+3	5
+2	7
+1	10
0	18
−1	10
−2	8
−3	5
−4	3
−5	1
	$N = 70$

[a] Esses escores de diferenças incluem valores fracionais (por exemplo, −5 inclui os valores −5,0 a −5,9).

Para descrever as propriedades fundamentais de uma distribuição amostral de diferenças entre médias, a distribuição de frequência da Tabela 7.1 é graficamente apresentada na Figura 7.3. Como podemos ver, a *distribuição amostral de diferenças entre as médias se aproxima de uma*

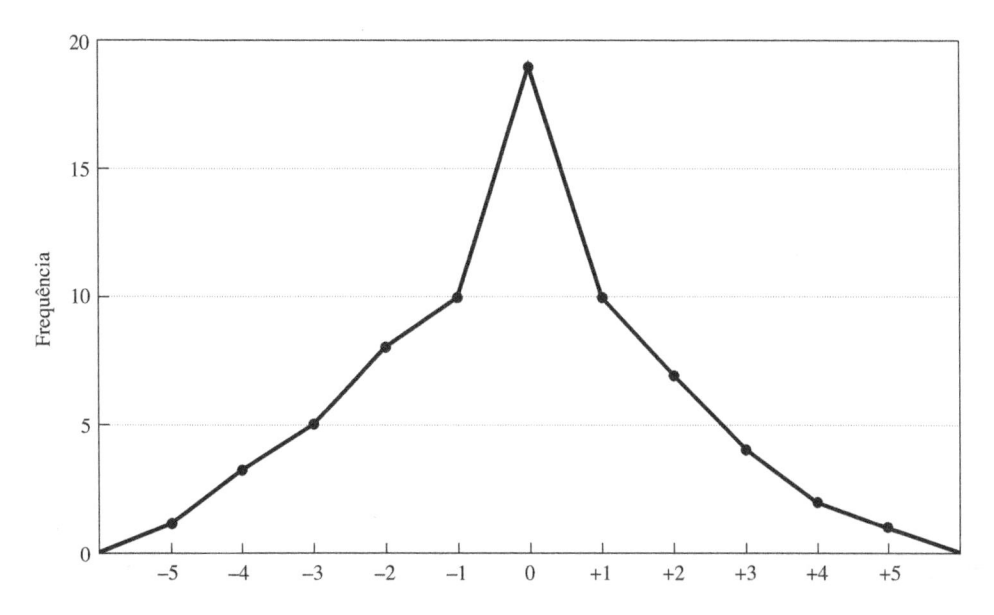

Figura 7.3 Polígono de frequência da distribuição amostral das diferenças médias da Tabela 7.1.

curva normal cuja média (média de diferenças entre a média) é zero.[1] Isso faz sentido porque as diferenças positivas e negativas entre as médias na distribuição tendem a cancelar uma à outra (para cada valor negativo, parece haver um valor positivo de igual distância da média).

Como uma curva normal, a maioria das diferenças entre médias amostrais nessa distribuição fica próxima de zero, seu ponto mais central; há relativamente poucas diferenças entre médias com valores extremos em qualquer uma das direções da média dessas diferenças. Isso deve ser esperado, porque a distribuição total de diferenças entre médias é resultado do erro amostral, e não de diferenças populacionais reais entre homens e mulheres. Em outras palavras, se a diferença média real entre as populações de homens e mulheres é zero, também podemos esperar que a média da distribuição amostral de diferenças entre médias amostrais seja zero.

Testes de hipóteses com a distribuição das diferenças entre médias

Nos capítulos anteriores, aprendemos a fazer declarações de probabilidade em relação à ocorrência tanto de escores brutos quanto de médias amostrais. Agora, procuramos fazer essas afirmações sobre os escores de diferenças na distribuição amostral de diferenças entre médias. Como destacamos anteriormente, essa distribuição amostral assume a forma de curva normal e, portanto, pode ser considerada uma distribuição de probabilidade. Podemos dizer que a probabilidade diminui à medida que nos afastamos cada vez mais da média de diferenças (zero). Mais especificamente, como ilustra a Figura 7.4, vemos que 68,26% das diferenças entre médias situam-se entre $+1\sigma$ $\bar{X}_1 - \bar{X}_2$ e $-1\sigma_{\bar{X}_1 - \bar{X}_2}$ a contar de zero. (A notação $\sigma_{\bar{X}_1 - \bar{X}_2}$ representa o desvio padrão das diferenças entre $\bar{X}_1$ e $\bar{X}_2$.) Em termos de probabilidade, isso indica que $P = 0{,}68$ de qualquer diferença entre médias amostrais situar-se dentro desse intervalo. Similarmente, podemos dizer que existe uma probabilidade

---

[1] Isso presume que extraímos grandes amostras aleatórias de uma determinada população de escores brutos.

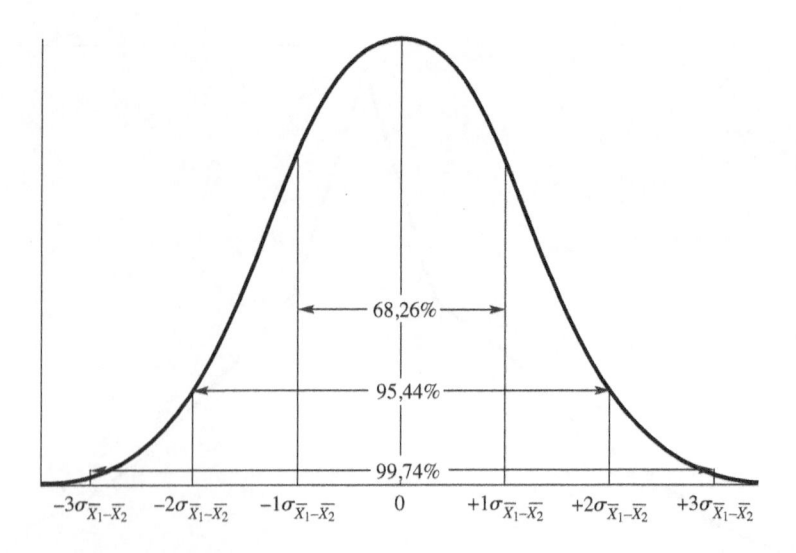

Figura 7.4 Distribuição amostral de diferenças entre médias como uma distribuição de probabilidade.

aproximada de 0,95 (95 chances em 100) de qualquer diferença entre médias amostrais situar-se entre $-2\sigma_{\bar{X}_1-\bar{X}_2}$ e $+2\sigma_{\bar{X}_1-\bar{X}_2}$ a contar de uma diferença zero entre médias e assim por diante.

A distribuição amostral de diferenças fornece uma base segura para o teste de hipóteses sobre a diferença entre duas médias amostrais. Diferentemente do pesquisador excêntrico que, compulsivamente, toma pares de amostras, uma depois da outra, a maioria dos pesquisadores estuda apenas um par de amostras para fazer inferências com base em apenas uma diferença entre médias.

Suponha, por exemplo, que um pesquisador social quisesse testar a hipótese do pesquisador excêntrico, ou pelo menos uma variação dela, de modo realista. Ele concorda que pode haver diferenças em termos de opiniões quanto à criação dos filhos, mas entre casais que já têm filhos, e não entre futuros pais.

Ao acaso, ele escolhe 30 mães e 30 pais (não necessariamente casais casados) e administra a escala de permissividade do pesquisador excêntrico a todos eles. Ele obtém escores de permissividade média de 45 para as mães e de 40 para os pais. O pesquisador segue a seguinte linha de raciocínio: se a diferença obtida entre as médias de 5 (45 – 40 = 5) encontra-se tão distante de uma diferença de zero que tenha apenas uma pequena probabilidade de ocorrência na distribuição amostral de diferenças entre as médias, rejeitamos a hipótese nula, que diz que a diferença obtida entre as médias é um resultado de erro amostral. Se, por outro lado, nossa diferença entre médias amostrais está tão próxima de zero que sua *probabilidade* de ocorrência seja grande, temos de manter a hipótese nula e tratar a diferença obtida entre as médias meramente como um resultado de erro amostral.

Portanto, procuramos determinar quão distante de uma diferença de zero está a diferença obtida entre as médias (nesse caso, 5). Ao fazer isso, primeiro temos de converter a diferença obtida em unidades de desvio padrão.

Lembre-se de que convertemos *escores brutos* em unidades de desvio padrão usando a fórmula:

$$z = \frac{X - \mu}{\sigma}$$

onde X = escore bruto
μ = média da distribuição de escores brutos
σ = desvio padrão da distribuição de escores brutos

Da mesma maneira, convertemos os *escores médios* em uma distribuição de médias amostrais em unidades de desvio padrão usando a fórmula:

$$z = \frac{\overline{X} - \mu}{\sigma_{\overline{X}}}$$

onde $\overline{X}$ = média amostral
μ = média populacional (média das médias)
$\sigma_{\overline{X}}$ = erro padrão da média (desvio padrão da distribuição de médias)

No contexto atual, buscamos similarmente converter nossa diferença de médias amostrais ($\overline{X}_1 - \overline{X}_2$) em unidades de desvio padrão usando a fórmula:

$$z = \frac{(\overline{X}_1 - \overline{X}_2) - 0}{\sigma_{\overline{X}_1 - \overline{X}_2}}$$

onde $\overline{X}_1$ = média da primeira amostra
$\overline{X}_2$ = média da segunda amostra
0 = zero, o valor da média da distribuição amostral de diferenças entre médias (presumimos que $\mu_1 - \mu_2 = 0$)
$\sigma_{\overline{X}_1 - \overline{X}_2}$ = desvio padrão da distribuição amostral de diferenças entre as médias

Como presumimos que a média da distribuição das diferenças entre médias seja zero, podemos eliminá-la da fórmula do escore z sem alterar nosso resultado. Portanto,

$$z = \frac{\overline{X}_1 - \overline{X}_2}{\sigma_{\overline{X}_1 - \overline{X}_2}}$$

Quanto à permissividade entre as amostras de mãe e pai, temos de converter a diferença que obtivemos entre as médias em seu equivalente de escore z. Se o desvio padrão da distribuição amostral das diferenças entre as médias é $\sigma_{\overline{X}_1 - \overline{X}_2}$ (falaremos mais sobre como chegar a esse número posteriormente), obteremos o escore z a seguir:

$$z = \frac{45 - 40}{2}$$
$$= \frac{5}{2}$$
$$= +2,5$$

Desse modo, uma diferença de 5 entre as médias para as duas amostras situa-se 2,5 desvios padrão de uma diferença média de zero na distribuição de diferenças entre as médias.

Qual é a probabilidade de que uma diferença de 5 ou mais entre médias amostrais possa acontecer estritamente com base em um erro amostral? Ao verificar a coluna (c) da Tabela A no Apêndice B, ficamos sabendo que $z = 2,5$ delimita 0,62% da área em cada extremidade, ou 1,24% no total (veja a Figura 7.5). Se arredondarmos, há uma probabilidade $P = 0,01$ de a diferença da média de 5 (ou maior do que 5) entre as amostras ocorrer em consequência do erro amostral (e assim aparece na distribuição amostral) *apenas uma vez* em cada 100 diferenças médias. Diante disso, não cogitaríamos rejeitar a hipótese nula e aceitar a hipótese de pesquisa de que uma diferença populacional realmente existe entre mães e pais quanto a permissividade na criação dos filhos? Uma chance em 100 representa uma probabilidade bastante razoável.

Em uma situação como essa, a maioria das pessoas escolheria rejeitar a hipótese nula, mesmo que fosse errado fazê-lo (não esqueça que 1 chance em 100 ainda permanece). Entretanto, a decisão nem sempre é tão clara. Suponha, por exemplo, que ficamos sabendo que a diferença obtida entre médias aconteceu por erro amostral em 10 ($P = 0,10$), 15 ($P = 0,15$), ou 20 ($P = 0,20$) vezes de 100. Ainda assim rejeitaremos a hipótese nula? Ou daremos um passo com segurança e atribuiremos a diferença que obtivemos ao erro amostral?

É preciso um ponto de corte consistente para decidir se uma diferença entre duas médias amostrais é tão grande que não pode mais ser atribuída ao erro amostral. É preciso um método para determinar quando nossos resultados mostram uma *diferença estatisticamente significativa*. Quando uma diferença é julgada significativa, ela é então considerada real. Isto é, a diferença é grande o suficiente para ser generalizada para as populações das quais as amostras foram derivadas. Desse modo, estatisticamente significativo não significa necessariamente importante em sua essência; tampouco indica algo a respeito do tamanho da diferença na população. Em amostras grandes, uma diferença pequena pode ser estatisticamente significativa; em amostras pequenas, uma diferença grande pode ser consequência de um erro amostral.

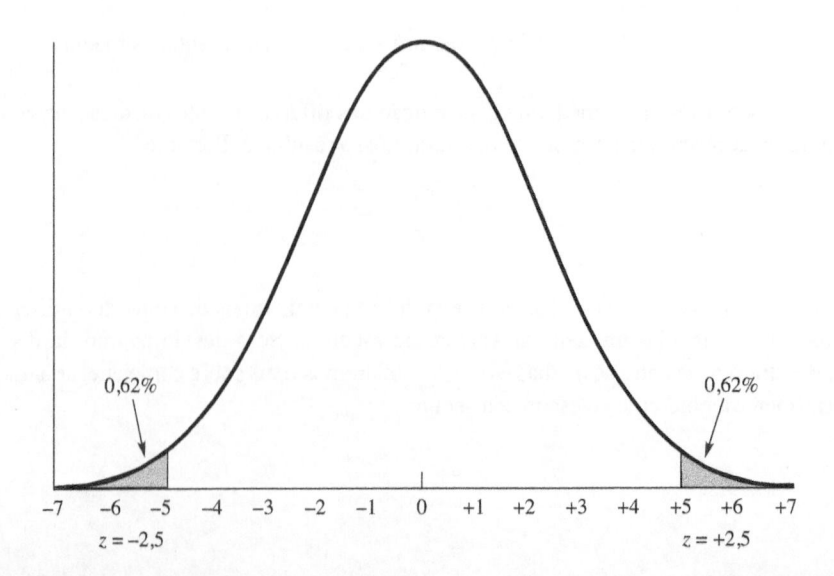

Figura 7.5 Representação gráfica da porcentagem da área total na distribuição de diferenças entre $z = -2,5$ e $z = +2,5$.

Níveis de significância

Para determinar se nossa diferença amostral obtida é estatisticamente significativa — se é o resultado da diferença de população real, e não apenas um erro amostral —, é costume estabelecer um *nível de significância*, que é representado pela letra grega α (alfa). O valor de alfa é o nível de probabilidade no qual a hipótese nula pode ser rejeitada com confiança e a hipótese de pesquisa pode ser aceita com confiança. Dessa maneira, decidimos rejeitar a hipótese nula se a probabilidade for muito pequena (por exemplo, menos de 5 chances em 100), o que significaria que a diferença de amostra seria um produto de erro amostral. Convencionalmente, essa pequena probabilidade é representada por $P < 0{,}05$.

Trata-se de uma questão de convenção usar o *nível de significância* $\alpha = 0{,}05$. Isto é, estamos dispostos a rejeitar a hipótese nula se uma diferença amostral obtida ocorrer ao acaso menos de 5 vezes em 100. O nível de significância de 0,05 está graficamente representado na Figura 7.6. Como podemos ver, o nível de significância de 0,05 se encontra nas áreas pequenas das extremidades da distribuição de diferenças de médias. Essas são as áreas sob a curva que representam uma distância de mais ou menos 1,96 desvio padrão de uma diferença média zero. Nesse caso (com um nível de significância $\alpha = 0{,}05$), os escores z de 1,96 são chamados de *valores críticos*; se obtemos um escore z que excede 1,96 (isto é, $z > 1{,}96$ ou $z < -1{,}96$), dizemos que ele é estatisticamente significativo. As regiões sombreadas na Figura 7.6 são chamadas de *regiões críticas* ou *de rejeição*, pois um escore z dentro dessas áreas nos leva a rejeitar a hipótese nula (a porção de cima da figura mostra as regiões críticas para um nível de significância de 0,05).

Para compreender melhor porque esse ponto em particular na distribuição amostral representa o nível de significância de 0,05, poderíamos voltar à coluna (c) da Tabela A no Apêndice B para determinar a porcentagem da frequência total associada com 1,96 desvio padrão da média. Vemos que 1,96 desvio padrão em *qualquer uma* das direções representa 2,5% das diferenças nas médias amostrais. Em outras palavras, 95% dessas diferenças situam-se entre $-1{,}96\sigma_{\bar{X}_1-\bar{X}_2}$ e $+1{,}96\sigma_{\bar{X}_1-\bar{X}_2}$ de uma diferença média zero; apenas 5% situam-se no ou além desse ponto (2,5% + 2,5% = 5%).

Nível de significância	Valor z	Regiões críticas
$\alpha = 0{,}05$	$z = \pm 1{,}96$	2,5% / 2,5% ($z = -1{,}96$, 0, $z = +1{,}96$)
$\alpha = 0{,}01$	$z = \pm 2{,}58$	0,5% / 0,5% ($z = -2{,}58$, 0, $z = +2{,}58$)

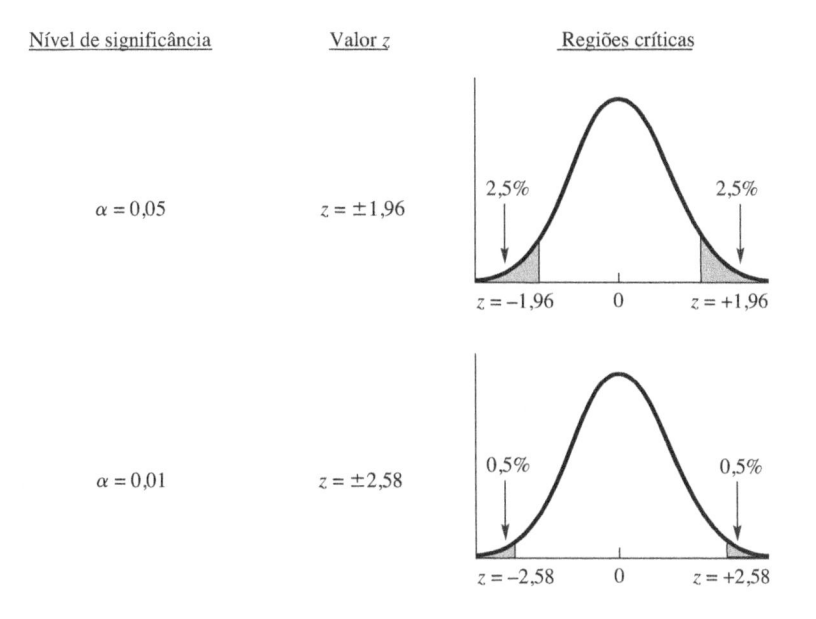

Figura 7.6 Os níveis de significância de 0,05 e 0,01.

Níveis de significância podem ser estabelecidos para qualquer grau de probabilidade. Por exemplo, um nível mais rigoroso é o *nível de significância de 0,01*, pelo qual a hipótese nula é rejeitada se há menos de 1 chance em 100 de que a diferença amostral obtida pudesse ocorrer em consequência de um erro amostral. O nível de significância de 0,01 é representado pela área que se encontra a 2,58 desvios padrão em ambas as direções de uma diferença média de zero (veja a Figura 7.6).

Níveis de significância não nos proporcionam uma declaração *absoluta* quanto à correção da hipótese nula. Sempre que decidimos rejeitar a hipótese nula em um determinado nível de significância, consideramos a chance de tomar a decisão errada. Rejeitar a hipótese nula quando deveríamos tê-la mantido é conhecido como *erro tipo I* (veja a Figura 7.7). Um erro tipo I pode surgir apenas quando rejeitamos a hipótese nula, e sua probabilidade varia de acordo com o nível de significância que escolhemos. Por exemplo, se rejeitamos a hipótese nula ao nível de significância de 0,05 e concluímos que há diferenças de gênero nas atitudes quanto à criação dos filhos, então há 5 chances em 100 de que estejamos errados. Em outras palavras, há uma probabilidade $P = 0,05$ de termos cometido um erro tipo I e de o gênero, na realidade, não exercer efeito algum. Da mesma maneira, se escolhemos o nível de significância $\alpha = 0,01$, há apenas 1 chance em 100 ($P = 0,01$) de tomarmos a decisão errada quanto a diferença entre gêneros. Obviamente, quanto mais rigoroso nosso nível de significância (e mais distante na extremidade ele se encontrar), menor a probabilidade de cometermos um erro tipo I. Considerando um exemplo extremo, estabelecer um nível de significância de 0,001 significa que um erro tipo I ocorre apenas 1 vez em cada 1.000. A probabilidade do erro tipo I é simbolizada por α.

Quanto mais longe na extremidade da curva estiver nosso valor crítico, entretanto, maior o risco de cometer outro tipo de erro conhecido como *erro tipo II*. Esse é o erro de manter a hipótese nula quando deveríamos tê-la rejeitado. O erro tipo II indica que nossa hipótese de pesquisa ainda pode estar correta, apesar da decisão de rejeitá-la e de manter a hipótese nula. Um método para reduzir o risco de cometer o erro tipo II é aumentar o tamanho das amostras de maneira que a verdadeira diferença populacional tenha mais chance de ser representada. A probabilidade do erro tipo II é representada por β (beta).

Não é possível ter certeza de que não tomamos uma decisão errada quanto à hipótese nula, pois examinamos apenas as diferenças entre médias amostrais, e não entre médias da população

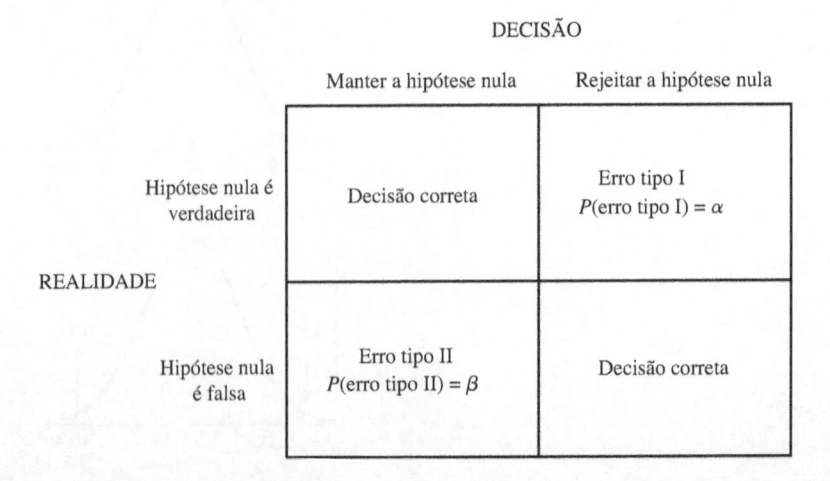

		DECISÃO	
		Manter a hipótese nula	Rejeitar a hipótese nula
REALIDADE	Hipótese nula é verdadeira	Decisão correta	Erro tipo I $P(\text{erro tipo I}) = \alpha$
	Hipótese nula é falsa	Erro tipo II $P(\text{erro tipo II}) = \beta$	Decisão correta

Figura 7.7 Erros tipos I e II.

completa. Enquanto não tivermos conhecimento das verdadeiras médias populacionais, assumiremos o risco de cometer um erro tipo I ou tipo II, dependendo de nossa decisão. Esse é o risco da tomada de decisão estatística que o pesquisador social tem de estar disposto a correr.

Escolha do nível de significância

Vimos que as probabilidades de cometermos o erro tipo I e o erro tipo II são inversamente relacionadas: quanto maior for um erro, menor será o outro. Na prática, um pesquisador não tem controle real direto sobre a probabilidade do erro tipo II (β). Isto é, ele não pode fixar a probabilidade de um erro tipo II em nenhum nível. Por outro lado, a chance de cometermos um erro tipo I é uma grandeza controlada diretamente pelo pesquisador, pois ela é precisamente a mesma do nível de significância (α) que ele escolhe para o teste de hipótese. É claro, quanto maior o nível de significância escolhido (digamos, 0,05 ou mesmo 0,10), maior a chance de ocorrência de erro tipo I e menor a chance de ocorrência de erro tipo II. Quanto menor o nível de significância escolhido (digamos, 0,01 ou mesmo 0,001), menor a chance de ocorrência de erro tipo I, mas maior a probabilidade de ocorrência de erro tipo II.

Predeterminamos nosso nível de significância para um teste de hipótese com base em qual tipo de erro (tipo I ou tipo II) é mais caro ou danoso e, portanto, mais arriscado. Se em determinado caso fosse muito pior rejeitar uma hipótese verdadeiramente nula (erro tipo I) do que manter uma hipótese nula falsa (erro tipo II), deveríamos optar por um pequeno nível de significância (por exemplo, $\alpha = 0,01$ ou 0,001) para minimizar o risco de ocorrência do erro tipo I, mesmo à custa de aumentar a chance de ocorrência do erro tipo II. Se, no entanto, a opinião for de que o erro tipo II seria pior, estabeleceríamos um nível de significância grande ($\alpha = 0,05$ ou 0,10) para produzir uma chance mais baixa de ocorrência do erro tipo II, isto é, um valor de beta mais baixo.

Suponha, por exemplo, que uma pesquisadora esteja realizando uma pesquisa sobre diferenças em termos de gênero em desempenho no SAT para a qual ela administrou o teste para uma amostra de indivíduos do sexo masculino e uma amostra de indivíduos do sexo feminino. Antes de decidir sobre um nível de significância, ela deveria fazer uma pausa e perguntar a si mesma o que seria pior — dizer que há uma verdadeira diferença entre gêneros com base nos resultados distorcidos por erros amostrais excessivos (erro tipo I) ou não dizer que há diferenças quando, na realidade, há entre a população de indivíduos do sexo masculino e do sexo feminino? Nesse caso, um erro tipo I provavelmente seria muito mais danoso — poderia até ser usado como fundamento para discriminação injusta contra mulheres —, e então ela escolheu eleger um valor de alfa pequeno (digamos, de 0,01).

Consideremos uma situação inversa — na qual um erro tipo II seja muito mais preocupante. Suponha que um pesquisador esteja testando os efeitos do consumo de maconha sobre o desempenho no SAT e compare uma amostra de fumantes com uma amostra de não fumantes. Se houvesse uma modesta indicação que fosse de que o consumo da maconha afeta o desempenho dos estudantes, essa informação deveria ser disseminada. Não quereríamos que um pesquisador mantivesse a hipótese nula de não diferença na população entre fumantes e não fumantes se houvesse uma diferença observada nas médias amostrais apenas porque a diferença não é bastante significativa. Esse erro tipo II poderia ter um sério impacto sobre a saúde pública. Um erro tipo I, por meio do qual o pesquisador foi levado a acreditar que o consumo de maconha alterava o desempenho quando a diferença havia sido somente devido ao acaso, certamente não seria tão problemático. Dada essa situação, o pesquisador seria aconselhado a escolher um grande nível alfa (como 0,10) para evitar o risco de um erro tipo II sério. Isto é, ele deveria ser menos rigoroso ao rejeitar a hipótese nula.

Apesar de alguns cientistas sociais poderem debater o ponto, a maior parte da pesquisa em ciência social envolve um custo mínimo associado tanto com o erro tipo I quanto com o erro tipo II.

Com exceção de determinadas áreas sensíveis em termos de políticas, grande parte da pesquisa social gira em torno de questões relativamente não sensíveis, de maneira que erros em testes de hipóteses não causam quaisquer grandes problemas para os indivíduos ou para a sociedade como um todo, e podem afetar apenas a reputação profissional do pesquisador. É verdade que ocasionalmente vemos em periódicos uma série de estudos contraditórios; parte disso pode ser devido a erros de testes. De qualquer maneira, devido à natureza inócua de grande parte da pesquisa, tornou-se um costume o uso de um nível de significância modesto, normalmente $\alpha = 0{,}05$.

Qual é a diferença entre P e α?

A diferença entre P e α pode ser um pouco confusa. Para evitar confusão, compararemos as duas quantidades de modo direto. Colocando de maneira simples, P é a probabilidade exata de se obter dados de uma amostra quando a hipótese nula é verdadeira; o valor alfa é o limiar abaixo do qual a probabilidade é considerada tão pequena que decidimos rejeitar a hipótese nula. Isto é, rejeitamos a hipótese nula se o valor P é menor que o valor alfa, e caso contrário, mantemos a hipótese nula.

Ao testar hipóteses, um pesquisador decide com antecedência o valor alfa. Essa escolha é feita pela ponderação das implicações dos erros tipo I e tipo II ou é simplesmente feita por convenção — isto é, $\alpha = 0{,}05$. O valor alfa se refere ao tamanho das regiões da extremidade sob a curva (de z, por exemplo) que nos levarão a rejeitar a hipótese nula. Isto é, alfa é a área à direita do valor crítico tabelado de $+z$ e à esquerda do valor tabelado de $-z$. Com $\alpha = 0{,}05$, essas regiões estão à direita de $z = +1{,}96$ e à esquerda de $z = -1{,}96$ (veja a Figura 7.8). (Com a distribuição t, os valores críticos

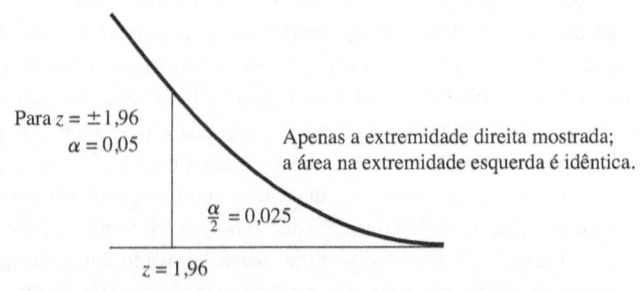

Para $z = \pm 1{,}96$
$\alpha = 0{,}05$

Apenas a extremidade direita mostrada; a área na extremidade esquerda é idêntica.

$\frac{\alpha}{2} = 0{,}025$

$z = 1{,}96$

Valor crítico $z = \pm 1{,}96$ delimita uma área de rejeição $\alpha = 0{,}05$

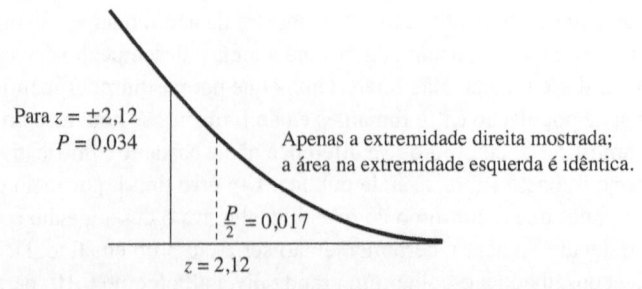

Para $z = \pm 2{,}12$
$P = 0{,}034$

Apenas a extremidade direita mostrada; a área na extremidade esquerda é idêntica.

$\frac{P}{2} = 0{,}017$

$z = 2{,}12$

Valor obtido $z = 2{,}12$ produz $P < 0{,}05$ e rejeita a hipótese nula.

Figura 7.8 Diferenças entre P e α.

dependem também dos graus de liberdade.) Desse modo, alfa representa a chance de ocorrência do erro tipo I que estamos dispostos a tolerar.

Por outro lado, P é a probabilidade real de se obter os dados da amostras caso a hipótese nula seja verdadeira. Se essa probabilidade for pequena o suficiente (isto é, se a hipótese nula for muito improvável), tenderemos a rejeitá-la. Diferentemente do valor alfa, que é determinado pelo pesquisador de antemão, o valor P é determinado pelos próprios dados — especificamente pelo valor calculado da estatística do teste, como o escore z —, e não é estabelecido pelo pesquisador. O valor P é a área à direita do $+z$ calculado do lado positivo mais a área à esquerda do $-z$ calculado do lado negativo. Desse modo, se após a coleta de dados um escore z de 2,12 for obtido, a coluna (c) da Tabela A indicará que $P = 0,034$ (0,017 em cada extremidade). Se esse fosse o resultado, concluiríamos que $P < 0,05$, e assim rejeitaríamos a hipótese nula (veja a Figura 7.8).

Na prática, você não confere regularmente o valor real de P, como fizemos há pouco ao consultar a Tabela A. É preciso conferi-lo somente se o valor z calculado exceder o valor crítico para o nível de α escolhido. Observe que a maneira mais rápida para determinar o valor crítico para z é olhar para a linha de baixo da tabela t. Isto é, com graus de liberdade infinitos, t é igual a z.

Se o z calculado exceder o valor crítico, simplesmente dizemos que $P < 0,05$ (se 0,05 fosse o nível de significância pré-selecionado) e que os resultados são estatisticamente significativos ao nível 0,05. Se o z calculado não exceder o valor crítico, diríamos que o resultado (ou diferença) não foi significativo. Em outras palavras, você não precisa determinar o valor real de P para tomar uma decisão sobre a hipótese. Com a maioria dos softwares estatísticos atualmente disponíveis, os valores exatos de P são automaticamente calculados a partir de fórmulas elaboradas. Portanto, no futuro talvez venhamos a encontrar pessoas que dão o valor real de P, em vez de dizer que $P < 0,05$.

Erro padrão da diferença entre médias

Raramente temos conhecimento em primeira mão do desvio padrão da distribuição de diferenças de médias. E assim como no caso da distribuição amostral de médias (veja o Capítulo 6), seria um esforço enorme se realmente tirássemos um grande número de pares de amostras para calculá-lo. Entretanto, esse desvio padrão tem um papel importante no método para testar hipóteses a respeito das diferenças médias e, portanto, não pode ser ignorado.[2]

Felizmente, temos um método simples por meio do qual o desvio padrão da distribuição de diferenças pode ser estimado com base em apenas duas amostras que realmente sorteamos. A estimativa amostral do desvio padrão da distribuição amostral das diferenças entre médias, chamada de *erro padrão da diferença entre médias* e simbolizado por $s_{\bar{X}_1 - \bar{X}_2}$, é:

$$s_{\bar{X}_1 - \bar{X}_2} = \sqrt{\left(\frac{N_1 s_1^2 + N_2 s_2^2}{N_1 + N_2 - 2}\right)\left(\frac{N_1 + N_2}{N_1 N_2}\right)}$$

---

[2] No capítulo anterior, foi destacado que os verdadeiros desvio padrão (σ) e erro padrão ($\sigma_{\bar{X}}$) populacionais são raramente conhecidos. Também, nos casos de amostras, o verdadeiro erro padrão da diferença é geralmente desconhecido. Entretanto, para a rara situação na qual os erros padrão de ambas as médias amostrais são conhecidos, o verdadeiro erro padrão da diferença entre médias é:

$$\sigma_{\bar{X}_1 - \bar{X}_2} = \sqrt{\sigma_{\bar{X}_1}^2 + \sigma_{\bar{X}_2}^2} = \sqrt{\frac{\sigma_1^2}{N_1} + \frac{\sigma_1^2}{N_1}}$$

onde s_1^2 e s_2^2 são as variâncias das duas amostras introduzidas no Capítulo 4:

$$s_1^2 = \frac{\Sigma X_1^2}{N_1} - \overline{X}_1^2$$

$$s_2^2 = \frac{\Sigma X_2^2}{N_2} - \overline{X}_2^2$$

A fórmula para $s_{\overline{X}_1-\overline{X}_2}$ combina informações de duas amostras. Desse modo, a variância para cada amostra somada aos respectivos tamanhos de amostras vai para nossa estimativa de quão diferentes $\overline{X}_1$ e $\overline{X}_2$ podem ser devido somente ao erro amostral. Uma grande diferença entre $\overline{X}_1$ e $\overline{X}_2$ pode ocorrer se (1) a média for muito pequena, (2) a média for muito grande, ou (3) a média for moderadamente pequena enquanto a outra for moderadamente grande. A probabilidade de ocorrência de qualquer uma dessas condições é ditada por variâncias e tamanhos de amostra presentes nas respectivas amostras.

Teste de diferença entre médias

Suponha que uma socióloga especializada na área médica tenha criado uma escala de múltiplos itens para medir o apoio a uma reforma no sistema de saúde. Ela obteve os dados a seguir de uma amostra de 25 liberais e 35 conservadores na escala da reforma no sistema de saúde.

Liberais	Conservadores
$N_1 = 25$	$N_2 = 35$
$\overline{X}_1 = 60$	$\overline{X}_2 = 49$
$s_1 = 12$	$s_2 = 14$

A partir dessas informações, podemos calcular a estimativa do erro padrão da diferença entre médias:

$$\begin{aligned}
s_{\overline{X}_1-\overline{X}_2} &= \sqrt{\left(\frac{N_1 s_1^2 + N_2 s_2^2}{N_1 + N_2 - 2}\right)\left(\frac{N_1 + N_2}{N_1 N_2}\right)} \\
&= \sqrt{\left[\frac{(25)(12)^2 + (35)(14)^2}{25 + 35 - 2}\right]\left(\frac{25 + 35}{(25)(35)}\right)} \\
&= \sqrt{\left(\frac{3.600 + 6.860}{58}\right)\left(\frac{60}{875}\right)} \\
&= \sqrt{(180,3448)(0,0686)} \\
&= \sqrt{12,3717} \\
&= 3,52
\end{aligned}$$

Descobrimos que o erro padrão da diferença entre médias (nossa estimativa do desvio padrão da distribuição amostral teórica de diferenças entre médias) é 3,52. Se estivéssemos testando a diferença em termos de apoio para a reforma do sistema de saúde entre liberais (média 60) e conservadores (média 49), poderíamos usar nosso resultado do erro padrão para converter a diferença entre médias amostrais em uma razão t:

$$t = \frac{\overline{X}_1 - \overline{X}_2}{s_{\overline{X}_1 - \overline{X}_2}}$$

Aqui,

$$t = \frac{60 - 49}{3,52}$$

$$= \frac{11}{3,52}$$

$$= 3,13$$

Usamos t em vez de z, pois não conhecemos os verdadeiros desvios padrão da população de liberais e conservadores. Como estimamos tanto σ_1 quanto σ_2 de s_1 e s_2, respectivamente, compensamos usando a distribuição t mais ampla, com $N_1 + N_2 - 2$ graus de liberdade. Para cada desvio

QUADRO 7.1 Exemplo passo a passo: teste de diferença entre médias

Para fornecer um exemplo que mostre, passo a passo, o procedimento para testar uma diferença entre médias amostrais, digamos que quiséssemos testar a hipótese nula ao nível de significância de $\alpha = 0,05$ de que estudantes universitários de ambos os sexos estejam igualmente preocupados com suas perspectivas de emprego após a formatura (isto é, $\mu_1 = \mu_2$). Para testar essa hipótese, suponha que pesquisemos amostras ao acaso de 35 estudantes do sexo masculino e 35 estudantes do sexo feminino usando uma escala de preocupação com o emprego variando de 1, "nem um pouco preocupado", a 10, "extremamente preocupado".

Os escores de preocupação quanto ao emprego e, com a finalidade de considerar nossos cálculos, seus valores elevados ao quadrado são os seguintes:

Estudantes do sexo masculino ($N_1 = 35$)		Estudantes do sexo feminino ($N_2 = 35$)	
X_1	X_1^2	X_2	X_2^2
8	64	4	16
7	49	3	9
6	36	1	1
10	100	7	49
2	4	6	36
1	1	9	81
4	16	10	100
3	9	4	16
5	25	3	9
6	36	6	36
7	49	4	16
5	25	3	9
9	81	6	36
8	64	8	64
10	100	6	36
6	36	5	25

Estudantes do sexo masculino ($N_1 = 35$)		Estudantes do sexo feminino ($N_2 = 35$)	
X_1	X_1^2	X_2	X_2^2
6	36	7	49
7	49	3	9
4	16	4	16
5	25	6	36
9	81	9	81
10	100	8	64
2	4	4	16
4	16	5	25
3	9	8	64
5	25	2	4
4	16	7	49
8	64	1	1
7	49	5	25
4	16	6	36
9	81	4	16
8	64	8	64
9	81	7	49
10	100	6	36
6	36	4	16
$\Sigma X_1 = 217$	$\Sigma X_1^2 = 1.563$	$\Sigma X_2 = 189$	$\Sigma X_2^2 = 1.195$

Passo 1 Calcule a média para cada amostra.

$$\bar{X}_1 = \frac{\Sigma X_1}{N_1} \quad \bar{X}_2 = \frac{\Sigma X_2}{N_2}$$

$$= \frac{217}{35} \quad\quad = \frac{189}{35}$$

$$= 6,2 \quad\quad = 5,4$$

Passo 2 Calcule a variância de cada amostra.

$$s_1^2 = \frac{\Sigma X_1^2}{N_1} - \bar{X}_1^2 \quad\quad s_2^2 = \frac{\Sigma X_2^2}{N_2} - \bar{X}_2^2$$

$$= \frac{1.563}{35} - (6,2)^2 \quad = \frac{1.195}{35} - (5,4)^2$$

$$= 44,66 - 38,44 \quad\quad = 34,14 - 29,16$$

$$= 6,22 \quad\quad\quad\quad\quad = 4,98$$

Passo 3 Calcule o erro padrão da diferença entre as médias.

$$s_{\bar{X}_1-\bar{X}_2} = \sqrt{\left(\frac{N_1 s_1^2 + N_2 s_2^2}{N_1 + N_2 - 2}\right)\left(\frac{N_1 + N_2}{N_1 N_2}\right)}$$

$$= \sqrt{\left[\frac{35(6,22) + 35(4,98)}{35 + 35 - 2}\right]\left(\frac{35 + 35}{35 \times 35}\right)}$$

$$= \sqrt{\left(\frac{217,7 + 174,3}{68}\right)\left(\frac{70}{1.225}\right)}$$

$$= \sqrt{\left(\frac{392}{68}\right)\left(\frac{70}{1.225}\right)}$$

$$= \sqrt{(5,7647)(0,0571)}$$

$$= \sqrt{0,3294}$$

$$= 0,574$$

Passo 4 Calcule o valor t dividindo a diferença entre as médias pelo erro padrão da diferença.

$$t = \frac{\bar{X}_1 - \bar{X}_2}{s_{\bar{X}_1-\bar{X}_2}}$$

$$= \frac{6,2 - 5,4}{0,574}$$

$$= 1,394$$

Passo 5 Determine o valor crítico para t.

$$gl = N_1 + N_2 - 2 = 68$$

Como o valor exato para os graus de liberdade (gl = 68) não é fornecido pela Tabela C, usamos o valor seguinte mais baixo (gl = 60), então:

$$\alpha = 0,05$$
tabela $t = 2,000$

Passo 6 Compare os valores t calculado e tabelado.

O t calculado (1,394) não excede a tabela t (2,000), em nenhuma das direções, positiva ou negativa, e assim mantemos a hipótese nula de que não há diferença nas médias populacionais. Isto é, a diferença observada no nível da média de preocupação quanto ao emprego entre amostras de estudantes universitários do sexo masculino e do sexo feminino poderia facilmente ter ocorrido como resultado de um erro amostral.

Desse modo, apesar de as médias amostrais serem realmente diferentes (6,2 para estudantes do sexo masculino e 5,4 para estudantes do sexo feminino), elas não foram suficientemente diferentes para concluir que as populações de estudantes universitários do sexo masculino e feminino diferiam em sua preocupação média quanto ao emprego após a formatura. É claro, estaríamos cometendo um erro tipo II (mantendo uma hipótese nula), no sentido de que poderia realmente haver uma diferença entre as médias populacionais. Mas esses resultados amostrais não são tão diferentes ($\bar{X}_1 - \bar{X}_2$ não é suficientemente grande), nem tampouco os tamanhos das amostras são suficientemente grandes a ponto de nos permitir a conclusão de que diferenças amostrais se verificam também na população.

padrão populacional que estimamos, perdemos um grau de liberdade do número total de casos. Aqui, temos 60 casos dos quais subtraímos 2 para obter os 58 graus de liberdade.

Voltando à Tabela C do Apêndice B, usamos o valor crítico para 40 graus de liberdade, o valor mais próximo abaixo de 58, que não é dado explicitamente. Nosso valor de t calculado 3,13 excede todos os pontos críticos padrão, exceto aquele para o nível 0,001. Portanto, poderíamos rejeitar a hipótese nula ao nível 0,10, 0,05 ou 0,01, o que quer que tenhamos estabelecido para o valor alfa no início de nosso estudo. Se por alguma razão tivesse sido estabelecido um valor alfa 0,001 (a justificativa para a escolha de um teste tão rigoroso, nesse caso, poderia parecer insuficiente), teríamos de manter a hipótese nula apesar do valor alto de t. Consequentemente, nossa chance de cometer um erro tipo II seria bastante alta.

Ajuste para variâncias desiguais

A fórmula para estimar o erro padrão da diferença entre médias que apresentamos anteriormente junta ou combina informações de variância de ambas as amostras. Ao fazer isso, presume-se que as variâncias populacionais sejam as mesmas para os dois grupos, isto é, $\sigma_1^2 = \sigma_2^2$. É claro que não sabemos realmente a magnitude das duas variâncias populacionais; como então podemos determinar se é razoável presumir que sejam iguais?

A resposta para esse dilema vem de variâncias das amostras, s_1^2 e s_2^2, e depende se elas são razoavelmente similares ou muito dissimilares. Afinal de contas, essas variâncias de amostras nos dão uma indicação quanto ao tamanho das variâncias da população. Se as variâncias das amostras são bastante diferentes em magnitude, então colocá-las juntas a fim de obter uma estimativa do erro padrão total da diferença entre as médias seria como combinar maçãs e laranjas para fazer qualquer outra coisa que não fosse um mix de frutas.

Assim como acontece com outras comparações que fazemos, determinar se $s1^2$ e $s2^2$ são tão diferentes em tamanho depende do tamanho da amostra (ou dos graus de liberdade). SPSS e outros produtos de software utilizam o *Teste de Levene*[3] para avaliar se as variâncias amostrais são tão dissimilares a ponto de termos de rejeitar a noção de que as variâncias populacionais são as mesmas. Sem entrar em detalhes, uma regra prática razoavelmente útil em casos como esse é buscar uma alternativa para sua combinação caso qualquer uma das variâncias amostrais seja mais do que duas vezes maior do que a outra. Em casos nos quais qualquer uma das variâncias amostrais é mais do que o dobro da outra, especificamente, o erro padrão é calculado sem combinação pela fórmula a seguir:

$$s_{\bar{X}_1 - \bar{X}_2} = \sqrt{\frac{s_1^2}{N_1 - 1} + \frac{s_2^2}{N_2 - 1}}$$

Observe que as duas variâncias estão separadas sob o radical da raiz quadrada, em vez de combinadas como fazemos na fórmula usual para o erro padrão da diferença entre médias.

A fórmula para os graus de liberdade quando não há combinação de variâncias é bastante complexa, e geralmente produz valores fracionados. Entretanto, uma simples e segura substituição para os graus de liberdade é pegar o menor de N_1 e N_2.

Por exemplo, suponha que um professor pergunte à sua classe quantas horas eles levaram para fazer um dever de casa particularmente difícil que exigiu o uso de um computador, e se usaram um PC ou um Mac. Os resultados são os seguintes:

	PC	Mac
N	36	23
Média	6,5	5,6
Variância	7,8	3,6
Desvio padrão	2,8	1,8

A partir dos resultados da amostra, descobrimos que os usuários de PCs levaram, em média, 0,9 hora a mais do que os usuários do Mac para completar a tarefa. Mais relevante nesse exemplo é a ampla variabilidade entre os usuários de PCs, com a variância amostral duas vezes maior do que aquela de usuários de Macs. Usando a alternativa não combinada de erro padrão,

---

[3] O Teste de Levene é uma inferência estatística usada para acessar a igualdade das variâncias em diferentes amostras. (N da RT).

$$s_{\overline{X}_1-\overline{X}_2} = \sqrt{\frac{s_1^2}{N_1-1} + \frac{s_2^2}{N_2-1}}$$

$$= \sqrt{\frac{7,8}{36-1} + \frac{3,6}{23-1}}$$

$$= \sqrt{0,228 + 0,165}$$

$$= \sqrt{0,393}$$

$$= 0,626$$

A razão t é calculada da mesma forma que antes, mas com a estimativa não combinada do erro padrão da diferença entre médias no denominador.

$$t = \frac{\overline{X}_1 - \overline{X}_2}{s_{\overline{X}_1-\overline{X}_2}}$$

$$= \frac{6,5 - 5,6}{0,626}$$

$$= 1,457$$

Para graus de liberdade, usamos o menor dos dois tamanhos de amostras: gl = 23. Consultando a Tabela C no Apêndice B para gl = 3 e um nível de significância de 0,05, determinamos que a razão t tem de ser mais alta do que 2,069 para rejeitar a hipótese nula de médias populacionais iguais. Portanto, apesar de os usuários de PCs terem levado, em média, quase uma hora a mais para completar o dever de casa, não podemos descartar a possibilidade de que essa diferença ocorreu como resultado do erro amostral.

Comparação entre amostras dependentes

Até agora, discutimos as comparações entre duas amostras extraídas *independentemente* (por exemplo, homens *versus* mulheres, negros *versus* brancos, ou liberais *versus* conservadores). Antes de mudarmos de tópico, temos de introduzir uma variação da comparação de duas médias referida como design *antes e depois* ou *painel*: o caso de uma *única* amostra medida em dois pontos diferentes no tempo (tempo 1 *versus* tempo 2). Por exemplo, um pesquisador pode querer medir a hostilidade em uma única amostra de crianças tanto antes quanto depois de elas terem assistido a um determinado programa de televisão. Da mesma maneira, poderíamos querer medir diferenças em opiniões quanto à pena de morte antes e depois de um julgamento por assassinato com grande cobertura da mídia.

Tenha em mente a distinção importante entre estudar a mesma amostra em duas ocasiões diferentes e estudar uma amostragem da mesma população em duas ocasiões diferentes. O teste t da diferença entre médias para a mesma amostra medida duas vezes geralmente presume que as mesmas pessoas são examinadas repetidamente — em outras palavras, cada entrevistado é comparado a si mesmo em outro momento no tempo.

Por exemplo, uma organização de pesquisas de opinião pública pode entrevistar os mesmos 1.000 norte-americanos tanto em 1995 quanto em 2000 para medir sua mudança de opinião ao longo do tempo. Como a mesma amostra é medida duas vezes, cabe a aplicação do teste t da diferença entre médias para essa amostra.

Suponha, ao contrário, que essa organização de pesquisas administre o mesmo instrumento de pesquisa a uma amostra de 1.000 norte-americanos em 1995 e a uma amostra diferente de outros 1.000 norte-americanos em 2000. Embora a pesquisa procure por mudanças de opinião ao longo do tempo, as duas amostras teriam sido escolhidas independentemente — isto é, a seleção de entrevistados em 2000 não dependeria de maneira alguma dos selecionados em 1995. Apesar de a mesma população (norte-americanos) ter sido amostrada duas vezes, as pessoas entrevistadas seriam diferentes, e desse modo, o teste t de diferença entre médias para grupos independentes teria relevância.

QUADRO 7.2 Exemplo passo a passo: teste de diferença entre médias para as duas medições da mesma amostra

Analisemos o seguinte exemplo passo a passo de uma comparação "antes e depois": suponha que vários indivíduos tenham sido forçados por um governo municipal a se mudar de suas casas para que uma autoestrada pudesse ser construída. Como pesquisadores sociais, temos interesse em determinar o impacto da mobilidade residencial forçada em termos de amabilidade entre vizinhos (isto é, os sentimentos positivos a respeito dos vizinhos *pré-mudança versus* sentimentos a respeito dos vizinhos *pós-mudança*). Nesse caso, então, μ_1 é o escore médio de amabilidade no tempo 1 (*antes* da mudança) e μ_2 é o escore médio de amabilidade no tempo 2 (*depois* da mudança). Portanto,

Hipótese nula: $(\mu_1 = \mu_2)$ — *O grau de amabilidade não difere antes e depois da mudança.*

Hipótese de pesquisa: $(\mu_1 \neq \mu_2)$ — *O grau de amabilidade difere antes e depois da mudança.*

Para testar o impacto dessa medida sobre o grau de amabilidade, entrevistamos uma amostra aleatória de seis indivíduos a respeito de seus vizinhos tanto antes quanto depois da mudança forçada. Nossas entrevistas produziram os escores de amabilidade a seguir (escores mais altos de 1 a 4 indicam relações mais amigáveis entre vizinhos).

Entrevistado	Antes da mudança (X_1)	Depois da mudança (X_2)	Diferença ($D = X_1 - X_2$)	(Diferença)² (D^2)
Stephanie	2	1	1	1
Myron	1	2	-1	1
Carol	3	1	2	4
Inez	3	1	2	4
Leon	1	2	-1	1
David	4	1	3	9
	$\Sigma X_1 = 14$	$\Sigma X_2 = 8$		$\Sigma D^2 = 20$

Como mostra a tabela, fazer uma comparação do tipo antes e depois nos faz focar a *diferença* entre o tempo 1 e o tempo 2, como reflete a fórmula por meio da qual obtemos o desvio padrão (para a distribuição dos escores de diferenças antes e depois):

onde s_D = desvio padrão da distribuição dos escores de diferenças antes e depois
D = escore bruto depois da mudança subtraído do escore bruto antes da mudança
N = número de casos ou entrevistados na amostra

$$s_D = \sqrt{\frac{\Sigma D^2}{N} - (\overline{X}_1 - \overline{X}_2)^2}$$

A partir dessa equação, obtemos o erro padrão da diferença entre médias:

$$s_{\overline{D}} = \frac{s_D}{\sqrt{N-1}}$$

Passo 1 Calcule a média para cada ponto no tempo.

$$\overline{X}_1 = \frac{\Sigma X_1}{N} \quad \overline{X}_2 = \frac{\Sigma X_2}{N}$$

$$= \frac{14}{6} \quad \quad = \frac{8}{6}$$

$$= 2{,}33 \quad \quad = 1{,}33$$

Passo 2 Calcule o desvio padrão para a diferença entre o tempo 1 e o tempo 2.

$$s_D = \sqrt{\frac{\Sigma D^2}{N} - (\overline{X}_1 - \overline{X}_2)^2}$$

$$= \sqrt{\frac{20}{6} - (2{,}33 - 1{,}33)^2}$$

$$= \sqrt{\frac{20}{6} - (1{,}00)^2}$$

$$= \sqrt{3{,}33 - 1{,}00}$$

$$= \sqrt{2{,}33}$$

$$= 1{,}53$$

Passo 3 Calcule o erro padrão da diferença entre médias.

$$s_{\overline{D}} = \frac{s_D}{\sqrt{N-1}}$$

$$= \frac{1{,}53}{\sqrt{6-1}}$$

$$= \frac{1{,}53}{2{,}24}$$

$$= 0{,}68$$

Passo 4 Converta a diferença da média amostral em unidades de erro padrão da diferença entre médias.

$$t = \frac{\overline{X}_1 - \overline{X}_2}{s_{\overline{D}}}$$

$$= \frac{2{,}33 - 1{,}33}{0{,}68}$$

$$= \frac{1{,}00}{0{,}68}$$

$$= 1{,}47$$

Passo 5 Calcule o número de graus de liberdade.

$$gl = N - 1$$

$$= 6 - 1$$

$$= 5$$

Observação: N se refere ao número total de *casos*, e não ao número de escores, para os quais há apenas dois por caso ou entrevistado.

Passo 6 Compare a razão *t* obtida com a razão *t* apropriada na Tabela C.

t obtida = 1,47
tabela *t* = 2,571
gl = 5
$\alpha = 0{,}05$

Para rejeitar a hipótese nula ao nível de significância de 0,05 com 5 graus de liberdade, temos de obter uma razão *t* calculada de 2,571. Como nossa razão *t* é de apenas 1,47 — menor do que o valor tabelado exigido —, mantemos a hipótese nula. As diferenças amostrais de amabilidade obtidas antes e depois da mudança foram provavelmente resultado do erro amostral.

Testar diferenças em médias para a mesma amostra medida duas vezes é apenas uma das diversas aplicações do teste *t* para amostras dependentes. Sempre que um grupo é amostrado com base nos casos de outro grupo, o teste *t* especial deve ser usado. Por exemplo, comparar o desenvolvimento de gêmeos idênticos criados separadamente; comparar as atitudes de mulheres e seus maridos quanto a gastos públicos em atividades extracurriculares; e comparar o impacto de programas de tratamento com custódia e sem custódia para delinquentes em grupos reunidos por idade, raça, gênero e tipo de crime cometido; todos esses casos oferecem a oportunidade de medir e testar a diferença média entre escores de pares de indivíduos. Na realidade, o uso de grupos que são reunidos ou colocados em pares de alguma maneira pode oferecer um maior controle e poder sobre o sorteio de duas amostras completamente independentes uma da outra (como no teste *t* para as amostras independentes).

QUADRO 7.3   Exemplo passo a passo: teste de diferença entre médias para amostras relacionadas

Criminologistas, frequentemente, comparam as taxas de homicídios de estados em que a pena de morte é permitida e estados em que ela não é permitida. É claro, estados diferem uns dos outros de maneiras incontáveis que podem causar mais impacto à taxa de homicídios do que a pena de morte. Uma das abordagens que foi usada para superar o impacto externo de outras variáveis foi "relacionar" os estados com pena de morte e sem pena de morte em termos de similaridade geográfica.

A seguir, vemos as taxas de homicídio de 2005 para sete pares de estados que diferem em termos de aceitação da pena de morte, mas que são semelhantes em termos de geografia e outras variáveis demográficas e socioeconômicas importantes. Além disso, as diferenças e as diferenças ao quadrado em taxas de homicídios entre os sete pares são calculadas.

Com pena de morte		Sem pena de morte		D	D^2
Nebraska	2,5	Iowa	1,3	1,2	1,44
Indiana	5,7	Michigan	6,1	−0,4	0,16
Dakota do Sul	2,3	Dakota do Norte	1,1	1,2	1,44
Connecticut	2,9	Rhode Island	3,2	−0,3	0,09
New Hampshire	1,4	Vermont	1,3	0,1	0,01
Kentucky	4,6	Virginia Ocidental	4,4	0,2	0,04
Minnesota	2,2	Wisconsin	3,5	−1,3	1,69
	$\Sigma X_1 = 21,6$		$\Sigma X_2 = 20,9$	$\Sigma D = 0,7$	$\Sigma D^2 = 4,87$

Usando esses dados, podemos testar a uniformidade das taxas médias de homicídios para os dois grupos de estados colocados em pares usando as seguintes hipóteses:

Hipótese nula:
($\mu_1 = \mu_2$)

Não há diferença nas taxas médias de homicídios entre estados que aceitam a pena de morte e estados que não aceitam a pena de morte.

Hipótese de pesquisa:
($\mu_1 \neq \mu_2$)

Há diferença nas taxas médias de homicídios entre estados que aceitam a pena de morte e estados que não aceitam a pena de morte.

Passo 1 Calcule a média para ambos os grupos. Observe que N se refere ao número de pares de escores.

$$\bar{X}_1 = \frac{\Sigma X_1}{N} \quad \bar{X}_2 = \frac{\Sigma X_2}{N}$$

$$= \frac{21,6}{7} \quad\quad = \frac{20,9}{7}$$

$$= 3,09 \quad\quad = 2,99$$

Passo 2 Calcule o desvio padrão das diferenças entre cada par de casos.

$$s_D = \sqrt{\frac{\Sigma D^2}{N} - (\bar{X}_1 - \bar{X}_2)^2}$$

$$= \sqrt{\frac{4,87}{7} - (3,09 - 2,99)^2}$$

$$= \sqrt{\frac{4,87}{7} - (0,10)^2}$$

$$= \sqrt{0,70 - 0,01}$$

$$= \sqrt{0,69}$$

$$= 0,83$$

Passo 3 Calcule o erro padrão da diferença média.

$$s_{\bar{D}} = \frac{s_D}{\sqrt{N-1}}$$

$$= \frac{0,83}{\sqrt{7-1}}$$

$$= \frac{0,83}{2,45}$$

$$= 0,34$$

Passo 4 Calcule a razão t.

$$t = \frac{\bar{X}_1 - \bar{X}_2}{s_{\bar{D}}}$$

$$= \frac{3,09 - 2,99}{0,34}$$

$$= \frac{0,10}{0,34}$$

$$= 0,29$$

Passo 5 Calcule os graus de liberdade.

$$gl = N - 1$$

$$= 7 - 1$$

$$= 6$$

Passo 6 Compare a razão t obtida a partir do valor apropriado na Tabela C.

$$t \text{ obtida} = 0,29$$
$$\text{Tabela } t = 2,447$$
$$gl = 6$$
$$\alpha = 0,05$$

Para rejeitar a hipótese nula de nenhuma diferença na taxa média de homicídios entre os estados com a pena de morte e aqueles sem a pena de morte, a razão t precisaria ser pelo menos 2,447. Como a nossa razão t obtida de 0,29 é menor do que isto, temos de manter a hipótese de nenhuma diferença.

Teste de proporções para duas amostras

No capítulo anterior, aprendemos como construir intervalos de confiança para médias e para proporções aplicando a noção de erro padrão da média e da proporção. Neste capítulo, deslocamos a atenção para a diferença entre as amostras e empregamos um erro padrão da diferença entre médias. Pareceria lógico também considerar a distribuição amostral da diferença entre proporções.

O importante papel do teste de diferenças entre as proporções vai muito além do que simplesmente um desejo de ter uma apresentação simétrica e completa. Muitas medidas importantes usadas nas ciências sociais são previstas em termos de proporções. Muitas vezes estamos interessados em saber se dois grupos (por exemplo, indivíduos dos sexos masculino/feminino, brancos/

negros, nortistas/sulistas etc.) diferem em porcentagem em termos de uma questão política, uma característica ou um atributo, ou quem é bem-sucedido em um teste.

Felizmente, a lógica para testar a diferença entre duas proporções é a mesma utilizada para testar a diferença entre médias. A única mudança está nos símbolos e fórmulas usados para calcular proporções de amostras e o erro padrão da diferença. Como já aconteceu, nossa estatística (z) é a diferença entre estatísticas amostrais dividida pelo erro padrão da diferença.

Em vez da fórmula z que usamos para testar a diferença entre as médias (com σ_1 e σ_2 conhecidos), usamos:

$$z = \frac{P_1 - P_2}{s_{P_1 - P_2}}$$

onde P_1 e P_2 são as respectivas proporções amostrais. O erro padrão da diferença em proporções é dado por:

$$s_{P_1 - P_2} = \sqrt{P^*(1 - P^*)\left(\frac{N_1 + N_2}{N_1 N_2}\right)}$$

onde P^* é a proporção da amostra combinada:

$$P^* = \frac{N_1 P_1 + N_2 P_2}{N_1 + N_2}$$

QUADRO 7.4 Exemplo passo a passo: teste de diferença entre proporções

Descreveremos os passos necessários para a realização desse teste utilizando um exemplo. Um psicólogo social está interessado em como as características de personalidade são expressas no carro que se dirige. Em particular, ele se pergunta se os homens expressam uma maior necessidade de controle do que as mulheres ao dirigir carros grandes. Ele sorteia uma amostra de 200 indivíduos do sexo masculino e 200 do sexo feminino com mais de 18 anos e determina se eles dirigem um carro grande. Qualquer entrevistado que não seja proprietário de um carro é tirado da amostra, mas não é substituído por outra pessoa. Consequentemente, os tamanhos finais das amostras para análise não são exatamente 200 indivíduos de cada sexo. As hipóteses a seguir dizem respeito à proporção da população de homens com carros grandes (π_1) e à proporção da população de mulheres com carros grandes (π_2):

Hipótese nula: *As proporções de homens*
($\pi_1 = \pi_2$)   *e mulheres que dirigem carros grandes são iguais.*

Hipótese de pesquisa: *As proporções de homens*
($\pi_1 \neq \pi_2$)   *e mulheres que dirigem carros grandes não são iguais.*

O psicólogo social obtém os dados a seguir:

	Sexo masculino	Sexo feminino	Total
Tamanho da amostra (N)	180	150	330
Dirigem carros grandes (f)	81	48	129
Proporção com carros grandes (P)	0,45	0,32	0,39

Passo 1 Calcule as proporções das duas amostras e a proporção amostral combinada.

$$P_1 = \frac{f_1}{N_1} = \frac{81}{180} = 0,45$$

$$P_2 = \frac{f_2}{N_2} = \frac{48}{150} = 0,32$$

$$P^* = \frac{N_1 P_1 + N_2 P_2}{N_1 + N_2}$$

$$= \frac{(180)(0,45) + (150)(0,32)}{180 + 150}$$

$$= \frac{81 + 48}{180 + 150}$$

$$= \frac{129}{330}$$

$$= 0,39$$

Passo 2 Calcule o erro padrão da diferença.

$$s_{P_1-P_2} = \sqrt{P^*(1 - P^*)\left(\frac{N_1 + N_2}{N_1 N_2}\right)}$$

$$= \sqrt{(0,39)(1-0,39)\left[\frac{180 + 150}{(180)(150)}\right]}$$

$$= \sqrt{(0,39)(0,61)\left(\frac{330}{27.000}\right)}$$

$$= \sqrt{\frac{78,507}{27.000}}$$

$$= \sqrt{0,002908}$$

$$= 0,0539$$

Passo 3 Converta a diferença entre as proporções em unidades do erro padrão da diferença.

$$z = \frac{P_1 - P_2}{s_{P_1-P_2}}$$

$$= \frac{0,45 - 0,32}{0,0539}$$

$$= 0,241$$

Passo 4 Compare o valor z obtido com o valor crítico da Tabela A (ou da linha de baixo da Tabela C). Para $\alpha = 0,05$, o valor crítico é $z = 1,96$. Como o valor obtido é $z = 2,41$, rejeitamos a hipótese nula.

Como a diferença entre proporções amostrais foi estatisticamente significativa, o psicólogo social foi capaz de concluir que homens e mulheres geralmente tendem a dirigir carros de tamanhos diferentes.

Testes unilaterais

Os testes de significância abordados até o momento são conhecidos como *testes bilaterais*: podemos rejeitar a hipótese nula em ambas as extremidades da distribuição amostral. Uma razão t muito grande, *seja* na direção positiva, *seja* na direção negativa, leva à rejeição da hipótese nula. Um *teste unilateral*, por outro lado, rejeita a hipótese nula somente em uma extremidade da distribuição amostral.

Muitos textos estatísticos, particularmente os mais antigos, enfatizam ambos os testes, o unilateral e o bilateral. O teste unilateral teve sua importância reduzida nos últimos anos porque pacotes de softwares estatísticos (por exemplo, SPSS) rotineiramente produzem testes de significância bilaterais como parte da sua produção padrão.

Ainda assim, em algumas ocasiões, o teste unilateral é apropriado. Discutiremos brevemente as diferenças entre testes unilateral e bilateral nesses casos. Deve ser enfatizado, entretanto, que as únicas mudanças ocorrem na maneira em que as hipóteses são apresentadas e na tabela t que é usada; felizmente, nenhuma das fórmulas apresentadas até aqui mudam de alguma forma.

Suponha que um pesquisador educacional queira testar se um programa de recuperação em matemática melhora significativamente as habilidades matemáticas de indivíduos. Ela decide usar um design do tipo antes e depois no qual nove jovens em recuperação na matéria fazem um teste de matemática e, seis meses depois, realizam um teste similar, dando continuidade ao programa. A abordagem discutida anteriormente (teste bilateral) faria com que configurássemos nossas hipóteses como a seguir:

Hipótese nula: Habilidade matemática não difere
$(\mu_1 = \mu_2)$ antes e depois da recuperação.

Hipótese de pesquisa: Habilidade matemática difere antes
$(\mu_1 \neq \mu_2)$ e depois da recuperação.

A hipótese de pesquisa inclui dois resultados possíveis — os estudantes têm desempenhos muito melhores (o escore médio no pós-teste é mais alto do que no pré-teste) e os estudantes têm desempenhos muito piores (a média pós-teste é mais baixa do que a média pré-teste). Entretanto, ao avaliar se o programa de recuperação vale a pena (isto é, se produz uma melhoria significativa nas habilidades matemáticas), o pesquisador não ficaria empolgado com uma redução significativa no desempenho.

O teste unilateral é apropriado quando um pesquisador está apenas preocupado com uma mudança (para uma amostra testada duas vezes) ou uma diferença (entre duas amostras independentes) em uma direção pré-especificada ou quando um pesquisador antecipa a *direção* da mudança ou da diferença. Por exemplo, uma tentativa de mostrar que réus negros recebem sentenças mais severas (sentença média) que brancos indica a necessidade de um teste unilateral. Se, entretanto, um pesquisador está apenas procurando por diferenças na aplicação de sentenças por raça, não importa se quem recebe as sentenças mais severas são negros ou brancos; de qualquer modo, ele deve usar o teste bilateral.

No exemplo de recuperação em matemática, as seguintes hipóteses para o teste unilateral são apropriadas:

Hipótese nula: A capacidade matemática não
$(\mu_1 \geq \mu_2)$ melhora após a recuperação.

Hipótese de pesquisa: A capacidade matemática melhora
$(\mu_1 < \mu_2)$ após a recuperação.

Observe cuidadosamente a diferença entre essas hipóteses e aquelas apresentadas anteriormente. A hipótese nula inclui toda a distribuição amostral à direita do valor crítico; a hipótese de pesquisa inclui apenas uma mudança em uma direção. Isso se traduz em uma região crítica na distribuição *t* com apenas uma extremidade. Além disso, a extremidade é maior do que seria no caso de um teste bilateral, pois a área inteira (por exemplo, $\alpha = 0{,}05$) está atribuída em uma extremidade em vez de dividida em dois lados. Como consequência, o valor de tabela de *t* que permite a rejeição da hipótese nula é, de certa maneira, mais baixo e fácil de alcançar. Entretanto, qualquer valor de *t* na direção oposta — não importando quão extremo — não permitiria a rejeição da hipótese nula.

As diferenças entre testes bilaterais e unilaterais estão resumidas na Figura 7.9. Como regra geral, para construir um teste unilateral a partir de probabilidades bilaterais, simplesmente use um valor de tabela com o dobro da área do teste bilateral. Desse modo, por exemplo, o valor crítico para um teste bilateral com $\alpha = 0{,}10$ é idêntico àquele para um teste unilateral com $\alpha = 0{,}05$. Por conveniência, entretanto, uma tabela em separado de valores críticos unilaterais de *t* é dada na Tabela C.

Todos os testes de diferenças de amostras que apresentamos neste capítulo podem ser transformados em testes unilaterais. Se o pesquisador que testou para diferenças na proporção de homens e mulheres que dirigem carros grandes tivesse previsto que a proporção de indivíduos do sexo masculino seria maior, um teste unilateral poderia ter sido empregado.

Da mesma forma, o teste *t* de diferença da preocupação média com o emprego entre indivíduos do sexo masculino e do sexo feminino discutido anteriormente poderia ter sido estruturado como um teste unilateral, caso a teoria do pesquisador sugerisse, por exemplo, que homens estariam, em média, mais preocupados. Mudar para um teste unilateral afeta somente as hipóteses e o valor crítico de *t*, mas nenhum dos cálculos. A hipótese nula seria, em vez disso, que indivíduos do sexo masculino (grupo 1) não se preocupam mais do que indivíduos do sexo feminino (grupo 2) ou, simbolicamente, $\mu_1 \leq \mu_2$, e a hipótese de pesquisa seria de que homens se preocupam mais ($\mu_1 > \mu_2$). Com um nível de significância de 0,05 e novamente usando 60 graus de liberdade em lugar

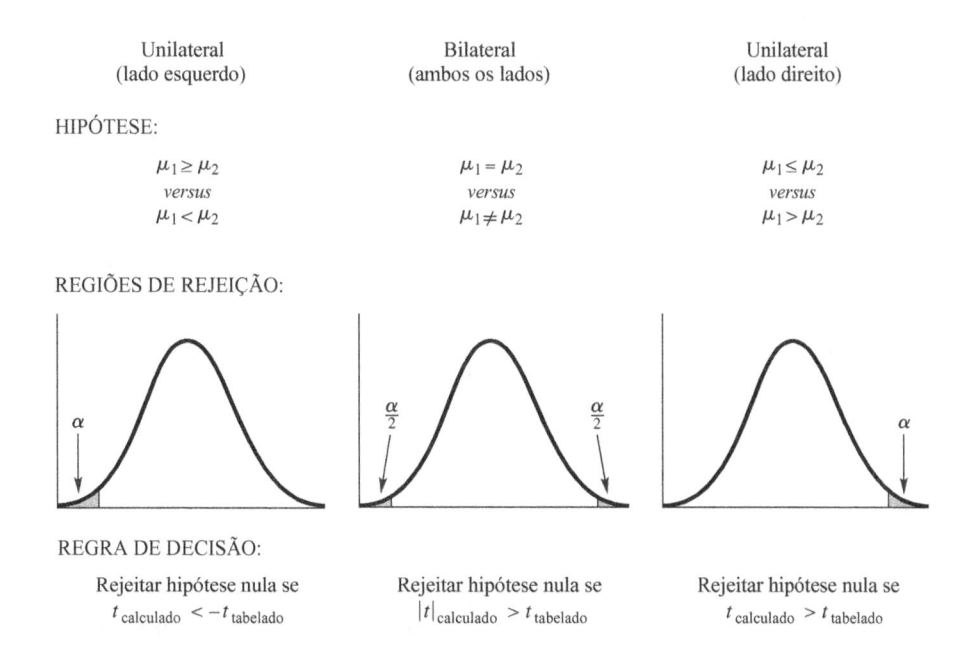

	Unilateral (lado esquerdo)	Bilateral (ambos os lados)	Unilateral (lado direito)
HIPÓTESE:	$\mu_1 \geq \mu_2$ versus $\mu_1 < \mu_2$	$\mu_1 = \mu_2$ versus $\mu_1 \neq \mu_2$	$\mu_1 \leq \mu_2$ versus $\mu_1 > \mu_2$
REGIÕES DE REJEIÇÃO:	α (esquerda)	$\frac{\alpha}{2}$ e $\frac{\alpha}{2}$	α (direita)
REGRA DE DECISÃO:	Rejeitar hipótese nula se $t_{calculado} < -t_{tabelado}$	Rejeitar hipótese nula se $|t|_{calculado} > t_{tabelado}$	Rejeitar hipótese nula se $t_{calculado} > t_{tabelado}$

Figura 7.9 Testes unilaterais e bilaterais.

QUADRO 7.5 Exemplo passo a passo: teste unilateral de médias para duas medições da mesma amostra

À medida que levamos adiante nosso exemplo, observe que a mecânica para calcular t segue inalterada quando empregamos uma região unilateral de rejeição. Suponha que os escores de matemática antes e depois para uma amostra de nove estudantes em recuperação sejam os seguintes:

Estudante	Antes (X_1)	Depois (X_2)	Diferença $(D = X_1 - X_2)$	(Diferença)² (D^2)
1	58	66	–8	64
2	63	68	–5	25
3	66	72	–6	36
4	70	76	–6	36
5	63	78	–15	225
6	51	56	–5	25
7	44	69	–25	625
8	58	55	3	9
9	50	55	–5	25
	$\Sigma X_1 = 523$	$\Sigma X_2 = 595$		$\Sigma D^2 = 1.070$

Podemos calcular o valor t exatamente como fizemos anteriormente. A mudança no procedimento para o teste unilateral é apenas o uso da segunda página da Tabela C em vez da primeira.

Passo 1 Calcule a média para ambos os testes antes e depois.

$$\overline{X}_1 = \frac{\Sigma X_1}{N_1} \qquad \overline{X}_2 = \frac{\Sigma X_2}{N_2}$$

$$= \frac{523}{9} \qquad = \frac{595}{9}$$

$$= 58{,}11 \qquad = 66{,}11$$

Passo 2 Calcule o desvio padrão das diferenças.

$$s_D = \sqrt{\frac{\Sigma D^2}{N} - (\overline{X}_1 - \overline{X}_2)^2}$$

$$= \sqrt{\frac{1.070}{9} - (58{,}11 - 66{,}11)^2}$$

$$= \sqrt{118{,}89 - 64}$$

$$= \sqrt{54{,}89}$$

$$= 7{,}41$$

Passo 3 Calcule o erro padrão da diferença entre médias.

$$s_{\overline{D}} = \frac{s_D}{\sqrt{N-1}}$$

$$= \frac{7{,}41}{\sqrt{9-1}}$$

$$= \frac{7{,}41}{2{,}83}$$

$$= 2{,}62$$

Passo 4 Converta a diferença da média amostral em unidades de erro padrão da diferença.

$$t = \frac{\overline{X}_1 - \overline{X}_2}{s_{\overline{D}}}$$

$$= \frac{58{,}11 - 66{,}11}{2{,}62}$$

$$= \frac{-8{,}00}{2{,}62}$$

$$= -3{,}05$$

Passo 5 Calcule os graus de liberdade.

$$gl = N - 1$$

$$= 9 - 1$$

$$= 8$$

> **Passo 6** Compare a razão *t* obtida com o valor crítico da segunda página da Tabela C.
>
> $$t\text{ obtido} = -3{,}05$$
> $$\text{tabela } t = -1{,}86$$
> $$\alpha = 0{,}05$$
>
> Como formulamos a hipótese de que a média pós-teste deve ser mais alta do que a média pré-teste, *t* deve ser negativo. Portanto, usamos o valor crítico negativo. O *t* obtido (−3,05) é mais extremo na direção negativa do que o valor crítico (−1,86), de maneira que rejeitamos a hipótese nula. Desse modo, o programa de recuperação em matemática produziu uma melhoria estatisticamente significativa na habilidade matemática.

dos 68 efetivos, obtemos agora da Tabela C um valor crítico *t* = 1,67. Localizando toda a região de rejeição de 0,05 em uma extremidade reduz, de certa maneira, o tamanho de *t* necessário para a significância (de 2,00 a 1,67), mas ainda assim a razão *t* calculada (*t* = +1,394, o mesmo que antes) não é significativa.

Exigências para testar a diferença entre médias

Como veremos ao longo deste livro, todo teste estatístico deve ser usado somente se o pesquisador social tiver pelo menos considerado determinadas exigências, condições ou pressuposições. Empregar um teste inapropriadamente pode confundir uma questão e induzir o investigador ao erro. Como consequência, devemos manter as exigências a seguir em mente ao considerarmos a pertinência do escore *z* ou da razão *t* como um teste de significância:

1. *Comparação entre duas médias.* O escore *z* e a razão *t* são empregados para fazer comparações entre duas médias de amostras independentes ou de uma única amostra medida duas vezes (medidas repetidas).
2. *Dados intervalares.* A pressuposição é a de que temos escores em termos intervalares de medida. Portanto, não podemos usar o escore *z* ou a razão *t* para dados classificados ou dados que podem apenas ser categorizados em termos nominais de medida (veja o Capítulo 1).
3. *Amostragem aleatória.* Deveríamos ter extraído nossas amostras em uma base aleatória de uma população de escores.
4. *Distribuição normal.* A razão *t* para amostras pequenas exige que a característica amostral que medimos seja distribuída normalmente na população subjacente (a razão *t* para grandes amostras não é muito afetada pelo fracasso em atender essa pressuposição). Muitas vezes não podemos ter certeza de que a normalidade existe. Sem nenhuma razão para duvidar disso, muitos pesquisadores acreditam pragmaticamente que as características de suas amostras são distribuídas normalmente. Entretanto, se o pesquisador tem razão para suspeitar que a normalidade não pode ser presumida e que o tamanho da amostra não é grande, o melhor conselho que lhe pode ser dado é o de que a razão *t* pode ser um teste inapropriado.
5. *Variâncias iguais.* A razão *t* para amostras independentes presume que as variâncias populacionais são iguais. As variâncias amostrais, é claro, podem diferir em consequência da amostragem. Uma diferença moderada entre variâncias amostrais não invalida os resultados da razão *t*. Mas quando essa diferença em variâncias amostrais é extrema (por exemplo, quando uma amostra de variância é duas vezes maior do que a outra), a razão *t* apresentada aqui pode não ser muito apropriada. Uma fórmula de erro padrão ajustado está disponível para situações em que as variâncias de amostras são muito diferentes.

QUADRO 7.6 Exemplo passo a passo: grupos independentes, teste unilateral

Uma professora que leciona para uma turma do curso de inglês exigido a todos os estudantes de primeiro ano acha que os alunos que estudaram em escolas particulares têm mais conhecimento de inglês do que os alunos que estudaram em escolas públicas. A professora decide testar sua hipótese quanto ao conhecimento de inglês usando sua turma de 72 estudantes.

Durante a primeira semana de aulas, a professora aplica um teste que abrange gramática e vocabulário; ela também pergunta na prova o tipo de escola que o aluno frequentou, particular ou pública. A professora descobre que há 22 alunos formados em escolas particulares e 50 alunos formados em escolas públicas. Ela então calcula estatísticas descritivas separadamente para os dois grupos:

Escola particular	Escola pública
$N_1 = 22$	$N_2 = 50$
$\overline{X}_1 = 85$	$\overline{X}_2 = 82$
$s_1 = 6$	$s_2 = 8$

Como antecipou que os alunos formados em escolas particulares teriam escores melhores no teste, a professora estabeleceu suas hipóteses como a seguir:

Hipótese nula: O preparo em inglês não
$(\mu_1 \leq \mu_2)$ é melhor entre alunos
formados em escolas
particulares do que entre
alunos formados em
escolas públicas.

Hipótese de O preparo em inglês
pesquisa: é melhor entre alunos
$(\mu_1 > \mu_2)$ formados em escolas
particulares do que entre
alunos formados em
escolas públicas.

Passo 1 Obtenha as médias amostrais (estas são dadas como 85 e 82, respectivamente).

$$\overline{X}_1 = \frac{\Sigma X_1}{N_1} = 85$$

$$\overline{X}_2 = \frac{\Sigma X_2}{N_2} = 82$$

Passo 2 Obtenha os desvios padrão amostrais (dados como 6 e 8, respectivamente).

$$s_1 = \sqrt{\frac{\Sigma X_1^2}{N_1} - \overline{X}_1^2} = 6$$

$$s_2 = \sqrt{\frac{\Sigma X_2^2}{N_2} - \overline{X}_2^2} = 8$$

Passo 3 Calcule o erro padrão da diferença entre médias.

$$s_{\overline{X}_1 - \overline{X}_2} = \sqrt{\left(\frac{N_1 s_1^2 + N_2 s_2^2}{N_1 + N_2 - 2}\right)\left(\frac{N_1 + N_2}{N_1 N_2}\right)}$$

$$= \sqrt{\left[\frac{(22)(6)^2 + (50)(8)^2}{22 + 50 - 2}\right]\left[\frac{22 + 50}{(22)(50)}\right]}$$

$$= \sqrt{\left(\frac{(22)(36) + (50)(64)}{70}\right)\left(\frac{72}{1.100}\right)}$$

$$= \sqrt{\left(\frac{3.992}{70}\right)\left(\frac{72}{1.100}\right)}$$

$$= \sqrt{3,7328}$$

$$= 1,93$$

Passo 4 Converta a diferença da média amostral em unidades de erro padrão da diferença.

$$t = \frac{\overline{X}_1 - \overline{X}_2}{s_{\overline{X}_1 - \overline{X}_2}}$$

$$= \frac{85 - 82}{1,93}$$

$$= \frac{3}{1,93}$$

$$= 1,55$$

Passo 5 Determine os graus de liberdade.

$$gl = N_1 + N_2 - 2$$
$$= 22 + 50 - 2$$
$$= 70$$

Passo 6 Compare o valor t obtido com o valor t apropriado na segunda página da Tabela C.

t obtido = 1,55
tabela t = 1,671
gl = 70
α = 0,5

Como o t calculado (1,55) não excede o valor tabelado (1,671), a professora não pode rejeitar a hipótese nula. Portanto, apesar de a diferença entre médias amostrais ter sido consistente com as expectativas da professora (85 *versus* 82), a diferença não era maior do que aquela que teria sido observada ao acaso. Além disso, o uso do teste unilateral com toda a região crítica de 5% em um lado da distribuição amostral tornou mais fácil encontrar uma diferença significativa por meio da redução do valor crítico. Ainda assim, os resultados obtidos pela professora não foram verdadeiramente significativos em termos estatísticos.

Resumo

No Capítulo 6, vimos como a média ou proporção populacional pode ser estimada a partir da informação que obtivemos de uma única amostra. Neste capítulo, voltamos nossa atenção para a tarefa de testar hipóteses a respeito de diferenças *entre* médias ou proporções amostrais (veja a Figura 7.10). Anteriormente, ao estudar uma amostra de cada vez, focávamos as características da distribuição amostral das médias. Como vimos neste capítulo, há também uma distribuição de probabilidade para comparar diferenças de médias. Como consequência do erro amostral, a distribuição amostral de diferenças entre médias consiste em um grande número de diferenças entre médias, aleatoriamente selecionadas, e que se aproximam de uma curva normal cuja média (média de diferenças entre médias) é zero. Com a ajuda dessa distribuição amostral e o erro padrão da diferença entre médias (nossa estimativa do desvio padrão da distribuição amostral baseada nas duas amostras que sorteamos), fomos capazes de fazer uma declaração de probabilidade a respeito da ocorrência de uma diferença entre médias. Perguntamos: qual é a probabilidade de que a diferença média da amostra que obtivemos em nosso estudo ter acontecido estritamente devido a um erro amostral? Se a diferença cair próxima do centro da distribuição amostral (isto é, próxima de uma diferença média de zero), manteremos a hipótese nula. Nosso resultado é tratado meramente como um produto do erro amostral. Se, no entanto, nossa diferença média for tão grande a ponto de cair a uma distância considerável da média de zero da distribuição amostral, então rejeitaremos a hipótese nula e aceitaremos a ideia de que encontramos uma verdadeira diferença populacional. Nossa diferença média é grande demais para ser explicada por erro amostral. Mas até que ponto devemos manter ou rejeitar a hipótese nula? Para estabelecer se nossa diferença amostral obtida reflete uma diferença de população real (isto é, constitui uma diferença estatisticamente significativa), precisamos de um ponto de corte consistente para decidir quando manter ou rejeitar a hipótese nula. Para esse fim, é costume usar o nível de significância de 0,05 (e também o nível mais rigoroso de significância, 0,01). Isto é, estamos dispostos a rejeitar a hipótese nula se nossa diferença amostral obtida ocorrer ao acaso menos de 5 vezes em 100 (1 vez em 100 ao nível 0,01). Determinaremos se a hipótese nula é ou não plausível por meio do cálculo dos graus de liberdade e do teste de significância conhecido como razão t. Compararemos, então, nossa razão t obtida às razões t em diferentes graus de liberdade dados pela Tabela C do Apêndice B. Usando a mesma lógica, há também um teste de significância para diferenças entre proporções. Em qualquer um dos casos, o pesquisador tem de escolher entre um teste de significância unilateral ou um bilateral, dependendo se ele pode antecipar de antemão a direção da diferença.

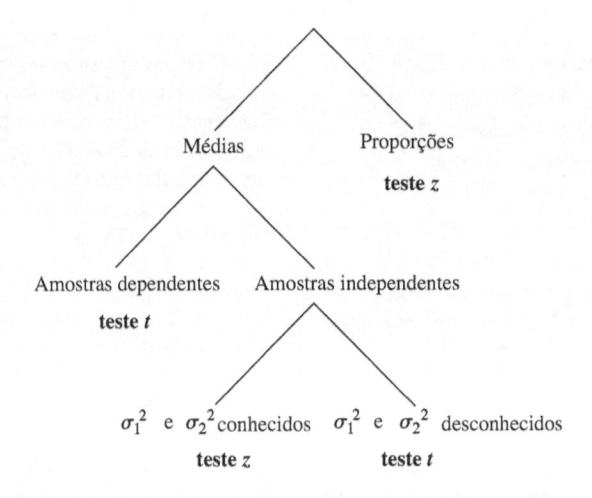

```
                    ┌─────────┴─────────┐
                 Médias              Proporções
                                      teste z
           ┌─────────┴─────────┐
    Amostras dependentes  Amostras independentes
         teste t
                       ┌─────────┴─────────┐
              $\sigma_1^2$ e $\sigma_2^2$ conhecidos   $\sigma_1^2$ e $\sigma_2^2$ desconhecidos
                    teste z                  teste t
```

Figura 7.10 Testes de diferenças.

Termos-chave

Diferença estatisticamente significativa
Distribuição amostral de diferenças entre médias
Erro tipo I
Erro tipo II
Erro padrão da diferença entre médias
Hipótese de pesquisa
Hipótese nula

Nível de significância
Nível de significância de 0,01
Nível de significância de 0,05
Razão t
Teste bilateral
Teste unilateral

Exercícios

1. Manter a hipótese nula supõe que:
   a. não há diferença entre as médias amostrais.
   b. não há diferença entre as médias populacionais.
   c. a diferença entre as médias é significativa.
   d. a diferença entre as médias é grande demais para consistir em um erro amostral.

2. Quanto maior o escore z:
   a. maior a distância de nossa diferença de médias e zero.
   b. maior a probabilidade de rejeitarmos a hipótese nula.
   c. maior a probabilidade de nosso resultado ser significativo.
   d. todos os itens anteriores.

3. Em $P = 0,01$, uma diferença de médias em uma distribuição amostral ocorre:
   a. por erro amostral, uma vez em cada 100 diferenças de médias.
   b. por erro amostral, mais de 99 vezes em cada 100 diferenças de médias.
   c. muito frequentemente por erro amostral.

4. O nível de probabilidade no qual a hipótese nula pode ser rejeitada com confiança é conhecido como:
   a. nível de significância.
   b. distribuição.
   c. graus de liberdade.
   d. todos os itens anteriores.

5. Quanto mais distante na extremidade de uma distribuição estiver o nosso valor crítico, maior o risco de se cometer um:

a. erro tipo 1.
b. erro tipo 2.
c. erros tipos 1 e 2.
d. erro tipo 3.

6. O tamanho das regiões das extremidades sob a curva que nos levarão a rejeitar a hipótese nula é:
   a. o valor alfa.
   b. P.
   c. o erro padrão da diferença.
   d. os graus de liberdade.

7. O erro padrão da diferença entre médias é definido como:
   a. o desvio padrão de duas amostras que extraímos.
   b. os desvios padrão em duas populações das quais duas amostras foram tiradas.
   c. nossa estimativa do desvio padrão da distribuição amostral teórica das diferenças entre médias.

8. Quanto maior o valor de t, maior a probabilidade de:
   a. mantermos a hipótese nula.
   b. rejeitarmos a hipótese nula.
   c. concluirmos que nosso resultado não é estatisticamente significativo.

9. Em um sentido estatístico, "significativo" quer dizer:
   a. importante.
   b. grande.
   c. real.
   d. improvável de ser encontrado na população.

10. Ao prever que um resultado será em uma ou outra direção (por exemplo, que um tratamento em particular reduzirá o número de reincidências), você usa:
    a. teste unilateral.
    b. teste bilateral.
    c. teste trilateral.
    d. teste sem extremidades.

11. Qual dos itens a seguir *não* é uma exigência para se empregar um teste t?
    a. Uma comparação entre duas médias.
    b. Amostragem aleatória.
    c. Uma distribuição normal.
    d. Dados nominais.

12. O teste de avaliação escolar (SAT, do inglês *Scholastic Assessment Test*) é padronizado para uma média populacional $\mu = 500$ e um desvio padrão populacional $\sigma = 100$. Suponha que um pesquisador administre o SAT a uma amostra aleatória de 50 homens e 50 mulheres, produzindo médias amostrais de 511 e 541, respectivamente. Baseado nos tamanhos das amostras, o pesquisador já calculou o verdadeiro desvio padrão da distribuição amostral da diferença entre médias ($\sigma_{\bar{X}_1 - \bar{X}_2}$) como sendo 20. Com base nas áreas sob a curva normal dadas na Tabela A, calcule a probabilidade de se obter uma média amostral para as mulheres que seja pelo menos 30 pontos mais alta do que a média amostral para os homens.

13. Dois grupos de indivíduos participaram de um experimento projetado para testar o efeito da frustração na agressividade. O grupo experimental de 40 indivíduos recebeu um quebra-cabeça frustrante para resolver, enquanto o grupo de controle de 40 indivíduos recebeu uma versão fácil, não frustrante, do mesmo quebra-cabeça. O nível de agressividade foi então medido em ambos os grupos. Enquanto o grupo experimental (frustração) obteve um escore de agressividade médio $\bar{X}_1 = 4,0$ e um desvio padrão de $s_1 = 2,0$, o grupo controle (sem frustração) teve um escore de agressividade médio de $\bar{X}_2 = 3,0$ e um desvio padrão de $s_2 = 1,5$ (escores médios mais altos indicam mais agressividade). Usando esses resultados, teste a hipótese nula de que não há diferença quanto à agressividade entre as condições de frustração e não frustração. O que o resultado desse teste indica?

14. Um pesquisador está interessado em descobrir se estudantes do ensino médio que querem ir para a universidade tendem a fumar menos cigarros do que estudantes do ensino médio que não querem continuar estudando. Ele distribui um questionário e descobre que, para o grupo de 57 estudantes que seguirão estudando, o número médio de cigarros fuma-

dos por semana é de $\overline{X}_1 = 4,0$, com um desvio padrão de $s_1 = 2,0$. Para 36 estudantes que não seguirão com os estudos, ele descobre que o número médio de cigarros fumados por semana é de $\overline{X}_2 = 9,0$, com um desvio padrão de $s_2 = 3,0$. Com base nesses resultados, teste a hipótese nula de não diferença entre estudantes do ensino médio que seguirão e não seguirão com os estudos quanto ao consumo de cigarros. O que o resultado desse teste indica?

15. Uma criminologista está interessada em saber se há uma disparidade na aplicação de sentenças com base na raça do condenado. Ela selecionou ao acaso 18 condenações por furto e comparou a duração das sentenças de prisão dadas aos 10 indivíduos brancos e 8 indivíduos negros amostrados. A duração das sentenças (em anos) é mostrada a seguir para os criminosos brancos e negros. Com base nesses dados, teste a hipótese nula de que brancos e negros condenados por furto naquela jurisdição não diferem em relação à duração de sentenças de prisão.

Brancos	Negros
3	4
5	8
4	7
7	3
4	5
5	4
6	5
4	4
3	
2	

16. Em um experimento de campo sobre os efeitos do controle percebido, residentes de um determinado andar de um lar de idosos receberam a oportunidade de exercer maior controle sobre suas vidas (por exemplo, dispor de seus móveis conforme sua vontade, decidir como passar o tempo livre, escolher e cuidar de plantas), enquanto os residentes de outro andar foram tratados como sempre. Isto é, a equipe de atendimento cuidou desses detalhes. A sensação de bem-estar (em uma escala de 21 pontos) é mostrada a seguir para condições de maior controle e inalterado.

Com base nesses dados, teste a hipótese nula de que essa manipulação mínima de percepção de controle não teve efeito sobre a sensação de bem-estar dos residentes.

Controle aumentado	Controle normal
15	8
17	7
14	9
11	12
13	14

17. Em um teste da hipótese de que mulheres sorriem para outras mais do que os homens o fazem entre si, mulheres e homens foram filmados enquanto conversavam, anotando-se o número de sorrisos de cada sexo. Com os seguintes números de sorrisos em cinco minutos de conversa, teste a hipótese nula de que não há diferença entre os sexos quanto ao número de sorrisos.

Homens	Mulheres
8	15
11	19
13	13
4	11
2	18

18. Um psicólogo social estava interessado nas diferenças em termos de gênero quanto à sociabilidade de adolescentes. Usando a quantidade de bons amigos como medida, ele comparou a sociabilidade de oito adolescentes mulheres e sete homens. Teste a hipótese nula de que não há diferença quanto à sociabilidade de adolescentes do sexo feminino e do sexo masculino. O que os seus resultados indicam?

Mulheres	Homens
8	1
3	5
1	8
7	3
7	2
6	1
8	2
5	

19. Uma consultora de recursos humanos foi contratada para estudar a influência de benefícios por doença no absenteísmo. Ela selecionou aleatoriamente amostras de empregados que são pagos por hora e não recebem quando faltam ao trabalho por razões de doença, e empregados assalariados que recebem pagamento quando estão doentes. Com base nos dados a seguir sobre o número de faltas durante um período de 1 ano, teste a hipótese nula de que empregados pagos por hora e assalariados não diferem quanto ao absenteísmo. O que os seus resultados indicam?

Por hora	Assalariados
1	2
1	0
2	4
3	2
3	10
6	12
7	5
4	4
0	5
4	8

20. Uma professora está conduzindo uma pesquisa sobre memória. Ela mostra aos seus voluntários (alunos que frequentam o seu curso de Introdução à Psicologia) uma lista de palavras no computador, sendo algumas das palavras itens alimentícios, e o restante, palavras que não possuem relação alguma com alimentos. Ela então dá a cada indivíduo 30 segundos para lembrar do maior número possível de palavras da lista, com a teoria de que os indivíduos serão mais capazes de se lembrar das palavras relacionadas aos alimentos do que as outras, sem relação alguma com alimentos. Listados a seguir, estão os escores representando o número de palavras relacionadas a alimentos e não relacionadas a alimentos que cada indivíduo foi capaz de se lembrar:

Relacionadas a alimentos	Não relacionadas a alimentos
6	0
5	1
4	4
7	3
9	5
3	2
5	1
3	4
6	3
7	2
5	7

Teste a hipótese nula de não haver diferença significativa entre o número de palavras relacionadas a alimentos e não relacionadas a alimentos que os indivíduos foram capazes de se lembrar. O que os seus resultados indicam?

21. Um psicólogo estava interessado em descobrir se os homens tendem a mostrar sinais da doença de Alzheimer mais cedo do que as mulheres. A seguir, as idades em que os primeiros sintomas da doença começam a ser sentidos em uma amostra de homens e mulheres. Teste a hipótese nula de que não há diferença entre a idade em que os sintomas de Alzheimer começam a ser sentidos por homens e mulheres.

Homens	Mulheres
67	70
73	68
70	57
62	66
65	74
59	67
80	61
66	72
	64

22. Foi pedido a amostras de indivíduos republicanos e democratas que classificassem, em uma escala de 1 a 7, a obrigatoriedade da oração em escolas públicas, com 1 sendo o índice de maior rejeição à obrigatoriedade, e 7, o índice de maior aceitação. Dados os escores a seguir, teste a hipótese nula de não diferença entre os pontos de vista de republicanos e democratas sobre a questão.

Republicanos	Democratas
5	1
7	2
4	1
3	4
6	3
5	1
7	4
3	5
6	1
5	2
4	2
6	

23. Usando a teoria de Durkheim como base, um sociólogo calculou as seguintes taxas de suicídio (número de suicídios por 100 mil habitantes, arredondando para o número inteiro mais próximo) para 10 áreas metropolitanas de "alta anomia" e 10 de "baixa anomia". A anomia (ausência de normas) foi indicada pela presença de um grande número de recém-chegados ou pessoas que estavam somente de passagem pela área.

Alta anomia	Baixa anomia
19	15
17	20
22	11
18	13
25	14
29	16
20	14
18	9
19	11
23	14

Teste a hipótese nula de que as áreas de alta anomia não têm taxas de suicídio mais altas do que as áreas de baixa anomia. O que os seus resultados indicam?

24. Um educador estava interessado em atividades em sala de aula cooperativas *versus* competitivas, na medida em que elas podem influenciar a capacidade de estudantes de fazer amizade com seus colegas. Em uma base aleatória, ele dividiu seus 20 estudantes em dois grupos, que seriam expostos a dois diferentes estilos de ensino: uma abordagem cooperativa, na qual os estudantes poderiam contar um com os outros a fim de obter resultados, e uma abordagem competitiva, na qual os estudantes trabalhariam individualmente a fim de superar seus colegas.

Use os dados a seguir, que indicam o número de colegas escolhidos pelos estudantes como seus amigos para testar a hipótese nula de que a cooperação não tem efeito sobre as escolhas de amizade dos estudantes. O que os seus resultados indicam?

Competição	Cooperação
3	7
4	4
1	6
1	3
5	10
8	7
2	6
7	9
5	8
4	10

25. Uma empresa de computadores conduziu um curso "novo e melhorado" projetado para treinar seus representantes de serviço a repararem computadores pessoais. Vinte *trainees* foram divididos em dois grupos, aleatoriamente: 10 frequentaram o curso antigo e 10 frequentaram o curso novo. Ao final de 6 semanas, os 20 *trainees* fizeram a mesma prova final.

Para os resultados a seguir, teste a hipótese nula de que o curso novo não era melhor do que o curso antigo em termos de ensino (escores mais altos indicam habilidades de reparo melhores). O que os seus resultados indicam?

Antigo	"Novo e melhorado"
3	8
5	5
7	9
9	3
8	2
9	6
7	4
4	5
9	2
9	5

26. Uma funcionária em um grande escritório quer descobrir se seu empregador discrimina mulheres em termos de aumento de salário. Abaixo segue listado o número de anos que uma amostra de homens e mulheres trabalhou nesse escritório antes de receber seu primeiro aumento. Com base nesses dados, teste a hipótese nula de que homens e mulheres que trabalham nesse escritório não diferem quanto ao recebimento de aumentos de salários.

Homens	Mulheres
1,00	3,25
2,50	2,00
1,50	3,50
3,25	1,00
2,00	2,25
2,50	3,50
1,00	3,25
1,50	2,00
3,50	2,25
4,00	1,00
2,25	

27. Uma pesquisadora está interessada em descobrir se trabalhadores sindicalizados ganharam salários significativamente mais altos do que trabalhadores não sindicalizados no ano anterior. Ela entrevistou 12 trabalhadores sindicalizados e 15 trabalhadores não sindicalizados, e seus salários são mostrados na tabela a seguir. Teste a hipótese nula de não diferença entre os salários de trabalhadores sindicalizados e não sindicalizados.

Sindicalizados	Não sindicalizados
$ 16,25	$ 11,20
15,90	10,95
14,00	13,50
17,21	15,00
16,00	12,75
15,50	11,80
18,24	13,00
16,35	14,50
13,90	10,75
15,45	15,80
17,80	13,00
19,00	11,65
	10,50
	14,00
	15,40

28. Quão influente pode ser um filme? Uma pesquisadora curiosa pediu a um grupo aleatório de pessoas com 18 anos ou mais que classificassem o governo Bush em uma escala de 1 a 10 (1 representando a opinião menos favorável e 10, a mais favorável). O grupo então teve de assistir o filme anti-Bush *Fahrenheit 9/11* de Michael Moore após seu lançamento e responder a mesma pergunta. Dados os resultados abaixo, teste a hipótese nula de que não há diferença no apoio ao governo Bush antes e depois da exibição do filme.

Antes de *Fahrenheit 9/11*	Depois de *Fahrenheit 9/11*
4	2
7	5
1	1
10	6
9	9
2	1
3	1
6	2
8	5
9	5
7	6
5	2

29. A tabela a seguir mostra o número médio de chamadas para o 190 da polícia por mês para seis quarteirões da cidade que colocaram em funcionamento um programa de vigilância na vizinhança.

Quarteirão	Antes da vigilância na vizinhança	Depois da vigilância na vizinhança
A	11	6
B	15	11
C	17	13
D	10	8
E	16	12
F	21	17

Teste a significância da diferença no número médio de chamadas 190 para a polícia antes e depois do programa de vigilância na vizinhança ter sido estabelecido.

30. O racismo de oito jovens brancos, todos condenados por cometer crimes de ódio contra asiáticos, foi medido tanto antes quanto depois de eles terem visto um filme projetado para reduzir suas atitudes racistas. Com base nos escores a seguir, referentes a uma escala de sentimento antiasiático obtida pelos oito indivíduos, teste a hipótese nula de que o filme não resultou em uma redução das atitudes racistas. O que os seus resultados indicam?

	Antes	Depois
A	36	24
B	25	20
C	26	26
D	30	27
E	31	18
F	27	19
G	29	27
H	31	30

31. O centro para o estudo da violência quer determinar se um programa de resolução de conflitos em uma determinada escola de ensino médio altera o comportamento agressivo de seus estudantes. No caso de 10 estudantes, a agressão foi medida tanto antes quanto depois de eles terem participado do curso de resolução de conflitos. Seus escores foram os seguintes (escores mais altos indicam maior agressividade):

Antes de participar	Depois de participar
10	8
3	3
4	1
8	5
8	7
9	8
5	1
7	5
1	1
7	6

Teste a hipótese nula de que a agressão não difere como resultado da participação no programa de resolução de conflitos. O que os seus resultados indicam?

32. O efeito a curto prazo de uma palestra sobre opiniões em relação ao uso de drogas ilícitas foi estudado. Foram medidas as opiniões de 10 estudantes a respeito do abuso de drogas tanto antes quanto depois de eles terem participado de uma palestra antidrogas persuasiva dada por um ex-viciado. Com base nos escores de opiniões a seguir (escores mais altos indicam opiniões mais favoráveis quanto ao uso de drogas), teste a hipótese nula de que a palestra antidrogas não fez diferença em termos de opiniões dos estudantes. O que os seus resultados indicam?

Estudante	Antes	Depois
A	5	1
B	9	7
C	6	5
D	7	7
E	3	1
F	9	6
G	9	5
H	8	7
I	4	4
J	5	5

33. Mesmo em áreas mais sombrias do comportamento humano, tendemos a imitar nossos heróis. Um especialista em suicídios estudou a incidência de suicídios em cinco comunidades de tamanho moderado selecionadas aleatoriamente tanto antes quanto depois de o suicídio de um famoso cantor ter sido noticiado. Com base nos dados a seguir sobre o número de suicídios, teste a hipótese nula de que a notícia a respeito da morte do cantor não exerceu efeitos sobre os suicídios em geral.

Comunidade	Antes	Depois
A	3	6
B	4	7
C	9	10
D	7	9
E	5	8

34. Um pesquisador acredita que a intoxicação alcoólica provocada pela ingestão de metade do limite legal, isto é, 0,05 de álcool no sangue em vez de 0,10, já pode atrapalhar severamente a capacidade de dirigir do motorista. Para testar isso, ele sujeitou 10 voluntários a dirigir em um teste de simulação enquanto sóbrios e também após beber o suficiente para elevar seu nível de álcool no sangue para 0,05. O pesquisador mediu o desempenho levando em conta o número de obstáculos simulados com os quais o motorista colidiu. Desse modo, quanto mais alto o número, pior a habilidade na direção. Os resultados obtidos são os seguintes:

Antes de beber	Depois de beber
1	4
2	2
0	1
0	2
2	5
1	3
4	3
0	2
1	4
2	3

Teste a hipótese nula de que não há diferença na capacidade de dirigir antes e depois do consumo de álcool até o nível de 0,05 no sangue (use o nível de significância de 0,05).

35. Uma organização de pesquisa de opinião pública nacional conduz uma pesquisa telefônica com adultos norte-americanos em relação à crença de que o presidente está realizando um bom trabalho. Um total de 990 entrevistados votou na eleição presidencial anterior. Dos 630 que votaram no presidente, 72% disseram que achavam que ele está fazendo um bom trabalho. Dos 360 que não votaram no presidente, 60% disseram que achavam que ele estava fazendo um bom trabalho. Teste a hipótese nula de não haver diferença nas proporções da população que acreditam que o presidente está fazendo um bom trabalho (use um nível de significância de 0,05).

36. Um pesquisador entrevista por telefone uma amostra aleatória de todo o estado de pessoas com 18 anos ou mais sobre um controle de armas mais rigoroso. Usando o conjunto de resultados a seguir, teste a significância da diferença entre as proporções de homens e mulheres que apoiam controles mais rigorosos.

	Homens	Mulheres
A favor	92	120
Se opõe	74	85
N	166	205

37. Um pesquisador está interessado nas diferenças de gênero quanto a viagens de avião. Ao realizar uma pesquisa com uma amostra de 100 homens e 80 mulheres, ele descobriu que 36% dos homens e 40% das mulheres têm medo de voar. Teste a significância da diferença em proporções de amostras.

Exercícios em SPSS

1. Usando SPSS para analisar o Best Places Study, determine se há uma diferença nas taxas de crimes contra a propriedade (CRIMEP) comparando áreas estatísticas metropolitanas do sul do país (SOUTH) com outras áreas estatísticas metropolitanas. Dica: ANALYZE, COMPARE MEANS, INDEPENDENT SAMPLES T TEST, e configure SOUTH como a variável de agrupamento com a categoria "South" como "1" e a categoria "Non-south" como "2". Qual teste t é usado? Por quê? Qual é o resultado da comparação?

2. O Best Places Study tem informações sobre o número médio de drinques alcoólicos por mês que um adulto consome. Use SPSS para testar se as pessoas em áreas estatísticas metropolitanas ao sul do país bebem mais ou menos do que pessoas em outras áreas. Qual teste t é usado? Por quê? O que os resultados das amostras independentes do teste t significam?

3. Há alguma diferença, em termos de gênero, em quão seguros estudantes do ensino médio se sentem enquanto estão em suas escolas? Use SPSS para analisar o Monitoring the Future Study para descobrir se estudantes do sexo feminino e estudantes do sexo masculino (V150) diferem em termos de satisfação com sua segurança pessoal (V1643).

4. Usando o Monitoring the Future Study, descubra se há alguma diferença estatisticamente significativa no uso de maconha entre indivíduos do sexo masculino e indivíduos do sexo feminino (V115 e V150).

5. No Problema 31, o centro para o estudo da violência queria determinar se um programa de resolução de conflitos em uma determinada escola de ensino médio altera o comportamento agressivo de seus estudantes. Para 10 estudantes, a agressividade foi medida tanto antes quanto depois de eles terem participado do curso de resolução de conflitos. Os escores foram os seguintes (escores mais altos indicam maior agressividade).

Antes de participar	Depois de participar
10	8
3	3
4	1
8	5
8	7
9	8
5	1
7	5
1	1
7	6

a. Use SPSS para testar a hipótese nula de que a agressividade não difere como resultado da participação no programa de resolução de conflitos. Dica: primeiro, insira os dados em um novo conjunto de dados. Segundo, selecione ANALYZE, COMPARE MEANS, PAIRED-SAMPLES T TEST, e então escolha variáveis.

b. O que os seus resultados indicam?

6. Use o SPSS para reanalisar o Problema 17, que você calculou à mão. Codifique homens como 1 e mulheres como 2, e insira no SPSS os dados relativos ao número de sorrisos emitidos por indivíduos de ambos os sexos na interação de 5 minutos. Teste a hipótese nula de que não há diferenças de gênero no número de sorrisos emitidos.

Sorrisos	Sexo
8	1
11	1
13	1
4	1
2	1
15	2
19	2
13	2
11	2
18	2

7. Use ABCalc para reanalisar as médias e os desvios padrão obtidos na questão anterior para testar a hipótese nula de que não há diferenças em termos de gênero no tempo gasto com entrevistas de testemunhas.

8. Compare seus cálculos feitos à mão relativos ao Problema 17 com os resultados do SPSS na Questão 6 e com aqueles obtidos com o uso de ABCalc na questão anterior.

a. Calcule o valor de t de seu cálculo feito à mão. Compare-o com o resultado do SPSS e o resultado da ABCalc. Os resultados estão dentro da margem de erro provocada pelo arredondamento?

b. Quais são as vantagens e desvantagens de se trabalhar com dados brutos?

c. Quais são as vantagens e desvantagens de se usar SPSS?

Análise de variância

8

- Lógica da análise de variância
- Soma de quadrados (SQ)
- Média quadrática
- Razão ou índice *F*
  Quadro 8.1 Exemplo passo a passo: análise de variância
- Comparação múltipla de médias
  Quadro 8.2 Exemplo passo a passo: DHS para análise de variância

- Análise de variância com dois fatores
  Quadro 8.3 Exemplo passo a passo: análise de variância com dois fatores
- Exigências para o uso da razão *F*
- Resumo
- Termos-chave
- Exercícios
- Exercícios em SPSS

Negros *versus* brancos, homens *versus* mulheres e liberais *versus* conservadores representam os tipos de comparações de duas amostras que ocuparam nossa atenção no capítulo anterior. Entretanto, a realidade social nem sempre pode ser dividida convenientemente em dois grupos; entrevistados nem sempre se dividem de uma maneira tão simples.

Como resultado, o pesquisador social frequentemente busca fazer comparações entre três, quatro, cinco ou mais amostras ou grupos. Por exemplo, ele pode estudar a influência da identidade racial/étnica (negra, latina, branca ou asiática) na discriminação no trabalho, o grau de privação econômica (severa, moderada ou suave) na delinquência juvenil, ou a classe social subjetiva (alta, média, trabalhadora ou baixa) sobre a motivação de desempenho.

Talvez você se pergunte se podemos usar uma *série* de razões *t* para fazer comparações entre três ou mais médias amostrais. Suponha, por exemplo, que queiramos testar a influência da classe social subjetiva sobre a motivação de desempenho. Podemos simplesmente comparar todos os pares possíveis de classes sociais em termos dos níveis de motivação para a motivação de desempenho de nossos entrevistados e obter uma razão *t* para cada comparação? Usando esse método, quatro amostras de entrevistados gerariam seis combinações em pares para as quais seis razões *t* têm de ser calculadas:

1. Classe alta *versus* classe média.
2. Classe alta *versus* classe trabalhadora.
3. Classe alta *versus* classe baixa.
4. Classe média *versus* classe trabalhadora.
5. Classe média *versus* classe baixa.
6. Classe trabalhadora *versus* classe baixa.

Não apenas o procedimento para calcular uma série de razões *t* envolveria bastante trabalho, como ele teria uma limitação estatística significativa também. Isso ocorre porque ele aumenta a probabilidade de se cometer um erro tipo I — o erro de rejeitar a hipótese nula quando ela deveria ser mantida, por ser verdadeira.

Lembre-se de que o pesquisador social está geralmente disposto a aceitar um risco de 5% de cometer um erro tipo I (nível de significância de 0,05). Portanto, ele espera que *somente ao acaso* 5 de cada 100 diferenças de médias amostrais serão grandes o suficiente para serem consideradas significativas. Quanto mais testes estatísticos conduzirmos, entretanto, maior a probabilidade de encontrarmos achados estatisticamente significativos por erro amostral (não por uma verdadeira diferença populacional) e, por conseguinte, cometermos um erro tipo I. Quando realizamos um grande número de testes dessa natureza, a interpretação de nosso resultado se torna problemática. Tomando um exemplo extremo: como interpretaríamos uma razão *t* significativa de 1.000 comparações como essas feitas em um estudo em particular? Sabemos que podemos esperar pelo menos algumas grandes diferenças de médias simplesmente com base no erro amostral.

Para um exemplo mais típico, suponha que um pesquisador quisesse pesquisar e comparar eleitores em oito regiões dos EUA (Nova Inglaterra, Atlântica Média, Atlântico Sul, Meio Oeste, Sul, Sudoeste, Montanhosa e Pacífico) sobre suas opiniões a respeito do presidente. Comparar as amostras regionais exigiria 28 razões *t* separadas (Nova Inglaterra *versus* Atlântica Média, Nova Inglaterra *versus* Atlântico Sul, Atlântica Média *versus* Atlântico Sul, e assim por diante). De 28 testes de diferenças entre médias amostrais feitos separadamente, cada um com um nível de significância de 0,05, seria esperado que 5% — um ou dois (1,4 para ser exato) — fossem significativos, devido somente ao acaso ou a erros amostrais.

Suponha que, das 28 razões *t* diferentes, o pesquisador obtenha duas razões *t* (Nova Inglaterra *versus* Sul e Atlântica Média *versus* Montanhosa) que sejam significativos. Como o pesquisador deve interpretar essas duas diferenças significativas? Ele deveria se arriscar e tratar ambas como indicativas de diferenças populacionais reais? Ele deveria seguir pelo caminho mais seguro, sustentando que ambas poderiam ser resultado de erros amostrais e voltar para coletar mais dados? Ele deveria, baseado na expectativa de que uma razão *t* poderia ser significativa por acaso, decidir que apenas uma das duas razões *t* significativas seria válida? Sendo assim, em qual das duas razões *t* significativas ele deve ter fé? Na maior? A que parece mais plausível? Infelizmente, nenhuma dessas soluções é particularmente segura. O problema é que, à medida que o número de testes separados aumenta, a probabilidade de rejeição de uma hipótese nula verdadeira (erro tipo I) também cresce. Desse modo, enquanto a probabilidade de um erro tipo I ocorrer para cada razão *t* ser de 0,05, no todo a probabilidade de rejeição de *qualquer* hipótese nula verdadeira é muito maior que 0,05.

Para superar esse problema e esclarecer a interpretação de nossos resultados, precisamos de um teste estatístico que mantenha o erro tipo I em um nível constante (por exemplo, 0,05), tomando uma *única* decisão global sobre a existência de uma diferença significativa entre três, quatro, oito ou qualquer que seja o número de médias amostrais que buscamos comparar. Esse teste é conhecido como *análise de variância*.

Lógica da análise de variância

Para conduzir uma análise de variância, tratamos a *variação* total em um conjunto de escores como sendo divisível em dois componentes: a distância ou desvio de escores brutos de sua média de grupo, conhecida como *variação dentro dos grupos*, e a distância ou desvio de médias de grupos umas das outras, referida como *variação entre grupos*.

Para examinar a variação entre grupos, os escores de motivação de desempenho de membros de quatro classes sociais — (1) baixa, (2) trabalhadora, (3) média e (4) alta — são graficamente representados na Figura 8.1, onde X_1, X_2, X_3 e X_4 são quaisquer escores brutos em seus respectivos grupos, e $\bar{X}_1$, $\bar{X}_2$, $\bar{X}_3$ e $\bar{X}_4$ são as médias dos grupos. Em termos simbólicos, vemos que a variação dentro dos grupos se refere aos desvios $X_1 - \bar{X}_1$, $X_2 - \bar{X}_2$, $X_3 - \bar{X}_3$ e $X_4 - \bar{X}_4$.

Também podemos visualizar a variação entre grupos. Com a ajuda da Figura 8.2, vemos que o grau de motivação para o desempenho varia conforme a classe social: o grupo da classe alta tem uma motivação maior para o desempenho do que o grupo da classe média, que, por sua vez, tem uma motivação maior para o desempenho que o grupo da classe trabalhadora, o qual, por sua vez, tem uma motivação maior para o desempenho que o grupo da classe baixa. Mais especificamente, determinamos a média global para a amostra total de todos os grupos combinados, denotados aqui como $\bar{X}_T$, e então comparamos cada uma das quatro médias de grupos com a média total. Em ter-

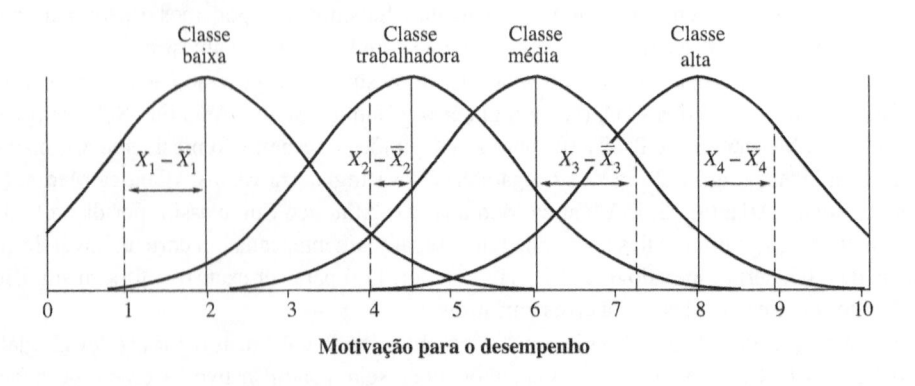

Figura 8.1 Representação gráfica da variação dentro dos grupos.

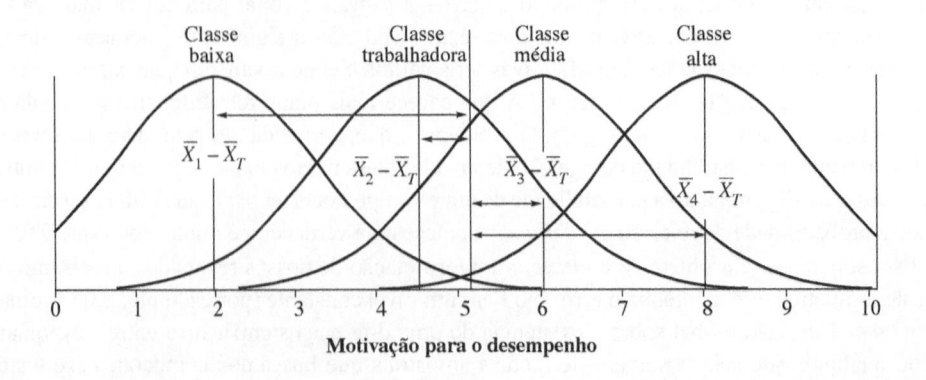

Figura 8.2 Representação gráfica da variação entre grupos.

mos simbólicos, vemos que a variação entre grupos se concentra sobre os desvios $\overline{X}_1 - \overline{X}_T$, $\overline{X}_2 - \overline{X}_T$, $\overline{X}_3 - \overline{X}_T$ e $\overline{X}_4 - \overline{X}_T$.

A distinção entre a variação *dentro* dos grupos e a variação *entre* grupos não é exclusividade da análise de variância. Apesar de não ser nomeado como tal, encontramos uma distinção similar na forma da razão *t*, na qual uma diferença entre $\overline{X}_1$ e $\overline{X}_2$ foi comparada ao erro padrão da diferença $s_{\overline{X}_1 - \overline{X}_2}$, uma estimativa combinada das diferenças *dentro* de cada grupo. Isto é,

$$t = \frac{\overline{X}_1 - \overline{X}_2}{s_{\overline{X}_1 - \overline{X}_2}} \begin{array}{l} \leftarrow \text{variação entre grupos} \\ \leftarrow \text{variação dentro dos grupos} \end{array}$$

De uma maneira similar, a análise de variância produz uma razão *F*, cujo numerador representa a variação entre os grupos sendo comparados, e cujo denominador representa a variação dentro desses grupos. Como veremos, a razão *F* indica o tamanho da variação entre grupos *em relação* ao tamanho da variação dentro de cada grupo. Da mesma maneira que era verdade quanto à razão *t*, quanto maior a razão *F* (maior a variação entre grupos em relação à variação dentro dos grupos), maiores as probabilidades de rejeição da hipótese nula e de aceitação da hipótese de pesquisa.

Soma de quadrados (SQ)

No âmago da análise de variância está o conceito da *soma de quadrados*, que representa o passo inicial para se medir a variação total, assim como a variação entre os grupos e dentro deles. Pode ser uma surpresa agradável descobrir que apenas o rótulo "soma de quadrados" é novo para nós. O conceito em si foi introduzido no Capítulo 4 como um passo importante no procedimento de obtenção da variância. Nesse contexto, aprendemos a calcular a soma de quadrados elevando ao quadrado os desvios da média de uma distribuição e somando esses desvios ao quadrado $\Sigma(X - \overline{X})^2$. Esse procedimento eliminou sinais de menos e proporcionou uma base matemática segura para a variância e para o desvio padrão.

Quando aplicada à situação em que grupos são comparados, há mais de um tipo de soma de quadrados, apesar de cada tipo representar a soma dos desvios ao quadrado de uma média. Correspondendo à distinção entre variação total e seus dois componentes, temos a soma *total* de quadrados (SQ_{total}), soma de quadrados *entre grupos* (SQ_{entre}) e a soma de quadrados *dentro dos grupos* (SQ_{dentro}).

Considere os resultados hipotéticos mostrados na Figura 8.3. Observe que apenas parte dos dados é mostrada para nos ajudar a focar nos conceitos de somas de quadrados total dentro dos grupos e entre grupos.

O entrevistado com um 7 teve um escore substancialmente mais alto do que a média total ($\overline{X}_{total} = 3$). Seu desvio da média total é $(X - \overline{X}_{total}) = 4$. Parte desse escore elevado representa, entretanto, o fato de que seu grupo teve um escore mais alto na média ($\overline{X}_{grupo} = 6$) do que a média total ou global ($\overline{X}_{total} = 3$). Isto é, o desvio da média do grupo ao qual esse entrevistado faz parte da média total é $(\overline{X}_{grupo} - \overline{X}_{total}) = 3$. Após calcular a diferença de grupo, o escore desse entrevistado permanece mais alto do que a média de seu próprio grupo. Dentro do grupo, seu desvio da média do grupo é $(X - \overline{X}_{grupo}) = 1$.

Como veremos muito em breve, podemos tomar esses desvios (de escores da média total, desvios entre médias de grupos e a média total, e desvios de escores das suas médias de grupo), elevá-los ao quadrado e, então, somá-los para obter SQ_{total}, SQ_{dentro} e SQ_{entre}.

```
         Grupo 1    Grupo 2    Grupo 3
            7          X          X
            X          X          X
            X          X          X
            X          X          X
```

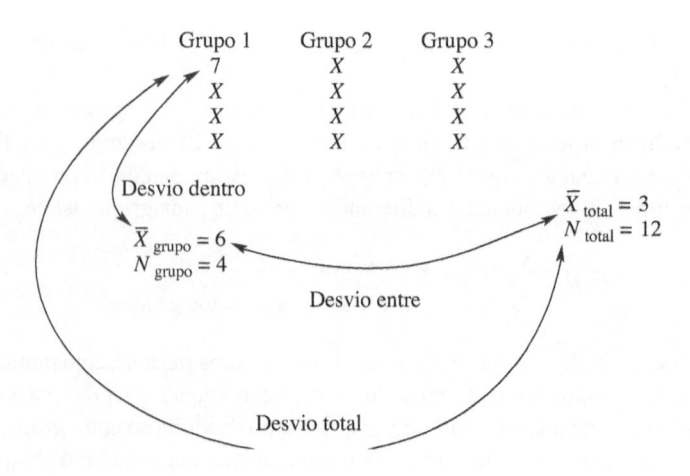

Desvio dentro

$\bar{X}_{grupo} = 6$
$N_{grupo} = 4$

$\bar{X}_{total} = 3$
$N_{total} = 12$

Desvio entre

Desvio total

Figura 8.3 Análise de variância.

Ilustração de uma pesquisa

Consideremos uma situação de pesquisa na qual cada tipo de soma de quadrados pode ser calculada. Suponha que uma pesquisadora esteja interessada em comparar o grau de satisfação com a vida entre adultos de diferentes estados civis. Ela quer saber se pessoas solteiras ou casadas estão mais satisfeitas com a vida e se adultos separados ou divorciados de fato tem uma visão mais negativa dela. Ela seleciona ao acaso cinco adultos de meia-idade de cada uma das categorias a seguir: viúvos, divorciados, solteiros e casados. A pesquisadora, então, apresenta a cada um dos 20 entrevistados uma lista com 40 itens projetada para medir a satisfação em vários aspectos da vida. A escala varia de 0, para insatisfação em todos aspectos da vida, a 40, para satisfação em todos aspectos da vida.

A pesquisadora estabelece suas hipóteses como a seguir:

Hipótese nula: Estado civil não influi no grau de satisfação
$(\mu_1 = \mu_2 = \mu_3 = \mu_4)$ com a vida.

Hipótese de pesquisa: Estado civil influi no grau de satisfação
$(alguns\ \mu_i \neq \mu_j)$ com a vida.

A soma total dos quadrados é definida como a soma do desvio ao quadrado de todo escore bruto da média total. Pela fórmula,

$$SQ_{total} = \Sigma(X - \bar{X}_{total})^2$$

onde X = qualquer escore bruto
$\bar{X}_{total}$ = média total para todos os grupos combinados

Usando essa fórmula, subtraímos a média total ($\bar{X}_{total}$) de cada escore bruto (X), elevamos ao quadrado os desvios que resultam e, então, somamos. Aplicando essa fórmula aos dados na Tabela 8.1, obtemos o resultado a seguir:

$$\begin{aligned}
SQ_{total} &= (5 - 15,5)^2 + (6 - 15,5)^2 + (4 - 15,5)^2 + (5 - 15,5)^2 \\
&+ (0 - 15,5)^2 + (16 - 15,5)^2 + (5 - 15,5)^2 + (9 - 15,5)^2 \\
&+ (10 - 15,5)^2 + (5 - 15,5)^2 + (23 - 15,5)^2 + (30 - 15,5)^2 \\
&+ (20 - 15,5)^2 + (20 - 15,5)^2 + (27 - 15,5)^2 + (19 - 15,5)^2 \\
&+ (35 - 15,5)^2 + (15 - 15,5)^2 + (26 - 15,5)^2 + (30 - 15,5)^2 \\
&= (-10,5)^2 + (-9,5)^2 + (-11,5)^2 + (-10,5)^2 + (-15,5)^2 \\
&+ (0,5)^2 + (-10,5)^2 + (-6,5)^2 + (-5,5)^2 + (-10,5)^2 \\
&+ (7,5)^2 + (14,5)^2 + (4,5)^2 + (4,5)^2 + (11,5)^2 \\
&+ (3,5)^2 + (19,5)^2 + (0,5)^2 + (10,5)^2 + (14,5)^2 \\
&= 110,25 + 90,25 + 132,25 + 110,25 + 240,25 + 0,25 + 110,25 \\
&+ 42,25 + 30,25 + 110,25 + 56,25 + 210,25 + 20,25 + 20,25 \\
&+ 132,25 + 12,25 + 380,25 + 0,25 + 110,25 + 210,25 \\
&= 2.129
\end{aligned}$$

A soma dos quadrados entre grupos é igual à soma dos desvios elevados ao quadrado de cada escore bruto de sua média do grupo. Pela fórmula,

$$SQ_{dentro} = \Sigma(X - \overline{X}_{grupo})^2$$

onde X = qualquer escore bruto
$\overline{X}_{grupo}$ = média do grupo contendo o escore bruto

Tabela 8.1 Satisfação com a vida de acordo com o estado civil.

Viúvo			Divorciado		
X_1	$X_1 - \overline{X}_1$	$(X_1 - \overline{X}_1)^2$	X_2	$X_2 - \overline{X}_2$	$(X_2 - \overline{X}_2)^2$
5	1	1	16	7	49
6	2	4	5	−4	16
4	0	0	9	0	0
5	1	1	10	1	1
0	−4	16	5	−4	16
$\Sigma X_1 = 20$	$\overline{X}_1 = \frac{20}{5} = 4$	$\Sigma(X_1 - \overline{X}_1)^2 = 22$	$\Sigma X_2 = 45$	$\overline{X}_2 = \frac{45}{5} = 9$	$\Sigma(X_2 - \overline{X}_2)^2 = 82$

Solteiro			Casado		
X_3	$X_3 - \overline{X}_3$	$(X_3 - \overline{X}_3)^2$	X_4	$X_4 - \overline{X}_4$	$(X_4 - \overline{X}_4)^2$
23	−1	1	19	−6	36
30	6	36	35	10	100
20	−4	16	15	−10	100
20	−4	16	26	1	1
27	3	9	30	5	25
$\Sigma X_3 = 120$	$\overline{X}_3 = \frac{120}{5} = 24$	$\Sigma(X_3 - \overline{X}_3)^2 = 78$	$X_4 = 125$	$\overline{X}_4 = \frac{125}{5} = 25$	$\Sigma(X_4 - \overline{X}_4)^2 = 262$

$$\overline{X}_{total} = 15,5$$

Usando essa fórmula, subtraímos a média do grupo ($\overline{X}_{grupo}$) de cada escore bruto (X), elevamos ao quadrado os desvios que resultam, e então somamos. Aplicando essa fórmula aos dados na Tabela 8.1, obtemos:

$$\begin{aligned}
SQ_{dentro} &= (5-4)^2 + (6-4)^2 + (4-4)^2 + (5-4)^2 + (0-4)^2 \\
&\quad + (16-9)^2 + (5-9)^2 + (9-9)^2 + (10-9)^2 + (5-9)^2 \\
&\quad + (23-24)^2 + (30-24)^2 + (20-24)^2 + (20-24)^2 + (27-24)^2 \\
&\quad + (19-25)^2 + (35-25)^2 + (15-25)^2 + (26-25)^2 + (30-25)^2 \\
&= (1)^2 + (2)^2 + (0)^2 + (-4)^2 + (7)^2 + (-4)^2 \\
&\quad + (0)^2 + (1)^2 + (-4)^2 + (-1)^2 + (6)^2 + (-4)^2 + (-4)^2 \\
&\quad + (3)^2 + (-6)^2 + (10)^2 + (-10)^2 + (1)^2 + (5)^2 \\
&= 1 + 4 + 0 + 1 + 16 + 49 + 16 + 0 + 1 + 16 \\
&\quad + 1 + 36 + 16 + 16 + 9 + 36 + 100 + 100 + 1 + 25 \\
&= 444
\end{aligned}$$

Observe que a soma dos quadrados dentro dos grupos poderia ter sido obtida simplesmente pela combinação da soma de quadrados dentro de cada grupo. Isto é, com quatro grupos,

$$SQ_{dentro} = \Sigma(X_1 - \overline{X}_1)^2 + \Sigma(X_2 - \overline{X}_2)^2 + \Sigma(X_3 - \overline{X}_3)^2 + \Sigma(X_4 - \overline{X}_4)^2$$

Da Tabela 8.1, temos:

$$SQ_{dentro} = 22 + 82 + 78 + 262 = 444$$

A soma de quadrados entre grupos representa a *soma dos quadrados dos desvios da média de cada grupo a partir da média total*. Assim, temos que determinar de modo apropriado a diferença entre cada média de grupo e a média total ($\overline{X}_{grupo} - \overline{X}_{total}$), elevar esse desvio ao quadrado, multiplicá-lo pelo número de escores no grupo e somar esses valores. Somando por meio de grupos, obtemos a fórmula de definição a seguir para a soma de quadrados entre grupos:

$$\boxed{SQ_{entre} = \Sigma N_{grupo}(\overline{X}_{grupo} - \overline{X}_{total})^2}$$

onde N_{grupo} = número de escores em qualquer grupo
$\overline{X}_{grupo}$ = média de qualquer grupo
$\overline{X}_{total}$ = média de todos os grupos combinados

Aplicamos a fórmula aos dados na Tabela 8.1 e obtemos:

$$\begin{aligned}
SQ_{entre} &= 5(4 - 15{,}5)^2 + 5(9 - 15{,}5)^2 + 5(24 - 15{,}5)^2 + 5(25 - 15{,}5)^2 \\
&= 5(-11{,}5)^2 + 5(-6{,}5)^2 + 5(8{,}5)^2 + 5(9{,}5)^2 \\
&= 5(132{,}25) + 5(42{,}25) + 5(72{,}25) + 5(90{,}25) \\
&= 661{,}25 + 211{,}25 + 361{,}25 + 451{,}25 \\
&= 1.685
\end{aligned}$$

Desse modo, as somas de quadrados são:

$$SQ_{total} = 2.129$$
$$SQ_{dentro} = 444$$
$$SQ_{entre} = 1.685$$

Observe que a soma total de quadrados é igual às somas de quadrados dentro dos grupos e entre os grupos, adicionadas uma à outra. Essa relação entre as três somas de quadrados pode ser usada como um modo de verificação de seu trabalho.

Cálculo de somas de quadrados

As fórmulas de definição para somas de quadrados totais dentro de grupos e entre grupos são baseadas na manipulação de escores de desvios, um processo difícil e que exige tempo. Felizmente, podemos, em vez disso, empregar as fórmulas de cálculo muito mais simples a seguir para obter resultados idênticos (exceto para erros de arredondamento) para fórmulas de definição mais longas:

$$SQ_{total} = \Sigma X^2_{total} - N_{total} \overline{X}^2_{total}$$
$$SQ_{dentro} = \Sigma \overline{X}^2_{total} - \Sigma N_{grupo} \overline{X}^2_{total}$$
$$SQ_{entre} = \Sigma N_{grupo} \overline{X}^2_{grupo} - N_{total} \overline{X}^2_{total}$$

onde ΣX^2_{total} = todos os escores elevados ao quadrado e então somados
$\overline{X}_{total}$ = média total de todos os grupos combinados
N_{total} = número total de escores em todos os grupos combinados
$\overline{X}_{grupo}$ = média de grupo arbitrário
N_{grupo} = número de escores em grupo arbitrário

Os escores brutos na Tabela 8.1 foram colocados na Tabela 8.2 a fim de ilustrar o uso de fórmulas de soma de quadrados em cálculos. Observe que antes de aplicar fórmulas, temos primeiro de obter a soma de escores (ΣX_{total}), a soma de escores ao quadrado (ΣX^2_{total}), o número de escores (N_{total}) e a média ($\overline{X}_{total}$) para todos os grupos combinados:

$$\begin{aligned}
\Sigma X_{total} &= \Sigma X_1 + \Sigma X_2 + \Sigma X_3 + \Sigma X_4 \\
&= 20 + 45 + 120 + 125 \\
&= 310
\end{aligned}$$

$$\begin{aligned}
\Sigma X^2_{total} &= \Sigma X_1^2 + \Sigma X_2^2 + \Sigma X_3^2 + \Sigma X_4^2 \\
&= 102 + 487 + 2.958 + 3.387 \\
&= 6.934
\end{aligned}$$

$$\begin{aligned}
N_{total} &= N_1 + N_2 + N_3 + N_4 \\
&= 5 + 5 + 5 + 5 \\
&= 20
\end{aligned}$$

$$\begin{aligned}
\overline{X}_{total} &= \frac{\Sigma X_{total}}{N_{total}} \\
&= \frac{310}{20} \\
&= 15,5
\end{aligned}$$

Tabela 8.2 Cálculos para dados de satisfação com a vida.

Viúvo		Divorciado	
X_1	X_1^2	X_2	X_2^2
5	25	16	256
6	36	5	25
4	16	9	81
5	25	10	100
0	0	5	25
$\Sigma X_1 = 20$	$\Sigma X_1^2 = 102$	$\Sigma X_2 = 45$	$\Sigma X_2^2 = 487$
$\overline{X}_1 = \dfrac{20}{5} = 4$		$\overline{X}_2 = \dfrac{45}{5} = 9$	

Solteiro		Casado	
X_3	X_3^2	X_4	X_4^2
23	529	19	361
30	900	35	1.225
20	400	15	225
20	400	26	676
27	729	30	900
$\Sigma X_3 = 120$	$\Sigma X_3^2 = 2.958$	$\Sigma X_4 = 125$	$\Sigma X_4^2 = 3.387$
$\overline{X}_3 = \dfrac{120}{5} = 24$		$\overline{X}_4 = \dfrac{125}{5} = 25$	

$N_{total} = 20 \quad \overline{X}_{total} = 15{,}5 \quad \Sigma X_{total} = 310 \quad \Sigma X_{total}^2 = 6.934$

Em seguida, calculamos as somas de quadrados a seguir:

$$\begin{aligned}
SQ_{total} &= \Sigma X_{total}^2 - N_{total}\overline{X}_{total}^2 \\
&= 6.934 - (20)(15{,}5)^2 \\
&= 6.934 - (20)(240{,}25) \\
&= 6.934 - 4.805 \\
&= 2.129
\end{aligned}$$

$$\begin{aligned}
SQ_{dentro} &= \Sigma X_{total}^2 - \Sigma N_{grupo}\overline{X}_{grupo}^2 \\
&= 6.934 - [(5)(4)^2 + (5)(9)^2 + (5)(24)^2 + (5)(25)^2] \\
&= 6.934 - [(5)(16) + (5)(81) + (5)(576) + (5)(625)] \\
&= 6.934 - (80 + 405 + 2.880 + 3.125) \\
&= 6.934 - 6.490 \\
&= 444
\end{aligned}$$

$$\begin{aligned}
SQ_{entre} &= \Sigma N_{grupo}\overline{X}_{grupo}^2 - N_{total}\overline{X}_{total}^2 \\
&= 6.490 - 4.805 \\
&= 1.685
\end{aligned}$$

Esses resultados concordam com os cálculos obtidos por meio das fórmulas de definição.

Média quadrática

Como era de se esperar de uma medida de variação, o valor das somas de quadrados tende a se tornar maior à medida que a variação aumenta. Por exemplo, $SQ = 10,9$ provavelmente designa maior variação do que $SQ = 1,3$. Entretanto, a soma de quadrados também fica maior com um aumento no tamanho da amostra, de maneira que $N = 200$ produzirá um SQ maior do que $N = 20$. Como consequência, a soma dos quadrados não pode ser considerada uma medida "pura" inteiramente satisfatória de variação, a não ser, é claro, que possamos encontrar uma maneira de controlar o número de escores envolvidos.

Felizmente, tal método existe em uma medida de variação conhecida como *média quadrática* (ou *variância*), que obtemos dividindo SQ_{entre} ou SQ_{dentro} pelos graus de liberdade apropriados. Lembre-se de que, no Capítulo 4, dividimos similarmente $\Sigma(X - \bar{X})^2$ por N para obter a variância. Portanto,

$$\boxed{MQ_{entre} = \frac{SQ_{entre}}{gl_{entre}}}$$

onde MQ_{entre} = média quadrática entre grupos
SQ_{entre} = soma de quadrados entre grupos
gl_{entre} = graus de liberdade entre grupos

e

$$\boxed{MQ_{dentro} = \frac{SQ_{dentro}}{gl_{dentro}}}$$

onde MQ_{dentro} = média quadrática dentro dos grupos
SQ_{dentro} = soma de quadrados dentro dos grupos
gl_{dentro} = graus de liberdade dentro dos grupos

Mas ainda temos de obter os graus de liberdade apropriados. Para a média quadrática entre grupos,

$$gl_{entre} = k - 1$$

onde k = número de grupos

Para calcular os graus de liberdade para a média quadrática dentro dos grupos,

$$gl_{dentro} = N_{total} - k$$

onde N_{total} = número total de escores em todos os grupos combinados
k = número de grupos

A partir dos dados da Tabela 8.2, para os quais $SQ_{entre} = 1.685$ e $SQ_{dentro} = 444$, calculamos nossos graus de liberdade como a seguir:

$$gl_{entre} = 4 - 1$$
$$= 3$$

e

$$gl_{dentro} = 20 - 4$$
$$= 16$$

Agora estamos preparados para obter as médias quadráticas a seguir:

$$MQ_{entre} = \frac{1.685}{3}$$
$$= 561,67$$

e

$$MQ_{dentro} = \frac{444}{16}$$
$$= 27,75$$

Essas são as variâncias entre grupos e dentro de grupos, respectivamente.

Razão ou índice F

A análise da variância produz uma razão F na qual a variação entre grupos e a variação dentro dos grupos são comparadas. Agora estamos prontos para especificar o grau de cada tipo de variação como medido por médias quadráticas. Portanto, a razão F pode ser considerada o indicador do tamanho da média quadrática entre grupos em relação ao tamanho da média quadrática dentro dos grupos, ou:

$$\boxed{F = \frac{MQ_{entre}}{MQ_{dentro}}}$$

Para a Tabela 8.2,

$$F = \frac{561,67}{27,75}$$
$$= 20,24$$

Tendo obtido uma razão F, temos agora de determinar se ela é grande o suficiente para rejeitar a hipótese nula e aceitar a hipótese de pesquisa. A satisfação com a vida difere de acordo com o estado civil? Quanto maior nossa razão F calculada (maior o MQ_{entre} e menor o MQ_{dentro}), maior a probabilidade de obtermos um resultado estatisticamente significativo.

Mas como exatamente podemos reconhecer uma razão F significativa? Lembre-se de que, no Capítulo 7, a razão t que obtivemos foi comparada a uma razão t de tabela com o nível de significância de 0,05 para os graus de liberdade apropriados. Similarmente, temos agora de interpretar a razão F que calculamos com a ajuda da Tabela D no Apêndice B. A Tabela D contém uma lista de razões F; essas são as razões F que temos de obter para rejeitar a hipótese nula nos níveis de significância de 0,05 e 0,01. Como no caso da razão t, o valor exato de F que temos de obter depende de seus graus de liberdade associados. Portanto, examinemos a Tabela D à procura de dois valores gl, graus de liberdade entre grupos e graus de liberdade dentro dos grupos. Graus de liberdade associados ao numerador (gl_{entre}) foram listados no topo da página, e graus de liberdade associados com o denominador (gl_{dentro}) foram colocados na parte inferior esquerda da tabela. O corpo da Tabela D apresenta razões F críticas nos níveis de significância de 0,05 e 0,01.

Para os dados na Tabela 8.2, descobrimos $gl_{entre} = 3$ e $gl_{dentro} = 16$. Desse modo, verificamos a coluna marcada $gl = 3$ da Tabela D e continuamos a descer além daquele ponto até chegarmos na linha marcada $gl = 16$. Por meio desse procedimento, descobrimos que uma razão F significativa no nível $\alpha = 0,05$ tem de exceder 3,24, e no nível $\alpha = 0,01$ tem de exceder 5,29. Nossa razão F calculada é 20,24. Como resultado, rejeitamos a hipótese nula e aceitamos a hipótese de pesquisa: o estado civil parece afetar a satisfação com a vida.

Os resultados de nossa análise de variância podem ser apresentados em uma tabela de resumo, como a Tabela 8.3. Tornou-se procedimento padrão resumir uma análise de variância dessa maneira. A soma total de quadrados ($SQ_{total} = 2.129$) é decomposta em duas partes: a soma de quadrados entre grupos ($SQ_{entre} = 1.685$) e a soma de quadrados dentro dos grupos ($SQ_{dentro} = 444$). Cada fonte de soma de quadrados é convertida na média quadrática dividindo-as pelo respectivo número de graus de liberdade. Por fim, a razão F (média quadrática entre dividida pela média quadrática dentro) é calculada, o que pode ser comparado ao valor crítico de tabela para determinar a significância.

Para analisar alguns dos conceitos apresentados até o momento, considere a Tabela 8.4, que mostra duas situações contrastantes. Tanto o Caso 1 quanto o Caso 2 consistem de três amostras (A, B e C) com médias amostrais $\overline{X}_A = 3$, $\overline{X}_B = 7$ e $\overline{X}_C = 11$ e com $N = 3$ em cada amostra. Como as médias são as mesmas em ambos os conjuntos de dados, as somas de quadrados entre grupos são idênticas $SQ_{entre} = 96$.

No caso 1, as três amostras são claramente diferentes. Pareceria então que deveríamos ser capazes de inferir que as médias populacionais são diferentes. Em relação à variação entre grupos (as diferenças entre as médias amostrais), a variação entre grupos é um tanto pequena. Realmente, há uma razão de até 48 para 1 de média quadrática entre grupos para média quadrática dentro dos grupos. Desse modo, $F = 48$, e é significativo. Apesar de as médias amostrais e a soma de quadrados entre grupos serem as mesmas para o Caso 2, há muito mais dispersão dentro dos grupos, o que faz com que as amostras se sobreponham um pouco. As amostras dificilmente aparecem tão distintas como no Caso 1, e, assim, pareceria improvável que pudéssemos generalizar as diferenças entre as médias amostrais para diferenças entre médias populacionais. A média quadrática dentro dos grupos é 15. A razão da média quadrática entre grupos para a média quadrática dentro de grupos é, então, de apenas 48 para 15, o que produz uma razão F não significativa de 3,2.

Tabela 8.3 Tabela de resumo da análise de variância para os dados na Tabela 8.2.

Fonte de variação	SQ	gl	MQ	F
Entre grupos	1.685	5	561,67	20,24
Dentro dos grupos	444	16	27,75	
Total	2.129	19		

Tabela 8.4 Dois exemplos de análise de variância.

Dados do Caso 1			Tabela de resumo da análise de variância				
Amostra A	Amostra B	Amostra C	Fonte de variação	SQ	gl	MQ	F
2	6	10	Entre grupos	96	2	48	48
3	7	11	Dentro dos grupos	6	6	1	
4	8	12					
Média 3	7	11	Total	102	8		

```
                A  A  A     B  B  B        C  C  C
Distribuições  ┬──┬──┬──┬──┬──┬──┬──┬──┬──┬──┬──┬──┬──┬──┬
               1  2  3  4  5  6  7  8  9  10 11 12 13 14 15
```

Dados do Caso 2			Tabela de resumo da análise de variância				
Amostra A	Amostra B	Amostra C	Fonte de variação	SQ	gl	MQ	F
1	3	7	Entre grupos	96	2	48	3,2
3	5	12	Dentro dos grupos	90	6	15	
5	13	14					
Média 3	7	11	Total	186	8		

```
                      B     B
                A     A     A     C                 C  B  C
Distribuições  ┬──┬──┬──┬──┬──┬──┬──┬──┬──┬──┬──┬──┬──┬──┬
               1  2  3  4  5  6  7  8  9  10 11 12 13 14 15
```

Antes de seguirmos para o exemplo passo a passo, é interessante que revisemos a relação entre somas de quadrados, média quadrática e razão F. SQ_{dentro} representa os desvios elevados ao quadrado de escores de suas médias amostrais respectivas, enquanto o SQ_{entre} envolve a soma de desvios elevados ao quadrado das médias amostrais da média total para todos os grupos combinados. A média quadrática é a soma dos quadrados, dentro ou entre, dividida pelos graus de liberdade correspondentes. No Capítulo 6, estimamos a variância de uma população usando dados de amostras por meio da divisão da soma de desvios ao quadrado da média amostral por graus de liberdade (para uma amostra, $N - 1$). Agora, somos confrontados com duas fontes de variância, dentro e entre, para cada uma das quais dividimos a soma dos desvios ao quadrado (dentro ou entre) pelos graus de liberdade apropriados, a fim de obter estimativas da variância (dentro ou entre) que existem na população.

Por fim, a estatística F é a razão das duas variâncias, por exemplo, variância entre grupos (estimada por MQ_{entre}) dividida pela variância dentro dos grupos (estimada por MQ_{dentro}). Mesmo que as médias populacionais para todos os grupos fossem iguais — como estipula a hipótese nula —, as médias amostrais não seriam necessariamente idênticas em razão do erro amostral. Desse modo, mesmo se a hipótese nula fosse verdadeira, MQ_{entre} ainda refletiria a variabilidade de amostragem, mas apenas a variabilidade de amostragem. Por outro lado, MQ_{dentro} reflete apenas a variabilidade de amostragem, não importando se a hipótese nula é verdadeira ou falsa. Portanto, se a hipótese nula de nenhuma diferença média se mantiver, a razão F deverá ser aproximadamente igual a 1, refletindo a razão de duas estimativas de variabilidade de amostragem. Mas, como as médias do grupo divergem, o numerador da razão F crescerá, impelindo a razão F a um valor maior do que 1. A tabela F então indicará quão grande a razão F deverá ser — isto é, quantas vezes maior o MQ_{entre} tem de ser em comparação com o MQ_{dentro}, a fim de rejeitar a hipótese nula.

QUADRO 8.1 Exemplo passo a passo: análise de variância

Como um exemplo passo a passo de uma análise de variância, suponha que uma pesquisadora social interessada em questões de discriminação no emprego conduza um experimento simples para avaliar se estudantes do sexo masculino formados em Direito são favorecidos em relação a estudantes do sexo feminino formadas em Direito por escritórios de advocacia grandes e de renome no mercado. Ela pede aos sócios contratantes de 15 escritórios importantes que classifiquem uma série de currículos em termos de formação e potencial em uma escala de 0 a 10, com os escores mais altos indicando um interesse mais forte no candidato. Os currículos dados aos 15 entrevistados são idênticos, com uma exceção. Em um dos currículos, o nome é modificado para refletir um candidato do sexo masculino (o nome do candidato é "Jeremy Miller"), um candidato com um nome ambíguo em termos de gênero (o nome do candidato é "Jordan Miller"), ou uma candidata do sexo feminino (o nome da candidata é "Janice Miller"); todo o resto no currículo é o mesmo em todas as condições. Os 15 entrevistados recebem aleatoriamente um desses três currículos dentro de seus pacotes de currículos. Os outros currículos nos pacotes são os mesmos para todos os sócios contratantes. Esses outros currículos são incluídos para fornecer um contexto melhor para o experimento, entretanto, apenas as classificações dos currículos Jeremy/Jordan/Janice Miller são de interesse.

A pesquisadora estabelece as seguintes hipóteses:

Hipótese nula: Classificações dos candidatos não diferem com base
($\mu_1 = \mu_2 = \mu_3$)   no gênero

Hipótese de pesquisa: Classificações dos candidatos diferem com base
(alguns $\mu_i \neq \mu_j$)   no gênero

Os escores de classificação dados pelos 15 sócios contratantes que receberam aleatoriamente os três grupos baseados no gênero aparente do currículo-chave são os seguintes:

Sexo masculino ($N_1 = 5$)		Gênero neutro ($N_2 = 5$)		Sexo feminino ($N_3 = 5$)	
X_1	X_1^2	X_2	X_2^2	X_3	X_3^2
6	36	2	4	3	9
7	49	5	25	2	4
8	64	4	16	4	16
6	36	3	9	4	16
4	16	5	25	3	9
$\Sigma X_1 = 31$	$\Sigma X_1^2 = 201$	$\Sigma X_2 = 19$	$\Sigma X_2^2 = 79$	$\Sigma X_3 = 16$	$\Sigma X_3^2 = 54$

Passo 1 Calcule a média para cada amostra.

$$\bar{X}_1 = \frac{\Sigma X_1}{N_1}$$
$$= \frac{31}{5}$$
$$= 6,2$$

$$\bar{X}_2 = \frac{\Sigma X_2}{N_2}$$
$$= \frac{19}{5}$$
$$= 3,8$$

$$\bar{X}_3 = \frac{\Sigma X_3}{N_3}$$
$$= \frac{16}{5}$$
$$= 3,2$$

Observe que diferenças realmente existem, sendo que há uma tendência de o candidato que "aparentemente" pertence ao sexo masculino ter uma classificação mais alta do que o candidato de gênero neutro e do que o candidato que pertence "aparentemente" ao sexo feminino.

Passo 2 Calcule a soma de escores, soma dos quadrados dos escores, número de indivíduos e média para todos os grupos combinados.

$$\Sigma X_{total} = \Sigma X_1 + \Sigma X_2 + \Sigma X_3$$
$$= 31 + 19 + 16$$
$$= 66$$

$$\Sigma X^2_{total} = \Sigma X_1^2 + \Sigma X_2^2 + \Sigma X_3^2$$
$$= 201 + 79 + 54$$
$$= 334$$

$$N_{total} = N_1 + N_2 + N_3$$
$$= 5 + 5 + 5$$
$$= 15$$

$$\bar{X}_{total} = \frac{\Sigma X_{total}}{N_{total}}$$
$$= \frac{66}{15}$$
$$= 4,4$$

Passo 3 Calcule a soma total dos quadrados.

$$SQ_{total} = \Sigma X^2_{total} - N_{total}\bar{X}^2_{total}$$
$$= 334 - (15)(4,4)^2$$
$$= 334 - (15)(19,36)$$
$$= 334 - 290,4$$
$$= 43,6$$

Passo 4 Calcule a soma dos quadrados dentro dos grupos.

$$SQ_{dentro} = \Sigma X^2_{total} - \Sigma N_{grupo}\bar{X}^2_{grupo}$$
$$= 334 - [(5)(6,2)^2 + (5)(3,8)^2 + (5)(3,2)^2]$$
$$= 334 - [(5)(38,44) + (5)(14,44) + (5)(10,24)]$$
$$= 334 - (192,2 + 72,2 + 51,2)$$
$$= 334 - 315,6$$
$$= 18,4$$

Passo 5 Calcule a soma dos quadrados entre grupos.

$$SQ_{entre} = \Sigma N_{grupo}\bar{X}^2_{grupo} - N_{total}\bar{X}^2_{total}$$
$$= [(5)(6,2)^2 + (5)(3,8)^2 + (5)(3,2)^2] - (15)(4,4)^2$$
$$= [(5)(38,44) + (5)(14,44) + (5)(10,24)] - (15)(19,36)$$
$$= (192,2 + 72,2 + 51,2) - 290,4$$
$$= 315,6 - 290,4$$
$$= 25,2$$

Passo 6 Calcule os graus de liberdade entre grupos.

$$gl_{entre} = k - 1$$
$$= 3 - 1$$
$$= 2$$

Passo 7 Calcule os graus de liberdade dentro dos grupos.

$$gl_{dentro} = N_{total} - k$$
$$= 15 - 3$$
$$= 12$$

Passo 8 Calcule a média quadrática dentro dos grupos.

$$MQ_{dentro} = \frac{SQ_{dentro}}{gl_{dentro}}$$

$$= \frac{18,4}{12}$$

$$= 1,53$$

Passo 9 Calcule a média quadrática entre grupos.

$$MQ_{entre} = \frac{SQ_{entre}}{gl_{entre}}$$

$$= \frac{25,2}{2}$$

$$= 12,6$$

Passo 10 Obtenha a razão F.

$$F = \frac{MQ_{entre}}{MQ_{dentro}}$$

$$= \frac{12,6}{1,53}$$

$$= 8,24$$

Passo 11 Compare a razão F obtida com o valor apropriado encontrado na Tabela D.

razão F obtida $= 8,24$

razão F da tabela $= 3,88$

$gl = 2$ e 12

$\alpha = 0,05$

Como mostra o Passo 11, para rejeitar a hipótese nula ao nível de significância de 0,05 com 2 e 12 graus de liberdade, nossa razão F calculada tem de exceder 3,88. Como obtivemos uma razão F de 8,24, podemos rejeitar a hipótese nula e aceitar a hipótese de pesquisa. Especificamente, concluímos que as classificações dadas aos candidatos a empregos em escritórios de advocacia tendem a diferir com base em seu gênero aparente.

Comparação múltipla de médias

Uma razão F significativa nos informa de uma diferença global entre grupos que são estudados. Se estivéssemos investigando uma diferença entre apenas duas médias amostrais, nenhuma análise adicional seria necessária para interpretar nosso resultado: em um caso dessa natureza, a diferença obtida é estatisticamente significativa ou não. Entretanto, quando calculamos um F significativo para diferenças entre três ou mais médias, pode ser importante determinar onde se encontram tais diferenças significativas. Por exemplo, no exemplo passo a passo anterior, a pesquisadora social descobriu diferenças estatisticamente significativas nas classificações dos candidatos aos empregos em escritórios de advocacia com base no gênero a que pertenciam.

Considere as possibilidades levantadas pela razão F significativa: as classificações dadas ao candidato do sexo masculino podem diferir significativamente daquelas dadas ao candidato de gênero neutro, as classificações dadas ao candidato do sexo masculino podem diferir significativamente daquelas dadas à candidata do sexo feminino; e as classificações dadas ao candidato de gênero neutro podem diferir significativamente daquelas dadas à candidata do sexo feminino. Como explicamos anteriormente neste capítulo, obter uma razão t para cada comparação — $\overline{X}_1$ versus $\overline{X}_2$, $\overline{X}_2$ versus $\overline{X}_3$ e $\overline{X}_1$ versus $\overline{X}_3$ — acarretaria uma quantidade de trabalho significativa e, mais importante, aumentaria a probabilidade da ocorrência do erro tipo I. Felizmente, estatísticos desenvolveram uma série de outros testes para realizar comparações múltiplas para uma razão F significativa para apontar com precisão onde se encontram as diferenças de médias significativas. Introduzimos o teste de Tukey DHS (diferença honestamente significativa, do inglês Honestly Significant Difference), um dos testes mais úteis na investigação da comparação múltipla de médias. A DHS de Tukey é usada apenas após uma razão F significativa ter sido obtida. Pelo método de

QUADRO 8.2 Exemplo passo a passo: DHS para análise de variância

Para ilustrar o uso da DHS, retornaremos ao exemplo anterior no qual classificações para contratações de estudantes formados em Direito por um grande escritório de advocacia diferiu significativamente com base no gênero aparente do candidato. Mais especificamente, uma razão F significativa foi obtida para diferenças entre as classificações médias para os três grupos de entrevistados — 6,2 para aqueles que avaliaram o currículo de um candidato do sexo masculino, 3,8 para aqueles que avaliaram um candidato de gênero neutro e 3,2 para aqueles que avaliaram o currículo de uma candidata do sexo feminino, respectivamente. Isto é,

$$\bar{X}_1 = 6,2$$
$$\bar{X}_2 = 3,8$$
$$\bar{X}_3 = 3,2$$

Passo 1 Construa uma tabela de diferenças entre médias ordenadas.

Para os dados presentes, a ordem de classificação de médias (da menor para a maior) é 3,2, 3,8 e 6,2. Esses escores médios são arranjados em forma de tabela, de maneira que a diferença entre cada par de médias seja mostrada em uma matriz. Desse modo, a diferença entre $\bar{X}_1$ e $\bar{X}_2$ é 0,6; a diferença entre $\bar{X}_1$ e $\bar{X}_3$ é 3,0; e a diferença entre $\bar{X}_2$ e $\bar{X}_3$ é 2,4. Os subscritos para as médias dos grupos não devem mudar quando arranjados em ordem. Desse modo, por exemplo, $\bar{X}_2$ representa a média do grupo originalmente designado como número 2, e não a segunda média de grupo mais alta.

	$\bar{X}_1 = 3,2$	$\bar{X}_2 = 3,8$	$\bar{X}_3 = 6,2$
$\bar{X}_1 = 3,2$	—	0,6	3,0
$\bar{X}_2 = 3,8$	—	—	2,4
$\bar{X}_3 = 6,2$	—	—	—

Passo 2 Calcule q na Tabela H do Apêndice B.

Para calcular q da Tabela H, temos de ter (1) os graus de liberdade (gl) para MQ_{dentro}, (2) o número k de médias de grupo e (3) um nível de significância de 0,01 ou 0,05. Como vimos na análise de variância, $gl_{dentro} = 12$. Portanto, olhamos na parte de baixo na coluna da esquerda da Tabela H até chegarmos a 12 graus de liberdade. Segundo, como estamos comparando três escores médios, procuramos na Tabela H um número de médias de grupos (k) igual a três. Presumindo um nível de significância de 0,05, calculamos que $q = 3,77$.

Passo 3 Calcule a DHS.

$$DHS = q\sqrt{\frac{MQ_{dentro}}{N_{grupo}}}$$
$$= 3,77\sqrt{\frac{1,53}{5}}$$
$$= 3,77\sqrt{0,306}$$
$$= (3,77)(0,553)$$
$$= 2,08$$

Passo 4 Compare a DHS e a tabela de diferenças entre médias.

Para ser estatisticamente significativa, qualquer diferença obtida entre médias tem de exceder a DHS (2,08). Referindo-se à tabela de diferenças entre médias, descobrimos que a diferença de classificação média de 3,0 entre $\bar{X}_3$ (candidata do sexo feminino) e $\bar{X}_1$ (candidato do sexo masculino) e a diferença média de 2,4 entre $\bar{X}_1$ (candidato do sexo masculino) e $\bar{X}_2$ (candidato do gênero neutro) são maiores do que a DHS = 2,08. Como consequência, concluímos que essas diferenças entre médias são estatisticamente significativas ao nível de 0,05. Por fim, a diferença em classificação média de 0,6 entre $\bar{X}_3$ (candidata do sexo feminino) e $\bar{X}_2$ (candidato do gênero neutro) não é significativa, porque é menor do que a DHS.

Tukey, comparamos a diferença entre quaisquer dois escores médios contra DHS. Uma diferença média é estatisticamente significativa somente se ela exceder a DHS. Pela fórmula,

$$DHS = q\sqrt{\frac{MQ_{dentro}}{N_{grupo}}}$$

onde q = valor de tabela em um determinado nível de significância para o número total de médias de grupos sendo comparadas
MQ_{dentro} = média quadrática dentro dos grupos (obtido da análise de variância)
N_{grupo} = número de indivíduos em cada grupo (presume o mesmo número em cada grupo)[1]

Diferentemente da razão t, a DHS leva em consideração que a probabilidade do erro tipo I aumenta à medida que o número de médias sendo comparadas aumenta. O valor q depende do número de médias do grupo, e quanto maior o número de médias do grupo, mais conservador se torna em relação a rejeitar a hipótese nula. Como consequência, menos diferenças significativas serão obtidas com a DHS do que com a razão t. Além disso, é mais provável que uma diferença média seja significativa em uma comparação múltipla de três médias do que em uma comparação múltipla de quatro ou cinco médias.

Análise de variância com dois fatores

Suponha que um pesquisador esteja interessado no efeito de determinadas drogas sobre o ritmo do coração. Ele, primeiro, toma o pulso de seu voluntário e registra o resultado como 60 batimentos por minuto (60 bpm). Então, administra a Droga A ao voluntário e observa que o ritmo do coração aumentou para 80 bpm. Desse modo, o efeito produzido pela Droga A é de 20 bpm (80 – 60 = 20). Após esperar que o efeito da Droga A passe (até que o ritmo do coração retornasse a 60), o pesquisador então administra a Droga B, observando que o ritmo do coração aumenta para 70 bpm. Desse modo, o efeito da Droga B é de 10 bpm (70 – 60 = 10). Por fim, o pesquisador está curioso a respeito de qual seria o resultado se ele desse ao voluntário ambas as drogas ao mesmo tempo. O efeito da Droga A é 20, e o efeito da Droga B, 10. O efeito das Drogas A e B seria somatório — isto é, o ritmo do coração aumentaria em 20 + 10 = 30 bpm, chegando a 90 bpm com a administração de ambas as drogas? Ao fazer esse teste, o pesquisador observa que o ritmo do coração do voluntário na realidade dá um salto para 105 bpm, 15 bpm a mais do que seria esperado somando os efeitos separados das drogas.

Esse exemplo simples ilustra os *efeitos principais* e os *efeitos de interação*. Um efeito principal é a influência sobre o ritmo do coração da Droga A ou da Droga B por si mesmas. Aqui, a Droga A tem um efeito principal de 20, e a Droga B, um efeito principal de 10. O efeito de interação se refere ao impacto extra das duas drogas juntas, além da soma de seus efeitos separadamente ou principais. Portanto, o efeito de interação das Drogas A e B é 15. Os efeitos principais e de interação são ilustrados na Figura 8.4. O ritmo do coração é calibrado no eixo vertical, a ausência ou presença da Droga A é mostrada no eixo horizontal, e linhas separadas são empregadas para marcar a ausência e a presença da Droga B. Se os efeitos das duas drogas tivessem sido somatórios (não interativos), então as linhas teriam sido paralelas, como mostrado.

Há muitas possibilidades diferentes para os efeitos principais e de interação, como ilustra a Figura 8.5. O gráfico (a) mostra o que acontece quando não há efeito de ordem alguma. Sob as quatro condições (sem drogas, somente Droga A, somente Droga B e ambas as drogas ao mesmo tempo), o

---
[1] O método de Tukey pode ser usado para comparar grupos de tamanhos desiguais. Nesses casos, N é substituído pelo que é chamado de média harmônica de tamanhos de grupos. A média harmônica de tamanhos de grupos é a recíproca da média de tamanhos de grupos recíprocos. Isto é, $N_{grupo} = \dfrac{k}{\dfrac{1}{N_1} + \dfrac{1}{N_2} + \cdots + \dfrac{1}{N_k}}$, onde k é o número de grupos sendo comparados, e $N_1, N_2 \ldots N_k$ são os tamanhos dos grupos respectivos.

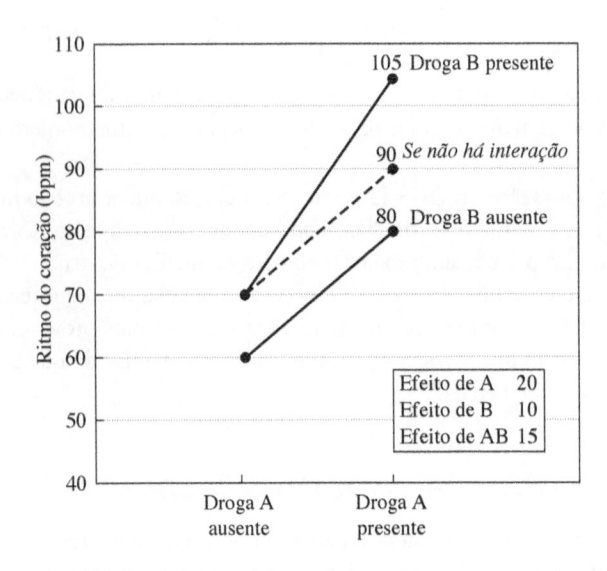

Figura 8.4 Efeitos das drogas A e B sobre o ritmo do coração.

ritmo do coração é 60. O gráfico (b) mostra o que acontece quando apenas a Droga A tem um efeito sobre o ritmo do coração. Aqui, o ritmo do coração aumenta para 80, não importando se a Droga B está ou não presente. O gráfico (c) mostra o que acontece quando apenas a Droga B tem um efeito sobre o ritmo do coração. Aqui, o ritmo do coração aumenta para 70, não importando se a Droga A está ou não presente. O gráfico (d) mostra o que acontece quando ambas as drogas têm efeitos principais, mas não interagem. A Droga A aumenta o ritmo do coração em 20, independentemente da presença de B, e a Droga B aumenta o ritmo do coração em 10, independentemente da presença de A. Juntas elas aumentam o ritmo do coração em 30, que é a soma total dos principais efeitos. O gráfico (e) ilustra a situação que ocorre quando há apenas uma interação, mas nenhum efeito principal. Por si mesmas as drogas não exercem efeito algum, mas juntas elas fazem com que o ritmo do coração aumente para 75, um efeito de interação de 15. Por fim, o gráfico (f) mostra a presença dos três efeitos: um efeito principal para A de 20; um efeito principal para B de 10; e um efeito de interação (AB) de 15.

A ilustração na Figura 8.5 é projetada para introduzir a lógica de determinar efeitos principais e de interação. Entretanto, a mecânica da análise de variância com dois fatores se afasta do nosso exemplo hipotético em dois aspectos em particular. Primeiro, os efeitos principal e de interação mostrados na figura foram derivados por meio da comparação entre determinadas combinações de tratamento e a condição de controle (nenhuma droga) como linha de referência. Na análise das fórmulas de variância a seguir, combinações de tratamento são comparadas com a média total de todos os grupos como uma linha de referência. Segundo, em cenários reais de pesquisa, obviamente um pesquisador observaria mais de um indivíduo a fim de ter confiança nos resultados. Além disso, frequentemente é necessário se fazer comparações entre diferentes grupos de indivíduos — por exemplo, um grupo que toma somente a Droga A, um grupo que toma somente a Droga B, um grupo que toma ambas as Drogas A e B e um controle. A mesma maneira de pensar a respeito dos efeitos principal e de interação se aplica a grupos de indivíduos, exceto que nos concentramos em diferenças entre médias de grupos. Por exemplo, analisaríamos o ritmo médio do coração do grupo que recebeu somente a Droga A, do grupo que recebeu somente a Droga B, do grupo que recebeu as Drogas A e B, e daqueles que não receberam nenhuma droga. Neste capítulo, somente consideramos a situação de grupos independentes — indivíduos diferentes em condições diferen-

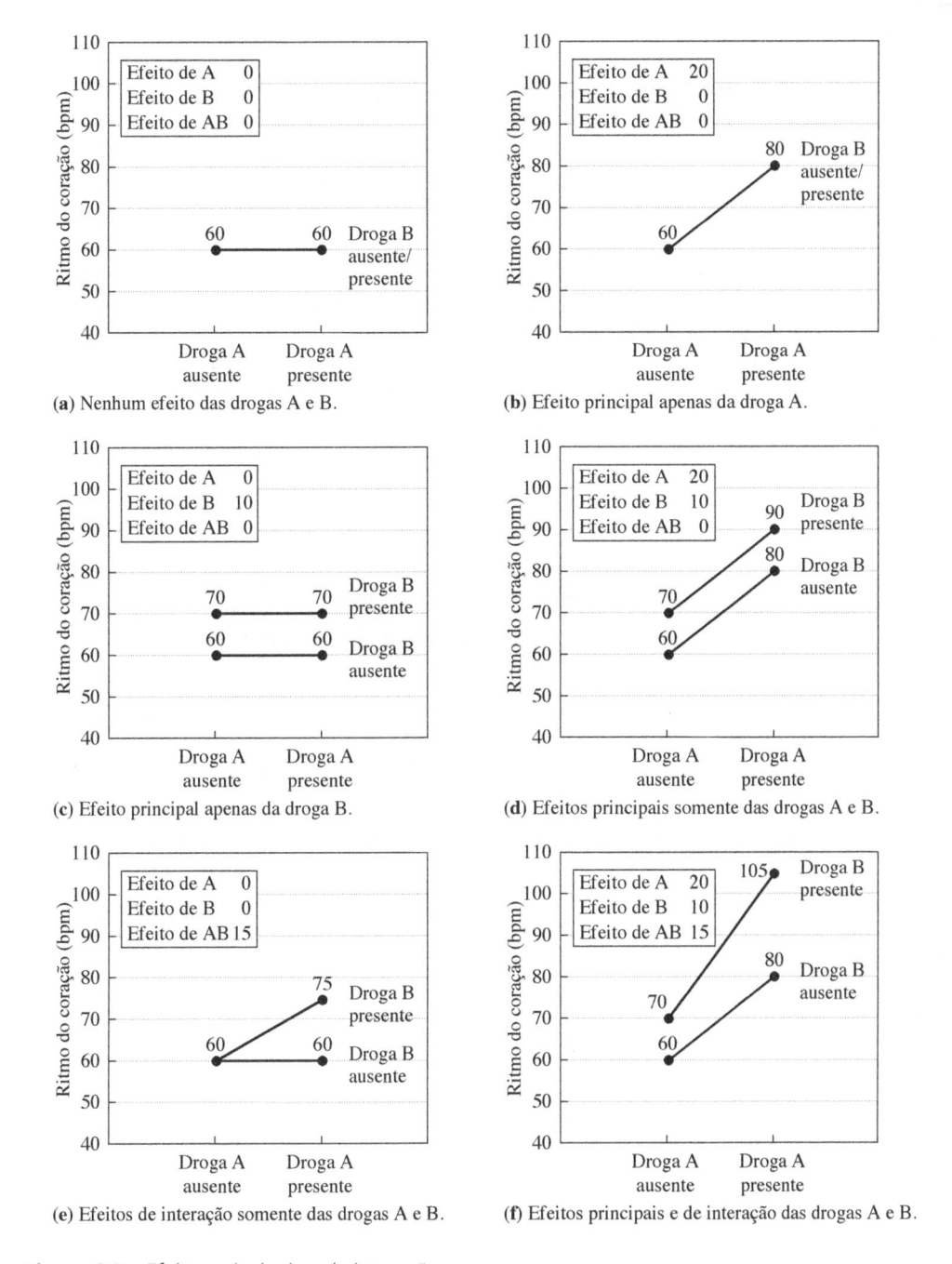

(a) Nenhum efeito das drogas A e B.
- Efeito de A 0
- Efeito de B 0
- Efeito de AB 0

(b) Efeito principal apenas da droga A.
- Efeito de A 20
- Efeito de B 0
- Efeito de AB 0

(c) Efeito principal apenas da droga B.
- Efeito de A 0
- Efeito de B 10
- Efeito de AB 0

(d) Efeitos principais somente das drogas A e B.
- Efeito de A 20
- Efeito de B 10
- Efeito de AB 0

(e) Efeitos de interação somente das drogas A e B.
- Efeito de A 0
- Efeito de B 0
- Efeito de AB 15

(f) Efeitos principais e de interação das drogas A e B.
- Efeito de A 20
- Efeito de B 10
- Efeito de AB 15

Figura 8.5 Efeitos principais e de interação.

tes. Livros mais avançados ampliarão essa abordagem para projetos de medidas repetidas — os mesmos indivíduos em diferentes condições.

Como vimos anteriormente no capítulo, a análise de variância pode ser útil para examinar diferenças de grupos quando três ou mais médias amostrais são comparadas. Na realidade, a análise de variância discutida anteriormente é do tipo mais simples, e é chamada de análise de variância com um fator, pois representa o efeito de diferentes categorias ou níveis de um único fator ou variável independente sobre uma variável dependente. Quando examinamos a influência de dois fatores ou variáveis independentes juntas no mesmo experimento (como com as Drogas A e B), ela é chamada de análise de variância com dois fatores.

Consideremos um exemplo simples, no entanto, muito mais realista. Suponha que um pesquisador social que esteja se especializando em efeitos de mídia queira determinar se sexo e violência nos filmes impactam as percepções e atitudes dos espectadores. Após obter o consentimento informado de 16 estudantes de sua classe de formação em mídia, ele dividiu aleatoriamente seus voluntários em quatro grupos com quatro estudantes cada. Um grupo assiste a uma série de filmes sem conteúdo violento, sem conteúdo sexual; outro, a uma série de filmes sem conteúdo sexual, com conteúdo violento; outro, a uma série de filmes sem conteúdo violento, com conteúdo sexual; e o último grupo, a uma série de filmes com conteúdo sexual, com conteúdo violento. Após o período de estudo, o pesquisador/professor pede aos 16 voluntários que façam um teste para medir a empatia com vítimas de estupro, em uma escala variando de 0, para nenhuma empatia, a 10, para um alto nível de empatia.

Escores de empatia por combinação de conteúdo do filme

Sem conteúdo violento		*Com conteúdo violento*	
Sem conteúdo sexual	**Com conteúdo sexual**	**Sem conteúdo sexual**	**Com conteúdo sexual**
8	9	6	2
10	5	4	1
7	7	8	1
9	7	6	2

Você poderia se sentir tentado a analisar esses dados usando uma análise de variância de um fator com os quatro grupos. Entretanto, isso não capturaria o fato de que um dos grupos combina os atributos de outros dois. Isto é, o grupo que assiste a filmes sexualmente violentos está exposto ao efeito de conteúdo violento, conteúdo sexual e sua interação. A análise de variância com dois fatores nos permite desembaraçar os efeitos principais e de interação de maneira apropriada.

A Figura 8.6 exibe as médias de grupos para avaliar os principais efeitos dos conteúdos violento e erótico e sua interação sobre os níveis de empatia. Não apenas ambos os tipos de conteúdos

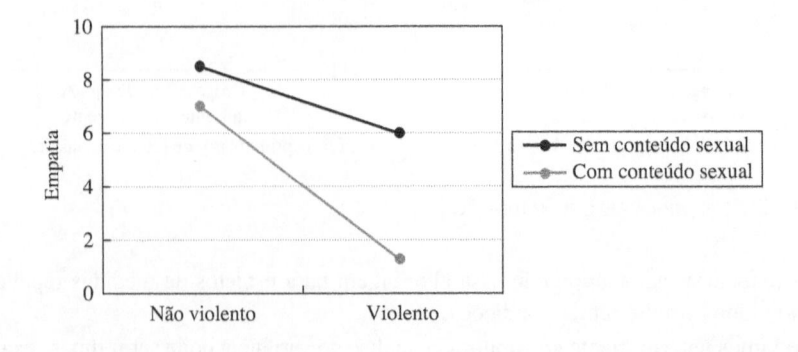

Figura 8.6 Representação gráfica de médias de grupos para o experimento do filme.

parecem reduzir os níveis de empatia dos espectadores, como a combinação reduz a empatia ainda mais. É claro, como com qualquer um dos testes de diferenças abordados até o momento no livro, ainda precisamos determinar se as diferenças observadas entre as médias dos grupos — e, portanto, os efeitos principais e de interação — são maiores do que você obteria ao acaso. Como ocorre com a análise de variância com um fator, isso envolve decompor a soma total de quadrados em fontes entre grupos e dentro dos grupos. Mas aqui temos de dividir ainda a soma de quadrados em porções que resultem do efeito de conteúdo violento (A), do efeito de conteúdo sexual (B) e do efeito de interação entre conteúdo violento e sexual (AB).

Divisão da soma total de quadrados

Em nossa apresentação da análise de variância com um fator, aprendemos que a soma de quadrados se refere à soma dos desvios elevados ao quadrado da média. Para uma análise de variância com um fator, a soma total de quadrados (SQ_{total}) foi dividida em dois componentes, a soma dos quadrados entre grupos (SQ_{entre}), representando a variação entre médias de grupos como resultado de uma variável independente, e a soma de quadrados dentro dos grupos (SQ_{dentro}), representando a variação aleatória entre os escores dos membros do mesmo grupo. A soma total de quadrados foi mostrada como sendo igual a uma combinação dos componentes dentro dos grupos e entre eles. Desse modo,

$$SQ_{total} = SQ_{entre} + SQ_{dentro}$$

No caso da análise de variância com dois fatores, a soma total dos quadrados pode, mais uma vez, ser dividida em componentes dentro dos grupos e entre grupos. Dessa vez, entretanto, como mais de uma variável independente está envolvida, a soma dos quadrados entre grupos pode ser decomposta ainda mais em:

$$SQ_{entre} = SQ_A + SQ_B + SQ_{AB}$$

onde

SQ_A é a soma dos quadrados para o efeito principal A baseado na variação entre níveis do fator A.
SQ_B é a soma dos quadrados para o efeito principal B baseado na variação entre níveis do fator B.
SQ_{AB} é a soma dos quadrados para o efeito de interação de A e B, baseado na variação entre combinações de A e B.

Considere os resultados experimentais hipotéticos mostrados na Figura 8.7. Observe que, a fim de nos ajudar a focar os conceitos das somas de quadrados totais, dentro de grupos, de efeito principal e de interação, apenas parte do conjunto de dados é mostrada. Em prol da concisão, g representa o grupo, a é o nível do fator alinhado em linhas, b é o nível do fator alinhado em colunas e t representa o total.

O indivíduo representado pelo número 14 teve um escore substancialmente mais alto do que a média total para o estudo ($\overline{X}_{total} = 4$). Seu desvio da média total é ($X - \overline{X}_{total} = 10$). Parte de seu escore elevado representa o fato de que os grupos nos quais seu escore está localizado (seu nível de fator A) teve um desempenho melhor do que a média; isto é, ($\overline{X}_a - \overline{X}_{total}) = 2$. Parte de seu escore elevado também representa o fato de que os grupos nos quais o seu escore está localizado (seu nível de Fator B) teve um desempenho melhor do que a média; isto é, ($\overline{X}_b - \overline{X}_{total}) = 3$. Observe que a combinação da diferença devido ao Fator A (2) e ao Fator B (3) sugeriria uma média de grupo $2 + 3 = 5$ unidades acima da média total, isto é; $\overline{X}^*_{grupo} = 4 + 5 = 9$. (A notação $\overline{X}^*_{grupo}$ é usada para representar o que seria a média do grupo na ausência de qualquer interação entre os fatores A e B.)

254 Estatística para ciências humanas

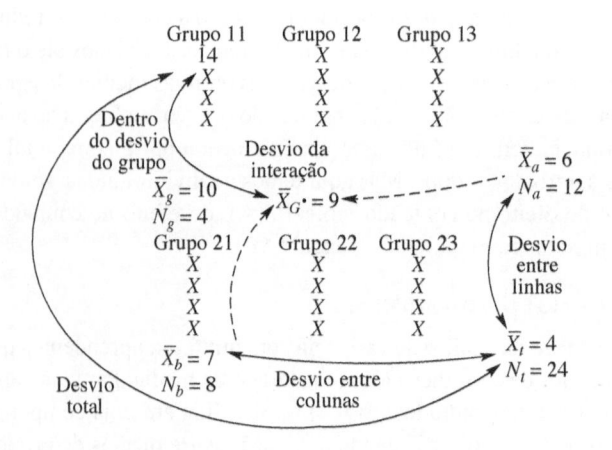

```
                Grupo 11    Grupo 12    Grupo 13
                   14          X           X
                   X           X           X
                   X           X           X
    Dentro         X           X           X
    do desvio
    do grupo    Desvio da                          X̄_a = 6
                interação                          N_a = 12
    X̄_g = 10      X̄_G' = 9
    N_g = 4
                Grupo 21    Grupo 22    Grupo 23   Desvio
                   X           X           X       entre
                   X           X           X       linhas
                   X           X           X
                   X           X           X
                                                   X̄_l = 4
                X̄_b = 7                            N_l = 24
    Desvio      N_b = 8     Desvio entre
    total                   colunas
```

Figura 8.7 Ilustração da análise de variância com dois fatores (g = grupo, a = nível da linha, b = nível da coluna, t = total).

O desvio da média do grupo ($\bar{X}_{grupo}$) daquela produzida pela soma dos dois principais efeitos é um resultado da interação, $\bar{X}_{grupo} - \bar{X}_a - \bar{X}_b + \bar{X}_{total} = 1$. Por fim, após levar em consideração os desvios ou diferenças ocasionados pelos efeitos principais e de interação, o escore do indivíduo permanece mais alto do que a média do grupo. Dentro do grupo, seu desvio é de $X - \bar{X}_{grupo} = 4$.

Todos esses desvios — os desvios dos indivíduos da média total, desvios dos indivíduos das médias de seus grupos, desvios entre a média do Fator A e a média total, desvios entre a média do Fator B e a média total e desvios entre médias de grupos e aquelas esperadas ao se combinar efeitos principais — podem ser elevados ao quadrado, e então somados para obtermos SQ_{total}, SQ_{dentro}, SQ_A, SQ_B e SQ_{AB}. Especificamente,

$$
\begin{aligned}
SQ_{total} &= \Sigma(X - \bar{X}_{total})^2 \\
SQ_{dentro} &= \Sigma(X - \bar{X}_{grupo})^2 \\
SQ_A &= \Sigma N_a(\bar{X}_a - \bar{X}_{total})^2 \\
SQ_B &= \Sigma N_b(\bar{X}_b - \bar{X}_{total})^2 \\
SQ_{AB} &= \Sigma N_{grupo}(\bar{X}_{grupo} - \bar{X}_a - \bar{X}_b + \bar{X}_{total})^2
\end{aligned}
$$

onde
$\bar{X}_{total}$ = média total de todos os grupos combinados
$\bar{X}_{grupo}$ = média de qualquer grupo
$\bar{X}_a$ = média de qualquer nível do Fator A
$\bar{X}_b$ = média de qualquer nível do Fator B
N_{grupo} = número de casos em qualquer grupo
N_a = número de casos em qualquer nível do Fator A
N_b = número de casos em qualquer nível do Fator B

Como no caso da análise de variância com um fator, as somas dos quadrados são geralmente obtidas com maior facilidade a partir de fórmulas de cálculo baseadas em escores brutos em vez de fórmulas de definição anteriores baseadas em desvios. Para a análise de variância com dois fatores, as fórmulas de cálculo para somas dos quadrados totais, dentro dos grupos, de efeito principal e de interação são as seguintes:

$$SQ_{total} = \Sigma X^2_{total} - N_{total}\overline{X}^2_{total}$$
$$SQ_{dentro} = \Sigma X^2_{total} - \Sigma N_{grupo}\overline{X}^2_{grupo}$$
$$SQ_A = \Sigma N_a \overline{X}_a^2 - N_{total}\overline{X}^2_{total}$$
$$SQ_B = \Sigma N_b \overline{X}_b^2 - N_{total}\overline{X}^2_{total}$$
$$SQ_{AB} = \Sigma N_{grupo}\overline{X}^2_{grupo} - \Sigma N_a \overline{X}_a^2 - \Sigma N_b \overline{X}_b^2 + N_{total}\overline{X}^2_{total}$$

Como ocorre com a análise de variância com um fator, cada uma das somas de quadrados é associada com graus de liberdade, os quais, por sua vez, são usados para derivar médias quadráticas. Especificamente,

$$gl_{dentro} = N_{total} - ab$$
$$MQ_{dentro} = \frac{SQ_{dentro}}{gl_{dentro}}$$
$$gl_A = a - 1$$
$$MQ_A = \frac{SQ_A}{gl_A}$$
$$gl_B = b - 1$$
$$MQ_B = \frac{SQ_B}{gl_B}$$
$$gl_{AB} = (a - 1)(b - 1)$$
$$MQ_B = \frac{SQ_{AB}}{gl_{AB}}$$

onde a é o número de níveis do Fator A e b é o número de níveis do Fator B.

Por fim, como no caso da análise de variância com um fator, as médias quadráticas para os efeitos principais e de interação são testadas para significância estatística por meio da divisão de cada uma pelo MQ_{dentro}. Isso produz uma razão F para cada efeito que pode, por sua vez, ser comparada com o valor encontrado na Tabela D do Apêndice B com os graus de liberdade apropriados. Isto é,

$$F_A = \frac{MQ_A}{MQ_{dentro}} \text{ com } a - 1 \text{ e } N_{total} - ab \text{ graus de liberdade}$$
$$F_B = \frac{MQ_B}{MQ_{dentro}} \text{ com } b - 1 \text{ e } N_{total} - ab \text{ graus de liberdade}$$
$$F_{AB} = \frac{MQ_{AB}}{MQ_{dentro}} \text{ com } (a - 1)(b - 1) \text{ e } N_{total} - ab \text{ graus de liberdade}$$

Quadro 8.3 Exemplo passo a passo: análise de variância com dois fatores

Como exemplo passo a passo de uma análise de variância com dois fatores, retornaremos ao pequeno experimento sobre os efeitos de violência e sexo em filmes sobre a empatia dos espectadores em relação a vítimas de estupro. Temos quatro grupos de quatro indivíduos cada, cujos resultados são mostrados a seguir em forma de uma tabela 2 x 2 com várias somas e médias calculadas para cada grupo, para cada nível de Fator A (conteúdo violento) alinhado nas linhas, para cada nível de Fator B (conteúdo sexual) alinhado nas colunas e para o estudo inteiro.

Nosso objetivo é testar a hipótese nula de que todos os grupos são iguais em termos de suas médias populacionais, com a hipótese de pesquisa sendo que nem todas as médias populacionais são iguais. Isto é:

Hipótese nula: Violência e sexo em filmes não têm efeito sobre a empatia do espectador.
($\mu_1 = \mu_2 = \mu_3 = \mu_4$)

Hipótese de pesquisa: Violência e sexo em filmes têm um efeito sobre a empatia do espectador.
(algum $\mu_i \neq \mu_j$)

	Conteúdo sexual (B)				Total
	Sem conteúdo sexual		**Com conteúdo sexual**		
	X / 8, 10, 7, 9 / 34	X^2 / 64, 100, 49, 81 / 294	X / 9, 5, 7, 7 / 28	X^2 / 81, 25, 49, 49 / 204	$N=8$ $\bar{X}=7,75$
Sem conteúdo violento	$N=4$ $\bar{X}=8,5$		$N=4$ $\bar{X}=7,0$		
Conteúdo violento (A)					
Com conteúdo violento	X / 6, 4, 8, 6 / 24	X^2 / 36, 16, 64, 36 / 152	X / 2, 1, 1, 2 / 6	X^2 / 4, 1, 1, 4 / 10	$N=8$ $\bar{X}=3,75$
	$N=4$ $\bar{X}=6,0$		$N=4$ $\bar{X}=1,5$		
Total	$N=8$ $\bar{X}=7,25$		$N=8$ $\bar{X}=4,25$		$N=16$ $\bar{X}=5,75$

Passo 1 Calcule a média para cada grupo.

$$\bar{X}_{grupo} = \frac{\Sigma X_{grupo}}{N_{grupo}}$$

$$= \frac{34}{4} = 8,5 \text{ (sem conteúdo violento/sem conteúdo sexual)}$$

$$= \frac{28}{4} = 7,0 \text{ (sem conteúdo violento/com conteúdo sexual)}$$

$$= \frac{24}{4} = 6,0 \text{ (com conteúdo violento/sem conteúdo sexual)}$$

$$= \frac{6}{4} = 1,5 \text{ (com conteúdo violento/com conteúdo sexual)}$$

Passo 2 Calcule a média total.

$$\overline{X}_{total} = \frac{\Sigma X_{total}}{N_{total}} = \frac{96}{16} = 5{,}75$$

Passo 3 Calcule a média para cada nível de Fator A.

$$\overline{X}_A = \frac{\Sigma X_A}{N_A}$$

$$= \frac{62}{8} = 7{,}75 \text{ (sem conteúdo violento)}$$

$$= \frac{30}{8} = 3{,}75 \text{ (com conteúdo violento)}$$

Passo 4 Calcule a média para cada nível de Fator B.

$$\overline{X}_B = \frac{\Sigma X_B}{N_B}$$

$$= \frac{58}{8} = 7{,}25 \text{ (sem conteúdo violento)}$$

$$= \frac{34}{8} = 4{,}25 \text{ (com conteúdo violento)}$$

Passo 5 Calcule as somas dos quadrados totais, quadrados dentro, de efeito principal e de interação.

$$\begin{aligned}
SQ_{total} &= \Sigma X_{total}^2 - N_{total}\overline{X}_{total}^2 \\
&= (294 + 204 + 152 + 10) - 16(5{,}75)^2 \\
&= 660 - 529 \\
&= 131
\end{aligned}$$

$$\begin{aligned}
SQ_{dentro} &= \Sigma X_{total}^2 - \Sigma N_{grupo}\overline{X}_{grupo}^2 \\
&= (294 + 204 + 152 + 10) - [4(8{,}5)^2 + 4(6{,}0)^2 + 4(7{,}0)^2 \\
&\quad + 4(1{,}5)^2] \\
&= 660 - (289 + 144 + 196 + 9) \\
&= 660 - 638 \\
&= 22
\end{aligned}$$

$$\begin{aligned}
SQ_A &= \Sigma N_a \overline{X}_a^2 - N_{total}\overline{X}_{total}^2 \\
&= [8(7{,}75)^2 + 8(3{,}75)^2] - 16(5{,}75)^2 \\
&= (480{,}5 + 112{,}5) - 529 \\
&= 593 - 529 \\
&= 64
\end{aligned}$$

$$\begin{aligned}
SQ_B &= \Sigma N_b \overline{X}_b^2 - N_{total}\overline{X}_{total}^2 \\
&= [8(7{,}25)^2 + 8(4{,}25)^2] - 16(5{,}75)^2 \\
&= (420{,}5 + 144{,}5) - 529 \\
&= 565 - 529 \\
&= 36
\end{aligned}$$

$$SQ_{AB} = \Sigma N_{grupo}\overline{X}_{grupo}^2 - \Sigma N_a\overline{X}_a^2 - \Sigma N_b\overline{X}_b^2 + N_{total}\overline{X}_{total}^2$$
$$= [4(8,5)^2 + 4(6,0)^2 + 4(7,0)^2 + 4(1,5)^2] - [8(7,75)^2$$
$$+ 8(3,75)^2] - [8(7,25)^2 + 8(4,25)^2] + 16(5,75)^2$$
$$= 638 - 593 - 565 - 529$$
$$= 9$$

Passo 6 Calcule os graus de liberdade para as somas dos quadrados dentro, efeitos principais e de interação.

$$gl_{dentro} = N_{total} - ab = 16 - 2(2) = 12$$
$$gl_A = a - 1 = 2 - 1 = 1$$
$$gl_B = b - 1 = 2 - 1 = 1$$
$$gl_{AB} = (a - 1)(b - 1) = (2 - 1)(2 - 1) = 1$$

Passo 7 Calcule as médias quadráticas para as somas dos quadrados dentro, de efeitos principais e de interação.

$$MQ_{dentro} = \frac{SQ_{dentro}}{gl_{dentro}} = \frac{22}{12} = 1,833$$

$$MQ_A = \frac{SQ_A}{gl_A} = \frac{64}{1} = 64$$

$$MQ_B = \frac{SQ_B}{gl_B} = \frac{36}{1} = 36$$

$$MQ_{AB} = \frac{SQ_{AB}}{gl_{AB}} = \frac{9}{1} = 9$$

Passo 8 Obtenha as razões F para os efeitos principais e de interação.

$$F_A = \frac{MQ_A}{MQ_{dentro}} = \frac{64}{1,833} = 34,909$$

$$F_B = \frac{MQ_B}{MQ_{dentro}} = \frac{36}{1,833} = 19,636$$

$$F_{AB} = \frac{MQ_{AB}}{MQ_{dentro}} = \frac{9}{1,833} = 4,909$$

Passo 9 Compare as razões F com o valor apropriado encontrado na Tabela D do Apêndice B. As três razões F têm 1 e 12 graus de liberdade, e excedem 9,33, a razão F da Tabela D para o nível de significância de 0,05.

Passo 10 Organize os resultados em uma análise da tabela de resumo da variância.

Fonte	SQ	gl	MQ	F
Conteúdo violento (A)	64	1	64,0	34,909
Conteúdo sexual (B)	36	1	36,0	19,636
Interação (AB)	9	1	9,0	4,909
Dentro do grupo	22	12	1,833	
Total	131	15		

Com base nesses resultados, podemos rejeitar a hipótese nula de que todas as médias de grupos são iguais nas populações. Além disso, descobrimos que há efeitos principais significativos de conteúdo violento e sexual, assim como uma interação significativa. Em outras palavras, não apenas ambas as formas de conteúdo tendem a reduzir a empatia do espectador, mas, combinadas, o efeito é ainda maior do que a soma dos efeitos principais.

Se qualquer uma das razões *F* exceder o valor na Tabela D do Apêndice B, podemos concluir que os efeitos principais ou de interação correspondentes são estatisticamente significativos, isto é, maiores do que você esperaria somente por acaso.

Exigências para o uso da razão *F*

A análise de variância deveria ser feita somente após o pesquisador ter considerado as exigências a seguir:

1. *Uma comparação entre três ou mais médias independentes.* A razão *F* normalmente é empregada para fazer comparações entre três ou mais médias amostrais independentes. É possível, além disso, obter uma razão *F* em vez de uma razão *t* quando uma comparação de duas amostras é feita. Para o caso de duas amostras, $F = t^2$, resultados idênticos são obtidos. Entretanto, não é possível testarmos, dessa maneira, uma única amostra disposta em um planejamento tipo painel (o mesmo grupo estudado em vários pontos no tempo). Desse modo, por exemplo, talvez você não possa estudar a melhora no desempenho de uma classe em três provas ao longo do semestre usando essa abordagem.
2. *Dados intervalares.* Para conduzir uma análise de variância, presumimos que alcançamos o nível intervalar de medida para o resultado ou variável dependente. Dados categorizados ou classificados não devem ser usados. Entretanto, os grupos podem e são tipicamente formados com base em uma medida categórica.
3. *Amostragem aleatória.* Deveríamos ter tirado nossas amostras de uma determinada população de escores ao acaso.
4. *Distribuição normal.* Presumimos que a característica que estamos comparando entre os grupos e dentro dos grupos seja normalmente distribuída nas populações subjacentes. Alternativamente, o pressuposto de normalidade se manterá se tirarmos amostras grandes o suficiente de cada grupo.
5. *Variâncias iguais.* A análise de variância presume que as variâncias populacionais para os diferentes grupos sejam todas iguais. As variâncias amostrais, é claro, podem ser diferentes, como resultado de erros amostrais. Diferenças moderadas entre as variâncias amostrais não invalidam os resultados do teste *F*. Quando essas diferenças são extremas (por exemplo, quando uma das variâncias amostrais é muito maior do que a outra), o teste *F* apresentado aqui pode não ser apropriado.

Resumo

A análise de variância pode ser usada para fazer comparações entre três ou mais médias complexas. Diferentemente da razão *t* para comparar apenas duas médias amostrais, a análise de variância produz uma razão *F* cujo numerador representa a variação entre grupos, e cujo denominador contém uma estimativa de variação dentro dos grupos. A soma de quadrados representa o passo inicial para medir a variação; entretanto, ela é afetada de maneira significativa pelo tamanho da amostra. Para superar esse problema e controlar diferenças no tamanho da amostra, dividimos as somas de quadrados entre e dentro pelos graus de liberdade apropriados para obter a média quadrática. A razão *F* indica o tamanho da média quadrática entre grupos em relação ao tamanho da média quadrática dentro dos grupos. Quanto maior a razão *F* (isto é, quanto maior a média quadrática entre grupos em relação ao seu correspondente dentro dos grupos), maior a probabilidade de rejeitarmos a hipótese nula e atribuirmos nosso resultado a algo mais do que apenas erros amostrais. No capítulo anterior, aprendemos que, ao estudar a diferença entre duas médias amostrais, temos de comparar a razão t que calculamos com a tabela t (Tabela B ou C). Com o propósito de estudar as diferenças entre três ou mais médias, interpretamos agora a razão F que calculamos comparando-a com uma razão F apropriada na Tabela D. Com essa base, decidimos se temos uma diferença significativa — se devemos manter ou rejeitar a hipótese nula. Após obtermos um F significativo, podemos determinar exatamente onde as diferenças significativas se encontram ao aplicarmos o método de Tukey para a comparação múltipla de médias. Por fim, a análise de variância pode ser ampliada para o estudo de mais de um fator. Na análise de variância com dois fatores, distinguimos e testamos, para efeitos principais de significância, cada fator, assim como a análise de sua interação. A interação existe quando o efeito de dois fatores combinados difere da soma de seus efeitos (principais) separadamente.

Termos-chave

Análise de variância
DHS de Tukey
Efeito de interação
Efeito principal
Média quadrática

Razão F
Soma de quadrados
    Dentro dos grupos
    Entre grupos
    Total

Exercícios

1. Em vez de uma série de testes t, a análise de variância é usada porque:
   a. ela mantém o erro tipo I em um nível contante.
   b. é muito trabalhoso fazer uma série de testes t.
   c. ela aumenta o erro tipo I.
   d. ela toma uma série de decisões, enquanto uma série de testes t toma uma única decisão global.

2. Para encontrar uma diferença significativa com uma análise de variância, você espera maximizar:
   a. a média quadrática entre grupos.
   b. a média quadrática dentro dos grupos.
   c. a soma de quadrados dentro dos grupos.
   d. a variação dentro dos grupos.

3. A razão F é maior quando:
   a. a média quadrática entre os grupos é menor.
   b. a média quadrática dentro dos grupos é menor.
   c. a diferença entre as médias é menor.
   d. Nenhum dos itens anteriores.

4. Uma comparação múltipla de médias é necessária quando a análise de variância resulta em:
   a. uma diferença significativa entre duas médias.
   b. uma diferença não significativa entre duas médias.
   c. uma diferença significativa entre três ou mais médias.
   d. uma diferença não significativa entre três ou mais médias.

5. Qual dos itens a seguir *não* é uma exigência para a análise de variância?
   a. Uma comparação de três ou mais amostras independentes.
   b. Amostragem aleatória.
   c. Uma distribuição normal.
   d. Dados ordinais.

6. Nas amostras aleatórias de classes sociais a seguir, teste a hipótese nula de que a amabilidade entre vizinhos não varia segundo a classe social. (*Observação:* escores mais altos indicam maior amabilidade.)

Baixa	Trabalhadora	Média	Alta
8	7	6	5
4	3	5	2
7	2	5	1
8	8	4	3

7. Uma pesquisadora está interessada no efeito que o tipo de residência tem sobre a felicidade pessoal de estudantes universitários. Ela seleciona amostras de estudantes que vivem em dormitórios no campus, em apartamentos fora do campus e em casa, e pede aos 12 entrevistados que classifiquem sua felicidade em uma escala de 1 (infeliz) a 10 (feliz). Teste a hipótese nula de que a felicidade não difere por tipo de residência.

Dormitórios do campus	Apartamentos fora do campus	Em casa
8	2	5
9	1	4
7	3	3
8	3	4

8. Construa uma comparação múltipla de médias pelo método de Tukey para determinar precisamente onde as diferenças significativas ocorrem no Problema 7.

9. Um pediatra especulou se a frequência de consultas em seu consultório poderia ser influenciada pelo tipo de cobertura de convênio médico. Em um estudo exploratório, ele escolheu aleatoriamente 15 pacientes: 5 cujos pais pertencem a uma empresa com convênio médico, 5 cujos pais tinham convênio médico tradicional e 5 cujos pais não tinham convênio. Usando a frequência de visitas por ano da tabela a seguir, teste a hipótese nula de que o tipo de cobertura de seguro não tinha efeito sobre a frequência de visitas.

Empresa com convênio médico	Convênio tradicional	Nenhum
12	6	3
6	5	2
8	7	5
7	5	3
6	1	1

10. Faça uma comparação múltipla de médias usando o método de Tukey para determinar exatamente onde as diferenças significativas ocorrem no Problema 9.

11. Uma orientadora vocacional de uma escola de ensino médio formulou a hipótese de que a identidade do grupo de pares pode ter um efeito sobre o número de universidades nas quais os estudantes buscam ser admitidos. Ao acaso, ela escolhe oito estudantes de sua classe do último ano entre as turmas dos "fanáticos por tecnologia digital", dos "roqueiros" e dos "esportistas" e compara o número de universidades para as quais eles enviaram pedidos de inscrição.

"Fanáticos por tecnologia digital"	"Roqueiros"	"Esportistas"
8	4	2
6	4	2
4	3	3
5	6	2
3	5	4
7	6	1
6	3	2
9	3	2

Teste a hipótese nula de que a identidade do grupo de pares não tem efeito sobre o número de universidades em que os estudantes buscam ser admitidos.

12. Conduza uma comparação múltipla de médias usando o método de Tukey para determinar exatamente onde as diferenças significativas ocorrem no Problema 11.

13. Um pesquisador da área de saúde está interessado em comparar três métodos de perda de peso: dieta de baixas calorias, dieta com baixo teor de gordura e dieta com baixo teor de carboidratos. Ele seleciona 30 indivíduos moderadamente acima do peso e designa aleatoriamente 10 para cada programa de perda de peso. As reduções de peso a seguir (em libras) foram observadas após o período de um mês.

Baixa caloria		Baixo teor de gordura		Baixo teor de carboidratos	
7	3	7	8	7	14
7	9	8	7	9	10
5	10	8	10	7	11
4	5	9	11	8	5
6	2	5	2	8	6

Teste a hipótese nula de que a extensão da redução de peso não difere por tipo de programa de perda de peso.

14. Considere o seguinte experimento para determinar os efeitos do álcool e da maconha sobre a capacidade de dirigir um automóvel. Cinco indivíduos escolhidos aleatoriamente bebem álcool para produzir um grau de alcoolemia dentro do limite legal e então passam por um teste de direção simulado (com um escore mais alto de 10 e um mais baixo de 0). Cinco indivíduos diferentes escolhidos aleatoriamente fumam maconha e então realizam o mesmo teste de direção. Por fim, um grupo de controle de cinco indivíduos é testado para dirigir sóbrio. Dados os seguintes escores de testes de direção, teste para a significância de diferenças entre médias dos grupos a seguir:

Álcool	Maconha	Controle
3	1	8
4	6	7
1	4	8
1	4	5
3	3	6

15. Conduza uma comparação múltipla de médias pelo método de Tukey para determinar exatamente onde as diferenças significativas ocorrem no Problema 14.

16. Usando a teoria da anomia de Durkheim (ausência de normas) como base, um sociólogo obteve as seguintes taxas de suicídio (número de suicídios por 100 mil habitantes), arredondadas para o número inteiro mais próximo, para cinco áreas metropolitanas com alta anomia, cinco com anomia moderada e cinco com baixa anomia (a anomia foi indicada pela presença de recém-chegados e pessoas em trânsito presentes na população).

Anomia		
Alta	Moderada	Baixa
19	15	8
17	20	10
22	11	11
18	13	7
25	14	8

Teste a hipótese de que áreas de anomia alta, moderada e baixa não diferem com relação às taxas de suicídio.

17. Psicólogos testaram a eficácia relativa de três programas de tratamento diferentes — A, B e C — contra o abuso de drogas ilícitas. Os dados a seguir representam o número de dias de abstinência de drogas acumulados por 15 pacientes (5 em cada programa de tratamento) nos 3 meses após o término do programa de tratamento. Desse modo, um número maior de dias indica um período mais longo livre do uso de drogas.

Tratamento A	Tratamento B	Tratamento C
90	81	14
74	90	20
90	90	33
86	90	5
75	85	12

Teste a hipótese nula de que esses programas de tratamento contra drogas não diferem em relação à sua eficácia.

18. Conduza uma comparação múltipla de médias pelo método de Tukey para determinar exatamente onde as diferenças significativas ocorrem no Problema 17.

19. A chance de uma mulher sofrer de depressão pós-parto varia de acordo com o número de filhos que ela já teve? Para descobrir isso, um pesquisador coletou amostras aleatórias de quatro grupos de mulheres: o primeiro grupo tinha dado à luz seu primeiro filho recentemente, o segundo grupo tinha dado à luz seu segundo filho recentemente, e assim por diante. Ele então classificou o montante de depressão pós-parto em uma escala de 1 a 5. Teste a hipótese nula de que as chances de

desenvolver depressão pós-parto não diferem do número de crianças às quais a mulher deu à luz previamente.

Primeiro filho	Segundo filho	Terceiro filho	Quarto filho
3	3	5	4
2	5	5	3
4	1	3	2
3	3	5	1
2	4	2	5

20. Estudos descobriram que as pessoas acham rostos simétricos mais atraentes do que rostos que não são simétricos. Para testar essa teoria, uma psiquiatra selecionou uma amostra aleatória de pessoas e mostrou a elas fotos de três rostos diferentes: um rosto que é perfeitamente simétrico, um rosto que é ligeiramente assimétrico e um rosto que é altamente assimétrico. Então pediu a elas que classificassem os três rostos em termos de atratividade em uma escala de 1 a 7, com 7 sendo o mais atraente. Teste a hipótese nula de que a atratividade não difere com a simetria facial.

Simétrico	Ligeiramente assimétrico	Altamente assimétrico
7	5	2
6	4	3
7	5	1
5	2	1
6	4	2
6	5	2

21. Conduza uma comparação múltipla de médias pelo método de Tukey para determinar exatamente onde as diferenças significativas ocorrem no Problema 20.

22. O teórico político Karl Marx é conhecido por sua teoria de que a classe trabalhadora, para colocar um fim no capitalismo e estabelecer uma sociedade comunista, eventualmente se revoltaria e se livraria dos membros da classe alta da sociedade por quem eram explorados. Uma razão para o descontentamento dos trabalhadores capitalistas, de acordo com a teoria de Marx, é a de que esses trabalhadores não têm orgulho de seu trabalho, pois tanto o trabalho que fazem quanto os produtos que resultam dele não pertencem a eles, mas aos capitalistas para quem trabalham. Para testar essa reflexão, um pesquisador foi a uma grande fábrica e entrevistou indivíduos pertencentes a três grupos — trabalhadores, administradores e proprietários — para verificar se havia diferenças entre eles em termos de orgulho quanto ao seu trabalho. Dados os escores a seguir, com os escores mais altos representando mais orgulho no trabalho, teste a hipótese nula de que o orgulho no trabalho não difere por classe.

Mais baixa (trabalhadores)	Média (administradores)	Alta (proprietários)
1	4	8
3	7	7
2	5	6
5	6	9
4	8	5
2	6	6
3	5	7

23. Conduza uma comparação múltipla de médias pelo método de Tukey para determinar exatamente onde as diferenças significativas ocorrem no Problema 22.

24. Uma psiquiatra se pergunta se pessoas que sofrem da síndrome do pânico se beneficiam mais com um determinado tipo de tratamento do que com outros. Ela seleciona pacientes que usaram um dos tratamentos a seguir aleatoriamente: terapia cognitiva, terapia comportamental ou medicação. Ela lhes pede que classifiquem, em uma escala de 1 a 10, o quanto o tratamento diminuiu os sintomas (com um escore de 10 sendo a maior redução nos sintomas). Teste a hipótese nula de que os tratamentos diferentes para a síndrome do pânico não diferem com relação à ajuda a esses pacientes.

Terapia cognitiva	Terapia comportamental	Medicação
4	6	8
2	3	6
5	4	5
3	8	9
7	6	3
5	4	4
3	7	5

25. Existe uma relação entre o nível de educação de uma mãe e o tempo durante o qual ela amamenta seu filho? Um pesquisador curioso seleciona amostras de mães com três níveis educacionais diferentes e determina o período de amamentação de cada uma (medido em meses). Teste a hipótese nula de que o nível de educação não tem efeito sobre o tempo que uma mãe amamenta seu filho.

Ensino médio incompleto	Ensino médio completo	Ensino superior completo
1,0	1,5	11,0
6,5	4,0	6,5
4,5	3,5	4,5
2,0	1,5	7,5
8,5	5,0	9,0

26. Conduza uma comparação múltipla de média pelo método de Tukey para determinar exatamente onde as diferenças significativas ocorrem no Problema 25.

27. Um pesquisador coletou amostras de adolescentes sexualmente ativos de diferentes grupos étnicos e raciais e perguntou com que frequência, em porcentagem, eles usavam preservativos. Com base nos dados a seguir, teste a hipótese nula de que adolescentes negros, brancos, hispânicos e asiáticos não diferem em termos de frequência do uso de preservativos.

Adolescentes negros	Adolescentes brancos	Adolescentes hispânicos	Adolescentes asiáticos
50	75	65	80
55	60	55	65
65	55	60	80
75	60	50	60
45	70	40	75

28. Uma conselheira matrimonial observa que primeiros casamentos parecem durar mais do que segundos casamentos. Para verificar a veracidade do fato, ela seleciona amostras de casais divorciados do primeiro, do segundo e do terceiro casamentos e determina o número de anos durante os quais cada casal foi casado antes de se divorciar. Teste a hipótese nula de que primeiros, segundos e terceiros casamentos não diferem em extensão antes do divórcio.

Primeiro casamento	Segundo casamento	Terceiro casamento
8,50	7,50	2,75
9,00	4,75	4,00
6,75	3,75	1,50
8,50	6,50	3,75
9,50	5,00	3,50

29. Conduza uma comparação múltipla das médias do método de Tukey para determinar exatamente onde as diferenças significativas ocorrem no Problema 28.

30. Nos últimos anos, uma série de casos em que professores de ensino médio têm relações sexuais com seus alunos vem aparecendo na mídia. Interessado em como as combinações de gênero influenciam as percepções de impropriedade, um pesquisador social pergunta a 40 entrevistados, em um levantamento sobre questões relativas à educação, sobre a sua reação quanto a uma história de um(a) aluno(a) de 16 anos que é seduzido(a) por um(a) professor(a) de 32 anos. Escolhidos ao acaso, 25% dos pesquisados são informados sobre um caso que envolve um professor e um aluno, ambos do sexo masculino; 25% são informados sobre um cenário que envolve um professor e uma aluna; e 25% são apresentados a uma situação de envolvimento entre uma professora e um aluno ou aluna, respectivamente. É pedido a todos os entrevistados que indiquem o nível de impropriedade de 0 a 10, com 0 sendo nem um pouco impróprio e 10 o mais impróprio possível. Os resultados são os seguintes:

Professor		Professora	
Aluno	Aluna	Aluno	Aluna
10	10	6	5
10	9	7	8
10	9	5	7
9	10	5	9
9	8	2	7
9	6	4	7
10	7	5	5
9	10	7	6
7	9	2	6
9	8	3	10

Usando uma análise de variância com dois fatores, teste o gênero do(a) professor(a), o gênero do aluno(a) e seu impacto de interação sobre o nível percebido de impropriedade em torno de relações sexuais professor do ensino médio e aluno.

31. Como o gênero e o prestígio educacional impactam a credibilidade? É pedido a estudantes universitários em um curso de saúde pública que classifiquem a força de um estudo relativo aos riscos de saúde da obesidade infantil. Os 30 estudantes entrevistados recebem o mesmo estudo para avaliar, exceto que o nome e a formação educacional associados com o autor foram manipulados por um pesquisador social. Os estudantes entrevistados são designados aleatoriamente a um de seis grupos, cada grupo recebendo um estudo escrito por uma combinação de um nome masculino ("John Forrest") ou um nome feminino ("Joan Forrest") com um de três títulos (médico, enfermeiro ou Ph.D). É pedido aos entrevistados que classifiquem o estudo de 1 a 5 em termos de clareza, 1 a 5 em termos de força de argumento e 1 a 5 em termos de profundidade. Os escores totais de classificação (a soma dos três subescores) são dados a seguir para cada estudante entrevistado em cada um dos seis grupos.

	Médico	Enfermeiro	Ph.D
John Forrest	10	10	10
	15	11	8
	13	7	13
	15	8	12
	14	8	9
Joan Forrest	15	11	11
	10	8	11
	12	9	12
	14	11	8
	12	7	8

a. Represente graficamente as médias para os seis grupos em um gráfico com a formação educacional no eixo horizontal, classificação média no eixo vertical e linhas separadas para cada gênero.
b. Usando a análise de variância com dois fatores, teste o gênero do autor, a formação educacional do autor e seu impacto de interação sobre as classificações.

Exercícios em SPSS

1. Usando SPSS para analisar o Monitoring the Future Study, teste se o uso contumaz de cocaína (V124) varia por região em que se localizam universidades (V13). Para fazer esse teste, presuma que o uso contumaz de cocaína seja uma variável em termos intervalares. Dica: selecione ANALYZE, COMPARE MEANS, ONE-WAY ANOVA. Observe também que o teste de Tukey é selecionado no botão Post Hoc, e que média e desvios padrão são selecionados no botão Options.

2. Usando SPSS para analisar o Best Places Study, teste se as taxas de crimes violentos (CRIMEV) variam por região (REGION) usando ANOVA com um fator com o teste de Tukey.

3. Usando SPSS para analisar o Best Places Study, determine se os tempos de deslocamento médios variam por região usando ANOVA com um fator com o teste de Tukey.

4. Use SPSS para analisar duas variáveis de sua escolha do Monitoring the Future Study usando ANOVA com um fator. Lembre-se de que a variável dependente precisa ser uma variável em termos de intervalo/índice, e que a variável independente precisa ter três ou mais categorias.

5. Use SPSS para reanalisar o exemplo sobre o conteúdo de filmes que foi apresentado neste capítulo. Observe que o conjunto de dados é estruturado com os escores de empatia colocados em uma escala de 0 a 10, variando de nenhuma (0) a alta (10). O conteúdo sexual é uma variável de categoria medida como sem conteúdo sexual (1) ou com conteúdo sexual (2). O conteúdo violento também é uma variável de categoria medida como sem conteúdo violento (1) ou com conteúdo violento (2).

	Conteúdo de filmes	
Empatia	Sexual	Violento
2	1	1
1	1	1
1	1	1
2	1	1
9	1	2
5	1	2
7	1	2
7	1	2
6	2	1
4	2	1
8	2	1
6	2	1
8	2	2
10	2	2
7	2	2
9	2	2

Usando o procedimento do GLM (modelo linear geral, do inglês General Linear Model) em SPSS, conduza uma ANOVA com dois fatores. (Dica: ANALYZE, GENERAL LINEAR MODEL, UNIVARIATE.) A variável dependente é EMPATHY, e as variáveis independentes são inseridas com fatores fixos. O procedimento GLM é o método mais fácil de calcular uma ANOVA com dois fatores. Ele estimará todos os efeitos principais e de interação. Compare esses resultados de SPSS com os cálculos à mão do capítulo. Os resultados são os mesmos dentro de uma margem de erro de arredondamento?

6. Usando o procedimento GLM em SPSS para analisar o Best Places Study, teste se as taxas de crimes contra propriedade variam por tamanho de área estatística metropolitana (POPSIZE) e localização geográfica na região sul (SOUTH).
   a. Os efeitos principais para o tamanho da população e localização geográfica na região sul são significativos?
   b. O efeito de interação é significativo?

Testes de significância não paramétricos

9

- **Teste qui-quadrado de um critério**
  Quadro 9.1 Exemplo passo a passo:
  qui-quadrado de um critério
- **Teste qui-quadrado de dois critérios**
  Quadro 9.2 Exemplo passo a passo:
  teste qui-quadrado de significância de
  dois critérios
  Quadro 9.3 Exemplo passo a passo:
  comparação entre vários grupos

Quadro 9.4 Exemplo passo a passo:
teste da mediana
- **Teste da mediana**
- **Resumo**
- **Termos-chave**
- **Exercícios**
- **Exercícios em SPSS**
  Olhando sob uma perspectiva mais
  ampla: testando diferenças

Como vimos nos capítulos 7 e 8, temos de exigir bastante do pesquisador social que emprega uma razão t ou uma análise de variância com uma razão F para fazer comparações entre seus grupos de entrevistados. Cada um desses testes de significância tem uma lista de exigências, que inclui o pressuposto de que a característica estudada está normalmente distribuída em uma população específica ou que a amostra é grande o suficiente para que a distribuição amostral da média amostral se aproxime da normalidade. Além disso, cada teste exige o nível intervalar de mensuração, de maneira que um escore possa ser designado para cada caso. Quando um teste de significância, como a razão t ou a razão F, exige (1) normalidade na população (ou pelo menos grandes amostras de maneira que a distribuição amostral seja normal) e (2) mensuração no nível intervalar, ele é chamado de *teste paramétrico*, pois faz suposições a respeito da natureza dos parâmetros da população.

E como fica o pesquisador social que não pode aplicar um teste paramétrico — isto é, que honestamente não pode presumir a normalidade, ou não trabalha com grandes números de casos, ou ainda cujos dados não são medidos ao nível intervalar? Suponha, por exemplo, que ele esteja trabalhando com uma distribuição assimétrica ou com dados que foram categorizados e contados (nível nominal) ou classificados (nível ordinal). Como esse pesquisador realizará comparações entre amostras sem violar as exigências de um teste em particular? Felizmente, estatísticos desenvolveram uma série de testes de significância *não paramétricos* — testes cuja lista de exigências não inclui a normalidade ou o nível intervalar de mensuração. Para compreender a posição importante dos testes não paramétricos na pesquisa social, temos de compreender também o conceito da *eficiência de um teste*; isto é, a probabilidade de se rejeitar a hipótese nula quando ela é realmente falsa e deve ser rejeitada.

A eficiência varia de um teste para outro. Os testes mais eficientes — aqueles em que há mais chances de a hipótese nula ser rejeitada quando for falsa — são os que têm as exigências mais fortes ou mais difíceis de satisfazer. Geralmente, esses são testes paramétricos como o t ou F, que presumem que dados intervalares são empregados e que as características estudadas estão normalmente distribuídas em suas populações, ou amostradas em amplas quantidades. Em comparação, as alternativas não paramétricas apresentam demandas menos rígidas, mas são testes menos eficientes de significância do que seus correlativos paramétricos. Como resultado, presumindo que a hipótese nula seja falsa (e mantendo constante outros critérios com o tamanho da amostra), um pesquisador tem mais chance de rejeitar a hipótese nula pelo uso apropriado de t ou F do que por uma alternativa não paramétrica. Em um sentido estatístico, você recebe pelo que paga!

Compreensivelmente, pesquisadores sociais ficam ansiosos por rejeitar a hipótese nula quando ela é falsa. Por isso, muitos deles preferiram idealmente empregar testes paramétricos de significância e poderiam até estar dispostos a "exagerar um pouco a verdade" para obter resultados de acordo com as suposições. Por exemplo, se dados ordinais estão espaçados de maneira ligeiramente uniforme e, portanto, aproximam-se de uma escala intervalar, e se os dados não são normais, mas também não são terrivelmente assimétricos, podemos "contornar a situação" utilizando um teste paramétrico.

Como observado previamente, no entanto, muitas vezes não é possível — sem se enganar a um limite máximo — chegar nem perto de satisfazer as exigências dos testes paramétricos. Em primeiro lugar, grande parte dos dados da pesquisa social não se encontra nem perto do nível intervalar. Segundo, talvez saibamos que determinadas variáveis ou características sob estudo são severamente assimétricas na população e podem não oferecer amostras grandes o suficiente para compensar isso.

Tendo suas exigências tão severamente violadas, não é mais possível que se saiba a eficiência de um teste estatístico. Portanto, os resultados de um teste paramétrico cujas exigências não foram satisfeitas podem ficar destituídos de qualquer interpretação significativa. Sob tais condições, pesquisadores sociais sabiamente se voltam para os testes de significância não paramétricos.

Este capítulo introduz dois dos testes de significância não paramétricos mais conhecidos para características medidas em termos nominais ou ordinais: o teste qui-quadrado e o teste da mediana.

Teste qui-quadrado de um critério

Você já tentou adivinhar o que se passava na cabeça de seu professor enquanto respondia a um teste de múltipla escolha? Você pode ter raciocinado: "As últimas duas respostas foram ambas B; ele não colocaria três Bs seguidos". Ou talvez você tenha pensado: "Não assinalei muitas respostas D, talvez eu deva mudar algumas respostas que eu não tenha certeza para D". Você presume, é claro, que seu professor busca distribuir suas respostas corretas uniformemente em todas as categorias, de A até E.

Suponha que seu professor devolva a prova e distribua o gabarito de respostas. Você constrói uma distribuição de frequência das respostas corretas para o teste de 50 itens como mostrado a seguir:

A	12
B	14
C	9
D	5
E	10

Desse modo, 12 dos 50 itens tinham a alternativa A como a resposta correta, 14 tinham a alternativa B como a resposta correta, e assim por diante. Isso é chamado de *frequência observada* (f_o). Frequências observadas se referem ao conjunto de frequências obtidas em uma distribuição de frequência real — isto é, quando realmente realizamos uma pesquisa ou conduzimos um estudo.

Você pode imaginar, a partir dessa distribuição, que o professor prefere colocar a resposta correta próximo da parte de cima — isto é, nas posições A e B. De maneira contrária, ele parece não gostar da resposta D, pois apenas cinco respostas corretas se enquadram nessa categoria.

É possível generalizarmos as tendências desse professor observadas a partir dessa prova? Os desvios de uma distribuição uniforme de respostas corretas são grandes o suficiente para indicar, por exemplo, um real desapreço pela categoria D? Ou poderiam as variações ao acaso ser as responsáveis por esses resultados, ou seja, se tivéssemos mais testes elaborados por esse professor, poderíamos ver esse padrão se uniformizar a longo prazo?

Esse é o tipo de pergunta que fizemos nos capítulos 7 e 8 em relação a médias amostrais, mas agora precisamos de um teste para frequências. O qui-quadrado (escrito χ^2) é o teste não paramétrico mais comumente usado; não apenas é relativamente fácil de seguir, como também é aplicável a uma ampla gama de problemas de pesquisa.

O teste *qui-quadrado de um critério* pode ser usado para determinar se as frequências que observamos previamente diferem de maneira significativa de uma distribuição uniforme (ou qualquer outra distribuição que possamos criar como hipótese). Nesse exemplo, nossas hipóteses nula e de pesquisa são as seguintes:

Hipótese nula: *O professor não demonstra nenhuma tendência de designar uma determinada resposta correta de A e E.*

Hipótese de pesquisa: *O professor demonstra uma tendência de designar determinadas respostas corretas de A e E.*

Como ficaria a distribuição de frequência de respostas corretas se a hipótese nula fosse verdadeira? Como há cinco categorias, cada uma delas deveria conter 20% das respostas corretas. Com 50 questões, deveríamos esperar 10 respostas corretas para cada categoria.

As *frequências esperadas* (f_e) são aquelas frequências que, espera-se, ocorram sob os termos da hipótese nula. As frequências esperadas para a distribuição uniforme hipotética são as seguintes:

A	10
B	10
C	10
D	10
E	10

O qui-quadrado nos permite testar a significância da diferença entre um conjunto de frequências observadas (f_o) e um conjunto de frequências esperadas (f_e). Obtivemos 12 respostas corretas A, mas esperávamos obter 10 sob a hipótese nula; obtivemos 14 respostas B corretas, mas esperávamos obter 10 sob a hipótese nula; e assim por diante. Obviamente, quanto maior as diferenças entre frequências observadas e esperadas, maior a chance de haver diferenças significativas sugerindo que, provavelmente, a hipótese nula não é verdadeira.

A estatística do qui-quadrado se concentra diretamente sobre quão próximas as frequências observadas são do que se esperava que elas fossem (representadas pelas frequências esperadas) sob a hipótese nula. Com base apenas nas frequências observadas e esperadas, a fórmula para o qui-quadrado é

$$\chi^2 = \sum \frac{(f_o - f_e)^2}{f_e}$$

onde f_o = frequência observada em qualquer categoria
f_e = frequência esperada em qualquer categoria

De acordo com a fórmula, temos de subtrair cada frequência esperada de sua frequência observada correspondente, elevar ao quadrado a diferença, dividir pela frequência esperada e então somar os quocientes de todas as categorias para obter o valor do qui-quadrado.

Examinemos como a estatística qui-quadrado se relaciona com a hipótese nula. Se, no caso extremo, todas as frequências observadas fossem iguais às suas respectivas frequências esperadas (todas $f_o = f_e$), como sugere a hipótese nula, o qui-quadrado seria zero. Se todas as frequências observadas estivessem próximas de suas frequências esperadas, de maneira consistente com a hipótese nula exceto para erro amostral, o qui-quadrado seria pequeno. Quanto mais o conjunto de frequências observadas se desvia das frequências esperadas sob a hipótese nula, maior é o valor do qui-quadrado. Em algum ponto, as discrepâncias das frequências observadas em relação às frequências esperadas se tornam maiores do que poderia ser atribuído somente ao erro amostral. Nesse ponto, o qui-quadrado é tão grande que somos forçados a rejeitar a hipótese nula e aceitar a hipótese de pesquisa. Manteremos você na expectativa de quão grande tem de ser o qui-quadrado para que rejeitemos a hipótese nula, mas apenas até mostrarmos como o qui-quadrado é calculado.

Como declaramos anteriormente, calculamos a diferença entre a frequência observada e a esperada, elevamos a diferença ao quadrado e dividimos o resultado pela frequência esperada para cada categoria. Colocando isso em uma tabela,

Categoria	f_o	f_e	$f_o - f_e$	$(f_o - f_e)^2$	$\frac{(f_o - f_e)^2}{f_e}$
A	12	10	2	4	0,4
B	14	10	4	16	1,6
C	9	10	−1	1	0,1
D	5	10	−5	25	2,5
E	10	10	0	0	0,0
					$\chi^2 = 4,6$

Somando a última coluna (que contém os quocientes) para todas as categorias, obtemos $\chi^2 = 4,6$. Para interpretar esse valor do qui-quadrado, temos de determinar o número apropriado de graus de liberdade:

$$gl = k - 1$$

onde k = número de categorias na distribuição de frequência observada

Em nosso exemplo, há cinco categorias, e desse modo:

$$gl = 5 - 1 = 4$$

Voltando para a Tabela E no Apêndice B, encontramos uma lista de valores de qui-quadrado que são significativos nos níveis de 0,05 e 0,01. Para o nível de significância de 0,05, vemos que o valor crítico para qui-quadrado com 4 graus de liberdade é 9,488. Esse é o valor que temos de exceder antes que possamos rejeitar a hipótese nula. Como o nosso qui-quadrado calculado é de apenas 4,6 e, portanto, menor que o valor da tabela, temos de manter a hipótese nula e rejeitar a hipótese de pesquisa. As frequências observadas não diferem o suficiente das frequências esperadas sob a hipótese nula de uma distribuição igual de respostas corretas. Desse modo, apesar de não termos observado uma distribuição perfeitamente uniforme (10 para cada categoria), o grau de assimetria não foi suficientemente grande para concluirmos que o professor tenha qualquer preferência subjacente ao projetar seu gabarito de respostas.

QUADRO 9.1 Exemplo passo a passo: qui-quadrado de um critério

Para resumir esse exemplo, para que possamos calcular o qui-quadrado de um critério, imagine que uma pesquisadora social esteja interessada em pesquisar opiniões de estudantes do ensino médio relativas à importância de obter um diploma universitário. Ela questiona uma amostra de 60 estudantes do último ano do ensino médio sobre se eles acreditam que a importância da educação universitária está aumentando, diminuindo ou segue a mesma.

Poderíamos especificar nossas hipóteses como a seguir:

Hipótese nula: estudantes do ensino médio estão igualmente divididos em suas crenças em relação à importância atribuída à educação universitária.

Hipótese de pesquisa: estudantes do ensino médio não estão igualmente divididos em suas crenças em relação à importância atribuída à educação universitária.

Digamos que, dos 60 estudantes do ensino médio entrevistados, 35 achem que a educação universitária vem se tornando mais importante, 10, que ela vem se tornando menos importante, e 15, que não há diferença.

Passo 1 Arranje os dados na forma da distribuição de frequência.

Categoria	Frequência observada
Mais importante	35
Menos importante	10
Não há diferença	15
Total	60

Passo 2 Obtenha a frequência esperada para cada categoria.

As frequências esperadas (f_e) são aquelas que ocorrem sob os termos da hipótese nula. Sob a hipótese nula, esperaríamos que as opiniões se dividissem igualmente pelas três categorias. Portanto, com três categorias ($k = 3$) e $N = 60$,

$$f_e = \frac{60}{3} = 20$$

Categoria	Frequência observada (f_o)	Frequência esperada (f_e)
Mais importante	35	20
Menos importante	10	20
Não há diferença	15	20
Total	$\overline{60}$	$\overline{60}$

Passo 3 Estabeleça uma tabela de resumo para calcular o valor do qui-quadrado.

Categoria	f_o	f_e	f_o-f_e	$(f_o-f_e)^2$	$\dfrac{(f_o-f_e)^2}{f_e}$
Mais importante	35	20	15	225	11,25
Menos importante	10	20	−10	100	5,00
Não há diferença	15	20	−5	25	1,25
					$\chi^2 = \overline{17,50}$

Passo 4 Calcule os graus de liberdade.

$$gl = k - 1 = 3 - 1 = 2$$

Passo 5 Compare o valor do qui-quadrado calculado com o valor do qui-quadrado apropriado da Tabela E.

Voltando à Tabela E do Apêndice B, procuramos pelo valor do qui-quadrado exigido para a significância ao nível 0,05 para 2 graus de liberdade e descobrimos que esse valor crítico é 5,99. Como o valor do qui-quadrado calculado ($\chi^2 = 17,50$) é maior do que o valor de tabela, rejeitamos a hipótese nula. Esses achados sugerem, portanto, que estudantes do ensino médio não estão igualmente divididos a respeito de suas visões sobre a importância da busca de um diploma universitário. Na realidade, a maioria (35 de 60) acha que a formação universitária vem se tornando mais importante. Para sermos mais exatos, esses achados não podem ser atribuídos somente a erros amostrais e acaso.

Teste qui-quadrado de dois critérios

Até agora, consideramos testar se as categorias em uma distribuição de frequência observada diferem significativamente umas das outras. Para cumprir essa tarefa, usamos um teste qui-quadrado de um critério para determinar se o conjunto observado de frequências é significativamente diferente de um conjunto de frequências esperadas sob os termos da hipótese nula.

O teste qui-quadrado tem um uso muito mais amplo na pesquisa social: testar se uma distribuição de frequência observada difere significativamente de outra distribuição observada. Por exemplo, o levantamento de estudantes do ensino médio relativo ao novo valor atribuído à educação universitária discutido anteriormente poderia ser incrementado por meio de um teste para ver se estudantes do sexo masculino e estudantes do sexo feminino difeririam em suas respostas. Desse modo, em vez de compararmos um conjunto de frequências observadas (mais importante, menos importante, aproximadamente o mesmo) e uma distribuição hipoteticamente igual, poderíamos comparar as frequências observadas (mais importante, menos importante, aproximadamente o mesmo) para estudantes do sexo masculino e do sexo feminino.

Como vimos no Capítulo 2, as variáveis nominais e ordinais costumam ser apresentadas em forma de uma tabulação cruzada. Especificamente, as tabulações cruzadas são usadas para comparar a distribuição de uma variável, frequentemente chamada de variável dependente, por meio de categorias de alguma outra variável, a variável independente. Em uma tabulação cruzada, focalizam-se as diferenças entre grupos (como entre homens e mulheres) em termos da variável dependente — por exemplo, a opinião sobre o valor da variável formação superior.

Agora estamos preparados para considerar se as diferenças em uma tabulação cruzada, como as diferenças de opiniões entre gêneros em relação à importância de um diploma universitário, são estatisticamente significativas. Lembre-se de que o qui-quadrado de um critério foi usado para testar uma única distribuição de frequência comparando frequências observadas com frequências esperadas sob a hipótese nula. Similarmente, o *qui-quadrado de dois critérios* também pode ser usado para testar uma tabulação cruzada na comparação entre frequências observadas com frequências esperadas sob a hipótese nula.

É interessante saber que as duas formas de qui-quadrado (de um critério e de dois critérios) são muito parecidas tanto em termos de lógica quanto de procedimento. Na realidade, a única diferença importante é a base de cálculo das frequências esperadas.

Cálculo do qui-quadrado de dois critérios

Como nos casos da razão *t* e da análise de variância, há uma distribuição amostral para o qui-quadrado que pode ser usada para estimar a probabilidade de obter um valor de qui-quadrado significativo ao acaso somente em vez de por meio de diferenças populacionais reais. Diferentemente dos testes de significância anteriores, entretanto, o qui-quadrado é empregado em comparações entre frequências em vez de entre escores médios. Por isso, a hipótese nula para o qui-quadrado declara que as populações não diferem com relação à frequência de ocorrência de uma determinada característica, enquanto a hipótese de pesquisa diz que diferenças amostrais refletem diferenças populacionais reais quanto à frequência relativa de uma determinada característica.

Para ilustrar o uso do qui-quadrado de dois critérios em dados de frequência (ou em proporções que podem ser convertidas em frequências), imagine que tenham nos pedido para investigar a relação entre a orientação política e a permissividade na educação dos filhos. Poderíamos categorizar os membros de nossa amostra em uma base estritamente *e/ou*; isto é, poderíamos decidir que eles são ou permissivos, ou não permissivos. Portanto,

Hipótese nula: *A frequência relativa (ou porcentagem) de liberais permissivos é a mesma que a frequência relativa (ou porcentagem) de conservadores permissivos.*

Hipótese de pesquisa: *A frequência relativa (ou porcentagem) de liberais permissivos não é a mesma que a frequência relativa (ou porcentagem) de conservadores permissivos.*

Assim como seu correspondente de um critério, o teste qui-quadrado de significância para uma tabulação cruzada de dois critérios está essencialmente preocupado com a distinção entre frequências esperadas e frequências observadas. Mais uma vez, as frequências esperadas (f_e) se referem aos termos da hipótese nula, e de acordo com esta, espera-se que a frequência relativa (ou proporção) seja a mesma de um grupo para o outro. Por exemplo, se é esperado que uma determinada porcentagem de liberais seja permissiva, então esperamos que a mesma porcentagem de conservadores seja permissiva. Por outro lado, frequências observadas (f_o) se referem aos resultados que realmente obtemos quando conduzimos um estudo e, portanto, podem ou não variar de um grupo para outro. Rejeitaremos a hipótese nula e decidiremos que uma diferença verdadeira populacional existe apenas se a diferença entre as frequências esperada e observada for grande o suficiente.

Consideremos o caso mais simples possível no qual temos números iguais de liberais e conservadores, assim como números iguais de entrevistados permissivos e não permissivos. Presumindo que 40 entrevistados tenham participado do levantamento, a tabulação cruzada que mostra as frequências observadas para cada célula (f_o) pode ser a seguinte:

Métodos de educação de crianças	Orientação política		Total
	Liberais	*Conservadores*	
Permissivo	13	7	20
Não permissivo	7	13	20
Total	20	20	$N = 40$

Na tabulação cruzada, há quatro células e 40 entrevistados. Portanto, para calcular as frequências esperadas (f_e), poderíamos esperar 10 casos por célula, como mostrado a seguir:

Métodos de educação de crianças	Orientação política		Total
	Liberais	*Conservadores*	
Permissivo	10	10	20
Não permissivo	10	10	20
Total	20	20	$N = 40$

Esse método direto de calcular frequências esperadas funciona na tabulação cruzada, *somente porque os totais marginais* — tanto de linhas quanto de colunas — são idênticos (são todos 20). Infelizmente, a maioria das situações de pesquisa não produzirá tabulações cruzadas nas quais tanto os totais marginais de linhas quanto os de colunas estarão uniformemente divididos. Por meio da técnica de amostragem, pode ser possível controlar a distribuição da variável independente — por exemplo, para conseguir exatamente o mesmo número de liberais e conservadores. Mas não podemos controlar a distribuição da variável dependente, como, por exemplo, o número de entrevistados permissivos e não permissivos. Desse modo, temos de considerar uma abordagem mais geral para calcular as frequências esperadas — uma que possa ser usada quando uma ou ambas as marginais de linhas e colunas não estejam distribuídas uniformemente.

Continuando com o exemplo, em que foram extraídas amostras com 20 liberais e 20 conservadores, suponha que observemos mais entrevistados "permissivos" do que "não permissivos". Portanto, como mostra a Tabela 9.1, os totais marginais de linha não seriam iguais.

Os dados na Tabela 9.1 indicam que métodos permissivos de educação de crianças foram usados por 15 de 20 liberais e 10 de 20 conservadores. Para determinar se essas frequências se afastam do que seria de se esperar por casualidade somente, precisamos determinar as frequências esperadas sob a hipótese nula de nenhuma diferença.

As frequências observadas e esperadas para cada célula são exibidas juntas na Tabela 9.2. As frequências esperadas são derivadas propositalmente para se alinhar com a hipótese nula; isto é, elas representam as frequências que seriam esperadas se a hipótese nula de nenhuma diferença fosse verdadeira. Desse modo, 25 dos 40 entrevistados, ou 62,5%, são permissivos em sua abordagem quanto à educação das crianças. Para não haver diferença entre liberais e conservadores nesse sentido, como dita a hipótese nula, 62,5% dos liberais e 62,5% dos conservadores devem ser permissivos. Traduzindo para frequências esperadas o fato de que ambos os grupos deveriam ter a mesma porcentagem (ou frequência relativa) de entrevistados permissivos, esperamos que 12,5 liberais (62,5% de 20, ou 0,625 × 20 = 12,5) sejam permissivos e 12,5 conservadores (62,5% de 20, ou 0,625 × 20 = 12,5) sejam permissivos, se a hipótese nula for verdadeira. É claro, a frequência esperada de entrevistados não permissivos é de 7,5 tanto para liberais quanto para conservadores, pois as frequências esperadas somadas têm de chegar aos totais marginais (nesse caso, 12,5 + 7,5 = 20). Por fim, é importante observar que as frequências esperadas, como neste exemplo, não têm de ser números inteiros.

Como discutido anteriormente, o qui-quadrado se concentra em quão próximas as frequências observadas estão das frequências esperadas sob a hipótese nula. Com base nas frequências observadas e esperadas, a fórmula do qui-quadrado é a seguinte:

$$\chi^2 = \Sigma \frac{(f_o - f_e)^2}{f_e}$$

onde f_o = frequência observada em qualquer célula
f_e = frequência esperada em qualquer célula

Tabela 9.1 Frequências observadas em uma tabulação cruzada de métodos de educação de crianças por orientação política.

Métodos de educação de crianças	Orientação política		Total
	Liberais	*Conservadores*	
Permissivo	15	10	25
Não permissivo	5	10	15
Total	20	20	$N = 40$

Tabela 9.2 Frequências observadas e esperadas em uma tabulação cruzada de métodos de educação de crianças por orientação política.

Frequência observada — Frequência esperada

Métodos de educação de crianças	Orientação política		Total
	Liberais	*Conservadores*	
Permissivo	15 (12,5)	10 (12,5)	25
Não permissivo	5 (7,5)	10 (7,5)	15
Total	20	20	$N = 40$

Total marginal de coluna — Total marginal de linha

Subtraímos cada frequência esperada de sua frequência observada correspondente, elevamos a diferença ao quadrado, dividimos pela frequência esperada e, então, somamos os quocientes de todas as células para obter o valor do qui-quadrado.

Aplicando a fórmula do qui-quadrado neste caso,

Célula	f_o	f_e	$f_o - f_e$	$(f_o - f_e)^2$	$\dfrac{(f_o - f_e)^2}{f_e}$
Superior à esquerda	15	12,5	2,5	6,25	0,50
Superior à direita	10	12,5	−2,5	6,25	0,50
Inferior à esquerda	5	7,5	−2,5	6,25	0,83
Inferior à direita	10	7,5	2,5	6,25	0,83
					$\chi^2 = 2,66$

Desse modo, descobrimos que $\chi^2 = 2{,}66$. Para interpretar esse valor de qui-quadrado, ainda temos de determinar o número apropriado de graus de liberdade. Isso pode ser feito no caso de tabelas com qualquer número de linhas e colunas empregando a seguinte fórmula:

$$gl = (r - 1)(c - 1)$$

onde r = número de linhas na tabela de frequências observadas
c = número de colunas na tabela de frequências observadas
gl = graus de liberdade

Como as frequências observadas na Tabela 9.2 formam duas linhas e duas colunas (2×2),

$$gl = (2 - 1)(2 - 1)$$
$$= (1)(1)$$
$$= 1$$

Ao verificar a Tabela E do Apêndice B, encontramos uma lista de valores de qui-quadrado que são significativos aos níveis de 0,05 e 0,01. Para o nível de significância de 0,05, vemos que o valor crítico para o qui-quadrado com 1 grau de liberdade é 3,84. Esse é o valor que tem de ser excedido para que possamos rejeitar a hipótese nula. Como o χ^2 calculado é de apenas 2,66 e, portanto, menor do que o valor da tabela, temos de manter a hipótese nula e rejeitar a hipótese de pesquisa. As frequências observadas não diferem o suficiente das frequências esperadas ao acaso para indicar que diferenças populacionais reais existam.

Cálculo das frequências esperadas

As frequências esperadas para cada célula têm de refletir a operação do acaso sob os termos da hipótese nula. Se as frequências esperadas indicarem uniformidade em todas as amostras, elas têm de ser proporcionais aos totais marginais, tanto para linhas quanto para colunas.

Para obter a frequência esperada de qualquer célula, multiplicamos os totais marginais da linha e da coluna de uma determinada célula e dividimos o produto por N. Portanto,

$$\boxed{f_e = \frac{(\text{total marginal da linha})(\text{total marginal da coluna})}{N}}$$

Para a célula superior à esquerda na Tabela 9.2 (liberais permissivos)

$$f_e = \frac{(25)(20)}{40}$$
$$= \frac{500}{40}$$
$$= 12,5$$

Da mesma maneira, para a célula superior à direita na Tabela 9.2 (conservadores permissivos),

$$f_e = \frac{(25)(20)}{40}$$
$$= \frac{500}{40}$$
$$= 12,5$$

Para a célula inferior à esquerda na Tabela 9.2 (liberais não permissivos),

$$f_e = \frac{(15)(20)}{40}$$
$$= \frac{300}{40}$$
$$= 7,5$$

Para a célula inferior à direita na Tabela 9.2 (conservadores não permissivos),

$$f_e = \frac{(15)(20)}{40}$$
$$= \frac{300}{40}$$
$$= 7,5$$

Como veremos, o método anterior para determinar f_e pode ser aplicado a qualquer problema de qui-quadrado para o qual as frequências esperadas tenham de ser obtidas.

QUADRO 9.2 Exemplo passo a passo: teste qui-quadrado de significância de dois critérios

Para resumir o procedimento pelo qual obtemos o qui-quadrado para uma tabulação cruzada, consideremos um estudo no qual a efetividade da hipnose como meio de melhorar a memória de testemunhas de um crime é examinada. As hipóteses podem ser especificadas como a seguir:

Hipótese nula: A hipnose não afeta a memória de reconhecimento das testemunhas de um crime.

Hipótese de pesquisa: A hipnose afeta a memória de reconhecimento das testemunhas de um crime.

Para testar a hipótese nula ao nível $\alpha = 0{,}05$ de significância, todos os indivíduos assistem primeiro a um vídeo em que um batedor de carteira faz o seu trabalho. Uma semana mais tarde, indivíduos são aleatoriamente designados a uma de duas condições. Os indivíduos do grupo experimental são hipnotizados e orientados a apontar o ladrão dentre um grupo de pessoas alinhadas para reconhecimento. Indivíduos do grupo de controle não são hipnotizados e também devem fazer essa identificação. Suponha que os resultados sejam aqueles mostrados na Tabela 9.3. Podemos ver, a partir dos resultados, que o grupo hipnotizado obteve resultados piores na tentativa de identificar o criminoso. Apenas 7 dos 40 indivíduos do grupo experimental estavam corretos, enquanto 17 dos 40 indivíduos do grupo de controle fizeram a escolha certa. Essa diferença pode sugerir que a hipnose exerce certo efeito (embora não o tipo de efeito que poderia ser desejado); mas a diferença é significativa?

Tabela 9.3 Hipnose e precisão da identificação por testemunha.

	Hipnotizado	Controle
Identificação correta	7	17
Identificação incorreta	33	23
Total	40	40

Passo 1 Rearranjar os dados em forma de uma tabela 2 x 2 contendo as frequências observadas para cada célula.

	Hipnotizado	Controle	
Identificação correta	7	17	24
Identificação incorreta	33	23	56
	40	40	$N = 80$

Passo 2 Obter a frequência esperada para cada célula.

	Hipnotizado	Controle	
Identificação correta	7(12)	17(12)	24
Identificação incorreta	33(28)	23(28)	56
	40	40	$N = 80$

Superior à esquerda:

$$f_e = \frac{(24)(40)}{80}$$
$$= \frac{960}{80}$$
$$= 12$$

Superior à direita:

$$f_e = \frac{(24)(40)}{80}$$
$$= \frac{960}{80}$$
$$= 12$$

Inferior à esquerda:

$$f_e = \frac{(56)(40)}{80}$$
$$= \frac{2.240}{80}$$
$$= 28$$

Inferior à direita:

$$f_e = \frac{(56)(40)}{80}$$
$$= \frac{2.240}{80}$$
$$= 28$$

Passo 3 Construa uma tabela de resumo na qual, para cada célula, você divulgue as frequências observadas e esperadas, subtraia a frequência esperada da observada, eleve a diferença ao quadrado, divida o resultado pela frequência esperada e some os coeficientes para obter o valor do qui-quadrado.

Célula	f_o	f_e	$f_o - f_e$	$(f_o - f_e)^2$	$\frac{(f_o - f_e)^2}{f_e}$
Superior à esquerda	7	12	–5	25	2,08
Superior à direita	17	12	5	25	2,08
Inferior à esquerda	33	28	5	25	0,89
Inferior à direita	23	28	–5	25	0,89
					$\chi^2 = 5,94$

Passo 4 Calcule os graus de liberdade.

$$gl = (r - 1)(c - 1)$$
$$= (2 - 1)(2 - 1)$$
$$= (1)(1)$$
$$= 1$$

Passo 5 Compare o valor do qui-quadrado obtido com o valor do qui-quadrado apropriado na Tabela E.

$$\chi^2 \text{ obtido} = 5,94$$
$$\chi^2 \text{ da tabela} = 3,84$$
$$gl = 1$$
$$\alpha = 0,05$$

Como indica o Passo 5, para rejeitar a hipótese nula ao nível de significância de 0,05 com 1 grau de liberdade, nosso valor do qui-quadrado calculado teria de ser maior do que 3,84. Como obtivemos um valor de qui-quadrado de 5,94, podemos rejeitar a hipótese nula e aceitar a hipótese de pesquisa. Nossos resultados sugerem uma diferença significativa de capacidade de identificação do ladrão entre indivíduos hipnotizados e aqueles do grupo de controle. Antes que você recomende que todas as testemunhas de crimes sejam hipnotizadas, entretanto, dê uma segunda olhada em como os dados se apresentam. Os indivíduos hipnotizados foram *menos*, e não mais, precisos na identificação do ladrão. Talvez sob hipnose, indivíduos se sintam mais compelidos a usar a imaginação para "consertar" falhas de memória.

Comparando vários grupos

Até o momento, limitamos nossos exemplos ao problema 2×2 amplamente empregado. Entretanto, o qui-quadrado é frequentemente empregado em tabelas que têm mais de duas linhas ou colunas, por exemplo, com vários grupos ou categorias a serem comparadas ou onde a variável de resultado tenha mais de dois valores. O procedimento passo a passo para comparar diversos grupos é essencialmente o mesmo que para seu correspondente 2×2. Usaremos o exemplo de um problema 3×3 (3 linhas por 3 colunas), apesar de que qualquer número de linhas e colunas poderia ser usado.

Suponha que um sociólogo esteja interessado em como práticas de disciplina para crianças diferem entre homens com base no tipo de papel que têm como pais. Especificamente, ele compara amostras de pais biológicos, padrastos e cônjuges em termos de quão rigorosos eles tendem a ser ao lidar com seus próprios filhos ou com os filhos de suas esposas/cônjuges. Ele sorteia três amostras aleatórias — 32 pais, 30 padrastos e 27 cônjuges — e categoriza suas práticas de disciplina para crianças como permissivas, moderadas ou autoritárias. Portanto,

Hipótese nula: *A frequência relativa de métodos permissivos, moderados e autoritários de educação de crianças é a mesma para pais, padrastos e cônjuges.*

Hipótese de pesquisa: *A frequência relativa de métodos permissivos, moderados e autoritários de educação de crianças não é a mesma para pais, padrastos e cônjuges.*

Suponha que o sociólogo obtenha as diferenças amostrais em métodos de disciplina para crianças mostradas na Tabela 9.4. Vemos, por exemplo, que 7 de cada 32 pais, 9 de cada 30 padrastos e 14 de cada 27 cônjuges poderiam ser considerados permissivos em sua abordagem.

Para determinar se há uma diferença significativa na Tabela 9.4, temos de aplicar a fórmula do qui-quadrado original como introduzimos anteriormente no capítulo:

$$\chi^2 = \sum \frac{(f_o - f_e)^2}{f_e}$$

Tabela 9.4 Práticas de disciplina para crianças pelo tipo de relação.

Práticas de disciplina	Tipo de relação		
	Pai	*Padrasto*	*Cônjuge*
Permissiva	7	9	14
Moderada	10	10	8
Autoritária	15	11	5
Total	32	30	27

QUADRO 9.3 Exemplo passo a passo: comparação entre vários grupos

A fórmula do qui-quadrado pode ser aplicada ao problema 3 x 3 usando o seguinte procedimento passo a passo:

Passo 1 Arranje os dados na forma de uma tabela 3 x 3.

Práticas de disciplina	Tipo de relação			
	Pai	Padrasto	Cônjuge	Total
Permissiva	7	9	14	30
Moderada	10	10	8	28
Autoritária	15	11	5	31
Total	32	30	27	89

Total marginal da coluna — Frequência observada — Total marginal da linha

Passo 2 Obtenha a frequência esperada para cada célula.

Superior à esquerda:
$$f_e = \frac{(30)(32)}{89}$$
$$= \frac{960}{89}$$
$$= 10,79$$

Centro superior:
$$f_e = \frac{(30)(30)}{89}$$
$$= \frac{900}{89}$$
$$= 10,11$$

Superior à direita:
$$f_e = \frac{(30)(27)}{89}$$
$$= \frac{810}{89}$$
$$= 9,10$$

Centro à esquerda:
$$f_e = \frac{(28)(32)}{89}$$
$$= \frac{896}{89}$$
$$= 10,07$$

Centro centro:
$$f_e = \frac{(28)(30)}{89}$$
$$= \frac{840}{89}$$
$$= 9,44$$

Centro à direita:
$$f_e = \frac{(28)(27)}{89}$$
$$= \frac{756}{89}$$
$$= 8,49$$

Inferior à esquerda:
$$f_e = \frac{(31)(32)}{89}$$
$$= \frac{992}{89}$$
$$= 11,15$$

Centro inferior:
$$f_e = \frac{(31)(30)}{89}$$
$$= \frac{930}{89}$$
$$= 10,45$$

Inferior à direita:

$$f_e = \frac{(31)(27)}{89}$$

$$= \frac{837}{89}$$

$$= 9{,}40$$

Passo 3 Construa uma tabela de resumo na qual, para cada célula, você coloque as frequências observadas e esperadas, subtraia a frequência esperada da observada, eleve a diferença ao quadrado, divida o resultado pela frequência esperada e some os quocientes para obter o valor do qui-quadrado.

Célula	f_o	f_e	$f_o - f_e$	$(f_o - f_e)^2$	$\dfrac{(f_o - f_e)^2}{f_e}$
Superior à esquerda	7	10,79	−3,79	14,36	1,33
Centro superior	9	10,11	−1,11	1,23	0,12
Superior à direita	14	9,10	4,90	24,01	2,64
Centro à esquerda	10	10,07	−0,07	0,00	0,00
Centro centro	10	9,44	0,56	0,31	0,03
Centro à direita	8	8,49	−0,49	0,24	0,03
Inferior à esquerda	15	11,15	3,85	14,82	1,33
Centro inferior	11	10,45	0,55	0,30	0,03
Inferior à direita	5	9,40	−4,40	19,36	2,06
					$\chi^2 = 7{,}57$

Passo 4 Calcule o número de graus de liberdade.

$$gl = (r - 1)(c - 1)$$
$$= (3 - 1)(3 - 1)$$
$$= (2)(2)$$
$$= 4$$

Portanto, precisamos de um valor de qui-quadrado acima de 9,49 para rejeitar a hipótese nula. Como o nosso qui-quadrado obtido é de apenas 7,57, temos de manter a hipótese nula e atribuir nossas diferenças amostrais à operação do acaso somente. Não encontramos prova estatisticamente significativa para indicar que a frequência relativa dos métodos de disciplina quanto às crianças diferem devido ao tipo de relação.

Passo 5 Compare o valor do qui-quadrado obtido com o valor do qui-quadrado na Tabela E.

$$\chi^2 \text{ obtido} = 7{,}57$$
$$\chi^2 \text{ da tabela} = 9{,}49$$
$$gl = 4$$
$$\alpha = 0{,}05$$

Correção de pequenas frequências esperadas

Uma das principais razões pelas quais o teste qui-quadrado é tão popular entre os pesquisadores sociais é que ele faz muito poucas demandas quanto aos dados. Isto é, as várias suposições associadas com a razão t e a análise de variância estão ausentes na alternativa do qui-quadrado. Apesar dessa relativa liberdade de suposições, entretanto, o qui-quadrado não pode ser usado indiscriminadamente. Em particular, o qui-quadrado impõe exigências um tanto modestas sobre o tamanho da amostra. Apesar de o qui-quadrado não exigir as mesmas amostras grandes que alguns de seus testes paramétricos, uma amostra extremamente pequena pode, às vezes, produzir resultados enganosos, como veremos a seguir.

Geralmente, o qui-quadrado deve ser usado com grande cuidado sempre que alguma das frequências esperadas esteja abaixo de 5. Não há realmente uma regra inflexível relativa a quantas frequências esperadas abaixo de 5 se converterão em um resultado errôneo. Alguns pesquisadores sustentam que todas as frequências esperadas devem ser de pelo menos 5, e outros "relaxam" essa restrição de certa maneira e apenas insistem que a maioria das frequências esperadas seja de pelo menos 5. A decisão quanto a proceder com o teste depende do impacto que as células com as frequências esperadas pequenas têm sobre o valor do qui-quadrado.

Considere, por exemplo, a tabulação cruzada na Tabela 9.5, relativa à arma usada em um assassinato e o gênero do criminoso para 200 casos de homicídios. A célula "sexo feminino/outras" tem uma frequência esperada de apenas 2. Para essa célula, a frequência observada é 6 (mulheres tendem a usar veneno com mais frequência do que homens), e assim a sua contribuição para a estatística do qui-quadrado é:

$$\frac{(f_o - f_e)^2}{f_e} = \frac{(6-2)^2}{2} = 8$$

Não importa o que aconteça com as outras sete células, esse valor 8 para "sexo feminino/outras" fará com que a hipótese nula seja rejeitada. Isto é, para uma tabela 4×2 (gl = 3) o valor crítico do qui-quadrado pela Tabela E é 7,815, que já está superado em virtude dessa célula única. Realmente, poderia ser desconfortável rejeitar a hipótese nula apenas porque havia quatro mulheres a mais do que o esperado que usavam "outra" arma, como veneno. O problema aqui é que a frequência esperada de 2 no denominador faz com que a fração seja instável. Mesmo com uma diferença modesta entre as frequências observadas e esperadas no numerador, o quociente explode devido ao divisor pequeno. Por essa razão, pequenas frequências esperadas são uma preocupação.

Em casos como esse, nos quais frequências esperadas menores do que 5 criam tais problemas, deveríamos combinar ou juntar algumas categorias, mas somente se fosse lógico fazer isso. Juntar categorias substantivamente muito diferentes não seria algo que você gostaria de fazer. Mas, nesse caso, podemos combinar de maneira razoável as categorias "objeto cortante" e "outras" em uma nova categoria que ainda podemos rotular como "outras". A tabulação cruzada revisada é mostrada na Tabela 9.6. Observe que agora nenhuma das células tem frequências esperadas problematicamente baixas.

Tabela 9.5 Tabulação cruzada da arma usada no assassinato e o gênero do criminoso (frequências esperadas entre parênteses).

	Sexo masculino	Sexo feminino	Total
Revólver	100	20	120
	(90)	(30)	
Faca	39	21	60
	(45)	(15)	
Objeto contundente	9	3	12
	(9)	(3)	
Outras	2	6	8
	(6)	(2)	
Total	150	50	$N = 200$

Tabela 9.6 Tabulação cruzada revisada da arma usada no assassinato e o gênero do criminoso (frequências esperadas entre parênteses).

	Sexo masculino	Sexo feminino	Total
Revólver	100	20	120
	(90)	(30)	
Faca	39	21	60
	(45)	(15)	
Outras	11	9	20
	(15)	(5)	
Total	150	50	$N = 200$

Em tabelas 2 × 2, a exigência de que todas as frequências esperadas sejam pelo menos iguais a 5 é particularmente importante. Além disso, para tabelas 2 × 2, distorções também podem ocorrer se as frequências esperadas estiverem abaixo de 10. Felizmente, entretanto, há uma solução simples para tabelas 2 × 2 com qualquer frequência esperada menor do que 10 e maior do que 5, conhecida como *correção de Yates*.[1] Ao usar a correção de Yates, a diferença entre frequências observadas e esperadas é reduzida em 0,5. Como o qui-quadrado depende do tamanho dessa diferença, também reduzimos o tamanho do valor do qui-quadrado que calculamos. A equação a seguir é a fórmula do qui-quadrado corrigida para pequenas frequências esperadas:

$$\chi^2 = \Sigma \frac{(|f_o - f_e| - 0,5)^2}{f_e}$$

Na fórmula do qui-quadrado corrigida, as retas verticais que cercam $f_o - f_e$ indicam que temos de reduzir em 0,5 o valor absoluto (ignorando sinais de menos) de cada $f_o - f_e$.

Por exemplo, suponha que um professor em uma universidade norte-americana próxima da fronteira canadense suspeite que seus estudantes canadenses têm mais chance de se tornarem fumantes. Para testar sua hipótese, ele questiona 36 estudantes de uma de suas turmas, se são fumantes e sua nacionalidade. Os resultados são mostrados na Tabela 9.7.

Se usássemos a fórmula do qui-quadrado original para um problema 2 × 2 ($\chi^2 = 5,13$), concluiríamos que a diferença entre os estudantes norte-americanos e canadenses é significativa. Antes de darmos grande importância a esse resultado, temos de nos preocupar a respeito dos efeitos potenciais de pequenas frequências esperadas e calcular a fórmula corrigida de Yates.

O procedimento para aplicar a fórmula corrigida do qui-quadrado 2 × 2 pode ser resumido em forma de tabela:

---

[1] Alguns pesquisadores recomendam que as correções de Yates sejam usadas para todas as tabelas 2 × 2, e não apenas para aquelas com frequências esperadas deficientes. Embora seja tecnicamente correto, faz pouca diferença na prática quando todas as frequências esperadas são relativamente grandes. Isto é, os valores do qui-quadrado corrigidos e não corrigidos são muito similares com frequências esperadas grandes.

f_o	f_e	$\lvert f_o - f_e \rvert$	$\lvert f_o - f_e \rvert - 0{,}5$	$(\lvert f_o - f_e \rvert - 0{,}5)^2$	$\dfrac{(\lvert f_o - f_e \rvert - 0{,}5)^2}{f_e}$
15	11,67	3,33	2,83	8,01	0,69
5	8,33	3,33	2,83	8,01	0,96
6	9,33	3,33	2,83	8,01	0,86
10	6,67	3,33	2,83	8,01	1,20
					$\chi^2 = 3{,}71$

Tabela 9.7 Tabulação cruzada da condição de fumantes e nacionalidade.

	Nacionalidade	
Condição de fumantes	*Norte-americanos*	*Canadenses*
Não fumantes	15	5
Fumantes	6	10
Total	21	15

Como mostrado, a correção de Yates produz um valor de qui-quadrado menor ($\chi^2 = 3{,}71$) do que aquele obtido por meio da fórmula não corrigida ($\chi^2 = 5{,}13$). No exemplo, nossa decisão relativa à hipótese nula dependeria de usarmos a correção de Yates. Com a fórmula corrigida, mantemos a hipótese nula; sem ela, rejeitamos a hipótese nula. Levando-se em consideração esses resultados muito diferentes, a fórmula mais conservadora que usa a correção de Yates deve ser usada.

Exigências para o uso do qui-quadrado

O teste qui-quadrado de significância tem poucas exigências para seu uso, o que poderia explicar em parte porque ele é aplicado com tamanha frequência. Diferentemente da razão *t*, por exemplo, ele não presume uma distribuição normal na população e nem dados em nível intervalar. As exigências a seguir ainda precisam ser consideradas antes de usarmos o qui-quadrado:

1. *Uma comparação entre duas ou mais amostras*. Como ilustrado e descrito neste capítulo, o teste qui-quadrado é empregado para fazer comparações entre duas ou mais amostras *independentes*. Isso exige que tenhamos pelo menos uma tabela 2 × 2 (pelo menos 2 linhas e 2 colunas). A suposição da independência indica que o qui-quadrado não pode ser aplicado a uma única amostra que tenha sido estudada em um planejamento do tipo painel "antes e depois" ou a amostras iguais. Pelo menos duas amostras de entrevistados têm de ser obtidas.
2. *Dados nominais*. O qui-quadrado não exige que os dados sejam classificados ou apresentados em escores. Apenas frequências são exigidas.
3. *Amostragem aleatória*. Devemos extrair nossas amostras aleatórias de uma população em particular.
4. *As frequências de células esperadas não devem ser pequenas demais*. Exatamente quão grande f_e deve ser depende da natureza do problema. Em um problema 2 × 2, nenhuma frequência esperada deve ser menor do que 5. Além disso, a fórmula corrigida de Yates deve ser usada

QUADRO 9.4 Exemplo passo a passo: teste da mediana

Para ilustrar a realização do teste da mediana, suponha que um pesquisador quisesse estudar as reações de indivíduos de ambos os sexos a uma situação socialmente constrangedora. Para criar constrangimento, o pesquisador pediu a 15 homens e 12 mulheres com pouca aptidão para canto, cantar individualmente várias canções difíceis, incluindo o hino nacional, na frente de um público de "especialistas". A tabela a seguir mostra a ordem na qual os indivíduos desistiram de cantar (1 = primeiro a desistir; 27 = último a desistir; um período mais curto de tempo cantando indica maior constrangimento):

Homens	Mulheres
4	1 (primeira a desistir)
6	2
9	3
11	5
12	7
15	8
16	10
18	13
19	14
21	17
23	20
24	22
25	
26	
27 (último a desistir)	

Passo 1 Calcule a mediana das duas amostras combinadas.

$$\text{Posição da mediana} = \frac{N+1}{2}$$

$$= \frac{27+1}{2}$$

$$= 14^a$$

Passo 2 Em cada amostra, conte o número de elementos acima da mediana e não acima da mediana (Mdn = 14).

	Homens	Mulheres
Acima da mediana	10	3
Não acima da mediana	5	9
	$N = 27$	

Como mostrado, os números acima e não acima da mediana do tempo de canto para cada amostra são representados em uma tabela de frequência 2 × 2. Nessa tabela, vemos que 10 de 15 homens, mas apenas 3 de 12 mulheres, continuaram a cantar por um período de tempo maior do que o tempo de canto mediano do grupo como um todo.

Passo 3 Realize um teste qui-quadrado de significância. Se nenhuma diferença de gênero existisse quanto ao tempo de canto (e, portanto, de constrangimento social), esperaríamos a mesma divisão de mediana dentro de cada amostra, de maneira que metade dos homens e metade das mulheres se enquadrassem acima da mediana. Para calcular se diferenças de gênero obtidas são estatisticamente significativas ou meramente produtos de erros amostrais, conduzimos um teste qui-quadrado (usando a correção de Yates). A tabela a seguir mostra as frequências observadas e esperadas.

	Homens	Mulheres
Acima da mediana	10 (7,22)	3 (5,78)
Não acima da mediana	5 (7,78)	9 (6,22)
	$N = 27$	

$$\chi^2 = \sum \frac{(|f_o - f_e| - 0,5)^2}{f_e}$$

Apresente os cálculos em forma de tabela:

f_o	f_e	$|f_o - f_e|$	$|f_o - f_e| - 0,5$	$(|f_o - f_e| - 0,5)^2$	$\frac{(|f_o - f_e| - 0,5)^2}{f_e}$
10	7,22	2,78	2,28	5,20	0,72
3	5,78	2,78	2,28	5,20	0,90
5	7,78	2,78	2,28	5,20	0,67
9	6,22	2,78	2,28	5,20	0,84
				$\chi^2 =$	3,13

Ao verificar a Tabela E do Apêndice B, descobrimos que o qui-quadrado tem de exceder 3,84 (gl = 1) para ser considerado significativo ao nível 0,05. Como nosso χ^2 obtido = 3,13, não podemos rejeitar a hipótese nula. Há provas insuficientes para concluir, com base em nossos resultados, que os homens diferem das mulheres quanto às suas reações a uma situação socialmente constrangedora.

em um problema 2 × 2, no qual uma frequência de célula esperada seja menor do que 10. Em uma situação na qual vários grupos são comparados (digamos, um problema 3 × 3 ou 4 × 5), não há uma regra inflexível quanto a frequências mínimas de células, apesar de que devemos ter cuidado para ver que poucas células contêm menos de cinco casos. Nessas situações, se possível, categorias com pequenos números devem ser combinadas.

Teste da mediana

Para dados ordinais, o *teste da mediana* é um procedimento não paramétrico simples para determinar a probabilidade de que duas ou mais amostras aleatórias tenham sido extraídas de populações com a mesma mediana. Essencialmente, o teste da mediana envolve a realização de um teste qui-quadrado de significância em uma tabulação cruzada em que uma das dimensões é se os escores situam-se acima ou abaixo da mediana dos dois grupos combinados. Como dissemos, a correção de Yates é usada para um problema 2 × 2 (comparação de duas amostras) tendo pequenas frequências esperadas.

No exemplo do Quadro 9.4, estávamos interessados em comparar dois grupos em uma variável ao nível ordinal. Isso foi conseguido por meio da construção de um teste qui-quadrado sobre a tabulação cruzada 2×2 de localização acima *versus* não acima da mediana por pertinência ao grupo (nesse caso, gênero).

Se estivéssemos, em vez disso, interessados em comparar três grupos em uma variável ao nível ordinal, precisaríamos aplicar um qui-quadrado para comparar diversos grupos. Isto é, primeiro calcularíamos a mediana para os três grupos combinados, construiríamos uma tabulação cruzada 2×3 de localização acima *versus* não acima da mediana por pertinência ao grupo e, por fim, calcularíamos o teste qui-quadrado de significância.

Exigências para o uso do teste da mediana

As condições a seguir têm de ser satisfeitas para se aplicar de maneira apropriada o teste da mediana a um problema de pesquisa:

1. *Uma comparação entre duas ou mais medianas*. O teste da mediana é empregado para fazer comparações entre duas ou mais medianas de amostras independentes.
2. *Dados ordinais*. Para realizar um teste da mediana, presumimos pelo menos o nível ordinal da mensuração. Dados nominais não podem ser usados.
3. *Amostragem aleatória*. Devemos extrair nossas amostras de maneira aleatória de uma determinada população.

Resumo

Nem sempre é possível atender às exigências de testes de significância paramétricos como a razão *t* ou a análise de variância. Felizmente, estatísticos desenvolveram uma série de alternativas não paramétricas — testes de significância cujas exigências não incluem uma distribuição normal ou nível intervalar de mensuração. Embora menos eficientes que seus correspondentes paramétricos *t* e *F*, técnicas não paramétricas podem ser aplicadas a uma gama mais ampla de situações de pesquisa. Elas são úteis quando um pesquisador trabalha com dados ordinais ou nominais ou com um número pequeno de casos que representam uma distribuição subjacente altamente assimétrica. O teste de significância não paramétrico mais popular, o teste qui-quadrado, é amplamente usado para fazer comparações entre frequências em vez de escores médios. Em um qui-quadrado de um critério, as frequências observadas entre as categorias de uma variável são testadas para determinar se elas diferem de um conjunto de frequências hipotéticas. Mas o qui-quadrado também pode ser aplicado a tabulações cruzadas de duas variáveis. Em um qui-quadrado de dois critérios, quando as diferenças entre as frequências esperadas (esperadas sob os termos da hipótese nula) e as frequências observadas (aquelas que realmente obtemos quando realizamos uma pesquisa) são grandes o suficiente, rejeitamos a hipótese nula e aceitamos a validade de uma verdadeira diferença populacional. Essa é a exigência para um valor de qui-quadrado significativo. O teste qui-quadrado de significância presume que as frequências esperadas sejam pelo menos iguais a 5. Quando vários grupos são comparados, pode ser possível colapsar ou juntar algumas categorias. Em tabelas 2×2, a correção de Yates para pequenas frequências esperadas é frequentemente usada. O teste qui-quadrado exige apenas dados (de frequência) nominais. Por fim, o teste da mediana, que é baseado na análise do qui-quadrado, é usado para determinar se há uma diferença significativa entre as medianas de duas ou mais variáveis independentes. Dados ordinais ou intervalares são necessários para o teste da mediana.

Termos-chave

Correção de Yates
Eficiência de um teste
Frequências esperadas
Frequências observadas
Poder de um teste

Qui-quadrado de dois critérios
Qui-quadrado de um critério
Teste da mediana
Teste não paramétrico
Teste paramétrico

Exercícios

1. O que *não* é verdadeiro a respeito dos testes paramétricos?
   a. Eles exigem dados intervalares.
   b. Eles exigem normalidade na população.
   c. Eles são menos eficientes que os testes não paramétricos.
   d. Nenhum dos itens anteriores é verdadeiro a respeito de testes paramétricos.

2. Em um teste qui-quadrado, espera-se que as frequências:
   a. ocorram sob os termos da hipótese nula.
   b. ocorram sob os termos da hipótese de pesquisa.
   c. sejam as mesmas realmente observadas a partir dos resultados da condução de uma pesquisa.
   d. nunca são conhecidas pelo pesquisador.

3. O qui-quadrado de dois critérios pode ser usado como uma alternativa não paramétrica em vez de _____ quando comparando dois grupos.
   a. intervalos de confiança.
   b. desvio padrão.
   c. razão *t*.
   d. análise de variância.

4. Em uma análise qui-quadrado, quanto maior a diferença entre as frequências esperadas e observadas, maior a probabilidade de:
   a. manter a hipótese nula.
   b. rejeitar a hipótese nula.
   c. usar uma razão *t* ou algum outro teste paramétrico.

5. Qual dos itens a seguir *não* é uma exigência do qui-quadrado de dois critérios?
   a. Uma comparação entre dois ou mais escores médios.
   b. Dados nominais.
   c. Amostragem aleatória.
   d. As frequências de células esperadas não devem ser pequenas demais.

6. Para empregar o teste da mediana, você deve ser capaz de:
   a. comparar as médias.
   b. presumir uma distribuição normal.
   c. comparar três ou mais amostras independentes.
   d. ordenar por classificação um conjunto de casos.

7. Uma pesquisadora estava interessada em estudar o fenômeno conhecido como distância social, isto é, a relutância que pessoas sentem em se associar a membros de diferentes grupos étnicos e raciais. Ela projetou um experimento no qual foi pedido a estudantes matriculados em uma conferência que escolhessem um grupo de discussão (todos se reuniram no mesmo horário e no mesmo prédio) baseado somente nos estereótipos étnico-raciais associado aos nomes dos professores assistentes:

Grupo	Professor assistente	Sala	Alunos matriculados
A	Cheng	106	10
B	Schultz	108	24
C	Goldberg	110	10
D	Rodriguez	112	16

Com base nas matrículas, use o qui-quadrado de um critério para testar a hipótese nula de que o nome étnico-racial não fez diferença na seleção de um grupo de discussão pelos estudantes.

8. Alguns políticos são conhecidos por reclamarem da imprensa liberal. Para determinar se, de fato, a imprensa é dominada por escritores de esquerda, um pesquisador avalia as posições políticas de uma amostra aleatória de 60 jornalistas. Ele descobriu que 15 eram conservadores, 18 eram moderados e 27, liberais. Teste a hipótese nula de que todas as posições políticas estão igualmente representadas na mídia impressa.

9. Uma pesquisadora está interessada em determinar se o padrão de barreiras policiais no tráfego pela polícia local indica um tratamento discriminatório contra minorias. Ela toma uma amostra aleatória de 250 relatórios de motoristas parados pela polícia e observa a distribuição étnica dos motoristas mostrada na tabela a seguir. Ela também determina a partir de dados do censo que a população residente da cidade é 68% branca, 22% negra e 10% de outras etnias. Usando um qui-quadrado de um critério, teste a hipótese nula de que a distribuição observada da etnia dos motoristas parados pela polícia casa com a distribuição populacional residente na comunidade.

Etnia do motorista	f	%
Branca	154	61,6
Negra	64	25,6
Outra	32	12,8
Total	250	100

10. Alguns estudos recentes sugeriram que as chances de um bebê nascer prematuramente aumentam quando a mãe sofre de infecções orais crônicas como doença periodontal. Um pesquisador interessado coletou os dados a seguir. Aplicando a correção de Yates, conduza uma análise do qui-quadrado para testar a hipótese nula de que mulheres grávidas que sofrem de infecções orais crônicas não têm mais chance de dar à luz prematuramente do que mulheres que não sofrem de infecções orais crônicas.

Bebê nascido prematuro	Sofre de infecções orais crônicas	
	Sim	Não
Sim	44	8
Não	6	57

11. Um pesquisador interessado no tema "suicídio" criou a seguinte tabulação cruzada 2 × 2, que cruza o gênero com se a tentativa de suicídio foi bem-sucedida. Aplicando a correção de Yates, teste a hipótese nula de que a frequência relativa de mulheres que são bem-sucedidas em suas tentativas de suicídio é a mesma que a frequência relativa de homens que são bem-sucedidos em suas tentativas de suicídio. O que os resultados indicam?

Gênero	A tentativa de suicídio foi bem-sucedida?	
	Sim	Não
Sexo masculino	22	7
Sexo feminino	6	19

12. A tabela a seguir é uma tabulação cruzada 2 × 2 do gênero de pacientes esquizofrênicos e sua reação à medicação. Aplicando a correção de Yates, conduza um teste qui-quadrado de significância.

Reagem bem à medicação?	Gênero	
	Sexo feminino	Sexo masculino
Sim	16	5
Não	7	24

13. A tabela a seguir é uma tabulação cruzada de 2 × 2 do gênero de delinquentes juvenis violentos e se eles foram vítimas de abuso antes de começarem a cometer crimes. Aplicando a correção de Yates, conduza um teste qui-quadrado de significância.

Vítima de abuso?	Gênero do(a) delinquente	
	Sexo masculino	Sexo feminino
Sim	25	13
Não	11	6

14. A tabela a seguir é uma tabulação cruzada 2 × 2 que representa as orientações republicanas ou democratas de políticos com base no fato de eles serem a favor ou contra as leis de controle de armas mais rigorosas. Aplicando a correção de Yates, conduza um teste qui-quadrado de significância.

Controle de armas	Partido político	
	Democrata	Republicano
A favor	26	5
Contra	7	19

15. A tabela a seguir é uma tabulação cruzada 2 × 2 que mostra se estudantes do ensino médio que passaram no teste prático de direção para obter sua carteira de motorista em sua primeira tentativa fizeram curso em autoescola. Aplicando a correção de Yates, conduza um teste qui-quadrado de significância.

Resultados do teste	Curso de direção	
	Sim	Não
Aprovado	16	8
Reprovado	7	11

16. A tabela a seguir é uma tabulação cruzada 2 × 2 de preferências por filmes de terror como *Halloween* ou *Sexta Feira 13* por gênero do entrevistado. Aplicando a correção de Yates, conduza um teste qui-quadrado de significância.

Preferência por filmes	Gênero do entrevistado	
	Sexo masculino	Sexo feminino
Gosta	8	12
Não gosta	10	15

17. Uma empresa de computadores conduziu um curso "novo e melhorado" projetado para treinar seus representantes de suporte no reparo de computadores pessoais. Cem *trainees* foram divididos em dois grupos aleatoriamente: 50 frequentaram o curso antigo e 50 frequentaram o curso novo. Ao final de 6 semanas, os 100 *trainees* fizeram a mesma prova final.
Usando o qui-quadrado, teste a hipótese nula de que o curso novo não foi melhor do que o curso antigo em termos de ensinar aos representantes de suporte como consertar computadores pessoais. O que os resultados indicam?

Habilidades	Antigo	Novo e melhorado
Acima da média	15	19
Média	25	23
Abaixo da média	10	8

18. O comportamento em relação ao voto varia por classe social? Para descobrir isso, uma cientista política questionou uma amostra aleatória de 80 eleitores registrados a respeito do candidato ao cargo, A ou B, que eles tinham a intenção de apoiar na eleição seguinte. A pesquisadora também questionou membros de sua amostra a respeito de sua classe social — se pertenciam à classe alta, média, trabalhadora ou baixa. Os resultados que ela obteve são os seguintes:

	Classe social			
Vota em	Alta	Média	Trabalhadora	Baixa
Candidato A	14	9	8	6
Candidato B	10	9	11	13

Usando o qui-quadrado, teste a hipótese nula de que o comportamento em relação ao voto não difere por classe social. O que os seus resultados indicam?

19. Famílias de pais solteiros ou de mães solteiras tendem a ser mais pobres do que famílias com ambos os genitores? Um pesquisador de famílias estudou uma amostra de 35 famílias com pai solteiro ou mãe solteira e 65 famílias com ambos os genitores em uma determinada cidade para determinar se as rendas familiares estavam abaixo do nível de pobreza. Aplicando o qui-quadrado aos dados a seguir, teste a hipótese nula de que famílias com um pai solteiro ou uma mãe solteira e com ambos os genitores não diferem quanto à pobreza.

	Estrutura familiar	
Renda total da família	Um pai ou uma mãe	Pai e mãe
Abaixo do nível de pobreza	24	20
Não abaixo do nível de pobreza	11	45

20. A Internet deveria ser censurada nos computadores da escola? Hoje em dia, computadores e a Internet estão cada vez mais sendo usados em escolas para todas as idades, e uma questão comum que tem de ser abordada é se os estudantes devem ter acesso a tudo que a Internet tem a oferecer. Perguntando-se se os professores veem essa questão de maneira diferente dependendo da série em que lecionam, um pesquisador perguntou a 65 professores que davam aulas para quatro séries diferentes se eles acreditavam que a Internet deveria ser censurada nos computadores da escola em que lecionavam. Os resultados foram os seguintes:

	Nível de ensino			
Censura à Internet	1ª a 4ª séries	5ª a 8ª séries	Ensino médio	Universidade
A favor	16	12	9	4
Contra	1	4	5	14

Usando o qui-quadrado, teste a hipótese nula de que os pontos de vista dos professores quanto à censura da Internet não variam com a série na qual eles lecionam. O que os seus resultados indicam?

21. A taxa de doenças mentais sérias entre consumidores de drogas/álcool varia de acordo com o tipo de substância de que eles abusam? Para descobrir isso, um psiquiatra coletou dados sobre a saúde mental de uma amostra de consumidores de drogas/álcool: consumidores de drogas, alcoólatras e ambos. Seus resultados foram os seguintes:

	Substância consumida		
Doença mental?	Drogas	Álcool	Ambos
Sim	12	8	16
Não	31	33	35

Usando o qui-quadrado, teste a hipótese nula de que a prevalência de doenças mentais não difere pelo tipo de substância consumida.

22. Foi perguntado a uma amostra de 118 estudantes universitários se eles estavam envolvidos em atividades no campus. Usando a tabulação cruzada a seguir para descrever as respostas dos estudantes pela região na qual suas universidades estão localizadas, conduza um teste qui-quadrado de significância para diferenças regionais.

Região	Participação em atividade no campus	
	Envolvido	Não envolvido
Leste	19	10
Sul	25	6
Meio-oeste	15	15
Oeste	8	20

23. Retornando aos dados sobre distribuição racial de motoristas que são parados por policiais do Problema 9, o pesquisador faz uma tabulação cruzada da etnia do motorista com a do policial para a amostra aleatória de 250 motoristas parados registrados. Observe que houve muito poucos motoristas parados por policiais que não eram nem brancos nem negros para que a categoria "Outra" fosse mantida. Usando o teste de independência do qui-quadrado, teste a hipótese nula de não diferença entre policiais brancos e não brancos em termos da etnia de motoristas que eles param por violações de tráfego.

Etnia do motorista	Etnia do policial		
	Branco	Não branco	Total
Branco	96	58	154
Negro	48	16	64
Outra	16	16	32
Total	160	90	250

24. Um executivo de uma rádio considera uma troca no formato de sua rádio e coleta dados sobre as preferências de várias faixas etárias de ouvintes. Usando a tabulação cruzada a seguir, teste a hipótese nula de que a preferência por formato de rádio não difere por faixa etária.

Preferência no rádio	Idade		
	Adulto jovem	Meia-idade	Adulto mais velho
Música	14	10	3
Notícias	4	15	11
Esportes	7	9	5

25. Conduza testes qui-quadrado de significância para as tabulações cruzadas da arma usada em um assassinato e do gênero do criminoso mostradas nas tabelas 9.5 e 9.6. Qual é o efeito das categorias combinadas?

26. Foi pedido a duas amostras de estudantes que lessem e, então, avaliassem um conto escrito por um novo autor. Foi dito à metade dos estudantes que o autor era uma mulher, e a outra metade, que o autor era um homem. As avaliações obtidas são as seguintes (escores mais altos indicando avaliações mais favoráveis):

Foram informados de que o autor era uma mulher	Foram informados de que o autor era um homem
6	6
5	8
1	8
1	2
3	5
4	6
3	3
6	8
5	6
5	8
1	2
3	2
5	6
6	8
6	4
3	3

Aplicando o teste da mediana, determine se há uma diferença significativa entre as medianas desses grupos. As avaliações dos estudantes quanto ao conto foram influenciadas pelo gênero atribuído ao autor?

27. Uma pesquisadora preocupada com a justiça social suspeita que os jurados percebam mais a severidade de um crime quando a vítima é branca do que quando a vítima é negra. Ela apresenta vídeos de julgamentos (nos quais a vítima não é mostrada) a júris simulados e descreve arbitrariamente a vítima como sendo branca ou negra. Usando os escores de severidade a seguir (1, para menos sério, a 9, para mais sério), aplique o teste da mediana para determinar se há uma diferença significativa entre crimes contra vítimas brancas e negras.

Vítima branca		Vítima negra	
7	9	4	3
8	5	7	2
7	9	3	2
6	8	2	6
7	9	3	4
7	7	4	5
8	9	7	4
9	9	4	4
7		5	4
6		6	3
9		2	

28. Quantos eleitores registrados votariam para eleger um presidente mulher? Um cientista político curioso seleciona duas amostras equivalentes de eleitores. A um grupo é dada a descrição de um candidato do sexo masculino hipotético que assume a postura mais popular na maioria das questões, enquanto a outro grupo é dada essa mesma descrição a um candidato do sexo feminino. É pedido aos dois grupos então que classifiquem em uma escala de 1 a 5 a probabilidade de que eles venham a votar no candidato (com 1 sendo a menor probabilidade e 5, a maior probabilidade). Os escores obtidos foram os seguintes:

Foram informados de que o candidato era um homem	Foram informados de que o candidato era uma mulher
5	3
4	2
3	1
5	3
5	1
4	2
3	2
4	4
3	3
5	4
4	2
3	3

Aplicando o teste da mediana, determine se há uma diferença significativa entre as medianas desses grupos. A probabilidade de esse candidato hipotético receber votos foi influenciada por seu gênero?

Exercícios em SPSS

1. Use o SPSS com o Monitoring the Future Study para calcular uma estatística de qui-quadrado para testar a hipótese nula de que o uso habitual de maconha ou haxixe (V115) não difere por região (V13). Dica: ANALYZE, DESCRIPTIVE STATISTICS, CROSSTABS, selecione as variáveis de linhas e colunas, escolha as porcentagens por coluna ou linha em opções e selecione qui-quadrado em estatística.

2. Use o Monitoring the Future Study para calcular uma estatística de qui-quadrado para testar a hipótese a seguir: o uso habitual de cocaína (V124) difere por gênero (V150).

3. No Capítulo 7, você usou o SPSS com o Monitoring the Future Study para descobrir se garotos ou garotas (V150) tinham mais chance de ter fumado maconha ou haxixe em suas vidas (V115). Use o SPSS para conduzir um teste qui-quadrado da hipótese nula para as mesmas variáveis. O que esse resultado indica? Qual estatística fornece melhores informações? Por quê?

4. Usando a General Social Survey, calcule uma estatística de qui-quadrado para testar a hipótese nula de que atitudes quanto ao aborto por qualquer razão (ABANY) não variam por idade (AGE).
   a. De que tamanho será a tabulação cruzada? (r × c = # células) _____ x _____ = _____ (Lembre-se de que a idade varia de 18 a 89 anos.)
   b. Qual porcentagem das células têm frequências esperadas pequenas? _____
   c. Isso é aceitável? Explique.
   d. O que poderia ser feito para melhorá-la? Explique.

5. Recodifique a idade em três grupos (18 a 39 = 1) (40 a 59 = 2) (60 e acima = 3) usando TRANSFORM e então RECODE INTO DIFFERENT VARIABLES e nomeie a nova variável AGEGRP3 (para idade agrupada em 3 categorias). Na realidade, o nome novo é com você, mas esse nome é bastante claro. Use SPSS para recalcular o qui-quadrado do problema anterior. Qual é o nível de medida para a idade agrupada? Aplique uma estatística de qui-quadrado para testar a hipótese nula de que opiniões quanto a aborto por qualquer razão (ABANY) não variam por idade agrupada (AGEGRP3).

Olhando sob uma perspectiva mais ampla: testando diferenças

Até esse ponto, lidamos com a ideia de que o hábito de fumar e beber pode diferir em termos de gênero. No fim da Parte I, examinamos gráficos em barras para diferenças de gênero na distribuição de porcentagem para o consumo de cigarros e bebidas alcoólicas, e no fim da Parte II, construímos intervalos de confiança para a porcentagem que fumava e o consumo diário médio de cigarros, mas também separadamente para homens e mulheres. Parecia haver algumas diferenças entre estudantes homens e mulheres, mas agora podemos determinar se elas eram estatisticamente significativas.

Testes de diferenças entre grupos

Variável	Estatística	Grupo	
		Homens	Mulheres
Se é fumante			
	N	127	123
	%	52,8	71,5
		EP = 6,14	
		$z = 3,06$	
		(significativo)	
Consumo diário de cigarros			
	N	67	88
	Média	15,9	17,7
		EP = 1,68	
		$z = -1,08$	
		(não significativo)	
Ocasiões em que bebeu			
	N	127	123
	Média	1,80	1,36
		EP = 0,14	
		$z = 3,09$	
		(significativo)	

Nossa hipótese nula é de que não há diferenças entre estudantes do sexo masculino e do sexo feminino em colégios públicos urbanos em termos de porcentagem de fumantes e de consumo médio de cigarros, assim como de frequência média de consumo de bebidas. A tabela a seguir resume os cálculos necessários para um teste z de proporções (para a porcentagem que fuma) e o teste t de médias (para cigarros diários entre fumantes e ocasiões de consumo de bebidas para todos os estudantes).

Vemos com bastante clareza que a diferença entre as porcentagens de fumantes do sexo masculino e do sexo feminino na amostra é grande o suficiente para que rejeitemos a hipótese nula da não diferença nas proporções populacionais. Desse modo, há realmente uma diferença significativa entre os gêneros em termos de hábito de fumar. Quanto ao consumo diário de cigarros entre os fumantes, vemos que a diferença entre as médias amostrais para homens e mulheres não é grande o suficiente para que a hipótese nula seja rejeitada. Portanto, não há provas suficientes de uma verdadeira diferença de gênero na população. O teste t para diferenças entre médias amostrais para a frequência de consumo de bebidas, entretanto, leva-nos a rejeitar a hipótese nula de que não há diferença nas médias populacionais para homens e mulheres. Especificamente, descobriu-se que homens e mulheres diferem significativamente em termos de consumo de álcool.

Outras características fundamentais são divididas em mais de dois grupos. Suponha que queiramos comparar brancos, negros, latinos e outros (com tão poucos asiáticos na amostra, enquadraríamos esse grupo na categoria "Outros"). Usando a análise de variância, determinamos que as diferenças étnicas quanto ao fumo não são significativas (apesar de parecer que brancos fumam mais); isto é, não podemos realmente rejeitar a hipótese nula de que não há diferenças entre as médias populacionais para as várias etnias. As diferenças nas médias amostrais de frequência de consumo de bebidas por etnia parecem bastante mínimas, parecem ser o resultado somente da variabilidade de amostragem. Com um valor crítico tabelado de 2,68, o teste F não é grande o suficiente para indicar significância quanto a diferenças étnicas por consumo de álcool.

Observe que não podemos avaliar diferenças étnicas na porcentagem de estudantes que fumam usando uma análise de variância, pois a variável fumante/não fumante é nominal. Em vez disso, podemos construir uma tabulação cruzada de consumo de cigarros por etnia e calcular um teste qui-quadrado. Apesar de haver possibilidade de as porcentagens de fumantes diferirem entre etnias, essas diferenças são relativamente pequenas e não chegam a ser estatisticamente significativas.

Teste de diferenças entre grupos em análise de variância

Variável	Estatística	Grupo			
		Branco	Negro	Latino	Outro
Consumo diário de cigarros	N	103	24	18	10
	Média	18,5	13,8	14,2	13,0
		gl = 3,151			
		$F = 2,38$ (não significativo)			
Ocasiões em que bebeu					
	N	156	44	32	18
	Média	1,53	1,68	1,75	1,50
		gl = 3,246			
		$F = 0,45$ (não significativo)			

Tabulação cruzada de raça e consumo de cigarros

	Fumantes	Não fumantes
Branco	103 (66,0%)	53 (34%)
Negro	24 (54,5%)	20 (45,5%)
Latino	18 (56,2%)	14 (43,8%)
Outros	10 (55,6%)	8 (44,4%)

$\chi^2 = 2{,}88$, 3 gl (não significativo)

Por fim, também poderíamos examinar uma tabulação cruzada, comparando o hábito de fumar ou não fumar de um estudante e o hábito de fumar ou não fumar de seus pais. Mais de três quartos dos estudantes com um pai ou uma mãe fumante fumam, enquanto em torno de 57% daqueles com pais que não fumam são fumantes. Usando o teste qui-quadrado, determinamos que essa diferença é grande o suficiente para nos levar a rejeitar a hipótese nula.

Tabulação cruzada de pais que fumam e estudantes que fumam

	Estudante fumante	Estudante não fumante
Pais fumantes	49 (75,4%)	16 (24,6%)
Pais não fumantes	106 (57,3%)	79 (42,7%)

$\chi^2 = 6{,}68$, 1 gl (significativo)

Na Parte IV, examinaremos a relação entre variáveis. Não apenas poderemos determinar a força da associação entre pais e entrevistados fumantes, como também entre idade e consumo de cigarros e bebidas alcoólicas.

Parte **4**

Da tomada de decisão à associação

Capítulo 10
Correlação

Capítulo 11
Análise de regressão

Capítulo 12
Medidas não paramétricas de correlação

Correlação

10

- Intensidade da correlação
- Direção da correlação
- Correlação curvilínea
- Coeficiente de correlação
- Coeficiente de correlação de Pearson
  Quadro 10.1 Exemplo passo a passo: coeficiente de correlação de Pearson
- Importância de gráficos de dispersão
- Correlação parcial
- Resumo
- Termos-chave
- Exercícios
- Exercícios em SPSS

Características como idade, inteligência e grau de escolaridade variam de uma pessoa para outra, e são, portanto, referidas como variáveis. Em capítulos anteriores, estivemos preocupados em estabelecer a presença ou a ausência de uma relação entre duas variáveis quaisquer, que chamaremos de X e Y; por exemplo, entre idade (X) e frequência de uso da Internet (Y), entre inteligência (X) e motivação para ter sucesso na vida (Y), ou entre grau de escolaridade (X) e renda (Y). Com o auxílio da razão t, da análise de variância ou de testes não paramétricos como o qui-quadrado, anteriormente buscamos descobrir se uma diferença entre duas ou mais amostras poderia ser considerada estatisticamente significativa — refletindo uma verdadeira diferença populacional —, e não meramente o produto de erro amostral. Agora voltaremos nossa atenção para a existência e a intensidade da relação entre duas variáveis — isto é, de sua correlação.

Intensidade da correlação

Descobrir a existência de uma relação não indica grande coisa a respeito do grau de associação, ou *correlação*, entre duas variáveis. Muitas relações são estatisticamente significativas — isto é, são mais fortes do que você esperaria obter apenas como resultado de um erro amostral, embora algumas poucas expressem uma correlação *perfeita*. Por exemplo, sabemos que a altura e o peso estão associados, tendo em vista que quanto mais alta for a pessoa, mais pesada ela tende a ser. Entretanto, há uma série de exceções à regra. Algumas pessoas altas pesam muito pouco; algumas pessoas baixas pesam bastante. Da mesma maneira, uma relação entre idade e patrimônio não impossibilita que encontremos muitos adultos jovens que, em apenas alguns anos, acumularam um patrimônio maior do que alguns adultos mais velhos conseguiram em décadas.

As correlações, na realidade, variam com relação à sua *força*. Podemos visualizar diferenças na intensidade da correlação por meio de um *gráfico de dispersão* ou *diagrama de dispersão*, que mostra a maneira como os escores, em quaisquer duas variáveis, X e Y, estão dispersos através de uma gama de valores de escores possíveis. No arranjo convencional, um gráfico de dispersão é colocado de maneira que a variável X esteja localizada ao longo da reta de base horizontal, e a variável Y seja medida na reta vertical.

Analisando a Figura 10.1, vemos dois gráficos de dispersão, cada um representando a relação entre os anos de escolaridade (X) e a renda (Y). A Figura 10.1(a) descreve essa relação para indivíduos do sexo masculino, e a Figura 10.1(b) representa a relação para indivíduos do sexo feminino. Observe que cada ponto nesses gráficos de dispersão descreve *dois* escores, escolaridade e renda, obtidas por *um* entrevistado. Na Figura 10.1(a), por exemplo, vemos que um homem com 9 anos de educação ganhou pouco menos de $ 40.000 ao ano, enquanto um homem com 17 anos de educação ganhou em torno de $ 60.000 ao ano.

Podemos dizer que a intensidade da correlação entre X e Y aumenta à medida que os pontos em um gráfico de dispersão formam algo mais parecido com uma reta diagonal imaginária através do centro da dispersão de pontos no gráfico. Apesar de não ter de ser necessariamente incluída em um gráfico de dispersão, mostramos essas retas tracejadas em um tom cinza claro para exemplificar como a intensidade de correlação se traduz em proximidade de pontos em relação a uma reta. Na realidade, discutiremos essa reta detalhadamente no próximo capítulo.

Deve ficar claro que a Figura 10.1(a) representa uma correlação mais fraca do que a Figura 10.1(b), apesar de ambos os gráficos de dispersão indicarem que a renda tende a aumentar quanto maior for a escolaridade. Tais dados realmente apoiariam o ponto de vista de que a renda das mulheres (em comparação com a dos homens) está mais relacionada ao nível de educação conquistado por elas. De maneira alternativa, isso sugere que os níveis de renda dos homens são mais uma consequência de outros fatores além da educação do que no caso das mulheres.

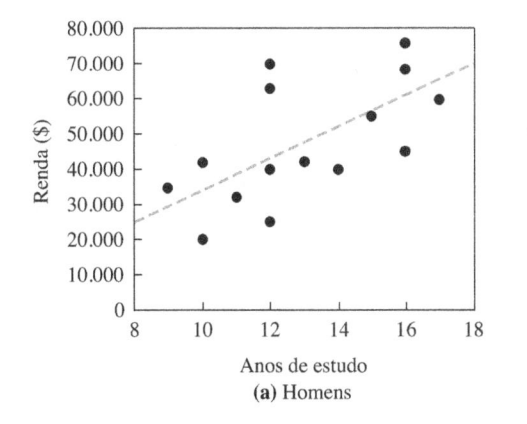

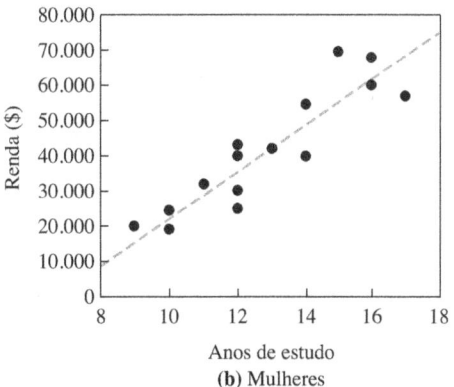

Figura 10.1 Intensidade da relação.

Direção da correlação

A correlação pode ser frequentemente descrita como positiva ou negativa quanto à direção. Uma *correlação positiva* indica que os entrevistados que recebem *altos* escores na variável X também tendem a receber *altos* escores na variável Y. Por outro lado, entrevistados que recebem *baixos* escores em X também tendem a receber *baixos* escores em Y. A correlação positiva pode ser ilustrada pela relação entre educação e renda. Como vimos anteriormente, os entrevistados que completam muitos anos de escolaridade tendem a ganhar grandes rendas anuais, enquanto aqueles que completam apenas uns poucos anos de escolaridade tendem a ganhar muito pouco anualmente. A relação total entre a educação e a renda para indivíduos do sexo masculino e do sexo feminino combinada é mostrada na Figura 10.2(a), novamente com uma reta imaginária através da dispersão de pontos traçados para mostrar a direção da relação.

Uma *correlação negativa* existe quando os entrevistados que obtêm *altos* escores na variável X obtêm *baixos* escores na variável Y. De maneira diversa, entrevistados que conquistam *baixos* escores em X tendem a alcançar *altos* escores em Y. A relação entre instrução e renda certamente *não* representa uma correlação negativa, pois entrevistados que completam muitos anos de estudo *não* tendem a ganhar baixas rendas anuais. Um exemplo mais provável de correlação negativa é a relação entre instrução e grau de preconceito contra minorias. O preconceito tende a diminuir à medida que o nível de instrução aumenta. Portanto, como mostra a Figura 10.2(b), indivíduos que receberam pouca instrução formal tendem a manter forte preconceito, enquanto indivíduos que completaram muitos anos de estudo tendem a ter pouco preconceito.

Tanto a correlação positiva quanto a negativa representam um tipo de relação *linear*. Descritos graficamente, os pontos em um gráfico de dispersão tendem a formar uma linha reta imaginária que cruza o centro dos pontos no gráfico. Se existe uma correlação positiva, então os pontos no gráfico de dispersão se agrupam em torno da linha imaginária, como mostra a Figura 10.2(a). Diferentemente, se existir uma correlação negativa, os pontos no gráfico de dispersão cercarão a linha reta imaginária como mostra a Figura 10.2(b).

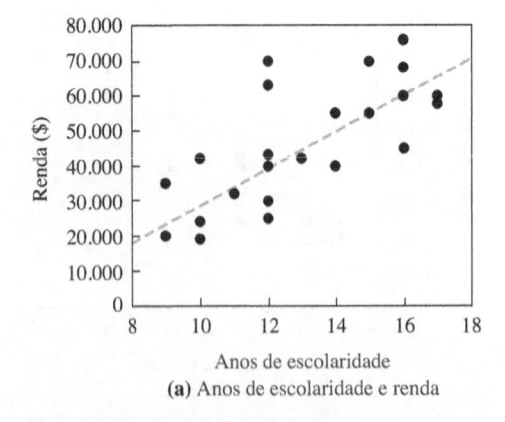

Figura 10.2 Direção da relação.

Correlação curvilínea

Na maioria das vezes, pesquisadores sociais buscam estabelecer uma correlação linear, positiva ou negativa. É importante observar, no entanto, que não se pode considerar que todas as relações entre *X* e *Y* formem uma linha reta. Há muitas relações curvilíneas que indicam, por exemplo, que uma variável aumenta à medida que outra variável aumenta, até que a relação se inverte, de maneira que uma variável finalmente diminui enquanto a outra continua a crescer. Isto é, uma relação entre *X* e *Y* que começa como positiva se torna negativa; uma relação que começa como negativa se torna positiva. Para ilustrar uma correlação curvilínea, considere a relação entre a idade de um indivíduo e o número de horas que ele passa diante da televisão. Como mostra a Figura 10.3, os pontos no gráfico de dispersão tendem a formar uma curva em forma de U em vez de uma linha reta. Desse modo, as pessoas tendem a ver menos televisão à medida que amadurecem, até os trinta anos, idade a partir da qual o tempo diante da televisão tende a aumentar.

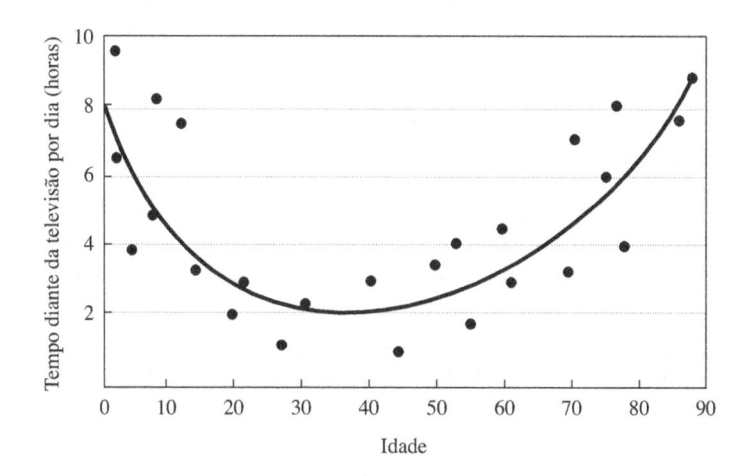

Figura 10.3 Relação entre a idade (X) e o tempo diante da televisão (Y): uma correlação curvilínea.

Coeficiente de correlação

O procedimento para encontrar uma correlação curvilínea está além do escopo deste livro. Em vez disso, voltaremos nossa atenção para os *coeficientes de correlação*, que expressam numericamente tanto a intensidade quanto a direção da correlação linear. Tais coeficientes de correlação variam entre −1,00 e +1,00, como vemos a seguir:

− 1,00 ← correlação negativa perfeita
⋮
− 0,60 ← correlação negativa forte
⋮
− 0,30 ← correlação negativa moderada
⋮
− 0,10 ← correlação negativa fraca
⋮

0,00 ← nenhuma correlação
⋮
+ 0,10 ← correlação positiva fraca
⋮
+ 0,30 ← correlação positiva moderada
⋮
+ 0,60 ← correlação positiva forte
⋮
+ 1,00 ← correlação positiva perfeita

Vemos, então, que valores numéricos negativos como –1,00, –0,60, –0,30 e –0,10 significam uma correlação negativa, enquanto valores numéricos positivos como +1,00, +0,60, +0,30 e +0,10 indicam uma correlação positiva. Em relação ao grau de associação, quanto mais próximo de 1,00 em qualquer direção, maior a intensidade de correlação. Como a intensidade de uma correlação independe de sua direção, podemos dizer que –0,10 e +0,10 são iguais em intensidade (ambos são fracos); –0,80 e +0,80 tem uma intensidade igual (ambos são muito fortes).

Coeficiente de correlação de Pearson

Com a ajuda do *coeficiente de correlação de Pearson* (r), podemos determinar a intensidade e a direção da relação entre as variáveis X e Y, ambas medidas ao nível intervalar. Por exemplo, poderíamos estar interessados em examinar a associação entre altura e peso para a seguinte amostra de oito crianças:

Criança	Altura (polegadas) (X)	Peso (libras) (Y)
A	49	81
B	50	88
C	53	87
D	55	99
E	60	91
F	55	89
G	60	95
H	50	90

No gráfico de dispersão mostrado na Figura 10.4, a associação positiva que anteciparíamos entre a altura (X) e o peso (Y) realmente aparece. Mas observe que há algumas exceções. A criança C é mais alta do que a criança H, mas pesa menos do que ela; a criança D é mais baixa do que a criança E, mas pesa mais do que ela. Essas exceções não deveriam nos surpreender, pois a relação entre altura e peso não é perfeita. Como um todo, entretanto, a regra geral de que "a criança mais alta é a mais pesada" se mantém verdadeira: a criança F é mais alta e mais pesada do que a criança A, assim como a G em comparação com a H.

O r de Pearson faz mais do que simplesmente considerar se um indivíduo é simplesmente mais alto ou mais pesado do que outro indivíduo; ele considera precisamente quão mais pesado e quão mais alto. A grandeza que o r de Pearson enfoca é o produto dos desvios X e Y a contar de suas respectivas médias. O desvio ($X - \bar{X}$) nos diz quão mais alta ou mais baixa do que a média é uma determinada criança; o desvio ($Y - \bar{Y}$) nos diz quão mais pesada ou mais leve do que a média é uma determinada criança.

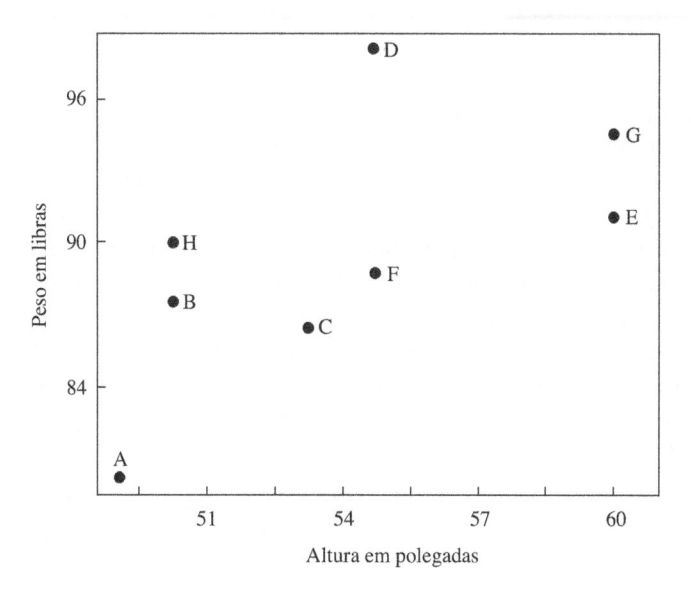

Figura 10.4 Diagrama de dispersão de altura e peso.

Com o *r* de Pearson, somamos os produtos dos desvios para ver se os produtos positivos ou negativos são mais abundantes e de bom tamanho. Produtos positivos indicam casos nos quais as variáveis apontam na mesma direção (isto é, ambas são mais pesadas e mais altas do que a média ou ambas são mais baixas e mais leves do que a média); produtos negativos indicam casos nos quais as variáveis apontam em direções opostas (isto é, são mais altas, porém mais leves do que a média, ou mais baixas, porém mais pesadas do que a média).

Na Figura 10.5, retas tracejadas são adicionadas ao gráfico de dispersão de X e Y para indicar a localização da altura média ($\overline{X}$ = 54 polegadas) e o peso médio ($\overline{Y}$ = 90 libras). A criança G é,

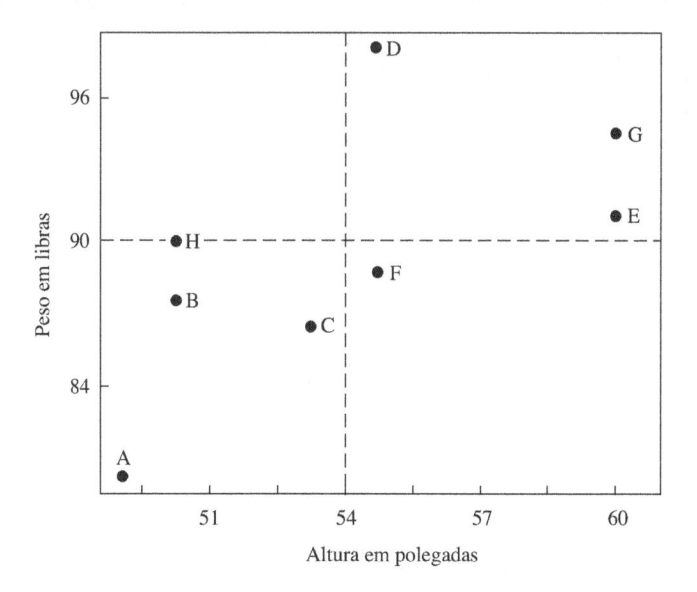

Figura 10.5 Gráfico de dispersão da altura e do peso com eixos nas médias.

aparentemente, muito mais alta e mais pesada do que a média. Seus desvios nas duas variáveis são $(X - \bar{X}) = 60 - 54 = 6$ (polegadas) e $(Y - \bar{Y}) = 95 - 90 = 5$ (libras), que multiplicados resultam em +30. A criança A é muito mais baixa e muito mais leve do que a média. Seus desvios (–5 e –9) multiplicados resultam em +45. Por outro lado, a criança C é apenas ligeiramente mais baixa e mais leve do que a média; seu produto dos desvios $(-1 \times -3 = 3)$ é muito menos dramático. Intuitivamente, é isso o que vemos: quanto mais dramaticamente uma criança demonstrar a regra "quanto mais alta, mais pesada", maior será o produto dos desvios X e Y. Por fim, a criança F é uma ligeira exceção: ela é um pouco mais alta do que a média, no entanto é mais leve do que a média. Por isso, seu desvio de +1 em X e –1 em Y produz um produto negativo (–1).

Podemos calcular a soma dos produtos para os dados do modo como mostramos a seguir. Na tabela a seguir, as colunas 2 e 3 reproduzem altura e peso de oito crianças da amostra. As colunas 4 e 5 mostram os desvios das médias para os valores de X e Y. Na coluna 6, esses desvios são multiplicados e, então, somados.

Criança	X	Y	$(X - \bar{X})$	$(Y - \bar{Y})$	$(X - \bar{X})(Y - \bar{Y})$	
A	49	81	–5	–9	45	$N = 8$
B	50	88	–4	–2	8	$\bar{X} = 54$
C	53	87	–1	–3	3	$\bar{Y} = 90$
D	55	99	1	9	9	
E	60	91	6	1	6	
F	55	89	1	–1	–1	
G	60	95	6	5	30	
H	50	90	–4	0	0	
	$\Sigma X = 432$	$\Sigma Y = 720$			SP = 100	

A soma da coluna final (representada por SP, para soma de produtos) é positiva, o que indica uma associação positiva entre X e Y. Mas, como pudemos descobrir, coeficientes de correlação estão restritos a uma variação de –1 a +1 para ajudar em sua interpretação. A fórmula para r consegue isso por meio da divisão do valor de SP pela raiz quadrada do produto da soma dos quadrados de ambas as variáveis (SQ_X e SQ_Y). Desse modo, precisamos adicionar outras duas colunas à nossa tabela, nas quais elevamos ao quadrado e somamos os desvios para X e para Y.

X	Y	$(X - \bar{X})$	$(Y - \bar{Y})$	$(X - \bar{X})(Y - \bar{Y})$	$(X - \bar{X})^2$	$(Y - \bar{Y})^2$
49	81	–5	–9	45	25	81
50	88	–4	–2	8	16	4
53	87	–1	–3	3	1	9
55	99	1	9	9	1	81
60	91	6	1	6	36	1
55	89	1	–1	–1	1	1
60	95	6	5	30	36	25
50	90	–4	0	0	16	0
$\Sigma X = 432$	$\Sigma Y = 720$			SP = 100	$SQ_X = 132$	$SQ_Y = 202$

A fórmula para a correlação de Pearson é a seguinte:

$$r = \frac{\Sigma(X - \overline{X})(Y - \overline{Y})}{\sqrt{\Sigma(X - \overline{X})^2 \Sigma(Y - \overline{Y})^2}} = \frac{SP}{\sqrt{SQ_X SQ_Y}}$$

$$= \frac{100}{\sqrt{(132)(202)}}$$

$$= \frac{100}{\sqrt{26.664}}$$

$$= \frac{100}{\sqrt{163,3}}$$

$$= +0,61$$

Portanto, a correlação de Pearson indica, como sugere o gráfico de dispersão, que altura e peso se correlacionam fortemente na direção positiva.

Fórmula de cálculo para o *r* de Pearson

Calcular um *r* de Pearson dos desvios ajuda a relacionar o tópico da correlação à nossa discussão anterior. Entretanto, a fórmula anterior para o *r* de Pearson exige cálculos longos, que exigem tempo. Felizmente, há uma fórmula alternativa para o *r* de Pearson que trabalha diretamente com escores brutos, eliminando, desse modo, a necessidade de obter desvios para as variáveis X e Y. Similar às fórmulas de cálculo para variância e desvio padrão no Capítulo 4, há fórmulas de escore bruto para SP, SQ_X e SQ_Y,

$$SP = \Sigma XY - N\overline{X}\overline{Y}$$

$$SQ_X = \Sigma X^2 - N\overline{X}^2$$

$$SQ_Y = \Sigma Y^2 - N\overline{Y}^2$$

Usando essas expressões em nossa fórmula da correlação de Pearson, obtemos a fórmula de cálculo para *r* a seguir:

$$r = \frac{\Sigma XY - N\overline{X}\overline{Y}}{\sqrt{(\Sigma X^2 - N\overline{X}^2)(\Sigma Y^2 - N\overline{Y}^2)}}$$

Para ilustrar a aplicação da fórmula de cálculo do *r* de Pearson, considere os dados a seguir, referentes ao número de anos de estudo completados pelo pai (X) e o número de anos de estudo completados pelo filho (Y). Para aplicar nossa fórmula, temos de obter as somas de X e Y (para calcular as médias) e de X^2, Y^2 e XY:

X	Y	X^2	Y^2	XY
12	12	144	144	144
10	8	100	64	80
6	12	36	144	72
16	11	256	121	176
8	10	64	100	80
9	8	81	64	72
12	16	144	256	192
11	15	121	225	165
84	92	946	1.118	981

$N = 8$
$\Sigma X = 84$
$\Sigma Y = 92$
$\bar{X} = \dfrac{\Sigma X}{N} = \dfrac{84}{8} = 10{,}5$
$\bar{Y} = \dfrac{\Sigma Y}{N} = \dfrac{92}{8} = 11{,}5$
$\Sigma X^2 = 946$
$\Sigma Y^2 = 1.118$
$\Sigma XY = 981$

A correlação de Pearson é, então, igual a:

$$r = \dfrac{\Sigma XY - N\bar{X}\bar{Y}}{\sqrt{(\Sigma X^2 - N\bar{X}^2)(\Sigma Y^2 - N\bar{Y}^2)}}$$

$$= \dfrac{981 - 8(10{,}5)(11{,}5)}{\sqrt{[946 - 8(10{,}5)^2][1.118 - 8(11{,}5)^2]}}$$

$$= \dfrac{981 - 966}{\sqrt{(946 - 882)(1.118 - 1.058)}}$$

$$= \dfrac{15}{\sqrt{(64)(60)}}$$

$$= \dfrac{15}{\sqrt{3.840}}$$

$$= \dfrac{15}{61{,}97}$$

$$= +0{,}24$$

Teste da significância do *r* de Pearson

O *r* de Pearson nos dá a medida precisa de intensidade e direção da correlação na amostra sendo estudada. Mesmo tomando uma amostra aleatória de uma população específica, talvez queiramos determinar se a associação obtida entre *X* e *Y* existe na *população*, e não se deve meramente ao erro amostral.

Para testar a significância de uma medida de correlação, normalmente estabelecemos a hipótese nula de que nenhuma correlação existe na população. Em relação ao coeficiente de correlação de Pearson, a hipótese nula afirma que a correlação populacional ρ (rho) é zero. Isto é,

$$\rho = 0$$

enquanto a hipótese de pesquisa diz que:

$$\rho \neq 0$$

Como aconteceu em capítulos anteriores, testamos a hipótese nula ao selecionar o nível alfa de 0,05 ou 0,01 e calcular um teste de significância apropriado. Para testar a significância do r de Pearson, podemos calcular uma razão t com os graus de liberdade iguais a $N-2$ (N igual ao número de pares de escores). Para esse fim, a razão t pode ser calculada pela fórmula,

$$t = \frac{r\sqrt{N-2}}{\sqrt{1-r^2}}$$

onde t = razão t para testar a significância estatística do r de Pearson
N = número de pares de escores X e Y
r = coeficiente de correlação de Pearson obtido

Voltando ao exemplo anterior, podemos testar a significância de um coeficiente de correlação igual a +0,24 entre os graus de escolaridade de um pai (X) e seu filho (Y):

$$\begin{aligned}
t &= \frac{0,24\sqrt{8-2}}{\sqrt{1-(0,24)^2}} \\
&= \frac{(0,24)(2,45)}{\sqrt{1-0,0576}} \\
&= \frac{0,59}{\sqrt{0,9424}} \\
&= \frac{0,59}{0,97} \\
&= 0,61
\end{aligned}$$

Ao verificarmos a Tabela C do Apêndice B, descobrimos que o valor crítico de t com 6 graus de liberdade e $\alpha = 0,05$ é 2,447. Como nosso valor de t calculado não chega nem perto de exceder esse valor crítico, não podemos rejeitar a hipótese nula de que $\rho = 0$. Apesar de uma correlação de +0,24 não ser especialmente fraca, com um tamanho amostral de apenas 8 ela não chega nem perto de ser estatisticamente significativa. Isto é, dado um tamanho amostral pequeno de 8, é muito possível que o r obtido de +0,24 seja resultado de erro amostral. Desse modo, somos forçados a manter a hipótese nula de que a correlação de população (ρ) é zero, pelo menos até que tenhamos mais dados quanto à relação entre os graus de escolaridade de pai e filho.

Método simplificado para testar a significância de r

Felizmente, o processo de testar a significância do r de Pearson como ilustrado anteriormente foi simplificado, de maneira que o cálculo de uma razão t passou a ser desnecessário. Em vez disso, verificamos a Tabela F do Apêndice B, na qual encontramos uma lista de valores significativos do r de Pearson para os níveis de significância de 0,05 e 0,01, com o número de graus de liberdade variando de 1 a 90. A comparação direta de nosso valor calculado de r com o valor de tabela apropriado produz o mesmo resultado que teríamos se tivéssemos calculado diretamente uma razão t. Se o coeficiente de correlação de Pearson calculado não exceder o valor de tabela apropriado, temos de manter a hipótese nula de que $\rho = 0$; se, por outro lado, o r calculado for maior do que o valor crítico da tabela, rejeitaremos a hipótese nula e aceitaremos a hipótese de pesquisa de que existe uma correlação na população.

QUADRO 10.1   Exemplo passo a passo: coeficiente de correlação de Pearson

Para exemplificar o procedimento passo a passo para obter um coeficiente de correlação de Pearson (r), examinaremos a relação entre anos completos de instrução (X) e preconceito (Y), como vemos na amostra de 10 imigrantes a seguir:

Entrevistado	Anos de instrução (X)	Preconceito (Y)[a]
A	10	1
B	3	7
C	12	2
D	11	3
E	6	5
F	8	4
G	14	1
H	9	2
I	10	3
J	2	10

[a] Escores mais altos na medida do preconceito (de 1 a 10) indicam maior preconceito.

Para obter o r de Pearson, temos de seguir os seguintes passos:

Passo 1   Calcule os valores de ΣX, ΣY, ΣX^2, ΣY^2 e ΣXY, assim como de $\overline{X}$ e $\overline{Y}$.

X	Y	X^2	Y^2	XY
10	1	100	1	10
3	7	9	49	21
12	2	144	4	24
11	3	121	9	33
6	5	36	25	30
8	4	64	16	32
14	1	196	1	14
9	2	81	4	18
10	3	100	9	30
2	10	4	100	20
85	38	855	218	232

$N = 10$
$\Sigma X = 85$
$\Sigma Y = 38$
$\overline{X} = \dfrac{\Sigma X}{N} = \dfrac{85}{10} = 8{,}5$
$\overline{Y} = \dfrac{\Sigma Y}{N} = \dfrac{38}{10} = 3{,}8$
$\Sigma X^2 = 855$
$\Sigma Y^2 = 218$
$\Sigma XY = 232$

Passo 2   Insira os valores do Passo 1 na fórmula de correlação de Pearson.

$$r = \dfrac{\Sigma XY - N\overline{X}\,\overline{Y}}{\sqrt{(\Sigma X^2 - N\overline{X}^2)(\Sigma Y^2 - N\overline{Y}^2)}}$$

$$= \dfrac{232 - (10)(8{,}5)(3{,}8)}{\sqrt{[855 - (10)(8{,}5)^2][218 - (10)(3{,}8)^2]}}$$

$$= \dfrac{232 - 323}{\sqrt{(855 - 722{,}5)(218 - 144{,}4)}}$$

$$= \dfrac{-91}{\sqrt{(1325)(73{,}6)}}$$

$$= \dfrac{-91}{\sqrt{9.752}}$$

$$= \dfrac{-91}{98{,}75}$$

$$= -0{,}92$$

> Nosso resultado indica uma correlação negativa bastante forte entre educação e preconceito.
> **Passo 3** Calcule os graus de liberdade.
> $gl = N - 2$
> $= 10 - 2$
> $= 8$
> **Passo 4** Compare o r de Pearson obtido com o valor apropriado do r de Pearson da Tabela F.
> r obtido = –0,92
> r tabela = 0,6319
> $gl = 8$
> $\alpha = 0,05$
>
> Como indicado, para rejeitar a hipótese nula de que $\rho = 0$ ao nível de significância de 0,05 com 8 graus de liberdade, nosso valor calculado do r de Pearson tem de exceder 0,6319. Como nosso r obtido é igual a –0,92, rejeitamos a hipótese nula e aceitamos a hipótese de pesquisa. Isto é, nosso resultado sugere que uma correlação negativa entre educação e preconceito está presente na população imigrante da qual nossa amostra foi extraída.

Para fins ilustrativos, retornaremos ao nosso exemplo anterior, no qual um coeficiente de correlação igual a +0,24 foi testado usando-se uma razão t, o que comprovou que ele não era estatisticamente significativo. Conferindo a Tabela F do Apêndice B, descobrimos que o valor de r deve ser no mínimo 0,7067 para que possamos rejeitar a hipótese nula ao nível de significância de 0,05 com 6 graus de liberdade. Por conseguinte, esse método simplificado nos leva à mesma conclusão que o procedimento mais longo de cálculo de uma razão t.

Exigências para o uso do coeficiente de correlação r de Pearson

Para empregar o coeficiente de correlação de Pearson corretamente como uma medida da associação entre as variáveis X e Y, as exigências a seguir têm de ser levadas em consideração:

1. *Uma relação linear.* O r de Pearson é útil somente para detectar uma correlação linear entre X e Y.
2. *Dados intervalares.* Ambas as variáveis X e Y têm de ser medidas ao nível intervalar de maneira que os escores possam ser designados para os entrevistados.
3. *Amostragem aleatória.* É preciso que os membros da amostra tenham sido sorteados de uma população específica ao acaso para que o teste de significância possa ser aplicado.
4. *Características normalmente distribuídas.* Testar a significância do r de Pearson exige que ambas as variáveis X e Y sejam normalmente distribuídas na população. Em amostras pequenas, o não atendimento da exigência de características distribuídas normalmente pode prejudicar seriamente a validade do teste. Entretanto, essa exigência terá menos importância quando o tamanho da amostra for igual ou exceder 30 casos.

Importância de gráficos de dispersão

Aparentemente, a busca por atalhos e esquemas que poupem tempo em nossas vidas é algo instintivo. Para pesquisadores sociais, o desenvolvimento de computadores de alta velocidade e *softwares* estatísticos simples significou o mesmo que o advento da máquina de lavar automática e o detergente líquido para a dona de casa. Infelizmente, esses programas estatísticos têm sido usados vezes demais, e sem que haja preocupação suficiente a respeito de sua adequação. Isso é particularmente verdadeiro na análise de correlação.

O coeficiente de correlação é uma medida estatística muito poderosa. Além disso, para um conjunto de dados que contém diversas variáveis, com o auxílio rápido de um computador, é possível obter, em apenas segundos, uma matriz de correlação, como a que mostra a Tabela 10.1.

Tabela 10.1 Uma matriz de correlação.

	Idade do entrevistado $X1$	Instrução do entrevistado $X2$	Renda familiar $X3$	Instrução do cônjuge $X4$
$X1$	1,00	−0,48	0,35	−0,30
$X2$	−0,48	1,00	0,67	0,78
$X3$	0,35	0,67	1,00	0,61
$X4$	−0,30	0,78	0,61	1,00

Uma matriz de correlação exibe, de maneira compacta, as inter-relações de diversas variáveis simultaneamente. Ao longo da diagonal do canto superior esquerdo ao canto inferior direito há uma série de 1,00, que representa a correlação de cada variável com ela própria; essa correlação é necessariamente perfeita e, assim, igual a 1. Os valores fora da diagonal são as intercorrelações. O valor na segunda linha, quarta coluna (0,78) dá a correlação de $X2$ e $X4$ (instrução do entrevistado e de seu cônjuge). A matriz é simétrica, isto é, a porção triangular acima da diagonal é idêntica àquela abaixo da diagonal. Desse modo, o item para a quarta linha, segunda coluna também deve ser 0,78.

Programas de computador que produzem resultados como esse são de grande valor para o pesquisador porque lhe dão a chance de olhar rapidamente as intercorrelações de um grande número de variáveis — digamos, 10 — e rapidamente apontar as correlações fortes e interessantes. Um problema imediato, referente à análise de variância como discutimos anteriormente, é que esse expediente de "pescar" um grande número de correlações tende a escolher aquelas que são significativas ao acaso. Uma armadilha ainda maior, entretanto, é a de que as correlações podem atenuar algumas violações importantes dos pressupostos do r de Pearson. Isto é, uma matriz de correlação fornece apenas coeficientes de correlação (lineares); ela não diz se as relações são lineares em primeiro lugar ou se existem peculiaridades nos dados que vale a pena observar. Para que não sejamos vítimas das peculiaridades de dados, é interessante que realmente analisemos os gráficos de dispersão antes de tirarmos conclusões apressadas sobre as relações.

Já a análise de gráficos de dispersão em conjunção com a matriz de correlação é uma tarefa muito mais tediosa, pois eles têm de ser examinados um par de cada vez. Por exemplo, a análise de gráficos de dispersão para todos os pares de 10 variáveis exigiria 45 gráficos e bastante tempo e esforço. Por isso, um número muito grande de estudantes e pesquisadores omite esse passo, e, frequentemente, os resultados são enganosos ou desastrosos. Às vezes, como veremos, o que parece com uma forte associação com base no coeficiente de correlação pode ser ilusório após a verificação do gráfico de dispersão. Diferentemente, associações verdadeiramente importantes podem ser mal representadas pelo valor de resumo único do r de Pearson.

Considere, por exemplo, as seguintes taxas de homicídio e suicídio (por 100 mil habitantes) para os seis estados da região da Nova Inglaterra, nos EUA:

Estado	Taxa de homicídio	Taxa de suicídio
Maine	3,2	14,3
New Hampshire	2,9	11,3
Vermont	4,3	17,8
Massachusetts	3,6	8,9
Rhode Island	4,2	12,3
Connecticut	5,4	8,6

O coeficiente de correlação é –0,17, o que sugere uma relação negativa de fraca a moderada. Isso parece apoiar a alegação de alguns sociólogos de que essas duas formas de violência (direcionada ao outro e direcionada a si mesmo) se compensam; quando uma taxa é alta, a outra taxa é baixa.

Antes que fiquemos animados demais com esse resultado, entretanto, devemos analisar o gráfico de dispersão mostrado na Figura 10.6. Apesar de o gráfico de dispersão parecer mostrar uma ligeira associação negativa, o ponto inferior direito merece mais atenção. Ele corresponde a Connecticut. Há uma justificativa para se suspeitar que Connecticut seja, de fato, sistematicamente diferente do resto dos estados da Nova Inglaterra. Suponha que excluamos Connecticut da tabela e recalculemos a correlação. Usando apenas os outros cinco estados, $r = 0,44$. Realmente, Connecticut tem a taxa de suicídios mais baixa e a taxa de homicídios mais alta na Nova Inglaterra, o que parece ter distorcido o coeficiente de correlação inicial.

Existem procedimentos estatísticos para determinar se esse ou qualquer outro ponto de um dado deve ser excluído; eles estão, entretanto, além do escopo deste livro. Porém, a importância de analisar esses valores atípicos — *outliers* — é uma lição que vale muito a pena aprender. Pode ser frustrante promover uma determinada correlação como substantivamente significativa, apenas para descobrir mais tarde que a exclusão de uma ou duas observações altera radicalmente os resultados e a interpretação.

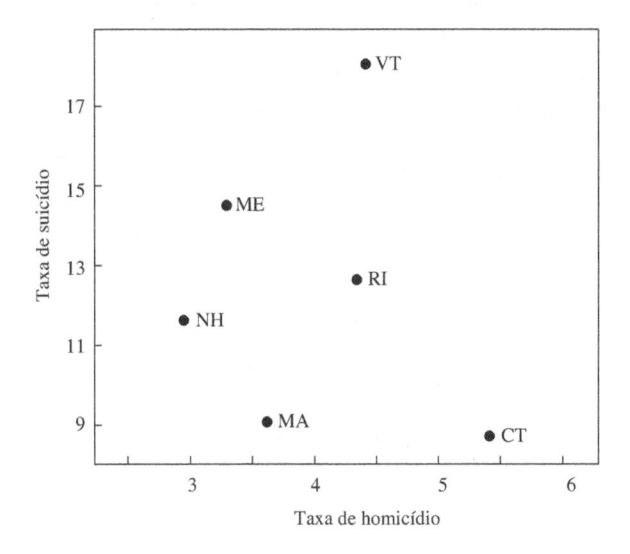

Figura 10.6 Gráfico de dispersão das taxas de homicídio e suicídio na Nova Inglaterra.

Correlação parcial

Neste capítulo, consideramos um método poderoso para estudar a associação ou a relação entre duas variáveis ao nível intervalar. É importante considerar se uma correlação entre duas medidas permanece válida quando consideramos variáveis adicionais. Isto é, nossa interpretação da relação entre duas variáveis muda de alguma maneira ao olharmos para o contexto mais amplo de outros fatores relacionados?

Para visualizar essa questão de maneira mais fácil, focaremos novamente os gráficos de dispersão. Um gráfico de dispersão exibe visualmente todas as informações contidas em um coeficiente de correlação — tanto sua direção (pela tendência subjacente aos pontos) quanto sua intensidade (pela proximidade dos pontos a uma linha reta). Podemos construir gráficos de dispersão separados para diferentes subgrupos de uma amostra para ver se a correlação observada para a amostra completa ainda é válida quando controlamos para o subgrupo ou variável de controle. Por exemplo, recentemente, psicólogos sociais fizeram uma pesquisa sobre a relação entre características físicas (como atratividade) e sucesso profissional (por exemplo, salário ou conquista de metas). Suponha que, dentro do contexto de estudo da relação entre atributos pessoais e salário, um psicólogo social se defronte com uma forte associação positiva entre altura e salário, como mostra a Figura 10.7. Isso faria sentido para o psicólogo social; ele raciocina que pessoas mais altas tendem a ser mais assertivas e obtêm mais respeito dos outros, tendo vantagem em pedidos de aumento de salário bem-sucedidos.

Mas esse psicólogo social poderia estar enganado — totalmente ou em parte — se deixasse de trazer para a análise outros fatores relevantes que poderiam ser alternativamente responsáveis pela correlação altura–salário. O gênero do empregado é uma variável possível. Os homens tendem a ser mais altos do que as mulheres, e, por uma série de razões, tendem a ter salários maiores. Talvez isso possa explicar toda ou parte da correlação entre altura e salário. A Figura 10.7 também fornece gráficos de dispersão de altura e salário separadamente para indivíduos do sexo feminino e do sexo masculino na amostra. É importante observar, primeiro, que, se sobrepuséssemos esses dois gráficos de dispersão, eles produziriam o gráfico original.

Aparentemente, quando controlamos o gênero, a correlação altura–salário se enfraquece substancialmente — na realidade, ela desaparece. Se qualquer correlação permanece em qualquer um dos dois subgráficos específicos de gênero, ela não é nem de perto tão forte quanto aquela que vimos anteriormente no gráfico de dispersão não controlado. Desse modo, se o psicólogo social tivesse deixado de considerar a influência do gênero, ele teria cometido um grande engano.

A Figura 10.8 ilustra resultados possíveis adicionais quando uma variável de controle é introduzida. Cada gráfico de dispersão representa uma correlação positiva entre X e Y. Observações no grupo 1 são simbolizadas por círculos vazios, e aquelas no subgrupo 2, por círculos escuros. Isso

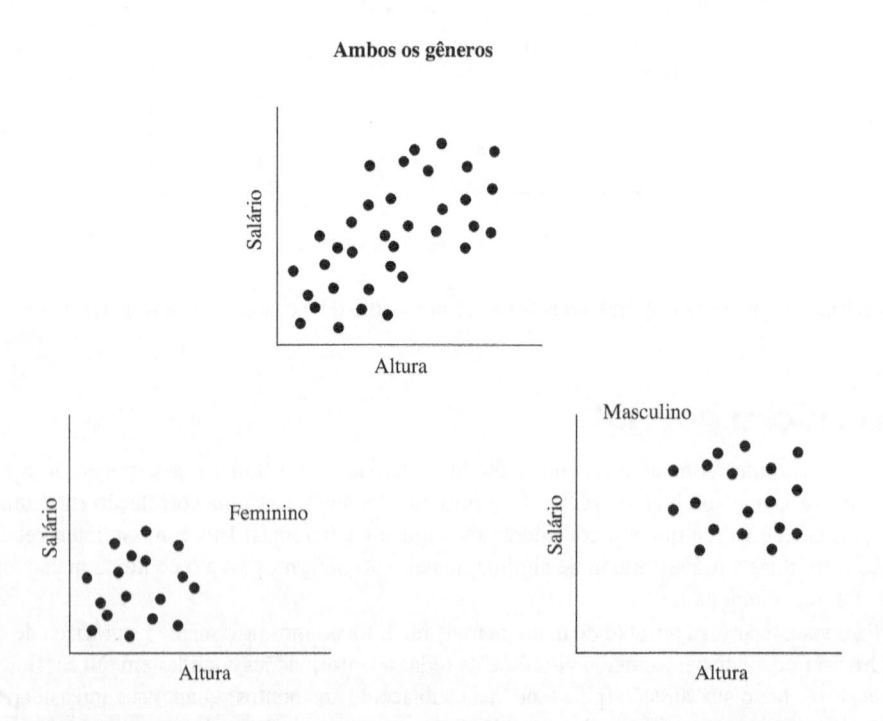

Figura 10.7 Gráficos de dispersão de salário e altura a partir do controle por gênero.

nos permite ver a relação *X–Y* dentro dos dois subgrupos separadamente. Repare que são protótipos — na prática, não é possível observar situações de modo tão claro.

No gráfico de dispersão (a), vemos que a associação *X–Y* observada como um todo também se mantém para cada subgrupo. O grupo 1 tende a exceder o grupo 2 tanto em *X* quanto em *Y*, e dentro desses dois grupos, *X* e *Y* ainda estão relacionados de maneira fortemente positiva. Isto é, o controle para a variável de grupamento não altera a relação *X–Y*. Por exemplo, a relação positiva entre instrução e renda se mantém tanto para brancos quanto para não brancos. Se observarmos esse tipo de resultado ao testar uma gama de variáveis de controle (por exemplo, etnia, gênero e idade), desenvolveremos a confiança em interpretar a associação (por exemplo, entre instrução e renda) como causal.

O gráfico de dispersão (b) mostra uma relação condicional. Novamente, há uma forte relação entre *X* e *Y* em um grupo, mas nenhuma relação em outro. Se a variável de grupamento for ignorada, a correlação entre *X* e *Y* representará incorretamente o quadro mais preciso dentro dos subgrupos.

O gráfico de dispersão (c) ilustra uma correlação enganosa ou espúria. Dentro de ambos os subgrupos, *X* e *Y* não se relacionam. Em geral, o grupo 1 tende a ser mais alto em ambas as variáveis. Por isso, quando ignoramos a distinção do subgrupo, parece que *X* e *Y* se relacionam. Nossa associação observada anteriormente entre altura e salário é um exemplo de correlação espúria. Correlações espúrias frequentemente ocorrem na prática, e é preciso estar sempre atento ao fato de que duas variáveis se relacionam apenas por terem uma causa comum.

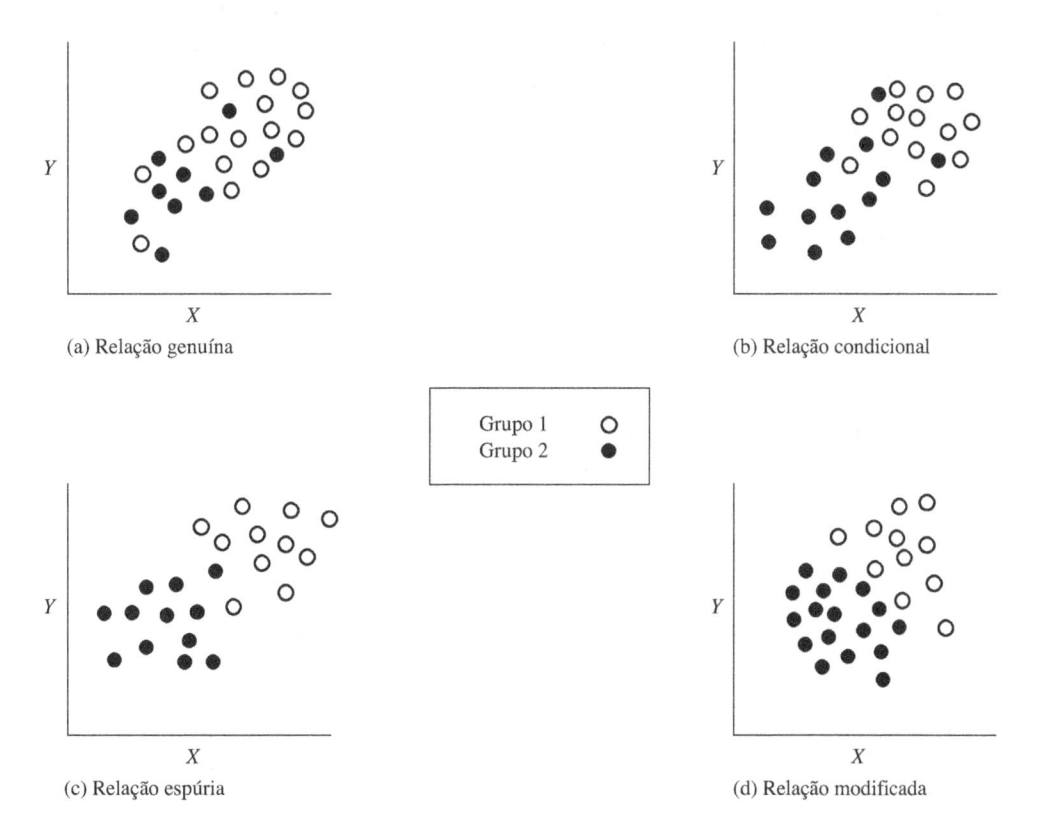

Figura 10.8 Controle para uma terceira variável.

Por fim, o gráfico de dispersão (d) mostra uma relação que muda de direção quando uma terceira variável é controlada. Isto é, a associação positiva original entre X e Y se torna negativa dentro dos dois subgrupos. O fato de o grupo 1 ser tão maior do que o grupo 2, tanto em X quanto em Y, ofusca a relação negativa dentro de cada subgrupo. Esse tipo de situação ocorre raramente na prática, mas mesmo assim é preciso ter consciência de que um achado aparente poderia ser apenas o oposto do que ele deveria ser.

Todas as comparações que consideramos até esse momento envolvem variáveis de controle dicotômicas (de duas categorias). A mesma abordagem se aplica às variáveis de controle que possuem três ou mais níveis ou categorias. Por exemplo, seria possível investigar a influência da religião na relação entre duas variáveis pelo cálculo separado do r de Pearson para protestantes, católicos e judeus.

Como lidar com uma variável de controle de nível intervalar como a idade? É tentador categorizar a idade em uma série de subgrupos (por exemplo, menos de 18, 18-34, 35-49, 50 e mais) e então representar graficamente a associação X–Y separadamente para cada faixa etária. Entretanto, isso seria ineficiente e um desperdício de informação (por exemplo, a distinção entre indivíduos de 18 anos e 34 anos seria perdida, porque essas duas idades estão dentro da mesma categoria). Talvez, então, poderíamos usar faixas etárias mais estreitas, mas ainda assim estaríamos sendo menos precisos do que poderíamos ser. Felizmente, existe um método simples para ajustar uma correlação entre duas variáveis em relação à influência de uma terceira variável quando as três têm nível intervalar. Isto é, não precisamos categorizar nenhuma variável artificialmente.

O *coeficiente de correlação parcial* é a correlação entre duas variáveis após remover os efeitos comuns de uma terceira variável. Assim como acontece com correlações simples, uma correlação parcial pode variar de –1 a +1, e é interpretada exatamente da mesma maneira que uma correlação simples. A fórmula para a correlação parcial de X e Y controlando em relação a Z é

$$r_{XY.Z} = \frac{r_{XY} - r_{XZ} r_{YZ}}{\sqrt{1 - r_{XZ}^2}\sqrt{1 - r_{YZ}^2}}$$

Na notação $r_{XY.Z}$ as variáveis antes do ponto são aquelas correlacionadas, e a variável após o ponto é a variável de controle. A correlação parcial é calculada exclusivamente com base em três grandezas: as correlações entre X e Y, X e Z, e Y e Z.

Por exemplo, considere a matriz de correlação a seguir para altura (X), peso (Y) e idade (Z). A altura e o peso não são apenas positivamente correlacionados, mas ambos também aumentam com a idade. Poderíamos perguntar, então, quanto da correlação entre a altura e o peso ($r_{XY} = 0{,}90$) ocorre em virtude da influência comum da idade, e quanto permanece após a influência da idade ter sido controlada:

	Altura	Peso	Idade
Altura (X)	1,00	0,90	0,80
Peso (Y)		1,00	0,85
Idade (Z)			1,00

$$r_{XY.Z} = \frac{r_{XY} - r_{XZ}r_{YZ}}{\sqrt{1 - r_{XZ}^2}\sqrt{1 - r_{YZ}^2}}$$

$$= \frac{0,90 - (0,80)(0,85)}{\sqrt{1 - (0,80)^2}\sqrt{1 - (0,85)^2}}$$

$$= \frac{0,90 - 0,68}{\sqrt{1 - 0,64}\sqrt{1 - 0,7225}}$$

$$= \frac{0,22}{\sqrt{0,36}\sqrt{0,2775}}$$

$$= \frac{0,22}{(0,60)(0,5268)}$$

$$= \frac{0,22}{0,3161}$$

$$= +0,70$$

Desse modo, a forte correlação inicial entre altura e peso (r_{XY} = 0,90) enfraquece de certa maneira quando os efeitos da idade são removidos ($r_{XY.Z}$ = 0,70).

Vimos na Figura 10.8 que há muitos padrões possíveis quando a terceira variável é controlada. Similarmente, correlações parciais podem ser menores, iguais ou maiores do que a correlação simples de duas variáveis. Considere, por exemplo, a matriz de correlação a seguir para instrução (X), salário (Y) e idade (Z).

	Instrução	Salário	Idade
Instrução (X)	1,00	0,40	−0,30
Salário (Y)		1,00	0,50
Idade (Z)			1,00

A correlação simples entre instrução e salário é 0,40, mas a correlação parcial entre instrução e salário controlando a idade é ainda mais alta:

$$r_{XY.Z} = \frac{r_{XY} - r_{XZ}r_{YZ}}{\sqrt{1 - r_{XZ}^2}\sqrt{1 - r_{YZ}^2}}$$

$$= \frac{0,40 - (-0,30)(0,50)}{\sqrt{1 - (-0,30)^2}\sqrt{1 - (0,50)^2}}$$

$$= \frac{0,55}{\sqrt{0,91}\sqrt{0,75}}$$

$$= \frac{0,55}{(0,9539)(0,8660)}$$

$$= \frac{0,55}{0,8261}$$

$$= +0,67$$

Desse modo, ignorar a idade suprime a associação observada entre instrução e salário. Em razão do tempo de serviço mais curto, funcionários mais jovens têm salários mais baixos, apesar de terem um grau de escolaridade mais alto. Por isso, a influência da instrução passa a ser menor na correlação, já que empregados com um grau de instrução mais alto, que deveriam receber um salário maior, não têm o salário esperado, pois tendem a ser mais jovens e ter menos tempo de profissão. Ao controlar em relação à idade, isolamos o efeito da educação sobre o salário, ausente da influência da idade.

O coeficiente de correlação parcial é uma estatística muito útil para descobrir relações espúrias, como demonstra esse caso clássico de correlação que "desaparece".[1] A correlação entre a taxa de estupro (para cada 100 mil habitantes) em 1982 e a circulação da revista *Playboy* (para cada 100 mil habitantes) em 1979 para 49 estados norte-americanos (o Alaska é um valor atípico — *outlier* — nesse quesito e foi excluído) é $r = +40$. Devido a essa correlação substancial, muitos observadores se perguntaram: se a *Playboy* tem esse tipo de efeito sobre crimes sexuais, imagine o dano que pode ser causado pela pornografia realmente pesada?

Essa preocupação exige o pressuposto injustificado de que correlação implica causa. Antes de dar esse salto, entretanto, devemos considerar se as duas variáveis têm uma terceira variável como causa comum, dessa maneira produzindo um resultado espúrio.

Na realidade, tanto a taxa de estupro quanto a taxa de assinatura da *Playboy* estão relacionadas à taxa de residências sem uma mulher adulta (para cada 1.000 residências): para a taxa de estupro (Y) e a taxa de residências sem uma mulher adulta (Z), $r_{YZ} = +0,48$; para a taxa de assinatura da *Playboy* (X) e a taxa de residências sem uma mulher adulta (Z), $r_{YZ} = +0,85$. Aparentemente, ambos os tipos de escape sexual (um ilegal e um legal) às vezes se originam da ausência de mulheres adultas na residência.

Para determinar a correlação da *Playboy* (X) com o estupro (Y), controlando as residências sem mulheres adultas (Z), calculamos a correlação parcial:

$$r_{XY.Z} = \frac{r_{XY} - r_{XZ}r_{YZ}}{\sqrt{1 - r_{XZ}^2}\sqrt{1 - r_{YZ}^2}}$$

$$= \frac{0,40 - (0,85)(0,48)}{\sqrt{1 - (0,85)^2}\sqrt{1 - (0,48)^2}}$$

$$= \frac{0,40 - 0,41}{\sqrt{1 - 0,7225}\sqrt{1 - 0,2304}}$$

$$= \frac{-0,01}{\sqrt{0,2775}\sqrt{0,7696}}$$

$$= \frac{-0,01}{(0,53)(0,88)}$$

$$= \frac{-0,01}{0,47}$$

$$= -0,02$$

Por isso, após o controle de uma variável comum, a correlação original desaparece.

---

[1] Agradecemos a Rodney Stark e a Cognitive Development, Inc. pelos dados e pela ótima ilustração.

Resumo

Neste capítulo, fomos além da tarefa de estabelecer a presença ou a ausência de uma relação entre duas variáveis. Na correlação, o pesquisador social está interessado no grau de associação entre duas variáveis. Com a ajuda do coeficiente de correlação como o r de Pearson, é possível obter uma medida precisa tanto da intensidade — de 0,0 a 1,0 — quanto da direção — positiva *versus* negativa — de uma relação entre duas variáveis que foram medidas ao nível intervalar. Além disso, se um pesquisador tomou uma amostra aleatória de escores, ele também pode calcular uma razão t para determinar se a relação obtida entre X e Y existe na população e não se deve meramente a um erro amostral. Fora isso, o coeficiente de correlação parcial permite que o pesquisador controle a relação de duas variáveis em caso de impacto de uma terceira variável.

Termos-chave

Coeficiente de correlação
Coeficiente de correlação de Pearson
Coeficiente de correlação parcial
Correlação
   Curvilínea *versus* linear

Direção (positiva *versus* negativa)
Intensidade
Gráfico de dispersão
Variável

Exercícios

1. Quando os pontos em um gráfico de dispersão agrupam-se em torno da reta de regressão, podemos dizer que a correlação é:
   a. fraca.
   b. forte.
   c. positiva.
   d. negativa.

2. Quando entrevistados com um escore alto no SAT mostram uma tendência a ter notas altas na universidade, enquanto aqueles que têm escores baixos no SAT mostram uma tendência a se sair mal na universidade, há uma razão para pressupor:
   a. uma correlação positiva entre o SAT e as notas na universidade.
   b. uma correlação negativa entre o SAT e as notas na universidade.
   c. uma correlação nula entre o SAT e as notas na universidades.
   d. nenhum dos itens anteriores.

3. Um coeficiente de correlação expressa, em um único número,

   a. a intensidade de uma correlação.
   b. a direção de uma correlação.
   c. tanto a intensidade quanto a direção de uma correlação.
   d. nenhum dos itens anteriores.

4. $r = -0,17$ representa:
   a. uma correlação forte e negativa.
   b. uma correlação forte e positiva.
   c. uma correlação fraca e negativa.
   d. uma correlação fraca e positiva.

5. Qual dos itens a seguir *não* é exigido do r de Pearson?
   a. Uma relação linear.
   b. Dados nominais.
   c. Amostragem aleatória.
   d. Características distribuídas normalmente.

6. Um coeficiente de correlação parcial nos dá a correlação entre duas variáveis:
   a. após removido o efeito comum de uma terceira variável.
   b. ao nível intervalar da mensuração.

c. após introduzir o efeito comum de uma terceira variável.
d. quando estamos parcialmente certos de que não existe, na realidade, uma relação entre elas.

7. Os seis estudantes a seguir foram questionados a respeito de suas atitudes (X) em relação à legalização da prostituição e (Y) suas opiniões a respeito da legalização da maconha. Calcule um coeficiente de correlação de Pearson para esses dados e determine se a correlação é significativa.

Estudante	X	Y
A	1	2
B	6	5
C	4	3
D	3	3
E	2	1
F	7	4

8. O psicólogo de uma escola está interessado na relação entre a proximidade da escola e a participação em atividades extracurriculares. Ele coleta dados como a distância da casa do aluno até a escola (em milhas) e o número de atividades em que 10 estudantes do primeiro ano se inscreveram. Usando os dados a seguir, calcule o coeficiente de correlação de Pearson e indique se a correlação é significativa.

	Distância até a escola (milhas)	Número de atividades extracurriculares frequentadas
Lee	4	3
Ronda	2	1
Jess	7	5
Evelyn	1	2
Mohammed	4	1
Steve	6	1
George	9	9
Juan	7	6
Chi	7	5
David	10	8

9. Um sociólogo urbano interessado na questão da amabilidade entre vizinhos coletou dados para uma amostra de 10 adultos: (X) há quantos anos eles vivem no bairro e (Y) quantos de seus vizinhos eles consideram amigos. Calcule o coeficiente de correlação de Pearson para esses dados e determine se a correlação é significativa.

X	Y	X	Y
1	1	2	1
5	4	5	2
6	2	9	6
1	3	4	7
8	5	2	0

10. Um economista está interessado em estudar a relação entre o tempo em que um indivíduo permanece desempregado e a atividade de procura por emprego entre trabalhadores com formação específica. Ele entrevista uma amostra de 12 contadores desempregados quanto ao número de semanas em que estiveram desempregados (X) e quanto ao número de semanas em que estiveram à procura de emprego no último ano (Y). Calcule um coeficiente de correlação de Pearson para esses dados e determine se a correlação é significativa.

Contador	X	Y
A	2	8
B	7	3
C	5	4
D	12	2
E	1	5
F	10	2
G	8	1
H	6	5
I	5	4
J	2	6
K	3	7
L	4	1

11. Um psiquiatra está preocupado com sua filha, que passou a sofrer de autoestima extremamente baixa e alta ansiedade desde que começou a frequentar as aulas do ensino médio no ano anterior. Depois de refletir sobre se muitos dos colegas de sua filha passavam pelos

mesmos problemas, ele coletou uma amostra aleatória de meninas do ensino médio e perguntou, anonimamente, quanto elas concordavam ou discordavam (em uma escala de 1 a 7, com 1 significando "discordo fortemente" e 7 significando "concordo fortemente") das seguintes declarações: (X) "Eu me sentia melhor comigo mesma antes de começar o ensino médio" e (Y) "Eu me sinto muito ansiosa desde que comecei o ensino médio". Calcule um coeficiente de correlação de Pearson para os dados a seguir e indique se a correção é significativa.

X	Y
7	5
6	4
4	3
5	6
3	2
6	7
5	5

12. Uma professora de educação especial do ensino médio se pergunta se realmente há uma correlação entre dificuldades de leitura e distúrbios de atenção. Ela coleta dados de seis de seus estudantes sobre suas habilidades de leitura (X) e suas habilidades de atenção (Y), com um escore mais alto indicando maior capacidade para ambas as variáveis. Calcule um coeficiente de correlação de Pearson para os dados a seguir e indique se a correlação é significativa.

X	Y
2	3
1	2
5	3
4	2
2	4
1	3

13. Uma pesquisadora se pergunta se há uma correlação entre (X) as opiniões das pessoas a respeito da educação bilíngue e (Y) suas opiniões a respeito de permitir que cidadãos nascidos em outros países concorram à presidência do país. Ela coleta os dados a seguir, com ambas as variáveis sendo medidas em uma escala de 1 a 9 (1 significando "fortemente contra" e 9, "fortemente a favor").

X	Y
2	1
5	4
8	9
6	5
1	1
2	1
8	7
3	2

Calcule um coeficiente de correlação de Pearson e determine se a correlação é significativa.

14. A obesidade em crianças é uma preocupação importante, pois ela as coloca em risco de sofrer diversos problemas de saúde. Alguns pesquisadores acreditam que uma questão fundamental relacionada a esse problema é que as crianças hoje em dia passam tempo demais assistindo televisão e pouco tempo sendo ativas. Com base em uma amostra de meninos com aproximadamente as mesmas idades e alturas, foram coletados dados quanto às horas que eles passavam diante da televisão por dia e seus pesos. Calcule um coeficiente de correlação de Pearson e indique se a correlação é significativa.

Tempo diante da televisão (horas)	Peso (libras)
1,5	79
5,0	105
3,5	96
2,5	83
4,0	99
1,0	78
0,5	68

15. Existe uma relação entre a taxa de pobreza (X) (medida como uma porcentagem da população abaixo do nível de pobreza) e a taxa de gravidez na adolescência (Y) (medida por

mil indivíduos do sexo feminino, com idades entre 15 e 17 anos)? Um pesquisador selecionou estados ao acaso e coletou os dados a seguir. Calcule um coeficiente de correlação de Pearson e determine se a correlação é significativa.

Estado	X	Y
A	10,4	41,7
B	8,9	38,6
C	13,3	43,2
D	6,9	35,7
E	16,0	46,9
F	5,2	33,5
G	14,5	43,3
H	15,3	44,8

16. Preparando-se para uma prova, alguns estudantes de uma turma estudaram mais do que outros. As notas de cada estudante em uma prova em que a pontuação ia de 0 a 10 e o número de horas estudadas foram os seguintes:

	Horas estudadas	Nota no exame
Bárbara	4	5
Bob	1	2
Deidra	3	1
Owen	5	5
Charles	8	9
Emma	2	7
Sanford	7	6
Luis	6	8

Calcule um coeficiente de correlação de Pearson e determine se a correlação é significativa.

17. Um pesquisador buscou determinar se as taxas de suicídio e de homicídio em áreas metropolitanas do país são correlacionadas e, se sim, se elas são inversamente proporcionais (correlação negativa) ou proporcionais (correlação positiva). Usando os dados disponíveis de um ano recente, ele comparou as amostras a seguir de 10 áreas metropolitanas em relação às suas taxas (número para cada 100 mil habitantes) de suicídios e homicídios:

Área metropolitana	Taxa de suicídios	Taxa de homicídios
A	20,2	22,5
B	22,6	28,0
C	23,7	15,4
D	10,9	12,3
E	14,0	12,6
F	21,4	19,5
G	9,8	13,2
H	13,7	16,0
I	15,5	17,7
J	18,2	20,8

Quais são a intensidade e a direção de correlação entre as taxas de suicídios e de homicídios entre as 10 áreas metropolitanas amostradas? Teste a hipótese nula de que as taxas de suicídios e homicídios não estão correlacionadas na população.

18. Um pesquisador educacional interessado na consistência do absenteísmo na escola ao longo do tempo estudou uma amostra de oito estudantes de ensino médio sobre os quais registros escolares completos estavam disponíveis. O pesquisador contou o número de dias que cada estudante havia perdido na 6ª série do ensino fundamental e no 1º ano do ensino médio. Ele obteve os resultados a seguir:

Estudante	Dias de falta (6ª série)	Dias de falta (1º ano)
A	4	10
B	2	4
C	21	11
D	1	3
E	3	1
F	5	5
G	4	9
H	8	5

Quais são a intensidade e a direção da relação entre o número de dias em que esses estudantes tinham estado ausentes no ensino fundamental (6ª série) e quantos dias eles perderam quando chegaram ao ensino médio (1º ano)? A correlação pode ser generalizada para uma população maior de estudantes?

19. A leitura e a televisão competem pelo tempo de lazer? Para descobrir isso, uma especialista em comunicação entrevistou uma amostra de 10 crianças quanto ao número de livros que elas haviam lido no ano anterior e o número de horas que elas haviam passado assistindo televisão diariamente. Os resultados foram os seguintes:

Número de livros	Horas assistindo TV
0	3
7	1
2	2
1	2
5	0
4	1
3	3
3	2
0	7
1	4

Quais são a intensidade e a direção da correlação entre o número de livros lidos e as horas passadas diante da televisão diariamente? A correlação é significativa?

20. Além da atividade de procura por emprego, a idade do trabalhador com formação específica pode estar relacionada ao tempo em que ele esteve desempregado. Suponha então que a idade (Z) seja adicionada às duas variáveis no Problema 10.

Contador	Semanas desempregado (X)	Semanas à procura de emprego (Y)	Idade (Z)
A	2	8	30
B	7	3	42
C	5	4	36
D	12	2	47
E	1	5	29
F	10	2	56
G	8	1	52
H	6	5	40
I	5	4	27
J	2	6	31
K	3	7	36
L	4	1	33

Calcule a correlação parcial de semanas em que o indivíduo esteve desempregado e de semanas em que esteve à procura de um emprego, mantendo a idade do trabalhador constante.

21. Além do tempo de estudo, a inteligência em si pode estar relacionada ao desempenho em uma prova. Suponha, então, que o QI (Z) seja adicionado às duas variáveis no Problema 16.

	Horas estudadas (X)	Nota do exame (Y)	QI (Z)
Bárbara	4	5	100
Bob	1	2	95
Deidra	3	1	95
Owen	5	5	108
Charles	8	9	110
Emma	2	7	117
Sanford	7	6	110
Luis	6	8	115

Calcule a correlação parcial do tempo de estudo e da nota obtida na prova, mantendo o QI constante.

22. A tabela a seguir é uma matriz de correlação entre o tamanho da família (X), a conta de supermercado semanal (Y) e a renda (Z) para uma amostra aleatória de 50 famílias.

	X	Y	Z
X	1,00	0,60	0,20
Y	0,60	1,00	0,30
Z	0,20	0,30	1,00

a. Quais das correlações são significativas ao nível de 0,05?
b. Qual será a correlação parcial entre o tamanho da família e o valor da conta de supermercado, caso a renda seja mantida constante? Discuta a diferença entre a correlação simples r_{XY} e a correlação parcial $r_{XY.Z}$.

Exercícios em SPSS

1. Usando SPSS para analisar o Monitoring the Future Study, gere uma matriz de correlação que permitirá que você teste a seguinte hipótese nula:

   Hipótese nula 1: Não há relação entre o uso habitual relatado de maconha ou haxixe (V115) e o uso habitual relatado de cocaína (V124).

   Hipótese nula 2: Não há relação entre o uso habitual relatado de maconha ou haxixe (V115) e a probabilidade de ser multado por excesso de velocidade ou parado por um policial por uma violação de trânsito (V197).

   Crie uma matriz de correlação das três variáveis. Exponha a intensidade e a direção dos coeficientes de correlação r de Pearson. Dica: ANALYZE, CORRELATE, BIVARIATE e escolha as variáveis.

2. Use o SPSS para gerar uma matriz de correlação única que permitirá que você teste a hipótese nula de não relação para todos os pares de variáveis a seguir:

   Notas (V179) e salário recebido em um emprego após a escola (V192);

   Uso habitual de maconha (V115) e salário recebido em um emprego após a escola (V192);

   Notas (V179) e uso habitual de maconha (V115); e

   Satisfação com a escola (V1682) e uso habitual da maconha (V115).

   a. Crie a matriz de correlação.
   b. Exponha a intensidade e a direção dos coeficientes de correlação r de Pearson para cada par de variáveis.
   c. Quais outros pares de variáveis poderiam ser testados usando essa mesma matriz de correlação?

3. Usando SPSS para analisar o Best Places Study, gere uma matriz de correlação única para testar a hipótese nula de não relação para todos os pares de variáveis a seguir:

   Taxas de suicídio (SUICIDE) e taxas de divórcio (DIVORCE);

   Taxas de suicídio (SUICIDE) e crime violento (CRIMEV);

   Crime contra a propriedade (CRIMEP) e crime violento (CRIMEV); e

   Outra variável de sua escolha para correlacionar com as taxas de divórcio (DIVORCE).
   a. Crie a matriz de correlação.
   b. Exponha a intensidade e a direção dos coeficientes de correlação r de Pearson para cada par de variáveis.

4. Usando o General Social Survey, calcule o r de Pearson para testar a hipótese nula a seguir:

   Hipótese nula 1: O grau máximo de instrução do entrevistado (DEGREE) não está relacionado ao grau máximo de instrução de seu pai (PADEG).

   Hipótese nula 2: O grau máximo de instrução do entrevistado (DEGREE) não está relacionado ao nível de renda pessoal (RINCOM98).

   a. Crie a matriz de correlação.
   b. Exponha a intensidade e a direção dos coeficientes de correlação r de Pearson para cada par de variáveis.

5. Escolha duas variáveis do General Social Survey de maneira que você possa gerar e interpretar uma correlação r de Pearson para testar a hipótese nula de não correlação entre as variáveis.

Análise de regressão

11

- Modelo de regressão
- Interpretação da reta de regressão
- Erros de predição
- Regressão e a correlação de Pearson
- Regressão e a análise de variância
- Regressão múltipla

Quadro 11.1 Exemplo passo a passo: análise de regressão
- Regressão logística
- Resumo
- Termos-chave
- Exercícios
- Exercícios em SPSS

Certos conceitos de estatística, como porcentagens e médias, são de uso tão comum que talvez você já os tivesse compreendido muito antes de fazer um curso de estatística. Outros conceitos são novos, e, no processo de aprender estatística de maneira aprofundada, você começará a ver a utilidade de medidas que talvez, inicialmente, tenha aprendido a calcular simplesmente por meio da "aplicação" de uma fórmula. É como se tornar fluente em uma língua estrangeira: inicialmente, você precisa de um dicionário para traduzir as palavras, porém, mais tarde, o contexto das palavras também se torna mais significativo.

No Capítulo 4 aprendemos um conceito novo, o de variância. Também vimos que em alguns casos ele é um conceito ainda mais importante do que a média. Mas, mesmo assim, talvez você ainda não compreenda o que variância significa, e não entenda o seu papel fundamental na estatística. No contexto da *análise de regressão*, a noção importante de variância deve se tornar mais clara.

Reconsideremos o problema, no Capítulo 4, relativo à duração das sentenças dadas a criminosos. Suponha que um criminologista tenha coletado dados sobre sentenças dadas a réus condenados por infrações a uma lei de controle de armamentos, que determina uma pena de 1 ano de prisão pelo porte ilegal de uma arma. Obviamente, todo o conjunto de dados consistiria em sentenças com duração de 12 meses. Saber quantas pessoas foram condenadas pela infração à lei pode ser ligeiramente interessante, mas a duração média de 12 meses das sentenças não teria valor analítico: todas seriam de 12 meses, e assim a variância seria zero.

Para aprender algo a respeito dos padrões de aplicação de sentenças e as tendências dos juízes ao aplicarem-nas, o melhor caminho que o criminologista poderia tomar seria escolher um crime para o qual as sentenças variam. Se nada varia, não há nada a explicar. Isto é, a meta da pesquisa é explicar por que variáveis variam. Por exemplo, por que certos réus recebem sentenças curtas e outros, sentenças longas? É possível identificar as características de réus ou da natureza de seus crimes que explicariam essa variação quanto à duração da sentença? Ou os comprimentos das sentenças são até certo ponto aleatórios e, por isso, imprevisíveis?

Suponha que um determinado juiz, conhecido por seu humor instável, determine as seguintes sentenças (em meses) para 10 réus condenados por agressão: 12, 13, 15, 19, 26, 27, 29, 31, 40 e 48. As questões imediatas são as seguintes: por que certos réus recebem somente sentenças de 12 meses ou algo em torno disso? Por que um réu foi sentenciado a 48 meses? Foi merecido? Isso ocorreu por que esse réu tem uma longa ficha criminal ou por que o crime foi particularmente violento? Ou foi apenas resultado de como o juiz se sentia naquele dia? Pior, poderia ter algo a ver com a etnia do réu ou a etnia da vítima?

A média desses dados é de 26 meses. Não há nada aparentemente irracional (nem tão severo, nem tão brando) a respeito da sentença média aplicada por esse juiz. Mas nossa preocupação está em sua consistência na aplicação das sentenças — isto é, em quão díspares elas parecem ser. Calculamos que a variância desses dados é de 125 (sugiro que você verifique este valor por si próprio). Então, essa é uma medida do montante de disparidade entre as penas. Pode parecer grande, mas, indo direto ao ponto, ela é justificada? Quanto desse valor de 125 é resultado, digamos, do número de condenações anteriores do réu?

A análise de regressão é usada para responder essas questões. É possível que todos tenhamos uma teoria sobre quais fatores encorajam sentenças severas e quais encorajam a brandura. Mas a análise de regressão nos proporciona a capacidade de quantificar precisamente a importância relativa de qualquer fator ou variável proposto. Portanto, resta pouca dúvida sobre o porquê de a técnica de regressão ser mais usada do que qualquer outra nas ciências sociais.

Modelo de regressão

A regressão está intimamente relacionada à correlação, visto que ainda estamos interessados na força de associação entre duas variáveis — por exemplo, duração de uma sentença e número de condenações anteriores. Na regressão, entretanto, ainda estamos preocupados em especificar a natureza dessa relação. Estabelecemos que uma variável é dependente, e a outra, independente. Isto é, acreditamos que uma variável influencia a outra. Nesse caso, a duração da sentença é dependente, e o número de condenações anteriores, independente.

Na análise de regressão, uma equação matemática é usada para prever o valor da variável dependente (indicada por Y) com base na variável independente (indicada por X):

$$Y = a + bX + e$$

Matematicamente, essa equação declara que a duração da sentença (Y) recebida por um determinado réu é a soma de três componentes: (1) um montante básico dado a todos acusados (indicado por a); (2) um montante adicional dado para cada condenação antecedente (indicado por b); e (3) um valor residual (indicado por e) que é imprevisível e único para aquele caso individual.

O termo a, chamado *intercepto Y*, refere-se ao nível esperado de Y quando $X = 0$ (não há antecedentes). Esse é o valor da parcela básica porque é o que Y deveria ser antes de levarmos em conta o nível de X.

O termo b é chamado *inclinação* (*coeficiente angular* ou *coeficiente de regressão*) para X. Isso representa o valor da variação de Y (aumento ou diminuição) para cada variação de uma unidade em X. Desse modo, por exemplo, espera-se que a diferença entre a duração da sentença de um acusado com $X = 0$ (nenhuma condenação anterior) e $X = 1$ (uma condenação anterior) seja b; e a diferença entre a duração da sentença esperada de um réu com $X = 0$ (nenhuma condenação antecedente) e um réu com $X = 2$ (duas condenações anteriores) seja $b + b = 2b$.

Por fim, e é chamado de *termo de erro* ou *termo de perturbação*. Ele representa o montante da sentença que não pode ser atribuído a a e bX. Em outras palavras, e representa o desvio da sentença de um determinado réu daquela que seria esperada com base no número de suas condenações anteriores (X).

Consideremos esse modelo geometricamente. A Figura 11.1 apresenta o gráfico de dispersão da duração da pena e dados de condenações anteriores da Tabela 11.1 para os 10 réus.

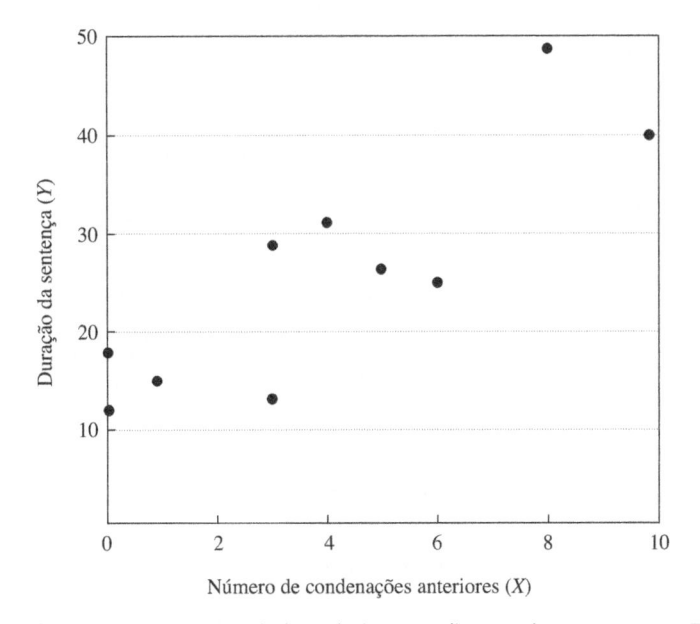

Figura 11.1 Gráfico de dispersão dos dados relativos à aplicação de sentenças na Tabela 11.1.

Tabela 11.1 Duração da sentença e condenações anteriores para 10 réus.

Condenações anteriores (X)	Sentença (em meses) (Y)
0	12
3	13
1	15
0	19
6	26
5	27
3	29
4	31
10	40
8	48

Claramente, há uma forte associação positiva entre X e Y. A regressão envolve colocar ou encaixar uma reta através da dispersão de pontos: se a reta for traçada precisamente, o valor de *a* (o intercepto Y) seria a localização em que a reta cruza o eixo Y. O valor de *b* (a inclinação) corresponderia à inclinação, para baixo ou para cima, de uma reta para o aumento de uma unidade em X. Aprendemos, no Capítulo 10, que o coeficiente de correlação de Pearson (r) mede o grau de proximidade dos pontos de uma linha reta: a reta a que nos referíamos é a *reta de regressão*. Ela está mais próxima de todos os pontos em um gráfico de dispersão.

Como a regressão está intimamente relacionada à correlação, não deveria causar surpresa que os cálculos sejam similares. Na realidade, quase todos os cálculos para a regressão são os mesmos para a correlação.

Os valores de *a* e *b* que se ajustam melhor aos dados são fornecidos por:

$$b = \frac{SP}{SQ_X}$$

ou

$$b = \frac{\Sigma(X - \bar{X})(X - \bar{Y})}{\Sigma(X - \bar{X})^2} \quad \text{para desvios}$$

ou

$$b = \frac{\Sigma XY - N\bar{X}\bar{Y}}{\Sigma X^2 - N\bar{X}^2} \quad \text{para escores brutos}$$

e o intercepto:

$$a = \bar{Y} - b\bar{X}$$

Os cálculos necessários para os dados fornecidos na tabela anterior são mostrados na Tabela 11.2.

Tabela 11.2 Cálculos de regressão para os dados na Tabela 11.1.

X	Y	$X - \bar{X}$	$Y - \bar{Y}$	$(X - \bar{X})(Y - \bar{Y})$	$(X - \bar{X})^2$	$(Y - \bar{Y})^2$	
0	12	−4	−14	56	16	196	$\bar{X} = 4$
3	13	−1	−13	13	1	169	$\bar{Y} = 26$
1	15	−3	−11	33	9	121	SP = 300
0	19	−4	−7	28	16	49	$SQ_X = 100$
6	26	2	0	0	4	0	$SQ_Y = 250$
5	27	1	1	1	1	1	$r = +0{,}85$
3	29	−1	3	−3	1	9	$b = 3$
4	31	0	5	0	0	25	$a = 14$
10	40	6	14	84	36	196	
8	48	4	22	88	16	484	
$\Sigma X = 40$	$\Sigma Y = 260$			SP = 300	$SQ_X = 100$	$SQ_Y = 1.250$	

Primeiro, calculamos as médias das duas variáveis ($\overline{X}$ = número médio de condenações anteriores; $\overline{Y}$ = duração média da sentença em meses):

$$\overline{X} = \frac{\Sigma X}{N}$$

$$= \frac{40}{10}$$

$$= 4$$

$$\overline{Y} = \frac{\Sigma Y}{N}$$

$$= \frac{260}{10}$$

$$= 26$$

Em seguida, calcule a soma de produtos e a soma de quadrados:

$$SP = \Sigma(X - \overline{X})(Y - \overline{Y})$$
$$= 300$$

$$SQ_X = \Sigma(X - \overline{X})^2$$
$$= 100$$

$$SQ_Y = \Sigma(Y - \overline{Y})^2$$
$$= 1.250$$

A partir dessas operações, calculamos b e, então, a:

$$b = \frac{SP}{SQ_X}$$

$$= \frac{300}{100}$$

$$= 3$$

$$a = \overline{Y} - b\overline{X}$$
$$= 26 - (3)(4)$$
$$= 26 - 12$$
$$= 14$$

A inclinação ou coeficiente angular (b) e o intercepto Y (a) formam a equação da reta de regressão. Como a reta de regressão representa penas esperadas ou previstas, em vez de penas reais, usamos $\hat{Y}$ (o acento circunflexo '^' significa *predito*) do lado esquerdo para representar a sentença prevista, em oposição à sentença real (Y):

$$\hat{Y} = a + bX$$
$$\hat{Y} = 14 + 3X$$

O próximo passo é representar graficamente a reta de regressão em um gráfico de dispersão. Para isso, precisamos somente encontrar dois pontos na reta e, então, conectá-los (dois pontos, exclusivamente, determinam uma reta).

O ponto mais fácil de determinar é o intercepto Y. Isto é, o valor de a é onde a reta de regressão cruza com o eixo Y. Em outras palavras, a reta de regressão sempre passa pelo ponto ($X = 0$, $Y = a$). O próximo ponto mais fácil de determinar é a intersecção das duas médias. Faz sentido, intuitivamente falando, que a média de um caso em X possa ser prevista como sendo a média em Y. Em resumo, a reta de regressão sempre passa pelo ponto ($X = \bar{X}$, $Y = \bar{Y}$).

Em nosso exemplo, então, sabemos imediatamente que a reta de regressão passa pelos pontos (0, 14) e (4, 26). E na Figura 11.2 podemos conectar esses pontos para formar essa reta.

Às vezes, os dois pontos mais fáceis de determinar — o intercepto Y e a intersecção das duas médias — estão próximos demais para que possamos traçar a reta de regressão com precisão. Isto é, se os pontos estão próximos demais, há uma margem considerável de erro ao se colocar uma régua entre eles. Em tais casos, é preciso selecionar um ponto diferente da intersecção de médias. Então, seria interessante selecionar um valor alto de X (de maneira que o ponto esteja distante do intercepto Y) e inseri-lo na equação. No nosso exemplo, poderíamos selecionar $X = 10$, e assim:

$$\hat{Y} = a + b(10)$$
$$= 14 + (3)(10)$$
$$= 14 + 30$$
$$= 44$$

O ponto (10, 44) poderia ser usado com o ponto (0, 14) para determinar a reta. Além da vantagem de selecionar pontos tão distantes quanto possível para tornar o desenho simples, não importa quais pontos você escolhe — todos os pontos previstos se encontrarão na mesma reta.

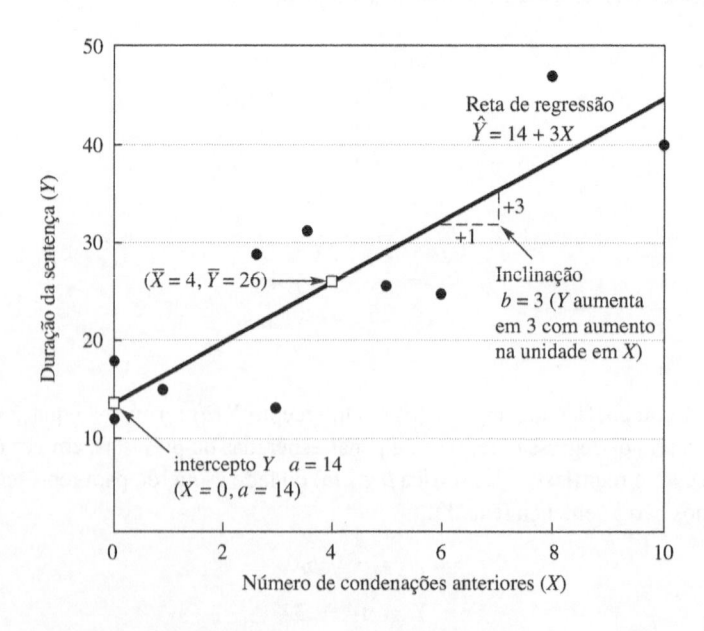

Figura 11.2 Reta de regressão para dados de aplicação de sentenças na Tabela 11.1.

Exigências para regressão

As hipóteses subjacentes de regressão são as mesmas que as do r de Pearson. Especialmente:
1. Presume-se que ambas as variáveis sejam medidas no nível intervalar.
2. A regressão supõe uma relação linear. Se esse não for o caso, há várias transformações (que são mais avançadas do que essa apresentação) que podem ser usadas para transformar a relação em uma linha reta. Do mesmo modo, se casos extremamente atípicos forem observados em um gráfico de dispersão, eles deverão ser removidos da análise.
3. Membros da amostra têm de ser escolhidos aleatoriamente para empregar testes de significância.
4. Para testar a significância da reta de regressão, é preciso também presumir uma normalidade para ambas as variáveis ou, então, ter uma amostra grande.

Interpretação da reta de regressão

Vamos verificar o que a e b realmente significam. O intercepto Y corresponde ao valor esperado ou previsto de Y quando $X = 0$. Nesse caso, então, podemos esperar que réus primários (isto é, aqueles sem condenações anteriores) receberão uma sentença de $a = 14$ meses. É claro que nem todos os réus primários receberão uma sentença de 14 meses — e na nossa amostra os dois réus receberam sentenças de prisão de 12 e 19 meses, respectivamente. Mas, com o decorrer do tempo, estimamos que a sentença média dada aos réus primários (aqueles com $X = 0$) será de 14 meses.

O coeficiente de regressão b se refere ao aumento ou à redução em Y esperados a cada aumento de uma unidade em X. Aqui podemos dizer que, para cada condenação anterior, um réu tende a receber $b = 3$ meses adicionais. Assim como ocorre no caso do intercepto, essa regra não se manterá em todos os casos; entretanto, 3 meses é o custo a longo prazo em termos de tempo de prisão para cada condenação antecedente.

Com isso em mente, também podemos fazer previsões sobre a sentença de um réu com base no número de condenações anteriores. Se um réu teve cinco condenações anteriores, por exemplo, podemos esperar ou prever:

$$\hat{Y} = a + b(5)$$
$$= 14 + (3)(5)$$
$$= 14 + 15$$
$$= 29$$

Em outras palavras, esse réu deve ou pode esperar receber a base de 14 meses e mais 3 meses adicionais para cada uma de suas cinco condenações anteriores. Observe também que esse ponto (5, 29) também se encontra na reta de regressão traçada na Figura 11.2. Desse modo, poderíamos simplesmente usar essa reta para fazer previsões do tamanho da sentença para qualquer réu, mesmo réus fora dessa amostra, desde que eles façam parte da população da qual essa amostra tenha sido extraída (isto é, réus condenados por agressão na mesma jurisdição). Apesar de não podermos prever sentenças de maneira exata, a reta de regressão fará a melhor previsão possível com base apenas no número de condenações anteriores.

Infelizmente, a interpretação da reta de regressão nem sempre é tão direta e significativa como nesse exemplo, particularmente em relação ao intercepto Y. Em nosso exemplo, pudemos interpretar o intercepto Y porque um valor de $X = 0$ era realista. Se, no entanto, estivéssemos regredindo o peso sobre altura (isto é, prevendo o peso da altura), o intercepto Y representaria o peso previsto de um indivíduo com 0 polegada de altura. A interpretação seria tão descabida quanto imaginar uma pessoa assim.

Significativo ou não, o intercepto Y é, não obstante, uma parte importante da equação de regressão, mas nunca tão importante quanto a inclinação. No caso altura–peso, o coeficiente angular se refere ao aumento de peso esperado para cada polegada de altura. Na verdade, o velho ditado norte-americano de "5 libras para cada polegada de crescimento" é realmente um coeficiente angular de regressão.

Equações de regressão são frequentemente usadas para projetar o impacto da variável independente (X) para além de seu alcance na amostra. Não houve réus com mais de 10 condenações anteriores, mas ainda assim pudemos prever a sentença dada pelo juiz a um réu hipotético com 13 condenações anteriores (veja a Figura 11.3):

$$\hat{Y} = a + b(13)$$
$$= 14 + (3)(13)$$
$$= 14 + 39$$
$$= 53$$

É preciso cautela, entretanto, ao lidar com prognósticos que se afastem demais da amostra de pontos de dados. Não seria razoável usar uma regressão altura–peso para prever o peso de um homem de 10 pés. Similarmente, em nosso exemplo de aplicação de sentenças, seria matematicamente possível prever a sentença a ser aplicada a um réu com 100 condenações anteriores.

$$\hat{Y} = a + b(100)$$
$$= 14 + (3)(100)$$
$$= 14 + 300$$
$$= 314$$

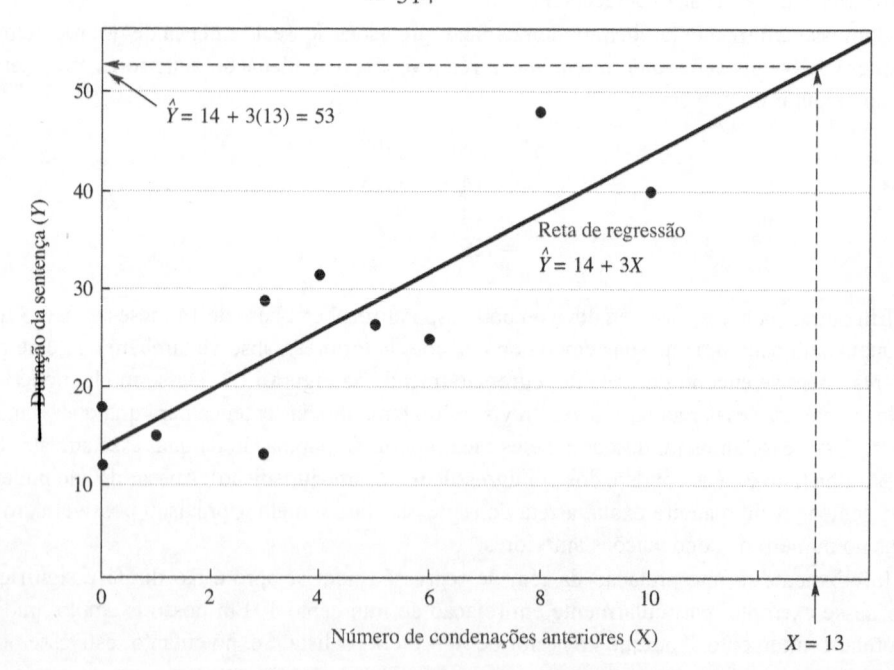

Figura 11.3 Predição a partir da equação de aplicação da sentença.

Uma sentença de 314 meses (mais de 26 anos) por assalto é absurda, mas a ideia de um réu com 100 condenações anteriores também é. Uma vez que você excede demais o alcance de valores da amostra, a capacidade de generalizar a reta de regressão deixa de existir. Como o maior valor de X na amostra é 10, o bom senso ditaria contra prever sentenças de réus com mais de, digamos, 15 condenações anteriores. Seria bastante improvável que a regra matemática de $b = 3$ meses por condenação anterior fosse aplicada a alguém com uma ficha criminal longa como essa. Outras considerações certamente interviriam e invalidariam uma predição tão fora da realidade.

Erros de predição

No caso especial em que a correlação é perfeita ($r = +1$ ou -1), todos os pontos se encontram precisamente na reta de regressão, e todos os valores de Y podem ser previstos perfeitamente com base em X. No caso mais comum, a reta apenas se aproxima dos pontos reais (quanto mais forte a correlação, mais próximo o ajuste dos pontos estará da reta).

A diferença entre os pontos (dados observados) e a reta de regressão (valores previstos) é o termo de erro ou de perturbação (e):

$$e = Y - \hat{Y}$$

O conceito de um termo de perturbação é ilustrado na Figura 11.4. Um valor positivo de e significa que a sentença aplicada a um réu é maior do que se esperaria com base em seu histórico anterior. Por exemplo, o réu com oito condenações anteriores tem uma sentença prevista de:

$$\hat{Y} = 14 + (3)(8) = 14 + 24 = 38$$

Sua pena real foi de 48 meses, entretanto, o que produziu um erro de predição de:

$$e = Y - \hat{Y} = 48 - 38 = 10$$

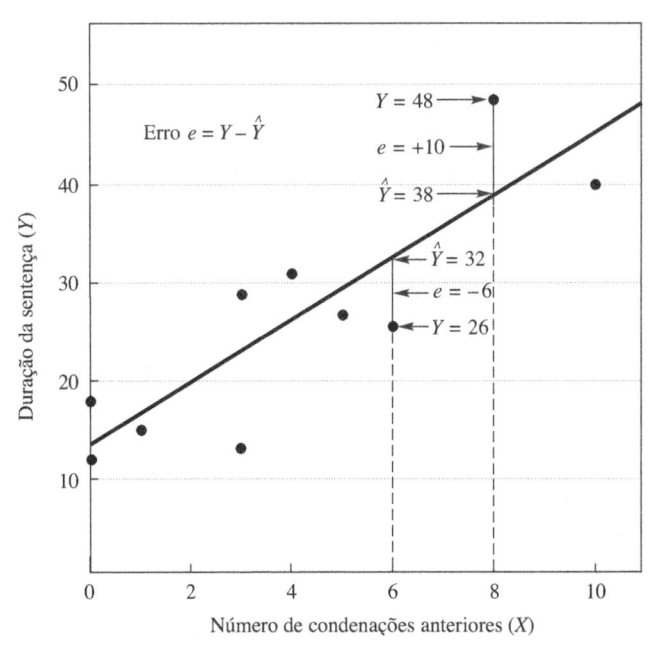

Figura 11.4 Erro de predição na regressão.

Desse modo, com base apenas nas condenações anteriores, a pena foi subestimada em 10 meses.

Erros de predição negativos ocorrem quando os pontos dos dados se encontram abaixo da reta de regressão. Isto é, com base no valor de *X*, o valor de *Y* é superestimado. Por exemplo, para o réu com seis condenações anteriores, preveríamos que sua sentença seria de:

$$\hat{Y} = 14 + (3)(6) = 14 + 18 = 32$$

Esse réu recebeu apenas 26 meses, produzindo um erro de predição de:

$$e = Y - \hat{Y} = 26 - 32 = -6$$

O valor de predição de uma reta de regressão (digamos, para prognosticar sentenças com base em condenações anteriores) pode ser avaliado pela magnitude desses termos de erro. Quanto maior o erro, mais fraca a reta de regressão como meio de prognóstico.

Pareceria intuitivamente lógico adicionar os termos de erro para obter uma medida da capacidade de previsão. Entretanto, os erros negativos e positivos se cancelam. Isto é, $\Sigma e = 0$. Para evitar isso, podemos elevar os erros ao quadrado antes de fazer a soma. A chamada *soma de quadrados dos erros* (ou *soma de quadrados residual*), indicada por SQ_{erro}, é:

$$SQ_{erro} = \Sigma e^2 = \Sigma(Y - \hat{Y})^2$$

A utilidade da soma de quadrados dos erros está em compará-la com a magnitude do erro que teria resultado caso *X* não tivesse sido usado para fazer as predições. Sem saber nada a respeito de um réu, que sentença você acha que ele receberia? O melhor palpite seria a sentença média, ou $\overline{Y}$. Se adivinharmos ou prevermos $\overline{Y}$ para cada réu, os erros serão simplesmente os desvios da média:

Erro sem saber o valor de $X = Y - \overline{Y}$

A soma de quadrados dos erros ou desvios de prognósticos, sem usar *X*, é chamada de *soma total dos quadrados:*

$$SQ_{total} = \Sigma(Y - \overline{Y})^2$$

O valor de predição da equação de regressão está em sua capacidade de reduzir o erro de predição — isto é, até que ponto a extensão que SQ_{erro} é menor do que SQ_{total}. A diferença entre os dois é a soma de quadrados que *X* pode explicar, e isso é chamado de *soma de quadrados da regressão* (ou *soma de quadrados explicada*). A soma de quadrados da regressão é, então,

$$SQ_{reg} = SQ_{total} - SQ_{erro}$$

Em resumo:

	Sem saber o valor de *X*	Sabendo o valor de *X*
Valor real	Y	Y
Valor previsto	$\overline{Y}$	$\hat{Y} = a + bX$
Erro de predição	$Y - \overline{Y}$	$Y - \hat{Y}$
Soma dos quadrados	$SQ_{total} = \Sigma(Y - \overline{Y})^2$	$SQ_{erro} = \Sigma(Y - \hat{Y})^2$
Diferença	$SQ_{reg} = SQ_{total} - SQ_{erro}$	

Calculemos agora essas somas de quadrados para os dados de aplicação de sentenças. Já sabemos, pela Tabela 11.2, qual é a soma total de quadrados (anteriormente chamada SQ_y):

$$SQ_{total} = \Sigma(Y - \overline{Y})^2 = 1.250$$

Para calcular a soma de quadrados dos erros, precisamos obter a duração prevista da sentença ($\hat{Y}$) para cada réu, subtraí-la da duração real da sentença (Y), elevar a diferença ao quadrado e então somar:

X	Y	$\hat{Y} = a + bX$	$e = Y - \hat{Y}$	e^2
0	12	14	−2	4
3	13	23	−10	100
1	15	17	−2	4
0	19	14	5	25
6	26	32	−6	36
5	27	29	−2	4
3	29	23	6	36
4	31	26	5	25
10	40	44	−4	16
8	48	38	10	100
				$\Sigma e^2 = 350$

Desse modo,

$$SQ_{erro} = \Sigma e^2 = 350$$

e assim,

$$SQ_{reg} = SQ_{total} - SQ_{erro} = 1.250 - 350 = 900$$

A capacidade da reta de regressão de fazer predições pode ser expressa no que é conhecido como a *redução proporcional do erro* (RPE, do inglês *proportionate reduction in error*), isto é, a proporção do erro de predição que pode ser reduzida ao se conhecer a variável independente. A redução proporcional do erro (RPE) devida a X é

$$\begin{aligned}RPE &= \frac{SQ_{total} - SQ_{erro}}{SQ_{total}} \\ &= \frac{SQ_{reg}}{SQ_{total}} \\ &= \frac{900}{1.250} \\ &= 0{,}72\end{aligned}$$

Desse modo, 0,72 ou 72% do erro na predição da duração da sentença é reduzido ao se levar em consideração o número de condenações anteriores. Colocando a questão de maneira diferente, 72% da variância da duração da pena é explicada pelo número de condenações anteriores que o réu tem em seu histórico. Essa é precisamente a informação que buscamos desde o início.

Regressão e a correlação de Pearson

Abordamos o problema da disparidade na aplicação de sentenças ao questionar as razões pelas quais alguns réus recebem sentenças mais longas do que outros. Usando a regressão, fomos capazes de determinar que 72% da variância na duração das sentenças pode ser explicada pelo número de condenações anteriores. Obter a equação de regressão — o intercepto e a inclinação — foi algo relativamente direto. Ela foi obtida das quantidades (SP, SQ_X e SQ_Y) derivadas do cálculo da correlação (r de Pearson). Entretanto, os passos para calcular SQ_{erro} e SQ_{reg} foram bastante trabalhosos, pois envolveram uma predição para cada pessoa na amostra. Dada a utilidade de determinar a redução proporcional do erro (RPE), seria interessante aplicar um método muito mais simples.

Se X e Y não são relacionados (isto é, se o r de Pearson = 0), SQ_{total} e SQ_{erro} serão os mesmos, pois X não ajudará a prever Y. Quanto maior o valor de r, menor o valor de SQ_{erro} em relação a SQ_{total}. Mais precisamente, a redução proporcional do erro (RPE) é o quadrado do r de Pearson:

$$r^2 = \frac{SQ_{total} - SQ_{erro}}{SQ_{total}}$$

O quadrado da correlação (r^2) é chamado de *coeficiente de determinação*. Isto é, r^2 é a proporção de variância em Y determinada ou explicada por X. A variação de valores para r^2 vai de 0 a 1; r^2 é sempre positivo, pois mesmo uma correlação negativa se torna positiva quando é elevada ao quadrado.

A quantidade complementar $1 - r^2$ é chamada de *coeficiente de não determinação*. Isto é, a proporção de variância em Y que não é explicada por X é $1 - r^2$:

$$1 - r^2 = \frac{SQ_{erro}}{SQ_{total}}$$

Para os dados de aplicação de sentenças, usando os cálculos da Tabela 11.2,

$$r = \frac{SP}{\sqrt{SQ_X SQ_Y}}$$

$$= \frac{300}{\sqrt{(100)(1.250)}}$$

$$= \frac{300}{\sqrt{125.000}}$$

$$= \frac{300}{353,55}$$

$$= 0,85$$

O coeficiente de determinação é, então,

$$r^2 = (0,85)^2 = 0,72$$

Desse modo, 72% da variância na duração da sentença pode ser explicada pelo número de condenações anteriores. Esse resultado concorda com os resultados do método longo da seção anterior.

O coeficiente de não determinação é:

$$1 - r^2 = 1 - (0{,}85)^2 = 1 - 0{,}72 = 0{,}28$$

Desse modo, 28% da variância na duração da sentença não é explicada por condenações anteriores. Esse resíduo de 28% poderia ser resultado de outros fatores relativos ao réu ou a seu crime. Uma porção dos 28% poderia ser até o resultado de erro aleatório — isto é, um erro que não pode ser atribuído a qualquer fator. Discutiremos essa possibilidade em detalhes mais adiante.

Regressão e a análise de variância

O foco sobre a variância explicada e aquela não explicada pode fazer com que você se lembre da análise de variância estudada no Capítulo 8. Naquele capítulo, quando decompusemos a soma total de quadrados (SQ_{total}) em soma de quadrados entre grupos (SQ_{entre}) e a soma de quadrados dentro de grupos (SQ_{dentro}). Na regressão, decompomos a soma total de quadrados em soma de quadrados de regressão (SQ_{reg}) e em soma de quadrados dos erros (SQ_{erro}). Na realidade, há similaridades muito fortes entre a análise de variância e a análise de regressão. Em ambas, tentamos dar a razão de uma variável em termos da outra. Na análise de variância, a variável independente é categórica ou se apresenta em grupos (como classe social ou religião), enquanto, na regressão, a variável independente se encontra no nível intervalar (como o número de condenações anteriores ou a altura).

Felizmente, não é necessário calcular um valor predito para cada entrevistado, como fizemos anteriormente, para decompor a variação total na variável dependente em porções explicadas e não explicadas pela variável independente. Usando os coeficientes de determinação e não determinação como proporções de variação explicada e não explicada, podemos decompor rapidamente a soma total de quadrados (SQ_{total} ou SQ_Y) usando as seguintes fórmulas:

$$\boxed{\begin{array}{l} SQ_{reg} = r^2 SQ_{total} \\ SQ_{erro} = (1 - r^2) SQ_{total} \end{array}}$$

Assim como no Capítulo 8, uma tabela de resumo da análise de variância é uma maneira conveniente de apresentar os resultados da análise de regressão. Na Tabela 11.3, por exemplo, exibimos sob o tópico "Fonte de variação" a regressão, o erro e a soma total de quadrados para a regressão da duração da sentença no número de condenações anteriores. Em seguida, às somas de quadrados da regressão e erros associam-se os graus de liberdade. A soma de quadrados da regressão tem apenas 1 grau de liberdade:

$$gl_{reg} = 1$$

Para a soma de quadrados dos erros,

$$gl_{erro} = N - 2$$

onde N é o tamanho da amostra.

Tabela 11.3 Tabela de resumo da análise de variância para dados de aplicação de sentenças.

Fonte da variação	SQ	gl	MQ	F
Regressão	900	1	900,00	20,57
Erro	350	8	43,75	
Total	1.250	9		

Como no Capítulo 8, podemos em seguida calcular a *média quadrática da regressão* (MQ_{reg}) e *a média quadrática dos erros* (MQ_{erro}), dividindo as somas de quadrados por seus respectivos graus de liberdade:

$$MQ_{reg} = \frac{SQ_{reg}}{gl_{reg}}$$

$$MQ_{erro} = \frac{SQ_{erro}}{gl_{erro}}$$

Por fim, dividindo a média quadrática da regressão pela média quadrática dos erros, obtemos uma razão (ou índice) F para testar a significância da regressão — isto é, se a regressão explicar um montante significativo da variação:

$$F = \frac{MQ_{reg}}{MQ_{erro}}$$

Para determinar se a razão F calculada é significativa, ela tem de exceder o valor crítico no Apêndice B, na Tabela D, para 1 e $N-2$ graus de liberdade.

Para os resultados da Tabela 11.3, para os dados sobre aplicação de sentenças,

$$F = \frac{900,00}{43,75} = 20,57$$

Na Tabela D, descobrimos que, para $a = 0,05$ com 1 e 8 graus de liberdade, o F crítico é 5,32. Desse modo, o número de condenações anteriores explica uma porção significativa da variância na duração das sentenças.[1]

Regressão múltipla

Tentamos explicar a variação na duração das sentenças com base no histórico criminal dos réus — isto é, prever a duração das sentenças a partir do número de condenações anteriores. Ao todo, 72% da variância foi explicada e 28% não foi explicada pelo histórico criminal. Essa abordagem é chamada de *regressão simples* — uma variável dependente e uma variável independente — da mesma maneira que a correlação de Pearson é frequentemente chamada de correlação simples.

---

[1] Este teste F da variância explicada é equivalente ao teste para a significância da correlação de Pearson apresentada no Capítulo 10. Na realidade, com uma variável independente como a que temos aqui, $F = t^2$.

QUADRO 11.1   Exemplo passo a passo: análise de regressão

Para rever os passos da análise de regressão, reconsideremos os dados de altura e peso do Capítulo 10. Nesse exemplo, usaremos fórmulas de calculo de escore bruto para somas de quadrados para simplificar os cálculos. A altura (X), a variável independente e o peso (Y) e a variável dependente para as oito crianças são dados na Tabela 11.4, juntamente com os quadrados e os produtos.

Passo 1   Calcule a média de X e a média de Y.

$$\bar{X} = \frac{\Sigma X}{N} = \frac{432}{8} = 54$$

$$\bar{Y} = \frac{\Sigma Y}{N} = \frac{720}{8} = 90$$

Passo 2   Calcule SQ_x, SQ_y e SP.

$$SQ_X = \Sigma X^2 - N\bar{X}^2$$
$$= 23.460 - (8)(54)^2$$
$$= 23.460 - 23.328$$
$$= 132$$

$$SQ_Y = \Sigma Y^2 - N\bar{Y}^2$$
$$= 65.002 - (8)(90)^2$$
$$= 65.002 - 64.800$$
$$= 202$$

$$SP = \Sigma XY - N\bar{X}\bar{Y}$$
$$= 38.980 - (8)(54)(90)$$
$$= 38.980 - 38.880$$
$$= 100$$

Passo 3   Determine a reta de regressão.

$$b = \frac{SP}{SQ_X}$$
$$= \frac{100}{132}$$
$$= 0{,}76$$

$$a = \bar{Y} - b\bar{X}$$
$$= 90 - (0{,}76)(54)$$
$$= 48{,}96$$

$$\hat{Y} = 48{,}96 + 0{,}76X$$

Passo 4   Determine a correlação e os coeficientes de determinação e não determinação.

$$r = \frac{SP}{\sqrt{SQ_X SQ_Y}}$$
$$= \frac{100}{\sqrt{(132)(202)}}$$
$$= \frac{100}{163{,}29}$$
$$= 0{,}6124$$

Tabela 11.4   Cálculos para dados de peso–altura.

X	Y	X^2	Y^2	XY	
49	81	2.401	6.561	3.969	$N = 8$
50	88	2.500	7.744	4.400	$\Sigma X = 432$
53	87	2.809	7.569	4.611	$\Sigma Y = 720$
55	99	3.025	9.801	5.445	$\bar{X} = 54$
60	91	3.600	8.281	5.460	$\bar{Y} = 90$
55	89	3.025	7.921	4.895	$\Sigma X^2 = 23.460$
60	95	3.600	9.025	5.700	$\Sigma Y^2 = 65.002$
50	90	2.500	8.100	4.500	$\Sigma XY = 38.980$
432	720	23.460	65.002	38.980	

Desse modo,

$$r^2 = (0{,}6124)^2$$
$$= 0{,}3750$$
$$= 38\%$$
$$1 - r^2 = 1 - (0{,}6124)^2$$
$$= 1 - 0{,}3750$$
$$= 0{,}6250$$
$$= 62\%$$

Passo 5 Calcule SQ_{total}, SQ_{reg} e SQ_{erro}.

$SQ_{total} = SQ_Y = 202$

$SQ_{reg} = r^2 SQ_{total} = (0{,}3750)(202) = 75{,}75$

$SQ_{erro} = (1 - r^2) SQ_{total} = (0{,}6250)(202) = 126{,}25$

Passo 6 Calcule as médias quadráticas da regressão e dos erros.

$$gl_{reg} = 1$$

$$MQ_{reg} = \frac{SQ_{reg}}{gl_{reg}}$$

$$= \frac{75{,}75}{1} = 75{,}75$$

$$gl_{erro} = N - 2 = 8 - 2 = 6$$

$$MQ_{erro} = \frac{SQ_{erro}}{gl_{erro}}$$

$$= \frac{126{,}25}{6} = 21{,}04$$

Passo 7 Calcule F e o compare com o valor crítico da Tabela D.

$$F = \frac{MQ_{reg}}{MQ_{erro}}$$

$$= \frac{75{,}75}{21{,}04}$$

$$= 3{,}60$$

$gl = 1$ e 6

$\alpha = 0{,}05$

$F = 5{,}99$ (valor crítico da Tabela D)

Como o F calculado é menor do que o valor crítico, a altura não explica um montante significativo de variância no peso. Apesar de a correlação ter sido ligeiramente forte ($r = +0{,}61$), a amostra era pequena demais para que obtivéssemos resultados significativos.

Passo 8 Construa uma tabela de resumo de análise de variância.

Fonte da variação	SQ	gl	MQ	F
Regressão	75,75	1	75,75	3,60
Erro	126,25	6	21,04	
Total	202,00	7		

Naturalmente, condenações anteriores não são o único fator relevante na análise de dados de aplicação de sentenças. Seria uma bobagem sugerir que a duração da sentença depende de apenas um fator, mesmo que uma porcentagem alta como 72% da variância tenha sido explicada. Poderíamos querer testar modelos de aplicação de sentenças que incluíssem variáveis como idade do réu e sua declaração de culpa ou inocência quanto à acusação. Talvez, ao fazer isso, possamos explicar ainda mais dos 28% de variância que a duração da sentença não conseguiu.

Consideremos o caso de dois prognosticadores: condenações anteriores e idade. Adicionamos ao nosso conjunto de dados outra variável independente, a idade do réu (Z).

Condenações anteriores (X)	Idade (Z)	Sentença (Y)
0	18	12
3	22	13
1	27	15
0	28	19
6	30	26
5	35	27
3	36	29
4	29	31
10	34	40
8	31	48

As médias, as variâncias e os desvios padrão calculados para as três variáveis, assim como suas intercorrelações, são os seguintes:

	Média	Variância	Desvio padrão	Matriz de correlação		
				Condenações anteriores (X)	Idade (Z)	Sentença (Y)
Condenações anteriores	4	10	3,16	1,00	0,59	0,85
Idade	29	29	5,39	0,59	1,00	0,69
Sentença	26	125	11,18	0,85	0,69	1,00

Você poderia se sentir tentado a usar também a abordagem da regressão simples para prever uma sentença baseada em idade, e então combinar os resultados com aqueles da regressão de sentença sobre condenações anteriores já obtidos. Infelizmente, isso produziria resultados errôneos. Ao elevar as correlações ao quadrado, as condenações anteriores explicam $(0,85)^2 = 0,72 = 72\%$ da variância na duração da sentença, e a idade explica $(0,69)^2 = 0,48 = 48\%$ da variância na duração da sentença. Se tentássemos somar essas porcentagens, elas excederiam 100%, o que é impossível.

O problema é que, até certo ponto, a idade e as condenações anteriores sobrepõem-se em suas capacidades de explicar as sentenças: réus mais velhos acumularam mais condenações durante suas vidas. Portanto, como a idade e as condenações se correlacionam ($r = 0,59$), parte da porcentagem de variância em sentenças explicada por condenações anteriores também é explicada pela idade, e vice-versa. Ao adicionar as proporções que cada uma explica, uma determinada porção é contada duas vezes.

A situação é ilustrada na Figura 11.5 com o uso de círculos que se sobrepõem para representar as três variáveis e suas variâncias compartilhadas. Observe que as condenações anteriores cobrem 72% do círculo da sentença, refletindo a variância explicada. A idade cobre 48% do círculo da sentença, refletindo sua variância explicada. Para que esses dados sejam viáveis, entretanto, condenações anteriores e idade têm, até certo ponto, de sobrepor-se. O objetivo na regressão múltipla é determinar qual porcentagem de variância na sentença é explicada por ambas, condenações anteriores e idade — isto é, qual porcentagem do círculo da sentença é eclipsada pelas condenações anteriores, idade ou ambas.

A *regressão linear múltipla* (ou apenas *regressão múltipla*) é uma generalização da regressão simples quando são usados dois ou mais prognosticadores. O modelo de regressão introduzido no início deste capítulo para prever Y de X pode ser ampliado para prever Y de uma combinação linear de X e Z.

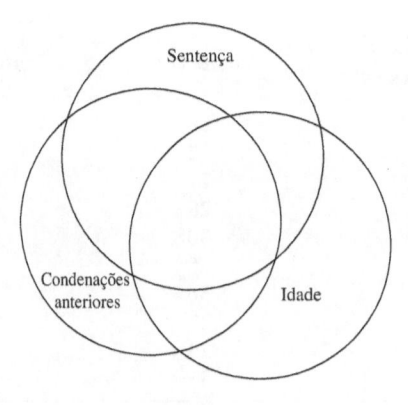

Figura 11.5 Sobreposição na variância explicada.

$$Y = b_0 + b_1 X + b_2 Z + e$$

onde b_0 (em vez de a) é usado para o intercepto Y, b_1 e b_2 para as inclinações de X e Z, respectivamente, e e para o termo residual ou de erro. Parecido com o caso de um dos prognosticadores, os valores previstos da variável dependente são:

$$\hat{Y} = b_0 + b_1 X + b_2 Z$$

O intercepto Y, ou termo constante, b_0, é o valor esperado de Y quando o valor de ambos, X e Z, é 0. O coeficiente angular b_1 reflete a mudança esperada em Y para cada aumento de uma unidade em X, mantendo Z constante. Similarmente, o coeficiente angular b_2 reflete a mudança esperada em Y para cada aumento de uma unidade em Z, mantendo X constante.

Os cálculos para estimar os coeficientes de regressão múltiplos são complexos, especialmente quando há um número grande de prognosticadores, e por isso computadores são quase sempre necessários. Além do mais, isso impõe uma série de questões e complicações que estão além do escopo deste livro. Mas, apenas para instigar sua curiosidade por seu próximo curso em estatística, o caso de dois prognosticadores pode ser resolvido com uma calculadora, e mesmo assim inclui todos os conceitos de análises de regressão múltipla elaborados para os quais computadores são essenciais.

As fórmulas para calcular coeficientes de regressão com duas variáveis prognosticadoras (como as condenações anteriores e a idade) são um pouco complexas. O coeficiente de regressão (ou inclinação) para cada prognosticador tem de ser ajustado para qualquer sobreposição explanatória que exista com relação ao outro prognosticador. O ajuste é bastante similar ao cálculo da correlação parcial introduzido no Capítulo 10.

Para o caso de duas variáveis prognosticadoras, os coeficientes de regressão, incluindo o intercepto Y, são dados por:

$$b_1 = \frac{s_Y}{s_X}\left(\frac{r_{YX} - r_{YZ} r_{XZ}}{1 - r_{XZ}^2}\right)$$

$$b_2 = \frac{s_Y}{s_Z}\left(\frac{r_{YZ} - r_{XY} r_{XZ}}{1 - r_{XZ}^2}\right)$$

$$b_0 = \bar{Y} - b_1 \bar{X} - b_2 \bar{Z}$$

Baseado nas médias, nos desvios padrão e nas correlações entre pena, condenações anteriores e idade, podemos calcular

$$b_1 = \frac{11{,}18}{3{,}16}\left(\frac{0{,}85 - (0{,}69)(0{,}59)}{1 - (0{,}59)^2}\right)$$

$$= 3{,}54\left(\frac{0{,}4439}{0{,}6519}\right)$$

$$= 3{,}54(0{,}6794)$$

$$= 2{,}395$$

$$b_2 = \frac{11{,}18}{5{,}39}\left(\frac{0{,}69 - 0{,}85(0{,}59)}{1 - (0{,}59)^2}\right)$$

$$= 2{,}07\left(\frac{0{,}1885}{0{,}6519}\right)$$

$$= 0{,}605$$

$$b_0 = 26 - 2{,}395(4) - 0{,}605(29)$$
$$= -1{,}132$$

Com esses resultados, a equação de regressão que prevê a sentença (Y) com base em condenações anteriores (X) e idade (Z) é a seguinte:

$$\hat{Y} = -1{,}132 + 2{,}395X + 0{,}605Z$$

Observe que cada um dos dois prognosticadores tem seu próprio coeficiente de regressão ou inclinação. Novamente, essas inclinações indicam a mudança esperada na variável dependente associada com um aumento de uma unidade em um determinado prognosticador, mantendo constante o outro prognosticador.

Com base nesses resultados, podemos dizer que cada condenação anterior adicional (X) tende a trazer consigo um aumento de 2,395 meses na duração da sentença (Y), mantendo constante a idade do réu (Z). Por exemplo, dados dois réus da mesma idade, sendo que um deles tem duas condenações anteriores a mais do que o outro, podemos esperar que o primeiro réu receba uma pena que é 2(2,395) ou em torno de 4,8 meses mais longa do que a do outro réu.

Também, com base nesses resultados, podemos dizer que cada ano adicional de idade (Z) tende a ser associado com um aumento de 0,605 mês na duração da sentença (Y), mantendo constante o número de condenações anteriores (X). Se dois réus têm históricos criminais similares, mas um é 5 anos mais velho, podemos esperar que o último receba uma pena 5(0,605) ou em torno de 3 meses mais longa do que a do outro réu.

Por fim, o intercepto Y representa a reta-base, ou a duração esperada da sentença, quando ambos os prognosticadores são iguais a zero. Não deve nos incomodar, de maneira alguma, que o intercepto Y aqui seja negativo (−1,132 mês); afinal de contas, com que frequência encontramos um réu recém-nascido sem condenações anteriores?

Uma medida global de ajuste dos valores de Y reais em relação àqueles previstos pela reta de regressão é dada pelo *coeficiente múltiplo de regressão* (também conhecido como a *correlação múltipla elevada ao quadrado*). Simbolizado por R^2 (em comparação com r^2 para o coeficiente de Pearson para relações bivariáveis), o coeficiente múltiplo de determinação é a proporção de variância em uma variável dependente explicada por um conjunto de variáveis dependentes em combinação. Para duas variáveis dependentes (X e Z),

$$R^2 = \frac{r_{YX}^2 + r_{YZ}^2 - 2r_{YX}r_{YZ}r_{XZ}}{1 - r_{XZ}^2}$$

Com base nas correlações entre sentença, condenações anteriores e idade,

$$R^2 = \frac{(0,85)^2 + (0,69)^2 - 2(0,85)(0,69)(0,59)}{1 - (0,59)^2}$$

$$= \frac{0,7225 + 0,4761 - 0,6921}{1 - 0,3481}$$

$$= \frac{0,5065}{0,6519}$$

$$= 0,78$$

Desse modo, a idade e o número de condenações anteriores combinados explicam 78% da variância na duração da sentença. Aparentemente, a inclusão da idade adiciona apenas um montante modesto à predição total da duração da sentença. Como o número de condenações anteriores, por si só, explica 72%, a inclusão da idade como uma variável adicional aumenta a porcentagem de variância explicada em apenas 6%.

Variáveis *dummy*

As três variáveis usadas na análise de regressão anterior são medidas ao nível intervalar, uma pressuposição na análise de regressão. Como ocorre com outras técnicas paramétricas abordadas neste livro, geralmente é seguro usar variáveis ordinais desde que os pontos ao longo do *continuum* sejam espaçados com certa uniformidade, como em uma escala de 7 pontos que vai de "concordo plenamente" a "discordo completamente". Variáveis nominais não podem ser usadas como prognosticadoras, a não ser que elas sejam convertidas em um tipo especial de variável, chamada de *variável dummy*, tendo apenas dois valores e geralmente codificadas como 0 e 1.

Como exemplo, suponha que quiséssemos incluir outra variável, "julgamento", codificada como 1 se o réu fosse condenado após uma declaração de inocência, e 0 se o réu fosse condenado após assumir a culpa e sem julgamento. Se codificada dessa maneira, o coeficiente da variável simulada "julgamento" representaria a diferença média na sentença para réus condenados após uma declaração de inocência e aqueles que assumem a culpa, mantendo constantes as outras variáveis prognosticadoras.

Condenações anteriores (X)	Idade (Z)	Sentença (Y)	Julgamento (D)
0	18	12	1
3	22	13	0
1	27	15	0
0	29	19	1
6	30	26	0
5	35	27	1
3	36	29	1
4	29	31	0
10	34	40	0
8	31	48	1

Com mais de dois prognosticadores, os cálculos para regressão múltipla são tão elaborados que é virtualmente impossível realizá-los sem a ajuda de um computador e de um *software* estatístico especial (como o SPSS). Mas a interpretação dos resultados é uma extensão direta do caso dos dois prognosticadores.

Examinaremos as porções mais importantes do resultado produzido pelo SPSS para regredir (ou prever) sentenças com base em condenações anteriores, idade e julgamento. A Tabela 11.5 exibe coeficientes de regressão, seus erros padrão respectivos, valores t e níveis de significância.

Mostrados na primeira coluna, cada um dos coeficientes de regressão (b) representa a mudança esperada em Y correspondente a um aumento de uma unidade naquele prognosticador, enquanto todos os outros prognosticadores são mantidos constantes. O coeficiente para condenações anteriores, após o controle de idade e julgamento, é 2,866. Desse modo, cada condenação anterior adicional tende a resultar em um aumento de 2,866 meses na duração da sentença, havendo controle de idade e levando em conta se o réu foi a julgamento. Suponha, por exemplo, que os réus hipotéticos A e B tenham a mesma idade, e ambos tenham feito a mesma declaração; mas A tem uma condenação anterior a mais do que B. Então, podemos esperar que A receba uma sentença 2,866 meses mais longa do que B.

Os outros dois coeficientes seriam interpretados de maneira similar. Espera-se que cada ano de idade aumente a sentença em 0,379 mês, havendo controle tanto para condenações anteriores quando para o *status* do julgamento. Por fim, o coeficiente para a variável simulada (*dummy*) do julgamento indica que a sentença esperada de um julgamento (em caso de condenação) tende a ser 6,061 meses mais longa do que aquela de uma declaração de culpa, presumindo que as duas outras variáveis sejam mantidas constantes.

As razões t são calculadas pela divisão do coeficiente por seu erro padrão correspondente. A razão t (com $N - k - 1$ graus de liberdade, onde k é o número de prognosticadores) nos permite testar se o coeficiente de regressão é significativamente diferente de 0 (a hipótese nula de não efeito). Poderíamos comparar cada um dos valores t com o valor crítico de 2,447 encontrado na Tabela B do Apêndice B para 6 graus de liberdade (aqui, $N = 10$ e $k = 3$ prognosticadores) e um nível de significância de 0,05. Nesse caso, apenas condenações anteriores têm um efeito significativo sobre a duração da sentença. Alternativamente, a maioria dos programas de *software* de regressão calcula o valor p exato para cada coeficiente (indicado por "Sig."), representando a probabilidade exata de obter um coeficiente de regressão com pelo menos esse tamanho se a hipótese nula de não efeito for verdadeira. Para condenações anteriores, a probabilidade exata ($p = 0,010$) é bastante baixa e certamente abaixo do nível de significância de 0,05. Para os outros dois prognosticadores, entretanto, não conseguimos rejeitar a hipótese nula de não efeito.

Pode parecer um pouco estranho que o coeficiente para condenações anteriores (2,886) seja significativo enquanto um coeficiente muito maior para julgamento (6,130) não o seja. Isso reflete

Tabela 11.5 Regressão múltipla de dados de sentenças.

	Coeficientes não padronizados		Coeficientes padronizados		
	b	Erro padrão	Beta	t	Sig.
Constante	0,469	10,986		0,043	0,967
Condenações anteriores	2,866	0,781	0,811	3,670	0,010
Idade	0,379	0,446	0,183	0,850	0,428
Julgamento	6,130	4,023	0,274	1,524	0,178

o fato de que um aumento em uma unidade em julgamento (de declaração de culpa para condenação em um julgamento) é uma diferença importante em um procedimento criminal, enquanto o aumento de uma condenação criminal não é tão dramático. A dificuldade em comparar os valores numéricos dos dois coeficientes de regressão está em que as variáveis subjacentes têm desvios padrão (ou escalas) bastante diferentes.

A coluna entitulada pelo coeficiente padronizado proporciona uma medida do impacto de cada prognosticador quando colocado na mesma escala (padronizada). Isso torna a interpretação substantiva menos significativa. Cada coeficiente padronizado representa a mudança esperada na variável dependente em termos de unidades de desvio padrão que corresponde a um aumento do desvio padrão no prognosticador, mantendo-se constantes os outros prognosticadores. Embora não sejam particularmente esclarecedores, pelo menos os tamanhos relativos dos coeficientes padronizados indicam suas forças relativas na previsão da variável dependente. O coeficiente padronizado 0,811 para condenações anteriores é muito maior do que aqueles para as outras duas variáveis, o que indica claramente a maior importância dessa variável na previsão de durações de sentenças.

Como no caso da regressão com outro prognosticador, podemos dividir a soma de quadrados global ou total na variável dependente em duas partes (as porções explicáveis e inexplicáveis pelo grupo de variáveis prognosticadoras), e resumir e testar os resultados usando uma tabela de análise de variância, como mostrado na Tabela 11.6.

Anteriormente, quando usamos apenas os antecedentes como um prognosticador, fomos capazes de explicar 900 do total de 1.250 somas de quadrados. Com três prognosticadores, esse número aumenta para 1047,843, deixando 202,157 como erro (ou variação na duração da sentença não levada em consideração pelas três variáveis). Como anteriormente, obtemos a regressão média de quadrados e erro do quadrado médio pela divisão das somas de quadrados pelos seus graus de liberdade correspondentes. Por fim, a razão F, encontrada por meio da divisão da regressão média dos quadrados pelo erro (ou residual) do quadrado médio, pode ser comparada ao valor crítico da Tabela D do Apêndice B (4,76 para o numerador $gl = 3$, denominador $gl = 6$ e um nível de significância de 0,05). Alternativamente, podemos simplesmente determinar se o valor de significância exato ($p = 0,009$) fornecido pelo software é menor do que nosso nível de significância de 0,05. De qualquer maneira, $F = 10,367$ é estatisticamente significativo, permitindo que rejeitemos a hipótese nula de não previsibilidade ou efeito dentro de toda a equação de regressão.

Por fim, as somas dos quadrados podem, como antes, ser usadas para calcular o coeficiente de determinação ou a correlação múltipla elevada ao quadrado:

$$R^2 = \frac{SQ_{total} - SQ_{erro}}{SQ_{total}} = \frac{SQ_{reg}}{SQ_{total}}$$

$$= \frac{1047,843}{1.250}$$

$$= 0,838$$

Tabela 11.6 Tabela da análise de variância para regressão de dados de sentenças.

	Soma dos quadrados	gl	Média quadrática	F	Sig.
Regressão	1.047,843	3	349,281	10,367	0,009
Erro	202,157	6	33,693		
Total	1.250,000	9			

Desse modo, enquanto as condenações anteriores por si só explicaram 72% da variância na duração da sentença, o grupo de três variáveis pode explicar 84%. E baseado na razão F da análise da tabela de variância ($F = 20,367$), podemos concluir que a proporção da variância explicada pelo modelo de regressão, o $R^2 = 0,838$, é significativa.

Interação entre termos

Os coeficientes de regressão para condenações anteriores, idade e julgamento refletem um efeito independente ou separado de cada variável, mantendo constantes os outros dois. Esses impactos são às vezes conhecidos como *efeitos principais*. Também é possível que as variáveis tenham efeitos de interação — isto é, o tamanho do efeito de uma variável independente sobre a variável dependente está ligado ao valor de outra variável independente.

Para ilustrar a distinção entre os efeitos principais e de interação, considere um estudo que examina os benefícios da dieta e do exercício sobre a perda de peso. Suponha que apenas a dieta produza uma perda média de peso de 2 libras por semana, e que uma hora de exercício diário produza somente uma perda média de 3 libras por semana. Quais resultados seriam esperados da combinação de dieta e exercício? Seria a soma dos efeitos da dieta e do exercício, isto é, $2 + 3 = 5$ libras? Isso seria verdade se não houvesse interação. Uma interação existiria se a dieta e o exercício produzissem, digamos, uma perda de peso média de 6 libras. Em outras palavras, o efeito da dieta aumenta com o exercício, e o efeito do exercício aumenta com a dieta.

A regressão múltipla pode facilmente incorporar e testar os efeitos de interação ao incluir o produto de variáveis no modelo de regressão. Por exemplo, poderíamos criar uma nova variável, condenações anteriores × julgamento, multiplicando as condenações anteriores e o julgamento. Os resultados da regressão revisada são como mostra a Tabela 11.7. A interpretação seria de que cada condenação anterior aumenta a sentença esperada em 2,490 anos se não há julgamento (quando julgamento = 0, a variável de interação é zero e é excluída da equação). Para os réus que vão a julgamento, julgamento = 1 e, desse modo, condenações anteriores × julgamento = condenações anteriores, e o efeito de cada condenação antecedente é $2,490 + 0,801 = 3,291$. Desse modo, apesar de o efeito de interação não ser estatisticamente significativo, particularmente em uma amostra tão pequena, ir a julgamento aumenta o efeito de cada condenação antecedente em 0,801 de um ano, ou em torno de 9 meses.

Tabela 11.7 Regressão múltipla de dados de sentenças com interação.

	Coeficientes não padronizados		Coeficientes padronizados		
	b	Erro padrão	Beta	t	Sig.
Intersecção	2,591	12,028		0,215	0,838
Condenações anteriores	2,490	1,007	0,704	2,472	0,056
Idade	0,368	0,463	0,177	0,795	0,463
Julgamento	2,905	6,536	0,130	0,445	0,675
Condenações anteriores × julgamento	0,801	1,262	0,193	0,635	0,554

Regressão logística

A essa altura, deveria estar bastante claro que a regressão múltipla é uma ferramenta extremamente útil para prever uma ampla variedade de características, como a duração das sentenças para criminosos condenados, escores de testes para estudantes universitários, perda de peso para pessoas que fazem dieta ou praticantes de esportes — virtualmente qualquer variável que é medida ao nível intervalar. Mas o que fará o pesquisador social ao prever variáveis categóricas — especialmente dicotômicas —, como se o indivíduo apoia ou opõe-se à legalização do casamento entre homossexuais, qual dos candidatos dos dois principais partidos ganhará as eleições em vários estados em uma eleição presidencial, ou se os entrevistados em um levantamento relatam ser proprietários de armas. Embora esses tipos de variáveis possam ser usados como prognosticadores de variáveis *dummy*, se esse fosse o objetivo da pesquisa, haveria problemas em usá-las como variáveis dependentes em regressão linear.

Considere os seguintes dados de uma amostra selecionada aleatoriamente de estudantes que pretendem ingressar em uma determinada universidade, que incluem sexo (gênero) codificado como 0 para indivíduos do sexo feminino e 1 para indivíduos do sexo masculino, média de notas no ensino médio (*HSavg*) medida em uma típica escala de 100 pontos e resultado (decisão) da admissão codificado como 0 para rejeitado e 1 para admitido.

Gênero	HSavg	Decisão
1	76	0
0	78	0
1	81	0
1	83	0
1	84	0
1	85	0
0	86	0
0	87	0
0	86	1
1	87	1
1	88	0
1	89	1
0	89	0
1	90	0
1	90	1
0	91	1
1	92	0
1	93	0
0	92	1
0	94	0
0	96	1
0	97	1
0	98	1
1	98	1
0	99	1

Focaremos primeiro o impacto da *HSavg* sobre a decisão e o gráfico de dispersão na Figura 11.6. A dispersão dos pontos parece bastante incomum — duas séries horizontais de pontos, a de cima para estudantes admitidos e a de baixo para estudantes rejeitados. Parece certo que *HSavg* pode, até certo ponto, prever a decisão. Os escores da *HSavg* para os estudantes admitidos (série de cima) tendem a estar mais à direita (*HSavg* média de 93,0) do que os escores para os estudantes rejeitados (*HSavg* média de 86,1). Se aplicássemos os métodos de regressão tradicionais, a reta de regressão cinza (mostrada na Figura 11.6) produziria alguns resultados curiosos.

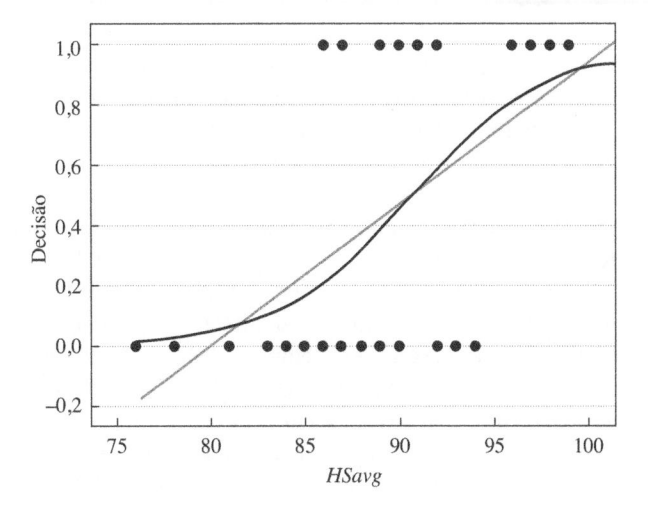

Figura 11.6 Regressão linear e logística.

O coeficiente angular da reta, $b = 0{,}047$, sugere que cada aumento de um ponto em *HSavg* aumentaria a decisão em 0,047. Como a decisão tem apenas dois valores (0 para rejeição e 1 para aceitação), poderíamos interpretar o coeficiente de regressão em termos de aumentar a probabilidade de ser admitido. Especificamente, a chance de ser admitido aumenta em 0,047 para cada aumento de uma unidade em *HSavg*. Seguindo essa lógica, haveria alguns estudantes cuja probabilidade prevista de admissão cairia abaixo de 0, como na realidade acontece com estudantes com valores de *HSavg* menores do que 80. Embora eles tenham chances bastante limitadas de ser admitidos, certamente seria impróprio dizer que são menores do que nenhuma. No outro extremo, um estudante com um *HSavg* perfeito de 100 seria quase certamente admitido, mas, com a regressão linear, nada impede que a probabilidade prevista exceda 1.

De maneira um pouco mais sutil, também parece implausível que o benefício de aumentar o *HSavg* seja o mesmo em todos os níveis. Podemos esperar, por exemplo, que a diferença entre 85 e 88 impulsione a probabilidade de admissão mais do que a diferença entre 95 e 98. A extensão do impacto positivo da *HSavg* sobre a probabilidade da admissão provavelmente diminuiria em um determinado momento.

O problema é que a regressão linear não é adequada para variáveis dependentes restritas, seja por 0, seja por 1. O modelo mais razoável seria um em que, abaixo de algum nível de *HSavg,* a chance de ser admitido fosse virtualmente 0, pois as chances aumentariam para alguns níveis em um âmbito médio de *HSavg*, e se aproximariam de um máximo de certeza virtual para *HSavg*s especialmente altos. A curva em forma de S mostrada na Figura 11.6, conhecida como *curva logística*, captura essa relação entre *HSavg* e a decisão. A regressão logística é a abordagem preferida para prever variáveis dicotômicas como decisão.

Sem nos prendermos aos detalhes matemáticos, alguma compreensão básica do conceito de *chances* é necessária para interpretar resultados de regressão logística. As chances de um evento ocorrer são definidas como a probabilidade de que esse evento ocorrerá dividida pela probabilidade de que ele nunca ocorrerá.

$$\text{Chances} = \frac{P}{1-P}$$

onde P é a probabilidade usual de ocorrência. Chances são tipicamente expressas contra um ponto de referência de 1, como em "algo" para um. Desse modo, se um evento tem uma chance $P = 0,75$ de ocorrer, suas chances são de 3 para 1 (0,75/0,25 = 3). Alternativamente, um evento com apenas uma chance $P = 0,25$ de ocorrer tem chances de 0,33 para 1 (0,25/0,75 = 0,33). Uma proposição 50/50, frequentemente chamada de "chances iguais", tem chances de 1 para 1 (0,50/0,50 = 1).

Diferentemente da probabilidade, como a probabilidade de admissão, que varia de 0 para 1, as chances de um evento ocorrer não têm "teto" ou máximo. As chances podem variar de 0 (impossível) ao infinito (uma certeza virtual). Chances são tipicamente usadas, além disso, para fazer comparações entre grupos. Por exemplo, poderíamos comparar as chances de admissão de indivíduos do sexo masculino com as de indivíduos do sexo feminino com base na tabulação cruzada da Tabela 11.8, de decisão por gênero. De 12 estudantes do sexo feminino, 7/12 = 58,33% foram admitidas, e 5/12 = 41,67% foram rejeitadas, de maneira que as chances de admissão foram de 58,33/41,67 = 1,4, ou, bem mais diretamente ao dividir o número admitido pelo número rejeitado, 7/5 = 1,4. Para os 13 estudantes do sexo masculino, 4/13 = 30,77% foram admitidos e 9/13 = 69,33% foram rejeitados. As chances de indivíduos do sexo masculino são de 30,77/69,33 (ou 4/9) = 0,44.

A *razão de chance* é definida como as chances de um grupo divididas pelas chances de outro grupo. Aqui, as chances de admissão de indivíduos do sexo feminino divididas pelas chances de admissão de indivíduos do sexo masculino são de 1,4/0,44 = 3,15. Em outras palavras, indivíduos do sexo feminino têm 3,15 vezes mais chances de serem admitidas do que indivíduos do sexo masculino. Isso, é claro, exige que questionemos por que indivíduos do sexo feminino têm essa vantagem. As decisões de admissão nessa universidade são injustas e discriminatórias? Talvez as chances de admissão maiores para estudantes do sexo feminino reflitam diferenças em seus perfis acadêmicos, e não apenas de gênero.

Essa abordagem da razão de chance funciona bem na comparação entre um grupo e outro, como as chances de admissão de mulheres em relação àquelas de homens. Entretanto, ao examinar o impacto de diversas variáveis simultaneamente (incluindo prognosticadores ao nível intervalar) sobre as chances de ocorrência de algum evento (como, por exemplo, se gênero e média de notas obtidas no ensino médio impactam as chances de admissão), é preferível que se faça uma abordagem de regressão.

A *regressão logística* obtém os mesmos resultados a partir de variáveis dependentes dicotômicas que a regressão linear múltipla atinge com resultados ao nível intervalar. A grande diferença é que a regressão logística modela o logaritmo natural das chances, daí o *log* em "logística". A variável dependente é transformada naquilo que é conhecido como probabilidade logarítmica, ou *logit*, e é simbolizada por L,

$$L = \log\left(\frac{P}{1-P}\right)$$

Tabela 11.8 Tabulação cruzada da decisão por gênero.

		Gênero		
		0 = Mulher	1 = Homem	Total
Decisão	0 = Rejeitado	5	9	14
	1 = Admitido	7	4	11
	Total	12	13	25

O logit L não tem limite algum. Ele varia de menos infinito (para uma impossibilidade virtual) ao infinito positivo (uma certeza virtual). Além disso, valores negativos de L refletem menores do que chances iguais, um L de 0 reflete chances iguais e valores positivos de L representam chances maiores do que iguais.

Felizmente, não é necessário trabalhar com logaritmos a fim de usar essa técnica, exceto para saber que a regressão logística envolve prever a probabilidade logarítmica de uma variável dependente, como decisão, baseada em uma combinação linear de variáveis independentes. A equação de regressão logística para duas variáveis prognosticadoras, por exemplo, seria:

$$L = b_0 + b_1 X_1 + b_2 X_2 + e$$

onde b_0 é a constante (ou intercepto Y em termos probabilidades logarítmicas), b_1 e b_2 são os coeficientes para variáveis prognosticadoras X_1 e X_2, e e é o termo de erro ou resíduo. Probabilidades logarítmicas previstas pareceriam as mesmas sem o termo de erro:

$$\hat{L} = b_0 + b_1 X_1 + b_2 X_2$$

Por fim, o antilog aplicado a cada lado nos proporciona uma previsão das chances:

$$\text{Chances previstas} = e^{b_0 + b_1 X_1 + b_2 X_2} = e^{b_0} e^{b_1 X_1} e^{b_2 X_2}$$

onde $e = 2,178$ é a constante especial conhecida como número de Euler. Além disso, a probabilidade de admissão de qualquer estudante pode ser prevista, sendo $HSavg$ e gênero dados por:

$$\hat{P} = \frac{e^{b_0 + b_1 X_1 + b_2 X_2}}{1 + e^{b_0 + b_1 X_1 + b_2 X_2}}$$

Essa equação bastante formidável na realidade produz a curva no formato de S usada para prever decisões de admissão.

Também não é de forma alguma fundamental que você compreenda essas manipulações algébricas que envolvem logs e antilogs. Além disso, o processo de estimar os coeficientes de regressão logística b_0, b_1 e b_2, é bastante complexo, assim como sua interpretação. Tudo o que precisamos realmente determinar é se eles são ou não estatisticamente significativos. Entretanto, aplicando-se a exponencial nesses coeficientes (e^b) na equação de chances previstas proporciona uma abordagem relativamente direta para a interpretação do efeito de cada prognosticador.

A Tabela 11.9 fornece estimativas de regressão logística da previsão de admissão baseadas em $HSavg$ e gênero. Os coeficientes (b) e seus erros padrão (SE) são usados para determinar a significância estatística das respectivas variáveis independentes. A estatística Wald (W), usada para determinar a significância estatística, é obtida a partir do quadrado de um coeficiente de regressão logística dividido por seu erro padrão:

$$W = \left(\frac{b}{SE_b}\right)^2$$

Tabela 11.9 Resultados da regressão logística para prever a admissão.

Variáveis independentes	b	SE	Wald	gl	Sig.	Exp(b)
Constante	−24,105	10,911	4,881	1	0,027	0,000
HSavg	0,269	0,120	5,019	1	0,025	1,309
Gênero	−0,562	1,011	0,309	1	0,578	0,570

W é tratado como um valor do qui-quadrado (com 1 grau de liberdade) para avaliar quando a hipótese nula de não efeito na população pode ser rejeitada. O valor de significância mostrado na tabela é, então, a probabilidade de obter um coeficiente de regressão logística no mínimo tão grande quanto aquele estimado a partir dos dados da amostra por acaso somente se o verdadeiro efeito na população for zero. A tabela mostra que *HSavg* é um prognosticador significativo ao nível de 0,05 ($p = 0,025$). Entretanto, o coeficiente para o gênero não é estatisticamente significativo ($p = 0,578$), tendo em vista que a probabilidade de obter um valor b tão grande em magnitude quando –0,562 puramente como um resultado de amostragem é bastante alta ($p = 0,578$). Desse modo, o que parecia inicialmente ser uma vantagem certa para os indivíduos do sexo feminino sobre os indivíduos do sexo masculino desaparece em grande parte assim que *HSavg* é inserida na regressão logística.

Significativo ou não, ainda não podemos interpretar facilmente os coeficientes b estimados, porque eles representam mudanças em probabilidades logarítmicas. Entretanto, a coluna mais a direita da tabela fornece os coeficientes exponenciais que podem ser interpretados em termos do efeito de uma variável sobre as chances da variável dependente, como fizemos previamente com o impacto do gênero na decisão. Especificamente, os valores e^b indicam o multiplicador por meio do qual cada aumento de uma unidade na variável independente muda as chances previstas da variável dependente, mantendo constantes as outras variáveis.

Se $b > 0$, então $e^b > 1$, dessa maneira aumentando as chances (multiplicando por um fator maior do que 1). Por outro lado, se $b < 0$, então $e^b < 1$, dessa maneira diminuindo as chances (multiplicando por um fator menor do que 1). Por fim, se $b = 0$, então $e^b = 1$, dessa maneira deixando as chances inalteradas (multiplicando por 1).

Considere os resultados contidos na Tabela 11.9. Para *HSavg*, $e^b = 1,309$, o que indica que cada aumento de um ponto no *HSavg* tende a aumentar as chances de ser admitido por um fator de 1,309, isto é, um aumento em torno de 30% nas chances. Também, um aumento de dois pontos prognosticaria uma mudança de multiplicação das chances duas vezes por 1,301. Um aumento de cinco pontos, digamos de 85 para 90, seria associado com a multiplicação das chances por 1,301 cinco vezes, ou por 3,73, dessa maneira quase quadruplicando as chances.

Para o gênero, aqui há apenas dois valores possíveis, é claro, 0 para o sexo feminino e 1 para o sexo masculino. O multiplicador de chances, $e^b = 0,570$, sugere que as chances de admissão de indivíduos do sexo masculino são menores do que de indivíduos do sexo feminino, pois as chances são reduzidas pela multiplicação por um número menor do que um. Especificamente, um estudante do sexo masculino tenderia a ter chances 43% mais baixas de ser admitido do que um estudante do sexo feminino com uma média de nota idêntica (multiplicar um número por 0,57 o reduz em 43%). Esse achado poderia preocupar muitos estudantes em busca de admissão, mas lembre-se de que o coeficiente estimado para o gênero não era estatisticamente significativo, deixando bastante aberta a possibilidade de que a diferença de gênero aparente fora uma mera consequência do erro amostral. Por fim, esse impacto do gênero que mantém *HSavg* constante, embora na mesma direção, é muito menor do que calculamos previamente para o gênero somente.

Por fim, com resultados variados em termos de significância estatística de prognosticadores, como o modelo se sai como um todo na previsão de decisões sobre admissões? Não existe, infelizmente, estatística de R^2 exata, como na regressão linear, para indicar qual porcentagem de variância na variável dependente é explicada pelas variáveis independentes na combinação. Entretanto, a regressão logística tem várias opções para avaliar o ajuste como um todo, sendo o R^2 de Nagelkerke o mais amplamente usado, que varia de 0, para nenhum ajuste, a 1, para um ajuste perfeito. No nosso caso, os resultados do SPSS indicam que o R^2 de Nagelkerke = 0,442, o que reflete um ajuste relativamente bom mesmo que com apenas duas variáveis. Se fôssemos incluir outros prognosticadores, como escores de SAT ou ACT, o ajuste de prognosticação, muito provavelmente, seria melhor.

Resumo

Neste capítulo, estendemos o conceito de correlação em situações nas quais o pesquisador social está preocupado com o efeito de uma variável (a variável independente) sobre a outra (a variável dependente). Enquanto o r de Pearson mede a força e a direção da correlação, a reta de regressão, compreendida por um coeficiente angular e um intercepto Y, especifica a natureza exata do impacto da variável independente sobre a variável dependente. Na análise de regressão, o valor da variável dependente (indicada por Y) é previsto com base na variável independente (indicada por X). A proporção da variância em Y explicada por X (conhecida como coeficiente de determinação) é separada da proporção da variância em Y não explicada por X (conhecida como coeficiente de não determinação). O procedimento conhecido como regressão múltipla vai além da simples técnica de regressão introduzida neste capítulo para incorporar não apenas um, mas dois ou mais prognosticadores simultaneamente. Nesse caso, os coeficientes de regressão (coeficientes angulares) indicam o efeito de uma variável independente sobre a variável dependente, mantendo constantes as outras variáveis prognosticadoras no modelo. Além disso, o coeficiente múltiplo de determinação avalia a proporção de variância na variável dependente devido ao conjunto de variáveis independentes combinadas. Apesar de a regressão múltipla ser geralmente usada com variáveis ao nível intervalar, prognosticadores dicotômicos — conhecidos como variáveis *dummy* — também podem ser incorporados. Além disso, efeitos de interação podem ser incluídos pela multiplicação dos prognosticadores. Por fim, a regressão logística fornece uma extensão muito útil para o caso de previsão de dependentes dicotômicas. A regressão logística se concentra nas chances de um evento, e em até que ponto a extensão de diversas variáveis prognosticadoras aumentam ou reduzem as chances de um resultado sobre o outro.

Termos-chave

Análise de regressão
Chances e razão de chance
Coeficiente angular (coeficiente de regressão)
Coeficiente de determinação
Coeficiente de não determinação
Erro do quadrado médio
Intercepto Y
Logit

Regressão logística
Regressão média dos quadrados
Regressão múltipla
Reta de regressão
Soma de quadrados da regressão
Soma de quadrados dos erros
Termo de erro
Variável *dummy*

Exercícios

1. Na análise de regressão, prevemos o valor de Y de X baseado em um(a):
   a. coeficiente de correlação significativo.
   b. equação matemática.
   c. correlação positiva fraca.
   d. curva normal.

2. Qual dos itens a seguir denota o coeficiente angular ou o coeficiente de regressão para X?
   a. O intercepto Y.
   b. O termo a.
   c. O termo de erro.
   d. O termo b.

3. O aumento ou a redução esperados em Y a partir de cada mudança de unidade em X é conhecido como:
   a. o intercepto Y ou a.
   b. o termo de erro, e.
   c. o coeficiente de regressão, b.
   d. RPE.

4. Uma medida da proporção da variância em Y explicada por X é conhecida como:
   a. coeficiente de não determinação.
   b. coeficiente de determinação.
   c. regressão múltipla.
   d. coeficiente angular.

5. Usando dois ou mais prognosticadores, conduzimos uma:
   a. regressão simples.
   b. regressão múltipla.
   c. correlação parcial.
   d. correlação de Pearson.

6. Suponha que uma pesquisadora tenha coletado o seguinte conjunto de dados a respeito de anos de instrução (X) e número de filhos (Y) em uma amostra de 10 adultos casados.

X	Y	X	Y
12	2	9	3
14	1	12	4
17	0	14	2
10	3	18	0
8	5	16	2

   a. Desenhe um gráfico de dispersão dos dados.
   b. Calcule o coeficiente angular de regressão e o intercepto Y.
   c. Trace a reta de regressão sobre o gráfico de dispersão.
   d. Preveja o número de filhos para um adulto com 11 anos de instrução.
   e. Calcule os coeficientes de determinação e não determinação. O que eles significam?
   f. Construa uma análise da tabela de variância e realize um teste F da significância da regressão.

7. Essa mesma pesquisadora, então, selecionou ao acaso um filho de cada uma das oito famílias nas quais havia pelo menos uma criança.

   Interessada nos efeitos do número de irmãos (X) sobre a felicidade da criança (Y) em uma escala, supostamente intervalar, de 1 (muito infeliz) a 10 (muito feliz), ela encontrou os seguintes dados:

X	Y
1	5
0	3
2	4
4	7
2	5
3	9
1	8
1	4

   a. Desenhe um gráfico de dispersão dos dados.
   b. Calcule o coeficiente angular de regressão e o intercepto Y.
   c. Trace a reta de regressão sobre o gráfico de dispersão.
   d. Preveja a felicidade de um filho único e de uma criança com dois irmãos.
   e. Calcule os coeficientes de determinação e não determinação. O que eles significam?
   f. Construa uma tabela de análise de variância e realize um teste F de significância da regressão.

8. Um pesquisador jurídico queria medir o efeito da duração de um julgamento criminal sobre o tempo de deliberação do júri. Em uma amostra aleatoriamente selecionada de 10 julgamentos em tribunais, ele observou os seguintes dados (duração do julgamento em dias, e tempo de deliberação do júri em horas):

X (dias)	Y (horas)
2	4
7	12
4	6
1	4
1	1
3	4
2	7
5	2
2	4
3	6

a. Desenhe um gráfico de dispersão dos dados.
b. Calcule o coeficiente angular de regressão e o intercepto Y.
c. Trace a reta de regressão sobre o gráfico de dispersão.
d. Preveja o tempo de deliberação do júri em um julgamento que tenha terminado recentemente e que tenha durado 6 dias.
e. Calcule os coeficientes de determinação e não determinação. O que eles significam?
f. Construa uma tabela de análise de variância e realize um teste F da significância da regressão.

9. Uma especialista em recursos humanos de uma grande empresa de contabilidade está interessada em determinar o efeito do tempo de serviço de secretárias na empresa sobre seus salários por hora. Ela selecionou ao acaso 10 secretárias e comparou o tempo em que trabalhavam na empresa (X) e seus salários por hora (Y):

X	Y
0	12
2	13
3	14
6	16
5	15
3	14
4	13
1	12
1	15
2	15

a. Desenhe um gráfico de dispersão dos dados.
b. Calcule o coeficiente angular de regressão e o intercepto Y.
c. Trace a reta de regressão sobre o gráfico de dispersão.
d. Preveja o salário por hora de uma secretária escolhida aleatoriamente e que trabalhe na empresa há 4 anos.
e. Calcule os coeficientes de determinação e não determinação. O que eles significam?
f. Construa uma tabela de análise de variância e realize um teste F da significância da regressão.

g. Baseado nesses resultados, qual é o salário por hora inicial típico, e qual é o aumento típico de salário para cada ano adicional no emprego?

10. Um pesquisador em comunicação queria medir o efeito do tempo durante o qual um indivíduo assistia televisão sobre seu comportamento agressivo. Ele questionou uma amostra aleatória de 14 crianças sobre quantas horas de televisão elas assistiam diariamente (X) e, então, como uma medida de agressão, observou o número de colegas de escola que elas atacaram fisicamente (empurrões, puxões, socos) no *playground* durante um intervalo de 15 minutos (Y). Os resultados obtidos foram os seguintes:

X	Y
0	0
6	3
2	2
4	3
4	4
1	1
1	0
2	3
5	3
5	2
4	3
0	1
2	3
6	4

a. Desenhe um gráfico de dispersão dos dados.
b. Calcule o coeficiente angular da regressão e o intercepto Y.
c. Trace a reta de regressão sobre o gráfico de dispersão.
d. Preveja o número de colegas de classe atacados por uma criança que assiste a 3 horas de televisão por dia.
e. Calcule os coeficientes de determinação e não determinação. O que eles significam?
f. Construa uma tabela de análise de variância e realize um teste F da significância da regressão.

11. Programas de televisão e filmes relacionados a crimes frequentemente mostram situações em que a polícia tem de passar "por cima" da lei para pegar criminosos, implicando que, para fazer o seu trabalho, a polícia tem de passar ao largo das regras estritas dos tribunais que protegem as liberdades civis dos criminosos. As pessoas que assistem a esses programas passam a ver o governo como protetor demais dos direitos dos criminosos? Para descobrir a resposta, um pesquisador selecionou uma amostra ao acaso de pessoas e perguntou-lhes (X) quantas horas de televisão com programação relacionada a crimes elas assistiam por semana e (Y) até que ponto elas concordavam com a declaração de que o governo protege demais os direitos dos criminosos (medido em uma escala de 1 a 9, com 1 sendo "discordo completamente" e 9, "concordo plenamente"). Foram coletados os seguintes dados:

X	Y
2,0	3
5,5	4
9,5	6
12,0	8
0,0	1
10,5	9
1,5	2
3,0	3
2,0	3

a. Desenhe um gráfico de dispersão dos dados.
b. Calcule o coeficiente angular da regressão e o intercepto Y.
c. Trace a reta de regressão sobre o gráfico de dispersão.
d. Preveja a atitude em relação ao governo de uma pessoa que assiste a 7,5 horas de programas de televisão relacionados a crimes por semana.
e. Calcule os coeficientes de determinação e não determinação. O que eles significam?
f. Construa uma tabela de análise de variância e realize um teste F da significância da regressão.

12. Uma pesquisadora está interessada na associação entre (X) as opiniões das pessoas em relação à guerra do Iraque e (Y) seu apoio ao presidente George W. Bush. Um pouco antes da eleição presidencial de 2004, ela sorteou uma amostra aleatória de eleitores e coletou os seguintes dados (ambas as variáveis foram medidas em uma escala de 1 a 9, com 9 representando mais apoio):

Pessoa	X	Y
A	2	3
B	1	1
C	8	7
D	9	8
E	6	4
F	5	6
G	8	9
H	7	6

a. Desenhe um gráfico de dispersão dos dados.
b. Calcule o coeficiente angular da regressão e o intercepto Y.
c. Trace a reta de regressão sobre o gráfico de dispersão.
d. Preveja a opinião sobre o presidente Bush de uma pessoa que tenha um escore de 3 em sua opinião sobre a guerra.
e. Calcule os coeficientes de determinação e não determinação. O que eles significam?
f. Construa uma tabela de análise de variância e realize um teste F da significância da regressão.

13. O psicólogo Erik Erikson sugeriu que os indivíduos passam por oito estágios de desenvolvimento ao longo de suas vidas. Ele acreditava que durante o estágio 8 (65 anos até a morte), adultos mais velhos temem ou aceitam a morte dependendo de quanto prazer e satisfação eles acham que tiveram ao refletir sobre suas vidas: uma pessoa que está satisfeita com sua vida aceitará a morte, enquanto uma pessoa que olha para trás e vê fracasso e decepção temerá a morte. Para testar essa teoria, um psiquiatra entrevistou uma amostra aleatória de pessoas com idades a partir de 65 anos e classificou-as de acordo com (X) a

satisfação que acreditavam ter tido em suas vidas e (Y) seu temor diante da morte (ambas variáveis com escores em uma escala de 1 a 10, com um escore mais alto indicando maior satisfação e maior temor):

X	Y
7	4
5	6
2	8
9	2
2	7
10	3
6	3

a. Desenhe um gráfico de dispersão dos dados.
b. Calcule o coeficiente angular da regressão e o intercepto Y.
c. Trace a reta de regressão sobre o gráfico de dispersão.
d. Preveja o temor diante da morte que uma pessoa sentirá se tiver um escore de 3 quanto a satisfação com a vida.
e. Calcule os coeficientes de determinação e não determinação. O que eles significam?
f. Construa uma tabela de análise de variância e realize um teste F da significância da regressão.

14. Uma psiquiatra estava curiosa sobre quanto uma noite de sono poderia afetar o tempo de reação e prontidão de uma pessoa. Ela coletou uma amostra aleatória de pessoas e perguntou-lhes (X) quantas horas de sono elas tinham tido na noite anterior e, então, usou um teste simples para determinar (Y) o tempo de reação em segundos de cada.

X	Y
5,0	13
10,5	8
4,0	15
6,0	12
7,5	11
6,5	13
2,5	21
6,0	10
4,5	17

a. Desenhe um gráfico de dispersão dos dados.
b. Calcule o coeficiente angular da regressão e o intercepto Y.
c. Trace a reta de regressão sobre o gráfico de dispersão.
d. Preveja o número de segundos que levaria para alguém que dormiu 8,5 horas reagir.
e. Calcule os coeficientes de determinação e não determinação. O que eles significam?
f. Construa uma tabela de análise de variância e realize um teste F da significância da regressão.

15. O número de anos durante os quais uma mulher usa meios contraceptivos (X) tem efeitos sobre o tempo que ela leva para engravidar (Y) assim que deixa de tomá-lo e passa a tentar ter filhos? Um pesquisador curioso coletou os dados a seguir de uma amostra de mulheres grávidas que haviam usado previamente meios contraceptivos:

Anos de uso de métodos contraceptivos	Tempo até engravidar (em dias)
7,5	25
10,0	31
3,5	42
4,0	36
7,0	13
2,5	22
5,0	56

a. Desenhe um gráfico de dispersão dos dados.
b. Calcule o coeficiente angular da regressão e o intercepto Y.
c. Trace a reta de regressão sobre o gráfico de dispersão.
d. Você consegue prever quanto tempo levará para uma mulher que tenha usado métodos contraceptivos por 8 anos engravidar uma vez que ela deixe de usá-los?
e. Calcule os coeficientes de determinação e não determinação. O que eles significam?
f. Construa uma tabela de análise de variância e realize um teste F da significância da regressão.

16. Uma pesquisadora educacional estava interessada no efeito do desempenho acadêmico no Ensino médio sobre o desempenho acadêmico na universidade. Ela consultou os históricos de 12 estudantes formados na universidade, que haviam estudado na mesma escola de ensino médio, para determinar sua média de notas cumulativa no ensino médio (X) e sua média de notas cumulativa na universidade (Y). Os resultados obtidos foram os seguintes:

X	Y
3,3	2,7
2,9	2,5
2,5	1,9
4,0	3,3
2,8	2,7
2,5	2,2
3,7	3,1
3,8	4,0
3,5	2,9
2,7	2,0
2,6	3,1
4,0	3,2

a. Desenhe um gráfico de dispersão dos dados.
b. Calcule o coeficiente angular da regressão e o intercepto Y.
c. Trace a reta de regressão sobre o gráfico de dispersão.
d. Preveja a média de notas na universidade de um estudante com uma média de notas de 3,0 no ensino médio.
e. Calcule os coeficientes de determinação e não determinação. O que eles significam?
f. Construa uma tabela de análise de variância e realize um teste F da significância da regressão.

17. Para as variáveis do Problema 21 do Capítulo 10, calcule o coeficiente múltiplo de determinação (sendo Y a variável dependente).

18. Para a matriz de correlação do Problema 22 do Capítulo 10, calcule a proporção de variância na conta de supermercado semanal (Y) determinada apenas pelo tamanho da família (X), apenas pela renda (Z) e pelo tamanho da família e renda juntos.

19. Um pesquisador gostaria de prever as taxas de formandos em uma amostra de 240 universidades com base na porcentagem de calouros que tinham as melhores notas (10%) de sua turma no ensino médio e na porcentagem de turmas que tinham menos de 20 estudantes. A matriz de correlação da taxa de formandos (GRADRATE), porcentagem de calouros com as melhores notas da sua turma no último ano do ensino médio (TOPFRESH) e a porcentagem de turmas na universidade com menos de 20 estudantes (SMALLCLS) são mostradas no fim da página.
    a. Qual porcentagem da variância em GRADRATE cada uma das variáveis prognosticadoras explica individualmente?
    b. Qual porcentagem da variância em GRADRATE os dois prognosticadores explicam em combinação?
    c. Por que a resposta em (b) não é igual à soma das duas respostas em (a)?

20. A seguir, uma porção de uma tabela de análise de variância de uma regressão múltipla que prevê os escores SAT quantitativos de estudantes (QSAT) baseados em sua média de notas no ensino médio (HSAVG) e seu gênero (GENDER):

Fonte	SQ	gl	MQ	F
Regressão	127.510	2	?	?
Erro	82.990	53	?	
Total		?		

a. Preencha as porções indicadas por um ponto de interrogação.
b. Qual é o tamanho da amostra (N)?

Referente à questão 19.

	GRADRATE	TOPFRESH	SMALLCLS
GRADRATE	1,000	0,613	0,544
TOPFRESH	0,613	1,000	0,404
SMALLCLS	0,544	0,404	1,000

c. Qual porcentagem da variância em QSAT é explicada pelos dois prognosticadores combinados?
d. Comente sobre a significância total dos resultados.

21. Suponha que uma médica especialista em atendimento de emergência esteja interessada na relação entre gênero, idade e sensibilidade à dor de pacientes adultos. Ela coleta de uma amostra de 57 arquivos de hospital informações sobre os escores de dor dados pelos próprios pacientes, variando de 0, para nenhum desconforto, a 10, para a pior dor imaginável, juntamente com as idades e o gênero dos pacientes (1 para o sexo masculino e 0 para o sexo feminino). Os resultados da análise de regressão de previsão da dor baseada em idade e gênero são mostrados na tabela a seguir:

Variável	b	SE	t	Sig.
Constante	1,321	0,239	5,527	0,000
Idade	0,065	0,041	1,585	0,119
Gênero	0,857	0,665	1,289	0,203

a. Interprete a constante (intercepto Y).
b. Interprete os coeficientes de regressão para idade e gênero.
c. Indique qual dessas duas variáveis, se houver alguma, é um prognosticador significativo para o escore de dor.

22. A tabela a seguir contém as respostas de um levantamento com relação ao apoio ao casamento entre pessoas do mesmo sexo, comparando as opiniões sobre a questão com a afiliação partidária dos entrevistados:

Afiliação partidária	Opinião em relação ao casamento de pessoas do mesmo sexo		Total
	Apoio	Oposição	
Democrata	45	64	109
Republicano	21	72	93
Independente	24	60	84
Total	90	196	286

a. Calcule as chances de apoio ao casamento entre pessoas do mesmo sexo por cada categoria de afiliação partidária.
b. Calcule a razão de chance para cada par de categorias de afiliação partidária.

23. Voltando ao Problema 21, a mesma médica usa três variáveis — nível de dor (dor), idade e gênero — para prever se os pacientes foram internados vindos da sala de emergência (internados = 1) ou mandados de volta para casa (internados = 0). Ela realiza uma regressão logística que produz os resultados a seguir:
a. Por que ela usou a regressão logística em vez da regressão múltipla?
b. Interprete os resultados para cada uma das três variáveis.

Variável	b	SE	Wald	Sig.	e^b
Constante	−11,236	0,239	2.210,2	0,000	0,000
Idade	0,054	0,022	6,1342	0,013	1,056
Gênero	−0,020	0,018	1,2597	0,262	0,980
Dor	0,263	0,043	37,447	0,000	1,301

Exercícios em SPSS

1. A maconha é a porta de entrada para outras drogas? Usando SPSS para analisar o Monitoring the Future Study, teste a hipótese nula de que não há relação entre a probabilidade de um estudante do ensino médio ter fumado maconha ou haxixe (V115) e cocaína ao longo de sua vida (V124). Dica: ANALYZE, REGRESSION, LINEAR e então especifique as variáveis. O uso de cocaína é a variável dependente.
   a. Calcule o teste de regressão ANOVA. Ele é significativo?
   b. Qual é o valor do coeficiente angular de regressão e do intercepto?
   c. Preveja o uso de cocaína para um estudante que tenha fumado maconha ou haxixe uma ou duas vezes.
   d. Calcule o coeficiente de determinação. O que ele significa?

2. Bebida em excesso nos Estados Unidos é definida como o consumo de cinco ou mais drinques seguidos para homens e quatro ou mais drinques seguidos para mulheres. Usando o SPSS para analisar o Monitoring the Future Study, teste a hipótese nula de que não há relação entre a bebida em excesso (V108) e faltar às aulas em um dia de escola (V178). A bebida em excesso é a variável dependente.
   a. Calcule o teste de regressão ANOVA. Ele é significativo?
   b. Quais são o coeficiente angular de regressão e o intercepto?
   c. Preveja o número de vezes que um estudante do ensino médio beberá cinco ou mais drinques nas próximas duas semanas se ele faltou a 12 aulas nas últimas duas semanas. Dica: 12 faltas às aulas não é um 12. Faça uma distribuição de frequência em ambas as variáveis para verificar os valores em cada escala.
   d. Calcule o coeficiente de determinação.

3. Usando SPSS, realize uma análise de regressão para prever o consumo de bebida em excesso (V108) com base tanto nas faltas às aulas (V178) quanto no número de dólares ganhos por semana em um emprego (V192).
   a. Teste a hipótese nula de que o número de dólares por semana de um emprego não está relacionado à bebida em excesso, mantendo as faltas às aulas constantes.
   b. Quais são os coeficientes angulares de regressão e o intercepto?
   c. Quais variáveis são significativas ao nível de 0,05?
   d. Calcule o coeficiente múltiplo de determinação (R^2). O que ele significa? Ele aumentou com o montante explicado no modelo de regressão de duas variáveis?
   e. Qual o valor prognosticado de bebida em excesso para uma pessoa que faltou a cinco aulas e ganha $ 50 por semana de um emprego? (Lembre-se de procurar os valores de cada uma das escalas antes de fazer o seu cálculo.)

4. Usando o SPSS com o Best Places Study, conduza uma análise de regressão para determinar o que prediz as melhores e as piores cidades para o estresse nos Estados Unidos. O índice de estresse varia de 0 a 100, onde 0 é o pior e 100 é o melhor. Adicione desemprego, dias nublados, tempo gasto com o trânsito e crimes contra a propriedade à análise de regressão como variáveis independentes.
   a. Calcule o teste de regressão ANOVA. Ele é significativo?
   b. Quais são os coeficientes angulares de regressão e o intercepto?
   c. Quais variáveis são significativas ao nível de 0,05?
   d. Calcule o coeficiente múltiplo de determinação (R^2). O que ele significa?

5. Usando SPSS para analisar o General Social Survey, conduza uma análise de regressão logística para testar a hipótese nula de que indivíduos do sexo masculino e do sexo feminino não diferem em seu temor quanto ao crime (gênero e medo). Dica: ANALIZE, REGRESSION, BINARY LOGISTIC, selecione variáveis e especifique se as variáveis independentes são categóricas.
   a. Quais são o coeficiente angular de regressão logística e o intercepto?
   b. Calcule o valor numérico de e^b para o gênero. O que ele significa?
   c. Calcule o R^2 de Nagelkerke. O que essa estatística significa?

Medidas não paramétricas de correlação

12

- **Coeficiente de correlação de postos de Spearman**
  Quadro 12.1 Exemplo passo a passo: coeficiente de correlação de postos de Spearman
- **Gama de Goodman e Kruskal**
  Quadro 12.2 Exemplo passo a passo: gama de Goodman e Kruskal
- **Coeficiente de correlação para dados nominais dispostos em uma tabela 2 x 2**
- **Coeficientes de correlação para dados nominais em tabelas de tamanho superior a 2 × 2**
- **Resumo**
- **Termos-chave**
- **Exercícios**
- **Exercícios em SPSS**
  Olhando sob uma perspectiva mais ampla: medindo a associação

Anteriormente, vimos que alternativas não paramétricas para t e F eram necessárias para testar diferenças entre grupos com dados nominais e ordinais. Similarmente, precisamos de medidas não paramétricas de correlação quando as exigências do r de Pearson não podem ser atendidas. Especificamente, essas medidas são aplicadas quando temos dados nominais ou ordinais, ou quando não podemos presumir normalidade na população. Este capítulo introduz algumas das mais conhecidas medidas não paramétricas de correlação: o coeficiente de correlação de postos de Spearman, o coeficiente gama de Goodman e Kruskal, o coeficiente fi (ϕ), o coeficiente de contingência e o V de Cramér.

Coeficiente de correlação de postos de Spearman

Focaremos agora o problema da determinação do grau de associação para dados ordinais; tais dados foram classificados ou ordenados com relação à presença de uma determinada característica.

Para tomar um exemplo de pesquisa social, considere a relação entre o *status* socioeconômico e o tempo de uso da Internet por mês entre proprietários de PCs. Apesar de o tempo de uso da Internet poder claramente ser medido no nível intervalar, o *status* socioeconômico é considerado ordinal, e, desse modo, um coeficiente de correlação para dados ordinais ou em posto é necessário. Imagine que uma amostra de oito entrevistados pudesse ser ordenada como mostra a Tabela 12.1.

Tabela 12.1 Amostra ordenada por *status* socioeconômico e uso da internet.

Entrevistado	Posto do *status* socioeconômico (X)	Posto do tempo de uso da internet (Y)
Max	1	2
Flory	2	1
Tong	3	3
Min	4	5
Juanita	5	4
Linda	6	8
Carol	7	6
Steve	8	7

(Mais alto no *status* socioeconômico; Mais tempo na Internet)

Max ficou em primeiro lugar em termos de *status* socioeconômico, mas em segundo em termos de tempo e uso da Internet; Flory ficou em segundo lugar em termos de *status* socioeconômico e em primeiro lugar em termos de tempo de uso da Internet, e assim por diante.

Para determinar o grau de associação entre o *status* socioeconômico e o tempo de uso da Internet, aplicamos o *coeficiente de correlação de postos de Spearman* (r_s). Pela fórmula,

$$r_s = 1 - \frac{6\Sigma D^2}{N(N^2 - 1)}$$

onde r_s = coeficiente de correlação de postos
D = diferença no posto entre as variáveis X e Y
N = número total de casos

Esse exemplo foi elaborado como mostra a Tabela 12.2. Aplicando o coeficiente de correlação de postos aos dados da tabela,

$$r_s = 1 - \frac{(6)(10)}{(8)(64 - 1)}$$

$$= 1 - \frac{60}{(8)(63)}$$

$$= 1 - \frac{60}{504}$$

$$= 1 - 0,12$$

$$= +0,88$$

Tabela 12.2 Relação entre o *status* socioeconômico e o uso da Internet.

Entrevistado	*Status* socioeconômico (X)	Tempo de uso da Internet (Y)	D	D^2
Max	1	2	−1	1
Flory	2	1	1	1
Tong	3	3	0	0
Min	4	5	−1	1
Juanita	5	4	1	1
Linda	6	8	−2	4
Carol	7	6	1	1
Steve	8	7	1	1
				$\Sigma D^2 = \overline{10}$

Como ocorre com o *r* de Pearson, o coeficiente de Spearman varia de −1 a +1. Portanto, encontramos uma forte correlação positiva (r_s = +0,88) entre o *status* socioeconômico e o tempo de uso da Internet. Os entrevistados com elevado *status* socioeconômico tendem a usar a Internet com maior frequência do que os que apresentam baixo *status* socioeconômico.

Lidando com postos empatados

Na prática, nem sempre é possível classificar ou ordenar os entrevistados de modo a evitar empates em cada posição. Poderíamos descobrir, por exemplo, que dois ou mais entrevistados passam exatamente o mesmo número de horas na Internet, que o êxito acadêmico de dois ou mais estudantes é indistinguível ou que vários entrevistados têm o mesmo escore de QI.

Para ilustrar o procedimento usado na obtenção de um coeficiente de correlação de postos em caso de postos empatados, digamos que você queira determinar o grau de associação entre a posição em uma turma de formandos e o QI. Suponha também que sejamos capazes de ordenar uma amostra de 10 estudantes que estejam cursando o último ano da universidade com relação a sua situação na turma e obter seus escores de QI como mostra a tabela a seguir:

Entrevistado	Situação na turma (X)	QI (Y)
Jim	10 ← (último)	110
Tracy	9	90
Leroy	8	104
Mike	7	100
Mario	6	110
Kenny	5	110
Mitchell	4	132
Minny	3	115
Cori	2	140
Kumiko	1 ← (primeiro)	140

Antes de seguir o procedimento padrão para obter um coeficiente de correlação de postos, primeiro ordenaremos os escores de QI dos estudantes no último ano da universidade:

Entrevistado	QI	Posto do QI
Jim	110	7
Tracy	90	10
Leroy	104	8
Mike	100	9
Mario	110	6
Kenny	110	5
Mitchell	132	3
Minny	115	4
Cori	140	2
Kumiko	140	1

Posições 5, 6 e 7 estão empatadas

Posições 1 e 2 estão empatadas

A tabela mostra que Cori e Kumiko receberam os escores de QIs mais altos e estão, portanto, empatadas na primeira e na segunda posições. Da mesma maneira, Kenny, Mario e Jim alcançaram um escore de QI de 110, ficando empatados na quinta, na sexta e na sétima posições.

Para determinar a posição exata em caso de empates, temos de *somar os postos empatados e dividi-los pelo número de empates*. Portanto, a posição de um QI de 140, que foi classificada como 1 e 2, seria o posto médio de:

$$\frac{1+2}{2} = 1,5$$

Da mesma maneira, calculamos que a posição de um escore de QI de 110 seja de

$$\frac{5+6+7}{3} = 6,0$$

Tendo encontrado a posição ordenada de cada escore de QI, podemos proceder à solução do problema em questão, como mostra a Tabela 12.3.

Obtemos o coeficiente de correlação de postos para o problema na Tabela 12.3, como mostramos a seguir:

$$r_s = 1 - \frac{(6)(24,50)}{(10)(100-1)}$$
$$= 1 - \frac{147}{990}$$
$$= 1 - 0,15$$
$$= +0,85$$

O coeficiente de correlação de postos resultante indica uma correlação *positiva* bastante forte entre a posição na turma e o QI. Isto é, estudantes com escores de QI *altos* tendem a ocupar uma posição *alta* em sua classe; estudantes com escores de QI *baixos* tendem a ocupar uma posição *baixa* em sua classe.

Tabela 12.3 Relação entre posição na turma e QI.

Entrevistado	Posição na turma (X)	QI (Y)	D	D²
Jim	10	6	4,0	16,00
Tracy	9	10	−1,0	1,00
Leroy	8	8	0,0	0,00
Mike	7	9	−2,0	4,00
Mario	6	6	0,0	0,00
Kenny	5	6	−1,0	1,00
Mitchell	4	3	1,0	1,00
Minny	3	4	−1,0	1,00
Cori	2	1,5	0,5	0,25
Kumiko	1	1,5	−0,5	0,25
				$\Sigma D^2 = 24{,}50$

Teste da significância do coeficiente de correlação de postos

Como fazemos para testar a significância de um coeficiente de correlação de postos? Por exemplo, como podemos determinar se a correlação obtida de +0,85 entre a posição na turma e o QI pode ser generalizada para uma população maior? Para testar a significância de um coeficiente de correlação de postos calculado, verificamos a Tabela G do Apêndice B, na qual encontramos os valores críticos do coeficiente de correlação de postos para os níveis de significância de 0,05 e 0,01. Observe que nos referimos diretamente ao número de pares de escores (N) em vez de a um número em particular de graus de liberdade. No caso presente, $N = 10$, e o coeficiente de correlação de postos tem de exceder 0,648 para ser significativo. Portanto, rejeitamos a hipótese nula de que $\rho_s = 0$ e aceitamos a hipótese de pesquisa de que a posição na turma e o QI estejam realmente relacionados na população da qual nossa amostra foi extraída.

A Tabela G apenas se aplica a amostras de até 30 casos. Então, o que devemos fazer se N exceder esse número? Considere um exemplo que tenha um número um pouco maior de observações. A Tabela 12.4 fornece as posições dos estados norte-americanos levantadas pelo U.S. Census Bureau (agência encarregada do censo norte-americano) em relação às taxas de mortalidade infantil e ao número de médicos para cada 100 mil habitantes para o ano de 2001, após solucionar os empates por meio da abordagem de cálculo de médias apresentada anteriormente.

Com base nesses números,

$$r_s = 1 - \frac{6 \Sigma D^2}{N(N^2 - 1)}$$
$$= 1 - \frac{6(24.466)}{50(2.500 - 1)}$$
$$= -0{,}175$$

A correlação negativa sugere que quanto mais alto o número de médicos para cada 100 mil habitantes, mais baixa a taxa de mortalidade infantil. Embora esse resultado seja razoável, o valor

Tabela 12.4 Posição dos estados em termos de mortalidade infantil e de médicos para cada 100 mil habitantes, 2001.

Estado	Mortalidade infantil	Médicos para cada 100.000	D	D^2	Estado	Mortalidade infantil	Médicos para cada 100.000	D	D^2
Alabama	4	39	−35	1.225	Montana	29	34	−5	25
Alaska	11,5	44	−32,5	1.056,25	Nebraska	27,5	28	−0,5	0,25
Arizona	26	41	−15	225	Nevada	42	46	−4	16
Arkansas	10	43	−33	1.089	New Hampshire	50	16	34	1.156
Califórnia	45,5	14	31,5	992,25	Nova Jérsey	30	7	23	529
Colorado	40	25	15	225	Novo México	31	32	−1	1
Connecticut	34,5	4	30,5	930,25	Nova York	40	2	38	1.444
Delaware	1	20	−19	361	Carolina do Norte	9	23	−14	196
Flórida	21,5	24	−2,5	6,25	Dakota do Norte	6	29	−23	529
Geórgia	8	36	−28	784	Ohio	14,5	19	−4,5	20,25
Havaí	32,5	9	23,5	552,25	Oklahoma	21,5	49	−27,5	756,25
Idaho	32,5	50	−17,5	306,25	Oregon	45,5	22	23,5	552,25
Illinois	14,5	11	3,5	12,25	Pensilvânia	23,5	8	15,5	240,25
Indiana	17	37	−20	400	Rhode Island	27,5	6	21,5	462,25
Iowa	43	45	−2	4	Carolina do Sul	5	31	−26	676
Kansas	19	35	−16	256	Dakota do Sul	19	42	−23	529
Kentucky	37	33	4	16	Tennessee	7	18	−11	121
Lousiana	3	12	−9	81	Texas	37	38	−1	1
Maine	34,5	15	19,5	380,25	Utah	49	40	9	81
Maryland	11,5	3	8,5	72,25	Vermont	44	5	39	1.521
Massachusetts	48	1	47	2.209	Virgínia	16	13	3	9
Michigan	13	27	−14	196	Washington	40	17	23	529
Minnesota	47	10	37	1.369	Virgínia Ocidental	23,5	30	−6,5	42,25
Mississippi	2	48	−46	2.116	Wisconsin	25	21	4	16
Missouri	19	26	−7	49	Wyoming	37	47	−10	100
								$\Sigma D^2 =$	24.466

do coeficiente de correlação de postos de Spearman é grande o suficiente para ser considerado estatisticamente significativo? A Tabela G, é claro, fornece valores críticos de r_s para N somente até 30.

Para amostras grandes ($N > 30$), a expressão a seguir tende a ter uma distribuição normal, e pode ser comparada a valores críticos de z:

$$z = r_s \sqrt{N - 1}$$

Para nosso exemplo,

$$z = -0,175\sqrt{50 - 1} = -0,175(7) = -1,225$$

Nesse caso, z não chega nem perto do valor crítico de 1,96 de z ao nível de significância de 0,05. Portanto, temos de manter a hipótese nula de não relação na população entre as taxas de mortalidade infantil e a disponibilidade de médicos.

Exigências para o uso do coeficiente de correlação de postos

O coeficiente de correlação de postos deve ser empregado quando as condições a seguir podem ser satisfeitas:

QUADRO 12.1 Exemplo passo a passo: coeficiente de correlação de postos de Spearman

Podemos resumir o procedimento passo a passo para obter o coeficiente de correlação de postos quanto à relação entre o grau de participação em associações voluntárias e o número de amigos próximos. Essa relação é indicada na amostra de seis entrevistados a seguir:

Entrevistado	Posto de participação em associações voluntárias (X)	Número de amigos (Y)
A	1 ← Participação máxima	6
B	2	4
C	3	6
D	4	2
E	5 Participação	2
F	6 ← mínima	3

Para determinar o grau de associação entre a participação em associações voluntárias e o número de amigos, temos de seguir alguns passos:

Passo 1 Classifique os entrevistados nas variáveis X e Y.

Como mostra a tabela anterior, classificamos os entrevistados quanto a X, participação em associações voluntárias, designando o posto 1 ao entrevistado com maior participação e o posto 6 para o entrevistado com menor participação.

Também devemos classificar os entrevistados em termos de Y, o número de amigos. Nesse exemplo, temos casos de postos empatados, como mostra a tabela a seguir:

Número de amigos (Y)	Classificação
6	1 Empatados em primeiro e segundo
4	3
6	2
2	5 Empatados em quinto e sexto
2	6
3	4

Para converter postos empatados, tiramos uma média das posições empatadas. Para a primeira e a segunda posições:

$$\frac{1+2}{2} = 1,5$$

Para a quinta e a sexta posições:

$$\frac{5+6}{2} = 5,5$$

Portanto, em termos de posições, onde X_R e Y_R denotam os postos de X e Y, respectivamente:

X_R	Y_R
1	1,5
2	3,0
3	1,5
4	5,5
5	5,5
6	4,0

Passo 2 Para obter ΣD^2, devemos calcular a diferença entre os postos de X e Y (D), elevar cada diferença ao quadrado (D^2) e somar esses quadrados (ΣD^2):

X_R	Y_R	D	D^2
1	1,5	−0,5	0,25
2	3,0	−1,0	1,00
3	1,5	1,5	2,25
4	5,5	−1,5	2,25
5	5,5	−0,5	0,25
6	4,0	2,0	4,00
		$\Sigma D^2 =$	10,00

Passo 3 Insira o resultado do Passo 2 na fórmula do coeficiente de correlação de postos.

$$r_s = 1 - \frac{6\Sigma D^2}{N(N^2 - 1)}$$
$$= 1 - \frac{(6)(10)}{(6)(36-1)}$$
$$= 1 - \frac{60}{210}$$
$$= 1 - 0{,}29$$
$$= +0{,}71$$

Passo 4 Compare o coeficiente de correlação de postos obtido com o valor crítico de r_s na Tabela G.

r_s obtido = 0,71
r_s tabela = 0,886
$N = 6$
$\alpha = 0{,}05$

Como N é menor do que 30, podemos testar a significância usando a Tabela G do Apêndice B. Descobrimos que o coeficiente de correlação de 0,886 é necessário para que possamos rejeitar a hipótese nula ao nível de significância de 0,05 com uma amostra de tamanho 6. Portanto, apesar de termos descoberto uma forte correlação positiva entre a participação em associações voluntárias e o número de amigos, temos ainda de manter a hipótese nula de que a correlação da população $\rho_s = 0$. O resultado obtido pode ser generalizado para a população da qual nossa amostra foi extraída.

1. *Dados ordinais.* Ambas as variáveis X e Y têm de ser classificadas ou ordenadas.
2. *Amostragem aleatória.* Os membros da amostra devem ser extraídos aleatoriamente de uma população maior para que o teste de significância possa ser aplicado.

Gama de Goodman e Kruskal

Como no caso do coeficiente de correlação de postos, nem sempre é possível evitar posições empatadas ao nível ordinal de mensuração. Na realidade, pesquisadores sociais frequentemente trabalham com medidas ordinais não lapidadas que produzem grandes números de postos empatados. Tipicamente, isso ocorre com variáveis ordinais que são classificadas em categorias, como alta, média e baixa. Quando essas variáveis ordinais são cruzadas em uma tabela, o *gama de Goodman e Kruskal* (G) é uma medida de associação particularmente útil.

A fórmula básica para o gama é

$$G = \frac{N_a - N_i}{N_a + N_i}$$

onde N_a = número de concordâncias
N_i = número de inversões

Concordâncias e inversões podem ser interpretadas como expressões da direção da correlação entre as variáveis X e Y. Uma concordância perfeita indica uma correlação positiva perfeita (+1,00): todos os indivíduos estudados são classificados exatamente na mesma ordem em ambas as variáveis.

Em comparação, a inversão perfeita indica uma correlação negativa perfeita (–1,00), de maneira que os indivíduos estudados são classificados exatamente na ordem inversa em ambas as variáveis.

A lógica das concordâncias, das inversões e dos pares empatados pode ser ilustrada pelo exame da tabulação cruzada simples a seguir, na qual as frequências são acrescidas dos nomes dos 10 entrevistados:

		X		
		Alta	**Média**	**Baixa**
Y	**Alta**	$f = 2$ Sam Mary	$f = 1$ Ann	$f = 0$
	Baixa	$f = 2$ Alex Jack	$f = 3$ Paul John Lisa	$f = 2$ Sue Bob

Mary e John estão em concordância, pois ela está em posição superior à dele em ambas as variáveis. Analogamente, o par Sam e Sue estão em concordância, pois Sam está em um nível mais alto do que Sue em ambas as variáveis. Ao todo, há 12 concordâncias ($N_a = 12$). Você consegue encontrar todas elas?

Diferentemente, o par Alex e Ann está em inversão, pois Alex excede Ann em X, mas está abaixo dela em Y. Ao todo, há duas inversões ($N_i = 2$). Você consegue encontrar os dois pares?

QUADRO 12.2   Exemplo passo a passo: gama de Goodman e Kruskal

Usando um exemplo maior, ilustraremos agora o procedimento utilizado para obter um coeficiente gama para variáveis ordinais em tabulação cruzada. Suponha que um pesquisador que queira examinar a relação entre classe social (X) e a confiança na integridade da polícia local (Y) obtenha, por meio do estudo de um questionário aplicado a 80 moradores da cidade, os dados a seguir: entre 29 entrevistados de classe alta, 15 demonstram um alto grau de confiança na integridade da polícia local, 10 demonstram um grau moderado e 4, um grau baixo; entre 25 entrevistados de classe média, 8 demonstram um alto grau de confiança, 10 demonstram um grau moderado e 7, um grau baixo; e entre 26 entrevistados de classe baixa, 7 demonstram um alto grau de confiança, 8 demonstram um grau moderado e 11, um grau baixo. Observe que empates ocorrem em todas as posições. Por exemplo, há 29 entrevistados empatados na classe social mais alta, o posto mais alto na variável X.

Passo 1 Rearranje os dados em forma de tabulação cruzada.

Confiança na integridade policial local (Y)	Classe social (X)		
	Alta	Média	Baixa
Alta	15	8	7
Moderada	10	10	8
Baixa	4	7	11
	29	25	26
		$N = 80$	

Observe que a tabela anterior é uma tabulação cruzada 3 × 3 que contém nove células (3 linhas x 3 colunas = 9). Para garantir que o sinal do coeficiente gama seja descrito com precisão, positivo ou negativo, a variável X nas colunas sempre tem de ser arranjada em ordem decrescente, da esquerda para a direita. Na tabela, por exemplo, a classe social — alta, média, baixa — decresce das colunas da esquerda para a direita. Analogamente, a variável Y nas linhas tem de decrescer de cima para baixo. Na tabela anterior, a confiança na integridade da polícia local decresce — alta, moderada, baixa — da linha superior para a linha inferior.

Passo 2 Obtenha N_a.

Para calcular N_a, comece com a célula ($f = 15$) no canto superior esquerdo. Multiplique esse número pela soma de todos os números que se situam *abaixo e à direita dele*. A leitura da esquerda para a direita nos mostra que todas as frequências abaixo e à direita de 15 são 10, 8, 7 e 11. Agora, repita esse procedimento com todas as frequências de células que tenham células abaixo e à direita delas. Trabalhando da esquerda para a direita na tabela,

Classe alta / alto grau de confiança na integridade da polícia	$(15)(10 + 8 + 7 + 11) = (15)(36) = 540$
Classe média / alto grau de confiança na integridade da polícia	$(8)(8 + 11) = (8)(19) = 152$
Classe alta / grau moderado de confiança na integridade da polícia	$(10)(7 + 11) = (10)(18) = 180$
Classe média / grau moderado de confiança na integridade da polícia	$(10)(11) = 110$

(Observe que nenhuma das outras frequências de células na tabela — 7 na linha de cima, 8 na segunda linha, e 4, 7 e 11 na linha de baixo — tem células abaixo e à direita.)

N_a é a soma dos produtos obtidos na tabela anterior.

$$N_a = 540 + 152 + 180 + 110$$
$$= 982$$

Passo 3 Obtenha N_i.

Para obter N_i, inverta o procedimento para calcular concordâncias e comece no canto superior direito da tabela. Dessa vez, cada número é multiplicado pela soma de todos os números que caem *abaixo e à esquerda dele*. A leitura da direita para a esquerda nos mostra que as frequências abaixo e à esquerda de 7 são 10, 10, 7 e 4. Como anteriormente, repita esse procedimento com todas as frequências que tenham células abaixo e à esquerda delas.

Trabalhando da direita para a esquerda,

Classe baixa / alto grau de confiança na integridade da polícia	(7) (10 + 10 + 7 + 4) = (7) (31) = 217
Classe média / alto grau de confiança na integridade da polícia	(8) (10 + 4) = (8) (14) = 112
Classe baixa / grau moderado de confiança na integridade da polícia	(8) (7 + 4) = (8) (11) = 88
Classe média / grau moderado de confiança na integridade da polícia	(10) (4) = 40

(Observe que nenhuma das outras frequências de células na tabela — 15 na linha de cima, 10 na linha do meio, 11, 7 e 4 na linha de baixo — tem células abaixo e à esquerda.)

N_i é a soma dos produtos calculada na tabela anterior. Portanto,

$$N_i = 217 + 112 + 88 + 40$$
$$= 457$$

Passo 4 Insira os resultados dos passos 2 e 3 na fórmula para gama.

$$G = \frac{N_a - N_i}{N_a + N_i}$$
$$= \frac{982 - 457}{982 + 457}$$
$$= \frac{525}{1.439}$$
$$= +0,36$$

Um coeficiente gama de +0,36 indica uma correlação positiva moderada entre a classe social e a confiança na polícia local. O resultado que obtivemos sugere uma correlação baseada em um predomínio de concordâncias. (Observe que um coeficiente gama de –0,36 teria indicado, em vez disso, uma correlação *negativa* moderada baseada em um predomínio de inversões.)

Antes de continuar, daremos mais uma olhada em como o gama funciona no contexto das tabulações cruzadas. Considere, por exemplo, a célula do centro (classe média, confiança moderada) na tabulação cruzada de classe social e confiança na integridade da polícia local. Casos que estão abaixo e à direita são concordâncias, pois eles são menores em ambas as variáveis. Casos que estão abaixo e à esquerda são inversões, pois eles são menores em *Y*, mas maiores em *X*. Por que não contar os 15 casos de classe alta/alto grau de confiança como concordâncias quanto à célula de referência classe média/grau de confiança moderado? Apesar de serem concordâncias, eles já foram contados: os 15 casos de classe média/grau de confiança moderado são contados como concordâncias quando a célula classe alta/alto grau de confiança é a célula de referência. Contar concordâncias e inversões somente em direção à base da tabela evita o equívoco de contagem dupla.

Por fim, qualquer par que está no mesmo nível em uma ou ambas as variáveis representa um empate. Por exemplo, Alex e Jack estão empatados em ambas as variáveis (isto é, ambos estão na mesma célula). Além disso, embora Alex ultrapasse Sue em X, ambos estão no mesmo nível em Y (isto é, eles estão na mesma linha), e desse modo, são considerados como um par empatado. Felizmente, você pode ignorar empates ao calcular gama, pois eles não entram em sua fórmula.

Teste de significância do coeficiente gama

Para testar a hipótese nula de que X e Y não estão associados na população — que $\gamma = 0$ —, convertemos o G que obtivemos em um escore z por meio da fórmula a seguir:

$$z = G\sqrt{\frac{N_a + N_i}{N(1 - G^2)}}$$

onde G = coeficiente gama calculado
N_a = número de concordâncias
N_i = número de inversões
N = tamanho da amostra

No Quadro 12.2, descobrimos que $G = 0,36$ para a correlação entre a classe social e o grau de confiança na integridade da polícia local. Para testar a significância de nosso achado, substituímos na fórmula, como a seguir:

$$z = (0,36)\sqrt{\frac{982 + 457}{(80)[1 - (0,36)^2]}}$$
$$= (0,36)\sqrt{\frac{1.439}{(80)(0,87)}}$$
$$= (0,36)\sqrt{\frac{1.439}{69,60}}$$
$$= (0,36)\sqrt{20,68}$$
$$= (0,36)(4,55)$$
$$= 1,64$$

Ao verificarmos a Tabela A (ou a linha inferior das tabelas B ou C) do Apêndice B, vemos que z tem de exceder 1,96 para rejeitar a hipótese nula ao nível de significância de 0,05. Como o valor de z que calculamos (1,64) é menor do que o valor de tabela exigido, temos de manter a hipótese nula de que o grau de confiança na polícia $\gamma = 0$ e rejeitar a hipótese de pesquisa de que $\gamma \neq 0$. Nossa correlação obtida não pode ser generalizada para a população da qual nossa amostra foi extraída.

Exigências para a utilização de gama

As exigências a seguir têm de ser levadas em consideração para que gama possa ser empregada como uma medida de associação para tabulações cruzadas.
1. *Dados ordinais.* Tanto as variáveis X quanto as variáveis Y devem ser colocadas em postos ou ordenadas.
2. *Amostragem aleatória.* Para testar a hipótese nula ($\gamma = 0$), membros da amostra têm de ser extraídos aleatoriamente em uma população específica.

Coeficiente de correlação para dados nominais dispostos em uma tabela 2 x 2

No Capítulo 9, foi introduzido um teste de significância para dados de frequência conhecido como qui-quadrado. Por meio de uma simples extensão do teste qui-quadrado, o grau de associação entre variáveis ao nível nominal de mensuração pode agora ser determinado. Examinaremos a hipótese nula de que

a proporção de fumantes entre estudantes universitários norte-americanos e estudantes universitários canadenses é a mesma.

No Capítulo 9, essa hipótese nula foi testada dentro de uma amostra de 21 estudantes norte-americanos e uma amostra de 15 estudantes canadenses que frequentavam a mesma universidade. Foi determinado que 15 dos 21 estudantes norte-americanos, mas apenas 5 dos 15 estudantes canadenses eram não fumantes. Desse modo, temos o problema 2×2 mostrado na Tabela 12.5.

A relação entre a nacionalidade e a condição de fumante entre estudantes universitários foi testada no Capítulo 9 por meio da aplicação da fórmula do qui-quadrado 2×2 (com a correção de Yates devido a frequências esperadas pequenas) usando uma tabela de resumo, como a seguir:

$$\chi^2 = \Sigma \frac{(|f_0 - f_e| - 0,5)^2}{f_e}$$

f_o	f_e	$|f_o - f_e|$	$|f_o - f_e| - 0,5$	$(|f_o - f_e| - 0,5)^2$	$\dfrac{(|f_o - f_e| - 0,5)^2}{f_e}$
15	11,67	3,33	2,83	8,01	0,69
5	8,33	3,33	2,83	8,01	0,96
6	9,33	3,33	2,83	8,01	0,86
10	6,67	3,33	2,83	8,01	1,20
					$\chi^2 = 3,71$

Depois de termos calculado um valor de qui-quadrado de 3,71, podemos obter o *coeficiente fi* (ϕ), que é uma medida do grau de associação para tabelas 2×2. Pela fórmula,

$$\phi = \sqrt{\frac{\chi^2}{N}}$$

Tabela 12.5 Consumo de cigarros entre estudantes universitários norte-americanos e canadenses: dados da Tabela 9.7.

	Nacionalidade		
Condição de fumante	*Norte-americanos*	*Canadenses*	**Total**
Não fumantes	15	5	20
Fumantes	6	10	16
Total	21	15	$N = 36$

onde ϕ = coeficiente fi
χ^2 = valor calculado de qui-quadrado
N = número total de casos

Aplicando a fórmula precedente ao problema em questão,

$$\phi = \sqrt{\frac{3,71}{36}}$$
$$= \sqrt{0,1031}$$
$$= 0,32$$

Nosso coeficiente fi obtido de 0,32 indica a presença de uma correlação moderada entre a nacionalidade e o consumo de cigarros.

Teste de significância fi (ϕ)

Felizmente, o coeficiente fi pode ser facilmente testado por meio do qui-quadrado, cujo valor já foi determinado, e pela Tabela E do Apêndice B:

$$\chi^2 \text{ obtido} = 3,71$$
$$\chi^2 \text{ tabela} = 3,84$$
$$gl = 1$$
$$\alpha = 0,05$$

Como o valor calculado de qui-quadrado de 3,71 é menor do que o valor de tabela exigido, mantemos a hipótese nula de não associação e rejeitamos a hipótese de pesquisa de que a nacionalidade e o consumo de cigarros estão associados na população. Portanto, apesar de moderado no tamanho, o coeficiente phi obtido não é estatisticamente significativo.

Exigências para o uso do coeficiente fi (ϕ)

Para empregar o coeficiente fi como uma medida de associação entre as variáveis X e Y, temos de considerar as seguintes exigências:

1. *Dados nominais.* Apenas os dados de frequência são exigidos.
2. *Uma tabela* 2×2. Os dados devem ser dispostos em forma de uma tabela 2×2 (2 linhas por 2 colunas). Não é apropriado aplicar o coeficiente fi a tabelas em formatos superiores a 2×2, nas quais vários grupos ou categorias são comparadas.
3. *Amostragem aleatória.* Para testar a significância do coeficiente fi, membros de amostras têm de ser extraídos aleatoriamente em uma população maior.

Coeficientes de correlação para dados nominais em tabelas de tamanho superior a 2 x 2

Até agora, temos considerado o coeficiente de correlação para dados nominais dispostos em uma tabela 2×2. Como vimos no Capítulo 9, às vezes temos dados nominais, mas que comparam vários grupos ou categorias. Como exemplo, reconsideraremos a hipótese nula de que *a frequência relativa dos modos permissivo, moderado e autoritário de disciplinar crianças é a mesma para pais, padrastos e cônjuges.*

No Capítulo 9, essa hipótese foi testada com os dados na tabela 3 × 3 da Tabela 12.6. As diferenças no modo de disciplinar crianças levando em conta o tipo de relação que se tem com elas foram testadas por meio da aplicação da fórmula do qui-quadrado usando uma tabela de resumo, como a seguir:

f_o	f_e	$f_o - f_e$	$(f_o - f_e)^2$	$\dfrac{(f_o - f_e)^2}{f_e}$
7	10,79	−3,79	14,36	1,33
9	10,11	−1,11	1,23	0,12
14	9,10	4,90	24,01	2,64
10	10,07	−0,07	0,00	0,00
10	9,44	0,56	0,31	0,03
8	8,49	−0,49	0,24	0,03
15	11,15	3,85	14,82	1,33
11	10,45	0,55	0,30	0,03
5	9,40	−4,40	19,36	2,06
				$\chi^2 = 7,57$

No contexto atual, buscamos determinar a correlação ou o grau de associação entre o tipo de relação (*X*) e o método de disciplina com as crianças (*Y*). Em uma tabela com um formato maior do que 2 × 2, isso pode ser feito por meio de uma simples extensão do teste qui-quadrado, que é chamado de *coeficiente de contingência* (*C*). O valor de *C* pode ser encontrado pela fórmula

$$C = \sqrt{\dfrac{\chi^2}{N + \chi^2}}$$

onde *C* = coeficiente de contingência
 N = número total de casos
 χ^2 = valor calculado do qui-quadrado

Ao testar o grau de associação entre o tipo de relação familiar e o método de disciplina das crianças,

Tabela 12.6 Tabulação cruzada de práticas para disciplinar crianças e o tipo de relação que se tem com elas.

		Tipo de relação			
		Pai	Padrasto	Cônjuge	Total
Práticas de disciplina	Permissiva	7	9	14	30
	Moderada	10	10	8	28
	Autoritária	15	11	5	31
	Total	32	30	27	89

$$C = \sqrt{\frac{7{,}57}{89 + 7{,}57}}$$

$$= \sqrt{\frac{7{,}57}{96{,}57}}$$

$$= \sqrt{0{,}0784}$$

$$= 0{,}28$$

O coeficiente de contingência de 0,28 que obtivemos indica que a correlação entre o tipo de relacionamento com as crianças e o modo de discipliná-las pode ser considerado bastante fraco. As variáveis são relacionadas, mas muitas exceções podem ser encontradas.

Teste da significância do coeficiente de contingência

Assim como no caso do coeficiente phi, a relevância estatística do coeficiente de contingência pode ser facilmente determinada a partir do tamanho do valor do qui-quadrado obtido. No exemplo presente, calculamos que a relação entre as variáveis é não significativa, e, portanto, confinada aos membros de nossas amostras. Isso é verdade porque o qui-quadrado calculado de 7,58 é menor do que o valor de tabela exigido:

$$\chi^2 \text{ obtido} = 7{,}58$$
$$\chi^2 \text{ tabela} = 9{,}49$$
$$gl = 4$$
$$\alpha = 0{,}05$$

Exigências para o uso do coeficiente de contingência

Para aplicar o coeficiente de contingência de maneira apropriada, temos de ter consciência das exigências a seguir:
1. *Dados nominais.* Exigem-se apenas dados de frequência. Esses dados podem ser colocados em uma tabela 2×2 ou maior.
2. *Amostragem aleatória.* Para testar a significância do coeficiente de contingência, todos os elementos da amostra precisam ter sido extraídos aleatoriamente de uma população maior.

Uma alternativa para o coeficiente de contingência

Apesar de sua grande popularidade entre os pesquisadores sociais, o coeficiente de contingência tem uma desvantagem importante: o número de linhas e colunas em uma tabela de qui-quadrado influenciará o tamanho máximo de C. Isto é, o valor do coeficiente de contingência não variará sempre entre 0 e 1,0 (apesar de que ele nunca excederá 1,0). Sob certas condições, o valor máximo de C pode ser 0,94; em outras vezes, pode ser 0,89; e assim por diante. Essa situação é particularmente problemática em tabelas não quadradas — isto é, tabelas que contêm números diferentes de linhas e colunas (por exemplo, 2×3, 3×5, e assim por diante).

Para evitar essa desvantagem de C, podemos decidir aplicar outro coeficiente de correlação que expresse o grau de associação entre variáveis ao nível nominal em uma tabela maior do que a 2×2. Conhecido como V de Cramér, esse coeficiente não depende do tamanho da tabela do χ^2 e tem as mesmas exigências que o coeficiente de contingência. Pela fórmula,

$$V = \sqrt{\frac{\chi^2}{N(k-1)}}$$

onde $V = V$ de Cramér
N = número total de casos
k = número de linhas *ou* colunas, o que for menor (se o número de linhas for igual ao número de colunas em uma tabela 3×3, 4×4 ou 5×5, qualquer número pode ser usado para k)

Retornemos à tabulação cruzada do modo de disciplinar crianças e o tipo de relação que se tem com elas, como mostra a Tabela 12.6 (uma tabela 3×3):

$$V = \sqrt{\frac{7,58}{(89)(3-1)}}$$
$$= \sqrt{\frac{7,58}{(89)(2)}}$$
$$= \sqrt{\frac{7,58}{178}}$$
$$= \sqrt{0,0426}$$
$$= 0,21$$

Como resultado, encontramos um coeficiente de correlação de V de Cramér igual a 0,21, indicando uma relação fraca entre as variáveis. Assim como ocorre com o fi e o coeficiente de contingência, a significância da relação é determinada pelo teste qui-quadrado.

Resumo

Como vimos no Capítulo 9, em relação a testes de significância, há testes não paramétricos que podem ser empregados em lugar de t e F quando as suposições a respeito de uma distribuição normal ou o nível intervalar de medida não são apropriados. Similarmente, quando as exigências do r de Pearson não podem ser atendidas, alternativas não paramétricas se tornam atrativas para um pesquisador social que busca medir o grau de associação entre duas variáveis, particularmente quando ambas as variáveis não estão ao nível intervalar ou quando há uma substancial não normalidade dentro dos dados. Para determinar a correlação entre as variáveis ao nível ordinal de medida, um pesquisador pode aplicar o coeficiente de correlação de postos de Spearman (r_s). Para usar essa medida de maneira apropriada, ambas as variáveis, X e Y, têm de estar classificadas ou ordenadas. Quando os dados ordinais são dispostos em uma tabulação cruzada, o coeficiente gama de Goodman e Kruskal (G) torna-se um coeficiente de correlação útil. Para variáveis medidas ao nível nominal e exibidas em uma tabulação cruzada, várias medidas não paramétricas de associação estão disponíveis e são derivadas da estatística do qui-quadrado que encontramos no Capítulo 9. Especificamente, o coeficiente fi (ϕ) é usado para avaliar a força de associação em uma tabulação cruzada com duas linhas e duas colunas. Para tabelas maiores do que as 2×2, é apropriado usar o coeficiente de contingência C (para tabelas quadradas) e o V de Cramér.

Termos-chave

Coeficiente de contingência
Coeficiente de correlação de postos de Spearman
Coeficiente fi
Gama de Goodman e Kruskal
V de Cramér

Exercícios

1. Mesmo quando as exigências do r de Pearson não podem ser atendidas, ainda podemos aplicar:
   a. uma razão t.
   b. uma medida paramétrica de correlação.
   c. uma medida não paramétrica de correlação.
   d. nenhum dos itens anteriores.

2. Por que decidiríamos testar a significância de um coeficiente de correlação de postos, gama ou contingência?
   a. Para medir sua intensidade.
   b. Para medir sua direção.
   c. Para saber se podemos generalizá-lo para a população da qual nossa amostra foi tirada.
   d. Para saber se realmente cumprimos as exigências que tornam possível o uso do teste.

3. Os coeficientes fi e de contingência são extensões de qual teste?
   a. r de Pearson.
   b. Ordem de postos de Spearman.
   c. Qui-quadrado.
   d. Gama.

4. Os cinco estudantes a seguir foram classificados em termos do prazo de término de uma prova (1 = primeiro a terminar, 2 = segundo a terminar, e assim por diante) e receberam uma nota dada pelo professor. Teste a hipótese nula de nenhuma relação entre a nota (X) e o tempo necessário para realizar a prova (Y) (isto é, calcule o coeficiente de correlação de postos e indique se ele é significativo).

X	Y
53	1
91	2
70	3
85	4
91	5

5. No Capítulo 10, foram apresentados dados sobre a distância até a escola (X) e o número de atividades extracurriculares de que os alunos participavam (Y) para 10 estudantes do ensino médio aos quais o coeficiente de correlação de Pearson foi aplicado. Um dos estudantes (David), que anteriormente vivia a 10 milhas da escola, havia se mudado para mais longe. Ele agora vive a 17 milhas da escola. Em virtude da aparente assimetria criada por esse valor extremo, o r de Pearson pode gerar um resultado distorcido. Como alternativa, calcule a correlação de postos de Spearman para os dados a seguir, e indique se ela é significativa:

	Distância até a escola (milhas)	Número de atividades extracurriculares
Lee	4	3
Rhonda	2	1
Jess	7	5
Evelyn	1	2
Mohammed	4	1
Steve	6	1
George	9	9
Juan	7	6
Chi	7	5
David	17	8

6. Uma pesquisadora investigou a relação entre a gravidade de uma doença (X) e o tempo de permanência em um hospital (Y). Ela escolheu oito pacientes aleatoriamente, classificando a gravidade da doença de cada um e determinando o número de dias que eles foram hospitalizados. Os resultados que obteve foram os seguintes:

Paciente	X	Y
A	6	12
B	4	19
C	1	18
D	8	3
E	3	21
F	2	21
G	7	5
H	5	10

Calcule o coeficiente de correlação de postos e indique se há uma relação significativa entre X e Y.

7. Um demógrafo estava interessado na relação entre a densidade populacional (X) e a qualidade de vida (Y). Classificando 10 cidades importantes em ambas as variáveis, ele obteve os resultados a seguir:

Cidade	X	Y
A	8	2
B	1	7
C	3	8
D	4	1
E	4	5
F	10	3
G	2	10
H	5	6
I	6	9
J	9	4

Calcule a correlação de postos e indique se há uma relação significativa entre X e Y.

8. Um pesquisador está interessado na relação entre engajamento político (X) e grau de instrução (Y). Após selecionar uma amostra aleatória de indivíduos com mais de 18 anos, ele os ordenou em termos de engajamento político e determinou a quantidade de anos de estudo que tiveram. Ele obtém os resultados a seguir:

Indivíduo	X	Y
A	5	16
B	9	9
C	1	20
D	4	15
E	6	8
F	2	17
G	8	15
H	3	18
I	7	7

Calcule um coeficiente de correlação de postos e indique se há uma relação significativa entre X e Y.

9. Uma professora de Psicologia decide aplicar um teste no início de cada classe na esperança de que isso encoraje seus estudantes a lerem os textos indicados por ela. Entretanto, após a aplicação de alguns testes, ela começa a se perguntar se eles realmente separam aqueles que leram os textos indicados dos que não leram, ou se meramente penalizam aqueles estudantes que leram o material, mas não o compreenderam. Para sanar essa dúvida, ela pediu aos estudantes que escrevessem em seus testes quanto tempo eles passaram lendo os textos indicados. Ela então os classificou em termos do tempo gasto com a leitura do material (X) e das notas obtidas no teste (Y). Ela chegou aos seguintes resultados:

Estudante	X	Y
A	3	6
B	7	11
C	2	1
D	10	8
E	8	12
F	1	4
G	9	10
H	11	7
I	4	5
J	12	9
K	5	2
L	6	3

Calcule um coeficiente de correlação de postos e indique se há uma relação significativa entre X e Y.

10. Uma assistente social observa que alguns de seus clientes mais ansiosos frequentemente a

visitam com xícaras de café na mão. Na dúvida se a ansiedade deles (X) está relacionada à quantidade de cafeína consumida (Y), ela sorteia uma amostra aleatória de 10 de seus clientes e os ordena em ambas as variáveis. Ela obteve os seguintes resultados:

Cliente	X	Y
A	4	3
B	1	2
C	5	6
D	10	9
E	8	10
F	2	4
G	9	8
H	3	1
I	7	7
J	6	5

Calcule um coeficiente de correlação de postos e indique se há uma relação significativa entre X e Y.

11. Um sociólogo educacional analisou 12 estudantes universitários prestes a se formar — todos os graduandos de uma pequena faculdade — para determinar se o êxito acadêmico obtido como estudantes do ensino médio estava relacionado a um bom desempenho na faculdade. Como podemos ver, a média de notas (GPA, do inglês *grade point average*) no ensino médio e a classificação na faculdade foram empregados como medidas de desempenho acadêmico:

Determine a força e a direção da correlação entre a média de notas (GPA) no ensino médio e a classificação na faculdade para os 12 membros dessa classe de graduandos. É necessário testar a significância da correlação?

GPA no ensino médio	Classificação na faculdade
3,3	1
2,9	12
2,5	9
4,0	8
2,8	11
2,5	10
3,7	2
3,8	7
3,5	3
2,7	6
2,6	4
4,0	5

12. Um sociólogo interessado na relação entre classe social e leitura perguntou a uma amostra de 105 crianças de vários níveis socioeconômicos a respeito do número de livros que elas haviam lido fora da escola durante o último ano. Para os dados a seguir, calcule um coeficiente gama para determinar o grau de associação entre o *status* socioeconômico (X) e o número de livros lidos (Y), e indique se a relação é significativa.

13. Um pesquisador queria saber se a satisfação com o emprego está relacionada ao tempo de deslocamento para o trabalho. Ele entrevistou 185 empregados de uma determinada empresa a respeito do tempo que levavam deslocando-se para o trabalho (X) e sua satisfação no emprego (Y). Para os dados a seguir, calcule um coeficiente gama para determinar o grau de associação entre o tempo de deslocamento e a satisfação no emprego, e indique se há uma relação significativa entre X e Y.

Referente à questão 12

Número de livros lidos	*Status* socioeconômico			
	Baixo	Médio baixo	Médio alto	Alto
Nenhum	15	12	6	5
Um	12	8	10	8
Mais de um	4	6	9	10

	Tempo de deslocamento			
Satisfação com o trabalho	60+	30-59	15-29	Abaixo de 15
Muito satisfeito	8	12	25	22
Um pouco satisfeito	9	20	23	11
Insatisfeito	13	18	17	7
		$N = 185$		

14. Os 96 estudantes a seguir foram ordenados do alto para baixo quanto ao seu consumo de bebidas alcoólicas (X) e seu uso diário de maconha (Y). Para esses dados, calcule um coeficiente gama para determinar o grau de associação entre o consumo de álcool e o uso de maconha, e indique se há uma relação significativa entre X e Y.

	Consumo de álcool		
Uso de maconha	Alto	Médio	Baixo
Alto	5	7	20
Médio	10	8	15
Baixo	15	6	10
		$N = 96$	

15. Um pesquisador está interessado em determinar o grau de associação entre a afiliação partidária de maridos e esposas. Para a tabulação cruzada a seguir, calcule o qui-quadrado e determine o coeficiente phi.

Afiliação partidária do marido	Afiliação partidária da esposa	
	Democrata	Republicano
Democrata	24	6
Republicano	8	22

16. Uma estudante universitária curiosa queria determinar o grau de associação entre a captação de recursos para uma campanha política e o sucesso político em eleições. A tabulação cruzada a seguir exibe os dados que ela coletou a respeito do montante de captação de recursos e o sucesso político como um todo:

Captação de recursos	Sucesso político		
	Alto	Médio	Baixo
Alta	12	4	2
Média	6	6	4
Baixa	1	2	9

Calcule o qui-quadrado e determine o coeficiente de contingência.

17. Um pesquisador está interessado em determinar o grau de associação entre as inclinações políticas de maridos e esposas. Para a tabulação cruzada a seguir, calcule o qui-quadrado e determine o coeficiente de contingência.

Inclinação política do marido	Inclinação política da esposa		
	Liberal	*Moderado*	*Conservador*
Liberal	10	6	4
Moderado	7	11	5
Conservador	3	5	9

18. Uma pesquisadora está curiosa a respeito da conexão entre vários comportamentos que poderiam ser vistos como arriscados. Ela coleta dados de seus registros sobre 162 pacientes quanto ao uso de cintos de segurança e o consumo de cigarros. Para a tabulação cruzada a seguir, calcule o qui-quadrado e o V de Cramér.

Uso de cintos de segurança	Consumo de cigarros	
	Fumante	*Não fumante*
Sempre	10	32
Normalmente	30	26
Raramente	46	18

19. Para coletar provas quanto à discriminação de gênero, uma amostra de professores universitários foi classificada por posto acadêmico e gênero. Para a tabulação cruzada a seguir, calcule o qui-quadrado e o V de Cramér.

Posto	Gênero	
	Homem	*Mulher*
Professor titular	8	2
Professor adjunto	10	6
Professor assistente	25	20

20. A ordem de nascimento influencia o grau de obediência de crianças aos pais? Para a tabulação cruzada a seguir, calcule o qui-quadrado e o V Cramér.

Ordem de nascimento	Obediência	
	Obediente	*Desobediente*
Primeiro filho	11	14
Segundo filho	15	12
Terceiro filho	17	20

21. Um pesquisador coletou dados de 198 pessoas a respeito de inclinação política e da opinião, contra ou a favor, sobre a reinstituição da lei que proíbe a venda de armas de fogo. Para a tabulação cruzada a seguir, calcule o qui-quadrado e o V de Cramér.

Inclinação política	Reinstituição da lei que proíbe a venda de armas de fogo	
	Sim	*Não*
Liberal	56	7
Moderado	33	28
Conservador	11	63

22. Para descobrir se mulheres mais ricas tendem a ter filhos por meio de cesáreas com mais frequência do que mulheres mais pobres, uma amostra de mulheres que acabaram de ter filhos foi classificada por *status* socioeconômico e pelo tipo de parto a que haviam sido submetidas. Para a tabulação cruzada a seguir, calcule o qui-quadrado e o V de Cramér.

Status socioeconômico	Cesárea	
	Sim	*Não*
Alto	14	8
Médio	9	12
Baixo	3	23

Exercícios em SPSS

1. Usando SPSS, analise o General Social Survey para descobrir se as opiniões dos entrevistados quanto ao auxílio com custos de saúde para doentes (HELPSICK) estão relacionadas às suas opiniões quanto ao auxílio com custos de saúde para pobres (HELPPOOR). Teste a hipótese nula usando o coeficiente de correlação de postos de Spearman. Dica: para obter o coeficiente de correlação de postos de Spearman, clique em ANALYZE, CORRELATE, BIVARIATE e marque a opção Spearman (para obter menos resultados, desmarque Pearson).

2. Uma pesquisadora se pergunta se as pessoas responderão de modo similar a questões sobre o aborto, dependendo das circunstâncias. Em particular, ela quer saber se as pessoas diferirão (ou não) quando a questão for o aborto após um estupro (ABRAPE) ou o aborto sob quaisquer circunstâncias (ABANY). Usando o General Social Survey, calcule o coeficiente de contingência para testar a hipótese nula de que não há relação em como as pessoas avaliam questões sobre o aborto ao comparar o aborto após o estupro ou sob quaisquer circunstâncias. Dica: o coeficiente de contingência está disponível como uma estatística opcional no procedimento de tabulação cruzada.

3. Uma pesquisadora suspeita de que pode haver uma relação entre o consumo de maconha e a velocidade excessiva ao volante. Usando SPSS, analise o Monitoring the Future Survey para descobrir se ela está certa. Aplique gama para testar a hipótese nula de que não há relação entre o uso habitual da maconha ou haxixe (V115) e uma multa ou aviso por uma violação de trânsito (V197). Dica: gama está disponível como uma estatística opcional no procedimento de tabulação cruzada.

4. O General Social Survey inclui uma série de questões sobre atividades de que os

norte-americanos podem participar à noite. Aplique gama para testar a hipótese nula de que não há relação entre cada uma das diferentes atividades noturnas (SOCBAR, SOCOMMUN, SOCFREND, SOCREL).

5. A probabilidade de adolescentes do sexo masculino terem consumido bebidas alcoólicas é maior do que a probabilidade de adolescentes do sexo feminino terem feito o mesmo? Use o SPSS para calcular o coeficiente fi para testar a hipótese nula de que não há relação entre o consumo habitual de álcool (V103) e o gênero dos alunos do último ano do ensino médio (V115). Dica: phi está disponível como uma estatística opcional no procedimento de tabulação cruzada.

6. Um pesquisador quer saber se há uma conexão entre a área em que se vive e o consumo de bebidas alcoólicas. Usando o Monitoring the Future Data Set (Conjunto de Dados do Monitoramento do Futuro), calcule o V de Cramér para testar a hipótese nula de que a localização regional (V13) não está relacionada ao consumo habitual de álcool (V103). Dica: fi e o V de Cramér são encontrados no mesmo lugar em SPSS. Usando o Best Places Study, conduza uma análise similar para encontrar o V de Cramér para testar a hipótese nula de que a localização regional (REGION) não está relacionada ao consumo médio de álcool (ALCOHOL). Comente as similaridades e as diferenças nos resultados entre os dois estudos.

Olhando sob uma perspectiva mais ampla: medindo a associação

Na última parte do texto, consideramos testes para as diferenças entre grupos. Usando o teste z de proporções, por exemplo, testamos diferenças por gênero na porcentagem de estudantes que fumam. Usando o teste t e, então, a análise de variância, avaliamos diferenças entre os gêneros e depois entre etnias em termos de seu consumo médio de cigarros e bebida. Usando o qui-quadrado, também testamos as diferenças entre grupos (etnia e pais fumantes/não fumantes) em termos da porcentagem de entrevistados que eram fumantes. Nessa última parte do capítulo, concentramos-nos mais no estabelecimento do grau de associação entre variáveis, em oposição a diferenças entre grupos.

Consideremos a correlação entre os níveis de consumo de cigarros e bebida. Ambas as formas de consumo estão conectadas de alguma maneira? Vemos no gráfico de dispersão que há uma tendência na correlação das duas variáveis. Para aqueles estudantes que raramente bebem, os pontos tendem a se concentrar na extremidade inferior do consumo de cigarros; para aqueles que bebem com mais frequência, os pontos se espalham sobre uma área mais ampla de níveis de consumo de cigarros, especialmente os mais altos. O coeficiente de correlação de Pearson, $r = +0,34$, indica uma associação ligeiramente moderada e positiva. Com $N = 155$ (apenas fumantes incluídos), a correlação é estatisticamente significativa ($t = 4,47$, 153 gl). No caso dessa população, portanto, podemos concluir que os estudantes que bebem demais também tendem a fumar bastante.

Gráfico de dispersão do consumo de cigarros e bebida

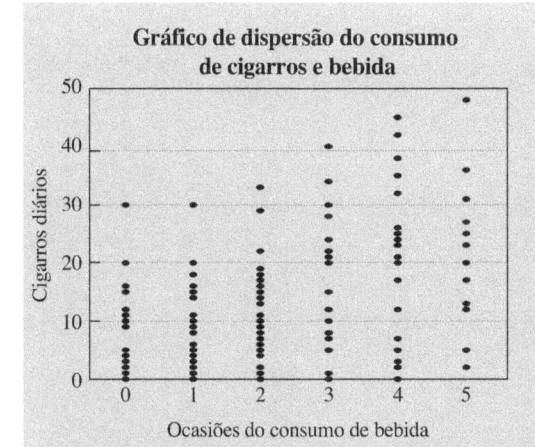

(Eixo Y: Cigarros diários; Eixo X: Ocasiões do consumo de bebida)

Em seguida, consideraremos a relação entre a idade e o consumo de álcool. Pela lei, nenhum desses estudantes deveria beber, mas claramente muitos deles relatam fazê-lo. Existe uma tendência, para aqueles que estão mais próximos da idade legal para consumir álcool, de beber mais frequentemente do que os estudantes mais jovens? Como indica o coeficiente de correlação, $r = +0{,}62$, estudantes mais velhos tendem a beber com mais frequência. Tendo em vista que essa correlação é significativa, ($t = 12{,}44$, 248 gl), podemos concluir que a idade e o hábito de beber estão correlacionados na população de estudantes.

Por fim, estamos interessados na associação entre o envolvimento em atividades esportivas e o hábito de fumar. Podemos exibir esses dados em forma de uma tabulação cruzada e calcular o V de Cramér, uma medida de associação projetada para tabelas não quadradas.

Tabulação cruzada da prática de esportes/ exercício e o consumo de cigarros

	Fumam	Não fumam
Muito frequentemente	8	35
Frequentemente	48	39
Raramente	65	16
Nunca	34	5

$\chi^2 = 58{,}0$, 3 gl (significativo), V de Cramér $= 0{,}48$

Parte **5**

Aplicação da estatística

Capítulo 13

Escolha de processos estatísticos para problemas de pesquisa

Escolha de processos estatísticos para problemas de pesquisa

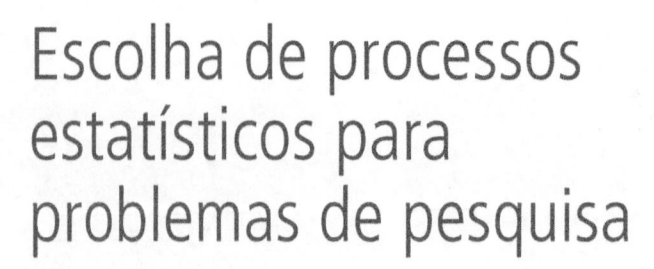

13

Certamente, a jornada pelos capítulos deste livro tem sido longa e às vezes difícil, dos estágios iniciais da descrição estatística até o conjunto de algumas das técnicas mais comumente usadas na análise estatística de dados da ciência social. No Capítulo 1, buscamos fornecer um mapa dos principais temas que você encontraria ao longo dessa jornada ao mundo estatístico. Nessa parada final, pode ser de grande ajuda recapitular os pontos principais dessa viagem e o que você aprendeu pelo caminho.

O Capítulo 1 introduziu alguns conceitos básicos relativos a variáveis, os ingredientes usados na estatística. Mais importante ainda, você aprendeu que as variáveis podem ser de três tipos, dependendo da precisão e da complexidade da medida. Variáveis ao nível nominal (por exemplo, se o encontro do último sábado à noite foi "no cinema", "em um clube" ou "em uma festa") podem ser categorizadas e contadas. Variáveis ao nível ordinal (por exemplo, se o encontro de sábado à noite foi "ótimo", "bom" ou "nunca mais") podem, da mesma maneira, ser categorizadas e contadas, mas elas também podem ser classificadas de um extremo ao outro (como da melhor à pior). Por fim, variáveis ao nível intervalar (por exemplo, quanto tempo durou o encontro de sábado à noite) podem ser categorizadas, contadas, classificadas e ter um escore atribuído a elas (como a duração em horas).

O Capítulo 2, então, apresentou métodos de apresentação de variáveis em tabelas e gráficos como um primeiro passo no resumo e na descrição de suas distribuições. Distribuições de frequência e gráficos em barras ou em setores nos ajudam a ter uma ideia mais clara a respeito de nossos dados. Podemos resumir, por exemplo, as experiências de encontros aos sábados à noite de um grupo de 40 colegas — qual porcentagem foi ao cinema, qual porcentagem ficou satisfeita com seu encontro. Distribuições de frequência agrupadas também foram usadas para ajudar a resumir variáveis ao nível intervalar, como duração do encontro, em um conjunto viável de categorias (digamos, "menos de 2 horas", "2 a 4 horas", "4 a 6 horas" e "6 horas até o amanhecer"). Polígonos de frequência também foram usados para explorar a forma de uma distribuição, como, por exemplo, se a duração do encontro tende a ser simétrica ou assimétrica entre os 40 escores de duração do encontro.

Equipados com um resumo básico da distribuição de uma variável, os capítulos 3 e 4 introduziram em seguida medidas para descrever, em termos precisos, determinadas características de uma distribuição. Especificamente, três medidas de tendência central fornecem perspectivas diferentes sobre "a média", dependendo do objetivo da pesquisa e do nível de medida. Para as experiências de encontros dos 40 colegas, poderíamos calcular a moda do encontro (mais comum), como "em uma festa". Poderíamos também determinar a qualidade de encontro mediana (mais ao centro) como "bom" e a duração média de encontro como 4,3 horas.

É claro que há mais sobre a distribuição de escores do que moda, mediana e média. Medidas de variabilidade (alcance, variância e desvio padrão) foram usadas para caracterizar o modo como os dados estão dispersos em torno do centro de uma distribuição. Dizer que os 40 colegas tiveram encontros com uma duração média de 4,3 horas é apenas metade da história. Ficar sabendo que seus encontros variaram de 1,5 a 12,0 horas levantou toda sorte de questões interessantes sobre as circunstâncias em que eles ocorreram e o que fizeram enquanto estavam juntos.

O Capítulo 5 focou a curva normal, uma forma de distribuição particular (simétrica e em forma de sino) em que a maioria dos casos está próxima do meio e alguns poucos se situam em qualquer uma das extremidades altas ou baixas, ou em caudas. O termo "ser colocado na curva" pode ser familiar para muitos, contudo, na realidade há poucas variáveis (medidas como QI, escores de SAT, altura e peso) que possuem esse tipo normal de distribuição. Ainda assim, a curva normal exerce um papel crítico em inferências de amostras para populações.

O Capítulo 6 forneceu o fundamento teórico para a compreensão de como realizar uma generalização de amostras de tamanho modesto para grandes populações, como, por exemplo, a generalização da duração do encontro médio de uma amostra de 40 colegas para a população do corpo discente inteiro, se não para todos os estudantes em idade universitária país afora. Trata-se talvez do "fato da vida" estatístico mais importante no qual a média amostral (se baseada em um número razoavelmente grande de casos) é normalmente distribuída, não importando a distribuição de escores brutos sobre os quais a média é baseada.

A amostra de 40 colegas pode ter produzido uma duração média de encontro de 4,3 horas, mas outra amostra similar de 40 estudantes poderia ter produzido uma média mais curta (de, digamos, 4,1 horas) se não houvesse alguns indivíduos dispostos a "virar a noite" no grupo. Ou, ainda, outra amostra poderia ter produzido uma média de 4,8 horas. A média amostral real obtida depende até certo ponto do acaso com que a amostra foi sorteada.

Na prática, tiramos apenas uma amostra de casos (por exemplo, $N = 40$ casos); no entanto, usamos a teoria de distribuição amostral de todas as médias amostrais possíveis da duração do encontro dos 40 estudantes (que é normal em forma) para generalizar o que a duração de um encontro médio da população provavelmente seria. Na prática, usamos a média amostral e o desvio padrão para construir um intervalo que representa o alcance de 95% de todas médias amostrais possíveis. Isto é, podemos concluir com 95% de certeza que a verdadeira média populacional está dentro de uma determinada margem de erro média da duração de encontros de nossa amostra, por exemplo, de 4,15 a 4,45 horas. O Capítulo 6 também apresentou um método para estimar a proporção da população baseada em uma amostra, por exemplo, a porcentagem de todos os encontros de sábado à noite na população que envolveu uma ida ao cinema.

O Capítulo 7 introduziu a lógica do teste de uma hipótese no contexto de comparações entre dois grupos. Por exemplo, quem passa mais tempo fora de casa, em encontros aos sábados à noite? Estudantes que moram no campus ou estudantes que se deslocam de suas casas para a universidade? Poderíamos testar a hipótese nula de não diferença na duração média dos encontros para as populações de estudantes que moram no campus ou de estudantes que se deslocam de suas casas para a universidade ao nível de significância de 0,05. A razão t oferece um método para determinar se uma diferença na duração média de encontros entre amostras extraídas independentemente de 65 residentes de dormitórios no campus e 48 estudantes que se deslocam de suas casas é grande o suficiente para permitir a rejeição da hipótese nula. Podemos obter uma média de 4,39 para estudantes residentes em dormitórios e 4,13 para estudantes que se deslocam; o teste t nos ajuda a avaliar se a diferença entre médias amostrais (4,39 − 4,13 = 0,26 hora) poderia ser somente o resultado de erro amostral.

O Capítulo 7 também apresentou uma abordagem para testar diferenças entre médias para a mesma amostra medida duas vezes. Por exemplo, poderíamos comparar a duração média de primeiros e segundos encontros de uma amostra de 20 estudantes para ver se os encontros tendem a ficar mais longos na segunda vez. O capítulo ainda mostrou um método para testar diferenças entre grupos em termos de proporção. Por exemplo, talvez possamos comparar amostras de estudantes que residem no campus e estudantes que se deslocam até o campus em termos de porcentagem de encontros que envolvam casas noturnas para testar a hipótese nula de não diferença de população entre os dois grupos de estudantes quanto à possibilidade de cada indivíduo de cada grupo ir ou não a casas noturnas durante encontros nas noites de sábado.

O Capítulo 8 estendeu a abordagem de comparação de médias para vários grupos, isto é, amostras de três ou mais populações. Por meio da análise de variância, podemos testar se as durações médias de encontros da população para estudantes de administração, ciências, humanidades e ciências sociais são iguais. Poderíamos obter médias amostrais de 4,4, 4,1, 4,3 e 4,8, respectivamente. Examinamos então se a variabilidade entre as médias desses quatro grupos é maior do que poderíamos esperar ao acaso se as médias populacionais fossem iguais.

O Capítulo 9 introduziu técnicas não paramétricas. Enquanto o teste t e a análise de variância formulam fortes suposições a respeito da natureza dos dados, especificamente escores ao nível intervalar (como a duração de um encontro em horas), abordagens não paramétricas se concentram sobre contagens ou frequências, assim como em porcentagens — características básicas de todos os tipos de variáveis. Desse modo, testes não paramétricos são mais amplamente aplicáveis, mas menos eficazes, menos capazes de rejeitar a hipótese nula quando ela é falsa.

O teste qui-quadrado foi apresentado para analisar dados em tabelas cruzadas. Em essência, o foco do qui-quadrado está na possibilidade de a distribuição de frequência de alguma variável diferir significativamente entre grupos definidos por alguma outra variável. Por exemplo, poderíamos examinar se o tipo de encontro (cinema, clube ou festa) difere pelo tipo de curso sendo estudado. O teste qui-quadrado avalia se as frequências observadas em uma tabulação cruzada divergem das frequências que você esperaria sob a hipótese nula de não diferença entre grupos (tipo de curso) em termos da distribuição dos tipos de encontros.

O Capítulo 10 deslocou o foco para a medição da correlação entre variáveis. Enquanto os capítulos 7 ao 9 haviam se concentrado nas diferenças em média ou proporção de alguma variável entre grupos definidos por outra variável, as medidas de associação apresentadas nos capítulos 10 ao 12 consideraram o grau ao qual duas variáveis estão relacionadas umas com as outras.

Introduzido no Capítulo 10, o coeficiente de correlação de Pearson mede a correlação linear entre duas variáveis ao nível intervalar. O r de Pearson examina a extensão até a qual duas variáveis se deslocam na mesma direção ou em direções opostas, e se as mudanças em uma variável tendem a estar ligadas estatisticamente às mudanças na outra. Poderíamos correlacionar a idade do estudante com a duração do encontro, por exemplo, para determinar se estudantes mais velhos ou mais jovens passam mais tempo em um encontro no sábado à noite. Além disso, a regressão, descrita no Capítulo 11, permite a medição do impacto da idade (a variável independente) sobre a duração do encontro (a variável dependente). Um coeficiente angular de 0,40 sugeriria que, entre estudantes em idade universitária, os encontros tendem a aumentar em 0,4 hora (ou 24 minutos) com cada ano de idade.

Por fim, o Capítulo 12 estendeu a abordagem de correlação a variáveis que são medidas abaixo do nível intervalar. A correlação de Spearman é especificamente projetada para comparar os postos de duas variáveis ao nível ordinal. Por exemplo, você poderia querer classificar seus colegas em termos tanto de popularidade quanto de duração de seus encontros e usar a correlação de Spearman para testar essa associação. Estudantes mais populares passam mais tempo em encontros do que seus colegas menos populares? Além disso, o gama (para medidas ordinais), o fi, o coeficiente de contingência e o V de Cramér (para medidas nominais) podem ser usados para avaliar a força da associação para dados apresentados em forma de tabulação cruzada.

Como observamos ao longo do texto, cada procedimento estatístico tem um conjunto de pressuposições para sua aplicação apropriada. Ao selecionar um entre muitos procedimentos, qualquer pesquisador deve, portanto, considerar uma série de fatores, como:

1. Se o pesquisador busca testar diferenças estatisticamente significativas, grau de associação ou ambos.
2. Se o pesquisador alcançou o nível de medida nominal, ordinal ou intervalar das variáveis sendo estudadas.
3. Se as variáveis estudadas estão distribuídas normalmente na população da qual elas foram extraídas (e, se não, se o tamanho da amostra é grande o suficiente para abrandar essa exigência).

Este capítulo fornece uma série de situações de pesquisa hipotéticas nas quais os critérios anteriores são especificados. Pede-se ao leitor que escolha o procedimento estatístico mais adequado para cada situação de pesquisa entre os testes a seguir, que foram abordados nas partes III e IV do texto:

1. Índice (ou razão) t;
2. Análise de variância;
3. Teste qui-quadrado;
4. Teste da mediana;
5. Coeficiente de correlação r de Pearson e coeficiente de regressão;
6. Coeficiente de correlação de postos de Spearman;
7. Gama de Goodman e Kruskal;
8. Coeficiente fi;
9. Coeficiente de contingência;
10. V de Cramér.

A Tabela 13.1 estabelece cada procedimento estatístico com relação a algumas das pressuposições que têm de ser consideradas para sua aplicação apropriada. Ao olhar para as colunas da tabela, somos confrontados com a primeira decisão importante quanto à seleção de um procedimento estatístico: queremos determinar se existe uma relação? Os testes de significância discutidos nos capítulos 7 a 9 são projetados para determinar se uma diferença amostral obtida reflete uma diferença populacional verdadeira. Ou buscamos, em vez disso, estabelecer a força da relação entre duas variáveis? Essa é a questão da correlação que pode ser abordada por meio dos procedimentos estatísticos introduzidos nos capítulos 10 a 12.

As linhas da Tabela 13.1 direcionam nossa atenção para o nível no qual nossas variáveis são medidas. Se tivermos alcançado o nível intervalar de mensuração, poderemos considerar o emprego de um procedimento paramétrico como t, F ou r. Se, entretanto, tivermos alcançado o nível nominal ou ordinal de mensuração, a escolha é limitada a várias alternativas não paramétricas. Por fim, para problemas de correlação que envolvem variáveis de diferentes níveis de mensuração, utilizamos uma medida de correlação apropriada para o nível mais baixo dos dois. Por exemplo, o coeficiente de postos de Spearman pode ser usado para medir a correlação entre uma variável intervalar e uma variável ordinal; o V de Cramér pode ser usado para medir a associação entre uma variável ordinal e uma nominal.

As soluções para as situações de pesquisa a seguir podem ser encontradas no fim do capítulo.

Tabela 13.1 Escolha da técnica estatística apropriada.

Nível de mensuração	Teste de diferenças (capítulos 7–9)	Medida de correlação (capítulos 10–12)
Nominal	Teste qui-quadrado (teste não paramétrico para comparar duas ou mais amostras).	Coeficiente fi (medida não paramétrica para tabelas 2 × 2). Coeficiente de contingência e V de Cramér (medidas não paramétricas para tabelas maiores do que as 2 × 2).
Ordinal	Teste da mediana (teste não paramétrico para comparar duas amostras).	Coeficiente de correlação de postos de Spearman (medida não paramétrica para dados ordenados por postos). Gama de Goodman e Kruskal (medida não paramétrica para tabulações cruzadas).
Intervalar	Razão t (teste paramétrico para comparar duas amostras ou a mesma amostra medida duas vezes). Análise de variância (teste paramétrico para comparar três ou mais amostras).	Coeficiente de correlação de r de Pearson e regressão (medida paramétrica para escores).

Esses são os níveis mínimos de mensuração exigidos para aplicar uma técnica em particular.

Situações de pesquisa

Situação de pesquisa 1

Um pesquisador conduziu um experimento para determinar o efeito da idade de um palestrante sobre as preferências dos estudantes em ouvi-lo. Em uma situação de sala de aula comum, 20 estudantes foram informados de que a administração gostaria de saber suas preferências em relação a uma série de palestras de visitantes que viria a ocorrer. Em particular, foi pedido que avaliassem um professor que "possivelmente visitaria o campus". O professor foi descrito para todos os estudantes da mesma maneira, mas metade dos estudantes recebeu a informação de que o professor tinha 65 anos; metade recebeu a informação de que o professor tinha 25 anos. Foi pedido a todos os estudantes que indicassem sua vontade de comparecer à palestra do professor (escores mais altos indicam mais vontade). Foram obtidos os seguintes resultados:

X_1 (escores de estudantes que receberam a informação de que o professor tinha 25 anos de idade)	X_2 (escores de estudantes que receberam a informação de que o professor tinha 65 anos de idade)
65	78
38	42
52	77
71	50
69	65
72	70
55	55
78	51
56	33
80	59

Qual procedimento estatístico você aplicaria para determinar se há uma diferença significativa entre os grupos de estudantes com relação à vontade de comparecer à palestra?

Situação de pesquisa 2

Um pesquisador conduziu um experimento para determinar o efeito da idade de uma palestrante sobre as preferências dos estudantes em ouvi-la. Em uma situação de sala de aula comum, 30 estudantes foram informados de que a administração gostaria de saber suas preferências em relação a uma série de palestras de visitantes que viria a ocorrer. Em particular, foi pedido que avaliassem uma professora que "possivelmente visitaria o campus". A professora foi descrita para todos os estudantes da mesma maneira, mas um terço dos estudantes recebeu a informação de que a professora tinha 75 anos; um terço recebeu a informação de que a professora tinha 50 anos; e um terço recebeu a informação que a professora tinha 25 anos. Foi pedido a todos os estudantes que indicassem sua vontade de comparecer à palestra da professora (escores mais altos indicam mais vontade). Foram obtidos os seguintes resultados:

X_1 (escores de estudantes que receberam a informação de que a professora tinha 25 anos de idade)	X_2 (escores de estudantes que receberam a informação de que a professora tinha 50 anos de idade)	X_3 (escores de estudantes que receberam a informação de que a professora tinha 75 anos de idade)
65	63	67
38	42	42
52	60	77
71	55	32
69	43	52
72	36	34
55	69	45
78	57	38
56	67	39
80	79	46

Qual procedimento estatístico você aplicaria para determinar se há uma diferença significativa entre os grupos de estudantes com relação à vontade de comparecer à palestra?

Situação de pesquisa 3

Para investigar a relação entre pronúncia e capacidade de leitura, um pesquisador aplicou um exame de pronúncia e leitura a um grupo de 20 estudantes que haviam sido selecionados ao acaso de uma grande população de estudantes universitários. Foram obtidos os seguintes resultados (escores mais altos indicam uma capacidade maior):

Estudante	X (escore de pronúncia)	Y (escore de leitura)
A	52	56
B	90	81
C	63	75
D	81	72
E	93	50
F	51	45

(continua)

(continuação)

Estudante	X (escore de pronúncia)	Y (escore de leitura)
G	48	39
H	99	87
I	85	59
J	57	56
K	60	69
L	77	78
M	96	69
N	62	57
O	28	35
P	43	47
Q	88	73
R	72	76
S	75	63
T	69	79

Quais procedimentos estatísticos você aplicaria para determinar o grau de associação entre as capacidades de pronúncia e de leitura?

Situação de pesquisa 4

Para investigar a validade de um determinado teste de leitura, pesquisadores o aplicaram a uma amostra de 20 estudantes cuja capacidade de leitura havia sido classificada anteriormente por um professor. O escore do teste e o posto atribuído pelo professor a cada estudante estão listados na tabela a seguir:

Estudante	X (escore de leitura)	Y (posto do professor)
A	28	18
B	50	17
C	92	1
D	85	6
E	76	5
F	69	10
G	42	11
H	53	12
I	80	3
J	91	2
K	73	4
L	74	9
M	14	20
N	29	19
O	86	7
P	73	8
Q	39	16
R	80	13
S	91	15
T	72	14

Qual procedimento estatístico você aplicaria para determinar o grau de associação entre os escores de leitura e o posto dado pelo professor?

Situação de pesquisa 5

Para investigar diferenças regionais quanto à boa vontade em relação a estranhos, um pesquisador deixou cair 400 chaves (todas elas com selo e endereço de retorno) em torno de caixas de correios nas regiões Nordeste, Sul, Meio-oeste e Oeste dos Estados Unidos. O número de chaves devolvidas por região (como um indicador de boa vontade) está indicado na tabela a seguir:

	Região			
	Nordeste	Sul	Meio oeste	Oeste
Devolvida	55	69	82	61
Não devolvida	45	31	18	39
	100	100	100	100

Qual procedimento estatístico você aplicaria para determinar se as diferenças regionais são estatisticamente significativas?

Situação de pesquisa 6

Para examinar a relação entre autoritarismo e preconceito, um pesquisador aplicou medidas de autoritarismo (a escala F) e preconceito (uma lista de adjetivos negativos direcionados a afro-americanos) a uma amostra nacional de 950 norte-americanos adultos. Foram obtidos os seguintes resultados: de 500 entrevistados autoritários, 350 eram preconceituosos e 150, tolerantes. Entre 450 entrevistados não autoritários, 125 eram preconceituosos e 325, tolerantes.

Qual procedimento estatístico você aplicaria para estudar o grau de associação entre autoritarismo e preconceito?

Situação de pesquisa 7

Para investigar a relação entre o ano cursado na universidade e a média de notas, pesquisadores examinaram o histórico acadêmico de 186 estudantes universitários que foram selecionados ao acaso da população de estudantes de uma determinada universidade. Os pesquisadores obtiveram os resultados a seguir:

	Ano na escola			
Média de notas	Primeiro	Segundo	Terceiro	Quarto
A – ou maior	6	5	7	10
B – a B +	10	16	19	18
C – a C +	23	20	15	7
D + ou pior	15	7	6	2
	54	48	47	37

Qual procedimento estatístico você aplicaria para determinar o grau de associação entre a média de notas e o ano cursado na universidade?

Situação de pesquisa 8

Para investigar a influência da frustração sobre o preconceito, foi pedido a 10 indivíduos que designassem adjetivos negativos — como *preguiçoso*, *sujo* e *imoral* — para descrever os membros de um grupo minoritário (uma medida do preconceito). Todos os indivíduos descreveram o grupo minoritário tanto antes quanto depois de terem realizado uma série de provas longas e difíceis (a situação de frustração). Foram obtidos os seguintes resultados (escores mais altos representam um preconceito maior):

Indivíduo	X_1 (escores de preconceito antes da realização das provas frustrantes)	X_2 (escores de preconceito após a realização dos exames frustrantes)
A	22	26
B	39	45
C	25	24
D	40	43
E	36	36
F	27	29
G	44	47
H	31	30
I	52	52
J	48	59

Qual procedimento estatístico você aplicaria para determinar se há uma diferença estatisticamente significativa no preconceito antes e depois da realização das provas frustrantes?

Situação de pesquisa 9

Para investigar a relação entre o *status* ocupacional real de um entrevistado e sua classe social subjetiva (isto é, a identificação de classe social do próprio entrevistado), foi pedido a 677 indivíduos que indicassem sua ocupação e a classe social a qual pertenciam. Entre 190 entrevistados com ocupações de maior *status* (profissionais, técnicas, gerenciais), 56 se identificaram como pertencentes à classe alta, 122 como pertencentes à classe média e 12 como pertencentes à classe baixa; de 221 entrevistados com ocupações de *status* médio (vendas, trabalho especializado), 42 se identificaram como pertencentes à classe alta, 163 como pertencentes à classe média e 16 como pertencentes à classe baixa; de 266 com ocupações de baixo *status* (trabalho semiqualificado ou não qualificado), 15 se identificaram como pertencentes à classe alta, 202 como pertencentes à classe média e 49 como pertencentes à classe baixa.

Qual procedimento estatístico você aplicaria para determinar o grau de associação entre *status* ocupacional e classe social subjetiva?

Situação de pesquisa 10

Para investigar a influência do curso universitário sobre o salário inicial de universitários formados, pesquisadores entrevistaram estudantes universitários recém-formados em engenharia, artes e administração sobre seus primeiros empregos. Os resultados obtidos para 21 entrevistados foram os seguintes:

Salários iniciais		
Engenharia	Artes	Administração
$ 38.500	$ 25.000	$ 30.500
32.300	21.000	28.000
34.000	25.000	23.000
29.500	22.000	24.300
29.000	20.500	38.500
28.500	19.500	40.000
27.500	28.000	21.000

Qual procedimento estatístico você aplicaria para determinar se há uma diferença significativa entre os grupos de entrevistados quanto a seus salários iniciais?

Situação de pesquisa 11

Para investigar a influência do curso universitário sobre o salário inicial de universitários formados, pesquisadores entrevistaram estudantes universitários recém-formados em artes e administração sobre seus primeiros empregos. Os resultados obtidos para 16 entrevistados foram os seguintes:

Salários iniciais	
Artes	Administração
$ 25.000	$ 30.500
21.500	28.000
25.000	23.000
22.500	24.300
20.500	38.500
19.000	40.000
28.000	21.000

Qual procedimento estatístico você aplicaria para determinar se há uma diferença significativa entre estudantes formados em artes e administração quanto a seus salários iniciais?

Situação de pesquisa 12

Um pesquisador conduziu um experimento para determinar o efeito da idade de um palestrante sobre as preferências dos estudantes em ouvi-lo. Em uma situação de sala de aula comum, 130 estudantes foram informados de que a administração gostaria de saber suas preferências em relação a uma série de palestras de visitantes que viria a ocorrer. Em particular, foi pedido que avaliassem um professor que "possivelmente visitaria o *campus*". O professor foi descrito para todos os estudantes da mesma maneira, mas metade dos estudantes recebeu a informação de que ele tinha 65 anos; metade recebeu a informação de que ele tinha 25 anos. Foi pedido a todos os estudantes, então, que indicassem sua vontade de comparecer à palestra do professor, o que levou aos resultados a seguir: entre estudantes que foram informados que o professor tinha 65 anos, 22 expressaram sua vontade de comparecer à sua palestra e 43 expressaram seu desinteresse; entre estudantes que foram informados que o professor tinha 25 anos, 38 expressaram sua vontade de comparecer à sua palestra e 27 expressaram seu desinteresse.

Qual procedimento estatístico você aplicaria para determinar se há uma diferença significativa entre os grupos de estudantes com relação à vontade de comparecer à palestra do professor?

Situação de pesquisa 13

Para estudar a influência da expectativa de uma professora sobre o desempenho de estudantes, testes de conhecimento foram aplicados a uma classe de 15 estudantes do 5º ano do ensino fundamental I tanto antes quanto 6 semanas depois da professora ter sido informada de que todos eram talentosos. Foram obtidos os seguintes resultados (escores mais altos representam resultados melhores).

Estudante	X_1 (escores nos testes antes da expectativa da professora)	X_2 (escores nos testes após a expectativa da professora)
A	98	100
B	112	113
C	101	101
D	124	125
E	92	91
F	143	145
G	103	105
H	110	115
I	115	119
J	98	99
K	117	119
L	93	99
M	108	105
N	102	103
O	136	140

Qual procedimento estatístico você aplicaria para determinar se há uma diferença estatisticamente significativa nos resultados dos testes tanto antes quanto depois da introdução da expectativa da professora?

Situação de pesquisa 14

Para investigar o relacionamento entre amabilidade com vizinhos e adesão a associações voluntárias, um pesquisador questionou 500 inquilinos em um conjunto residencial, escolhidos aleatoriamente, a respeito da quantidade de tempo que eles passavam com outros inquilinos (amabilidade alta, média ou baixa) e o número de clubes e organizações de que participavam (adesão a associações voluntária alta, média ou baixa). Os resultados do questionário foram os seguintes: dos 150 inquilinos de alta amabilidade, 60 revelaram alta adesão a associações voluntárias, 50 revelaram média e 40, baixa adesão; e entre 180 inquilinos de média amabilidade, 45 apontaram alta adesão, 85 apontaram média e 50 apontaram baixa; e dos 170 inquilinos de baixa amabilidade, 40 apontaram alta adesão, 50 apontaram média e 80 apontaram baixa.

Qual procedimento estatístico você aplicaria para determinar o grau de associação entre amabilidade e a adesão a associações voluntárias?

Situação de pesquisa 15

Para determinar o efeito de rótulos de necessidades especiais sobre os julgamentos que os professores fazem das habilidades de seus alunos, um pesquisador pediu a uma amostra de 40 professores do ensino fundamental que avaliassem o potencial acadêmico de uma menina de 11 anos que estava prestes a começar a 6ª série. Todos os professores receberam um relatório de uma "psicóloga da escola" que descrevia a garota exatamente da mesma maneira, mas a um quarto dos professores foi dito que a garota sofria de problemas emocionais, a um quarto que ela sofria de retardo mental, a um quarto que ela tinha dificuldades de aprendizagem e a um quarto que ela não tinha nenhum problema. Imediatamente após terem lido o relatório sobre a menina, todos os professores tiveram de indicar na escala de classificação numérica quão bem-sucedido eles achavam que seu progresso acadêmico seria (escores mais altos indicam maior otimismo). Foram obtidos os seguintes escores:

X_1 (escores para o rótulo de problemas emocionais)	X_2 (escores para o rótulo de deficiência mental)	X_3 (escores para o rótulo de dificuldades de aprendizado)	X_4 (escores para nenhum rótulo)
23	29	25	42
29	42	46	51
41	32	53	31
36	25	56	37
37	37	44	40
56	48	41	43
45	42	38	55
39	28	32	52
28	30	50	42
32	32	43	24

Qual procedimento estatístico você aplicaria para determinar se há uma diferença significativa entre os grupos de professores com relação às avaliações?

Situação de pesquisa 16

Como uma maneira indireta de estudar o estresse associado à mudança para uma nova cidade, foram coletados dados sobre a porcentagem da população que se mudou para uma determinada localidade no ano anterior e a quantidade de antiácidos vendida naquela localidade. A porcentagem da população que havia se mudado para aquela localidade em particular no ano anterior e o posto daquela localidade em vendas de antiácidos são apresentados na tabela a seguir:

Área metropolitana	X (porcentagem da população que se mudou no ano anterior)	Y (posto com relação à venda de antiácidos)
A	10	1
B	4	6
C	2	3
D	1	7
E	6	4
F	5	2
G	8	5

Qual procedimento estatístico você aplicaria para determinar o grau de associação entre a porcentagem da população que se mudou recentemente e as vendas de antiácidos?

Situação de pesquisa 17

Para estudar a fofoca entre estudantes universitários do sexo masculino e do sexo feminino, um pesquisador se posicionou de forma neutra no centro do campus e ouviu as conversas dos estudantes. O pesquisador foi capaz de categorizar o tom da fofoca dos estudantes como negativo (declarações desfavoráveis sobre uma terceira pessoa), positivo (declarações favoráveis sobre uma terceira pessoa) ou neutro. Foram obtidos os seguintes resultados: para 125 casos de fofoca em conversas de estudantes do sexo feminino, 40 foram positivas, 36 foram negativas e 49 foram neutras. Para 110 casos de fofoca em conversas de estudantes do sexo masculino, 36 foram positivas, 32 foram negativas e 42 foram neutras.

Qual procedimento estatístico você aplicaria para determinar se há uma diferença significativa entre estudantes universitários do sexo masculino e do sexo feminino com relação ao tom da fofoca?

Situação de pesquisa 18

Para investigar a relação entre gosto musical e preferência por determinadas culinárias, perguntou-se a uma amostra aleatória de 331 pessoas de qual tipo de música (clássica, jazz, rock) e qual tipo de culinária étnica (chinesa, francesa, italiana) elas gostavam mais. Entre as 80 pessoas que preferiam música clássica, 8 preferiam a culinária chinesa, 52 a francesa e 20 a italiana. Entre as 112 pessoas que preferiam o jazz, 55 preferiam a culinária chinesa, 18 a francesa e 39 a italiana. Entre os 139 amantes do rock, 47 preferiam a culinária chinesa, apenas 8 a francesa e 84 eram apreciadores da cozinha italiana.

Qual procedimento estatístico você aplicaria para determinar o grau de associação entre o tipo de música e o tipo de culinária preferidos pelos entrevistados?

Situação de pesquisa 19

Um pesquisador interessado na relação entre a porcentagem de homens solteiros e a taxa de estupros coletaram os dados a seguir quanto a estupros por 100 mil habitantes e à porcentagem de homens solteiros na população de oito cidades pelo período de 1 ano:

Cidade	Porcentagem de homens solteiros	Estupros por 100.000 habitantes
A	29	55
B	26	40
C	19	37
D	27	34
E	30	48
F	31	42
G	16	31
H	24	51

Qual procedimento estatístico você aplicaria para determinar o grau de associação entre a taxa de estupro e a porcentagem de homens solteiros na população dessas oito cidades?

Situação de pesquisa 20

Para estudar o efeito da quantidade de alunos em sala de aula sobre as avaliações dos estudantes sobre o curso, um pesquisador designou aleatoriamente 20 estudantes universitários para uma de duas seções do mesmo curso ensinado pelo mesmo professor: uma turma grande (50 ou mais alunos) e uma turma pequena (menos de 25 alunos). As avaliações sobre o curso a seguir — em uma escala de quatro pontos, de 1 (ruim) a 4 (excelente) — foram obtidas ao fim do semestre:

Turma grande	Turma pequena
3	4
3	2
1	3
4	3
2	4
1	4
2	3
3	3
4	3
3	4

Qual procedimento estatístico você aplicaria para determinar se existe uma diferença significativa entre um número pequeno e um número grande de alunos em sala de aula quanto às avaliações sobre o curso?

Situação de pesquisa 21

Uma pesquisadora estava interessada nos efeitos da anomia — ausência ou quebra de regras em um ambiente social. Ela obteve as taxas de suicídio a seguir (número de suicídios por 100 mil habitantes) para cinco cidades com anomia alta, cinco com anomia moderada e cinco com anomia baixa:

Anomia		
Alta	*Moderada*	*Baixa*
19,2	15,6	8,2
17,7	20,1	10,9
22,6	11,5	11,8
18,3	13,4	7,7
25,2	14,9	8,3

Qual procedimento estatístico você aplicaria para determinar se existem diferenças significativas por nível de anomia nas taxas de suicídio?

Situação de pesquisa 22

Uma pesquisadora conduziu um estudo com o objetivo de examinar o efeito da idade cronológica sobre o *status* socioeconômico — em particular, ela queria comparar pessoas mais velhas (65 anos ou mais), pessoas de meia-idade, adultos jovens e crianças em termos do número de indivíduos que vivem abaixo da linha de pobreza. Os resultados obtidos foram os seguintes: de 200 pessoas mais velhas, 36 vivem abaixo da linha de pobreza; de 350 pessoas de meia-idade, 50 vivem abaixo da linha de pobreza; de 240 adultos jovens, 40 vivem abaixo da linha de pobreza; e de 250 crianças, 51 vivem abaixo da linha de pobreza.

Qual procedimento estatístico você aplicaria para determinar se há uma diferença significativa entre as categorias etárias quanto ao nível socioeconômico?

Situação de pesquisa 23

Em um estudo da relação entre saúde mental e saúde física, uma amostra aleatória de 250 pacientes foi questionada em relação a seus sintomas de depressão (por exemplo, insônia, falta de concentração, pensamentos suicidas), além de ter passado por um exame físico para descobrir quaisquer sintomas de doença física (por exemplo, pressão alta, eletrocardiograma errático, colesterol alto). Dentre os 100 pacientes situados na categoria "excelente estado de saúde", apenas 5 exibiam sintomas de depressão; dentre os 110 pacientes situados na categoria "bom estado de saúde", 14 exibiam sintomas de depressão; e dentre os 40 pacientes situados na categoria "estado precário de saúde", 20 exibiam sintomas de depressão.

Qual procedimento estatístico você aplicaria para determinar o grau de associação entre depressão e doença física?

Situação de pesquisa 24

Em um estudo da relação entre gênero e estado de saúde, uma amostra aleatória de 200 pacientes — 100 homens e 100 mulheres — passou por um exame médico para descobrir quaisquer sintomas de doença física (por exemplo, pressão alta, eletrocardiograma errático, colesterol alto). Entre os 100 homens, 37 foram situados na categoria "excelente estado de saúde", 43 foram situados na categoria "bom estado de saúde" e 20 foram situados na categoria "estado precário de saúde". Entre as 100 mulheres, 52 foram situadas na categoria "excelente estado de saúde", 35 foram situadas na categoria "bom estado de saúde" e 13 foram situadas na categoria "estado precário de saúde".

Qual procedimento estatístico você aplicaria para determinar o grau de associação entre gênero e doença física?

Situação de pesquisa 25

Logo após o final do julgamento de O. J. Simpson por roubo, pesquisadores de opinião pública perguntaram a norte-americanos brancos e negros se eles concordavam com o veredicto de culpa dado pelo júri. Em um dos muitos estudos como esse, um pesquisador questionou 150 indivíduos — 75 negros e 75 brancos — quanto à culpa ou à inocência de Simpson. Ele determinou que 51 brancos norte-americanos, mas apenas 25 negros norte-americanos concordavam com o júri no caso de O. J. Simpson.

Qual procedimento estatístico você aplicaria para determinar se norte-americanos brancos e negros diferiram significativamente quanto à opinião sobre o veredicto do júri?

Situação de pesquisa 26

Em um estudo da relação entre saúde mental e saúde física, uma amostra aleatória de 15 pacientes foi questionada em relação a seus sintomas de depressão (por exemplo, insônia, falta de concentração, pensamentos suicidas), além de ter passado por um exame médico para descobrir quaisquer sintomas de doença física (por exemplo, pressão alta, eletrocardiograma errático, colesterol alto). Todos os indivíduos receberam escores em uma lista de sintomas de depressão de 0 a 5, dependendo de quantos sintomas de depressão eles exibiram, e receberam escores em uma lista de doenças físicas de 1 a 10, indicando como eles haviam se saído no exame físico (escores mais altos indicam saúde mais precária). Foram obtidos os seguintes resultados:

Indivíduo	Depressão	Doença física
A	2	0
B	0	2
C	5	7

(continua)

(continuação)

Indivíduo	Depressão	Doença física
D	1	1
E	3	8
F	0	2
G	1	3
H	2	5
I	2	3
J	0	2
K	4	5
L	1	5
M	3	6
N	1	3
O	2	3

Qual procedimento estatístico você aplicaria para determinar o grau de associação entre a depressão e a doença física?

Situação de pesquisa 27

Para investigar se a etnia exerce alguma influência sobre a religiosidade, um grupo de pesquisadores estudou uma série de questões em uma amostra aleatória de indivíduos, incluindo a frequência de comparecimento a cerimônias religiosas e de orações feitas. Após a coleta de dados, os pesquisadores usaram as respostas para criar uma escala de religiosidade que variava de 1 a 7, com 7 indicando maior religiosidade. Após usar essa escala para classificar os entrevistados em termos de religiosidade, foram obtidos os seguintes resultados:

Negro	Branco	Hispânico
3	5	7
5	2	3
1	6	2
7	4	6
	4	5
	7	
	2	

Qual procedimento estatístico você aplicaria para determinar se há diferenças significativas entre os grupos de entrevistados quando à religiosidade?

Situação de pesquisa 28

Uma estudante universitária de ciências políticas se perguntou até que ponto o primeiro debate presidencial poderia influenciar indivíduos em sua escolha de candidatos na eleição de 2008. Ela selecionou um grupo aleatório de eleitores e, antes do primeiro debate, pediu-lhes que indicassem, em uma escala de 1 a 9, qual era a sua intenção de voto (1 = McCain, 5 = indeciso e 9 = Obama). Após o debate, a mesma pergunta foi feita novamente, ao mesmo grupo de eleitores. Foram obtidos os seguintes resultados:

Eleitor	X_1 (antes do primeiro debate)	X_2 (após o primeiro debate)
A	2	4
B	5	8
C	1	1
D	7	9
E	2	1
F	5	5
G	9	7
H	3	8
I	5	2
J	9	9

Qual procedimento estatístico você aplicaria para determinar se há uma diferença estatisticamente significativa na escolha de candidatos pelos eleitores antes e depois do primeiro debate presidencial?

Situação de pesquisa 29

Um grupo de 250 atletas do sexo masculino passou por uma série de testes físicos e psicológicos antes de uma grande competição, e 78 deles apresentaram resultado positivo para o uso de esteroides anabolizantes. Desses 78 atletas, 46 demonstraram "alto grau de agressividade", 21 demonstraram "grau médio de agressividade" e 42 demonstraram "grau baixo de agressividade". Dos 172 atletas que apresentaram resultado negativo para esteroides anabolizantes, 34 demonstraram "alto grau de agressividade", 96 demonstraram "grau médio de agressividade" e 42 demonstraram "grau baixo de agressividade".

Qual procedimento estatístico você aplicaria para determinar o grau de associação entre o uso de esteroides anabolizantes e a agressividade?

Situação de pesquisa 30

Em um estudo da relação entre as estações do ano e a depressão, um pesquisador canadense coletou dados sobre o número de suicídios (cometidos de fato e tentativas) que ocorreram em sua cidade durante o ano anterior, assim como o número médio de horas com luz do dia durante as semanas em que os suicídios ocorreram. Foram obtidos os seguintes resultados:

Horas com luz do dia	Número de suicídios
18	6
17	5
16	9
15	11
14	13
13	12
12	15
11	18
10	24
9	35

Qual procedimento estatístico você aplicaria para determinar o grau de associação entre as horas com luz do dia e o número de suicídios?

Situação de pesquisa 31

Por anos, grupos de direitos das mulheres fizeram pressão para que a emenda de direitos iguais (*ERA*, do inglês *Equal Rights Amendment*), que oficialmente daria às mulheres os mesmos direitos que os homens sob a constituição norte-americana, fosse aprovada. Entretanto, essa emenda ainda precisa ser ratificada pelos 50 estados. Para descobrir se há uma relação entre o gênero de um legislador e seu apoio à aprovação da *ERA*, uma amostra aleatória de 84 legisladores estaduais foi pesquisada e os seguintes resultados foram obtidos: entre 35 legisladores do sexo feminino, 27 apoiaram a *ERA* e 8 não; e entre 50 legisladores do sexo masculino, 17 apoiaram a *ERA* e 33 não.

Qual procedimento estatístico você aplicaria para estudar o grau de associação entre o gênero de um legislador e seu apoio à *ERA*?

Situação de pesquisa 32

Após os ataques terroristas de 11 de setembro, em 2001, o governo norte-americano tomou diversas medidas para ajudar a evitar que tais ataques ocorressem novamente. Isso incluiu a aprovação da Lei Patriota (do inglês *Patriot Act*), que deu ao governo mais poder em sua luta contra o terrorismo. Norte-americanos dos dois lados do cenário político apoiam igualmente essa lei? Para descobrir a resposta, um pesquisador fez um levantamento com 20 indivíduos ao acaso com 18 anos ou mais e os classificou em termos de suas inclinações políticas (com 1 indicando uma posição mais conservadora, e 20, uma posição mais liberal). Os entrevistados receberam escores também em termos de seu apoio à Lei Patriota, com escores mais altos indicando mais apoio. Os resultados obtidos foram os seguintes:

Indivíduo	X (inclinação política)	Y (apoio à Lei Patriota)
A	15	11
B	9	55
C	3	83
D	17	24
E	19	36
F	10	48
G	1	97
H	8	78
I	13	50
J	5	88
K	2	91
L	16	15
M	4	77
N	18	13
O	20	10
P	12	65
Q	7	74
R	6	81
S	11	42
T	14	33

Qual procedimento estatístico você aplicaria para determinar o grau de associação entre a inclinação política e o apoio à Lei Patriota?

Situação de pesquisa 33

Para investigar se pacientes hospitalizados se recuperam mais rapidamente quando recebem visitas frequentes de amigos e membros da família, um grupo de pesquisadores selecionou uma amostra ao acaso de 160 pacientes e coletou dados sobre a velocidade de sua recuperação e a frequência com que recebem visitas. Os resultados obtidos foram os seguintes:

Velocidade da recuperação	Frequência de visitas			
	Frequentemente	Às vezes	Raramente	Nunca
Rápida	33	8	6	5
Média	12	25	11	3
Lenta	6	16	26	9
	51	49	43	17

Qual procedimento estatístico você aplicaria para determinar o grau de associação entre a frequência de visitas ao hospital e a velocidade de recuperação?

Situação de pesquisa 34

Uma pesquisadora se pergunta se um curso de oratória de 4 semanas pode realmente ajudar as pessoas a superarem sua ansiedade ao falar em público. Antes da primeira aula, ela selecionou um grupo aleatório de pessoas que haviam se matriculado no curso em razão de problemas de ansiedade e pediu-lhes que classificassem, em uma escala de 1 a 10, quão ansiosas elas se sentiam a respeito de falar em público. A mesma pergunta foi feita novamente após a última aula. Os resultados obtidos foram os seguintes (com escores mais altos indicando mais ansiedade):

Indivíduo	X_1 (ansiedade antes da aula)	X_2 (ansiedade após a aula)
A	10	6
B	9	5
C	10	8
D	7	3
E	9	5
F	8	6
G	10	6
H	9	4
I	10	7

Qual procedimento estatístico você aplicaria para determinar se há uma diferença estatisticamente significativa nos níveis de ansiedade antes e depois do curso de oratória?

Situação de pesquisa 35

Uma terapeuta matrimonial se pergunta se casais que buscam seus serviços em razão de infidelidade (seja da parte do marido, seja da parte da esposa, ou de ambas as partes) acabam se divorciando com mais frequência do que casais que buscam seus serviços por outras razões. Ela consulta seus arquivos e coleta os dados a seguir sobre uma amostra aleatória de 45 casais:

	Razão para buscar terapia de casal	
	Infidelidade	Não infidelidade
Divorciados	19	13
Não divorciados	6	7

Qual procedimento estatístico você aplicaria para determinar se há uma diferença estatisticamente significativa entre as taxas de divórcio desses dois grupos de casais?

Soluções das pesquisas

Solução para a situação de pesquisa 1 (razão *t*)

Essa situação representa uma comparação entre os escores de duas amostras independentes de estudantes. A razão t (Capítulo 7) é empregada em comparações entre duas médias quando dados intervalares são obtidos. O teste da mediana (Capítulo 9) é uma alternativa não paramétrica que pode ser aplicada quando suspeitamos que os escores não estão normalmente distribuídos na população ou que o nível intervalar de mensuração não foi alcançado.

Solução para a situação de pesquisa 2 (análise de variância)

Essa situação representa uma comparação dos escores de três amostras independentes de estudantes. A razão F (análise de variância, que vimos no Capítulo 8) é empregada em comparações entre três ou mais médias independentes quando dados intervalares são obtidos. O teste da mediana (Capítulo 9) é uma alternativa não paramétrica que pode ser aplicada quando temos razão para suspeitar que os escores não estão distribuídos normalmente na população ou quando o nível intervalar da mensuração não foi alcançado.

Solução para a situação de pesquisa 3 (coeficiente de correlação *r* de Pearson)

Essa situação representa um problema de correlação, pois ele pede o grau de associação entre X (capacidade de pronúncia) e Y (capacidade de leitura). O r de Pearson (Capítulo 10) pode ser empregado para detectar uma correlação linear entre as variáveis X e Y quando ambas as variáveis forem medidas ao nível intervalar. Se X (capacidade de pronúncia) e Y (capacidade de leitura) não estiverem normalmente distribuídos na população, talvez queiramos aplicar uma alternativa não paramétrica como o coeficiente de correlação de postos de Spearman (Capítulo 12).

Solução para a situação de pesquisa 4 (coeficiente de correlação de postos de Spearman)

Essa situação é um problema de correlação, pedido para o grau de associação entre X (escores de leitura) e Y (postos do professor da capacidade de leitura). O coeficiente de correlação de postos de Spearman (Capítulo 12) pode ser empregado para detectar uma relação entre as variáveis X e Y quando ambas forem ordenadas ou classificadas. O r de Pearson não pode ser empregado, pois exige medidas ao nível intervalar de X e Y. No caso presente, escores de leitura (X) têm de ser classificados de 1 a 20 antes que a correlação de postos seja aplicada.

Solução para a situação de pesquisa 5 (teste qui-quadrado)

Essa situação representa uma comparação entre as frequências (chaves devolvidas *versus* chaves não devolvidas) encontradas em quatro grupos (Nordeste, Sul, Meio-oeste e Oeste). O teste qui-quadrado de significância (Capítulo 9) é usado para fazer comparações entre duas ou mais amostras. Apenas dados nominais são exigidos. Resultados podem ser colocados em uma tabela 2×4 (2 linhas e 4 colunas). Observe que o grau de associação entre taxa de retorno (X) e região (Y) pode ser medido com o V de Cramér (Capítulo 12). Repare que o coeficiente de contingência não é uma medida preferível nesse caso, pois a tabela de contingência não é quadrada.

Solução para a situação de pesquisa 6 (coeficiente fi)

Essa situação representa um problema de correlação que pede o grau de associação entre X (autoritarismo) e Y (preconceito). O coeficiente fi (Capítulo 12) é uma medida de associação que pode ser empregada quando a frequência ou os dados nominais são representados por uma tabela 2×2 (2 linhas e 2 colunas). Neste problema, uma tabela como essa assumiria a seguinte forma:

Nível de preconceito	Nível de autoritarismo	
	Autoritário	*Não autoritário*
Preconceituoso	350	125
Tolerante	150	325
	$N = 950$	

Solução para a situação de pesquisa 7 (gama de Goodman e Kruskal)

Essa situação representa um problema de correlação que pede pelo grau de associação em uma tabulação cruzada de X (média de notas) e Y (ano cursado na faculdade). O coeficiente gama de Goodman e Kruskal (Capítulo 12) é empregado para detectar a relação entre X e Y, quando ambas as variáveis forem colocadas em forma de uma tabulação cruzada. Neste problema, a média de notas foi classificada de A a D ou pior, e o ano cursado na faculdade foi classificado do primeiro ao quarto. O coeficiente de contingência (C) ou V de Cramér (Capítulo 12) representa uma alternativa para o gama que assume apenas dados ao nível nominal. Entretanto, como essas variáveis são ordinais, gama é preferível.

Solução para a situação de pesquisa 8 (índice ou razão t)

Essa situação representa uma comparação "antes e depois" de uma única amostra medida em dois pontos diferentes no tempo. A razão *t* (Capítulo 7) pode ser empregada para comparar duas médias de uma única amostra arranjada em um painel no estilo "antes e depois".

Solução para a situação de pesquisa 9 (gama de Goodman e Kruskal)

Essa situação representa um problema de correlação que pede o grau de associação entre X (*status* ocupacional) e Y (classe social subjetiva). Gama (Capítulo 12) é especialmente adequado ao problema de detectar uma relação entre X e Y quando ambas as variáveis são ordinais e podem ser arranjadas em forma de tabulação cruzada. Na situação presente, o *status* ocupacional e a classe social subjetiva foram ordenados da alta para a média, e da média para a baixa, gerando um número muito grande de postos empatados (por exemplo, 221 entrevistados tinham ocupações de *status* médio). Para obter o coeficiente gama, os dados têm de estar organizados em forma de tabulação cruzada, como a seguir:

	Status ocupacional		
Classe social subjetiva (*Y*)	Alto	Médio	Baixo
Alta	56	42	15
Média	122	163	202
Baixa	12	16	49
	190	221	266

O coeficiente de contingência (*C*) e o *V* de Cramér são alternativas para gama que presumem apenas dados nominais. Como essas variáveis são ordinais, gama seria preferível.

Solução para a situação de pesquisa 10 (análise de variância)

Essa situação representa uma comparação entre os escores de três amostras independentes de entrevistados. A razão *F* (Capítulo 8) é usada nas comparações entre três ou mais médias independentes quando dados intervalares são obtidos. O teste da mediana (Capítulo 9) é uma alternativa não paramétrica que pode ser empregada quando suspeitamos que os escores podem não estar distribuídos normalmente na população ou quando o nível intervalar de mensuração não é alcançado.

Solução para a situação de pesquisa 11 (razão *t*)

Essa situação representa uma comparação entre os escores de duas amostras independentes de entrevistados. A razão *t* (Capítulo 7) é empregada para comparar duas médias quando os dados intervalares são obtidos. O teste da mediana (Capítulo 9) é uma alternativa não paramétrica que pode ser aplicada quando não podemos presumir que os escores estão normalmente distribuídos na população ou quando o nível intervalar da mensuração não é alcançado.

Solução para a situação de pesquisa 12 (teste qui-quadrado)

Essa situação representa uma comparação das frequências (vontade *versus* falta de vontade) de dois grupos de estudantes (aqueles a quem foi dito que o professor tinha 65 anos *versus* aqueles a quem foi dito que o professor tinha 25 anos). O teste qui-quadrado de significância (Capítulo 9) é usado para fazer comparações entre duas ou mais amostras quando dados nominais ou de frequência são obtidos. Resultados presentes podem ser colocados em uma tabela 2×2 como a seguinte, representando duas linhas e duas colunas:

	Condição experimental	
Vontade de comparecer	*Estudantes a quem foi dito que o professor tinha 65 anos*	*Estudantes a quem foi dito que o professor tinha 25 anos*
Vontade	22	38
Falta de vontade	43	27

Solução para a situação de pesquisa 13 (razão *t*)

Essa é uma comparação "antes e depois" de uma única amostra que é medida em dois pontos diferentes no tempo. A razão *t* (Capítulo 7) pode ser usada para comparar duas médias extraídas de uma única amostra arranjada em um estilo "antes e depois".

Solução para a situação de pesquisa 14 (gama de Goodman e Kruskal)

Essa situação representa um problema de correlação que pede pelo grau de associação entre X (amabilidade) e Y (adesão voluntária em atividades sociais). O coeficiente gama de Goodman e Kruskal (Capítulo 12) é aplicado para detectar uma relação entre X e Y quando ambas as variáveis são ordinais e podem ser arranjadas em uma tabulação cruzada. Na situação presente, tanto a amabilidade quanto a adesão voluntária em atividades sociais foram classificadas de alta a baixa. O coeficiente de contingência (C) ou o V de Cramér (Capítulo 12) representam uma alternativa para gama que presume apenas dados ao nível nominal.

Adesão voluntária em atividades sociais (Y)	Amabilidade (X)		
	Baixa	Média	Alta
Baixa	80	50	40
Média	50	85	50
Alta	40	45	60
	170	180	150

Solução para a situação de pesquisa 15 (análise de variância)

Essa situação representa uma comparação dos escores de quatro amostras independentes de entrevistados. A razão F (Capítulo 8) é empregada em comparações entre três ou mais médias independentes quando dados intervalares são alcançados. O teste da mediana (Capítulo 9) é uma alternativa não paramétrica a ser empregada quando suspeitamos que os escores podem não estar normalmente distribuídos na população ou quando o nível intervalar da mensuração não é alcançado.

Solução para a situação de pesquisa 16 (coeficiente de correlação de postos de Spearman)

Essa situação representa um problema de correlação que pede pelo grau de associação entre X (porcentagem da nova população) e Y (quantidade de antiácidos vendidos). O coeficiente de correlação de postos de Spearman (Capítulo 12) pode ser aplicado para detectar uma relação entre as variáveis X e Y quando ambas são classificadas ou ordenadas. O r de Pearson não pode ser empregado porque ele exige dados intervalares em X e Y. Neste caso, a porcentagem da população nova tem de ser classificada de 1 a 7 antes que a correlação de postos possa ser aplicada.

Solução para a situação de pesquisa 17 (teste qui-quadrado)

Essa situação representa uma comparação de frequências (tom negativo, positivo, neutro) entre estudantes universitários do sexo masculino e do sexo feminino. O teste qui-quadrado de significância (Capítulo 9) é empregado em comparações entre duas ou mais amostras quando dados nominais são obtidos. Resultados podem ser colocados em uma tabela 2 × 3, representando duas colunas e três linhas:

	Gênero dos estudantes	
Tom da fofoca	*Conversas entre mulheres*	*Conversas entre homens*
Negativo	36	32
Positivo	40	36
Neutro	49	42

Solução para a situação de pesquisa 18 (coeficiente de contingência)

Essa situação representa um problema de correlação não paramétrico (Capítulo 12) que exige o grau de associação entre duas variáveis medidas ao nível nominal: preferência por um tipo de música e preferência por um tipo de culinária. O coeficiente de contingência e o V de Cramér são medidas de associação usadas na comparação entre diversos grupos ou categorias ao nível nominal. Para obter um coeficiente de contingência ou V de Cramér, os dados têm de estar arranjados em forma de tabela de frequência, como a seguir:

	Preferência culinária (X)		
Gosto musical (Y)	*Chinesa*	*Francesa*	*Italiana*
Clássica	8	52	20
Jazz	55	18	39
Rock	47	8	84

Solução para a situação de pesquisa 19 (coeficiente de correlação *r* de Pearson)

Essa situação representa um problema de correlação, pois ele exige o grau de associação entre a porcentagem de homens solteiros na população e a taxa de estupro. O r de Pearson (Capítulo 10) é empregado para detectar uma correlação linear entre as variáveis X e Y quando ambas as características são medidas ao nível intervalar. Se a taxa de estupro e a porcentagem de homens solteiros não estiverem normalmente distribuídas pelas populações das cidades, talvez queiramos considerar a aplicação de uma alternativa não paramétrica como o coeficiente de correlação de postos de Spearman (Capítulo 12).

Solução para a situação de pesquisa 20 (razão *t*)

Essa situação representa uma comparação entre os escores de avaliação dos cursos de duas amostras independentes de estudantes. A razão t (Capítulo 7) é usada para comparar duas médias quando dados intervalares são obtidos. O teste da mediana (Capítulo 9) é uma alternativa não paramétrica que pode ser aplicada quando acreditamos que os escores não estão normalmente distribuídos na população, ou que o nível intervalar não é atendido.

Solução para a situação de pesquisa 21 (análise de variância)

Essa situação representa uma comparação entre taxas de suicídio de cidades que representam três níveis de anomia — baixa, moderada e alta. A razão F (Capítulo 8) é empregada em comparações entre três ou mais médias independentes quando dados intervalares são alcançados. O teste da mediana (Capítulo 9) é uma alternativa não paramétrica a ser empregada quando acreditamos que os escores podem não estar normalmente distribuídos na população ou quando o nível intervalar da mensuração não é alcançado.

Solução para a situação de pesquisa 22 (teste qui-quadrado)

Essa situação representa uma comparação de frequências (aquelas abaixo da linha de pobreza *versus* aquelas acima da linha de pobreza) em quatro grupos etários (idosos *versus* adultos de meia-idade *versus* adultos jovens *versus* crianças). O teste qui-quadrado de significância (Capítulo 9) é empregado na comparação de duas ou mais amostras quando dados nominais ou de frequência são obtidos. Resultados presentes podem ser colocados em uma tabela 3×2 como a seguinte, representando três colunas e duas linhas:

Status de pobreza	Idade do entrevistado			
	Mais velho	*Meia-idade*	*Jovem*	*Crianças*
Abaixo da linha de pobreza	36	50	40	51
Não abaixo da linha de pobreza	164	300	200	199

Solução para a situação de pesquisa 23 (gama de Goodman e Kruskal)

Essa situação representa um problema de correlação que pede pelo grau de associação entre duas variáveis, X e Y, medidas ao nível ordinal: saúde física e depressão (observe que existe uma ordem subjacente, mesmo que apenas dois níveis de depressão estejam indicados). Gama (Capítulo 12) é especialmente aplicável quando ambas as variáveis são ordinais e podem ser arranjadas em forma de tabulação cruzada, como a seguir:

Depressão	Saúde física		
	Excelente	*Boa*	*Precária*
Deprimido	5	14	20
Não deprimido	95	96	20

O coeficiente de contingência (C) e o V de Cramér são alternativas para o gama que podem ser usadas para comparar diversos grupos ou categorias ao nível nominal. Como as variáveis são ordinais, gama seria preferível.

Solução para a situação de pesquisa 24 (V de Cramér)

Essa situação representa um problema não paramétrico de correlação (Capítulo 12) que pede pelo grau de associação entre duas variáveis, uma medida ao nível nominal (gênero) e a outra medida ao nível ordinal (saúde física). O V de Cramér é uma medida de associação para comparar diversos grupos ou categorias ao nível nominal quando uma tabela tem diferentes números de linhas e colunas. Quando variáveis são medidas em dois níveis diferentes, testes estatísticos para o nível mais baixo normalmente são adequados para a situação. Por exemplo, o coeficiente de correlação de postos de Spearman é empregado quando X é uma medida intervalar e Y é uma medida ordinal. Da mesma maneira, o V de Cramér é apropriado quando X é nominal e Y é ordinal. Para calcular o V de Cramér, os dados têm de ser arranjados em forma de tabela de frequência, como a seguinte:

	Estado de saúde		
Gênero	*Excelente*	*Boa*	*Ruim*
Homens	37	43	20
Mulheres	52	35	13

Solução para a situação de pesquisa 25 (teste qui-quadrado)

Essa situação representa uma comparação entre as frequências (culpado e não culpado) de dois grupos de pessoas — norte-americanos negros e brancos. O teste qui-quadrado de significância (Capítulo 9) é usado para fazer comparações entre duas ou mais amostras quando dados nominais ou de frequência são obtidos. Resultados presentes podem ser colocados em uma tabela 2 × 2 como a seguinte, representando duas linhas e duas colunas:

	Etnia do entrevistado	
O. J. Simpson era	*Negro*	*Branco*
Culpado	25	51
Inocente	50	24

Solução para a situação de pesquisa 26 (coeficiente de correlação *r* de Pearson)

Essa situação representa um problema de correlação, pois ela pede pelo grau de associação entre X (depressão) e Y (doença física). O r de Pearson (Capítulo 10) é empregado para detectar uma correlação linear entre as variáveis X e Y quando ambas as características são medidas ao nível intervalar. Se os sintomas de depressão e saúde física não estiverem normalmente distribuídos, talvez queiramos aplicar uma alternativa não paramétrica como o coeficiente de correlação de postos de Spearman (Capítulo 12).

Solução para a situação de pesquisa 27 (análise de variância)

Essa situação representa os escores de três amostras independentes de entrevistados. A razão F (Capítulo 8) é usada para fazer comparações entre três ou mais médias independentes quando dados intervalares são alcançados. O teste da mediana (Capítulo 9) é uma alternativa não paramétrica que deve ser aplicada quando os escores não estão normalmente distribuídos ou quando temos apenas dados ordinais.

Solução para a situação de pesquisa 28 (razão *t*)

Essa situação representa uma comparação "antes e depois" de uma única amostra que foi medida em dois pontos diferentes no tempo. A razão t (Capítulo 7) pode ser usada na comparação de duas médias tiradas de uma única amostra arranjada em um estilo "antes e depois".

Solução para a situação de pesquisa 29 (coeficiente de contingência)

Essa situação representa um problema de correlação não paramétrico (Capítulo 12) que pede pelo grau de associação entre duas variáveis que contenham três categorias cada. O coeficiente de contingência é uma medida da associação para comparar diversos grupos ou categorias quando um pesquisador trabalha com dados de frequência. O coeficiente de contingência é especialmente útil quando os dados podem ser colocados em uma tabela com o mesmo número de linhas e colunas, por exemplo, 2×2, 3×3 e assim por diante.

Solução para a situação de pesquisa 30 (coeficiente de correlação *r* de Pearson)

Essa situação representa um problema de correlação que pede pelo grau de associação entre X (horas de luz do dia) e Y (número de suicídios). O *r* de Pearson (Capítulo 10) é usado para detectar uma correlação linear entre as variáveis X e Y quando ambas são medidas ao nível intervalar. Como uma alternativa não paramétrica, o coeficiente de correlação de postos de Spearman (Capítulo 12) deve ser considerado.

Solução para a situação de pesquisa 31 (coeficiente fi)

Essa situação representa um problema de correlação que pede pelo grau de associação entre X (gênero do legislador) e Y (apoio à emenda de direitos iguais). O coeficiente fi (Capítulo 12) é uma medida da associação que pode ser empregada quando os dados nominais ou de frequência podem ser colocados em uma tabela 2×2 (2 linhas e 2 colunas).

Solução para a situação de pesquisa 32 (coeficiente de correlação de postos de Spearman)

Essa situação representa um problema de correlação que exige o grau de associação entre X (classificação da inclinação política) e Y (escores de apoio à Lei Patriota). O coeficiente de correlação de postos de Spearman (Capítulo 12) é útil para detectar uma relação entre as variáveis X e Y quando pelo menos uma delas é classificada ou ordenada. O *r* de Pearson não pode ser empregado, pois ele exige uma medida ao nível intervalar tanto de X quanto de Y. No caso presente, a inclinação política (X) foi classificada de 1 a 20.

Solução para a situação de pesquisa 33 (gama de Goodman e Kruskal)

Essa situação representa um problema de correlação que pede pelo grau de associação entre a frequência de visitas de familiares e amigos e a velocidade de recuperação em uma amostra de 160 pacientes hospitalizados. O gama (Capítulo 12) é especialmente apropriado para detectar uma relação entre X e Y quando ambas as variáveis são ordinais e podem ser arranjadas em forma de tabulação cruzada, gerando um número grande de postos empatados. No caso presente, a frequência de visitas foi classificada como frequentemente, às vezes, raramente e nunca, e a velocidade de recuperação foi classificada como rápida, média e lenta. O coeficiente de contingência (C) e o V de Cramér são alternativas para o gama que admite apenas dados nominais.

Solução para a situação de pesquisa 34 (razão *t*)

Essa situação representa uma comparação "antes e depois" de uma única amostra que foi medida em dois pontos diferentes no tempo. A razão *t* (Capítulo 7) pode ser empregada para comparar duas médias tiradas de uma única amostra arranjadas em um estilo "antes e depois".

Solução para a situação de pesquisa 35 (teste qui-quadrado)

Essa situação representa uma comparação entre as frequências (infidelidade *versus* não infidelidade) de dois grupos de casais, os divorciados e os não divorciados. O teste qui-quadrado de significância (Capítulo 9) é empregado nas comparações entre duas ou mais amostras quando dados nominais ou de frequência são obtidos.

Revisão de alguns fundamentos da matemática

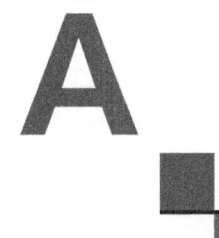

Para estudantes de estatística que precisam recapitular alguns dos fundamentos da álgebra e aritmética, este apêndice aborda os problemas que encontramos ao trabalhar com decimais, números negativos e o sinal de somatória.

Trabalho com decimais

Ao somar e subtrair decimais, não esqueça de colocar as vírgulas dos números diretamente abaixo umas das outras. Por exemplo, para somar 3.210,76, 2,541 e 98,3,

$$\begin{array}{r} 3.210,76 \\ 2,541 \\ \underline{98,3} \\ 3.311,601 \end{array}$$

Para subtrair 34,1 de 876,62,

$$\begin{array}{r} 876,62 \\ \underline{-34,1} \\ 842,52 \end{array}$$

Ao multiplicar decimais, certifique-se de que a sua resposta contenha o mesmo número de casas decimais que ambos, multiplicando e multiplicador, combinados. Por exemplo,

Multiplicando →	63,41	2,6	0,0003	0,5
Multiplicador →	× 0,05	× 1,4	× 0,03	× 0,5
Produto →	3,1705	3,64	0,000009	0,25

Antes de dividir, sempre elimine os decimais do divisor, movendo a vírgula decimal tantas casas para a direita quanto for necessário para tornar o divisor um número inteiro. Faça uma mudança correspondente do mesmo número de casas para os decimais no dividendo (isto é, se você mover o decimal duas casas no divisor, então você tem de movê-lo duas casas no dividendo). Esse procedimento indicará o número de casas decimais em sua resposta.

$$\frac{2{,}44}{0{,}02} = 122 \qquad\qquad \text{divisor} \longrightarrow 0{,}02 \overline{)2{,}44}^{\,122{,}0 \longleftarrow \text{quociente}} \longleftarrow \text{dividendo}$$

$$\frac{0{,}88}{0{,}4} = 2{,}2 \qquad\qquad 0{,}4\overline{)0{,}88}^{\,2{,}2}$$

$$\frac{10{,}10}{0{,}10} = 101 \qquad\qquad 10\overline{)10{,}10}^{\,1{,}01}$$

$$\frac{1010}{0{,}10} = 10.100 \qquad\qquad 0{,}10\overline{)1010{,}00}^{\,10100}$$

Operações aritméticas frequentemente produzem respostas em forma decimal; por exemplo, 2,034, 24,7 e 86,001. A questão surge em relação a quantas casas decimais devemos ter em nossas respostas. Uma regra simples a ser seguida é realizar cada operação intermediária da maneira mais completa possível e arredondar a resposta final para duas casas decimais a mais do que as encontradas no conjunto original de números.

Por exemplo, se os dados são derivados de um conjunto original de números inteiros (por exemplo, 12, 9, 49 ou 15), poderíamos realizar operações para três casas decimais (até os milésimos), mas expressar nossa resposta final até o centésimo mais próximo. Por exemplo,

$$3{,}889 = 3{,}89$$
$$1{,}224 = 1{,}22$$
$$7{,}761 = 7{,}76$$

A operação de arredondar até a casa decimal mais próxima é geralmente feita da seguinte forma: exclua o último dígito se ele for menor do que 5 (nos exemplos a seguir, o último dígito é o milésimo dígito):

menos do que 5
$$26{,}234 = 26{,}23$$
$$14{,}891 = 14{,}89$$
$$1{,}012 = 1{,}01$$

Some 1 ao dígito anterior se o último dígito for 5 ou mais (nos exemplos a seguir, o dígito anterior é o centésimo dígito):

5 ou mais
$$26{,}236 = 26{,}24$$
$$14{,}899 = 14{,}90$$
$$1{,}015 = 1{,}02$$

Os números a seguir foram arredondados para o número inteiro mais próximo:

$$3{,}1 = 3$$
$$3{,}5 = 4$$
$$4{,}5 = 5$$
$$4{,}8 = 5$$

Os números a seguir foram arredondados para o décimo mais próximo:

$$3,11 = 3,1$$
$$3,55 = 3,6$$
$$4,45 = 4,5$$
$$4,17 = 4,2$$

Os números a seguir foram arredondados para o centésimo mais próximo:

$$3,328 = 3,33$$
$$4,823 = 4,82$$
$$3,065 = 3,07$$
$$3,055 = 3,06$$

Lidando com números negativos

Ao somar uma série de números negativos, não se esqueça de dar um sinal negativo para a soma. Por exemplo,

$$\begin{array}{rr} -20 & -3 \\ -12 & -9 \\ \underline{-6} & \underline{-4} \\ -38 & -16 \end{array}$$

Para somar uma série contendo tanto números negativos quanto positivos, primeiro agrupe todos os números negativos e todos os positivos separadamente; some cada grupo e então subtraia suas somas (atribua o sinal da parcela maior a diferença resultante). Por exemplo,

$$\begin{array}{rrrr} -6 & +4 & -6 & +6 \\ +4 & \underline{+2} & -1 & -10 \\ +2 & +6 & \underline{-3} & \underline{-4} \\ -1 & & -10 & \\ -3 & & & \\ \underline{-4} & & & \end{array}$$

Para subtrair um número negativo, você tem de primeiro dar a ele um sinal positivo e então seguir o procedimento para a soma. A diferença resultante ganha o sinal do número maior. Por exemplo,

$$\begin{array}{r} 24 \\ \underline{-(-6)} \\ 30 \end{array}$$
– 6 ganha um sinal positivo, e é, portanto, somado a 24. Como o valor maior é um número positivo (24), a diferença resultante (30) é um valor positivo.

$$\begin{array}{r} -6 \\ \underline{-(-24)} \\ 18 \end{array}$$
– 24 ganha um sinal positivo, e é, portanto, subtraído. Como o valor maior é um número positivo (lembre-se que você mudou o sinal de –24), a diferença resultante (18) é um valor positivo.

$$\begin{array}{r} -24 \\ \underline{-(-6)} \\ 18 \end{array}$$
– 6 ganha um sinal positivo, e é, portanto, subtraído. Como o valor maior é um número negativo (–24), a diferença resultante (–18) é um valor negativo.

Ao multiplicar (ou dividir) dois números que possuam o mesmo sinal, sempre designe um sinal positivo para seu produto (ou quociente). Por exemplo,

$$(+8) \times (+5) = +40$$

$$+5 \overline{)+40}^{\,+8} \qquad -5 \overline{)-40}^{\,+8}$$

$$(-8) \times (-5) = +40$$

No caso de dois números com sinais diferentes, designe um sinal negativo para seu produto (ou quociente). Por exemplo,

$$(-8) \times (+5) = -40 \qquad +5 \overline{)-40}^{\,-8}$$

O sinal de somatória

A letra grega Σ (sigma maiúsculo) é usada em estatística para simbolizar a soma de um conjunto de números. Desse modo, por exemplo, se a variável X tem os valores

3 6 8 5 6

então

$$\Sigma X = 3 + 6 + 8 + 5 + 6$$
$$= 28$$

O sinal de somatória Σ é uma maneira muito conveniente de representar qualquer tipo de soma ou total. Entretanto, existem algumas regras básicas que farão com que você o utilize adequadamente ao calcular várias estatísticas. Ao avaliar uma fórmula complexa que tenha um sinal de adição, qualquer operação que envolva um expoente (como algum termo elevado ao quadrado), multiplicação ou divisão será realizada antes da adição, *a não ser* que existam parênteses que imponham outra solução. (Na matemática, parênteses sempre têm precedência, significando que você sempre deve realizar a operação dentro deles primeiro.)

Ao aplicar essas regras, o termo ΣX^2 significa: eleve os escores X ao quadrado e então some. Diferentemente, a notação $(\Sigma X)^2$ impõe: some os escores X e então eleve o total ao quadrado. Colocaremos os valores X precedentes e seus quadrados em forma de colunas e calcularemos as duas expressões:

X	X^2
3	9
6	36
8	64
5	25
6	36
$\Sigma X = \overline{28}$	$\Sigma X^2 = \overline{170}$

Desse modo, enquanto $\Sigma X^2 = 170$, $(\Sigma X)^2 = (28)^2 = 784$. É fundamental que você não esqueça essa diferença em muitos dos cálculos neste livro.

Para ilustrar o mesmo conceito usando a multiplicação ao invés de elevar os números ao quadrado, adicionaremos aos nossos valores X outra variável Y:

8 2 1 0 3

Agora formamos três colunas: uma para X, uma para Y e uma para o produto de ambos (XY).

X	Y	XY
3	8	24
6	2	12
8	1	8
5	0	0
6	3	18
$\Sigma X = 28$	$\Sigma Y = 14$	$\Sigma XY = 62$

Desse modo, de maneira similar à de números elevados à segunda potência, a soma dos produtos é muito diferente do produto das somas. Enquanto $\Sigma XY = 62$, $(\Sigma X)(\Sigma Y) = (28)(14) = 392$.

Tabelas

Tabela A Porcentagem da área sob a curva normal.

A coluna *a* apresenta *z*, a distância em unidades de desvio padrão a contar da média. A coluna *b* fornece a porcentagem da área entre a média e um determinado *z*. A coluna *c* representa a porcentagem acima de um determinado *z*.

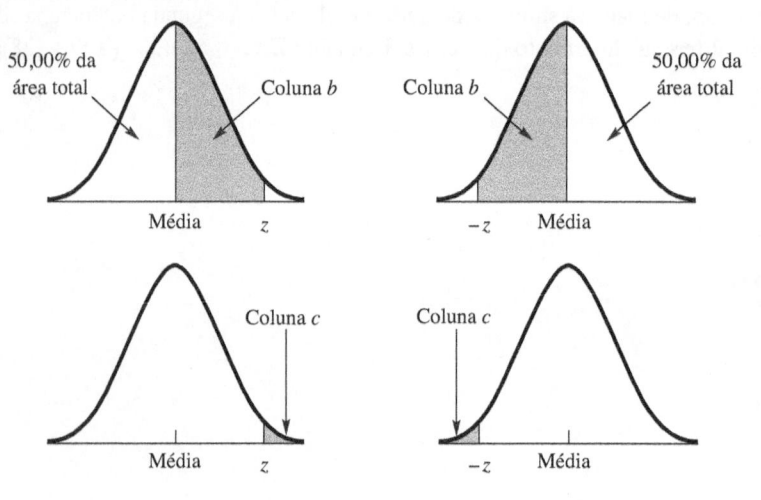

(a) z	(b) Área entre a média e z	(c) Área além de z	(a) z	(b) Área entre a média e z	(c) Área além de z
0,00	0,00	50,00	0,42	16,28	33,72
0,01	0,40	49,60	0,43	16,64	33,36
0,02	0,80	49,20	0,44	17,00	33,00
0,03	1,20	48,80	0,45	17,36	32,64
0,04	1,60	48,40	0,46	17,72	32,28
0,05	1,99	48,01	0,47	18,08	31,92
0,06	2,39	47,61	0,48	18,44	31,56
0,07	2,79	47,21	0,49	18,79	31,21
0,08	3,19	46,81	0,50	19,15	30,85
0,09	3,59	46,41	0,51	19,50	30,50
0,10	3,98	46,02	0,52	19,85	30,15
0,11	4,38	45,62	0,53	20,19	29,81
0,12	4,78	45,22	0,54	20,54	29,46
0,13	5,17	44,83	0,55	20,88	29,12
0,14	5,57	44,43	0,56	21,23	28,77
0,15	5,96	44,04	0,57	21,57	28,43
0,16	6,36	43,64	0,58	21,90	28,10
0,17	6,75	43,25	0,59	22,24	27,76
0,18	7,14	42,86	0,60	22,57	27,43
0,19	7,53	42,47	0,61	22,91	27,09
0,20	7,93	42,07	0,62	23,24	26,76
0,21	8,32	41,68	0,63	23,57	26,43
0,22	8,71	41,29	0,64	23,89	26,11
0,23	9,10	40,90	0,65	24,22	25,78
0,24	9,48	40,52	0,66	24,54	25,46
0,25	9,87	40,13	0,67	24,86	25,14
0,26	10,26	39,74	0,68	25,17	24,83
0,27	10,64	39,36	0,69	25,49	24,51
0,28	11,03	38,97	0,70	25,80	24,20
0,29	11,41	38,59	0,71	26,11	23,89
0,30	11,79	38,21	0,72	26,42	23,58
0,31	12,17	37,83	0,73	26,73	23,27
0,32	12,55	37,45	0,74	27,04	22,96
0,33	12,93	37,07	0,75	27,34	22,66
0,34	13,31	36,69	0,76	27,64	22,36
0,35	13,68	36,32	0,77	27,94	22,06
0,36	14,06	35,94	0,78	28,23	21,77
0,37	14,43	35,57	0,79	28,52	21,48
0,38	14,80	35,20	0,80	28,81	21,19
0,39	15,17	34,83	0,81	29,10	20,90
0,40	15,54	34,46	0,82	29,39	20,61
0,41	15,91	34,09	0,83	29,67	20,33

(continua)

(*continuação*)

(a) z	(b) Área entre a média e z	(c) Área além de z	(a) z	(b) Área entre a média e z	(c) Área além de z
0,84	29,95	20,05	1,27	39,80	10,20
0,85	30,23	19,77	1,28	39,97	10,03
0,86	30,51	19,49	1,29	40,15	9,85
0,87	30,78	19,22	1,30	40,32	9,68
0,88	31,06	18,94	1,31	40,49	9,51
0,89	31,33	18,67	1,32	40,66	9,34
0,90	31,59	18,41	1,33	40,82	9,18
0,91	31,86	18,14	1,34	40,99	9,01
0,92	32,12	17,88	1,35	41,15	8,85
0,93	32,38	17,62	1,36	41,31	8,69
0,94	32,64	17,36	1,37	41,47	8,53
0,95	32,89	17,11	1,38	41,62	8,38
0,96	33,15	16,85	1,39	41,77	8,23
0,97	33,40	16,60	1,40	41,92	8,08
0,98	33,65	16,35	1,41	42,07	7,93
0,99	33,89	16,11	1,42	42,22	7,78
1,00	34,13	15,87	1,43	42,36	7,64
1,01	34,38	15,62	1,44	42,51	7,49
1,02	34,61	15,39	1,45	42,65	7,35
1,03	34,85	15,15	1,46	42,79	7,21
1,04	35,08	14,92	1,47	42,92	7,08
1,05	35,31	14,69	1,48	43,06	6,94
1,06	35,54	14,46	1,49	43,19	6,81
1,07	35,77	14,23	1,50	43,32	6,68
1,08	35,99	14,01	1,51	43,45	6,55
1,09	36,21	13,79	1,52	43,57	6,43
1,10	36,43	13,57	1,53	43,70	6,30
1,11	36,65	13,35	1,54	43,82	6,18
1,12	36,86	13,14	1,55	43,94	6,06
1,13	37,08	12,92	1,56	44,06	5,94
1,14	37,29	12,71	1,57	44,18	5,82
1,15	37,49	12,51	1,58	44,29	5,71
1,16	37,70	12,30	1,59	44,41	5,59
1,17	37,90	12,10	1,60	44,52	5,48
1,18	38,10	11,90	1,61	44,63	5,37
1,19	38,30	11,70	1,62	44,74	5,26
1,20	38,49	11,51	1,63	44,84	5,16
1,21	38,69	11,31	1,64	44,95	5,05
1,22	38,88	11,12	1,65	45,05	4,95
1,23	39,07	10,93	1,66	45,15	4,85
1,24	39,25	10,75	1,67	45,25	4,75
1,25	39,44	10,56	1,68	45,35	4,65
1,26	39,62	10,38	1,69	45,45	4,55

(*continua*)

(*continuação*)

(a) z	(b) Área entre a média e z	(c) Área além de z	(a) z	(b) Área entre a média e z	(c) Área além de z
1,70	45,54	4,46	2,14	48,38	1,62
1,71	45,64	4,36	2,15	48,42	1,58
1,72	45,73	4,27	2,16	48,46	1,54
1,73	45,82	4,18	2,17	48,50	1,50
1,74	45,91	4,09	2,18	48,54	1,46
1,75	45,99	4,01	2,19	48,57	1,43
1,76	46,08	3,92	2,20	48,61	1,39
1,77	46,16	3,84	2,21	48,64	1,36
1,78	46,25	3,75	2,22	48,68	1,32
1,79	46,33	3,67	2,23	48,71	1,29
1,80	46,41	3,59	2,24	48,75	1,25
1,81	46,49	3,51	2,25	48,78	1,22
1,82	46,56	3,44	2,26	48,81	1,19
1,83	46,64	3,36	2,27	48,84	1,16
1,84	46,71	3,29	2,28	48,87	1,13
1,85	46,78	3,22	2,29	48,90	1,10
1,86	46,86	3,14	2,30	48,93	1,07
1,87	46,93	3,07	2,31	48,96	1,04
1,88	46,99	3,01	2,32	48,98	1,02
1,89	47,06	2,94	2,33	49,01	0,99
1,90	47,13	2,87	2,34	49,04	0,96
1,91	47,19	2,81	2,35	49,06	0,94
1,92	47,26	2,74	2,36	49,09	0,91
1,93	47,32	2,68	2,37	49,11	0,89
1,94	47,38	2,62	2,38	49,13	0,87
1,95	47,44	2,56	2,39	49,16	0,84
1,96	47,50	2,50	2,40	49,18	0,82
1,97	47,56	2,44	2,41	49,20	0,80
1,98	47,61	2,39	2,42	49,22	0,78
1,99	47,67	2,33	2,43	49,25	0,75
2,00	47,72	2,28	2,44	49,27	0,73
2,01	47,78	2,22	2,45	49,29	0,71
2,02	47,83	2,17	2,46	49,31	0,69
2,03	47,88	2,12	2,47	49,32	0,68
2,04	47,93	2,07	2,48	49,34	0,66
2,05	47,98	2,02	2,49	49,36	0,64
2,06	48,03	1,97	2,50	49,38	0,62
2,07	48,08	1,92	2,51	49,40	0,60
2,08	48,12	1,88	2,52	49,41	0,59
2,09	48,17	1,83	2,53	49,43	0,57
2,10	48,21	1,79	2,54	49,45	0,55
2,11	48,26	1,74	2,55	49,46	0,54
2,12	48,30	1,70	2,56	49,48	0,52
2,13	48,34	1,66	2,57	49,49	0,51

(*continua*)

(*continuação*)

(a) z	(b) Área entre a média e z	(c) Área além de z	(a) z	(b) Área entre a média e z	(c) Área além de z
2,58	49,51	0,49	2,97	49,85	0,15
2,59	49,52	0,48	2,98	49,86	0,14
2,60	49,53	0,47	2,99	49,86	0,14
2,61	49,55	0,45	3,00	49,87	0,13
2,62	49,56	0,44	3,01	49,87	0,13
2,63	49,57	0,43	3,02	49,87	0,13
2,64	49,59	0,41	3,03	49,88	0,12
2,65	49,60	0,40	3,04	49,88	0,12
2,66	49,61	0,39	3,05	49,89	0,11
2,67	49,62	0,38	3,06	49,89	0,11
2,68	49,63	0,37	3,07	49,89	0,11
2,69	49,64	0,36	3,08	49,90	0,10
2,70	49,65	0,35	3,09	49,90	0,10
2,71	49,66	0,34	3,10	49,90	0,10
2,72	49,67	0,33	3,11	49,91	0,09
2,73	49,68	0,32	3,12	49,91	0,09
2,74	49,69	0,31	3,13	49,91	0,09
2,75	49,70	0,30	3,14	49,92	0,08
2,76	49,71	0,29	3,15	49,92	0,08
2,77	49,72	0,28	3,16	49,92	0,08
2,78	49,73	0,27	3,17	49,92	0,08
2,79	49,74	0,26	3,18	49,93	0,07
2,80	49,74	0,26	3,19	49,93	0,07
2,81	49,75	0,25	3,20	49,93	0,07
2,82	49,76	0,24	3,21	49,93	0,07
2,83	49,77	0,23	3,22	49,94	0,06
2,84	49,77	0,23	3,23	49,94	0,06
2,85	49,78	0,22	3,24	49,94	0,06
2,86	49,79	0,21	3,25	49,94	0,06
2,87	49,79	0,21	3,30	49,95	0,05
2,88	49,80	0,20	3,35	49,96	0,04
2,89	49,81	0,19	3,40	49,97	0,03
2,90	49,81	0,19	3,45	49,97	0,03
2,91	49,82	0,18	3,50	49,98	0,02
2,92	49,82	0,18	3,60	49,98	0,02
2,93	49,83	0,17	3,70	49,99	0,01
2,94	49,84	0,16	3,80	49,99	0,01
2,95	49,84	0,16	3,90	49,995	0,005
2,96	49,85	0,15	4,00	49,997	0,003

Tabela B Números aleatórios.

Linha	\multicolumn{19}{c}{Número da coluna}
	1	2	3	4	5	6	7	8	9	10	11	12	13	14	15	16	17	18	19
1	9	8	9	6	9	9	0	9	6	3	2	3	3	8	6	8	4	4	2
2	3	5	6	1	7	4	1	3	2	6	8	6	0	4	7	5	2	0	3
3	4	0	6	1	6	9	6	1	5	9	5	4	5	4	8	6	7	4	0
4	6	5	6	3	1	6	8	6	7	2	0	7	2	3	2	1	5	0	9
5	2	4	9	7	9	1	0	3	9	6	7	4	1	5	4	9	6	9	8
6	7	6	1	2	7	5	6	9	4	8	4	2	8	5	2	4	1	8	0
7	8	2	1	3	4	7	4	6	3	0	7	5	0	9	2	9	0	6	1
8	6	9	5	6	5	6	0	9	0	7	7	1	4	1	8	3	1	9	3
9	7	2	1	9	9	8	0	1	6	1	6	2	3	6	9	5	5	8	4
10	2	9	0	7	3	0	8	9	6	3	3	8	5	5	6	5	2	0	9
11	9	3	5	4	5	7	4	0	3	0	1	0	4	3	3	9	5	3	2
12	9	7	5	7	9	4	8	6	8	7	6	1	6	8	2	5	5	5	3
13	4	1	7	8	6	8	1	0	5	8	8	6	1	6	8	2	9	0	4
14	5	0	8	3	3	4	5	4	4	2	5	3	0	4	9	6	1	2	3
15	3	5	0	2	9	4	1	0	0	3	9	0	5	8	6	0	9	9	6
16	0	3	8	2	3	5	1	0	1	0	6	8	5	2	4	8	0	3	8
17	1	7	2	9	1	2	7	8	4	7	0	3	3	1	5	8	2	7	3
18	5	0	5	7	9	5	8	7	8	9	3	5	3	4	4	6	1	1	3
19	7	7	3	3	5	3	6	1	3	2	8	5	4	1	4	8	3	9	0
20	1	0	9	1	3	8	2	5	3	0	3	8	0	9	3	3	0	4	5
21	1	3	8	5	1	8	5	9	4	1	9	3	9	3	6	5	9	8	4
22	8	6	4	7	8	7	5	9	4	1	9	3	9	3	6	5	9	8	4
23	0	6	9	6	5	1	0	3	2	6	7	7	4	9	6	0	3	4	0
24	7	6	7	4	7	0	8	3	8	7	3	2	5	1	2	4	2	9	7
25	3	2	3	8	1	3	1	8	7	4	5	9	0	0	2	4	1	2	1
26	9	2	1	6	4	2	3	8	7	6	2	6	2	6	4	8	1	0	1
27	3	7	4	2	2	8	1	7	8	0	6	0	0	0	3	2	2	9	7
28	0	7	8	0	8	5	1	5	2	6	5	8	7	5	3	0	5	9	6
29	7	4	2	3	3	2	6	0	0	6	5	2	2	3	6	3	9	0	4
30	1	8	2	7	5	9	5	3	6	5	2	9	9	1	1	7	3	4	3
31	4	3	1	8	7	0	6	0	8	6	5	0	1	0	4	0	6	1	5
32	8	5	8	0	6	1	4	1	2	0	4	4	1	4	7	6	3	5	1
33	4	5	8	5	0	4	5	8	3	9	2	8	7	8	9	0	8	4	3
34	5	0	2	5	4	9	2	2	1	1	0	0	5	4	8	7	6	4	0
35	0	8	1	7	0	6	3	3	4	7	6	2	6	8	9	3	4	1	4
36	2	5	9	3	4	6	0	7	5	2	0	0	9	6	0	8	2	2	5
37	2	1	3	1	3	7	8	9	8	4	9	3	8	0	2	2	1	8	1
38	3	8	8	6	8	5	1	3	3	4	6	7	2	6	3	4	8	6	7
39	0	9	9	8	5	9	8	4	4	2	2	1	1	0	1	7	6	1	3
40	2	2	3	5	3	9	7	4	4	2	1	4	0	5	8	2	3	0	8

(*continua*)

(*continuação*)

										Número da coluna											
20	21	22	23	24	25	26	27	28	29	30	31	32	33	34	35	36	37	38	39	40	Linha
0	9	7	1	1	9	1	2	7	3	5	1	8	4	0	4	1	0	6	0	3	1
8	3	7	7	9	1	4	9	9	5	9	2	0	1	6	1	2	6	6	7	0	2
2	5	6	3	7	8	3	3	8	4	3	9	3	9	0	0	9	8	3	5	2	3
4	7	0	8	6	6	5	9	6	2	7	3	5	9	0	1	8	0	9	6	9	4
0	9	8	7	3	5	6	8	8	1	2	0	2	3	2	6	4	3	1	9	7	5
5	1	8	8	4	7	0	1	7	6	8	2	1	6	3	2	1	8	1	8	3	6
1	3	7	8	6	9	5	4	1	7	3	8	7	1	5	6	5	6	4	3	6	7
5	9	0	1	5	2	8	6	5	5	7	8	1	8	7	1	2	4	0	4	1	8
2	2	5	5	2	1	8	6	9	8	9	8	0	5	8	9	9	4	1	3	4	9
1	3	4	2	8	5	0	7	9	8	4	3	5	8	0	9	4	6	6	0	5	10
2	6	8	6	6	4	7	1	5	1	6	4	6	7	6	0	8	7	3	5	2	11
8	6	0	1	4	2	9	8	6	8	0	7	6	5	1	9	1	3	7	0	3	12
9	5	7	0	9	8	7	6	9	0	6	5	4	0	3	6	5	6	3	5	0	13
2	2	3	4	7	8	0	2	0	8	0	3	4	9	2	5	7	7	8	6	4	14
2	4	6	1	0	5	0	6	1	4	9	4	7	3	9	1	7	6	4	5	8	15
6	3	4	8	1	6	9	5	6	2	0	4	6	1	6	8	1	9	9	1	1	16
9	0	5	1	3	6	1	9	5	4	1	2	5	4	2	9	5	6	2	4	0	17
3	6	7	0	3	5	3	7	4	1	7	5	4	8	3	7	4	8	5	7	2	18
4	3	6	6	3	6	3	0	0	9	4	2	2	5	1	8	9	5	1	9	7	19
1	0	6	9	0	2	7	3	9	8	4	0	6	9	8	2	3	2	8	0	4	20
9	1	3	5	7	9	6	2	4	3	4	6	4	9	1	3	1	7	5	2	2	21
6	4	2	2	2	1	4	5	2	2	8	3	2	1	2	6	6	0	1	8	9	22
7	2	6	9	0	7	5	3	2	5	6	2	7	6	3	8	1	4	1	5	1	23
8	2	8	2	4	4	4	2	9	1	9	8	3	4	4	1	0	4	6	9	6	24
7	3	1	4	3	0	4	7	1	3	7	4	8	6	7	3	2	6	6	2	0	25
0	6	4	5	8	3	1	4	8	1	8	3	1	6	4	3	0	2	8	7	3	26
4	2	2	8	3	2	1	9	3	0	1	7	5	9	0	9	1	2	5	8	2	27
2	9	8	7	2	0	6	4	0	2	7	1	3	1	6	8	7	0	9	2	5	28
0	8	0	5	6	8	2	4	3	6	1	3	5	2	3	5	9	8	6	2	1	29
0	1	7	6	1	5	7	9	0	3	5	3	4	2	4	8	5	6	4	0	6	30
5	1	9	8	5	2	4	5	1	7	5	3	2	4	6	7	9	9	6	7	2	31
0	3	6	6	3	7	8	6	9	7	2	8	9	0	7	2	9	4	0	8	6	32
5	0	0	0	2	0	8	9	0	1	0	6	2	0	4	6	9	6	5	4	9	33
1	9	4	4	2	6	4	2	4	1	0	2	7	9	6	8	7	5	6	9	3	34
0	0	5	3	8	3	2	7	5	0	4	7	6	4	6	3	0	4	7	5	3	35
6	2	6	2	0	6	0	1	4	8	9	6	5	9	7	3	6	7	6	5	4	36
6	3	9	0	3	5	0	9	1	2	0	5	9	7	3	2	5	9	3	0	2	37
9	7	3	3	5	4	0	6	4	9	4	7	9	1	4	3	9	7	7	1	8	38
1	9	6	2	9	4	2	9	7	0	3	8	9	5	7	0	6	9	7	2	5	39
5	9	4	5	8	6	2	3	0	6	2	9	8	6	3	0	4	1	0	7	6	40

Fonte: DOWNIE, N. M.; HEATH, R. W. *Basic statistical methods*. 3. ed. Nova York: Harper & Row, 1970. Reimpresso com permissão de Harper & Row.

Tabela C Valores críticos de t.

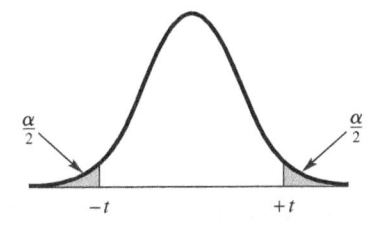

Para qualquer grau de liberdade (gl) arbitrário, a tabela mostra os valores de t que correspondem a vários níveis de probabilidade. O valor obtido de t é significante em um dado nível se for maior do que o valor exibido na tabela (ignorando o sinal).

	Nível de significância para o teste bilateral (α)					
gl	0,20	0,10	0,05	0,02	0,01	0,001
1	3,078	6,314	12,706	31,821	63,657	636,619
2	1,886	2,920	4,303	6,965	9,925	31,598
3	1,638	2,353	3,182	4,541	5,841	12,941
4	1,533	2,132	2,776	3,747	4,604	8,610
5	1,476	2,015	2,571	3,365	4,032	6,859
6	1,440	1,943	2,447	3,143	3,707	5,959
7	1,415	1,895	2,365	2,998	3,499	5,405
8	1,397	1,860	2,306	2,896	3,355	5,041
9	1,383	1,833	2,262	2,821	3,250	4,781
10	1,372	1,812	2,228	2,764	3,169	4,587
11	1,363	1,796	2,201	2,718	3,106	4,437
12	1,356	1,782	2,179	2,681	3,055	4,318
13	1,350	1,771	2,160	2,650	3,012	4,221
14	1,345	1,761	2,145	2,624	2,977	4,140
15	1,341	1,753	2,131	2,602	2,947	4,073
16	1,337	1,746	2,120	2,583	2,921	4,015
17	1,333	1,740	2,110	2,567	2,898	3,965
18	1,330	1,734	2,101	2,552	2,878	3,922
19	1,328	1,729	2,093	2,539	2,861	3,883
20	1,325	1,725	2,086	2,528	2,845	3,850
21	1,323	1,721	2,080	2,518	2,831	3,819
22	1,321	1,717	2,074	2,508	2,819	3,792
23	1,319	1,714	2,069	2,500	2,807	3,767
24	1,318	1,711	2,064	2,492	2,797	3,745
25	1,316	1,708	2,060	2,485	2,787	3,725
26	1,315	1,706	2,056	2,479	2,779	3,707
27	1,314	1,703	2,052	2,473	2,771	3,690
28	1,313	1,701	2,048	2,467	2,763	3,674
29	1,311	1,699	2,045	2,462	2,756	3,659
30	1,310	1,697	2,042	2,457	2,750	3,646
40	1,303	1,684	2,021	2,423	2,704	3,551
60	1,296	1,671	2,000	2,390	2,660	3,460
120	1,289	1,658	1,980	2,358	2,617	3,373
∞	1,282	1,645	1,960	2,326	2,576	3,291

Observação: a linha inferior ($gl = \infty$) também se iguala a valores críticos para z.

(continua)

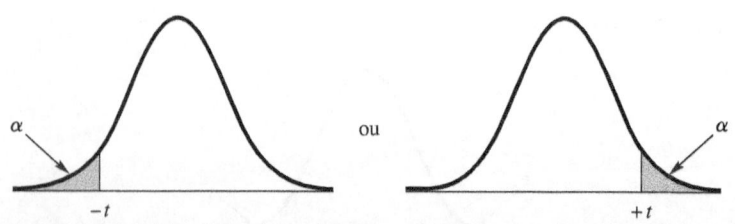

Para qualquer grau de liberdade (*gl*) arbitrário, a tabela mostra os valores de *t* que correspondem a vários níveis de probabilidade. O valor obtido de *t* é significante em um dado nível se for maior do que o valor exibido na tabela (ignorando o sinal).

(*continuação*)

	Nível de significância para o teste unilateral (α)					
gl	0,10	0,05	0,025	0,01	0,005	0,0005
1	3,078	6,314	12,706	31,821	63,657	636,619
2	1,886	2,920	4,303	6,965	9,925	31,598
3	1,638	2,353	3,182	4,541	5,841	12,941
4	1,533	2,132	2,776	3,747	4,604	8,610
5	1,476	2,015	2,571	3,365	4,032	6,859
6	1,440	1,943	2,447	3,143	3,707	5,959
7	1,415	1,895	2,365	2,998	3,499	5,405
8	1,397	1,860	2,306	2,896	3,355	5,041
9	1,383	1,833	2,262	2,821	3,250	4,781
10	1,372	1,812	2,228	2,764	3,169	4,587
11	1,363	1,796	2,201	2,718	3,106	4,437
12	1,356	1,782	2,179	2,681	3,055	4,318
13	1,350	1,771	2,160	2,650	3,012	4,221
14	1,345	1,761	2,145	2,624	2,977	4,140
15	1,341	1,753	2,131	2,602	2,947	4,073
16	1,337	1,746	2,120	2,583	2,921	4,015
17	1,333	1,740	2,110	2,567	2,898	3,965
18	1,330	1,734	2,101	2,552	2,878	3,922
19	1,328	1,729	2,093	2,539	2,861	3,883
20	1,325	1,725	2,086	2,528	2,845	3,850
21	1,323	1,721	2,080	2,518	2,831	3,819
22	1,321	1,717	2,074	2,508	2,819	3,792
23	1,319	1,714	2,069	2,500	2,807	3,767
24	1,318	1,711	2,064	2,492	2,797	3,745
25	1,316	1,708	2,060	2,485	2,787	3,725
26	1,315	1,706	2,056	2,479	2,779	3,707
27	1,314	1,703	2,052	2,473	2,771	3,690
28	1,313	1,701	2,048	2,467	2,763	3,674
29	1,311	1,699	2,045	2,462	2,756	3,659
30	1,310	1,697	2,042	2,457	2,750	3,646
40	1,303	1,684	2,021	2,423	2,704	3,551
60	1,296	1,671	2,000	2,390	2,660	3,460
120	1,289	1,658	1,980	2,358	2,617	3,373
∞	1,282	1,645	1,960	2,326	2,576	3,291

Observação: a linha inferior (*gl* = ∞) também se iguala a valores críticos para *z*.

Tabela D Valores críticos de F aos níveis de significância de 0,05 e 0,01.

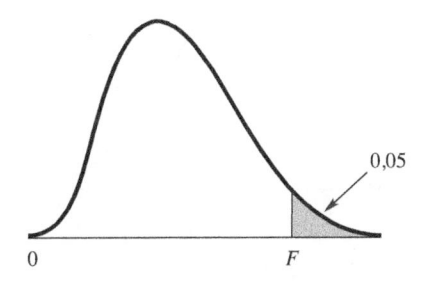

gl para o denominador	gl para o numerador, $\alpha = 0,05$							
	1	2	3	4	5	6	8	12
1	161,4	199,5	215,7	224,6	230,2	234,0	238,9	243,9
2	18,51	19,00	19,16	19,25	19,30	19,33	19,37	19,41
3	10,13	9,55	9,28	9,12	9,01	8,94	8,84	8,74
4	7,71	6,94	6,59	6,39	6,26	6,16	6,04	5,91
5	6,61	5,79	5,41	5,19	5,05	4,95	4,82	4,68
6	5,99	5,14	4,76	4,53	4,39	4,28	4,15	4,00
7	5,59	4,74	4,35	4,12	3,97	3,87	3,73	3,57
8	5,32	4,46	4,07	3,84	3,69	3,58	3,44	3,28
9	5,12	4,26	3,86	3,63	3,48	3,37	3,23	3,07
10	4,96	4,10	3,71	3,48	3,33	3,22	3,07	2,91
11	4,84	3,98	3,59	3,36	3,20	3,09	2,95	2,79
12	4,75	3,88	3,49	3,26	3,11	3,00	2,85	2,69
13	4,67	3,80	3,41	3,18	3,02	2,92	2,77	2,60
14	4,60	3,74	3,34	3,11	2,96	2,85	2,70	2,53
15	4,54	3,68	3,29	3,06	2,90	2,79	2,64	2,48
16	4,49	3,63	3,24	3,01	2,85	2,74	2,59	2,42
17	4,45	3,59	3,20	2,96	2,81	2,70	2,55	2,38
18	4,41	3,55	3,16	2,93	2,77	2,66	2,51	2,34
19	4,38	3,52	3,13	2,90	2,74	2,63	2,48	2,31
20	4,35	3,49	3,10	2,87	2,71	2,60	2,45	2,28
21	4,32	3,47	3,07	2,84	2,68	2,57	2,42	2,25
22	4,30	3,44	3,05	2,82	2,66	2,55	2,40	2,23
23	4,28	3,42	3,03	2,80	2,64	2,53	2,38	2,20
24	4,26	3,40	3,01	2,78	2,62	2,51	2,36	2,18
25	4,24	3,38	2,99	2,76	2,60	2,49	2,34	2,16
26	4,22	3,37	2,98	2,74	2,59	2,47	2,32	2,15
27	4,21	3,35	2,96	2,73	2,57	2,46	2,30	2,13
28	4,20	3,34	2,95	2,71	2,56	2,44	2,29	2,12
29	4,18	3,33	2,93	2,70	2,54	2,43	2,28	2,10
30	4,17	3,32	2,92	2,69	2,53	2,42	2,27	2,09
40	4,08	3,23	2,84	2,61	2,45	2,34	2,18	2,00
60	4,00	3,15	2,76	2,52	2,37	2,25	2,10	1,92
120	3,92	3,07	2,68	2,45	2,29	2,17	2,02	1,83
∞	3,84	2,99	2,60	2,37	2,21	2,09	1,94	1,75

(*continua*)

gl para o denominador	gl para o numerador, α = 0,01							
	1	2	3	4	5	6	8	12
1	4052	4999	5403	5625	5764	5859	5981	6106
2	98,49	99,01	99,17	99,25	99,30	99,33	99,36	99,42
3	34,12	30,81	29,46	28,71	28,24	27,91	27,49	27,05
4	21,20	18,00	16,69	15,98	15,52	15,21	14,80	14,37
5	16,26	13,27	12,06	11,39	10,97	10,67	10,27	9,89
6	13,74	10,92	9,78	9,15	8,75	8,47	8,10	7,72
7	12,25	9,55	8,45	7,85	7,46	7,19	6,84	6,47
8	11,26	8,65	7,59	7,01	6,63	6,37	6,03	5,67
9	10,56	8,02	6,99	6,42	6,06	5,80	5,47	5,11
10	10,04	7,56	6,55	5,99	5,64	5,39	5,06	4,71
11	9,65	7,20	6,22	5,67	5,32	5,07	4,74	4,40
12	9,33	6,93	5,95	5,41	5,06	4,82	4,50	4,16
13	9,07	6,70	5,74	5,20	4,86	4,62	4,30	3,96
14	8,86	6,51	5,56	5,03	4,69	4,46	4,14	3,80
15	8,68	6,36	5,42	4,89	4,56	4,32	4,00	3,67
16	8,53	6,23	5,29	4,77	4,44	4,20	3,89	3,55
17	8,40	6,11	5,18	4,67	4,34	4,10	3,79	3,45
18	8,28	6,01	5,09	4,58	4,25	4,01	3,71	3,37
19	8,18	5,93	5,01	4,50	4,17	3,94	3,63	3,30
20	8,10	5,85	4,94	4,43	4,10	3,87	3,56	3,23
21	8,02	5,78	4,87	4,37	4,04	3,81	3,51	3,17
22	7,94	5,72	4,82	4,31	3,99	3,76	3,45	3,12
23	7,88	5,66	4,76	4,26	3,94	3,71	3,41	3,07
24	7,82	5,61	4,72	4,22	3,90	3,67	3,36	3,03
25	7,77	5,57	4,68	4,18	3,86	3,63	3,32	2,99
26	7,72	5,53	4,64	4,14	3,82	3,59	3,29	2,96
27	7,68	5,49	4,60	4,11	3,78	3,56	3,26	2,93
28	7,64	5,45	4,57	4,07	3,75	3,53	3,23	2,90
29	7,60	5,42	4,54	4,04	3,73	3,50	3,20	2,87
30	7,56	5,39	4,51	4,02	3,70	3,47	3,17	2,84
40	7,31	5,18	4,31	3,83	3,51	3,29	2,99	2,66
60	7,08	4,98	4,13	3,65	3,34	3,12	2,82	2,50
120	6,85	4,79	3,95	3,48	3,17	2,96	2,66	2,34
∞	6,64	4,60	3,78	3,32	3,02	2,80	2,51	2,18

Fonte: FISCHER, R. A.; YATES, F. *Statistical tables for biological, agricultural, and medical research.* 4. ed. Londres: Longman Group Ltd. (previamente publicado por Oliver & Boyd, Edinburgh), Tabela V, com permissão dos autores e da editora.

Tabela E Valores críticos de qui-quadrado aos níveis de significância de 0,05 e 0,01 (α).

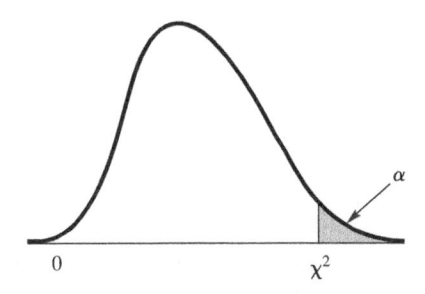

gl	α 0,05	α 0,01	gl	α 0,05	α 0,01
1	3,841	6,635	16	26,296	32,000
2	5,991	9,210	17	27,587	33,409
3	7,815	11,345	18	28,869	34,805
4	9,488	13,277	19	30,144	36,191
5	11,070	15,086	20	31,410	37,566
6	12,592	16,812	21	32,671	38,932
7	14,067	18,475	22	33,924	40,289
8	15,507	20,090	23	35,172	41,638
9	16,919	21,666	24	36,415	42,980
10	18,307	23,209	25	37,652	44,314
11	19,675	24,725	26	38,885	45,642
12	21,026	26,217	27	40,113	46,963
13	22,362	27,688	28	41,337	48,278
14	23,685	29,141	29	42,557	49,588
15	24,996	30,578	30	43,773	50,892

Fonte: FISCHER, R. A.; YATES, F. *Statistical tables for biological, agricultural, and medical research.* 4. ed. Londres: Longman Group Ltd. (previamente publicado por Oliver & Boyd, Edinburgh), Tabela IV, com permissão dos autores e da editora.

Tabela F Valores críticos de *r* aos níveis de significância de 0,05 e 0,01 (α).

gl	α 0,05	α 0,01	gl	α 0,05	α 0,01
1	0,99692	0,999877	16	0,4683	0,5897
2	0,95000	0,990000	17	0,4555	0,5751
3	0,8783	0,95873	18	0,4438	0,5614
4	0,8114	0,91720	19	0,4329	0,5487
5	0,7545	0,8745	20	0,4227	0,5368
6	0,7067	0,8343	25	0,3809	0,4869
7	0,6664	0,7977	30	0,3494	0,4487
8	0,6319	0,7646	35	0,3246	0,4182
9	0,6021	0,7348	40	0,3044	0,3932
10	0,5760	0,7079	45	0,2875	0,3721
11	0,5529	0,6835	50	0,2732	0,3541
12	0,5324	0,6614	60	0,2500	0,3248
13	0,5139	0,6411	70	0,2319	0,3017
14	0,4973	0,6226	80	0,2172	0,2830
15	0,4821	0,6055	90	0,2050	0,2673

Fonte: FISCHER, R. A.; YATES, F. *Statistical tables for biological, agricultural, and medical research.* 4. ed. Londres: Longman Group Ltd. (previamente publicado por Oliver & Boyd, Edinburgh), Tabela VI, com permissão dos autores e da editora.

Tabela G Valores críticos de r_s aos níveis de significância de 0,05 e 0,01 (α).

N	α 0,05	α 0,01	N	α 0,05	α 0,01
5	1,000	—	16	0,506	0,665
6	0,886	1,000	18	0,475	0,625
7	0,786	0,929	20	0,450	0,591
8	0,738	0,881	22	0,428	0,562
9	0,683	0,833	24	0,409	0,537
10	0,648	0,794	26	0,392	0,515
12	0,591	0,777	28	0,377	0,496
14	0,544	0,714	30	0,364	0,478

Fonte: OLDS, E. G. *The annals of mathematical statistics.* Distribution of the sum of squares of rank differences for small numbers of individuals, 1938, vol. 9; e The 5 percent significance levels for sums of squares of rank differences and a correction, 1949, vol. 20. Com permissão do Institute of Mathematical Statistics.

Tabela H Pontos percentuais do intervalo studentizado (q) para os níveis de significância 0,05 e 0,01 (α).

gl para MQ$_{dentro}$	α	k = Número de médias									
		2	3	4	5	6	7	8	9	10	11
5	0,05	3,64	4,60	5,22	5,67	6,03	6,33	6,58	6,80	6,99	7,17
	0,01	5,70	6,98	7,80	8,42	8,91	9,32	9,67	9,97	10,24	10,48
6	0,05	3,46	4,34	4,90	5,30	5,63	5,90	6,12	6,32	6,49	6,65
	0,01	5,24	6,33	7,03	7,56	7,97	8,32	8,61	8,87	9,10	9,30
7	0,05	3,34	4,16	4,68	5,06	5,36	5,61	5,82	6,00	6,16	6,30
	0,01	4,95	5,92	6,54	7,01	7,37	7,68	7,94	8,17	8,37	8,55
8	0,05	3,26	4,04	4,53	4,89	5,17	5,40	5,60	5,77	5,92	6,05
	0,01	4,75	5,64	6,20	6,62	6,96	7,24	7,47	7,68	7,86	8,03
9	0,05	3,20	3,95	4,41	4,76	5,02	5,24	5,43	5,59	5,74	5,87
	0,01	4,60	5,43	5,96	6,35	6,66	6,91	7,13	7,33	7,49	7,65
10	0,05	3,15	3,88	4,33	4,65	4,91	5,12	5,30	5,46	5,60	5,72
	0,01	4,48	5,27	5,77	6,14	6,43	6,67	6,87	7,05	7,21	7,36
11	0,05	3,11	3,82	4,26	4,57	4,82	5,03	5,20	5,35	5,49	5,61
	0,01	4,39	5,15	5,62	5,97	6,25	6,48	6,67	6,84	6,99	7,13
12	0,05	3,08	3,77	4,20	4,51	4,75	4,95	5,12	5,27	5,39	5,51
	0,01	4,32	5,05	5,50	5,84	6,10	6,32	6,51	6,67	6,81	6,94
13	0,05	3,06	3,73	4,15	4,45	4,69	4,88	5,05	5,19	5,32	5,43
	0,01	4,26	4,96	5,40	5,73	5,98	6,19	6,37	6,53	6,67	6,79
14	0,05	3,03	3,70	4,11	4,41	4,64	4,83	4,99	5,13	5,25	5,36
	0,01	4,21	4,89	5,32	5,63	5,88	6,08	6,26	6,41	6,54	6,66
15	0,05	3,01	3,67	4,08	4,37	4,59	4,78	4,94	5,08	5,20	5,31
	0,01	4,17	4,84	5,25	5,56	5,80	5,99	6,16	6,31	6,44	6,55
16	0,05	3,00	3,65	4,05	4,33	4,56	4,74	4,90	5,03	5,15	5,26
	0,01	4,13	4,79	5,19	5,49	5,72	5,92	6,08	6,22	6,35	6,46
17	0,05	2,98	3,63	4,02	4,30	4,52	4,70	4,86	4,99	5,11	5,21
	0,01	4,10	4,74	5,14	5,43	5,66	5,85	6,01	6,15	6,27	6,38
18	0,05	2,97	3,61	4,00	4,28	4,49	4,67	4,82	4,96	5,07	5,17
	0,01	4,07	4,70	5,09	5,38	5,60	5,79	5,94	6,08	6,20	6,31
19	0,05	2,96	3,59	3,98	4,25	4,47	4,65	4,79	4,92	5,04	5,14
	0,01	4,05	4,67	5,05	5,33	5,55	5,73	5,89	6,02	6,14	6,25
20	0,05	2,95	3,58	3,96	4,23	4,45	4,62	4,77	4,90	5,01	5,11
	0,01	4,02	4,64	5,02	5,29	5,51	5,69	5,84	5,97	6,09	6,19
24	0,05	2,92	3,53	3,90	4,17	4,37	4,54	4,68	4,81	4,92	5,01
	0,01	3,96	4,55	4,91	5,17	5,37	5,54	5,69	5,81	5,92	6,02
30	0,05	2,89	3,49	3,85	4,10	4,30	4,46	4,60	4,72	4,82	4,92
	0,01	3,89	4,45	4,80	5,05	5,24	5,40	5,54	5,65	5,76	5,85
40	0,05	2,86	3,44	3,79	4,04	4,23	4,39	4,52	4,63	4,73	4,82
	0,01	3,82	4,37	4,70	4,93	5,11	5,26	5,39	5,50	5,60	5,69
60	0,05	2,83	3,40	3,74	3,98	4,16	4,31	4,44	4,55	4,65	4,73
	0,01	3,76	4,28	4,59	4,82	4,99	5,13	5,25	5,36	5,45	5,53
120	0,05	2,80	3,36	3,68	3,92	4,10	4,24	4,36	4,47	4,56	4,64
	0,01	3,70	4,20	4,50	4,71	4,87	5,01	5,12	5,21	5,30	5,37
∞	0,05	2,77	3,31	3,63	3,86	4,03	4,17	4,29	4,39	4,47	4,55
	0,01	3,64	4,12	4,40	4,60	4,76	4,88	4,99	5,08	5,16	5,23

Fonte: PEARSON, E. S.; HARTLEY, H. O. *Biometrika tables for statisticians.* V. 1. 3. ed. Nova York: Cambridge University Press, 1966, com permissão da Biometrika Trustees.

Glossário

alfa A probabilidade de cometer um erro tipo I.
amostra Um número menor de indivíduos extraídos de alguma população (para o fim de generalizar a população inteira de onde ela foi extraída).
amostragem acidental Um método de amostragem não aleatório por meio do qual o pesquisador inclui os casos mais convenientes em sua amostra.
amostragem aleatória Método de amostragem por meio do qual todos os membros da população têm chances iguais de serem sorteados para uma amostra.
amostragem aleatória simples Método de amostragem aleatória por meio do qual uma tabela de números aleatórios é empregada para selecionar uma amostra que seja representativa de uma população maior.
amostragem em múltiplos estágios Método de amostragem aleatória por meio do qual membros da amostra são selecionados em uma base aleatória de uma série de áreas bem delimitadas conhecidas como *clusters* (ou unidades de amostragem primárias).
amostragem estratificada Método de amostragem aleatória por meio do qual a população é primeiro dividida em subgrupos homogêneos dos quais amostras aleatórias simples são então extraídas.
amostragem não aleatória Método de amostragem por meio do qual os membros da população não têm chances iguais de serem sorteados para a amostra.
amostragem por cotas Método de amostragem não aleatória por meio do qual características diversas de uma população são amostradas nas proporções que elas ocupam na população.
amostragem por julgamento (amostragem proposital) Método de amostragem não aleatório por meio do qual a lógica, o bom senso ou o critério judicioso são usados para selecionar uma amostra que, presume-se, seja representativa de uma grande população.
amostragem sistemática Método de amostragem aleatória por meio do qual todo *enésimo* número de uma população está incluído na amostra.
análise de regressão Técnica empregada na previsão de valores de uma variável (Y) do conhecimento de valores de outra variável (X).
análise de variância Teste estatístico que corresponde a uma decisão global isolada sobre a presença de uma diferença significante entre três ou mais médias amostrais.
área sob a curva normal Área que está entre a curva e a reta-base contendo 100% ou todos os casos em qualquer distribuição normal dada.
assimetria Afastamento da simetria.
box-plot Método gráfico para exibir simultaneamente diversas características de uma distribuição.

chance A probabilidade de que um evento ocorra dividida pela probabilidade de que o evento não ocorra.

classificação percentil Um único número que indica a porcentagem de casos em uma distribuição caindo no ou abaixo de qualquer escore dado.

coeficiente de contingência Baseado no qui-quadrado, uma medida do grau de associação para dados nominais arranjados em uma tabela de tamanho superior a 2×2.

coeficiente de correlação de postos de Spearman Coeficiente de correlação para dados que foram classificados ou ordenados com relação à presença de uma determinada característica.

coeficiente de correlação de Pearson Coeficiente de correlação para dados intervalares.

coeficiente de correlação Geralmente varia entre $-1,00$ e $+1,00$, um número no qual expressa tanto a intensidade como a direção da correlação.

coeficiente de correlação parcial Correlação entre duas variáveis quando uma ou mais variáveis são controladas.

coeficiente de determinação Igual ao quadrado da correlação de Pearson, é a proporção de variância na variável dependente que é explicada pela variável independente.

coeficiente de determinação múltipla Proporção de variância na variável dependente que é explicada pelo conjunto de variáveis independentes conjuntamente.

coeficiente de não determinação Igual a 1 menos o quadrado da correlação de Pearson, é a proporção da variância na variável dependente que não é explicada pela variável independente.

coeficiente fi Baseado no qui-quadrado, uma medida do grau de associação para dados nominais arranjada em uma tabela.

correção de Yates Na análise do qui-quadrado, um fator para frequências esperadas pequenas que reduz a avaliação excessiva do valor do qui-quadrado e produz um resultado mais conservador (apenas para tabelas).

correlação A força e a direção da relação entre duas variáveis.

correlação curvilínea Relação entre X e Y que começa como positiva ou negativa e então inverte a direção.

correlação linear Correlação positiva ou negativa, de maneira que os pontos em um diagrama de dispersão tendem a formar uma linha reta passando pelo centro do gráfico.

correlação negativa A direção da relação em que os indivíduos obtêm altos escores na variável X obtêm escores baixos na variável Y, ou vice-versa.

correlação positiva Direção de uma relação na qual indivíduos que têm um escore alto na variável X também têm um escore alto na variável Y; indivíduos que têm um escore baixo na variável X também têm um escore baixo na variável Y.

curtose Característica de pico de uma distribuição.

curva normal Distribuição simétrica, suave, que tem a forma de sino e é unimodal.

decis Postos percentis que dividem em décimos a escala de 100 unidades.

desvio A distância e a direção de qualquer escore bruto em relação à média.

desvio médio Soma dos desvios absolutos da média dividida pelo número de escores em uma distribuição. Medida de variabilidade que indica a média dos desvios em relação à média.

desvio padrão Raiz quadrada da média dos quadrados dos desvios em relação à média de uma distribuição. Medida da variabilidade que reflete o desvio típico da média.

DHS de Tukey (diferença honestamente significativa) Procedimento para a comparação múltipla de médias após uma razão F significativa ter sido obtida.

diferença estatisticamente significativa Diferença amostral que reflete uma diferença populacional real e não apenas um erro amostral.

distância A diferença entre os escores mais alto e mais baixo em uma distribuição. Uma medida de variabilidade.

distância interquartil A distância (ou diferença) entre o primeiro e o terceiro quartis; a distância contendo o meio 50% de uma distribuição.

distribuição amostral de diferenças entre médias Distribuição de frequência de um grande número de diferenças entre médias de amostras aleatórias extraídas de uma determinada população.

distribuição amostral de médias Distribuição de frequência de um grande número de médias amostrais aleatórias que foram extraídas da mesma população.

distribuição bimodal Distribuição de frequências contendo duas ou mais modas.

distribuição de frequência agrupada Tabela que indica a frequência de ocorrência de casos localizados dentro de uma série de intervalos de classe.

distribuição de frequência Tabela contendo categorias, valores de escores, ou intervalos de classe e sua frequência de ocorrência.

distribuição marginal Em uma tabulação cruzada, o conjunto de frequências e porcentagens encontradas na margem que representam a distribuição de uma das variáveis na tabela.

distribuição negativamente assimétrica Distribuição na qual mais entrevistados recebem escores altos do que os que recebem escores baixos, resultando em uma extremidade mais longa à esquerda do que à direita.

distribuição percentual Frequência relativa de ocorrência de um conjunto de escores ou intervalos de classe.

distribuição positivamente assimétrica Distribuição na qual mais entrevistados recebem escores baixos do que altos, resultando em uma extremidade mais longa à direita do que à esquerda.

distribuição unimodal Distribuição de frequência contendo uma única moda.

efeito de interação Efeito de dois fatores combinados que difere da soma de seus efeitos separados (principais).

efeito mam Na análise de variância, o efeito de um fator independente de outros fatores.

erro amostral Diferença inevitável entre uma amostra aleatória e sua população baseada somente no acaso.

erro padrão da diferença entre médias Estimativa de um desvio padrão da distribuição amostral das diferenças baseada nos desvios padrão de duas amostras aleatórias.

erro padrão da média Uma estimativa do desvio padrão da distribuição amostral das médias baseada no desvio padrão de uma única amostra aleatória.

erro padrão da proporção Estimativa do desvio padrão da distribuição amostral das proporções baseada na proporção obtida em uma única amostra aleatória.

erro tipo I Erro que consiste em rejeitar a hipótese nula quando ela é verdadeira.

erro tipo II Erro que consiste em aceitar a hipótese nula quando ela é falsa.

escore z (escore padrão) Valor que indica a direção e o grau em que qualquer escore bruto dado se desvia da média de uma distribuição em uma escala de unidades de desvio padrão.

escore z para diferenças de médias amostrais Valor que indica a direção e o grau de afastamento de qualquer diferença média amostral a contar de zero (a média da distribuição amostral de diferenças) em uma escala de unidades de desvio padrão.

frequência acumulada Número total de casos com qualquer escore dado ou com um escore inferior.

frequências esperadas As frequências de células esperadas sob os termos da hipótese nula para o qui-quadrado.

frequências observadas Em uma análise qui-quadrado, os resultados que são realmente observados quando um estudo é conduzido.

gama de Goodman e Kruskal Alternativa para o coeficiente de correlação de postos para medir o grau de associação entre variáveis de nível ordinal.

gráfico de dispersão Gráfico que mostra a maneira que escores em quaisquer duas variáveis X e Y estão dispersos através da gama de valores de escores possíveis.

gráfico em barras (histograma) Um método gráfico no qual barras retangulares indicam as frequências de uma faixa de valores de escores ou categorias.

gráfico em linha Gráfico das diferenças entre grupos ou tendências ao longo do tempo em alguma(s) variável(eis).

gráfico em setores Gráfico circular cujas partes somam 100%.

graus de liberdade Em comparações de amostras pequenas, uma compensação estatística pelo fato de não se poder assumir que a distribuição amostral de diferenças toma forma da curva normal.

hipótese de pesquisa A hipótese que considera qualquer diferença observada entre amostras como reflexo de uma verdadeira diferença populacional, e não apenas de um erro amostral.

hipótese Ideia a respeito da natureza da realidade social que é testável por meio de uma pesquisa sistemática.

hipótese nula Hipótese de médias populacionais iguais. Qualquer diferença observada entre amostras é vista como uma ocorrência ao acaso que resulta de erro amostral.

histograma Método gráfico no qual barras retangulares indicam as frequências ou porcentagens para a variação de valores de escores.

inclinação Na regressão, a mudança na reta de regressão para um aumento de uma unidade em X. A inclinação é interpretada como a mudança na variável Y associada com uma mudança de uma unidade na variável X.

índice de chances As chances de um grupo divididas pelas chances de um grupo de comparação.

intensidade da correlação Grau de associação entre duas variáveis.

intercepto Y Na regressão, o ponto em que a reta de regressão cruza o eixo Y. O intercepto Y é o valor previsto de Y para um valor zero de X.

intervalo de classe Categoria em uma distribuição de grupo contendo mais de um valor.

intervalo de confiança A variação de valores de médias (proporções) dentro da qual a verdadeira média populacional (proporção) tem mais chance de se situar.

intervalo de confiança de 95% Variação de valores médios (proporções) dentro da qual há 95 chances em 100 de a verdadeira média populacional (proporção) se situar.

intervalo de confiança de 99% Variação de valores médios (proporções) dentro da qual há 99 chances em 100 de a verdadeira média populacional (proporção) se situar.

leptocúrtica Característica de uma distribuição de pico ou altura bastante acentuada.

limite de classe O ponto no meio do caminho entre intervalos de classe adjacentes que preenchem a lacuna entre eles.

logit Logaritmo de chances de um evento, também conhecido como log-chances.

margem de erro Extensão de imprecisão esperada ao se estimar a média ou proporção populacional, obtida pela multiplicação do erro padrão pelo valor de tabela de z ou t.

média ponderada A "média das médias" que leva em conta diferenças nos tamanhos dos grupos.

média Soma de um conjunto de escores dividida pelo número total de escores no conjunto. Uma medida da tendência central.

mediana Ponto mais central em uma distribuição de frequência. Uma medida da tendência central.

mensuração Uso de uma série de números no estágio de análise de dados da pesquisa.
mesocúrtica Característica de uma distribuição que não conta nem com um pico muito alto, e nem é muito plana.
moda O valor mais frequente, típico ou comum em uma distribuição.
nível de confiança Grau de certeza de que um intervalo de confiança inclui a verdadeira média (proporção) populacional.
nível de significância de cinco por cento (0,05) Nível de probabilidade no qual a hipótese nula é rejeitada se uma diferença amostral obtida ocorre ao acaso somente 5 vezes ou menos de 100.
nível de significância de um por cento (0,01) Nível de probabilidade no qual a hipótese nula é rejeitada se uma diferença amostral obtida ocorrer ao acaso apenas 1 vez ou menos em 100.
nível de significância Nível de probabilidade no qual a hipótese nula pode ser rejeitada e a hipótese de pesquisa pode ser aceita.
nível intervalar de mensuração Processo de designar um escore para casos, de maneira que a magnitude de diferenças entre eles seja conhecida e significativa.
nível nominal de mensuração Processo de colocar casos em categorias e contar sua frequência de ocorrência.
nível ordinal de mensuração Processo de ordenar casos ou dispô-los em postos em termos do grau em que apresentam determinada característica.
platicúrtico Característica de uma distribuição achatada.
poder de um teste Capacidade de um teste estatístico de rejeitar a hipótese nula quando ela é realmente falsa e deve ser rejeitada.
polígono de frequência acumulada Método gráfico que ilustra frequências ou porcentagens acumuladas.
polígono de frequência Método gráfico no qual as frequências são indicadas por uma série de pontos colocados acima dos valores dos escores ou pontos médios de cada intervalo de classe e conectados com uma linha reta que decai até a largada na reta-base em ambas as extremidades.
ponto médio O valor de escore mais central em um intervalo de classe.
população (universo) Qualquer conjunto de indivíduos que compartilhe de pelo menos uma característica.
porcentagem acumulada Percentual de casos com um determinado escore ou um escore inferior.
porcentagem por coluna Em uma tabulação cruzada, o resultado da divisão de uma frequência de célula pelo número de casos na coluna. Porcentagens por coluna somam a 100% para cada coluna em uma tabulação cruzada.
porcentagem por linha Em uma tabulação cruzada, o resultado da divisão de uma frequência de célula pelo número de casos na linha. Porcentagens por linha somam até 100% para cada linha de uma tabulação cruzada.
porcentagem Método de padronização para o tamanho que indica a frequência de ocorrência de uma categoria em 100 casos.
porcentagem total Em uma tabulação cruzada, o resultado da divisão de uma frequência de célula pelo número total de casos na amostra. Porcentagens totais somam até 100% para toda a tabulação cruzada.
probabilidade Frequência relativa de ocorrência de um evento ou resultado. O número de vezes que qualquer evento pode ocorrer em 100.
proporção Método de padronização para o tamanho que compara o número de casos em qualquer categoria dada com o número total de casos na distribuição.

quadrado médio Medida da variação usada em um teste F obtida pela divisão da soma de quadrados entre o grupo, ou da soma dos quadrados dentro do grupo (na análise de variância) ou da soma dos quadrados de regressão ou da soma dos quadrados de erro (na análise de regressão) pelos graus de liberdade apropriados.

quartis Classificações percentis que dividem por 25 a escala de 100 unidades.

qui-quadrado Teste de significância não paramétrico por meio do qual frequências esperadas são comparadas com frequências observadas.

razão F O resultado de uma análise de variância, uma técnica estatística que indica o tamanho da média quadrática entre grupos em relação ao tamanho da média quadrática dentro de grupos.

razão t Técnica estatística que indica a direção e o grau em que uma diferença de média amostral dista de zero em uma escada de unidades de erro padrão.

região crítica (região de rejeição) Área na(s) extremidade(s) de uma distribuição amostral que impõe que a hipótese nula seja rejeitada.

regra da multiplicação A probabilidade de obter uma combinação de resultados independentes é igual ao produto de suas probabilidades em separado.

regra da soma A probabilidade de obter um dentre os vários resultados é igual à soma das suas probabilidades separadas.

regra do complemento A probabilidade de um evento não ocorrer é igual a 1 menos a probabilidade de que ele ocorrer.

regressão logística Procedimento estatístico usado para prever uma variável dependente dicotômica com base em um ou mais variáveis independentes.

regressão múltipla Um procedimento estatístico para prever uma variável dependente com base em várias variáveis independentes.

relação espúria Relação não casual entre duas variáveis que existe somente devido à influência comum de uma terceira variável. A relação espúria desaparece se a terceira variável for mantida constante.

resultados independentes Dois resultados ou eventos são independentes se a probabilidade de um deles ocorrer não se alterar caso o outro ocorra.

resultados mutuamente exclusivos Dois resultados ou eventos são mutuamente exclusivos se a ocorrência de um elimina a possibilidade de ocorrência do outro.

reta de regressão Reta traçada através do gráfico de dispersão que representa o melhor ajuste possível para fazer previsões para Y a partir de X.

soma de quadrados A soma de quadrados dos desvios em relação à média.

soma de quadrados dentro dos grupos A soma dos quadrados de desvios de cada escore bruto em relação à média amostral do grupo.

soma de quadrados entre grupos A soma dos quadrados dos desvios de cada média amostral a contar da média total.

soma de quadrados total A soma dos quadrados dos desvios de todo escore bruto da média total do estudo.

tabulação cruzada Tabela de frequência e porcentagem de duas ou mais variáveis tomadas juntas.

taxa Tipo de razão que indica uma comparação entre o número de casos efetivos e o número de casos potenciais.

tendência central O que é médio ou típico de um conjunto de dados; um valor geralmente localizado na direção do meio ou centro de uma distribuição.

termo de erro (termo da perturbação) A parcela residual de um escore que não pode ser previsto pela variável independente. Também a distância de um ponto da reta de regressão.

teste bilateral Teste usado quando a hipótese nula é rejeitada para grandes diferenças em ambas as direções.

teste da mediana Teste de significância não paramétrico para determinar a probabilidade de que duas amostras aleatórias tenham sido extraídas de populações com a mesma mediana.

teste não paramétrico Procedimento estatístico que faz pressuposições a respeito da maneira como a característica sendo estudada é distribuída na população e exige apenas dados ordinais ou nominais.

teste paramétrico Procedimento estatístico que exige que a característica estudada seja normalmente distribuída na população e que o pesquisador tenha dados intervalares.

teste unilateral Teste no qual a hipótese nula é rejeitada para grandes diferenças em apenas uma direção.

unidade de observação O elemento que está sendo estudado ou observado. Indivíduos são mais frequentemente a unidade de observação, mas às vezes conjuntos ou agregados, como famílias, conjuntos de censo ou estados são a unidade de observação.

unidade primária de amostragem (*cluster* ou conglomerado) Em uma amostragem de múltiplos estágios, uma área bem delineada que deve incluir características encontradas em toda a população.

***V* de Cramér** Alternativa para o coeficiente de contingência que mede o grau de associação para os dados nominais dispostos em uma tabela de tamanho superior a 2×2.

variabilidade A maneira na qual os escores estão dispersos em torno do centro da distribuição. Também conhecida como dispersão ou *spread*.

variância Média dos quadrados dos desvios em relação à média de uma distribuição. Medida de variabilidade em uma distribuição.

variável Qualquer característica que varia de um indivíduo para outro. As hipóteses, em geral, contêm uma variável independente (causa) e uma variável dependente (efeito).

Respostas dos problemas

Capítulo 1

1. d
2. e
3. b
4. c
5. b
6. (a) Análise de conteúdo, IV = gênero, DV = agressividade na descrição do Super Bowl; (b) Experimento, IV = tipo de esporte, DV = agressividade de jogo; (c) Observação participativa, IV = se o time ganha ou perde, DV = extensão das discussões e brigas; (d) Levantamento, IV = agressividade, DV = eventos esportivos preferidos.
7. (a) Nominal; (b) Intervalar; (c) Intervalar; (d) Ordinal; (e) Intervalar; (f) Nominal; (g) Ordinal; (h) Nominal; (i) Intervalar (presumindo intervalos iguais entre pontos na escala)
8. (a) Intervalar; (b) Intervalar; (c) Ordinal; (d) Nominal; (e) Nominal; (f) Ordinal; (g) Intervalar; (h) Ordinal.
9. (a) Análise secundária; (b) Levantamento; (c) Observação participativa; (d) Experimento.
10. b
11. a
12. (a) Ordinal; (b) Intervalar; (c) Intervalar (presumindo intervalos iguais entre pontos na escala); (d) Nominal.
13. d
14. e
15. (a) Nominal; (b) Intervalar; (c) Ordinal; (d) Intervalar; (e) Intervalar (presumindo intervalos iguais entre pontos na escala); (f) Nominal; (g) Ordinal.
16. c
17. (a) Levantamento; (b) Observação participativa; (c) Análise de conteúdo.

Capítulo 2

1. a
2. e
3. d
4. a
5. d
6. b
7. c
8. c
9. c
10. (a) 50,8%; (b) 26,6%; (c) $P = 0,51$; (d) $P = 0,27$
11. (a) 53,1%; (b) 73,9%; (c) $P = 0,53$; (d) $P = 0,74$
12. (a) 14,9%; (b) 6,6%; (c) P = 0,15; (d) P = 0,07; (e) O uso da mão esquerda é mais comum entre homens.
13. 156,25
14. 15/20 = 3/4
15. Há 85,71 nascidos vivos para cada 1.000 mulheres em idade fértil.
16. 66,67%
17. 15,63%
18. (a) 2; (b) 5,5–7,5, 3,5–5,5, 1,5–3,5, –0,5–1,5; (c) m: 6,5, 4,5, 2,5, 0,5; (d) %: 31,1, 37,8, 15,6, 15,6; (e) cf: 45, 31, 14, 7; (f) c%: 100, 69,0, 31,2, 15,6
19. (a) 5; (b) 34,5–39,5, 29,5–34,5, 24,5–29,5, 19,5–24,5, 14,5–19,5; (c) m: 37, 32, 27, 22,

17; (d) %: 13,5, 9,5, 29,7, 31,1, 16,2; (e) cf: 74, 64, 57, 35, 12; (f) c%: 100, 86,5, 77,0, 47,3, 16,2

20. (a) 59,38; (b) 14,58
21. (a) 84,82; (b) 29,64
22. (a) IV = classe social, DV = status do domicílio; (b) 77,5%, 22,5%, 100,0%, 42,7%, 57,3%, 100,0%, 22,0%, 78,0%, 100,0%, 50,0%, 50,0%, 100,0%; (c) 50,0%; (d) 50,0%; (e) 22,5%; (f) 42,7%; (g) Classe baixa; (h) Classe alta; (i) Quanto mais alta a classe social, maior a tendência de ser proprietário em vez de inquilino.
23. (a) IV = Idade do eleitor, DV = voto, (b) 33,8%, 31,3%, 63,0%, 30,6%, 38,8%, 28,8%, 43,8%, 18,5%, 27,8%, 31,2%, 37,5%, 25,0%, 18,5%, 41,7%, 30,0%, 100,0%, 100,0%, 100,0%, 100,0%, 100,0%; (c) 38,8%; (d) 28,8%; (e) 45–59; (f) 30–44; (g) 60+
24. (a) Porque nenhuma opinião é claramente o resultado da outra; (b) 35,0%, 16,1%, 51,1%, 38,9%, 10,0%, 48,9%, 73,9%, 26,1%, 100,0%; (c) 73,9%; (d) 51,1%; (e) 35,0%; (f) 10,0%; (g) 55,0% (h) Pessoas que são a favor da pena de morte têm mais chance de se opor à eutanásia, enquanto os que se opõem à pena de morte têm mais chance de serem a favor da eutanásia.
25. (a) 61,7%; (b) 54,9%; (c) $P = 0,62$; (d) $P = 0,55$
26. (a) Não, não há IV ou DV porque o gênero não causa a orientação sexual; (b) 81,3%, 89,9%, 85,8%, 13,1%, 7,6%, 10,2%, 5,6%, 2,5%, 4,0%, 100,0%, 100,0%, 100,0%; (c) 85,8%; (d) 4,0%; (e) 4,0%; (f) 38,7%; (g) Indivíduos de ambos os sexos tendem a ser heterossexuais.
27. (a) 6,8%, 10,5%, 3,1%, 0,9%, 21,3%, 32,1%, 23,3%, 19,3%, 4,0%, 78,7%, 38,9%, 33,8%, 22,4%, 4,8%, 100,0%; (b) 21,3%; (c) 78,7%; (d) 19,3%; (e) 6,8%; (f) Casado.
28. (a) Porque a opinião sobre o assunto não provoca a opinião sobre o outro; (b) 26,5%, 15,6%, 42,2%, 11,8%, 46,0%, 57,8%, 38,4%, 61,6%, 100,0%; (c) 42,2%; (d) 38,4%; (e) 26,5%; (f) 46,0%; (g) 27,5%; (h) Pessoas que são a favor da educação bilíngue tendem também a ser a favor da ação afirmativa, e pessoas que se opõem à educação bilíngue também tendem a se opor à ação afirmativa.
29. Desenhe um gráfico em setores.
30. Desenhe um gráfico de barras.
31. Desenhe um gráfico de barras e um polígono de frequência.
32. Desenhe um histograma e um gráfico em linha.
33. (a) Tamanho = 50; pontos médios: 775, 720, 670, 620, 570, 520, 470, 420, 370; limites superior e inferior: 745–805, 695–745, 645–695, 595–645, 545–595, 495–545, 445–495, 395–445, 345–395; cf: 38, 37, 35, 32, 27, 17, 9, 5, 2; %: 2,6, 5,3, 7,9, 13,2, 26,3, 21,1, 10,5, 7,9, 5,3; c%: 100, 97,5, 92,2, 84,3, 71,1, 44,8, 23,7, 13,2, 5,3; (b) Desenhe um histograma e um polígono de frequência; (c) Desenhe um polígono de frequência acumulada.
34. Use um mapa em branco para mostrar as taxas de desemprego.

Capítulo 3

1. a
2. a
3. c
4. b
5. c
6. b
7. a
8. c
9. (a) R; (b)R; (c) Porque a variável não é medida ao nível intervalar.
10. QI: média = 105,5; Gênero: moda = Sexo feminino; Etnia: moda = Branco; Idade: média = 31; Frequência de Aparecimento: Mediana = entre "às vezes" e "raramente".
11. Idade: média = 78,7; Estado de saúde: Mediana = Regular; Tipo de abuso: Moda = Abuso financeiro; Duração do abuso: Média = 5,4 meses.
12. (a) 10 libras; (b) 10 libras
13. (a) 2 vezes; (b) 2,55 vezes.
14. (a) 3 anos; (b) 4 anos; (c) 11 anos; (d) Mediana, devido à assimetria da distribuição.
15. (a) $12; (b) $14; (c) $14,57

16. (a) $12; (b) $15; (c) $15,75
17. (a)) 0 vez; (b) 2,5 vezes; (c) 2,5 vezes.
18. (a) Moda = 7; Mediana = 5; Média = 4,7.

    (b)

Residências	f
9	2
8	1
7	3
6	2
5	2
4	2
3	2
2	2
1	2
0	1

    Moda = 7; Mediana = 5; Média = 4,7.

19. Desvios da média = –7; –6; –8; –8; 29
    Esses desvios indicam que a distribuição é assimétrica.
20. $X = 18$; desvio = +3,43; recebeu $3,43 a mais por hora do que a média
    $X = 16$; desvio = +1,43; recebeu $1,43 a mais por hora do que a média
    $X = 20$; desvio = +5,43; recebeu $5,43 a mais por hora do que a média
    $X = 12$; desvio = –2,57; recebeu $2,57 a menos por hora do que a média
    $X = 14$; desvio = – 0,57; recebeu $0,57 a menos por hora do que a média
    $X = 12$; desvio = –2,57; recebeu $2,57 a menos por hora do que a média
    $X = 10$; desvio = –4,57; recebeu $4,57 a menos por hora do que a média
    Os desvios indicam uma distribuição relativamente simétrica.
21. (a) Moda = 2; Mediana = 2; Média = 2,2

    (b)

Crianças	f
6	1
5	1
4	2
3	3
2	6
1	4
0	3

    Moda = 2; Mediana = 2; Média = 2,2
22. $\overline{X}_w = 18,21$

23. (a) 4; (b) 4; (c) 4,23
24. Mediana = Média alta
25. (a) 4; (b) 4; (c) 3,7
26. (a) 7; (b) 4,5; (c) 4,25; presume intervalos iguais entre os pontos na escala.
27. (a) 6; (b) 6; (c) 6,26
28, (a) 8; 7,5; 6,8
    (b) 5; 5,5; 5,6
    (c) conhecimento
29. Média = 15,82; Mediana = 14,55; Nenhuma moda.
30. Moda = completou ensino médio; Mediana = completou ensino médio; não é possível calcular a média porque os dados são ordinais.

Capítulo 4

1. d
2. b
3. d
4. c
5. a
6. c
7. (a) Estudante A; (b) Estudante B.
8. (a) A = 5; B = 4; (b) A = 2,5; B = 1,00; (c) A = 1,89; B = 1,10. Classe A tem maior variabilidade de escores de atitude.
9. (a) 7; (b) 5; (c) $s^2 = 6,00$; $s = 2,45$
10. (a) 6; (b) 3,5; (c) $s^2 = 3,24$; $s = 1,80$
11. (a) 7; (b) 3; (c) $s^2 = 4,25$; $s = 2,06$
12. (a) 9; (b) 4; (c) $s^2 = 7,35$; $s = 2,71$
13. (a) 13; (b) 10; (c) $s^2 = 22,16$; $s = 4,71$
14. (a) 16; (b) 7,5; (c) $s^2 = 20,44$; $s = 4,52$
15. (a) 750; (b) 412,5; (c) $s^2 = 56931,25$; $s = 238,60$
16. (a) 3,6; (b) 1,2; (c) $s^2 = 0,78$; $s = 0,88$
17. variação = 7; desvio médio = 2,44; $s = 2,75$; $s^2 = 7,56$
18. $s = 2,08$; $s^2 = 4,34$
19. $s = 1,19$
20. $s^2 = 2,37$; $s = 1,54$

21. $s^2 = 3{,}89$; $s = 1{,}97$
22. $s^2 = 3{,}44$; $s = 1{,}86$

Capítulo 5

1. c
2. b
3. c
4. b
5. a
6. b
7. a
8. b
9. (a) 0,5; (b) 0,6; (c) 0,7; (d) 0,8
10. (a) 0,4; (b) 0,4; (c) 0,6; (d) 0,4
11. (a) 0,84; (b) 0,59
12. (a) 0,75; (b) 0,06
13. 0,03
14. (a) 0,50; (b) 0,20; (c) 0,10; (d) 0,40; (e) 0,40; (f) 0,10
15. (a) 0,11; (b) 0,11; (c) 0,89; (d) 0,01; (e) 0,04; (f) 0,0005
16. (a) 0,50; (b) 0,30; (c) 0,70; (d) 0,027
17. (a) 0,019; (b) 0,038; (c) 0,077; (d) 0,50; (e) 0,231; (f) 0,308; (g) 0,308
18. (a) 0,533; (b) 0,467; (c) 0,336; (d) 0,145; (e) 0,049; (f) 0,039
19. (a) 0,4; (b) 0,36
20. (a) 0,98; (b) 0,96; (c) 0,94; (d) 0,92
21. (a) 34,13%; (b) 68,26%; (c) 47,72%; (d) 95,44%
22. (a) 34,13%; (b) 68,26%; (c) 47,72%; (d) 95,44%; (e) 15,87%; (f) 2,28%
23. (a) 0; (b) –1; (c) 1,5; (d) 0,7; (e) 2,5; (f) –1,2
24. (a) 50%; (b) 15,87%; (c) 43,32%; (d) 24,20%; (e) 98,76%; (f) 88,49%
25. (a) 40,82%; (b) 0,4082; (c) 28,81%; (d) 0,2881; (e) 25,14%; (f) 0,2514; (g) 0,063; (h) 95,25% (percentil de 95%)
26. (a) 11,51%; (b) 0,1151; (c) 28,81%; (d) 0,2881; (e) 34,46%; (f) 0,3446; (g) 0,4238; (h) 0,25; (i) 0,075
27. (a) 0,1525; (b) 0,0228; (c) 0,00000027
28. (a) 52,22%; (b) 0,5222; (c) 48,38%; (d) 0,4838; (e) 0,21%; (f) 0,0021; (g) 0,00004 (primeiro percentil)
29. (a) 0,1056; (b) 0,000013; (c) Você pode concluir que a sua reivindicação é falsa, tendo em vista que a probabilidade de selecionarmos aleatoriamente cinco carros com um desempenho ruim ao acaso foi menor do que 0,05.
30. (a) 0,3849; (b) 0,1151

Capítulo 6

1. d
2. c
3. c
4. d
5. a
6. 1,8
7. (a) 9,47 – 16,53; (b) 8,36 – 17,64
8. (a) SE = 1,73; (b) 9,32 – 16,68; (c) 7,92 – 18,08
9. SE = 0,27
10. (a) 2,38 – 3,49; (b) 2,19 – 3,68
11. SE = 0,35
12. (a) 5,09 – 6,50; (b) 4,84 – 6,74
13. SE = 0,33
14. SE = 0,34
15. (a) 3,43 – 4,79; (b) 3,20 – 5,02
16. (a) 0,24; (b) 5,51 – 6,49; (c) 5,35 – 6,65
17. 16,17 – 17,43
18. 35,09 – 40,92
19. 2,65 – 3,35
20. 2,71 – 3,29
21. 2,57 – 3,03
22. (a) 1,23; (b) 39,47 – 44,53; (c) 38,57 – 45,43
23. (a) 0,03; (b) 0,29 – 0,43; (c) 0,27 – 0,45
24. (a) 0,02; (b) 0,63 – 0,73; (c) 0,62 – 0,74
25. (a) 0,01; (b) 0,42 – 0,48; (c) 0,41 – 0,49
26. (a) 0,04; (b) 0,53 – 0,70; (c) 0,50 – 0,73
27. Não, a pesquisadora não tem razão, tendo em vista que 0,50 cai dentro do intervalo de confiança de 95%.
28. (a) 0,04; (b) 0,27 – 0,44; (c) 0,24 – 0,46
29. (a) 0,07; (b) 0,56 – 0,82

Capítulo 7

1. b
2. d
3. a
4. a
5. b
6. a
7. c
8. b
9. c
10. a
11. d
12. 0,0668
13. $t = 2,5$, gl = 78, rejeitar a hipótese nula em 0,05
14. $t = -9,5$, gl = 91, rejeitar a hipótese nula em 0,05
15. $t = -0,93$, gl = 16, manter a hipótese nula em 0,05
16. $t = 2,43$, gl = 8, rejeitar a hipótese nula em 0,05
17. $t = -2,98$, gl = 8, rejeitar a hipótese nula em 0,05
18. $t = 1,90$, gl = 13, manter a hipótese nula em 0,05
19. $t = -1,52$, gl = 18, manter a hipótese nula em 0,05
20. $t = 3,11$, gl = 20, rejeitar a hipótese nula em 0,05
21. $t = 0,41$, gl = 15, manter a hipótese nula em 0,05
22. $t = 4,64$, gl = 21, rejeitar a hipótese nula em 0,05
23. $t = 4,76$, gl = 18. Áreas de alta anomia têm taxas de suicídio significativamente mais altas do que áreas de baixa anomia. Rejeitar a hipótese nula em 0,05.
24. $t = -2,85$, gl = 18. As escolhas de amizade dos estudantes em uma abordagem cooperativa diferem significativamente em relação a escolhas de amizade de estudantes em uma abordagem competitiva. Rejeitar a hipótese nula em 0,05.
25. $t = 2,05$, gl = 18. O novo curso não era significativamente diferente do curso habitual. Manter a hipótese nula em 0,05.
26. $t = -0,30$, gl = 19, manter a hipótese nula em 0,05.
27. $t = 5,22$, gl = 25, rejeitar a hipótese nula em 0,05.
28. $t = 5,12$, gl = 11, rejeitar a hipótese nula em 0,05.
29. $t = 9,55$, gl = 5, rejeitar a hipótese nula em 0,05.
30. $t = 3,12$, gl = 7. O filme resultou em uma redução significativa das atitudes racistas. Rejeitar a hipótese nula em 0,05.
31. $t = 4,02$, gl = 9. A agressão difere significativamente como resultado da participação no programa de resolução de conflitos. Rejeitar a hipótese nula em 0,05.
32. $t = 3,43$, gl = 9. A palestra antidrogas faz uma diferença significativa nas atitudes dos estudantes. Rejeitar a hipótese nula em 0,05.
33. $t = -6,00$, gl = 4, rejeitar a hipótese nula em 0,05.
34. $t = -3,75$, gl = 9, rejeitar a hipótese nula em 0,05.
35. $z = 3,88$, rejeitar a hipótese nula em 0,05.
36. $z = -0,60$, manter a hipótese nula em 0,05.
37. $z = -0,55$, manter a hipótese nula em 0,05.

Capítulo 8

1. a
2. a
3. b
4. c
5. d
6. $F = 2,72$, gl = 3, 12, manter a hipótese nula em 0,05.
7. $F = 46,33$, gl = 2, 9, rejeitar a hipótese nula em 0,05.
8. DHS = 1,71, todas as diferenças médias são significativas.
9. $F = 6,99$, gl = 2, 12, rejeitar a hipótese nula em 0,05.
10. DHS = 3,59, diferença significativa entre organização com cobertura de saúde (1) e nenhum (3).
11. $F = 13,14$, gl = 2, 21, rejeitar a hipótese nula em 0,05.
12. DHS = 1,85, diferença significativa entre roqueiros (2) e esportistas (3), e entre fanáticos por tecnologia digital (1) e esportistas (3).
13. $F = 2,82$, gl = 2, 27, manter a hipótese nula em 0,05.
14. $F = 11,41$, gl = 2, 12, rejeitar a hipótese nula em 0,05.
15. DHS = 2,54, diferenças significativas entre drogas (2) e grupos de controle (3), e entre o álcool (1) e grupos de controle (3).

16. $F = 19{,}73$, gl = 2, 12, rejeitar a hipótese nula em 0,05.
17. $F = 122{,}85$, gl = 2, 12, rejeitar a hipótese nula em 0,05.
18. DHS = 13,43, diferença significativa entre tratamento C (3) e tratamentos A (1) e B (2).
19. $F = 0{,}75$, gl = 3, 16, manter a hipótese nula em 0,05.
20. $F = 33{,}87$, gl = 2, 15, rejeitar a hipótese nula em 0,05.
21. DHS = 1,36, diferença significativa entre todos os grupos.
22. $F = 16{,}76$, gl = 2, 18 rejeitar a hipótese nula em 0,05.
23. DHS = 1,84, diferença significativa entre trabalhadores (1) e administradores (2), e entre trabalhadores (1) e proprietários (3).
24. $F = 1{,}38$, gl = 2, 18, manter a hipótese nula em 0,05.
25. $F = 4{,}60$, gl = 2, 12, rejeitar a hipótese nula em 0,05.
26. DHS = 4,14, diferença significativa entre formandos no ensino médio (2) e formandos na universidade (3).
27. $F = 3{,}17$, gl = 3, 16, manter a hipótese nula em 0,05.
28. $F = 24{,}98$, gl = 2, 12, rejeitar a hipótese nula em 0,05.
29. DHS = 2,02, diferença significativa entre todos os grupos.
30. Efeito do gênero do professor: $F = 44{,}13$, significativo
    Efeito do gênero do estudante: $F = 3{,}72$, não significativo
    Efeito de interação: $F = 10{,}33$, significativo
31. (a) Médias do grupo: 13,8, 8,8, 10,4, 12,6, 9,2, 10,0
    (b) Efeito do gênero: $= F = 0{,}75$, não significativo
    Efeito de grau: $F = 14{,}62$, significativo
    Efeito de interação: $F = 0{,}50$, não significativo

Capítulo 9

1. c
2. a
3. c
4. b
5. a
6. d
7. $\chi^2 = 8{,}81$, gl = 3, rejeitar a hipótese nula em 0,05.
8. $\chi^2 = 3{,}90$, gl = 2, manter a hipótese nula em 0,05.
9. $\chi^2 = 4{,}94$, gl = 2, manter a hipótese nula em 0,05.
10. $\chi^2 = 62{,}34$, gl = 1, rejeitar a hipótese nula em 0,05.
11. $\chi^2 = 12{,}46$, gl = 1, rejeitar a hipótese nula em 0,05.
12. $\chi^2 = 12{,}49$, gl = 1, rejeitar a hipótese nula em 0,05.
13. $\chi^2 = 0{,}052$, gl = 1, manter a hipótese nula em 0,05.
14. $\chi^2 = 16{,}55$, gl = 1, rejeitar a hipótese nula em 0,05.
15. $\chi^2 = 2{,}18$, gl = 1, manter a hipótese nula em 0,05.
16. $\chi^2 = 0{,}09$, gl = 1, manter a hipótese nula em 0,05.
17. $\chi^2 = 0{,}78$, gl = 2, manter a hipótese nula em 0,05.
18. $\chi^2 = 3{,}29$, gl = 3, manter a hipótese nula em 0,05.
19. $\chi^2 = 13{,}19$, gl = 1, rejeitar a hipótese nula em 0,05.
20. $\chi^2 = 20{,}92$, gl = 3, rejeitar a hipótese nula em 0,05.
21. $\chi^2 = 1{,}69$, gl = 2, manter a hipótese nula em 0,05
22. $\chi^2 = 17{,}74$, gl = 3, rejeitar a hipótese nula em 0,05.
23. $\chi^2 = 6{,}27$, gl = 2, rejeitar a hipótese nula em 0,05
24. $\chi^2 = 10{,}96$, gl = 4, rejeitar a hipótese nula em 0,05.
25. Tabela 9.5: $\chi^2 = 18{,}31$, gl = 3, rejeitar a hipótese nula em 0,05; Tabela 9.6: $\chi^2 = 11{,}91$, gl = 2, rejeitar a hipótese nula em 0,05. O valor χ^2 diminui quando as categorias são colapsadas.
26. Mediana = 5, $\chi^2 = 2{,}07$ (com Yates), gl = 1, manter a hipótese nula em 0,05.
27. Mediana = 6, $\chi^2 = 19{,}57$ (com Yates), gl = 1, rejeitar a hipótese nula em 0,05.
28. Mediana = 3, $\chi^2 = 4{,}29$ (com Yates), gl = 1, rejeitar a hipótese nula em 0,05.

Capítulo 10

1. b
2. a
3. c
4. c
5. b
6. a
7. $r = 0{,}86$, gl = 4, significativo em 0,05.
8. $r = 0{,}84$, gl = 8, significativo em 0,05.
9. $r = 0{,}62$, gl = 8, não significativo em 0,05.
10. $r = -0{,}69$, gl = 10, significativo em 0,05.
11. $r = 0{,}68$, gl = 5, não significativo em 0,05.
12. $r = -0{,}08$, gl = 4, não significativo em 0,05.
13. $r = 0{,}97$, gl = 6, significativo em 0,05.
14. $r = 0{,}98$, gl = 5, significativo em 0,05.
15. $r = 0{,}98$, gl = 6, significativo em 0,05.
16. $r = 0{,}68$, gl = 6, não significativo em 0,05.
17. $r = 0{,}69$, gl = 8, rejeitar a hipótese nula em 0,05.
18. $r = 0{,}61$, gl = 6, não significativo em 0,05 (não pode ser generalizado)
19. $r = -0{,}73$, gl = 8, significativo em 0,05.
20. $r_{xy} = -0{,}69$, $r_{xz} = 0{,}85$, $r_{yz} = -0{,}61$, $r_{xyz} = -0{,}42$
21. $r_{xy} = 0{,}68$, $r_{xz} = 0{,}47$, $r_{yz} = 0{,}87$, $r_{xyz} = 0{,}63$
22. (a) r_{xy} e r_{yz} são significativos ao nível 0,05; (b) $r_{xyz} = 0{,}58$; a correlação simples r_{yz} apenas olha para a correlação entre x e y sem considerar outras variáveis; a correlação parcial r_{xyz} olha para a correlação entre x e y enquanto controla a influência da terceira variável, z.

Capítulo 11

1. b
2. d
3. c
4. b
5. b
6. (a) Desenhe um gráfico de dispersão; (b) $b = -0{,}41$, $a = 7{,}58$; (c) Desenhe a reta de regressão: $\hat{Y} = 7{,}58 - 0{,}41X$; (d) $\hat{Y} = 3{,}07$; (e) $r^2 = 0{,}75$, $1 - r^2 = 0{,}25$;

(f)

Fonte	SQ	gl	MQ	F
Regressão	17,78	1	17,78	24,43 sig
Erro	5,82	8	0,73	
Total	23,60	9		

7. (a) Desenhe um gráfico de dispersão; (b) $b = 0{,}98$, $a = 3{,}91$; (c) Desenhe a reta de regressão: $\hat{Y} = 3{,}91 + 0{,}98X$; (d) $\hat{Y} = 3{,}91$, $\hat{Y} = 5{,}87$; (e) $r^2 = 0{,}35$, $1 - r^2 = 0{,}65$

(f)

Fonte	SQ	gl	MQ	F
Regressão	11,01	1	11,01	3,16 não sig
Erro	20,87	6	3,48	
Total	31,88	7		

8. (a) Desenhe um gráfico de dispersão; (b) $b = 1{,}03$, $a = 1{,}91$; (c) Desenhe a reta de regressão: $\hat{Y} = 1{,}91 + 1{,}03X$; (d) $\hat{Y} = 8{,}09$; (e) $r^2 = 0{,}41$, $1 - r^2 = 0{,}59$

(f)

Fonte	SQ	gl	MQ	F
Regressão	34,03	1	34,03	5,45 sig
Erro	49,97	8	6,25	
Total	84,00	9		

9. (a) Desenhe um gráfico de dispersão; (b) $b = 0{,}46$, $a = 12{,}66$; (c) Desenhe a reta de regressão: $\hat{Y} = 12{,}66 + 0{,}46X$; (d) $\hat{Y} = \$14{,}50$; (e) $r^2 = 0{,}40$, $1 - r^2 = 0{,}60$

(f)

Fonte	SQ	gl	MQ	F
Regressão	6,73	1	6,73	5,30 não sig
Erro	10,17	8	1,27	
Total	16,90	9		

(g) O salário inicial típico é $ 12,66, e o aumento típico de salário a cada ano é de $ 0,46.

10. (a) Desenhe um gráfico de dispersão; (b) $b = 0{,}48$, $a = 0{,}84$; (c) Desenhe a reta de regressão: $\hat{Y} = 0{,}84 + 0{,}48X$; (d) $\hat{Y} = 2{,}28$; (e) $r^2 = 0{,}59$, $1 - r^2 = 0{,}41$

(f)

Fonte	SQ	gl	MQ	F
Regressão	13,52	1	13,52	17,37 sig
Erro	9,34	12	0,78	
Total	22,86	13		

11. (a) Desenhe um gráfico de dispersão; (b) $b = 0,59$, $a = 1,30$; (c) Desenhe a reta de regressão: $\hat{Y} = 1,30 + 0,59X$; (d) $\hat{Y} = 5,73$; (e) $r^2 = 0,93$, $1 - r^2 = 0,07$
(f)

Fonte	SQ	gl	MQ	F
Regressão	55,81	1	55,81	93,20 sig
Erro	4,19	7	0,60	
Total	60,00	8		

12. (a) Desenhe um gráfico de dispersão; (b) $b = 0,84$, $a = 0,67$; (c) Desenhe a reta de regressão: $\hat{Y} = 0,67 + 0,84X$; (d) $\hat{Y} = 3,19$; (e) $r^2 = 0,84$, $1 - r^2 = 0,16$
(f)

Fonte	SQ	gl	MQ	F
Regressão	42,02	1	42,02	31,58 sig
Erro	7,98	6	1,33	
Total	50,00	7		

13. (a) Desenhe um gráfico de dispersão; (b) $b = -0,67$, $a = 8,62$; (c) Desenhe a reta de regressão: $\hat{Y} = 8,62 - 0,67X$; (d) $\hat{Y} = 6,61$; (e) $r^2 = 0,83$, $1 - r^2 = 0,17$
(f)

Fonte	SQ	gl	MQ	F
Regressão	26,22	1	26,22	25,18 sig
Erro	5,21	5	1,04	
Total	31,43	6		

14. (a) Desenhe um gráfico de dispersão; (b) $b = -1,50$, $a = 22,08$; (c) Desenhe a reta de regressão: $\hat{Y} = 22,08 - 1,50X$; (d) $\hat{Y} = 9,33$; (e) $r^2 = 0,78$, $1 - r^2 = 0,22$

(f)

Fonte	SQ	gl	MQ	F
Regressão	94,50	1	94,50	24,06 sig
Erro	27,50	7	3,93	
Total	122,00	8		

15. (a) Desenhe um gráfico de dispersão; (b) $b = -1,32$, $a = 39,58$; (c) Desenhe a reta de regressão: $\hat{Y} = 39,58 - 1,32X$; (d) $\hat{Y} = 29,02$; (e) $r^2 = 0,06$, $1 - r^2 = 0,94$
(f)

Fonte	SQ	gl	MQ	F
Regressão	72,65	1	72,65	0,32 não sig
Erro	1130,21	5	226,04	
Total	1202,86	6		

16. (a) Desenhe um gráfico de dispersão; (b) $b = 0,79$, $a = 0,29$; (c) Desenhe a reta de regressão: $\hat{Y} = 0,29 + 0,79X$; (d) $\hat{Y} = 2,66$; (e) $r^2 = 0,60$, $1 - r^2 = 0,40$
(f)

Fonte	SQ	gl	MQ	F
Regressão	2,37	1	2,37	14,84 sig
Erro	1,59	10	0,16	
Total	3,96	11		

17. $R^2 = 0,86$
18. $r_{xy}^2 = 0,36$, $r_{zy}^2 = 0,09$, $R^2 = 0,39$
19. (a) TOPFRESH explica 37,6%; SMALLCLS explica 29,6%
(b) TOPFRESH e SMALLCLS juntos explicam 48,1%
(c) TOPFRESH e SMALLCLS sobrepõem-se em sua variância explicada.
20. (a)

Fonte	SQ	gl	MQ	F
Regressão	127.510	2	63755,00	40,72
Erro	82.990	53	1565,85	
Total	210.500			

(b) $N = 56$
(c) 60,6%

21. (a) O nível de dor de reta-base quando ambas as variáveis são zero é $b_o = 1,321$.
(b) Para cada ano de idade, o nível de dor esperada aumenta em $b_1 = 0,065$, mantendo o gênero constante. O nível esperado de dor para indivíduos do sexo masculino é $b_2 = 0,857$ mais alto do que para indivíduos do sexo feminino, mantendo a idade constante.
(c) Nem a idade nem o gênero têm um efeito significativo sobre o nível de dor.

22. (a) Chance:
    Democrata   0,70
    Republicano   0,29
    Independente   0,40
    (b) Índice de chances:
    Dem *vs.* Rep   2,41
    Dem *vs.* Ind   1,76
    Rep *vs.* Ind   0,73

23. (a) Porque a variável dependente é uma dicotomia (2 categorias)
    (b) 1,056 0,98 1,201

Capítulo 12

1. c
2. c
3. c
4. $r_s = 0,58$, $N = 5$, não significativo em 0,05.
5. $r_s = 0,84$, $N = 10$, significativo em 0,05.
6. $r_s = 0,83$, $N = 8$, significativo em 0,05.
7. $r_s = -0,07$, $N = 10$, significativo em 0,05.
8. $r_s = 0,80$, $N = 9$, significativo em 0,05.
9. $r_s = 0,65$, $N = 12$, significativo em 0,05.
10. $r_s = 0,89$, $N = 10$, significativo em 0,05.
11. $r_s = 0,33$, $N = 12$; não é necessário testar a significância
12. $G = 0,35$, $z = 1,92$, não significativo em 0,05
13. $G = -0,30$, $z = -2,13$, significativo em 0,05
14. $G = -0,39$, $z = -1,93$, não significativo em 0,05.
15. $\chi^2 = 17,14$, $\phi = 0,54$
16. $\chi^2 = 16,78$, $C = 0,52$
17. $\chi^2 = 8,42$, $C = 0,35$
18. $\chi^2 = 23,53$, $V = 0,38$, significativo em 0,05.
19. $\chi^2 = 2,08$, $V = 0,17$, não significativo em 0,05.
20. $\chi^2 = 0,84$, $V = 0,10$, não significativo em 0,05.
21. $\chi^2 = 75,05$, $V = 0,62$, significativo em 0,05.
22. $\chi^2 = 14,12$, $V = 0,45$, significativo em 0,05.

Índice remissivo

A

Agregados, 2
Ajuste para variâncias desiguais, 208–9
Akins, Scott, 5
Amostra aleatória, 24, 27
Amostra aleatória simples, 157–159, 181
Amostragem por conglomerado, 159, 181
Amostragem por cotas, 155–56, 159
Amostra por julgamento, 156
Amostragem em múltiplos estágios, 159, 181
Amostra estratificada, 158–59, 181
Amostragem sistemática, 157, 159, 181
Amostragem acidental, 155
Amostragem aleatória, 156–59, 181, 219, 223, 311
  distribuição de frequência, 162, 175
  simples, 157, 181
Amostragem
  acidental, 155
  aleatórias, 156–59, 181, 219, 223, 311
  conceito de, 20n
  de médias, 161, 181
  distribuição de diferenças entre médias, 198–99, 203
  distribuição de diferenças médias, pares de amostra aleatórios, 203
  distribuição amostral de médias como uma curva normal, 165–67
  distribuição de médias, 161, 181
  características de, 162–65
  distribuição amostral de médias observada, 163
  erro amostral, 20n, 159, 181
  métodos, 155–59
Amostras dependentes, comparando, 209–13
Amostras não aleatórias, 155–56
Amostras, 154–86
  distribuição de amostragem de médias, 161, 181
  características de, 162–65
  como curva normal, 165–67
  distribuição t, 171–79
  em múltiplos estágios, 159, 181
  erro padrão da média, 167–68
  estratificada, 158–59, 181
  métodos de amostragem, 155–56
  amostras aleatórias, 155–59, 181
  amostras não aleatórias, 156
  não aleatório, 155, 158, 181
  por conglomerado, 159, 181
  sistemática, 157, 159, 181
Análise de conteúdo, 3, 5–6, 23–25
Análise de regressão, 325–360
  análise de variância, 337–38
  correlação de Pearson, 328
  erros de predição, 333–36
  interpretação da reta de regressão, 331–33
  modelo de regressão, 326–31
  exigências para regressão,
  regressão logística, 347–53
  regressão múltipla, 338–44
    interação entre termos, 347
    variáveis *dummy*, 344–47
  variância, 337–38, 353
Análise de variância com dois fatores, 249–53
  divisão da soma total de quadrados, 253–59
Análise de variância, 233–66, 273, 282, 288, 337–38
  comparação múltipla de médias, 247–49
  dois fatores, 249–53
    divisão da soma total dos quadrados, 253–59
  DHS para, 248
  ilustração de uma pesquisa, 236–39
    cálculo de somas de quadrados, 239–41
  razão F, 255, 260
    exigência para o uso da razão F, 260
  lógica de, 250
  quadrado médio, 241–42
  regressão e, 336–37
  soma de quadrados, 235–36, 260
Análise secundária, 3, 7, 23
Análise, regressão, 325–360
Aplicação da estatística, 387
Apresentações gráficas, 57–67
  gráficos em barras, 58–62
  gráficos em linha, 66–68
  gráficos em setores, 57, 68–69

histogramas, 58–62
mapas, 68
polígonos de frequência, 62–65
  forma de uma distribuição de frequência, 63
Área sob a curva normal, 134–36, 140, 144–45, 148
Arredondamento, 22–23

B

Becker, Howard S., 7n
BJS. *Ver* Bureau of Justice Statistics (Agência de Estatística da Justiça)
BLS. *Ver* Bureau of Labor Statistics (Agência de Estatística do Trabalho)
Blox-plot, 110
BTS. *Ver* Bureau of Transportation Statistics (Agência de Estatística do Transporte)
Bureau of Census (Agência de Censo), 8
Bureau of Justice Statistics (Agência de Estatística da Justiça), 8
Bureau of Labor Statistics (Agência de Estatística do Trabalho), 8
Bureau of Transportation Statistics (Agência de Estatística do Transporte), 8

C

Cálculo da média, 80, 82
Cálculo de probabilidade sob a curva normal, 143–46
Cálculo de escores de probabilidade baseados na curva normal, 146–48
Cálculo de frequências esperadas, 269–77
Cantor, Joanne, 3
Característica de pico, 63
  variações de distribuições simétricas, 63
Características da amostragem distribuição de médias, 162–65
Características da curva normal, 132–33
Características normalmente distribuídas, 311

Classificação, percentil, 44, 69
Coeficiente de contingência, 411–14
  alternativa para, 408–10
  exigências para o uso, 376
  testando o significado, 376
Coeficiente de correlação de postos de Spearman,
  correlação de postos, 366–68
  exigências para usar, 366
  testando a significância, 365–66
Coeficiente de correlação de Pearson, 304–11, 319
  exigências para o uso do coeficiente de correlação r de Pearson, 311
  fórmula de cálculo para o r de Pearson, 307–08
  método simplificado para testar a significância de r, 309
  regressão, 325
  testando a significância do r de Pearson, 308–09
Coeficiente de correlação parcial, 316, 318–19
Coeficiente de correlação, 303–304
  de Pearson, 304–11, 319
  exigências para o uso do coeficiente de correlação r de Pearson, 311
  fórmula de cálculo para o r de Pearson, 307–08
  testando o significado do r de Pearson, 308–09
  exigências para o uso da ordem de classificação,
  exigências para o uso do r de Pearson, 311
  para dados nominais dispostos em uma tabela 2 x 2, 372
  para dados nominais em tabelas de tamanho superior a 2 x 2, 374
  parcial, 316, 318–19
  postos de Spearman, 362–63
  testando o significado da ordem de classificação
Coeficiente de determinação, 336

múltiplo, 343
Coeficiente de não determinação, 336
Coeficiente de regressão, 326
Coeficiente fi, 373
  exigências para o uso, 374
  testando a significância de, 374
Coeficiente múltiplo de determinação, 343
Coeficiente
  contingência, 411–14
  correlação, 303–04
    de Pearson, 304–11, 319
    fi, 373
    ordem de postos, de Spearman, 362–63
    parcial, 316, 318–19
    regressão, 325
Comparação entre duas médias, 219
Comparação entre duas/mais medianas, 288
Comparação entre três/mais médias independentes, 259
Comparação múltipla de médias, 247
Comparação de amostras dependentes, 209–13
Comparando distribuições, 33–34
Comparando medidas de variabilidade, 109–10
Comparando moda, mediana e média, 86–89
Confiança, nível de, 170, 181
Controlando para a terceira variável, 315
Correção de Yates, 284–85
Correlação curvilínea, 303
  versus linear, 319
Correlação de postos, 366–68
Correlação negativa, 302
Correlação positiva, 302
Correlação, 299–324
  correlação parcial, 313–159
  curvilínea, 303
    versus linear, 319
  direção da correlação, 302
  força da correlação, 301
  gráficos de dispersão, 301
Corrigindo para pequenas frequências esperadas, 282–285

Curtose, 63
    variações de distribuições simétricas, 63
Curva logística, 349
    Curva normal, 65, 121–153
        área sob a, 134–36, 140, 144–45, 148
        características da, 132–33
        curva normal como uma distribuição de probabilidade, 132
        desvio padrão de, média e, 130–32
        distribuição de frequência, diferença, cálculo da probabilidade sob, 143–46
        esclarecendo o desvio padrão, 137–38
        escores padrão e, 140–41
        modelo, 133–34
        probabilidade e, 121–53
            área sob a curva normal, 134–36, 140, 144–45, 148
        regras da probabilidade, 123–25

D

Dados
    intervalares, 15
    nominais, 12
    ordinais, 13
Dados de arquivo, 7
Dados intervalares, 15, 259, 307
    classe, 39, 69
    confiança, 168, 181
    99%, 171,181
    distribuição de frequência agrupada, 39, 42, 46, 69
        diretrizes para a construção de intervalos de classe, 41
        limites de classe, 40–47
        ponto central de intervalo, 41
    distribuições de frequência simples, 37
    níveis de relação de mensuração, 14–15
    ponto central, 41
Dados decimais, 46–47
Dados nominais, 11–12, 285, 288

coeficiente fi
    exigências para o uso, 374
    testando a significância de, 374
contingência do coeficiente, testando a significância, 376
distribuição de frequência, 33
    em tabela 2 x 2, correlação coeficiente para, 372
    em tabelas de tamanho superior a 2 x 2, coeficientes de correlação para, 374–76
    coeficiente de contingência alternativa para, 376
    exigências para utilizar, 376
Dados ordinais, 13, 37, 368, 372
    distribuições de frequência simples, 37
    tratando como variável de intervalo, 13, 17
Decils, 45
Definição de estatística, 18
Descrição, 18, 20
Desvio padrão de, distribuição de probabilidade, média e, 130–31
Desvio padrão, 102, 106, 109, 112
    esclarecendo, 137–38
    significado de, 106–09
Desvios, 80–81, 94
    calculando o quadrado de, 101
    padrão, 102, 106, 109, 112
Determinação, coeficiente de, 336
    múltiplo, 343
DHS de Tukey, 247, 260
Diferença entre distribuição de probabilidade, distribuição de frequência, 129–30
Diferença entre médias, erro padrão da, 203
Diferença entre P e α, 202–03
Diferença estatisticamente significativa, 198, 222
    diferença estatisticamente insignificante, distinta, 22
Diferenças entre médias, teste, 204, 213–15

amostras dependentes, comparando, 209–10
distribuição de diferenças entre médias, amostragem, 198
erro padrão da diferença entre médias, 203
exigências, 219–21
hipótese de pesquisa, 191–92
hipótese nula, 190–91
níveis de significância, 199–200
    P, α, distintos, 203
teste de hipóteses com a distribuição de diferenças entre médias, 189–96
teste de proporções para duas amostras, 213–15
testes de uma extremidade, 216–19
variâncias desiguais, ajuste para, 208–09
Direção da correlação, 302
Dispersão, 98
Distribuição bimodal, 91
Distribuição amostral das diferenças entre médias, 192–95
Distribuição amostral de médias, 165–67
    características de, 161, 181
    como curva normal, 165–67
Distribuição de frequência agrupada, 20, 38–39, 42, 49, 64
    limites de classe associados com, 47–49
    média, desvio padrão da, 109–19
    notas para estudantes, 39
    obtenção da média e do desvio padrão de, 112–13
Distribuição de frequência acumulada, 42
Distribuição de frequência simples, variância, desvio padrão de, 103–06
Distribuição de frequência, 33, 38–39, 46–47, 52–53, 59, 63, 66
    agrupada, 18, 39, 42, 46–47, 63
    obtenção da média e desvio padrão de, 111–12
    acumulada, 42

Índice remissivo **453**

dados intervalares
  agrupados, 58
  de amostras aleatórias, 156
  de dados nominais, 33
  de escores brutos, 162
  distribuição de probabilidade
  diferença entre, 129–30
  forma de, 63–64
  limites de classe associados
    com agrupada, 47–49
  obtenção, moda, mediana e
    média de simples, 82–86
  simples
    de dados ordinais e
      intervalares, 37
    obtenção da variância e
      do desvio padrão de,
      103–06
    variância e desvio padrão,
      101–02
  taxas de desemprego em
    estado, 46, 47
Distribuição de porcentagem
  acumulada, 43
Distribuição de probabilidade,
  126–34, 143, 148
  curva normal, 121
  distribuição de amostragem
    de diferenças entre médias
    como, 194
  distribuição amostral de
    médias como, 165
  distribuição de frequência,
    direfença, 129–30
Distribuição assimétrica,
  medidas de tendência central
  em, 87
Distribuição leptocúrtica, 64
Distribuição marginal,
  tabulação cruzada em dois
  sentidos, 53
Distribuição mesocúrtica, 64
Distribuição negativamente
  assimétrica, 65, 69
Distribuição normal, 219, 259
Distribuição percentual, 43, 59
  acumulada, 43
Distribuição platicúrtica, 64
Distribuição positivamente
  assimétrica, 65, 69
Distribuição t, 171–178, 181,
  202, 217
Distribuição unimodal, 78, 87, 92

Distribuição
  amostragem
    de diferenças entre médias,
      194
    de médias, 161, 181
  bimodal, 89–90, 92
  comparando, 33–34
  de diferenças entre médias
    amostral, 193–98
    testes de hipóteses com,
      195–98
  de médias, amostral,
    161–165, 168
    características de, 162–65
    como curva normal, 162,
      165–67
  frequência agrupada, 18,
    38–39, 42, 69
  frequência, 33, 37, 62, 69
    limites de classe
      associados com
      (frequência) agrupada,
      47–49
    dados (de intervalo)
      agrupados, 58
    de dados nominais, 33
  obtenção de moda, mediana e
    média de (dados nominais)
    simples, 83
    de amostras aleatórias, 156
    de escores brutos, 162
    forma de, 63–64
  agrupada, 18, 38–39, 42, 69
    obtenção da média e
      do desvio padrão de,
      112–13
    simples
      de dados ordinais e
        intervalares, 37
      obtenção da variância
        e desvio padrão de,
        103–06
      variância e desvio
        padrão de, 101–02
    taxas de desemprego em
      estados, 46, 47
  inclinada negativamente, 65
  inclinada positivamente, 65
  leptocúrtica, 64
  mesocúrtica, 64
  platicúrtica, 64
  porcentagem, 34–35, 40, 43,
    56, 67, 69

  acumulada, 43
  probabilidade, 125–32, 143,
    146, 148, 195
    jogando moedas, 126
  t, 171–81
  unimodal, 78, 87, 92
  visualizando, 110–11
Divisão da soma total de
  quadrados, 253–59

E

Efeito de interação, 249, 260
Eixo vertical
Elevando desvios ao quadrado,
  101
Erbing, Lutz, 4
Erro amostral, 20n, 159, 181
Erro tipo I, 200, 222
Erro tipo II, 200, 222
Erro padrão da diferença entre
  médias, 203, 222
Erro padrão da média, 167–68,
  203
Erro padrão da proporção,
  179, 181
Erro
  amostral, 20n, 159, 181
  margem de, 171, 231
  média quadrática, 241
  redução proporcional em,
    335
  tipo I, 200, 222
  tipo II, 200, 222
Erros de predição, 333–35
Esclarecendo o desvio padrão,
  137–38
Escore z (escore padrão), 140,
  148
Escores brutos, 162, 165, 196
  distribuição de frequência,
    162
Escores padrão, 140–42
Estágios da pesquisa social, 10
Estimativa, 169, 172
Estimativa de proporções,
  179–80
Exigências para o uso do
  coeficiente de contingência, 376
Exigências para o uso do
  coeficiente de correlação de
  postos, 366
Exigências para o uso do
  coeficiente de correlação do r
  Pearson, 311

Exigências para o uso do coeficiente fi, 374
Exigências para o uso do gama, 372
Exigências para o uso da razão F, 259
Exigências para o uso do qui-quadrado, 285–87
Exigências para o uso do teste da mediana, 288
Exigências para regressão, 331
Exigências para testar a diferença entre médias, 219–21
Experimento, 3

F

FEDSTATS, 8
Fenwick, Melissa, 6
Força de correlação, 301
Forma de uma distribuição, 64–65, 103, 112
Fórmulas de escore bruto, para variância e desvio padrão, 102–03
Fórmulas e técnicas estatísticas, 33
Fox, James A., 5, 9, 51
Frequência acumulada, 42, 63
Frequências esperadas pequenas, teste qui-quadrado de dois critérios, corrigindo para 282–84, 288
Frequências esperadas, 269, 289
Frequências observadas, 269, 289
Frequências
  acumulada, 42, 63
    polígono, 62, 69
  esperada,
  observada,
Funções da estatística, 18–22
  arredondando, 22–23
  descrição, 18, 20
  tomada de decisões, 20–22
Fundamento lógico para testar hipóteses, 9–10

G

Gama de Goodman e Kruskal, 368–71
  exigências para o uso, 372

testando a significância do gama, 371–72
Geer, Blanche, 7n
Gráfico
  em setores, 57, 68–69
  dispersão, 311
  linha, 66–68, 69
  quadro, 110–11
Gráfico de dispersão, 311–13
Gráficos em barras, 58–62, 69
Gráficos em linha, 66–68, 69
Gráficos em setores, 57, 68–69
Graus de liberdade, 175, 180
Grupo de controle, 3
Grupo experimental, 3

H

Harrison, Kristen, 3
Heterogeneidade, 137
Hipótese de pesquisa, 191, 198–200, 216–17, 222, 235–36, 242–43, 269–71, 273, 280
Hipótese nula, 190–93, 196, 198–203, 207, 209, 216–17, 219, 221–22, 233, 235–36, 24245, 249, 260, 268–77
Hipótese nula: nenhuma diferença entre as médias, 190–93
Hipótese, 2–3, 9, 20, 23, 191
  nula, 190–93, 196, 198–203, 207, 209, 216–17, 219, 221–22, 233, 235–36, 24245, 249, 260, 268–77
  pesquisa, 191, 198–200, 216–217, 219, 222
Histogramas, 58–62, 69

I

Inclinação, 65
Inferências, amostra para população, 20
Intercepto Y, regressão,
Interpretando a linha de regressão,
Intervalo de confiança, 168–71, 181
  95%, 170
  99%, 171
Intervalos de classe flexíveis, 49–50
Intervalos de classe, 41, 69

construindo, 41
flexíveis, 49, 50

K

Kalven, Harry, Jr., 126
Krcmar, Marina, 3

L

Levantamento, 4, 6, 23
Levin, Jack, 5, 9
Limite inferior, intervalo de classe, 40
Limite superior, intervalo de classe, 40
Limites de classe, 40–41, 47–48
  com distribuição de frequência agrupada, 46–47, 49
  estabelecendo, 47
Lógica da análise de variância, 234–35
Logit, 350–51

M

Mapas, 68
Margem de erro, 171
Matriz de correlação, 341
Mazaik, Jason, 5
Média ponderada, 81–82, 92
Média, 19, 83
Mediana, 45, 69, 92
  obtendo a frequência simples distribuição, 83–86
Médias, 19, 77, 81, 83, 90
  cálculo da, 80
  comparação múltipla de, 247, 249, 260
  da distribuição de frequência simples, 83–86
  de frequência agrupada distribuição, 112–13
  desvio padrão de probabilidade distribuição, 130–32
  diferença entre, erro padrão, 203, 222
  distribuição amostral de, 162, 165–67
  distribuição amostral observada, 164
  distribuição de diferenças entre, testando hipóteses com, 196
  erro padrão da, 203, 222

Índice remissivo **455**

exigências para testar a
   diferença entre, 219–21
hipótese de pesquisa, distinta,
   191
hipótese nula, 191
moda, mediana, comparando,
   86–89
obtendo a partir da
   frequência simples
   distribuição, 83–86
ponderadas, 81–82, 92
testando a diferença entre,
   187–231
   amostras dependentes,
      comparando, 209–12
   distribuição de diferenças
      entre médias,
      amostragem, 192–95
   níveis de significância,
      199–203
      P, α, distinto, 202–03
   hipótese nula, 190
   testes unilaterais, 216–19
   exigências, 219–21
   hipótese de pesquisa, 191–92
   erro padrão da diferença
      entre médias, 203
   testando hipóteses com
      distribuição de diferenças
      entre médias, 195–99
   teste de proporções para duas
      amostras, 213–15
   variâncias desiguais, ajuste
      para, 208–09
Medidas de tendência central,
   77–96
   média, 79
      média ponderada, 81–82,
         92
      obtenção da distribuição
         de frequência simples,
         83–86
   mediana, 78–79
      obtenção da distribuição
         de frequência simples,
         83–86
   moda, 78
      mediana, média,
         comparando, 86–90
      forma da distribuição,
         87–90
      nível de mensuração, 87
      objetivo de pesquisa, 91

obtenção da distribuição
   de frequência simples,
   83–86
Medidas de variabilidade,
   107–34
   desvio padrão, significado
      do, 106–09
   distribuição de frequência
      agrupada, média, desvio
      padrão de, distribuição
      de frequência simples,
      variância, desvio padrão
      de, 103–06
   distribuição, visualizando,
      110–11
   fórmula do escore bruto, para
      variância, desvio padrão,
      102
   medidas de variabilidade,
      comparando, 109–10
   variação interquartil, 99–101,
      109–114
   variação, 99–101
   variância, desvio padrão e,
      102–03
Medidas não paramétricas de
   correlação, 361–85
coeficiente de correlação
   de ordem de postos de
   Spearman, 362–63
   exigências para o uso,
      366–68
   testando a significância,
      365–66
   postos empatados, 363–65
dados nominais em tabela
   2 x 2, coeficiente de
   correlação para, 372–74
coeficiente fi
   exigências para o uso,
      374
   testando a significância
      de, 374
dados nominais em tabelas de
   tamanho superior a 2 x 2,
   coeficientes de correlação
   para, 374–76
coeficiente de contingência
   alternativa para, 408–10
   exigências para o uso, 376
   testando significância, 376
gama de Goodman e Kruskal,
   368–71
   exigências para o uso, 372

testando a significância do
   gama, 371–72
Mensuração
   importância de, 11, 23, 87, 92
   nível de, 11, 17, 23
Método simplificado para testar
   a significância de r, 336
Métodos amostrais, 155–57
   amostras aleatórias, 156–59
   amostras não aleatórias,
      155–56
Modelo de regressão, 326–31
   exigências para regressão,
      331
   intercepto Y, 326, 353
Moda, 78, 92
   mediana, média,
      comparando, 86–89
   forma de distribuição,
      87–89
   nível de mensuração, 87,
      92
   objetivo de pesquisa, 91
   obtendo a partir da
      distribuição de frequência
      simples, 83–86

N

Não determinação, coeficiente
   de, 387, 407
National Center for Education
   Statistics (Centro Nacional de
   Estatísticas de Educação), 8
National Center for Health
   Statistics (Centro Nacional de
   Estatísticas de Saúde), 8
Natureza da pesquisa social,
   2–8
   análise de conteúdo, 5–7
   análise secundária, 7–8
   experimento, 3–4
   levantamento, 4
   observação participativa, 7
NCES. *Ver* National Center for
   Education Statistics (Centro
   Nacional de Estatísticas de
   Educação)
NCS. *Ver* National Center for
   Health Statistics (Centro
   Nacional de Estatísticas de
   Saúde)
Nie, Norman, 4
Níveis de significância,
   199–201

de 0,01, 200
de 0,05, 200
seleção de, 210
Nível de confiança, 170, 177, 181
Nível intervalar de mensuração, 11, 23
Nível de mensuração, 11, 23, 93-94
Nível de significância, 199-201
  0,01, 200
  0,05, 200
  P, α, distinto, 202-03
  seleção de, 210
Nível nominal de mensuração, 11-12, 15
Nível ordinal de mensuração, 12
Números aleatórios, tabela de, 156, 160

O

Objetivo de pesquisa, 91
Observação participativa, 7, 23
Obtenção da média e desvio padrão da distribuição de frequência agrupada, 112-13
Obtendo moda, mediana e média da distribuição de frequência simples, 82-86
Obtendo variância e desvio padrão da distribuição de frequência simples, 103-06
Organização de dados, 31-76
  apresentações gráficas, 57-67
    gráficos em barra, 58-62
    gráficos em linha, 66-68
    gráficos em setores, 57, 68-69
    histogramas, 58-62
    mapas, 68
  classificações percentis, 44, 69
  comparando a distribuição, 33-34
  dados intervalares
    distribuição de frequência agrupada, 39, 42, 46, 69
      limites de classe, 40-47
      ponto médio de intervalo, 41
    distribuição de frequência simples, 37

dados decimais, 46-47
dados ordinais, distribuição de frequência simples, 37
distribuições acumuladas, 42-44
distribuição de frequência agrupada, limites de classe associados com, 47-49
distribuição de frequência de dados nominais, 33
intervalos de classe flexíveis, 49-50
polígonos de frequência, 62-65
porcentagens, 34-35
proporções, 35-37
razões, 35-37
tabulação cruzada, 51-56
  porcentagem total, de linha, de coluna, 56-57
taxas, 35-37
Organização de dados, 31-76
  apresentações gráficas, 57-67
    gráficos em barras, 58-62
    gráficos em linha, 66-68
    gráficos em setores, 60-62
    histogramas, 58-62
    mapas, 68

P

Pares de amostras aleatórias, distribuição amostral de diferenças média, 203
Pesquisa retrospectiva, 4
Poder de teste, 307, 331
Polígono de frequência acumulada, 63, 69
Polígono de frequência, 62, 69
  forma da distribuição de frequência
Polígono
  distribuição de amostragem de diferenças médias da Tabela 7.1, 194
  frequência acumulada, para distribuição de notas de exames de estudantes, 64
  frequência, 64, 69
    distribuição de notas de exames de estudantes, 64
Ponto central de intervalo, 41
Ponto zero, absoluto, 14

Populações, 154-86, 190-91, 193, 195
  distribuição amostral de médias, 165-67
    características de, 162-65
    como curva normal, 165-67
  distribuição t, 171-79
  erro padrão de média, 167-68
  estimando proporções, 179-80
  métodos de amostragem, 155-59
    amostras aleatórias, 156-59
    amostras não aleatórias, 155-56
Porcentagem total, 56-57, 69
Porcentagem, 34-35
  acumulada, 43, 69
  linha, 56, 69
  tamanho relativo de séries de números em termos de, 34
  total, 56, 69
Porcentagem acumulada, 43, 69
Porcentagem por coluna, 56, 69
Porcentagem por linha, 56, 69
Principal efeito, 249, 260
Probabilidade
  curva normal, 121-53
    área sob curva normal, 134-36, 140, 144-45, 148
    cálculo da probabilidade sob, 143
    características de, 132-33
    curva normal, como probabilidade distribuição, 132
    desvio padrão de, média e, 130-32
    distribuição de frequência, distinta,
    distribuição de probabilidade, 165-66
    esclarecendo desvio padrão, 137-38
    escores padrão e, 140-41
    modelo, 133-34
    regras de probabilidade, 123-25
  regra de soma de, 124-25, 148

Problemas de pesquisa,
  procedimentos estatísticos,
  387–414
  análise de variância, 390–92,
    407, 409–11, 413
  coeficiente de
    contingência, 391–92,
    408–11, 414
  coeficiente de correlação
    de postos de Spearman,
    391–92, 407, 410–14
  coeficiente de correlação
    r de Pearson, 390–92, 407,
    410–11, 413–14
  coeficiente fi, 391–92,
    408, 414
  gama de Goodman e Kruskal,
    391–92, 408, 410, 412, 414
  razão t, 389, 391–92,
    407–09, 411, 413–14
  teste qui-quadrado, 390–92,
    408–09, 412–414
Proporções, 34–35
  comparando número de casos
    em categorias, 37
  erro padrão de, 203
  intervalo de confiança para, 168
  teste de diferença entre, 213
  teste de duas amostras de,
    213

Q

Quadrado médio, 241–243, 260
Quadrados
  soma de, 235, 260
Quantificação de dados, 15
Quartis, 45, 69

R

Razão F, 255
  exigências para uso da razão
    F, 259
Razão t, 177, 222
Razões, 35–37
  F, 255
  t, 177, 222
Regiões de rejeição, 199
Regra da soma de
  probabilidade, 124–125, 148
Regra de multiplicação, 125,
  128, 146, 148
Regras de probabilidade,
  123–25
Regressão linear múltipla, 341

Regressão linear, 348
Regressão logística, 347–52
Regressão múltipla, 338–344,
  354
  interação entre termos, 347
  variáveis *dummy*, 344–47
Regressão simples, 338
Regressão, 325–60
  cálculos, 328
  coeficiente, 326, 353
  correlação de Pearson,
    336–37
  erro de predição em, 333
  exigências para, 331
  intercepto Y, 326, 353
  linear, 341
  logística, 347–52
  modelo, 326–30
  múltiplo, 343, 353
  quadrado médio, 346, 353
  simples, 338
  soma de quadrados, 334, 353
Resultados independentes, 125,
  148
Resultados mutuamente
  exclusivos, 12
Resultados
  independentes, 125, 148
  mutuamente exclusivos, 12
Reta- base horizontal, 19
Roberts, Meredith, 6
Seleção de técnica estatística,
  451
Série de números para pesquisa
  social, 11–17
  mensuração de variável,
    14–15
  nível intervalar/relação de
    mensuração, 12–14
  nível nominal de mensuração,
    11–12
  nível ordinal de mensuração,
    12
  questões de mensuração,
    17–18
  variáveis ordinais, tratando
    como intervalo, 15–16

S

Smith, Jim, 13
Soma de desvios quadrados da
  média, 235, 260
Soma de quadrados, 235, 260

calculando, 239
regressão, 325–360
Soma de regressão de
  quadrados, 334, 353
Soma de quadrados residual,
  334

T

Tabela de números aleatórios,
  156–60
Tabulação cruzada, 51–56, 69,
  350, 369, 377, 390–91, 408
  porcentagem total, por linha,
    por coluna, 56–57, 69
Taxa de variação, 37
Taxas, 35–37
Termo de alteração, 327
Termo de erro, 327, 353
Termos de interação, 347
  regressão múltipla, 338
Testando a significância de
  contingência de coeficiente,
  365–66
Testando a significância de fi,
  374
Testando a significância de
  gama, 371–72
Testando a significância do r de
  Pearson, 308–09
Testando diferenças entre
  médias, 187–231
  amostras dependentes,
    comparando, 209–10
  distribuição de diferenças
    entre médias, amostragem,
    194
  erro padrão de diferença
    entre médias, 203, 222
  exigências, 219–21
  hipótese de pesquisa, 191
  níveis de significância, 199
  P, α, distinto, 202–03
  testando hipóteses com
    distribuição de diferenças
    entre médias, 195–98
  teste de duas amostras de
    proporções, 213–15
  testes unilaterais, 216–19
  variâncias desiguais, ajuste
    para, 208–13

Testando hipóteses com distribuição de diferenças entre médias, 195–99
fundamento lógico para, 9–10
Testando hipóteses, 195
fundamento lógico para, 9–10
Testando ideias sobre a natureza da realidade social, pesquisa, 9–10
Teste da mediana, 287–88
exigências para o uso, 288
Teste de duas amostras de proporções, 213–15
Teste bilaterais, 216–17
Teste qui-quadrado de dois critérios, 272
calculando, 273
comparando vários grupos, 280
exigências para o uso, 285
frequências esperadas pequenas, corrigindo para, 282
frequências esperadas, encontrando, 272
Teste qui-quadrado, 268, 272
dois critérios, 272
calculando, 273
comparando vários grupos, 273
exigências para o uso, 285
frequências esperadas pequenas, corrigindo para, 282
frequências esperadas, encontrando, 272
Teste paramétrico, 267
Teste qui-quadrado de um critério, 268
Testes de significância não paramétricos, 267
teste qui-quadrado de dois critérios, 272
calculando, 273
comparando vários grupos, 280
encontrando frequências esperadas, 282
exigências para uso, 285
frequências esperadas pequenas, corrigindo para, 282
teste qui-quadrado de um critério, 268
Testes de significância, não paramétricos, 267
exigências para o uso, 267
teste qui-quadrado de dois critérios, 272
calculando, 273
comparando vários grupos, 273
exigências para o uso, 285
frequências esperadas pequenas, corrigindo para, 282
frequências esperadas, encontrando, 272
teste qui-quadrado de um critério, 268
Testes unilaterais, 216
Testes
unilaterais, 216
bilaterais, 216
não paramétricos, 267
paramétricos, 267
Tomada de decisões, 19, 20–22, 122, 132
Tratando algumas variáveis ordinais como intervalo, 15–16

U

Unidade primária de amostragem, 159

Unidade de amostragem, primária, 159
Unidade de observação, 2

V

Valor esperado, 131
Valores críticos, 199
Variação, 2634
dentro de grupos, 234
entre grupos, 234
Variação interquartil, 99–101, 109, 114
Variância, 101, 114, 232–66
Variâncias desiguais, ajuste para, 208–12
Variâncias iguais, 221
Variáveis ordinais, tratando como intervalo, 15–16
Variáveis, 2, 29
dependentes, 3
efeitos registrados de variáveis independentes sobre, 4
independentes, 3, 59
maneiras diferentes de medir a mesma variável, 14–15
tratando algumas variáveis ordinais como intervalo, 15–16
Variável dependente, 3
efeitos registrados de variáveis independentes sobre, 4
Variável independente, 3, 59,

W

Weinstein, Deena, 7
Welch, Michael, 6

Y

Yang, Yang, 8

Z

Zeisel, Hans, 126

Lista de caracteres (em ordem de aparecimento) – Capítulos 1 a 6

Símbolo	Significado/Descrição
N	Número de casos
f	Frequência
%	Porcentagem
cf	Frequência acumulada
$c\%$	Porcentagem acumulada
m	Ponto médio
Mo	Moda
Mdn	Mediana
$\overline{X}$	Média
R	Distância (ou variação/alcance)
IQR	Variação interquartil
s^2	Variância
s	Desvio padrão
μ	Média populacional
σ^2	Variância populacional
σ	Desvio padrão populacional
P	Probabilidade
z	Escore z
ME	Margem de erro
IC	Intervalo de confiança
$\sigma_{\overline{X}}$	Erro padrão da média amostral (verdadeiro)
$s_{\overline{X}}$	Erro padrão da média amostral (estimado)
α	Nível de significância
gl	Graus de liberdade
t	Razão ou índice t
P	Proporção amostral
π	Proporção populacional
s_P	Erro padrão da proporção amostral

Capítulos 7 a 12

Símbolo	Significado/Descrição
$\bar{X}_1 - \bar{X}_2$	Diferença entre médias (amostrais)
$\sigma_{\bar{X}_1-\bar{X}_2}$	Desvio padrão da distribuição da diferença entre médias
$s_{\bar{X}_1-\bar{X}_2}$	Erro padrão da diferença entre médias
s_D	Desvio padrão da distribuição da diferença (antes/depois) entre médias
$s_{\bar{D}}$	Erro padrão da diferença (antes/depois) entre médias
$P*$	Proporção de amostra combinada
$s_{P_1-P_2}$	Erro padrão da diferença entre proporções
SQ	Soma de quadrados
MQ	Quadrado médio
F	Razão ou índice F
DHS	Diferença honestamente significativa
q	Intervalo studentizado
χ^2	Qui-quadrado
r	Correlação de Pearson
p	Correlação de população
r_{XYZ}	Correlação parcial
a	Intercepto Y
b	Inclinação
e	Termo de erro
r^2	Coeficiente de determinação
$1 - r^2$	Coeficiente de não determinação
R^2	Coeficiente múltiplo de determinação
L	Chances log (logit)
r_s	Correlação de postos de Spearman
G	Gama
ϕ	Coeficiente fi
C	Coeficiente de contingência
V	V de Cramér